자유무역협정
핵심 해설서

자유무역협정 핵심 해설서

2026년 4월 22일 초판 인쇄
2026년 4월 30일 초판 발행

지 은 이 │ 이승필
발 행 인 │ 오연관
발 행 처 │ 삼일피더블유씨솔루션
등 록 번 호 │ 1995.6.26. 제3-633호
주   소 │ 서울특별시 용산구 한강대로 273 용산빌딩 4층
전   화 │ 02)3489-3100
팩   스 │ 02)3489-3141
가   격 │ 50,000원

ISBN 979-11-6784-558-0   93320

자유무역협정
핵심 해설서

- 정부·기업 실무자, 관세사가 꼭 알아야 할 자유무역협정 핵심 정리 -

PwC관세법인 이승필 저

SAMIL | 삼일인포마인

책을 펴내며

FTA(자유무역협정)은 널리 알려진 제도이지만, 실제 적용 단계에서는 복잡한 규정과 까다로운 절차로 인해 많은 어려움이 뒤따릅니다. 원산지증명서 작성, 특혜관세 적용, 협정별로 상이한 요구사항 등 실무 현장에서 반복적으로 제기되는 고민들은 관세사, 기업 실무자, 그리고 정부 담당자 모두에게 익숙한 과제입니다.

저는 관세청과 무역 현장에서 수많은 질문과 사례를 접하면서, FTA를 단순히 '이해해야 하는 지식'이 아니라 '현장에서 즉시 활용할 수 있는 도구'로 정리해 보고자 이 책을 집필하였습니다. 이를 위해 22개 협정의 구조적 특징과 차이점, 원산지 판정의 핵심 요령, 실무에서 흔히 발생하는 오류와 해결책 등 실질적으로 도움이 되는 내용만 선별하여 담았습니다.

특히 제2장 'FTA 관세법 핵심사항 해석'에서는 협정 적용의 법적 근거와 필수 규정을 체계적으로 정리하여, 많은 실무자가 어려워하는 법령 해석을 명확하게 이해할 수 있도록 구성하였습니다. 복잡한 법령을 단순 나열하는 방식이 아니라, 실무에서 반드시 알아야 할 핵심만을 추려 가독성 있게 설명하였습니다.

제3장에서는 원산지결정기준의 핵심 내용을 이론적 배경과 사례 중심으로 제시하며, '어떻게 판단해야 하는가'에 초점을 두었습니다.

제4장에서는 제2장과 제3장에서 비교·정리한 공통 구조와 기준 외에, 협정별로 반드시 알아야 할 고유한 특징과 유의 사항을 개별 협정 단위로 구분하여 설명하였습니다.

이 책이 정부·기업 실무자와 관세 담당자들이 FTA를 보다 쉽고 명확하게 활용하는 데 실질적인 도움이 되기를 바라며, FTA가 단순한 제도가 아니라 기업 경쟁력을 높이는 실질적 수단으로 활용되기를 기대합니다.

마지막으로, 책을 펴내는 과정에서 귀중한 조언과 지도를 아끼지 않으신 관세청 김수미 서기관님께 깊이 감사드립니다.

저자 **이 승 필**

추천사

오늘날 글로벌 무역환경은 더욱 복잡해지고 빠르게 변화하고 있습니다. 특히 FTA(자유무역협정)는 기업과 국가 경쟁력을 좌우하는 핵심 제도로, 이를 정확히 이해하고 활용하는 역량은 현대 무역 실무자의 필수 요건이 되었습니다.

저는 오랫동안 자유무역협정 관련 업무에서 다양한 실무서를 접해왔지만, 이승필 저자의 이 책처럼 실무 적용이 쉽고 체계적인 FTA 안내서는 흔치 않았습니다. 이 책은 무역 입문자에게는 명확한 길잡이가 되고, 숙련된 전문가에게는 새로운 통찰을 제공하는 균형 잡힌 실무서입니다. 복잡한 협정 내용을 직관적으로 이해할 수 있도록 돕는 설명 방식과 사례 제시는 특히 인상적입니다.

이승필 저자는 다년간의 현장 경험과 연구를 바탕으로, FTA의 기본 구조와 주요 쟁점, 협정문 해석의 배경, 활용 전략, 서류 작성 절차, 국제 규범까지 폭넓고 깊이 있게 다루고 있습니다. 이러한 구성과 완성도는 국내·외 무역 실무서 가운데서도 손꼽을 만합니다.

글로벌 시장이 더욱 긴밀히 연결되고 변화 속도가 빨라지는 지금, 이 책은 모든 무역 전문가와 기업 실무자가 반드시 참고해야 할 실질적인 지침서입니다.

저는 이 책을 모든 무역인과 FTA를 배우고자 하는 분들께 자신 있게 추천합니다.

경제학 박사 **진 병 진**
국립창원대학교 교수

목 차

제3장 **원산지결정기준**

제4장 협정별 주요 특징

제1장

자유무역협정 개관

01-01 우리가 자유무역협정을 알아야 하는 이유

자유무역협정(FTA)은 국가 간 상품과 서비스의 교역을 보다 자유롭게 만들기 위해 관세를 인하하거나 철폐하고, 다양한 통상 규범을 정비하는 포괄적 경제 협정이다. 이를 통해 기업과 소비자는 국경을 넘어 더 넓은 시장에서 경쟁하고 선택할 수 있는 구조를 갖추게 된다. 한마디로 말하면, 자유무역협정은 기회를 여는 열쇠이다.

FTA는 단순히 관세를 낮추는 기술적 제도가 아니라 국가 경제 구조, 기업 전략, 소비자 선택에 직접적 변화를 일으키는 성장 동력이다. 오늘날 우리가 마트에서 고르는 과일, 온라인 플랫폼에서 구입하는 전자제품, 기업이 들여오는 원재료, 정부가 설계하는 산업 정책까지 다양한 경제 활동의 배경에는 FTA가 자리하고 있다. 국가 간 경제 질서를 재편하고 기업 경쟁력을 좌우하며 소비자 가격 형성에도 영향을 미치는 핵심 제도라 할 수 있다.

그럼에도 많은 사람들은 여전히 FTA를 '전문가나 수출기업만의 분야' 정도로 바라본다. 그러나 FTA는 소비자 후생, 기업 경쟁력, 국가 전략을 종합적으로 바꾸는 현대 경제의 핵심 인프라이다. 이러한 이유로, 지금 왜 FTA를 이해해야 하는지에 대한 본질적 의미를 살펴볼 필요가 있다.

1. 소비자에게 다가오는 FTA의 의미

FTA는 가장 직접적으로 소비자에게 혜택을 제공한다. 관세 인하는 시장 가격에 즉각적으로 반영되기 때문에 소비자는 동일한 품질의 상품을 더 낮은 가격에 구매할 수 있다.

또한 FTA를 통해 수입 장벽이 낮아지면서 국내 시장에서는 이전에 접하기 어려웠던 다양한 해외 제품이 소비 선택지에 추가된다. 신선 과일, 커피, 와인 등 생활 밀접 품목에서 나타나는 가격 구조 변화는 이러한 효과를 명확하게 보여준다.

결국 FTA는 가격 혜택뿐 아니라 품질 경쟁을 촉진하여, 소비자가 더 나은 상품을 더 합리적인 가격에 누릴 수 있는 시장 환경을 조성한다.

2. 수출기업에게 FTA는 새로운 시장을 여는 열쇠

많은 기업이 다음과 같은 의문을 갖는다. "FTA 관세 혜택은 상대국 수입자가 누리는 것 아닌가? 그렇다면 수출자는 왜 원산지증명, 원산지 관리 등 부담을 떠안으면서까지 FTA를 신경 써야 하는가?"

표면적으로는 수입자만 혜택을 받는 것처럼 보이지만, 실제 비즈니스 현장에서 FTA는 수출기업의 생존성과 시장지위를 결정짓는 핵심 도구다. 그 이유는 다음과 같다.

첫째, FTA는 수출기업의 가격경쟁력을 직접 높이는 수단이다. 관세 인하 효과는 바이어의 단가 협상에 즉시 반영되며, 이는 수출 물량 증가·시장 점유율 확대·장기 공급계약 확보로 이어진다. 결국 관세 혜택은 다양한 방식으로 수출기업의 이익으로 전환된다.

둘째, FTA는 경쟁국을 이기는 전략적 무기다. 경쟁국 대비 5~10%의 관세 우위만 있어도 바이어는 한국산을 우선 고려한다. 이는 "시장에 진입하느냐, 배제되느냐"를 결정짓는 핵심 요인이다.

셋째, FTA 원산지기준 충족 및 증명 능력은 해외 바이어가 평가하는 신뢰성의 지표다. 생산공정의 투명성, 공급망 안정성, 기업 관리 수준을 보여주는 요소로 간주되며, 미국·EU 등 선진시장에서는 공급망 리스크 관리 능력으로 인정된다.

넷째, FTA는 대형 글로벌 기업과의 장기 계약 및 프로젝트 수주에서 필수 조건이 된다. 원산지 판정 가능 여부, 협정관세 활용능력, 원산지 관리체계가 없으면 입찰이나 공급업체 리스트에 포함되지 못하는 경우도 많다. FTA 활용 능력은 비유적으로 시장 접근을 위한 '자격증'이다.

다섯째, FTA는 기업의 글로벌 생산·공급망 전략에 직결된다. 어느 나라에서 생산하고, 어떤 국가로 공급하며, 어떤 지역에서 원자재를 조달할지 결정하는 중심 기준이 된다. 단순 통관 이슈를 넘어 글로벌 사업 전략 그 자체다.

여섯째, FTA는 수출기업의 이윤율과 마진 구조까지 변화시킨다. 관세가 낮아지면 바이어가 단가 인하를 요구할 수 있지만, 그 강도는 국가별 FTA 보유 여부에 따라 달라진다. 즉, FTA는 수출 단가를 방어하는 역할까지 수행한다.

- 한국만 FTA 혜택이 있을 때: 바이어가 한국산을 선호해 마진 유지 용이
- 경쟁국도 FTA를 보유한 경우: 단가 인하 압력 증가
- 경쟁국이 FTA가 없을 때: 한국산이 관세 우위를 확보해 높은 가격경쟁력 유지

결국 FTA 혜택은 수입자에게 먼저 주어지는 것처럼 보이지만, 실제로는 수출기업이 더 많이 팔고, 더 안정적으로 팔고, 더 높은 지위를 확보하며, 더 오래 거래할 수 있도록 하는 제도다. 관세 혜택의 실질적 귀착점은 수출기업의 매출, 마진, 시장 지위다.

3. 수입기업에게 FTA는 비용 경쟁력의 원천

제조업을 비롯한 많은 기업은 핵심 원재료나 부품을 해외에서 조달하고 있으며, FTA는 이러한 기업의 비용 구조를 크게 개선할 수 있다. 원재료의 관세 절감은 생산 단계의 비용을 직접적으로 낮추고, 최종 제품의 가격 경쟁력으로도 이어진다.

또한 FTA는 공급국가를 다변화하는 기반을 제공하여 특정 국가나 지역에 대한 과도한 의존을 줄이고 공급망 리스크를 완화한다.

결과적으로 수입기업은 비용 절감, 공급 안정성 확보, 시장 대응력 강화라는 세 가지 이점을 동시에 누리게 된다.

4. 정부 부처의 자유무역협정 업무 담당자에게 FTA의 중요성

정부 부처에서 FTA 업무를 담당하는 공무원과 관계자들에게 FTA는 국가 경제 전략을 설계하고 정책을 집행하는 데 필수적인 정책 도구이다. 이들은 협상, 제도 설계, 국내법 정비, 산업 영향 분석, 기업 지원 정책 마련 등 FTA 운영 전 과정에서 핵심적 역할을 수행한다.

FTA 협정문은 복합적인 국제 규범과 산업적 이해관계가 결합된 구조를 갖추고 있기 때문에, 담당자는 시장 개방 효과, 민감 산업 보호, 공급망 안정성, 무역 규범 준수 등 다층적인 요소를 균형 있게 고려해야 한다. 또한 협정 발효 이후에는 원산지 검증, 기업 애로 해소, 산업 지원 프로그램 운영, 통계 분석, 국제 협력 등 실질적인 이행 업무가 지속적으로 요구된다.

FTA에 대한 전문적 이해는 정부가 글로벌 통상 환경 변화에 신속하게 대응하고 국가 산업 경쟁력을 유지하며, 기업과 소비자가 협정의 혜택을 최대한 활용할 수 있도록 지원하기 위해 반드시 필요한 역량이다.

5. 그래서 우리가 FTA를 알아야 하는 이유

FTA는 단순히 관세를 낮추는 기술적 제도가 아니라 소비자, 기업, 정부 모두에게 실질적 경제적 이익을 제공하고 국가 전략과 국제 경쟁력까지 좌우하는 핵심 제도이다.

기업이 FTA를 제대로 이해하지 못하면 시장 경쟁력에서 뒤처질 수 있으며, 원산지 기준, 협정 규정, 공급망 관리 등 복잡한 요소를 정확히 파악해야만 혜택을 완전히 누릴 수 있다. 국가 차원에서도 FTA는 경제 구조의 중요한 기반이자 국제경제 환경에 대응하기 위한 전략적 도구이다.

따라서 FTA를 이해하는 일은 단순한 선택이 아니라, 글로벌 경제 질서 속에서 경쟁력을 유지하기 위한 필수적인 경제적 교양이자 실무적 역량이다.

WTO 체제에서 FTA가 체결될 수 있는 근거

자유무역협정이 WTO 체제에서 합법적으로 체결될 수 있는 직접적인 법적 근거는 GATT 제24조 제5항이다.

[1947년 GATT] 제24조 영토적 적용, 국경무역, 관세동맹 및 자유무역지역

5. 따라서 이 협정의 규정은 체약당사자 영토 간에 관세동맹 또는 자유무역지역을 형성하거나 관세동맹 또는 자유무역지역의 형성을 위하여 필요한 잠정협정을 채택하는 것을 방해하지 아니한다. 단,

  (a) 관세동맹 또는 관세동맹의 형성으로 이어지는 잠정협정에 관하여는, 동 동맹이나 협정의 당사자가 아닌 체약당사자와의 무역에 대하여 동 동맹 또는 잠정협정의 창설 시에 부과되는 관세 및 그 밖의 상거래 규정은 동 동맹의 형성 또는 동 잠정협정의 채택 이전에 구성영토에서 적용 가능한 관세 및 그 밖의 상거래 규정의 일반적 수준보다 전반적으로 더 높거나 더 제한적 이어서는 아니 된다.

  (b) 자유무역지역 또는 자유무역지역의 형성으로 이어지는 잠정협정에 관하여는, 각 구성영토에서 유지되고 또한 동 자유무역지역의 형성 또는 동 잠정협정의 채택 시에, 동 지역에 포함되지 않았거나 동 협정의 당사자가 아닌 체약당사자의 무역에 대하여 적용 가능한 관세 및 그 밖의 상거래 규정은 자유무역지역의 형성 또는 잠정협정 이전에 동일한 구성영토에서 존재하였던 상응하는 관세 또는 그 밖의 상거래 규정보다 더 높거나 더 제한적이어서는 아니 된다.

  (c) (a)호 및 (b)호에 언급된 잠정협정은 합리적인 시간 내에 동 관세동맹 또는 동 자유무역지역의 형성을 위한 계획 및 일정을 포함하여야 한다.

이 조항은 회원국들이 관세동맹(Customs Union)이나 자유무역지역(FTA)을 형성하거나 이를 위한 잠정협정을 체결하는 것을 최혜국대우(MFN) 원칙의 예외로 인정하고 있다. 다만, 비회원국과의 무역에서 관세나 무역장벽을 기존보다 높게 설정하지 말아야 하며, 잠정협정이라면 합리적인 기한 내에 완전한 관세동맹 또는 자유무역지역을 완성하기 위한 구체적인 계획과 일정을 포함해야 한다.

이 조항을 중심으로 WTO 체제에서 FTA가 허용되는 구조를 살펴보면 다음과 같다.

1. GATT 제24조의 법적 의의

GATT 제24조는 다자무역체제의 기본원칙인 최혜국대우 원칙에 대한 예외를 규정하여, 특정 국가 간의 선택적 무역 자유화를 법적으로 가능하게 한다. 특히 제5항은 관세동맹과 자유무역지역의 설립 또는 이를 위한 잠정협정을 명시적으로 허용함과 동시에, 제3국과의 무역 조건이 기존보다 불리하게 변경되지 않도록 제한한다.

2. 제24조 해석에 관한 이해(Understanding)의 적용

1994년 우루과이라운드 협상에서 WTO가 공식 출범하면서, 회원국들은 기존 GATT 제24조의 모호한 표현과 불명확한 기준을 보완하기 위해 '제24조 해석에 관한 양해(Understanding on the Interpretation of Article XXIV)'를 마련하였다. 그동안 제24조는 관세동맹이나 자유무역지역을 형성할 수 있는 근거 규정으로 활용되어 왔지만, 조문 표현이 모호하여 실제 적용 과정에서 혼선이 잦았다. 특히 '거의 대부분의 교역'이라는 문구가 구체적인 수치로 명시되지 않았고, 관세 철폐 기간 역시 국가마다 자의적으로 설정하는 경우가 많았다. 이러한 불명확성 속에서 일부 국가는 FTA를 체결하면서도 협정을 장기간 '잠정협정' 상태로 두거나, 특정 품목만 제한적으로 개방해 사실상 보호무역을 지속하였다.

이러한 운영 방식은 WTO의 핵심 원칙인 최혜국대우 원칙을 우회하며 다자무역 질서의 균형을 훼손할 위험이 있었다. 이를 해결하기 위해 채택된 것이 바로 '제24조 해석에 관한 이해'이다. 해석문은 다음과 같은 명확한 규범을 도입하였다.

- 자유무역지역·관세동맹은 회원국 간 교역 상품의 거의 대부분(통상 약 90% 이상)을 포함해야 한다.
- 관세와 관세에 준하는 장벽은 협정 발효 후 합리적인 기간, 원칙적으로 10년 이내에 철폐해야 하며, 이를 초과할 경우 합당한 사유를 제시해야 한다.
- 3국에 대한 무역장벽 수준을 기존보다 높일 수 없도록 규정하여 최혜국대우 원칙을 보호하였다.

절차적으로는 모든 협정 체결 시 WTO에 지체없이 통보하고, 협정문·이행 계획·품목 목록·장벽 철폐 일정 등의 자료를 제출해야 한다. 그리고 지역무역협정위원회(RTA Committee)가 이를 심사·모니터링 하여 협정이 합리적인 기간 내에 목표를 달성하는지 여부를 검증한다.

결국 '제24조 해석에 관한 이해'는 FTA가 무분별하게 남발되는 것을 방지하고, 형식적인 합의가 아니라 실질적 시장통합과 무역자유화를 촉진하는 기능을 한다. 그 결과 WTO 체제에서 다자주의와 지역주의의 조화가 가능해졌으며, 모든 회원국은 보다 투명하고 예측 가능한 규범 속에서 협정을 운영할 수 있게 되었다. 이는 WTO의 기본 원칙을 유지하면서도 회원국이 전략적으로 지역무역협정을 활용할 수 있도록 한 중요한 제도적 전환점이라 할 수 있다.[1]

3. 합법적 FTA 체결을 위한 핵심 요건

GATT 제24조와 해당 해석문에 따르면 WTO 체제에서 합법적인 FTA 체결을 위해서는 다음 네 가지 요건을 충족해야 한다.

- 협정은 실질적으로 대부분의 상품 교역을 포함해야 한다.
- 관세와 무역장벽은 발효 후 원칙적으로 10년 이내에 철폐해야 한다.
- 협정 체결 이후 제3국에 대한 무역장벽 수준을 기존보다 높여서는 안 된다.
- 협정은 신속히 WTO에 공식 통보하고, 관련 문서와 계획을 제출해 지역무역협정위원회의 검토를 받아야 한다.

---

1) 2004년 발효된 한-칠레 FTA는 한국 최초의 자유무역협정으로, 발효 후 10년 이내에 대부분의 품목에서 관세를 철폐하여 '실질적인 대부분의 교역'이라는 요건을 충족했다. 일부 민감 품목은 유예 기간을 두었지만, 전체 교역액 기준 요건을 달성했다.

01-03 우리나라의 자유무역협정 체결 근거 법령

우리나라에서 자유무역협정의 체결과 이행에 관한 기본법적 근거는 「통상조약의 체결절차 및 이행에 관한 법률」(약칭: 통상조약법)이다. 이 법률은 통상조약의 체결 절차와 체결 이후의 이행 과정에서 필요한 사항을 규정함으로써, 통상정책의 체계적 운영을 보장한다. 「통상조약법」은 2012년 1월 17일 법률 제11149호로 제정되어 같은 날 시행되었으며, 법 제3조에서 통상조약 체결과 이행에 있어 다른 법률보다 우선 적용됨을 명시하고 있다.

다만, 우리나라는 「통상조약법」 제정 이전에도 이미 여러 FTA를 추진하고 체결해 왔으므로, 이 법률 이전 단계에서의 제도적 근거 또한 살펴볼 필요가 있다.

1. 「자유무역협정체결절차규정」 제정

정부는 2004년 6월 8일 대통령 훈령 제121호로 「자유무역협정체결절차규정」을 제정하여 FTA 추진 절차를 마련하였다. 이 규정 제1조(목적)는 "국민의 이해와 참여를 제고함을 목적으로 한다"라고 규정하여, FTA 추진 과정에서 국민적 공감대 형성과 투명성 확보를 중시하였음을 보여준다. 이는 정책 추진에 대한 국민의 지지 기반을 강화하는 동시에, 이해관계자 참여를 제도적으로 보장하려는 취지였다.

2. 「자유무역협정 체결 및 이행 협의에 관한 절차 규정」으로 개정

한-EU FTA의 국회 비준 동의와 함께, 다른 국가들과의 FTA 추진이 본격화됨에 따라 협정의 '체결'뿐만 아니라 '이행' 단계의 절차를 명확히 규정할 필요성이 제기되었다. 이에 2011년 7월 6일, 대통령 훈령 제288호를 통해 기존 규정의 명칭을 「자유무역협정 체결 및 이행 협의에 관한 절차 규정」으로 변경하였다.

이 개정에서는 이행위원회 및 산하 기구의 구성·운영 방식, 이행 협의 절차를 구체화하였으며, 제도 운영 과정에서 나타난 일부 미비점을 개선·보완하였다. 이를 통해 FTA 발효 이후의 사후관리 체계와 이행 관련 협의 구조가 제도적으로 정립되었다.

3. 「통상추진위원회의 설치 및 운영 등에 관한 규정」으로 전부 개정

2013년 3월 23일, 「정부조직법」 개정을 통해 외교통상부(현재: 외교부)의 통상교섭 기능이 산업통상자원부(현재: 산업통상부)로 이관되었다. 이에 따라 통상교섭의 전문성을 강화하고 국내 산업의 대외 경쟁력을 높이기 위해, 2013년 9월 24일 대통령 훈령 제319호로 기존 규정을 「통상추진위원회의 설치 및 운영 등에 관한 규정」으로 전부 개정하였다.

이 개정의 주요 내용은 다음과 같다.

- ‘자유무역협정추진위원회’의 명칭을 ‘통상추진위원회’로 변경
- FTA에 국한하지 않고 통상교섭 전반을 심의하도록 기능 범위 확대
- 위원회의 구성원과 참여 주체 확대
- 통상교섭 및 이행 과정에서 나타난 미비점의 개선·보완

이로써 우리나라의 통상정책 추진 체계는 FTA 중심에서 보다 넓은 범위의 통상정책을 포괄하는 방향으로 발전하였다.

4. 결론

우리나라의 FTA 추진·이행 절차는 2004년 「자유무역협정체결절차규정」을 통해 최초의 제도적 기반이 구축되었고, 2011년 개정을 통해 ‘체결’뿐 아니라 ‘이행’ 단계까지 범위가 확대되었다.

2012년에는 「통상조약의 체결절차 및 이행에 관한 법률」이 제정되면서, 통상조약의 체결·이행에 관한 상위 법률 체계가 처음으로 확립되었다.

이 법률(제3조)은 통상조약 관련 절차에 있어 다른 법률에 우선 적용되는 근거를 마련함으로써, FTA를 포함한 통상조약 운영의 법적 기반을 강화하였다.

이어 2013년에는 정부조직 개편에 따른 통상교섭 기능 조정에 발맞추어, 기존 훈령이 「통상추진위원회의 설치 및 운영 등에 관한 규정」으로 전부 개정되었다. 이는 상위 법률 체계를 전제로 한 하위 집행체계의 재정비로서, 통상정책 전반을 포괄하는 조직적·운영적 기반을 완성한 조치였다.

결과적으로, 2012년의 법률적 기반 확립(통상조약법)과 2013년의 집행·운영 체계 정비(통추위 규정)가 단계적으로 연결되며 오늘날의 FTA 추진·이행 체계가 정립되었다.

우리나라 FTA 체결 근거 법령 변천사

구분	법령·규정 명칭	주요 내용	특징·비고
2004.6.8.	「자유무역협정체결절차규정」 (대통령 훈령 제121호)	FTA 추진 절차 최초 제도화, 국민의 이해와 참여 제고 목적 명시	FTA 추진 시 국민공감대·투명성 확보를 중시
2011.7.6.	「자유무역협정 체결 및 이행 협의에 관한 절차 규정」 (대통령 훈령 제288호)	명칭 변경, FTA '체결' 절차에서 '이행' 절차까지 포함, 이행위원회·산하 기구 구성·운영 규정	한-EU FTA 비준 이후 이행 관리 체계 강화
2012.1.17.	「통상조약의 체결절차 및 이행에 관한 법률」 (법률 제11149호)	통상조약의 체결·이행 절차를 법률로 규정, 다른 법률보다 우선 적용(제3조)	FTA 포함 모든 통상조약에 대한 최상위 법률 근거 확보
2013.9.24.	「통상추진위원회의 설치 및 운영 등에 관한 규정」 (대통령 훈령 제319호)	전체 조항 전면 개정, 위원회 명칭 변경, 기능을 FTA에서 통상교섭 전반으로 확대, 구성원 확대	외교통상부에서 산업통상자원부로 기능 이관, 통상정책 범위 확장

1. 제정 배경

우리나라의 자유무역협정 관세특례 제도는 2004년 4월 1일 한-칠레 FTA 발효와 함께 시작되었다. 당시에는 협정 이행을 위해 「대한민국정부와 칠레공화국정부 간의 자유무역협정의 이행을 위한 관세법의 특례에 관한 법률」 (이하 "한-칠레 FTA 관세법")이 별도로 제정되어(법률 제7172호, 2004년 3월 5일) 시행되었다.

그러나 한-칠레 FTA 이후 한-싱가포르, 한-인도 CEPA 등 다수의 FTA가 동시 다발적으로 추진되면서, 매 협정 체결 시마다 별도의 이행 법률을 제정해야 하는 비효율과 행정 부담이 발생하였다. 이러한 문제를 해결하기 위해, 모든 FTA에 공통 적용되는 일반특례법 형태의 관세법 제정을 추진하게 되었다.

2. 「FTA 관세법」 통합 및 시행

2006년 3월 2일 한-싱가포르 FTA 발효와 함께, 「자유무역협정의 이행을 위한 관세법의 특례에 관한 법률」 (이하 "FTA 관세법", 법률 제7842호, 2005년 12월 31일 제정)이 시행되었다.

이로써 2006년 3월 2일부터 2009년 12월 31일까지는 「한-칠레 FTA 관세법」과 「FTA 관세법」이 병행 운영되었는데, 협정관세 신청 절차와 제도 운영 방식의 차이로 인해 현장에서 혼선이 발생하였다.

이에 따라 2010년 1월 1일, 「한-칠레 FTA 관세법」을 폐지하고 그 내용을 「FTA 관세법」에 흡수·통합함으로써 모든 FTA에 단일한 관세특례 법률 체계를 갖추게 되었다.[2]

---

2) 참고로 2015년 12월 29일, 법률 제13625호로 「FTA 관세법」이 전부 개정되어 2016년 7월 1일부터

일자	주요 내용	법률	
2004.4.1.	한-칠레 FTA 발효	한-칠레 FTA 관세법	
		법률 제7172호 (2004.3.5. 제정)	
2006.3.2.	한-싱가포르 FTA 발효	↓	FTA 관세법
			법률 제7842호 (2005.12.31. 제정)
2010.1.1.	한-인도 CEPA 발효	폐지(2010.1.1.)	↓(현재)

3. 의의

「FTA 관세법」은 우리나라의 FTA 이행 체계를 개별 협정 중심의 분절된 구조에서 모든 협정에 공통 적용되는 단일 법률 구조로 전환함으로써, 무역자유화 정책의 일관성과 행정 효율성을 제도적으로 확보한 법률이라는 점에서 중요한 의의를 가진다.

이 법률은 협정 간 절차와 규정의 차이로 인해 발생하던 실무 혼선을 해소하고, 관세특례 적용 절차를 표준화하여 납세자와 행정당국 모두가 동일한 기준 아래에서 업무를 처리할 수 있는 환경을 마련하였다. 또한 절차 중심으로 조문 체계를 재구성한 전부 개정은 협정관세 적용 과정을 명확하게 시각화함으로써 법률 접근성을 크게 향상시켰으며, 다수의 FTA가 지속적으로 체결되는 국제통상 환경에서 안정적·예측 가능한 관세행정 운영 기반을 구축하였다.

결국 「FTA 관세법」은 국가 간 교역을 뒷받침하는 핵심 법적 인프라로서, 우리나라가 추진하는 다양한 무역협정을 실효성 있게 집행하고 국제통상 질서 변화에 능동적으로 대응할 수 있도록 하는 제도적 토대를 제공한다.

시행되었다. 이 개정의 핵심은 "협정관세 적용 절차에 따른 장(章) 편제 도입"과 "주요 조문 세분화"였다. 이후 현행 법률은 2025년 10월 1일 법률 제21065호로 개정되어 2026년 1월 2일부로 시행되고 있다.

제2장

「FTA 관세법」 핵심 사항 해석

제01조-01 목적 규정의 의의

제1조는 이 법률의 제정 취지와 적용 범위를 제시하는 핵심 규정으로서, 법률이 지향하는 기본적 목적과 기능을 명확히 하는 역할을 한다.

> **제1조(목적)** 이 법은 우리나라가 체약상대국과 체결한 자유무역협정의 이행을 위하여 필요한 관세의 부과·징수 및 감면, 수출입물품의 통관 등 「관세법」의 특례에 관한 사항과 자유무역협정에 규정된 체약상대국과의 관세행정(關稅行政) 협조에 필요한 사항을 규정함으로써 자유무역협정의 원활한 이행과 국민경제의 발전에 이바지함을 목적으로 한다.

제1조가 담고 있는 목적 규정의 구조적·제도적 함의는 다음과 같다.

1. 자유무역협정 이행을 위한 관세 특례 체계의 확립

FTA는 관세 철폐·인하를 주요 수단으로 하므로, 협정에서 규정한 혜택을 국내에서 정확히 집행하기 위해서는 기존 「관세법」만으로는 한계가 존재한다. 협정마다 원산지 기준, 협정세율, 통관 및 검증 절차가 상이하기 때문이다.

이러한 특수성을 반영하여 「FTA 관세법」은 관세부과·징수·감면, 협정세율 적용요건, 수출입 통관절차 등 FTA에 특화된 규정들을 두어, 각 협정의 내용을 국내 법체계에 일관되게 적용할 수 있도록 한다. 이를 통해 협정의 관세 혜택이 신속하고 정확하게 반영되고, 행정기관의 집행 기준이 통일되며, 기업의 예측 가능성과 절차적 편의가 제고되고, 협정 이행의 안정성과 효율성이 높아진다.

따라서 제1조는 다양한 협정을 체계적으로 운영하기 위한 관세 특례 체계를 확립하는 기능을 수행하며, FTA의 실제 작동을 가능하게 하는 기초 규정이라는 점에서 의의가 크다.

2. 관세행정 협조 체계를 통한 국제적 협력 기반 구축

FTA는 양국 또는 다자 간의 협력을 전제로 하므로, 원산지 검증, 통관 간소화, 정보 교환, 부정수혜 방지 등 행정적 조정이 필수적이다. 이러한 협력 체계가 없다면 협정은 형식적 규범에 그칠 수밖에 없다. 이에 따라 「FTA 관세법」은 체약상대국 세관과의 행정 협조 절차를 규정하여 국제적 협력 기반을 제도적으로 마련하고 있다.

특히 글로벌 공급망이 복잡해진 환경에서는 원산지 관리가 중요한 무역질서 유지 요소로 자리 잡고 있으며, 부정수혜 방지 및 공정무역 확보는 양국 간 정보 교환과 공동 검증 없이는 실현되기 어렵다. 이를 지원하는 제1조의 목적 규정은 협정 이행의 투명성 제고, 무역분쟁 예방, 국가 간 신뢰 기반 강화, 협정 운영의 안정성 확보라는 기능을 수행한다.

결국 관세행정 협조 규정은 FTA의 효과적 이행을 위한 국제적 거버넌스를 구축하는 법적 토대라고 할 수 있다.

3. 자유무역협정의 안정적 운영을 통한 국민경제 발전 기여

제1조는 궁극적으로 FTA의 원활한 이행을 통해 국민경제 발전에 기여하는 것을 법률의 최종 목적임을 명시하고 있다. FTA는 관세 절감, 시장 접근성 확대, 수출경쟁력 강화, 소비자 후생 증대 등 다양한 경제적 혜택을 제공하지만, 이러한 효과는 협정 체결만으로는 확보되지 않는다. 협정이 국내에서 적정하게 이행될 수 있도록 세부 절차와 행정 체계가 마련되어야 실제 경제적 성과로 이어진다.

「FTA 관세법」이 마련하는 체계화된 관세 특례 절차, 명확한 원산지·통관 요건, 국제적 관세행정 협력 체계는 기업이 협정 혜택을 보다 쉽게 활용할 수 있는 환경을 조성하여 수출경쟁력과 시장 진출을 확대한다. 또한 행정 간 신뢰 구축은 장기적 교역 안정성 확보와 무역 리스크 감소로 이어져 경제 전반에 긍정적인 효과를 가져온다.

따라서 「FTA 관세법」 제1조는 FTA 이행을 위한 실무적 체계를 설정하는 수준을 넘어, 협정을 통한 국가경제 성장의 기반을 제도적으로 확보하는 기능을 수행하는 조항으로 평가된다.

CEPA·RCEP이 「FTA 관세법」 적용을 받는 이유

1. 자유무역협정의 법적 범위를 규정한 「FTA 관세법」의 구조

「FTA 관세법」 제2조는 자유무역협정을 특정 명칭에 따라 한정하지 않고, 관세 철폐 또는 세율 인하를 통한 무역 자유화 기능을 수행하는 모든 국제협정을 포괄하도록 설계되어 있다.

> **제2조(정의)** 1. "자유무역협정"이란 우리나라가 체약상대국(締約相對國)과 관세의 철폐, 세율의 연차적인 인하 등 무역의 자유화를 내용으로 하여 체결한 「1994년도 관세 및 무역에 관한 일반협정」 제24조에 따른 국제협정과 **이에 준하는** 관세의 철폐 또는 인하에 관한 조약·협정을 말한다.

이는 자유무역협정이 국제적으로 다양한 명칭과 형태로 체결되고 있다는 현실을 반영한 것으로, 법률이 협정의 형식적 이름이 아니라 실질적 관세정책 효과를 기준으로 적용 여부를 판단하도록 하는 데 목적이 있다.

특히 한-인도 CEPA의 2010년 1월 1일 발효를 앞두고 2009년 개정 과정에서 추가된 "이에 준하는"이라는 문구는 매우 중요한 의미를 갖는다. 이는 GATT 제24조에 직접 기반한 협정뿐 아니라, 그와 동일한 방식으로 관세를 단계적으로 철폐하거나 인하하여 무역자유화를 달성하는 협정이라면 모두 자유무역협정의 범주로 인정할 수 있다는 입법적 의도를 명확히 한 것이다. 이러한 문구는 국제경제협정의 유형이 CEPA, EPA, RCEP, 공동경제협력협정 등 다양해지고 있는 환경에서, 특정 명칭에 구애받지 않고 실질적 기능에 따라 법을 적용할 수 있도록 하는 탄력적·포괄적 규율 체계의 핵심적 근거로 작용한다.

따라서 「FTA 관세법」은 협정의 공식 명칭을 법적 판단 기준으로 삼지 않으며, 협정이 관세 철폐·인하라는 본질적 기능을 수행하는지 여부만을 기준으로 자유무역협정으로 인정한다. 이러한 규정 구조는 이후 CEPA·RCEP과 같은 다양한 명칭의 협정들이 FTA와 동일한 법적 틀 안에서 운영될 수 있는 기초가 된다.

인도의 CEPA 명칭 선택의 배경과 FTA와의 실질적 유사성

2008년 9월 우리나라는 인도와 최초로 포괄적 경제동반자협정(CEPA, Comprehensive Economic Partnership Agreement)을 타결하였다. 일반적인 자유무역협정(FTA) 대신 CEPA라는 명칭을 사용한 것은 인도 정부의 요청에 따른 것이다. 인도는 '자유무역'이라는 용어가 국내 정치·경제적으로 민감하게 받아들여질 가능성을 우려하였고, 보다 협력적인 이미지의 명칭을 선호하였다.[3]

그러나 CEPA는 관세 철폐·인하, 시장 개방, 비관세장벽 개선, 원산지 규정 운영 등에서 FTA와 동일한 구조를 보이며, 이에 더해 투자·기술·문화·인적교류 분야까지 포괄하는 경제협력 기능을 포함하고 있어 FTA보다 더 넓은 범위를 가진다. 이러한 특성으로 인해 CEPA는 명칭만 다를 뿐 실질적으로 FTA와 같은 무역자유화 협정으로 평가된다.

2. CEPA·RCEP의 협정 구조가 「FTA 관세법」상 자유무역협정에 해당하는 이유

CEPA와 RCEP은 모두 관세 철폐·감축 스케줄, 시장 개방 규범, 원산지 규정, 통관·무역원활화 조항 등을 포함하고 있어 FTA와 구조적으로 동일한 무역자유화 기능을 수행한다. 따라서 두 협정은 이름과 관계없이 「FTA 관세법」 제2조가 정한 자유무역협정 정의에 실질적으로 부합한다.

3. 결론

CEPA와 RCEP은 명칭이 FTA와 다르더라도 관세 철폐·인하를 통한 무역자유화 효과를 실질적으로 수행하는 협정이므로, 「FTA 관세법」 제2조의 "이에 준하는" 협정에 해당한다. 이에 따라 두 협정 모두 특혜관세 적용, 원산지 관리·검증 절차, 통관 규범 등 「FTA 관세법」이 규율하는 일체의 제도적 틀을 동일하게 적용받는다. 이는 명칭보다 실질을 기준으로 하는 한국 「관세법」 체계의 법리적 일관성을 반영한 결과이다.

---

3) 출처: 아시아경제 | https://www.asiae.co.kr/article/2024052916035880826

제02조-02 우리나라의 영역 범위에 'EEZ와 대륙붕' 포함 여부

1. 일반적인 영역 범위 규정

국가의 일반적인 영역은 주권이 미치는 공간적 범위를 의미하며, 기본적으로 영토, 영해, 영공으로 구성된다. 그러나 국제법과 국내법은 해양과 관련하여 영해뿐 아니라 접속수역, 배타적경제수역(EEZ, Exclusive Economic Zone), 대륙붕의 개념과 권한 범위를 세부적으로 규정하고 있다.

이러한 영역 규정은 국제사회의 공통 기준인 「해양법에 관한 국제연합 협약(UNCLOS, United Nations Convention on the Law of the Sea[4])」과 우리나라의 「영해 및 접속수역법」 등에 의해 명확히 정립되어 있다.

영역 개념도

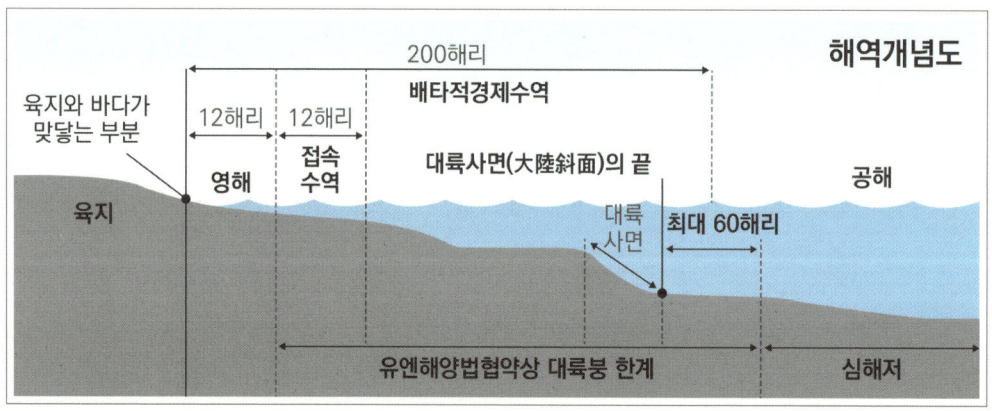

출처: 네이버 이미지

---

4) 정확한 명칭은 「해양법에관한국제연합협약및1982년12월10일자해양법에관한국제연합협약제11부이행에 관한협정」(United Nations Convention on the Law of the Sea)이다. [발효일 1996. 2. 28] [다자조약, 제1328호, 1996. 2. 23, 제정]

2. 배타적경제수역과 대륙붕을 명시적으로 포함하고 있는 협정

대한민국이 체결한 자유무역협정에서 각 당사국이 인정하는 영토·영역의 범위는 협정문 속 "영역의 정의" 조항에 따라 규율되며, 국내에서는 「FTA 관세법 시행규칙」 제2조 제1호의 근거에 따라 해석·적용된다. 다만, 이러한 '영역'의 범위 규정은 자유무역협정별로 동일하지 않다.

일부 협정은 '배타적경제수역(EEZ)'과 '대륙붕'을 법률 용어 그대로 명시하는 반면, 일부는 '국제법과 국내법에 따라 주권적 권리 또는 관할권이 행사되는 해양지역'이라는 포괄적 문구를 사용한다.

가. 명시적 규정 협정

대표적으로 칠레, 인도, 호주, 캐나다, 뉴질랜드, 베트남, 중미 5개국, 인도네시아, 필리핀과의 FTA에서는 영역 정의 조항에 EEZ와 대륙붕이 명시되어 있다. 이 경우에는 협정상 '영역'의 범위가 영토·영공·영해뿐 아니라 EEZ와 대륙붕까지 확장되므로, 해당 수역에서 생산된 상품이 원산지 요건만 충족하면 법리 해석상 분쟁 없이 협정관세가 적용된다. 세관심사 시, 원산지증명서와 함께 해역에서의 채취 또는 생산 증빙만 확보하면 충분하다.

나. 포괄적 규정 협정

반면, 아세안, EU, RCEP 일부 회원국과의 협정처럼 EEZ·대륙붕이라는 단어를 직접 언급하지 않는 경우가 있다. 이들 협정은 대신 "국제법과 국내법에 따라 주권적 권리 또는 관할권이 행사되는 해양지역"과 같은 포괄적 문구를 사용한다. 이 경우에도 협정관세 적용이 불가능하다고 단정할 수 없다. 다만 이 방식은 다음과 같은 실무 차이를 낳는다.

- 법적 해석 필요성: 관세당국 및 당사국이 국제법(UNCLOS) 및 국내법(EEZ 관련 법령)에 근거해 해당 해역이 협정 범위에 포함되는지 함부로 판단할 수 없음
- 증빙 자료 확대: EEZ·대륙붕 권리 인정을 위해 추가 서류(공식 지도, 주권 행사 기록, 법령 근거) 제출 필요
- 세관심사 기간 증가: 해석 과정이 길어져 평균 처리 시간이 명시적 규정 협정보다 길며, 신청 보완·재심사 가능성 존재
- 분쟁 가능성 존재: 경계가 불분명하거나 타국과 분쟁 중인 해역에서 채취된 자원은 협정관세 적용이 거부될 수 있음
- 사전 협의 필요성: 수입 전 해당 해역이 협정상 인정되는지 관세청이나 관련 부처와 사전 협의가 안전

이처럼 포괄적 규정 협정은 국제법·국내법 해석 부담이 크고, 권리 인정 증빙 준비 및 관세당국 협의가 필수이며, 통관 지연과 분쟁 위험이 있다.

3. 우리나라의 영역 범위에 '배타적경제수역' 포함 여부

가. 대한민국 영역의 법적 정의와 범위

대한민국의 영역은 「FTA 관세법 시행규칙」 제2조 제1호에 따라 명확하게 정의되어 있으며, 이는 자유무역협정 상 관세 적용 및 원산지 판정에서 매우 중요한 법적 기준이 된다.

대한민국의 주권이 미치는 영토·영해 및 영공과 국제법 및 국내법에 따라 주권적 권리 또는 관할권이 행사되는 영해의 외측한계선에 인접하거나 외측한계선 밖(협정에서 정하는 경우만 해당한다)의 해저·해저층을 포함한 해양지역

우선, 영토는 「대한민국헌법」과 국제관습법상 한반도와 그 부속 도서를 포함하는 대한민국의 육지 영역을 의미하며, 이는 완전한 주권의 대상이 된다.

그리고 영해는 「해양법에 관한 국제연합 협약(UNCLOS)」 제3조[5] 및 「영해 및 접속수역법」 제3조[6]에 따라 원칙적으로 기선으로부터 12해리[7] 이내로 설정되며, 이 수역에 대해서는 대한민국이 완전한 주권을 행사한다.[8]

또한 영공은 해당 영토와 영해의 수평적 경계 위의 공역 전체를 포함하며, 「대한민국 헌법」 제3조[9]에서 선언하는 국가 주권의 일부로서 절대적인 관할권이 미친다.

법령 문언 중 "영해의 외측한계선에 인접하거나 또는 이를 넘어서는 해저와 해저하층을 포함한 해양지역"이라는 표현은 단순 영해에 그치지 않고, 대한민국이 합법적으로 관할할 수 있는 확장 해양 영역을 포괄적으로 정의한 것이다.

나. 배타적경제수역(EEZ)과 확장 해양 관할권

「배타적경제수역 및 대륙붕에 관한 법률」 제3조와 UNCLOS 제56조(배타적경제 수역에서의 연안국의 권리, 관할권 및 의무)에 따라, 대한민국은 기선으로부터 200해리 범위 내(또는 인접국과의 경계 합의 범위 내)에서 배타적경제수역(EEZ)을 설정할 수 있으며, 그 안에서 수산자원·광물자원 등의 탐사·개발·보존·관리 권리와 해양환경 보전, 과학조사에 관한 관할권을 가진다.

대륙붕 역시 UNCLOS 제77조(배타적경제수역의 폭[10])의 근거에 따라 해저 및 그 하층토의 자원에 대해 주권적 권리를 행사할 수 있는 해양구역이다. 이러한 구역들은 비록 전통적인 의미의 '영역'(territory)에는 해당하지 않지만, 국제법상 '주권적 권리'와 국내법상 제도적 근거가 인정되므로 FTA 영역 정의에 포함된다.

이는 「FTA 관세법 시행규칙」의 문언이 EEZ나 대륙붕을 명시적으로 나열하지 않더라도, 해양법 규정과의 체계적 해석을 통해 실질적으로 포함되는 것으로 본다.

---

5) 제3조 영해의 폭: 모든 국가는 이 협약에 따라 결정된 기선으로부터 12해리를 넘지 아니하는 범위에서 영해의 폭을 설정할 권리를 가진다.
6) 제3조(내수) 영해의 폭을 측정하기 위한 기선으로부터 육지 쪽에 있는 수역은 내수(內水)로 한다.
7) 1海里 = 1.852km(1,852m=1.15마일) ⇒ 12해리 = 22.22km ⇒ 200해리 = 370.4km
8) 「FTA 관세법」 제2조(정의) 제14호에서도 "영해란 협정에서 다르게 정하는 경우를 제외하고는 「해양법에 관한 국제연합 협약」에 따라 결정된 기선으로부터 12해리 이내의 수역으로서 국제법 및 각 체약당사국의 국내법에 따라 주권이 미치는 수역을 말한다."라고 정의하고 있다.
9) 제3조 대한민국의 영토는 한반도와 그 부속도서로 한다.
10) 제57조 배타적경제수역의 폭: 배타적경제수역은 영해기선으로부터 200해리를 넘을 수 없다.

제02조-03 원산지증빙서류 정의에서 "정보"의 의미

1. 법적 정의와 도입 배경

「FTA 관세법」 제2조는 원산지증빙서류를 "원산지증명서와 그 밖에 원산지 확인을 위하여 필요한 서류·정보"로 정의한다. 여기서 '정보'는 원산지를 입증하는데 필요한 자료 중 하나로, 2013년 1월 1일 법률 제11612호 개정에서 처음 명문화되었다. 개정 이전에는 '서류'만 규정되어 종이 문서 중심의 증빙 체계를 의미했으나, 개정 이후 '서류·정보'로 표현이 확대되어 전자문서·디지털 자료까지 범위가 확장되었다.

'정보'의 법령상 구체적 정의는 「FTA 관세법」에 없지만, 「공공기관의 정보공개에 관한 법률」 제2조[11]를 준용하면 "문서와 전자매체를 비롯한 모든 형태의 매체 등에 기록된 사항"을 포괄한다. 이에 해당하는 예로는 계약 데이터, ERP 기록, 이메일, 생산공정 관련 전자파일 등이 있다. 즉, 원산지증빙서류의 '정보'란 종이 문서에 국한되지 않고 모든 매체에 기록된 원산지 관련 데이터 전반을 포함하는 개념이다.

2. 서류와 정보의 관계 및 보관 의무

'서류'와 '정보'는 서로 대체되는 개념이 아니라 병렬적으로 포함되는 범위다. 법령은 원산지증빙서류를 구성하는 요소로 원산지증명서와 함께 필요한 '서류·정보'를 모두 명시하고 있으므로, 기업은 두 가지를 모두 확보·관리해야 한다.

동일한 내용을 담고 있는 전자문서를 관련 법령 요건에 맞게 보관하면 종이 서류를 대체할 수 있지만, 이 경우 「전자문서 및 전자거래 기본법」 등에서 요구하는 기술적·법적 조건을 충족해야 하며, 세관 검증 시 법적 증거로서 인정받을 수 있어야 한다.

---

11) 제2조(정의) 이 법에서 사용하는 용어의 뜻은 다음과 같다.
　　1. "정보"란 공공기관이 직무상 작성 또는 취득하여 관리하고 있는 문서(전자문서를 포함한다. 이하 같다) 및 전자매체를 비롯한 모든 형태의 매체 등에 기록된 사항을 말한다.

2013년 개정 이후에는 원산지증명서 외에도 계약서, 송장, 운송서류와 같은 종이 서류뿐 아니라 ERP 시스템 데이터, 이메일, 생산공정 기록 파일 등 다양한 디지털 정보를 함께 보관하는 이중 관리 체계가 요구된다. 이러한 체계는 FTA 특혜관세 적용과 원산지 검증 대응을 위해 필수적이다.

구분	인정 여부
1. 서류와 정보 둘 다 존재: 종이·전자 형태의 서류 + ERP 데이터·이메일 등 정보가 모두 확보된 경우	최적 요건: 세관 검증 시 입증력 가장 높음
2. 서류는 없고 정보만 존재: 계약정보, 생산기록, 이메일 등 전자정보만 남아 있고 종이 또는 전자문서 형식의 정식 "서류"는 없는 경우	조건부 인정 가능: 정보가 서류 수준의 증명력을 갖추고, 법적 보관 요건 충족 시 가능
3. 정보는 없고 서류만 존재: 원산지증명서, 송장, 계약서 등 종이·전자문서는 있고 ERP·생산데이터 등 정보는 없음	기본 인정 가능: 법령상 '서류·정보' 중 '서류'는 핵심이므로 증명력 충족 시 가능
4. 서류도 없고 정보도 없음: 원산지를 입증할 어떠한 증빙도 존재하지 않는 경우	불인정: 특혜관세 적용 불가, 추징 가능
5. 서류는 있으나 불완전, 정보가 이를 보완: 서류에 기재 오류·누락이 있으나 ERP·생산기록 등 정보로 보완 가능한 경우	인정 가능: 2013년 이후 '정보' 인정 취지에 해당
6. 정보는 있으나 신뢰성 부족, 서류가 미비: 정보는 있으나 수정 가능성이 높거나 형식요건(전자문서법 등) 불충족	인정 곤란: "정보"는 보조적이므로 신뢰성 매우 중요

3. 결론

"서류"와 "정보"는 법적으로 병렬 요소이지만, 서류가 핵심적인 1차 증빙, 정보는 보완적 증빙으로 기능한다. 서류만 있어도 기본적으로 원산지 입증 가능하지만, 정보만 있는 경우는 법적·기술적 요건을 충족해야만 인정될 수 있으며 실무 리스크가 존재한다. 세관 검증 단계에서는 '서류 + 정보를 모두 보유'한 상태가 가장 안정적이며, 이는 2013년 이후 전자적 기록까지 증빙 범위에 포함시키려는 입법 취지에도 부합한다.

제02조-04 비당사국(제3국) 발행 송장

자유무역협정에서 '거래당사자'란 협정의 적용을 전제로 상품을 생산·수출·수입하는 주체를 말하며, 협정문에 따라 생산자, 수출자, 수입자 중 일부 또는 전부가 법적으로 정의된다.

협정별 거래당사자 정의 규정

협정	생산자	수출자	수입자
칠레, 싱가포르, EFTA, 아세안, 페루, 캐나다, 베트남, 콜롬비아, 중미, 필리핀	○	○	○
호주, 뉴질랜드	○	○	-
인도, EU, 미국, 튀르키예, 중국, 영국, RCEP, 이스라엘, 캄보디아, 인도네시아	○	-	-

FTA 특혜관세는 협정 당사국에 소재하는 거래당사자가 발급·관리하는 상업서류를 기반으로 적용되므로, "누가 거래서류를 발행했는가"는 원산지 판단과 특혜 적용에서 핵심적 요소가 된다.

이러한 구조 때문에, 물품의 원산지는 협정 당사국이지만 송품장을 제3국의 주체가 발행하는 경우에는 상업서류의 효력과 FTA 적용 가능성이 문제될 수 있다. 즉, 제3국 송장은 단순히 발행지가 외국이라는 의미가 아니라, 송장 발행 주체가 협정상 거래당사자에 해당하지 않는 경우를 의미하며, 이는 원산지 검증·특혜관세 적용에서 별도의 판단 기준을 요구하게 된다.

이러한 배경을 전제로 다음에서 제3국 발행 송장의 개념, 발생 원인, 협정별 인정 여부 등을 검토한다.

1. 제3국 발행 송장이 발생할 수밖에 없는 이유

국제무역에서 송품장은 수출자가 수입자에게 발행하는 상품 명세서로, 거래 물품의 품명, 수량, 단가, 총액 등 대금 결제에 필요한 핵심 정보가 포함되며, 대금 결제는 일반적으로 해당 송품장을 기반으로 이루어진다. 일반적인 무역에서는 수출국의 송하인(Consignor)이 수입국의 수하인(Consignee)에게 송품장을 발행한다. 그러나 국제무역이 다변화되고 글로벌 공급망 구조가 점점 복잡해짐에 따라, 물품이 생산국에서 수입국으로 직접 판매·운송되는 전통적인 거래방식 외에 제3국이 거래 과정에 개입하는 다양한 형태가 등장하였다. 그중에서도 중개무역과 중계무역은 제3국 발행 송장이 발생하는 대표적인 사례다.

중개무역은 제3국에 위치한 중개인이 수출국과 수입국 사이에서 거래를 주선하는 형태로, 물품 소유권은 수출국에서 직접 수입국으로 이전된다. 중개인은 실제 물류를 취급하지 않고, 주로 거래 연결·계약 체결·가격 협상 역할을 담당하며, 수익은 중개 수수료나 커미션을 통해 발생한다. 물품은 생산국에서 구매국으로 곧바로 운송되지만, 송품장은 제3국의 중개인이 발행하는 경우가 많다. 이때 원산지증명서는 FTA 체결국 기준으로 생산자 또는 수출자가 발급하지만, 송품장은 거래를 주선한 제3국 중개인의 명의로 작성되어 수입자에게 전달된다. 이러한 형태를 제3국 발행 송장(Third Party Invoice)이라고 하며, 송품장 발행 주체가 협정 당사국이 아닌 제3국까지 확장되는 구조를 보여준다.[12]

2. 협정에서 규정하는 제3국 송장 발행 규정의 유형

우리나라가 체결한 FTA 중 제3국 발행 송장을 전면적으로 부인하는 협정은 존재하지 않는다. 대부분의 협정은 물품이 협정상 원산지 요건을 충족한다면, 송장 발행지가 비당사국이라는 이유만으로 특혜관세를 제한하지 않는다는 해석이 가능하도록 규정

---

12) 한편, 중계무역은 제3국이 생산국에서 물품을 직접 수입해 소유권을 취득한 뒤, 이를 다른 국가로 재수출하는 형태다. 중계국은 운송 과정에서 가공, 포장 변경, 품질 개선 등의 부가가치를 창출하며, 상품 품질이나 운송 손실에 대한 책임을 직접 부담한다. 홍콩이나 싱가포르처럼 관세가 면제되고 국제 물류 거점 기능을 수행하는 국가들이 주로 중계무역을 운영한다. 그러나 중계무역의 경우, 제3국에서 한 번 수입통관을 거치게 되므로 FTA 원산지 요건을 충족하기 어려운 경우가 많아 협정관세 적용이 곤란하다.

하고 있거나, 아예 제3국 송장에 대해 별도의 규정을 두지 않은 방식으로 합의되어 있다.

이는 국제거래에서 중개무역·위탁판매·물류 경유 등으로 인해 원산지는 협정국이지만 상업서류가 제3국에서 발행되는 구조가 빈번하다는 현실을 반영한 것이다. 다만 협정별로 규정의 존재 여부, 기재 의무, 적용 조건이 크게 다르기 때문에, 제3국 송장에 대한 인정 범위는 협정마다 상이하게 판단된다. 이러한 차이는 원산지 검증과 통관 심사에서 중요한 기준으로 작용하며, 협정에 따라 원산지증명서에 추가 정보를 요구하는 경우도 있고, 규정 부재로 인해 국내 지침에 의존해야 하는 경우도 발생한다.

가. '규정 있음 + 원산지증명서 정보 기재 의무' 形: 칠레, 아세안, 인도, 중국, 베트남, RCEP, 캄보디아, 인도네시아, 이스라엘, 필리핀

이 유형의 협정은 제3국 송장에 대한 규정을 명확히 두고 있으며, 특혜관세 적용을 위해서는 반드시 원산지증명서에 제3국 송장 발행자의 회사명과 국가를 기재해야 한다. 이는 제3국이 발행한 상업서류가 실제 수입물품과 동일한 거래를 나타내는지 확인하기 위한 장치로 기능한다.

예컨대 한-칠레 FTA는 원산지증명서를 당사국 거주 수출자만 발급할 수 있도록 규정해 제3국 개입을 엄격히 관리하고 있으며, 한-아세안 FTA에서는 중개무역과 같이 거래 단계가 여러 번 발생하는 경우, 최종적으로 송장을 발행한 주체의 정보 (회사명·국가)를 원산지증명서에 기재해야 한다. 이 정보가 누락되면, 실제 거래 구조를 확인할 수 없어 원산지증명서가 유효한 증빙으로 인정되지 않는다.

이와 같이 인도, 중국, 베트남, RCEP, 캄보디아, 인도네시아, 필리핀 등 다수의 협정이 제3국 송장 발행자 정보 기재를 의무화하고 있으며, 기재 누락 시 특혜관세 적용이 제한되는 구조를 갖는다.

나. '규정 있음 + 원산지증명서 정보 기재 의무 없음' 形: 호주, 뉴질랜드, 콜롬비아, 페루, 중미

이 유형의 협정들은 제3국 송장에 관한 규정을 포함하되, 원산지증명서에 송장 발행자 정보를 반드시 기재하도록 요구하지 않는다. 따라서 송장이 제3국에서 발행되더라도 원산지증명서가 협정에서 정한 필수 항목을 충족한다면 특혜관세는 유효하게 적용된다. 한-호주, 한-뉴질랜드, 한-콜롬비아, 한-페루, 한-중미 FTA가 이에 해당하며, 실무에서는 제3국 송장 발행 사실만으로 특혜가 거부되는 사례가 발생하지 않는다.

이 유형에서 판단의 핵심은 송장 발행지가 아니라 물품이 협정상 원산지 요건을 충족했는지 여부이므로, 서류 간 동일성은 보완자료 제출을 통해 입증할 수 있다.

다. '규정 없음' 形: 싱가포르, EFTA, EU, 미국, 튀르키예, 캐나다, 영국

이 유형의 협정들은 공통적으로 제3국 발행 송장에 관한 명시 조항을 포함하고 있지 않다. 즉, 협정문에는 제3국 송장을 '허용'하거나 '금지'한다고 규정한 조항이 존재하지 않는다.

국제조약 해석의 일반 원칙에 따르면, 특정 행위를 금지하려면 그 금지를 뒷받침하는 명시 규정이 존재해야 하므로, 협정문에 제3국 송장을 제한하는 조항이 없다면 이를 근거로 제3국 송장을 배제할 수 없다. 따라서 이러한 유형의 협정에서는 제3국 송장을 인정하거나 불인정할 법적 판단 기준이 송장 자체에서 나오는 것이 아니라, 원산지신고 방식과 증명요건을 규정한 협정의 기본 구조에서 도출된다.

이러한 협정들에서 원산지증명 방식의 핵심은 "당사국의 수출자가 협정이 요구하는 방식으로 원산지를 선언하였는가"이며, 상업서류(송장 등의 발행 주체)는 필수 구성요건으로 규정되어 있지 않다. 다시 말해, 해당 FTA에서 요구하는 것은 '누가 송장을 발행했는가'가 아니라 '수출자가 협정 기준을 충족한 원산지를 진정하게 신고하였는가'이다. 따라서 송장이 제3국에서 발행되었더라도, 수출자가 협정이 정한 형식과 요건에 따라 원산지신고서를 작성하고, 그 신고가 원산지 기준을 충족함을 입증할 수 있다면, 제3국 송장이라는 이유만으로 특혜관세 적용이 제한되지는 않는다.

예를 들어 한-EFTA FTA와 같은 경우 협정문은 제3국 송장에 관한 조항을 전혀 두고 있지 않으며, 원산지신고서와 그 기재 요건만을 규정하고 있다. 이 협정에서는 원산지신고서가 상업서류(송장 등) 위에 기재될 수 있다고만 규정하고 있고, 상업서류의 발행국 또는 발행 주체를 한정하는 조항을 두지 않는다. 이는 제3국 기업이 발행한 송장 위에도 수출자인 당사국 기업이 직접 원산지를 신고할 수 있으며, 이 경우

신고의 진정성과 원산지 기준 충족 여부만 입증되면 협정관세 적용이 가능하다는 의미로 해석된다. 즉, '송장 발행국'은 협정이 요구하는 판단 요소가 아니다.

한-EU FTA나 한-미 FTA 역시 제3국 송장에 대한 금지 규정을 포함하고 있지 않으며, 두 협정 모두 원산지 신고 또는 인증의 책임을 수출자에게 부여하는 구조를 가지고 있다. 다만, 각 협정의 구조적 차이로 인해 원산지신고서의 기재 방식이나 서류 구성에 차이가 존재할 뿐, 제3국 송장을 금지하거나 제한하는 조항은 어느 협정에도 존재하지 않는다. 결국 이들 협정 역시 제3국 송장의 사용 여부가 관세 혜택 적용의 판단 기준이 되지 않으며, 핵심은 원산지신고의 진정성과 원산지 기준 충족 여부이다.

반대로 중국[13]이나 ASEAN[14]과의 FTA와 같이 제3국 송장을 명시적으로 허용하는 협정도 존재한다. 이들 협정은 제3국 송장이라도 원산지증명서의 효력을 부정하지 않는다는 규정을 명확히 두고 있으며, 필요한 경우 제3국 송장 발행자 정보의 추가 기재를 요구하는 방식으로 제도를 운영한다. 즉, 제3국 송장을 허용하려는 협정들은 이를 협정문에서 명시적으로 선언한다. 그러나 제3국 송장을 금지하는 협정이라면 마찬가지로 그 금지를 뒷받침할 명시 조항이 반드시 필요하다. '금지 규정 없음 = 금지'라는 논리는 FTA 체계나 국제조약 해석 원칙에 부합하지 않는다.

종합하면, 제3국 송장에 관한 규정이 없는 유형의 협정에서는 송장의 발행국이나 발행 주체가 협정관세 적용 여부를 결정하지 않는다. 이러한 협정 체계에서 기준이 되는 것은 오직 원산지신고서의 적법성, 신고의 진정성, 그리고 협정상 원산지 기준 충족 여부다.

따라서 제3국에서 발행된 송장이라 하더라도 협정 당사국의 수출자가 원산지를 적절히 신고하고 그 기준을 충족함을 입증할 수 있다면, 이는 협정관세 적용을 막는

---

13) 제3.22조(비당사국 송장) 수입 당사국은 이 장에 따른 요건들이 충족되는 경우, 송장이 비당사국에서 발급되었다는 이유만으로 원산지 증명서를 거부하지 아니한다.
14) OCP 제21조
　　1. 상업송장이 제3국에 소재하는 회사 또는 그 회사의 계정으로 수출자에 의하여 발급된 경우에도, 수입 당사국의 관세당국은 원산지증명서를 인정할 수 있다. 다만, 그 상품이 부속서 3의 요건을 충족하여야 한다.
　　2. 상품의 수출자는 원산지증명서에 "제3국 발행송장 대상"임을 명시하고, 송장을 발행하는 회사의 명칭 및 국적과 같은 정보를 기재하여야 한다.

사유가 될 수 없다. 결국 '규정 없음형' 협정의 핵심은 송장의 출처가 아니라 원산지 신고의 적정성에 있으며, 이는 협정문 구조와 국제조약 해석 원칙 모두에 부합하는 결론이다.

3. 제3국 송품장 판단 기준: 발행지보다 중요한 발행 주체

제3국 송품장 여부를 판정할 때 가장 중요한 요소는 송품장이 어디에서 발행되었는지가 아니라 누가 발행했는가이다. 발행 주체가 수입당사국 내에 소재하면서 법적으로 등록된 기업 또는 개인이라면, 비록 거래 과정에서 여러 국가를 거쳤더라도 해당 송품장은 제3국 송품장으로 보지 않는다. 이는 발행 주체가 협정상 '거래당사자'로 인정되기 때문이다.

예를 들어, 한국에서 미국으로 수출되는 상품에 대하여 미국 내 무역회사가 송품장을 발행하는 경우, 발행지는 미국이지만 발행 주체가 수입국 내 거래당사자이므로 제3국 송품장이 아니다. 반면, 같은 물품 거래에서 홍콩 소재 무역회사가 송품장을 발행한다면, 발행 주체가 수출국·수입국과 무관한 제3국에 속하기 때문에 제3국 송품장으로 판단된다. 이처럼 발행국의 지리적 위치보다 발행 주체의 법적·경제적 지위가 판단의 핵심이다.

실무적으로는 '제3국 송장 여부＝발행 주체가 수출국 또는 수입국의 거래당사자 인가?'라는 간단한 기준을 사용하면 효율적이다. '맞다'면 제3국 송품장이 아니고, '아니다'면 제3국 송품장으로 분류된다.

이를 통관 서류 준비 단계에서 명확히 적용하면 불필요한 특혜관세 거부와 통관 지연을 줄일 수 있다.

4. 제3국 발행 송장의 정보를 C/O에 병기(倂記)하는 절차가 필요한 이유

제3국이 송품장을 발행하는 거래에서는 원산지증명서와 송품장을 서로 다른 주체가 작성하는 경우가 자주 발생한다. 원산지증명서는 생산자나 수출자가 발급하는 반면, 송품장은 제3국의 중개인이 작성하는 구조이기 때문이다. 이처럼 문서를 발행하는 주체가 다르면 두 문서가 실제로 동일한 물품을 대상으로 작성된 것인지 세관이 확인하기 어렵다.

FTA 협정세율을 적용받기 위해서는 원산지증명서와 송품장이 동일한 거래를 가리킨다는 사실이 명확하게 입증되어야 하므로, 이러한 확인 절차는 필수적이다.

따라서 원산지증명서에 제3국 발행 송장의 번호나 발행인을 함께 기재하는 절차가 요구되며, 이를 통해 세관은 문서 간 정보 불일치에도 불구하고 동일성이 확보되었음을 판단할 수 있다.

결국 이 병기 절차는 제3국이 개입하여 문서 발행 구조가 복잡해진 거래에서 협정관세 적용을 가능하게 만드는 핵심적인 장치로 기능한다.

5. 제3국 송장이 여러 번 발행될 경우 원산지증명서 작성

가. 일반 원칙

대부분의 FTA는 제3국에서 발행된 송장이라는 이유만으로 특혜관세 적용을 거부하지 않는다. 중요한 것은 물품이 협정상 원산지 요건을 충족하고, 원산지증명서·송품장·운송서류 간의 정보가 서로 일치하는지 여부이다. 따라서 중개무역 과정에서 송장이 여러 차례 재발행되더라도, 최종적으로 거래의 동일성이 입증되면 특혜관세 적용이 가능하다.

나. 동일성 입증 필요

제3국 송장 규정이 존재하는 협정에서는 송장의 발행국 자체는 문제가 되지 않는다. 그러나 제출되는 모든 서류가 동일한 거래를 반영해야 하므로, 원산지증명서에는 생산자 또는 수출자가 발행한 최종 거래 조건(송품장 번호 등)이 기재되어야 한다.

한-호주, 아세안, RCEP 등은 이 원칙을 명확히 인정한다.

다. '규정 없음' 형 FTA(EU, 미국 등)의 실제 해석

한-EU FTA와 한-미 FTA는 제3국 송장에 관한 별도의 규정은 없지만, 제3국 송장을 금지하거나, 제3국 송장이 있으면 원산지신고서가 무효가 된다고 규정하고 있지 않다.

따라서 다음과 같은 해석이 정확하다.

- 원산지신고서는 반드시 당사국의 수출자가 작성해야 한다.
- 그러나 신고서가 어떤 송장(어디에서 발행된 송장) 위에 작성되어야 한다는 제한 규정은 없다.
- 제3국 송장이 있더라도, 원산지신고서 자체가 협정상 요건(정해진 문구, 신고자의 서명 등)을 충족하면 유효하다.
- 때문에 EU·미국 FTA에서도 제3국 송장이 여러 번 발행된 경우라도, 동일성 입증과 원산지신고서 요건 충족 시 특혜관세 적용이 가능하다.

즉, 규정 부재는 제3국 송장 금지를 의미하지 않으며, 단지 제3국 송장 관련 절차나 명시적 요건이 없기 때문에, 검증 과정에서 수입자는 거래 내역의 동일성을 더 명확히 소명해야 한다는 점을 의미한다.

라. 결론

제3국 송장이 여러 번 발행되더라도 FTA 적용 가능 여부는 다음 기준에 따른다.

제3국 송장 규정이 있는 협정(예: 아세안, 호주, RCEP 등)은 동일성 입증이 핵심이며, 송장 발행지나 송장 수의 다중성은 제한 요인이 아니다.

제3국 송장 규정이 없는 협정(예: EU, 미국 등)은 제3국 송장을 금지하지 않으며, 원산지신고서 요건과 거래 동일성 입증을 충족하면 특혜관세 적용이 가능하다. 단, 별도 명시 규정이 없으므로 검증 시 거래 흐름을 명확히 설명해야 하는 부담이 있다.

따라서 실무자는 협정별로 원산지증명서 작성 요건, 제3국 송장 관련 명시 규정 여부, 동일성 입증 자료를 정확히 구분해 적용해야 한다.

협정과 국내 법령과의 적용 우선순위에 관한 쟁점

1. 협정과 국내법의 역할 구분

개별 협정은 품목별 관세 인하 일정, 원산지 판정 기준, 통관절차, 분쟁 해결 방식 등 세부 사항을 협정국 간 합의에 따라 규정한다. 이 내용은 협정마다 상당한 차이가 있으므로, 「FTA 관세법」은 모든 FTA에 공통되는 절차·운영 틀만 마련하고, 세부 특례 내용은 해당 협정문과 부속서를 직접 참조하여 적용하도록 하고 있다. 즉, 국내법은 행정 집행과 납세 편의를 위한 규범이고, 국제협정은 구체적인 기준과 조건을 규율하는 상위 근거 규범이다.

2. 협정 우선의 원칙

「FTA 관세법」은 우리나라가 체결·발효한 자유무역협정을 국내에서 이행하기 위한 절차와 기준을 규정한 특별법이다. 그러나 이 법률은 모든 개별 협정의 세부 내용을 직접 포함하지 않고, 공통적인 통관·관세 적용 절차만을 담고 있다.

「대한민국헌법」 제6조 제1항은 체결·공포된 조약과 일반적으로 승인된 국제법규가 국내법과 같은 효력을 가진다고 규정하며, 국내법과 조약이 상충하는 경우에는 조약이 우선 적용된다고 해석된다. 이에 맞추어 「FTA 관세법」 제3조 제2항은 개별 협정 내용이 법률과 상충할 경우 협정을 우선 적용하도록 명시하고 있다. 다음과 같은 경우에 협정이 법률보다 우선 적용된다.

- 관세 철폐율 및 일정: 품목별 세율 인하 일정은 협정 부속서(양허표)에 명시되므로, 국내법이 아닌 협정 규정을 적용.
- 사전심사 조건: 협정에 명시된 심사 요건이 국내 규정보다 상이한 경우, 협정에 따라 심사 수행.

따라서 관세 적용 실무에서 협정 규정은 국내법보다 상위에 있으며, 「FTA 관세법」은 협정 집행을 위한 보완 규범으로 기능한다.

3. 협정보다 완화된 국내법 적용 여부

일반적으로 국내법과 협정이 상충할 경우 협정 규정을 우선 적용하지만, 만약 「FTA 관세법」의 내용이 협정보다 완화된 기준을 규정하고 있어, 이를 적용하는 것이 수입업체나 수출업체에 유리한 경우가 있다면, 국내법을 적용할 수 있다.

이는 협정이 최소기준 역할을 하고, 각 당사국이 자국 내에서 더 관대한 규정을 두는 것을 금지하지 않는 한 허용되기 때문이다. 예를 들어, 협정에서 원산지 증명에 대해 엄격한 조건을 두었지만, 국내법이 그보다 간소화된 증명 절차를 규정하고 있는 경우, 해당 완화된 기준이 사업자에게 유익하고 협정상 이를 금지하지 않는다면 국내법을 적용할 수 있다. 다만, 이러한 완화 규정 적용은 협정 상대국과의 통상마찰을 피하기 위해 협정 해석 범위 내에서 신중히 이루어져야 하며, 국제의무를 훼손하지 않는 범위에서만 가능하다.

4. 협정 해석에 있어 영문본과 국문본이 상충될 경우 우선 적용 순위

국제무역협정, 특히 자유무역협정은 체결국 간 합의된 조문을 명확하게 규정하기 위해 한 가지 이상의 언어본을 작성하는 경우가 많다. 우리나라가 체결한 FTA의 경우, 협정문은 대체로 영문본과 국문본을 병기하거나, 협정을 영어로만 작성하는 사례도 존재한다. 이러한 다중 언어본 작성 방식은 국가 간 협정의 투명성과 이해성을 제고하지만, 때때로 양 언어본의 표현·문장 구조·법적 용어가 서로 상충되는 상황이 발생할 수 있다.

양 언어본의 내용이 불일치하는 경우에는 협정문에서 정한 '정본(Authentic Text) 규정'에 따라 어느 언어본을 우선 적용할지가 결정된다. '정본'이란 법적으로 협정 해석에 있어 최종적인 권위를 인정받는 언어본을 의미하며, 협정문 조항에서 그 지위를 명시한다.

우리나라가 체결한 FTA 중 우선순위를 규정하는 방식은 크게 영문본 우선[15], 영문본과 국문본 동등[16], 영문본만 작성[17]의 세 가지 유형으로 나뉜다.

협정별 정본 규정

구분	적용 협정	우선순위 규정 예시
영문본 우선 (14개)	칠레, 싱가포르, EFTA, 아세안, 인도, 페루, 튀르키예, 콜롬비아, 중국, 베트남, 중미, 이스라엘, 캄보디아, 인도네시아	한-중 FTA 제22.6조: 한국어·중국어·영어본 모두 정본이지만, 불일치 시 영어본 우선
영문본·국문본 동등 (7개)	미국, EU, 호주, 캐나다, 뉴질랜드, 영국, 필리핀	한-미 FTA 제24.6조: "한국어본과 영어본은 동등한 정본"
영문본만 작성	RCEP	영어 단일 원본만 존재

이와 같이 협정문 언어본의 관계와 우선순위는 협정의 정본 규정에 따라 명확히 결정되며, FTA 적용 실무에서는 이를 반드시 확인하는 것이 중요하다. 특히 관세율 조정, 원산지 규정, 비관세 장벽 해석 등 실질적인 무역 이행 과정에서 언어본의 해석이 직접적으로 법적 분쟁과 연결될 수 있다.

따라서 협정 해석 시, 우선순위 규정에 따른 정본을 기준으로 해석하고, 상충되는 표현이나 조문은 가능한 한 공통된 의미로 조정해야 한다. 이는 국제법적 안정성과 국내 적용의 일관성을 동시에 확보하기 위한 필수 절차라 할 수 있다.

---

15) 이는 협상 과정에서 영어가 공통 작업 언어로 사용된 점과, 법령 해석의 명확성을 높이기 위한 실무적 이유로 볼 수 있다.
16) 양 언어본의 해석상 불일치가 있을 경우 어느 한쪽을 우선하기보다 상호 비교·조화 해석을 원칙으로 한다.
17) 이 경우 국문 번역본은 참고용으로만 활용되며, 협정의 법적 해석에는 적용되지 않는다.

제04조-01 수량별 차등협정관세의 개념 및 적용 절차

1. 수량별 차등협정관세와 한도수량 내 협정관세율 개념

수량별 차등협정관세는 협정에서 특정 품목에 대해 설정한 한도수량(TRQ 방식과 유사한 구조)을 기준으로 차등 관세가 적용되는 제도이다. 한도수량 범위 내에서는 협정이 정한 인하된 관세율을 적용하지만, 해당 수량을 초과하는 물량에 대해서는 기본세율 또는 비협정세율을 적용하는 방식으로 운영된다. 이 제도는 농산물 등 민감 품목에 대해 시장 접근을 제한적으로 개방하면서도 일정 부분 관세 혜택을 제공하기 위해 활용된다.

이때, 한도수량 내 협정관세율은 위 제도에서 일정 수량(쿼터) 범위 안에서 적용되는 '가장 낮은 세율'을 의미한다. 법령에서는 동일 품목에 대해 여러 세율이 존재하는 경우, 그중 가장 낮은 세율을 한도수량 내 협정관세율로 본다고 규정하고 있다.

한도수량 내 협정관세율을 적용받기 위해서는 단순히 수량만 충족한다고 자동 적용되는 것이 아니라, 주무부장관 또는 위임 기관의 추천(쿼터 배정)을 받고, 그 추천서를 수입신고 수리 전(또는 일정 예외기간 내)에 세관장에게 제출해야 한다.

정리하면, 수량별 차등협정관세는 구조(제도)이고, 한도수량 내 협정관세율은 그 구조 안에서 일정 수량까지 적용되는 낮은 세율이다.

구분	의미	역할	비고
수량별 차등협정관세	수량 기준에 따라 서로 다른 협정세율을 적용하는 제도	전체 구조	TRQ(저율관세할당)와 유사
한도수량 내 협정관세율	수량별 차등협정관세 중 일정 수량까지 적용되는 가장 낮은 세율	실제 적용되는 낮은 세율	추천 절차 필요

2. 적용 방법

적용 방법은 크게 관계기관 추천서에 의한 방식과 선착순 방식이라는 두 가지로 나뉜다.

가. 추천서에 의한 적용 방식

관세할당(Tariff Rate Quotas; TRQ) 품목 중 일부는 수량별 차등협정관세의 혜택을 받기 위해, 관계기관(주무부장관 또는 그 위임을 받은 자)으로부터 추천을 받아야 한다. 이 경우 수입자는 해당 기관으로부터 추천서를 발급받아 수입신고 수리 전까지 세관장에게 제출해야 한다. 다만, 2021년 7월 27일 대통령령 제31906호 개정으로 단서가 신설되어, 추천서를 제출하는 기한이 다음과 같이 완화되었다. 즉, 해당 물품이 아직 보세구역에서 반출되지 않은 경우에는 수입신고 수리일부터 15일째 되는 날까지 추천서를 제출할 수 있다.[18] 이는 실무상 추천서 발급이 지연될 수 있는 상황에서 수입자의 협정관세 적용 기회를 넓히는 효과를 가진다.

따라서, 추천서 방식에서는 추천서 발급·제출 절차와 기한이 관세 혜택을 받기 위한 핵심 요건이 된다.

나. 선착순 방식에 의한 적용

선착순 방식은, 한도수량 내 협정관세율이 적용되는 물품에 대해 연간 총 수량을 미리 설정하고, 해당 수량을 먼저 수입신고한 순서대로 배정하여 적용하는 방법이다. 이 경우 추천서는 제출할 필요가 없다. 선착순 방식은 주로 특정 FTA 협정에 따라 합의된 품목에 대해서 운용되며, 운영 주체는 재정경제부장관이다. 즉, 재정경제부가 관리하는 연간 수입물량 한도 안에서, 먼저 수입신고한 물품부터 한도수량 내 협정관세율을 적용받도록 하는 제도이다.

---

18) 관세법은 협정관세 적용을 위해 필요한 증명서·추천서를 원칙적으로 수입신고 수리 전까지 제출하도록 규정(관세법 제38조·제39조 등)하고 있으며, 수리 이후 제출은 허용되지 않는 것이 일반적인 원칙이다. 그러나 FTA 관세법 시행령 제3조 단서(2021.7.27. 개정)는 한도수량 내 협정관세에 필요한 추천서에 대해, 물품이 보세구역에서 반출되지 않은 경우 수입신고 수리일로부터 15일째 되는 날까지 제출할 수 있는 예외를 인정한다. 이는 관세법의 엄격한 제출시점 요건을 완화하여 수입자의 권리 보호와 행정 편의성을 높이기 위한 특례이다.

이 방식에서는 신고 순서가 관세혜택 적용 여부를 결정하기 때문에, 수입자 입장에서는 물량 확보와 수입신고 속도가 매우 중요하다. 현재 선착순 방식이 적용되는 주요 협정과 품목은 EU(넙치류), 미국(넙치류, 명태, 민어), 뉴질랜드(홍합), 중국(눈다랑어, 소라, 해파리)이다.

3. 한도수량 내 협정관세율 적용 물품의 선착순 배정 절차 등

한도수량 내 협정관세율 적용 물품의 선착순 배정이란, 특정 FTA 협정에 따라 일정 수량만 협정관세율을 적용받도록 양허된 물품의 경우, 해당 수량을 먼저 수입신고한 순서대로 배정하는 방식이다.

이는 「FTA 관세법 시행령」 제3조 제2항에 근거하여 관세청장이 직접 배정하며, 기획재정부령으로 정하는 물품이 대상이다. 운용 목적은 연간 협정 물량을 공정하고 투명하게 배분하고, 초과 물량에 대해서는 기본세율이나 비협정 세율을 적용하도록 하는 데 있다.

가. 선착순 배정의 법적 기준

선착순 배정은 원칙적으로 해당 물품을 보세구역에 장치한 후 수입신고한 날짜를 기준[19]으로 진행된다. 즉, 동일 날짜에 수입신고한 물량 전체를 접수한 이후 배정 절차를 진행하며, 시간 순서가 아니라 날짜 단위로 처리하는 것이 특징이다.

나. 수량별 차등협정관세 적용 기간

현행 FTA 관세법령에는 수량별 차등협정관세 적용기간에 대한 명시 규정이 없다. 그러나 실무에서는 「농축수산물 시장접근물량 양허관세 추천 및 수입관리요령」 제9조 제5항을 준용하여 해당 연도(12월 31일까지)를 초과할 수 없도록 운영하고 있다.

---

19) 「FTA 사무처리에 관한 고시」에 따르면 2016년 12월 27일 이전에는 적용수량에 도달한 날의 잔량 배정 기준을 '수입신고 수리된 수량'으로 운영하였으나, 이는 「FTA 관세법 시행령」의 '수입신고된 수량' 기준과 불일치하였다. 이에 따라, 2016년 12월 27일자로 고시를 개정하여 법령 기준과 동일하게 수입 신고된 수량을 기준으로 배정하도록 하였다.

이는 협정상 발동 수준이 연도별로 설정되는 취지를 반영한 것으로, 해당 연도에 수입·통관된 물량만이 당해 연도의 협정관세 적용분으로 인정되도록 하기 위함이다. 만약 기간 제한 규정을 두지 않으면, 한 해의 잔여 물량을 다음 연도에 사용하는 상황이 발생하여 발동 수준이 왜곡될 수 있다. 예를 들어, 해당 연도에 기본세율로 통관한 물품에 대하여 다음 해에 잔여 물량을 근거로 협정관세를 신청할 수 있게 되면 연도별 물량 관리가 무의미해진다.

따라서, 실효성 있는 연간 물량관리를 위해서는 법령에 수량별 차등협정관세 적용신청 기한을 해당 이행 연도로 명확히 제한하는 규정 신설이 바람직하다.

다. 배정 정보의 관리 및 공개

「FTA 관세법 시행령」 제3조 제3항은 관세청장이 선착순 배정 대상 물품의 정보를 지정된 정보통신망에 공개하도록 규정하고 있다.

이에 따라 관세청은 「자유무역협정의 이행을 위한 관세법의 특례에 관한 법률 사무처리에 관한 고시」 (이하 "FTA 관세법 고시") 제7조에 근거해 품목별 적용 수량, 배정 수량, 남은 적용 수량을 관세청 홈페이지 또는 관세청 FTA 포털에 게시한다. 게시 기간은 배정 절차 완료일까지이며, 이를 통해 수입자는 실시간으로 잔여 물량을 확인할 수 있다. 공개 목적은 정보 접근성과 공정성을 확보하여 특정 수입자나 업체의 불공정 이익을 방지하는 것이다.

라. 선착순 방식 수입통관 절차

관세청은 2017년 3월 10일부터 「선착순 방식 수량별 차등협정관세 적용물품 수입통관처리 지침」을 시행하여 선착순 배정 절차를 표준화하였다. 주요 절차는 다음과 같다.

① 수입신고 접수: 관세사가 전자통관시스템을 통해 수입신고서를 제출하면, 관세청은 날짜별로 해당 품목의 수량을 취합한다.

② 적용 수량 도달 여부 판단: 해당 품목의 한도수량이 도달했는지 여부를 판단한다. 도달하지 않은 경우는 정상 통관, 도달한 경우는 남은 수량을 도달일 수입신고 건에 비례하여 배정한다.

③ 비례 배정: 관세청 전산실에서 품목별 남은 적용수량, 수입신고 수량, 수입신고서 내역을 취합하여 배정 대상 세관에 통보한다.

④ 신고서 정정 및 수리: 세관 수입담당과는 관세사에게 배정 수량을 반영한 신고서 정정을 요청하고, 정정된 신고서가 접수되면 담당자가 수입신고 수리를 진행한다.

마. 특수 상황에서의 재배정 방안

선착순 방식에 따라 한도수량을 배정하는 과정에서는, 수입신고 시점에 입력된 수량과 수입신고 수리 시점의 실제 수량이 서로 달라지는 경우가 발생할 수 있다. 이러한 변동은 주로 신고 오류, HS 코드 변경, 원산지 불인정, 신고 취하, 반송 등의 사유로 생기며, 관세청은 상황별로 정해진 규칙에 따라 재배정을 실시한다.

먼저, 신고 오류나 품목 변경 등으로 인해 신고 당시의 수량이 수리 시점에 감소한 경우에는, 한도수량 도달일까지 신고된 건에 대해서 수리 시점의 실제 수량을 기준으로 재배정을 한다. 재배정 후에도 적용 가능한 잔여 수량이 남아 있는 경우에는, 그 잔여 수량을 도달일 이후 최초로 수입신고한 건에 우선 배정하여 한도수량 내 혜택이 돌아가도록 한다. 반면, 신고 정정 등으로 수량이 증가한 경우에는, 그 증가된 물량에 대해서는 추가 배정을 하지 않으며, 초과분은 비협정세율을 적용하여 통관하도록 한다.

다음으로, 신고 취하 또는 반송 사유가 발생한 경우에는 반송 후의 수량을 기준으로 배정을 조정한다. 반송 처리 후 해당 건의 수입 수량이 최초 배정된 수량보다 많거나 같은 경우에는 기존의 배정 수량을 그대로 유지한다. 그러나 반송 처리 후 수량이 최초 배정 수량보다 적을 경우에는, 줄어든 실제 수량만큼 배정 수량을 조정하며, 이 과정에서 발생한 잔여 적용수량은 도달일 수입신고 건에 우선 배정하여 그날 신고분에 대한 배정 불균형을 방지한다.

또한, 수입신고 수리 후 품목분석 결과에 따라 HS 코드가 변경되거나 실시된 원산지 조사에서 원산지가 협정관세 적용 대상이 아님이 판정된 경우와 같이, 수리 이후 수입신고 수량이 변동되는 상황에서는 재배정을 하지 않는 것이 원칙이다. 이는 이미 신고가 수리된 이후에는 협정관세 배정이 확정된 것으로 간주하여 사후 변경으로 인한 혼란을 방지하기 위함이다.

이와 같은 재배정 규칙은 선착순 배정제도의 법적 근거와 운용 방식을 충실히 반영하여, 한도수량 내 협정관세 적용의 공정성과 투명성을 유지하고, 연간 관리 물량의 정확성을 확보하려는 목적을 가지고 있다.

제04조-02 선착순 배정 초과 수량에 대한 수입신고 취하 가능 여부

FTA 협정관세 선착순 배정제도에서는 한도수량을 초과한 경우 초과 물량에는 협정관세가 적용되지 않고, 기본관세나 특별긴급관세가 적용된다. 본 사안은 그러한 초과 물량을 이미 수입신고한 상태에서 취소(취하)할 수 있는지 여부와 그 조건을 2016년도 실제 메밀 수입 사례를 통해 검토한 것이다.

1. 사실관계

2016년에 미국산 메밀(품목번호 1008.10.0000)이 한-미 FTA 협정에 따라 선착순 배정방식으로 수입되었다. 해당 품목의 2016년도 한도수량은 500톤이었다. 이 방식은 별도의 추천기관 없이, 수입자가 수입신고한 순서에 따라 한도수량 범위 내에서 협정세율(0%)을 적용하는 제도다. 그러나 2016년 1월 1일, 4개 업체가 동시에 총 1,250톤을 신고하면서, 법령상 규정(「FTA 관세법 시행령」 제4조 제2항)에 따라 같은 날짜의 신고는 동시로 간주하여 비례배정을 실시하였다. 그 결과 각 업체별로 배정된 협정세율 적용 물량은 다음과 같이 조정되었고, 초과분에 대해서는 특별긴급관세 (229%)가 적용되었다.

- A사: 500톤 중 200톤을 적용(비례 배정), 300톤 초과 → 특별긴급관세율 적용
- B사, C사, D사: 비례배정 후 초과 물량에 특별긴급관세율 적용

이때 A사는 협정세율을 적용받은 200톤만 통관·반출하고, 초과분 300톤은 통관보류 상태로 보세구역에 보관하였다.

2. 쟁점

쟁점은 한도수량 초과로 협정세율을 적용받지 못한 물품을 자유무역지역 입주 업체에게 양도하기 위해 수입신고를 취하할 수 있는지 여부다. 즉, 이미 수입신고가 이루어졌지만, 국내로 직접 반입하지 않고 자유무역지역이나 보세공장 반입과 같은 다른 법적 절차를 밟기 위해 신고를 취소하는 것이 가능한지가 문제다.

3. 법적 검토

가. 수입신고 취하의 법적 근거

「관세법」 제250조 제1항은 수입신고의 취하를 "정당한 이유가 있는 경우에만 세관장의 승인을 받아" 할 수 있도록 하고 있다. 다만, 이미 장치 장소에서 물품을 반출한 경우에는 취하가 불가능하다. '정당한 이유'란 계약 불일치, 변질·손상에 따른 반송, 요건 불합격으로 인한 반송·폐기 등 사유를 말하며, 단순히 낮은 세율을 적용받기 위한 취하, 국내 판로 미확보, 자금사정 등은 정당한 이유에 해당하지 않는다.

나. 본 사안에서 수입자의 사정인지 여부

선착순 배정제도의 특성상, 수입자는 수입신고 이전이나 신고 당일에도 본인이 협정세율 적용대상이 될 수 있는지 사전에 확정적으로 알 수 없다. 다른 수입자가 같은 날 대량 신고할 경우 초과 물량은 협정세율이 배제되는데, 이는 수입자가 미리 예측하거나 통제하기 어려운 상황이다. 따라서 본 사안에서 초과 물량이 발생한 것은 단순한 수입자 개인 사정으로 볼 수 없으며, 특히 제도 미비로 인한 사전 정보 부족이 중요한 요인이 된다.

다. 자유무역지역 반입의 타당성

자유무역지역 제도에서는 허가받은 입주 업체가 외국 물품을 직접 수입하거나 국내 보세화물을 양수하여 제조·가공 후 국내 반입할 수 있다. 이 경우 자유무역지역 반입신고는 관세법상 '수입신고'와 법적 성격이 달라서, 국내에서 사용·소비하는 것이 아니므로 반송·폐기·보세공장 이동과 같은 취지에 부합한다. 따라서 초과 물량을 국내 소비가 아닌 자유무역지역이나 보세공장에서 사용하려는 목적이라면 수입신고 취하를 허용하는 것이 법적으로 타당하다.

4. 의견

본 사례에서 수입자가 초과 물량을 사전에 예측할 수 없는 점과 제도상 한계를 고려하여, 수입신고 제도의 본래 취지를 훼손하지 않는 범위 내에서 일부 신고취하를 허용하는 것은 타당하다.

- 허용되는 경우: 당초 수입 목적이 아닌 자유무역지역 반입, 보세공장 사용 등 관세법상 외국물품 반입의 다른 법적 목적을 위한 신고 취하
- 허용되지 않는 경우: 단순히 수입신고 시기를 늦추거나 재신고하여 더 유리한 세율을 적용 받으려는 신고 취하, 즉 과세물건·적용법령·납세의무 확정을 회피하는 목적

5. 결론

FTA 협정 선착순 배정에서 초과 물량이 발생한 경우, 수입자가 그 초과분을 국내로 직접 반입하지 않고 자유무역지역 또는 보세공장 반입 등 다른 합법적 용도에 사용하려는 목적이라면 수입신고 취하가 가능하다. 이는 「관세법」 제250조의 '정당한 이유'에 해당하며, 반송·보세 이동과 같은 취지에 부합한다.

그러나 재신고를 통한 세율 변경이나 단순 업체 사정에 따른 취하는 허용되지 않는다. 초과 물량 발생은 제도상 특성으로 수입자가 예측하기 어려우며, 이러한 경우에는 법령이 허용하는 범위 내에서만 처리해야 한다.

제05조-01 세율 적용의 우선순위

1. 세율 적용 우선순위의 법적 근거

세율 적용의 우선순위는 「관세법」과 「FTA 관세법」에 모두 규정되어 있다. 특히, 「FTA 관세법」 제5조는 협정관세와 「관세법」 제50조의 각종 적용 세율이 경합하는 경우의 우선순위를 명확히 규정하고 있다.

> **제5조(세율 적용의 우선순위)** ① 협정관세의 세율이 「관세법」 제50조에 따른 적용세율과 같거나 그보다 높은 경우에는 「관세법」 제50조에 따른 적용세율을 우선하여 적용한다. 다만, 협정관세의 세율이 「관세법」 제50조에 따른 적용세율과 같은 경우 제8조 제1항에 따른 수입자가 협정관세의 적용을 신청하는 때에는 협정관세의 세율을 적용할 수 있다.
> ② 제1항에도 불구하고 「관세법」 제51조, 제57조, 제63조, 제65조, 제67조의2, 제68조 및 제69조 제2호에 따른 세율은 협정관세의 세율보다 우선하여 적용한다.

제1항에 따르면 협정관세율이 「관세법」 제50조에 따른 세율과 같거나 높을 때는 원칙적으로 「관세법」상의 세율을 우선 적용한다. 단, 두 세율이 같은 경우 수입자가 「FTA 관세법」 제8조 제1항에 따라 협정관세 적용을 신청하면 협정관세율을 선택할 수 있다.[20]

또한 제2항은, 덤핑방지관세, 상계관세, 보복관세, 긴급관세, 특정국 물품 긴급관세, 농림축산물 특별긴급관세, 조정관세(제69조 제2호)에 따른 세율은 협정관세율보다 항상 우선 적용한다고 규정하고 있다.

---

20) 과거 「FTA 관세법」 제5조 제1항(2019.12.31. 개정 전)에서는 협정관세율이 「관세법」 제50조 적용 세율과 같거나 더 높으면 무조건 「관세법」 적용 세율을 우선하도록 하였다. 그러나 이는 수입자가 협정관세를 적용받고자 하는 권리를 제한한다는 지적이 있었다. 이에 2019.12.31. 개정을 통해, 두 세율이 동일할 경우 수입자의 신청에 따라 협정관세율을 적용할 수 있도록 변경되었다. 이로써 동일 세율 상황에서 수입자가 더 유리하다고 판단하는 세율을 선택할 수 있게 되었다.

2. 우선순위의 정책적 의도

세율 우선순위 규정은 단순히 법조문 순서가 아니라, 불공정무역 대응과 산업보호 목적의 특수관세를 가장 앞에 두고, 그 이후에 협정관세나 국제특혜관세를 검토하는 구조다. 이는 시장 왜곡이 심각하거나 긴급한 경우 국내 산업을 신속하게 보호하고, 그 외 상황에서 국제협정 및 특혜제도를 활용하여 관세를 낮추려는 정책적 방향을 반영하고 있다.

3. 실제 적용 절차

세율 적용은 다음의 단계적 흐름으로 진행된다.

❶ 수입물품이 덤핑방지관세·상계관세·보복관세·긴급관세·특정국물품 긴급관세·농림축산물 특별긴급관세·조정관세(제69조 제2호)에 해당하는지 판단한다. 해당 시 다른 모든 세율보다 앞서 적용한다.

❷ FTA 협정관세 적용 여부를 검토한다. 협정관세율과 「관세법」 제50조 세율(예: 최혜국세율, 양허세율)을 비교하여 낮은 세율을 적용하고, 동일 시에는 수입자 신청에 따라 협정관세를 적용한다.

❸ WTO 양허관세, 개도국 간 양허관세, 아·태평양협정 양허관세, 국제협력관세, 편익관세 등 국제·특혜세율을 확인하여 더 낮을 경우 우선 적용한다.

❹ 조정관세(제69조 제1호·제3호·제4호), 계절관세, 할당관세 등 특정 상황에 따른 세율 적용 가능성을 검토한다.

❺ 최빈개발도상국 특혜관세(GSP)를 확인하여 가능 시 우선 적용한다.

❻ 잠정관세가 적용 가능한 경우 이를 기본관세보다 먼저 적용한다.

❼ 위의 모든 단계에서 해당되지 않는 경우 「관세법」 별표의 기본관세를 최종적으로 적용한다.

이와 같이 세율 적용은 특수 목적관세 → 협정관세 → 국제·특혜관세 → 상황별 탄력관세 → 한시적 특혜관세 → 기본관세의 순서로 이루어지며, 법적 규정과 정책 목적에 따라 단계적으로 진행된다.

제07조-01 「FTA 관세법」에서 규정하는 원산지 결정 기준 체계

1. 법적 근거

「FTA 관세법」 제7조는 원산지결정기준을 전부 생산기준, 실질적 변형기준, 협정별 인정요건으로 구분하여 규정하고 있으며, 생산국이 둘 이상인 경우에는 세번변경 기준·부가가치기준·주요공정기준 중 하나를 충족하는 국가를 원산지로 본다.

또한 원산지로 결정되더라도 비원산지국 경유 시 직접운송 요건을 충족해야 하며, 품목별 세부기준 및 적용 방법은 재정경제부령으로 위임하고 있다.

가. 원산지 결정의 기본 원칙(법 제7조 제1항)

원산지 결정과 관련된 기본원칙은 물품이 어느 국가에서 생산·가공·제조되었는지를 기준으로 삼아, 그 물품이 단일 국가에서 전부 생산된 경우에는 해당 국가를 원산지로 인정하고, 둘 이상의 국가에 걸쳐 생산·가공 또는 제조 과정이 이루어진 경우에는 그 물품에 최종적이고 실질적인 변형이 발생한 국가를 원산지로 결정하도록 하는 데에 있다.

이러한 실질적 변형 여부는 세번변경 기준, 부가가치 기준 또는 주요공정 기준 중 하나를 충족하는지를 통해 판단하며, 특정 FTA가 별도로 정하는 요건이 존재할 경우에는 해당 협정의 기준을 충족한 국가를 원산지로 본다.

나. 직접운송 요건(법 제7조 제2항·제3항)

「FTA 관세법」 제7조 제2항은 물품이 원산지결정기준에 따라 원산지로 판단되었다 하더라도, 생산·가공 또는 제조가 완료된 이후 비당사국을 경유하여 운송되거나 비당사국에서 선적된 경우에는 원산지로 인정하지 않는다고 규정하고 있다. 이는 협정의 특혜관세 혜택을 당사국 간 거래로만 한정하고, 제3국을 통한 우회 거래나 불필요한 경유로 인한 원산지 판정 왜곡을 방지하기 위한 것이다. 다만 비당사국을 경유하더라도 단순 환적이나 운송을 위한 단기 보관처럼 원산지에 영향을 미치지 않는 행위가 보세구역에서 이루어진 경우에는 예외적으로 인정된다.[21]

제7조 제3항은 각 FTA 협정에서 직접운송 요건이나 적용 방식에 대하여 별도로 규정하고 있는 경우 해당 협정의 규정을 우선 적용하도록 함으로써, 국내 일반규정이 개별 협정의 특수성을 보완할 수 있도록 하고 있다.

이와 같이 직접운송원칙은 원산지 판정에서 생산지, 부가가치 비율, 품목분류 변경 여부와 같은 제조·생산 과정뿐만 아니라 운송 과정 역시 필수적으로 심사하는 조건으로서, 원산지결정기준과 동등한 법적 중요성을 가진다.

다. 세부 기준·적용 방법의 위임 규정(법 제7조 제4항)

원산지결정기준과 관련하여 품목별 기준, 적용 방법, 원산지 판정 절차 등과 같은 세부 사항은 법률의 위임에 따라 재정경제부령에서 구체적으로 정하도록 되어 있으며, 이를 통해 다양한 품목의 특성과 국제무역 환경에 대응할 수 있는 탄력적이고 실무 친화적인 기준이 마련되도록 하고 있다.

2. 「FTA 관세법」의 원산지결정기준 조문에 직접운송원칙이 포함된 이유

「FTA 관세법」 제7조가 원산지결정기준을 규정하는 조문에 직접운송원칙을 포함시킨 데에는 세 가지 이유가 있다.[22]

첫째, 운송 과정까지 포함한 전체 원산지 판정의 완결성을 확보하기 위해서다. 제조·생산 기준만으로 원산지를 인정할 경우, 제3국 경유 시 발생할 수 있는 품질 변경, 가공, 우회 거래로 인해 최초의 판정이 무력화될 수 있으므로, 직접운송조건을 명시적으로 포함해 원산지 판정의 신뢰성을 담보하였다.

---

21) 이러한 예외가 적용되기 위해서는 물품의 형태, 포장, 품질이 변형되지 않고 원상태를 유지해야 하며, 환적이나 단기 보관이 운송 경로상 불가피했음을 증빙하는 선적서류나 환적 증명서, 항만의 보세구역 기록 등 관련 증빙이 필요하다.
22) 저자의 판단이므로 실제 의도는 다를 수 있다.

둘째, 법적 해석과 적용의 일관성을 유지하기 위함이다. 원산지결정기준과 운송 요건을 별도로 두면 현장에서 어느 규정을 우선 적용할지 혼란이 생길 수 있으나, 이를 하나의 조문에서 함께 규정하면 '직접운송 충족 → 원산지 인정'이라는 명확하고 예측 가능한 판단 체계가 가능해진다.

셋째, 국제 FTA 규범과의 합치성을 확보하려는 목적이 있다. 다수의 FTA가 직접운송 요건을 원산지 판정의 불가분 조건으로 규정하고 있으므로, 국내법에서도 동일 구조를 반영함으로써 해석상 불일치와 국제 분쟁 소지를 최소화할 수 있다.

결론적으로 직접운송원칙은 단순한 운송 절차의 제약이 아니라, 원산지 판정의 최종적인 완결성과 공정성을 확보하는 제도적 장치이다. 「FTA 관세법」이 이 원칙을 원산지결정기준 조문에 포함시킨 것은 실무적 혼란을 줄이고, 국제 규범과의 일관성을 유지하며, 특혜관세의 남용을 방지하여 FTA 제도의 근본 신뢰를 지키기 위한 조치이다.

3. 원산지 판정 결과가 그 상품의 수입 허용까지의 결정 여부

원산지 판정 결과가 그 상품의 수입 허용 여부까지를 결정하는 것은 아니다. 원산지 판정은 주로 관세율 적용 여부를 결정하는 기준이며, 해당 상품이 수입 가능한지 여부를 판단하는 기준은 별도로 존재한다.

따라서 원산지 요건을 충족하지 않더라도 법령상 다른 제한이 없다면 수입은 가능하다. 다만 이 경우에는 FTA 협정세율을 적용받을 수 없으며, 대신 최혜국 대우(MFN) 세율이 적용된다.

제07조-02 제3국 경유 시 허용되는 작업 범위 및 조건

1. 제3국에서 허용되는 작업 범위

자유무역협정에서 제3국 경유를 허용하는 경우에도, 경유국에서 수행할 수 있는 작업 범위는 엄격하게 제한된다. 모든 협정에서 공통적으로 허용하는 작업은 하역, 재선적, 상품 보존에 필요한 공정으로 한정된다. 이는 운송 과정에서 발생할 수 있는 불가피한 작업을 인정하면서도 원산지 성질이 변경되지 않도록 하기 위한 최소한의 범위이다.

이러한 공통 작업 외에도 각 FTA 협정별로 허용하는 추가 작업 범위가 아래와 같이 규정되어 있다.

협정별 허용 범위 예시

- 상자포장: 칠레, 싱가포르
- 포장·재포장: 칠레, 싱가포르, 페루, 호주, 중미
- 탁송품 분리: EFTA
- 파이프라인 운송: EFTA
- 보관: 호주, RCEP, 캄보디아
- 재라벨링: 호주
- 운송 필요 공정: 칠레, 미국
- 운송 목적 분리: 호주, 캐나다, 중국, 뉴질랜드, 콜롬비아

이러한 작업 허용 범위는 '공통 규정 + 협정별 개별규정'의 조합으로 결정되며, 이를 초과하는 작업이 이루어질 경우 직접운송원칙을 위반한 것으로 간주되어 원산지 인정이 불가능해진다.

2. 운송 목적 분리(Transport Purpose Separation)의 의미

운송 목적 분리란 한 번에 대량으로 발송된 선적물을 운송 과정에서 여러 개의 소량 단위로 나누어 각각 다른 목적지나 다른 운송 수단에 맞게 재배치하는 절차를

의미한다.

이러한 분리 작업은 물품의 성질, 형태, 또는 원산지에 아무런 변화를 주지 않으며, 오직 물류 효율성을 높이고 운송 편의를 위한 목적에서 실시된다. 예를 들어, 한 국가에서 여러 도시로 배송될 제품을 한 번에 선적한 후, 경유 항만이나 공항, 또는 물류센터에서 목적지별로 나누는 경우가 이에 해당한다.

가. 호주

호주는 세관 규정상 운송 과정에서 물품을 분리하는 작업을 원산지가 변경되지 않는 한 허용한다. 대량 화물 중 일부를 다른 주(state)로 보낼 경우, 경유지에서 분리하여 재배치할 수 있다.

아래 사례를 통해서 살펴보면 호주 세관은 운송 과정에서 이루어지는 운송 목적 분리를 가공 행위로 보지 않는다.

사례: 한국 → 호주로 수출되는 전자제품의 다중 목적지 배송

❶ **한국에서 호주로 대량 선적**
  ○ 한국의 전자제품 제조업체가 호주 여러 도시(시드니·멜버른·브리즈번)에 납품하기 위해 한 컨테이너에 모든 물량을 묶어 일괄 선적한다.
  ○ 제품은 모두 한국산(원산지 충족)이며, 한국-호주 간 FTA 적용 예정이다.

❷ **호주 도착 전, 싱가포르에서 환적**
  ○ 화물선은 싱가포르 허브 항만에서 환적을 수행한다. 이때 컨테이너를 도시별로 분리: 시드니행 제품 → A 컨테이너/ 멜버른행 제품 → B 컨테이너/ 브리즈번행 제품 → C 컨테이너

❸ **싱가포르에서 이루어지는 작업**
  ○ 단순한 unloading, sorting, reloading(하역·분류·재적재)만 진행
  ○ 포장·라벨·제품 상태는 전혀 변경되지 않음
  ○ 단지 목적지에 맞게 물리적으로 분리만 이루어짐
  ○ 서류: House B/L, Handling report, Non-manipulation certificate 등 제출 가능

따라서 이러한 작업이 물품의 원산지에 어떠한 영향을 미치지 않는 것으로 판단한다. 경유지에서 화물이 여러 목적지로 분할되었다 하더라도, 물품의 성질이나 상태가 변경되지 않는다면 원산지는 그대로 한국으로 유지된다.

나. 캐나다

캐나다 역시 자유무역협정 내에서 이를 허용하며, 다만 분리 작업 중에 제품이 가공되거나 형태가 변형되어서는 안 된다.

다. 중국

중국은 환적 또는 경유지에서 목적지별로 화물을 나누는 것을 인정하되, 외관·포장·성질이 변하지 않아야 하며, 세관이 이를 확인할 수 있는 서류를 반드시 갖추어야 한다.

라. 뉴질랜드

뉴질랜드는 물류 허브의 성격이 강한 항만과 공항을 활용하여 운송 목적 분리 절차를 허용하고 있으며, 원산지증명 요건을 유지하는 상황에서 통관 지연을 줄이는 데 활용한다.

마. 콜롬비아

콜롬비아 역시 FTA 내에서 경유지에서의 운송 목적 분리를 '허용 작업'으로 명시하고 있으며, 분리된 선적물도 원산지 기준을 충족하면 특혜관세를 그대로 적용한다.

3. 제3국 경유 시 충족해야 하는 조건

가. 경유의 정당한 사유 증명

아세안, 중국, 베트남, 인도네시아, 필리핀과의 협정에서는 제3국 경유의 사유가 반드시 지리적 이유나 운송상의 불가피한 사유에 의해 정당화되어야 한다. 지리적 이유란 내륙국과 같이 항만이 없어 제3국을 통해 수출할 수밖에 없는 경우를 의미하며, 운송상의 이유란 직항 노선 부재나 운송편 사정 등으로 부득이하게 경유가 필요한 경우를 뜻한다. 이러한 경우에는 반드시 경유 사유의 타당성을 입증하는 증빙 자료를 제출해야 한다.

나. 거래 및 소비 금지

아세안, 인도, 중국, 베트남, 인도네시아, 필리핀, 페루, 캐나다, 콜롬비아, 중미, 이스라엘과의 협정에서는 경유국에서 해당 물품이 거래되거나 소비되는 것을 금지한다. 이는 비당사국 내 보세창고거래(BWT 거래)를 명시적으로 금지하여 경유국에서 상업적 유통이 발생하는 것을 방지하기 위함이다. 반면, 싱가포르, EFTA, 호주, 뉴질랜드, RCEP, 캄보디아, 칠레, 미국과의 협정에서는 BWT 거래에 대한 제한이 없어 허용된다.

다. 자유로운 유통을 위한 반출 금지

EU, 영국, 튀르키예와의 협정에서는 경유국에서 자유로운 유통을 목적으로 한 반출을 금지하고 있다. 이는 BWT 거래를 금지하는 효과를 가지고 있으며, 경유국에서 물품이 일반 상거래로 전환되는 것을 원천적으로 차단하기 위한 조치이다.

라. 통과선하증권 구비

아세안, 베트남, 인도네시아, 필리핀과의 협정에서는 통과선하증권에 수출 당사국에서 출발하여 경유국을 거쳐 수입당사국에 이르는 전체 운송 여정이 명확히 기재되어 있어야 한다. 이는 물품의 연속 운송을 입증하는 필수 요건이다.

마. 단일탁송화물 요건

EU, 영국, 튀르키예, 이스라엘과의 협정에서는 제3국 경유를 '단일탁송화물'에 대해서만 허용한다. 따라서 출발지부터 도착지까지 동일하게 관리되는 하나의 운송으로 입증할 수 있도록 단일 운송서류를 반드시 보유해야 한다.

유럽권의 FTA가 '단일 탁송화물'만 제3국 경유를 허용하는 이유

단일 탁송화물이(single consignment)란, 원산지 국가에서 발송된 물품이 하나의 송장과 운송 서류로 포장·출고되어 제3국을 단순 경유(transit)한 뒤 최종 목적지로 도착하는 경우를 의미한다. 이는 유럽권이 원산지 규정을 엄격하게 적용하여 역외(Non-FTA 국가)에서의 가공·저장·분할 등이 이루어져 원산지가 변질되는 것을 방지하려는 정책적 배경에서 나온 규정이다. 즉, 원산지 물품의 무분별한 혼합·변경을 방지하고, 운송 과정의 투명성을 확보하기 위함이다.
따라서, 단일 송장·단일 운송 단위로 관리되는 화물만이 제3국을 거쳐도 원산지의 연속성을 인정받을 수 있다.

바. 보관기간 제한

중국과의 협정에서는 비당사국에서의 보관기간을 원칙적으로 3개월 이내로 제한하며, 불가항력 사유 발생 시 최대 6개월까지 연장이 가능하다. 이 기간 동안 물품은 반드시 해당 비당사국의 세관통제 하에 보관되어야 하며, 이를 위반할 경우 직접운송원칙을 충족하지 못한다.

사. 관세당국 발행 증명서 구비

EU, 영국, 튀르키예 협정에서는 단일 운송서류 또는 경유국 관세당국이 발행한 증명서 중 하나를 반드시 갖추어야 한다. 또한 중국, 칠레, 미국, 캐나다, 중미, 콜롬비아, 이스라엘과의 협정에서도 경유국 세관 또는 권한 있는 기관이 발행한 증명서를 요구하며, 이 증명서에는 해당 물품이 경유국에서 원산지 성질이 변형되지 않고 제3국 경유 조건을 충족했음을 명시해야 한다.

제08조-01 협정관세 적용 시 '先 통관, 後 심사' 원칙과 적용

1. 법적 근거

협정관세 적용 절차에서 '선 통관, 후 심사' 원칙은 「FTA 관세법」 제8조 제4항에 근거를 두고 있다. 해당 조항은 세관장이 협정관세 적용신청을 받은 경우 원칙적으로 수입신고를 먼저 수리한 후에 원산지, 협정관세 적용의 적정 여부를 심사하도록 규정하고 있다.

이 제도는 2008년 12월 26일 「FTA 관세법」 개정을 통해 명문화되었으며(법률 제9271호), 2009년 1월 26일부터 시행되었다. 이는 「관세법」 제38조 제2항의 신고·납부 절차를 FTA 특혜관세 적용 절차에 준용한 것이다. 다만, 법은 예외적으로 관세채권을 확보하기 어렵거나, 수입신고 수리 후에 심사하는 것이 적절하지 않다고 인정되는 경우, 기획재정부령으로 정하는 특정 물품에 대해서는 수입신고를 수리하기 전에 심사할 수 있도록 규정하고 있다.

이에 따라 「FTA 관세법 시행규칙」 제6조, 「FTA 관세법 고시」 제17조의2에서 '사전 협정관세 심사 대상'의 구체적 범위를 명시하고 있다.

2. 운영 이유

'선 통관, 후 심사' 원칙을 운영하는 주된 목적은 수입통관 절차의 신속성을 보장하기 위함이다. 협정관세 적용신청 단계에서 장시간의 심사 절차를 거치게 되면 통관 지연이 발생하여 국제 물류 흐름과 기업 활동에 부정적 영향을 미치게 된다.

이에 따라 세관은 통관 단계에서는 최소한의 확인 절차만을 수행하고, 협정관세 적용의 적정성이나 원산지 검증은 사후 심사를 통해 진행하도록 제도화하였다.

이러한 방식은 불필요한 통관 지연을 방지하면서도, 사후검증을 통해 부정 수혜 방지와 관세 수입 확보라는 행정 목적을 동시에 달성하게 한다. 또한, 예외적으로 사전심사가 필요한 경우에도 대상을 엄격히 한정하여, 원칙적으로 대부분의 협정관세 적용신청은 빠른 통관 후 심사 과정을 거치도록 하고 있다.

3. 적용 제외 대상(사전심사 대상)

'선 통관, 후 심사' 원칙의 예외에 해당하는 물품은 사전 협정관세 심사 대상 물품에 해당한다.

「FTA 관세법 시행규칙」 제6조와 「FTA 관세법 고시」 제17조의2에 따르면, 다음과 같은 경우에는 수입신고 수리 전에 협정관세 적용의 적정 여부를 심사한다.

사전심사 대상

❶ 협정관세 적용 제한자가 생산하거나 수출하는 물품

❷ 관세를 체납하고 있는 자가 수입하는 물품. 단, 체납액이 10만 원 미만이거나 체납기간이 7일 이내인 경우는 예외로 한다.

❸ 그 밖에 사전심사가 필요하다고 인정되는 물품
  - 협정관세율과 「관세법」 제50조에 따른 세율 간 차이가 큰 물품
  - 수입 상대국의 통상적인 생산량에 비해 우리나라로의 수입량이 과도하게 많은 물품
  - 이스라엘을 원산지로 하는 수입 물품
  - 원산지 및 협정관세 적용 요건 위반 위험성이 높다고 관세청장이 인정하는 물품

사전 협정관세 심사 대상 물품에 해당할 경우, 수입신고 단계에서 협정관세 적용 신청서와 함께 원산지증명서(원본, 전자이미지 또는 사본), 송품장, 거래계약서, 국제 운송 서류, 원가계산서·원재료내역서·공정명세서(가능한 경우), 생산·조달 관련 증빙 자료 등을 제출해야 한다.

이는 통관 전 심사의 정확성과 신속성을 보장하기 위한 조치이다.

4. '先 통관, 後 심사' 원칙은 세관의 형식적 심사까지 면제되는지 여부

가. '선 통관, 후 심사' 원칙과 형식적 요건의 범위

'선 통관, 후 심사' 원칙은 세관의 형식적 요건 검토까지 면제한다는 의미로 해석되지 않는다. 수입신고 단계에서 세관은 반드시 해당 물품이 협정관세 적용 대상 품목인지, 원산지와 협정관세율 및 관세율 구분 부호가 일치하는지, 그리고 직접운송원칙이 충족되는지 등 협정관세 적용의 기본적인 형식요건을 확인해야 한다.

형식적 요건은 실질 요건을 확인하기 위해 필요한 절차적·문서적 요건이며, 실질 요건은 원산지 결정기준 충족 여부와 같은 본질적 판단 요소를 의미한다.

나. 형식적 요건 검토의 기능과 의의

형식적 요건 검토는 행정소송 절차에서의 '본안 전 판단'과 유사한 역할을 한다.

소송과 협정관세 적용 판단 비교

		서류 접수 단계	심리(조사) 단계	
소송	내용	소장 기재 사항의 검토	본안 전 판단 (소의 적법 여부)	본안 판단 (소의 이유 유무)
	문제 상황	소장의 형식적 요건이 미비	소 제기의 적법성 요건 흠결	소 제기의 타당성 결여
	조치	보정명령	각하	기각
협정 관세 적용 판단	내용	원산지증명서 기재사항의 검토	협정관세 적용의 형식적 요건 검토	협정관세 적용의 실질적 요건 검토
	문제 상황	원산지증명서의 형식적 요건이 미비	협정관세 적용의 적법성 요건 흠결	협정관세 적용의 타당성 결여
	조치	보정 지시	협정관세 적용배제 (재량적) 수정 지시	협정관세 적용배제 (재량적) 수정 지시

예를 들어 행정소송에서 소장이 형식요건을 갖추지 못하면 보정명령이나 각하 결정을 내리는 것처럼, 협정관세 적용신청에서 형식요건이 결여되면 해당 신청은 특혜 적용에서 배제될 수 있다. 이러한 절차는 실질 요건 조사를 시작하기 전에 신청의 적법성을 확보하는 단계로서, 적법하지 않은 신청을 걸러내고 행정력 낭비를 방지하는 역할을 한다.

다. 형식적 요건 심사의 당위성과 필요성

형식적 요건 심사는 협정관세 적용을 위해 법과 협정에서 정한 절차적 조건을 검토하는 과정이다. 형식요건이 충족되지 않으면 실질 요건 검토 자체가 불가능하기 때문에 필수적인 절차이다. 예를 들어 원산지증명서의 유효기간이 만료되었거나 잘못된 인증수출자 번호를 기재한 경우에는 협정관세 적용을 인정할 수 없다. 또한, 형식요건 충족은 신청인의 책임이며, 이는 혜택과 책임이 동시에 부여되는 특혜관세 제도의 기본 원리와도 맞닿아 있다.

라. 형식적 요건 심사의 효익성

엄정한 형식요건 심사는 단기적으로는 행정비용이 증가할 수 있으나, 제도의 조기 정착과 장기적 비용 감소라는 장점을 가진다. 초기부터 엄격한 기준을 유지하면 FTA 운영의 신뢰성을 높이고, 부당 수혜 가능성을 줄여 제도운영에 필요한 장기 행정비용을 절감할 수 있다. 반대로 형식요건 심사를 완화하면 단기적으로는 비용이 줄지만, 제도 정착 지연과 장기적 비용 증가라는 부정적 결과를 초래할 수 있다.

형식적 요건 심사의 효익성

마. 형식적 요건 위반에 대한 시각과 국제적 상호주의

일부에서는 "원산지 기준을 충족하는 경우 형식요건 위반으로 특혜를 배제하는 것은 바람직하지 않다"는 의견을 제시한다. 그러나 협정에서 형식요건 또한 실질 요건과 동일하게 법적 효력을 부여하고 있는 만큼, 이를 충족시키는 것은 당연한 의무이다. 상대국 역시 동일한 기준을 적용하고 있어, 우리나라만 형식요건을 무시하고 특혜를 인정하는 것은 상호주의 원칙에 어긋난다.

바. 효율적 운용 방안

효율성 제고를 위해 경미한 형식요건 위반에 대해서는 보정 기회를 충분히 제공하는 것이 바람직하다. 다만, 필수적인 형식요건을 위반한 경우에도 수입자의 고의성 여부 및 성실도를 고려하여 자율점검 기회를 부여할 수 있다. 이러한 자율점검 결과를 토대로, 추가 징세 없이 특혜세율 신청을 철회하는 방식으로 사안을 종결하는 방안도 검토할 수 있다. 이는 행정 부담을 줄이면서도 제도의 신뢰성을 유지하는 방법이 될 수 있다.

제08조-02 | 협정관세의 적용신청 시 갖추어야 할 C/O 유효성의 범위

1. 법령상 '유효한 원산지증명서' 규정 현황

FTA 관세 관련 법령에서는 어떠한 원산지증명서가 '유효한' 원산지증명서인지에 대한 정의를 직접적으로 규정하고 있지 않다. "유효한"이라는 문구를 규정하기 어려운 이유는 원산지증명서의 실질적 유효성을 판단하려면 원산지 조사가 필요하나, 신청 시점에서는 이를 즉시 검증할 수 없기 때문이다.

동일하게, 대부분의 FTA 협정문에서도 유효기간과 '유효한 원산지증명서를 소지해야 한다'는 규정은 존재하지만, '유효'의 구체적 판단 기준은 명시되어 있지 않다. 예를 들어 한-필리핀 FTA 규칙 10(원산지 증명의 유효기간)과 규칙 11(특혜관세대우의 신청)에서는 기간 요건만을 명시하고 있을 뿐, 원산지증명서의 유효성 판단 방법은 규정하지 않고 있다.

2. 적용되는 법적 기준

FTA 관세법령에서 '유효'라는 용어가 명시된 규정은 「FTA 관세법 시행령」 제4조 제5항이 유일하다. 동 규정에서는 "수입자가 협정관세의 적용신청 당시에 갖추어야 할 원산지증명서는 수입신고일을 기준으로 제6조 제2항에 따른 원산지증명서 유효기간 이내의 것이어야 한다."라고 규정하고 있다. 이는 '유효성' 범위의 판단을 기간 요건으로 한정하여 명확성을 확보한 규정이다.

원산지증명서 유효기간은 협정별로 숫자로 특정되어 있어 해석상 논란이 발생하지 않는다. 따라서 법적으로 협정관세 적용을 위해 수입신고일 현재 유효기간이 도과하지 않은 원산지증명서만이 적법한 요건을 충족한다.

3. 협정별 원산지증명서 유효기간

원산지증명서의 유효기간은 협정별로 상이하며, 발급일 또는 서명일을 기준으로 산정된다. 기관발급은 발급일, 자율발급은 서명일이다. 각 국가나 지역과의 자유무역협정에 따라 유효기간이 1년에서 최장 4년까지 다양하게 설정되어 있으며, 일부 협정에서는 재발급 시 최초 발급일을 기준으로 유효기간을 적용한다.

아래 표는 주요 협정별 원산지증명서 유효기간을 정리한 것으로, 법령상 인정되는 유효기간 내의 증명서만 활용이 가능하다.

협정별 원산지증명서(신고서) 유효기간

對 협정	기관발급	자율증명
싱가포르, 인도, 중국	발급일부터 1년	
아세안, 인도네시아	발급일부터 1년 (재발급 C/O는 당초 발급된 C/O의 발급일부터 1년)	
베트남	발급일 다음 날부터 1년 (재발급 C/O는 당초 발급된 C/O의 발급일 다음 날부터 1년)	
칠레, 캐나다, 뉴질랜드		서명일부터 2년
EU, 영국, 튀르키예, 콜롬비아, 중미공화국		서명일부터 1년
페루		서명일부터 1년 (비당사국 관세당국의 관할하에 일시적으로 보관된 경우는 2년)
미국		서명일부터 4년
EFTA	발급일부터 1년(스위스 치즈)	서명일부터 1년
RCEP, 캄보디아, 필리핀	발급일부터 1년	서명일부터 1년
호주	발급일부터 2년	서명일부터 2년
이스라엘	발급일부터 12개월	서명일부터 12개월

4. 해석 및 적용 기준

법리적으로 '유효한 원산지증명서'란 수입신고 시점에 유효기간이 경과하지 않은 증명서를 의미한다. 또한, 증명서가 협정 및 관련 규정에서 정한 기본 작성 요건(필수 기재사항, 발급·서명 권한, 인증수출자 번호 등)을 적정하게 갖추고 있어야 한다.

다만, 신청 당시 증명서가 적법한 형식요건을 갖추고 있더라도, 그 기재 내용에 부정확하거나 허위 정보가 포함되어 있다고 의심할 만한 합리적 근거가 있는 경우 세관은 원산지조사를 통해 실질적 유효성을 확인할 수 있다. 조사 결과 요건 위반이 확인될 때에는 협정관세 적용을 배제하고, 필요한 경우 관세를 추징할 수 있다.

결론적으로, 원산지증명서의 유효성은 유효기간 내 존재 여부와 기본형 요건 충족 여부를 기준으로 판단하며, 실질적 유효성 검증은 별도의 원산지조사 절차를 통해 이루어진다.

제08조-03 │ 법 제8조의 "원산지증명서의 갖춤과 제출"의 의미

1. 「FTA 관세법」 제8조 제2항의 기본 내용

법 제8조 제2항은 협정관세 적용을 신청하는 경우 수입자가 원산지증빙서류를 갖추고 있어야 하며, 세관장이 요구할 경우 이를 제출해야 한다고 규정하고 있다. 단서 조항에서는 대통령령으로 정하는 특정 물품에 대해서는 관세 탈루의 우려가 없는 한 세관장이 제출을 요구하지 못하도록 하고 있다.

2016년 7월 1일 전부 개정된 「FTA 관세법」에서는 제8조 제2항 단서에 세관장이 대통령령으로 정한 물품에 대해서 원산지증빙서류를 요구할 수 없도록 강행규정을 두었다. 이전에는 시행령에 제출 요구를 생략할 수 있는 규정만 있었으나, 강행규정으로 변경된 이유는 협정상 "각 당사국은 다음의 경우 원산지증명서를 요구하지 않는다"는 문구를 반영하기 위한 것이었다. 이는 무역 상대국과의 합의에 기초한 제도이며, 협정상의 의무를 국내법에 명확히 반영한 사례다.

2. '갖추고 있어야 한다'의 법적 해석

'갖추고 있어야 한다'라는 문구는 협정관세 신청 시점에 원산지증명서가 반드시 발급되어 있고, 세관장의 요구가 있으면 즉시 제출할 수 있는 상태를 의미한다. 이를 반드시 수입자가 실물 증명서를 소지하고 있어야 한다는 의미로 제한적으로 해석하기는 어렵다.

제8조 제3항은 수입자가 세관장의 요구에 따라 유효한 원산지증명서를 제출하지 못하거나, 제출된 서류만으로 원산지를 확정하기 어려운 경우 협정관세 적용을 배제할 수 있다고 규정한다. 따라서 협정관세 적용 여부 판단에서는 제2항보다 제3항이 우선적으로 적용되어야 한다.

엄격히 소지를 요건으로 하면 착오로 잘못된 증명서를 제출한 경우, 정상적인 증명서를 사후 제출해도 인정받기 어려워 수입자 권리 보호에 반하며, 실무상 사실관계 확인도 곤란해 법률관계 안정성을 해칠 수 있다.

조세심판원 결정(조심 2016관0114, 2016.7.15.)에서도 협정관세 신청일 이전에 발급된 증명서를 '갖춘' 것으로 인정하고 있다.

3. 제출 요구 규정과 관세 탈루 우려 예외

관세 탈루의 우려가 있는 경우에는 대통령령에서 규정한 물품이라도 원산지 증빙서류 제출을 요구할 수 있다. 이는 2019년 12월 31일 개정(2020.1.1. 시행)을 통해 신설된 규정이다.

「FTA 관세법 고시」 제12조는 제출 요구 가능 물품을 구체적으로 규정하고 있으며, 그 범위는 원산지가 다르거나 품목번호와 결정기준이 부합하지 않은 경우, 직접운송 요건 위반 우려물품, 관세청장이 지정한 특정 품목, 기타 원산지 확인이 필요하다고 인정되는 물품 등이다.

원산지가 바뀌면 협정세율 적용 여부가 달라져 관세 탈루와 직결되기 때문에 이러한 경우에는 제출 요구가 가능하며, 제출 거부 시 제35조에 따라 협정관세를 배제할 수 있다.

4. 제출면제와 소지 의무의 관계

FTA 협정에서 원산지증명서의 제출면제를 규정하고 있는 경우가 있으나, 이는 '세관에 제출할 의무'를 없애는 것일 뿐, 원산지증명서를 발급받고 소지해야 하는 의무까지 면제하는 것은 아니다. 즉, 제출면제는 단지 통관 신청 시 세관에 그 서류를 즉시 제시하지 않아도 된다는 행정 절차상의 편의를 뜻하며, 협정관세를 적용받기 위해서는 여전히 원산지 입증 자료를 갖추어야 한다.

이는 협정상 제출면제가 '해당 물품이 원산지 상품임을 전제로 한 조치'이기 때문이다. 다시 말해, 면제는 "증명서가 없어도 혜택을 준다"는 것이 아니라, "증명서를 세관에 미리 내지 않아도 된다"는 의미이므로, 사후검증이나 의심 사유가 발생했을 때 수입자는 해당 물품이 원산지임을 증명할 책임을 진다. 따라서 협정관세 적용을 받으려면 관련 증명서를 발급받아 보관하는 것이 필수다.

예를 들어, 「FTA 관세법」 제8조 및 시행령 제4조에 따라 과세가격이 미화 1,000달러 이하인 물품(또는 해당 협정에서 달리 정한 금액 이하의 물품)에 대해서는 세관이 원산지증명서 제출을 요구할 수 없다. 그러나 이 경우에도 수입자는 반드시 원산지증명서를 발급받아 보관해야 한다. 만약 향후 세관에서 해당 물품의 원산지에 대해 사후 검증을 실시했는데 증명서를 제시하지 못한다면, 이미 받은 협정관세 혜택이 취소되고 추가 관세 및 가산세가 부과될 수 있다.

또 다른 예를 들면, 한 수입업체가 FTA 세율(0%) 적용을 받아 미화 800달러 상당의 부품을 수입했다고 가정하자. 통관 당시에는 제출면제가 적용되었지만, 6개월 후 세관이 무작위 사후조사를 실시하여 해당 부품이 실제로 협정상 원산지에 해당하는지 확인을 요구할 수 있다. 이때 수입업체가 원산지증명서를 갖고 있으면 문제없이 소명할 수 있으나, 준비하지 않았다면 협정관세 적용이 취소되고 정상 세율로 관세가 추징될 수 있다.

따라서 제출면제가 있다고 하더라도 이는 '절차적 면제'일 뿐, 소지 의무 및 보관 의무가 여전히 존재한다는 점을 반드시 유념해야 한다. 특히 FTA 사후검증 제도가 강화되는 추세에서, 수입자는 거래 단계에서부터 원산지증명서를 확보하고, 법정 보관기간(예: 5년) 동안 보관하는 것이 중요하다.

제08조-04 법령에서 규정한 원산지증명서의 제출면제 대상 물품

1. 개요

원산지증명서 제출면제(Waiver of an Origin Declaration) 제도는 「FTA 관세법」 제8조 제2항 단서 및 같은 법 시행령 제4조에 근거한 제도로, 수입자가 협정관세 적용을 신청할 때 일부 물품에 대하여 세관장이 원산지증빙서류 제출을 요구하지 못하도록 규정한 것이다.

「FTA 관세법 시행령」 제4조(협정관세의 적용신청) 제3항에서는 '대통령령으로 정하는 물품'을 네 가지 유형으로 구체화하고 있다.

1. 과세가격이 미화 1천 달러(자유무역협정에서 금액을 달리 정하고 있는 경우에는 자유무역협정에 따른다) 이하로서 자유무역협정에서 정하는 범위 내의 물품
2. 동종·동질 물품을 계속적·반복적으로 수입하는 경우로서 해당 물품의 생산공정 또는 수입거래의 특성상 원산지의 변동이 없는 물품 중 관세청장이 정하여 고시하는 물품
3. 관세청장으로부터 원산지에 대한 법 제31조 제1항에 따른 사전심사를 받은 물품(사전심사를 받은 때와 동일한 조건인 경우만 해당한다)
4. 물품의 종류·성질·형상·상표·생산국명 또는 제조자 등에 따라 원산지를 확인할 수 있는 물품으로서 관세청장이 정하여 고시하는 물품

다만, 제출면제 대상이라 하더라도 이는 통관 신청 시점에서만 해당되는 절차적 면제일 뿐, 원산지증명서 발급 및 보관 의무가 사라지는 것은 아니다. 협정관세 제도의 핵심 요건은 해당 물품이 협정상 원산지 요건을 충족한다는 사실을 입증하는 것이며, 사후검증 제도는 금액이나 품목에 관계없이 적용될 수 있기 때문이다.

FTA 협정에 따른 사후검증은 수입국 또는 수출국의 관세당국이 협정세율 적용의 적법성을 확인하기 위해 이루어지며, 제출면제 대상 물품이라도 검증 요청 시 원산지증명서를 제출해야 한다. 이 과정에서 증명서를 제시하지 못하면 이미 적용받은 감면 세율이 취소되고, 정상 세율에 따른 관세를 추가로 납부해야 하며 가산세가 부과될 수 있다.

결국, 원산지증명서 제출면제 제도는 수입 단계에서의 '제출 절차 간소화'에 목적이 있으며, 원산지 증빙 확보라는 본질적 의무를 면제하는 것이 아니다. 따라서 수입자는 면제 대상 여부와 관계없이 원산지증명서를 정확히 발급받아 법정 보관기간(예: 5년) 동안 보관해야 하며, 필요시 즉시 제출할 수 있도록 준비하는 것이 중요하다. 이는 관세 탈루 방지와 무역거래의 안전성을 동시에 확보하기 위한 필수적인 실무 원칙이다.

2. 금액 기준에 따른 제출면제 대상(시행령 제4조 제3항 제1호)

다수의 FTA 협정은 일정 금액 이하의 물품에 대해 원산지증명서 제출을 면제하는 내용을 포함하고 있다.

협정별 원산지증명서 제출면제 대상

협정	적용 대상	
	물품 종류	금액 기준
칠레, 싱가포르, 페루, 미국, 콜롬비아, 호주, 캐나다, 중미, 뉴질랜드	▪ 상업적 수입상품 ▪ 비상업적 수입상품	미화 1천 달러 이하
EFTA, EU, 영국, 튀르키예, 이스라엘	▪ 개인이 개인에게 송부한 소포 ▪ 여행자 개인수하물의 일부를 구성하는 상품 ☞ <u>모두 상업적(= 무역에 의해)으로 수입하지 않아야 함</u>	
인도	▪ 개인 간에 송부된 소포 ▪ 여행자 개인 수하물의 일부를 구성하는 상품	당사국의 법과 규정 적용 → 법에 따라 미화 1천 달러 이하
중국	▪ 상품 ▪ 원산지 상품의 탁송	미화 700달러 이하
베트남	▪ 상품	미화 600달러 이하
아세안	▪ 당사국의 영역을 원산지로 하는 상품 ▪ 당사국의 영역으로부터 우편으로 송부된 상품	
인도네시아, 캄보디아, RCEP	▪ 상품	미화 200달러 이하 (FOB 기준)
필리핀	▪ 한쪽 당사국 영역의 원산지 상품 ▪ 한쪽 당사국의 영역에서 우편으로 송부된 상품	

대부분의 협정에서 기준금액은 미화 1,000달러이다. 그러나 일부 협정은 금액 기준이 상이하다. 예를 들어, 중국은 미화 700달러, 베트남은 미화 600달러, 아세안·인도네시아·캄보디아·필리핀·RCEP은 미화 200달러(FOB 기준)를 적용한다.

3. 동종·동질 반복수입 물품 면제 대상(시행령 제4조 제3항 제2호)

동종·동질 물품이란 동일한 품목·규격을 가진 물품으로서, 생산공정이나 수입거래의 특성상 원산지 변동 가능성이 없는 상품을 말한다. 「FTA 관세법 시행령」은 이와 같은 물품 중 관세청장이 고시하는 품목에 대해서 원산지증명서 제출을 면제하고 있다.

관세청 고시 「FTA 관세법 고시」 별표2에는 규사(SILICA SAND), 석회석(LIMESTONE), 알코올, 아미노화합물, 공업용 지방산, 정제구리(COPPER CATHODE), 주석(TIN INGOT) 등 특정 HS 코드의 품목이 명시되어 있다.

[별표2] 동종·동질·물품에 대한 원산지증빙서류 제출 면제 물품(FTA 관세법 고시 제16조 관련)

적용협정	HSK	품명·규격	원산지	원산지 결정기준
아세안	2505100000	SILICA SAND (규사)	VN, MY	완전생산기준
	2521001000	LIMESTONE (석회석)	VN, MY	
	2905173000	STEARYL ALCOHOL (알코올)	ID, PH	
	2922413000	L-LYSINE MONOHYDROCHLORIDE (아미노화합물)	ID	
	3823120000	OLEIC ACID (공업용 지방산)	MY, ID	
	4408319011	MALAYSIAN DIRIED VENEER (베니어용 단판)	MY	
	7403110000	COPPER CATHODE (정제구리)	PH	
	8001100000	TIN INGOT (주석)	MY, ID	
싱가포르	2912193000	BUTYRALDEHYDE (유기화합물)	SG	
	2915600000	PENTANEDIOL MONOISOBUTYRATE (유기화합물)	SG	
	3206110000	TITANIUM DIOXIDE (안료)	SG	
	3707902920	DEVELOPERS (사진용 화학제품)	SG	
	3811210000	LUBRICATING OIL ADDITIVE (윤활유 첨가제)	SG	

다만 원산지가 아닌 국가를 경유하여 운송된 물품, 원산지가 아닌 국가에서 선적된 물품, 원산지가 아닌 국가에서 발행된 송장을 가진 물품의 경우에는 면제 대상에서 제외되어 제출 의무가 있다.

동종·동질 반복수입 물품에 대한 원산지증빙서류 제출면제 제도는 2006년 2월 9일 제정된 대통령령 제19335호 「FTA 관세법 시행령」에 처음 도입되었다. 당시 우리나라는 한·칠레 FTA를 시작으로 싱가포르, EFTA, 아세안 등 주요 FTA를 연속적으로 발효하는 시점이었으며, 협정관세 적용을 위해 모든 수입 건별로 원산지증명서를 제출·심사하는 체계는 세관과 수입자 모두에게 상당한 행정 부담을 초래하고 있었다.

이에 관세행정 당국은 원산지 변동 위험이 극히 낮고, 동일 품목이 지속적으로 수입되는 경우에는 불필요한 서류 제출 절차를 간소화하여 무역 흐름을 원활히 하고자 하였다. 특히 광물, 금속, 화학원료와 같이 생산공정과 공급망이 장기간 동일하게 유지되는 산업 원자재에 대해서는 매 건마다 원산지증명서 제출을 요구하는 실익이 적다고 판단되어, 이를 감안한 예외 규정을 마련하게 되었다.

4. 외형·표지 등에 따른 면제대상(시행령 제4조 제3항 제4호)

물품의 종류, 성질, 형상, 상표, 생산국명, 제조자 등의 표시만으로 원산지를 명확하게 확인할 수 있는 물품은 관세청장이 고시할 경우 제출면제를 받을 수 있다. 그러나 현재까지는 관세청이 이러한 범주에 해당하는 면제대상 물품을 별도로 고시한 사례가 없으므로, 현행 제도에서는 실제 적용이 없는 상태이다.

제08조-05 수입 시 FTA 원산지증명서 분할 사용 조건

1. 원산지증명서 분할 사용의 개념

FTA 협정관세 혜택을 적용받기 위해 수입자는 원산지증명서를 제출해야 한다. 일반적으로 한 건의 원산지증명서는 해당 서류에 기재된 전체 물품에 대하여 일괄적으로 사용된다. 그러나 실제 수입과정에서는 물류 사정이나 판매 계획에 따라, 한 건의 원산지증명서에 명시된 물품을 여러 차례로 나누어 선적하거나 수입통관을 진행하는 경우가 발생한다. 이러한 경우를 '원산지증명서의 분할 사용'이라고 한다.

분할 사용 시에는 각 분할 건이 원산지증명서에 기재된 물품과 동일하다는 사실이 명확히 입증되어야 한다.

2. 분할 사용이 발생하는 주요 사례

분할 사용이 발생하는 대표적인 사례로는 다음이 있다.

첫째, 체약상대국에서 둘 이상의 선적 건에 대하여 하나의 원산지증명서를 발급하는 경우이다.

둘째, 국내 반입 후 물품을 보세창고에 보관하다가 발주 일정에 따라 부분적으로 통관·판매하는 경우이다.

특히 후자의 경우, 수입자는 원산지증명서에 기재된 동일한 물품을 여러 차례로 통관하되, 품명·규격·수량 등의 동일성이 유지되어야 한다.

3. 관련 법령 및 규정

분할 사용 가능 여부와 절차는 각 FTA 협정과 국내 관련 고시에 의해 정해진다.

일반적으로 「특혜관세 적용 및 원산지증명 제도 운영에 관한 고시」 제5조에서는 원산지증명서는 동일한 선하증권(B/L) 또는 항공화물운송장(AWB) 건에만 사용할 수 있다고 명시하고 있다.[23] 다만, 선복 부족이나 기상 악화 등 부득이한 사유로 분할 선적된 경우에는 예외적으로 동일 원산지증명서의 분할 사용을 허용한다. 또한 '동일한 건'이라 함은 원산지증명서에 기재된 물품의 동일성이 입증되는 것을 의미하며, 이 조건을 만족할 때만 동일 원산지증명서를 여러 차례의 수입신고에 사용할 수 있다.

4. 보세창고 보관 중 소유권 변경에 따른 분할 사용 제한

원산지증명서 분할 사용은 원칙적으로 동일 수입자 명의를 전제로 한다. 따라서 물품을 보세창고에 보관한 후 분할 통관하는 경우라도, 물품의 소유권이 변경되어 다른 국내 구매자 명의로 통관하는 경우에는 동일 원산지증명서를 이용한 분할 사용이 허용되지 않는다. 이 경우에는 일반적으로 B/L 분할 양수도, 새로운 원산지증명서 발급 요청 등 별도의 절차가 필요하다.

5. 한-EU FTA의 주요 특징

한-EU FTA는 협정문상 일반적인 분할 사용을 금지하지는 않지만, 일반 품목에 대한 분할 사용을 명시적으로 규정하고 있지도 않다. 따라서 대부분의 품목에 대해서는 「특혜관세 적용 및 원산지증명 제도 운영에 관한 고시」 제5조에 따라 동일 B/L·AWB 원칙 및 예외적 분할 사용 기준이 적용된다.

다만, 한-EU FTA에는 다른 협정과 구별되는 특징이 있다. 원산지 의정서 제20조(분할 수입[24])는 HS 통칙 2(a)에 따라 미조립·분해 상태로 반입되는 특정 품목군,

---

23) 제5조(원산지증명서의 제출 등) ⑤ 원산지증명서는 선하증권(B/L), 항공화물운송장이 동일한 건에만 사용할 수 있다. 다만, 선복 부족 등 부득이한 사유로 분할 선적된 경우에는 분할하여 사용할 수 있다.

24) 제20조(분할 수입) 수입자의 요청이 있는 경우, 그리고 수입 당사자의 관세당국이 규정한 조건에 따라 HS 통칙 2(a)의 의미에서 HS 제16부 및 제17부 또는 제7308호 및 제9406호에 해당하는 분해 되거나 미조립된 제품이 분할 수입되는 경우, 그 제품에 대한 단일 원산지 증명이 첫 번째 분할 수입 시 관세당국에 제출된다.

즉 HS 제16부, 제17부, 7308호, 9406호에 대하여 분할 수입을 협정 차원에서 명확히 허용하고 있다. 이러한 품목들은 대형 설비·기계·구조물처럼 구성품을 여러 차례에 걸쳐 반입하는 것이 일반적이므로, 협정에서 이를 제도적으로 보장한 것이다.

따라서 위 품목군의 경우에는 첫 회 수입 시 단일 원산지증명서를 제출하면, 이후 분할 반입된 물량에 대해서도 협정관세 적용이 보장된다.

6. 분할 사용 시 유의 사항

원산지증명서를 분할 사용하기 위해서는 다음 요건을 충족해야 한다.

- 원산지증명서에 기재된 물품과 분할 수입 물품 간에 품목명·규격·수량 등의 동일성이 입증될 것
- 원산지증명서의 수입자와 실제 수입 신고자 명의가 동일할 것
- 분할 선적 또는 분할 통관의 사유를 입증할 수 있는 자료를 제출할 것
- 운송·보관 과정에서 원산지가 변경되거나 훼손되지 않았음을 증명할 것

요건을 충족하지 못할 경우 협정관세 적용이 제한될 수 있다.

7. 결론

원산지증명서 분할 사용 제도는 물류 운영의 유연성을 보장하는 중요한 장치지만, 모든 협정과 모든 물품에서 자유롭게 허용되는 것은 아니다.

일반 품목의 경우에는 「특혜관세 적용 및 원산지증명 제도 운영에 관한 고시」 제5조에 따른 동일 B/L 원칙과 예외적 분할 사용 요건이 적용되며, 보세창고에서 소유권이 변경되면 분할 사용은 인정되지 않는다.

한-EU FTA는 일반 품목에 대한 분할 사용 규정이 없다는 점에서 국내 고시에 따라 운영되지만, HS 제16부, 제17부, 7308호, 9406호에 대해서는 협정 차원의 분할 수입 허용 규정이 존재한다는 점에서 차별적 특징을 가진다.

제08조-06 특송화물의 협정관세 적용과 절차

　특송화물이란 세관에 등록된 특송업체가 수입하는 물품을 말하며, '특급 탁송화물' 이라고도 한다. 「관세법」 제2조에 따르면, 탁송품은 상업서류, 견본품, 자가사용물품 등과 유사한 물품을 국제무역선·국제무역기 또는 국제운송차량을 이용하여 운송하는 영업자에게 위탁하여 우리나라에 반입하거나 외국으로 반출하는 물품을 의미한다.

　특송화물은 해당 물품이 FTA 협정국에서 생산되고 직접 운송되며 협정상 요구 조건을 충족하면 협정세율 적용이 가능하다.

1. 특송화물 통관 규정

　「특송물품 수입통관 사무처리에 관한 고시」 제8조에 따라 특송화물의 통관은 목록통관, 간이신고, 일반수입신고로 구분된다.

특송화물 통관 규정

구분	대상 물품	신고인	신고 절차
목록통관	미화 150달러 이하 (한-미 FTA: 200달러 이하)	특송업체	통관목록(24개 항목: 특송업체·수량·가격 등) 세관 제출
간이신고	미화 150달러 초과~ 2,000달러 이하	화주, 관세사	일반수입신고서 제출(12개 항목 생략 가능)
일반수입신고	미화 2,000달러 초과	화주, 관세사	「관세법」 제241조 제1항에 따른 일반수입신고(총 69개 항목 제출)

- 목록통관은 국내 거주자가 수취하는 자가사용물품 또는 면세 상용견품 중 물품가격이 미화 150달러 이하인 경우 적용된다.
- 「전자상거래물품의 특별통관에 관한 고시」는 국내 거주자가 수취하는 자가사용물품만 대상이다.

2. 협정별 특송화물 규정 방식

특송화물과 관련된 규정은 체결된 자유무역협정별로 서로 다른 방식으로 규정되어 있다. 크게 구분하면 별도의 금액 기준이나 조항이 없는 경우, 협정문에 특송화물에 관한 독립 조항이 존재하는 경우, 그리고 특송화물에 대한 구체적인 면세 금액 기준이 명시된 경우로 나눌 수 있다.

협정별 특송화물 규정 방식

구 분	협정명			비 고
별도 조항 없음	칠레, 싱가포르, EFTA, 아세안, EU, 튀르키예, 호주, 영국, 캄보디아			특송 관련 금액 기준 미규정
독립 조항 있음	인도, 페루, 미국, 콜롬비아, 캐나다, 뉴질랜드, 중국, 베트남, 중미, RCEP, 이스라엘, 인도네시아, 필리핀			협정 문서에 특송 관련 별도 조항 명시
	구체적 금액 기준	미화 100달러	콜롬비아, 뉴질랜드	규정된 금액 이하면 면세 처리
		미화 150달러	중미	
		미화 200달러	미국	

가. 별도의 특송화물 조항이 없는 협정

칠레, 싱가포르, EFTA, 아세안, 유럽연합(EU), 튀르키예(터키), 호주, 영국, 캄보디아와의 협정이 해당된다. 이러한 협정에서는 특송화물에 대한 별도 규정이나 금액 기준을 두지 않고, 일반 「관세법」 규정과 소액면세 기준을 그대로 적용한다.

나. 협정 문서 내에 특송화물에 대한 독립적인 조항을 둔 경우

인도(제5.5조), 페루(제5.11조), 미국(제7.7조), 콜롬비아(제4.8조), 캐나다(제4.19조), 뉴질랜드(제4.8조), 중국(제4.15조), 베트남(제4.7조), 중미(제4.8조), 역내포괄적 경제 동반자협정(RCEP, 제4.15조), 이스라엘(제4.4조), 인도네시아(제4.7조), 필리핀(제5.15조) 등이 이에 해당한다.

이들 협정은 협정문에 특송화물에 관한 정의·통관 절차·예외 사항 등을 별도로 명시하여, 일반 수입물품과 다른 통관·면세 처리 기준을 운영할 수 있도록 하고 있다.

다. 특송화물에 대한 구체적인 면세 금액 기준을 명시한 협정

대표적으로 콜롬비아와 뉴질랜드는 물품가격이 미화 100달러 이하일 경우 관세를 면제하며, 중미와의 협정은 150달러 이하, 미국과의 협정은 200달러 이하를 면세 기준으로 설정하고 있다.

이들은 「FTA 관세법」 제29조에 따라 협정 자체에서 정한 면세 기준을 적용한다. 한편, 구체적인 금액 기준을 별도로 명시하지 않은 대부분의 협정에서는 「관세법」 제94조의 소액면세 규정이 적용되며, 이에 따라 총과세가격이 150달러 이하인 경우 면세가 가능하다.

라. 결론

이와 같이 협정별 특송화물 규정 방식은 협정 당사국 간 합의 내용에 따라 상이하며, 일부 협정에서는 협정문을 통한 특례 규정이 존재하고, 일부 협정에서는 일반 관세법 규정을 그대로 적용한다. 따라서 수입자는 특송화물의 협정관세 적용 여부를 판단할 때, 해당 협정문에 별도의 특송 규정이나 금액 기준이 있는지 반드시 검토해야 한다.

3. 특송화물 협정관세 신청 절차

특송화물에 대해 협정관세를 적용받으려면, 수입자는 해당 FTA에서 요구하는 원산지증명 기준과 신고 절차를 충족해야 한다. 이 과정은 일반 수입화물과 유사하나, 특송화물의 경우 간소화된 통관절차와 전자문서 처리가 병행되는 특징이 있다.

먼저, 수입신고 준비 단계에서 특송화물 운송업체(특송사)는 수입자로부터 협정관세 적용 의사를 확인하고, 해당 물품이 협정 규정에 부합하는지 사전검토를 진행한다. 이때, 물품가격, 품목분류번호, 원산지 판정 가능 여부를 확인하며, 필요시 수출자로부터 FTA 원산지증명서 또는 인증수출자 발급번호를 확보한다.

다음으로, 수입신고 단계에서 특송사는 물품이 소액면세 범위 내에 있더라도 협정관세를 적용받으려면 '협정관세 적용' 코드와 원산지 관련 정보를 통관시스템에 입력해야 한다. 원산지증명서는 물품가격 기준에 따라 간이 원산지증명 또는 정식 원산지증명서를 제출할 수 있다.

그 후, 관세청 심사 단계에서 통관담당자는 제출된 원산지 자료와 물품정보를 검토하여 협정관세 적용 가능 여부를 판단한다. 검토 과정에서 원산지 판정이 불충분하거나 증빙이 누락된 경우에는 보완 요청이 이루어진다. 반대로 모든 서류가 적합하다고 판단되면 협정관세가 승인되어 관세율이 0% 또는 협정 적용 세율로 계산된다.

마지막으로, 사후관리 단계에서는 관세당국이 무작위 또는 특정 위험 요인에 따라 원산지 검증을 실시할 수 있다. 이때 허위 또는 부정한 원산지증명 제출이 확인되면 관세 추징 및 벌칙이 부과되므로, 수입자는 원산지 관련 서류를 협정 규정에 따른 보존기간(일반적으로 5년) 동안 보관하여야 한다.

요약하면, 특송화물 협정관세 신청 절차는 '협정 적용 의사 확인 및 사전검토 → 원산지증명 확보(간이·정식 구분) → 수입신고 시 협정관세 코드 입력 → 관세청(세관) 원산지 심사 및 승인 → 사후검증 대비 서류 보관'이라는 순서로 진행된다. 이 절차를 준수하면 특송화물이라도 FTA 관세 혜택을 안전하게 적용받을 수 있다.

제08조-07 여행자휴대품의 협정관세 적용과 절차

　여행자휴대품도 자유무역협정에 따른 협정관세를 적용받을 수 있다. 다만, 협정에는 여행자휴대품의 면세에 대해서는 규정하고 있지 않다. 원산지증명서 제출면제 규정만 있다. 따라서 면세 여부는 국내법에 따라 판단하여야 한다.

1. 원산지증명서 제출이 면제되는 범위

　원산지증명서 제출이 면제되는 범위는 협정별로 다른 금액 기준이 적용된다. 면제 기준금액은 여행자가 해당 협정국에서 직접 구매한 원산지 물품의 총가격을 기준으로 산정된다. 만약 해당 금액을 초과하는 경우, 협정에서 규정한 유효한 원산지증명서를 구비하여 세관장에게 제출해야만 협정관세 적용이 가능하다.

원산지증명서 제출이 면제되는 여행자휴대품의 범위

협정	적용 대상
칠레, 싱가포르, EFTA, 인도, EU, 페루, 미국, 터키, 호주, 캐나다, 뉴질랜드, 중미, 콜롬비아, 영국, 이스라엘, 인도네시아	미화 1천 달러 이하
중국	미화 700달러 이하
베트남	미화 600달러 이하
아세안, RCEP, 캄보디아, 필리핀	미화 200달러 이하

2. 우리나라의 여행자휴대품 면세범위

　「관세법 시행규칙」 제48조 제2항에서 여행자휴대품에 대한 관세의 면제 한도를 규정하고 있다. 관세의 면제 한도는 기본 면세범위와 해당 농림축산물 등에 대하여 관세청장이 따로 정한 면세한도로 구분된다.

가. 기본 면세범위

여행자 1명의 휴대품 또는 별송품으로서 각 물품(여행자가 통상적으로 몸에 착용하거나 휴대할 필요성이 있다고 인정되는 물품으로서 국내에서 반출된 물품과 세관장이 반출 확인한 물품으로서 재반입되는 물품은 제외)의 과세가격 합계 기준으로 미화[25] 800달러 이하로 하고 있다.

나. 별도 면세범위

술, 담배, 향수에 대한 면세범위를 별도 면세범위라 한다. 술·담배·향수에 대해서는 기본 면세범위와 관계없이 다음 표에 따라 관세를 면제하되, 19세 미만인 사람(19세가 되는 해의 1월 1일을 맞이한 사람은 제외한다)이 반입하는 술·담배에 대해서는 관세를 면제하지 않고, 법 제196조 제1항 제1호 단서 및 같은 조 제2항에 따라 구매한 내국물품인 술·담배·향수가 포함되어 있을 경우는 별도 면세범위에서 해당 내국물품의 구매 수량을 공제한다. 이 경우 해당 물품이 다음 표의 면세한도를 초과하여 관세를 부과하는 경우는 해당 물품의 가격을 과세가격으로 한다.

구분	면세 한도			비고
술	용량은 2리터(L) 이하, 가격은 미화 400달러 이하로 한다.[26]			
담배	궐련		200개비	둘 이상의 담배 종류를 반입하는 경우에는 한 종류로 한정한다.
	엽궐련		50개비	
	전자담배	궐련형	200개비	
		니코틴용액	20밀리리터(mL)	
		기타유형	110그램	
	그 밖의 담배		250그램	
향수	100밀리리터[27]			

---

25) 미화(US$)란 아메리카합중국 통화를 말하며, 미화 또는 US$ 표시 금액은 그 상당액의 다른 나라 통화표시 금액과 같다.

26) [시행 2025. 3. 21] [기획재정부령 제1110호, 2025. 3. 21, 일부개정] 여행자 휴대품 중 주류에 대한 면세 기준 가운데 2병까지로 하던 기준을 폐지하였다.

27) [시행 2024. 1. 1.] [기획재정부령 제1033호, 2023. 12. 29., 일부개정] 여행자의 편의를 제고하기 위해 별도의 한도가 적용되는 향수의 면세한도를 60밀리리터에서 100밀리리터로 상향하였다.

다. 관세청장이 따로 정한 면세 한도

농림축산물 등 관세청장이 정하는 물품이 휴대품 또는 별송품에 포함되어 있는 경우에는 기본 면세범위에서 해당 농림축산물 등에 대하여 관세청장이 따로 정한 면세한도를 적용할 수 있다.

3. 우리나라의 여행자휴대품 협정관세 적용 규정

협정관세 적용에 관해서는 「여행자 및 승무원 휴대품 통관에 관한 고시」 제27조 (여행자 휴대품의 협정관세 적용)에서 규정하고 있다.

> **제27조(여행자 휴대품의 협정관세 적용)** ① 제25조(세액의 계산)의 적용에 있어 여행자가 휴대수입하는 제4조에 따른 물품으로서 협정 당사국에서 취득한 협정당사국 원산지 물품인 경우 「자유무역협정의 이행을 위한 관세법의 특례에 관한 법률 시행령」 제2조에 따라 협정관세를 적용한다.
> ② 제1항에 따른 협정관세를 적용할 때에는 원산지 표시, 구매영수증 등을 확인할 수 있으며, 진위성·신뢰성이 의심되지 않는 한 전자적 방법 등으로 제출되는 구매영수증 또는 원산지증명서를 통해서도 확인할 수 있다.
> ③ 협정관세의 적용에 관하여 이 고시에서 따로 정하지 않는 경우에는 「자유무역협정의 이행을 위한 관세법의 특례에 관한 법률 사무처리에 관한 고시」에 따른다.

가. 협정관세 적용신청 방법

여행자휴대품에 대해 협정관세를 적용받으려면, 세관에 여행자 휴대품 신고서를 제출해야 한다. 항공기를 통해 입국하는 경우에는 「관세법 시행규칙」 별지 제42호 서식을, 선박을 통해 입국하는 경우에는 별지 제43호 서식을 사용한다.

신고서 작성 시, 'FTA 협정국가 원산지 물품으로 특혜관세를 적용받으려는 물품'란에 '있음'을 표시하고 세관장에게 반드시 제출해야 한다. 이때 구매영수증 또는 원산지 증명서는 세관장이 원본 제출을 요구할 수 있으며, 일반적으로는 전자적 제출(휴대폰 촬영 이미지, 모바일 신고 앱 활용 등)도 가능하다.

나. 기본면세 800달러 vs. 원산지증명서 제출 면제범위와의 관계

두 기준은 전혀 다른 목적을 가진 규정이며 직접적인 연동 관계는 없다. 기능을 구분하면 다음과 같다.

기본 면세범위(800달러)의 기능	원산지증명서 제출 면제범위 (예: 한-EU FTA 1,000달러)의 기능
• 국내법(관세법 시행규칙)이 정한 세금 부과 여부 판단 기준: 금액이 800달러 이하이면 관세 자체가 면제됨 • FTA 여부와 관계없음: 원산지증명서가 있든 없든, 800달러 이하이면 세금을 내지 않으므로 FTA 적용 필요도 없음 ☞ 즉, "세금을 내느냐, 안 내느냐"를 결정하는 규정이다.	• 협정에서 정한 협정관세 적용을 위한 원산지 입증 가능 여부 기준 • 일정 금액 이하는 원산지증명서 없이도 FTA 관세혜택 적용 가능 • 금액을 초과하면 반드시 원산지증명서 제출 필요 ☞ 즉, "FTA 특혜관세를 적용할 수 있느냐"를 결정하는 규정이다.

결론적으로 두 금액은 서로 목적이 다르며 반드시 함께 적용되는 것은 아니다. 다만 실제 통관에서는 두 기준이 함께 작동할 수 있다. 이를 정리하면 다음과 같다.

금액별 해석 (한-EU FTA 기준 예시)

800달러 이하	• 국내법 면세 적용 → 세금이 없음 • 따라서 FTA 적용 필요 없음 → 원산지증명서 필요 없음 ☞ 결과: 면세+FTA 적용 불필요
800달러 초과 ~ 1,000달러 이하	• 기본 면세범위 초과 → 관세부과 대상 • 그러나 FTA 원산지증명서 제출면제 금액 이하 → 증명서 없이도 FTA 특혜 적용 가능 ☞ 결과: 세금은 발생하지만, 원산지증명서 없어도 FTA 관세혜택 적용 가능
1,000달러 초과	• 면세범위 초과 → 관세부과 대상 • FTA 면제범위 초과 → 원산지증명서 반드시 제출해야 협정관세 인정, 원산지증명서 없으면 MFN 세율(일반세율) 적용 ☞ 결과: 증명서 미제출 시 특혜 불가. 즉, 1,000달러를 초과하면 원산지증명서를 제출해야 협정관세를 적용받을 수 있다. 단, 그것은 FTA 특혜를 받기 위해 필요한 조건이지 800달러 기본 면세범위와 연동된다는 의미는 아니다.

다. 협정관세 적용 적정성 심사

세관장은 제출된 구매영수증 또는 원산지증명서에 진위성·신뢰성 문제가 있다고 판단되는 경우, 원본 제출을 요구하거나 원산지조사를 실시할 수 있으며, 문제 발견 시 협정관세 적용을 배제할 수 있다. 심사에 이상이 없으면 면세범위(미화 800달러)를 공제한 잔액에 대해 협정세율을 적용하게 된다. 진위성 의심 사례는 다음과 같은 경우가 포함된다.

구매영수증 또는 원산지증명서의 진위성이 의심되는 경우(예시)

1. 협정 상대국이 아닌 국가에서 작성·발급된 것으로 의심되는 경우
2. 서류에 기재된 내용(판매자·작성자·판매일자·상품명·가격·서명 등)을 명확하게 확인하기 어려운 경우
3. 기재된 날짜와 여행자의 일정 등으로 볼 때 해당 물품의 구매영수증으로 인정하기 어려운 경우
4. 여행가이드 또는 여행자 등 권한이 없는 자가 직접 원산지 신고 문안을 작성하거나 서명한 것으로 의심되는 경우
5. 서류와 현품과의 동일성 여부를 인정하기 어려운 경우
6. 타인의 구매영수증 또는 원산지증명서를 도용한 것으로 의심되는 경우
7. 구매영수증 또는 원산지증명서 전체가 아닌 일부만 촬영하여 제출한 경우
8. 전자적인 편집·가공 등으로 서류의 진위성·신뢰성이 의심되는 경우
9. 그밖에 서류의 진위성과 신뢰성에 중대한 하자가 있거나, 여행자가 부정특혜를 신청한 것으로 세관장이 인정하는 경우

라. 여행자휴대품의 협정관세 사후 적용

여행자가 입국 시 협정관세 적용에 필요한 원산지증빙서류를 구비하지 못했거나, 기타 사유로 인하여 즉시 협정관세 신청을 하지 못한 경우에는 일반수입신고로 전환한 후, 수입신고 수리일로부터 1년 이내에 「FTA 관세법」 제9조 제1항에 따라 협정관세 사후 적용을 신청할 수 있다. 또한 관련 증빙서류를 모두 갖춘 상태에서 사후 적용을 희망하는 경우, 해당 물품을 세관에 유치한 후 유치 기간 내에 구매영수증과 원산지 증명서를 제출하면 협정관세 적용이 가능하다.

4. EU·영국·EFTA·터키 협정 적용 방법

관세청의 「여행자 휴대품에 대한 FTA 협정관세 적용업무처리 지침」(2021.6.29. 제정)에 따르면, 해당 물품의 원산지증명서는 송품장, 인도증서 또는 상업서류에 원산지

신고 문안, 작성자 성명, 수기 서명 등이 기재된 경우로 간주한다.

　그리고 EU 및 영국의 경우, 물품 가격이 6,000유로를 초과하면 반드시 협정국의 인증수출자가 작성한 원산지신고서만 인정된다.

　구매영수증이 작아 원산지 신고 문안을 기재할 공간이 없는 경우, 별도의 A4 용지 등에 원산지 신고 문안을 기재하여 구매영수증을 부착할 수 있으며, 작성자 서명 및 날짜는 영수증과 동일해야 한다. 또한 작성자의 이름과 서명이 간인(접인) 형태로 구매영수증과 별지를 걸쳐 작성되어야 한다. 예외적으로 작성자 이름이 명확하고 서명이 동일한 경우, 또는 스탬프 날인된 문안이 구매영수증과 별지를 걸쳐 있고 별지에 작성자 이름과 서명이 기재된 경우에는 인정된다. 그러나 서명만 영수증에 있고 나머지가 별지에 있는 경우, 증명서 진위성이 의심되는 경우 등은 인정되지 않는다.

제08조-08 국제우편물(소포)의 협정관세 적용과 절차

1. 국제우편물에 대한 국내 통관 규정과 협정관세 적용 원칙

국제우편물은 해외에서 우리나라로 반입되는 모든 우편물·소포를 의미하며, 이러한 우편물은 우정사업본부가 관리하는 국제우편물류센터 또는 국제우체국에 도착한 후 개장·검사 절차를 거쳐 통관이 이루어진다.

국내 통관 제도에서는 우편물의 가격, 수입 목적, 물품의 성질을 기준으로 통관 유형을 간이통관 또는 일반수입신고로 구분하며, 우편물의 가격이 미화 1,000달러 이하이고 판매 목적이 아닌 경우에는 간이통관이 적용된다. 검사를 통해 면세 대상에 해당하는 물품은 즉시 통관되고, 과세 대상 물품은 '국제우편물통관안내서'를 통해 수취인에게 통관절차가 안내된다.

협정관세 적용 여부는 이러한 국내 통관절차와는 별도로 자유무역협정에서 정한 원산지 요건 충족 여부에 따라 판단되며, 우편물 역시 협정 상대국에서 생산된 원산지 물품이 직접 운송된 경우에는 협정세율 적용이 가능하다. 즉, 우편물이라는 운송 형태가 협정관세 적용을 제한하지는 않으며, 우편물이라도 '원산지·직접운송·원산지증빙' 요건을 충족하면 일반 수입물품과 동일하게 협정관세를 적용받을 수 있다.

2. 우편물에 대한 원산지증명서 제출면제 기준과 협정관세 적용 관계

국제우편물의 협정관세 적용 과정에서는 협정별로 규정한 원산지증명서 제출면제 기준이 중요한 판단 요소가 된다. 대부분의 협정에서 원산지증명서 제출 면제 한도를 미화 1,000달러(CIF 기준)로 정하고 있으나, 중국·베트남·RCEP 등 일부 협정에서는 금액 기준이 더 낮게 설정되어 있으며, 인도·EFTA·EU·영국·이스라엘 등 일부 협정에서는 비상업적 목적의 '개인 간 송부' 조건이 추가되어 있다. 이는 국제우편물 중에서도 무역 목적이 아닌 개인 간 송부 물품에 한해 원산지증명서 없이도 특혜관세 적용을 허용하려는 협정의 정책적 취지를 반영한 것이다.

구 분	금액 기준	개인 간 송부 요건	상업적 수입 여부
칠레	미화 1,000불	규정 없음	상업 / 비상업적 모두 면제
	☞ 한-칠레 FTA는 상업적 수입도 원산지증명서 제출면제를 명문화하여 규정하고 있다.		
EFTA, EU, 영국, 이스라엘	미화 1,000불	있음(사인 간 송부)	상업적 수입 불가
튀르키예	미화 1,000불	있음(사인 간 송부)	규정 없음
중국	미화 700불	규정 없음	규정 없음
싱가포르, 페루, 미국, 콜롬비아, 캐나다, 중미, 호주, 뉴질랜드	미화 1,000불	규정 없음	규정 없음
베트남	미화 600불	규정 없음	규정 없음
아세안, 캄보디아, 인도네시아, 필리핀, RCEP	미화 200불	규정 없음	규정 없음
인도	금액 미규정 [주]	있음(개인 간 소포)	규정 없음
	주) 제4.9조(원산지증명서의 면제) 개인 간에 송부된 소포 또는 여행자 개인 수하물의 일부를 구성하는 상품은 각 당사국의 법과 규정에 따라 원산지증명서의 제출요구 없이 원산지 상품으로서 인정될 수 있다.		

주의: '개인 간 송부'는 무역을 목적으로 하지 않는 물품을 의미하며, 사인 간 개인 거래를 포함하지만 전자상거래 구매 물품(상업적 거래)은 해당되지 않는다.

우편물의 통관 유형에 따라 협정관세 적용 가능성이 달라지는 점도 고려해야 한다.

3. 우리나라의 우편물 통관절차

가. 통관 방법

외국에서 우리나라로 반입되는 모든 국제우편물은 인천공항 국제우편물류센터 또는 부산국제우체국에 도착한 후, 우체국의 관리하에 개봉 및 검사 과정을 거치게 된다. 개봉 과정에서는 우체국 직원이 입회한 상태에서 X-ray 검사와 개장 검사가 이루어져, 물품의 내용과 반입 적합 여부를 확인한다.

검사 결과, 면세 대상에 해당하는 물품은 별도의 통관절차 없이 즉시 면세 처리되어 수취인의 주소지 우체국으로 전달되고, 이후 수취인에게 배달된다. 그러나 과세

대상이거나 통관이 제한된 물품일 경우, 우체국은 "국제우편물통관안내서"를 발송하여 수취인에게 통관절차를 안내한다. 안내서를 받은 수취인은 해당 관할 통관우체국에 관세청 전자통관시스템(UNI-PASS), 팩스, 또는 전자우편을 통해 통관 신청을 진행해야 한다. 우편물 통관 방식은 크게 간이통관과 일반수입신고로 나뉜다.

1) 간이통관

간이통관은 판매 목적이 아닌 물품으로서 대가를 지급했거나 지급해야 하는 물품 가격이 미화 1,000달러 이하인 우편물에 대해 적용된다. 간이통관 절차를 진행하려면 「국제우편물 수입통관 사무처리에 관한 고시」 별지 제3호 서식의 국제우편물 간이통관 신청서와 가격 자료 등 필요한 서류를 제출해야 하며, 세관장의 부과 고지를 받아야 통관이 완료된다. 이때 협정관세를 적용받고자 한다면 신청서의 '협정세율 적용 신청란'에 체크한 뒤 원산지증명서 또는 원산지 신고문안을 비롯한 관련 증빙서류를 함께 제출해야 한다.

2) 일반수입신고

반면, 물품가격이 미화 1,000달러를 초과하거나 판매 목적의 물품, 혹은 FTA 요건확인이 필요한 물품의 경우에는 일반수입신고를 해야 한다. 일반수입신고를 하여 FTA 특혜관세를 신청하면 요건 검토가 이루어지며, 협정 요건을 충족할 경우 특혜 관세가 부여된다.

간이통관 시 원산지증빙서류를 구비하지 못한 경우에는 협정관세를 사후에 적용받을 수 없으며, 반드시 일반수입신고로 진행해야 수입신고일로부터 1년 이내에 FTA 사후적용 신청을 할 수 있다.

3) 결론

따라서 우편물의 통관 유형을 선택할 때에는 물품 가격, 수입 목적, 협정관세 적용 여부, 원산지증빙 확보 가능성 등을 고려해야 한다. 간이통관은 절차가 간편하고 시간 소요가 적지만, 협정관세 사후 적용이 불가능하다는 점에서 증빙이 미비한 경우에는 오히려 불리할 수 있으므로 주의가 필요하다.

나. 국제우편물의 직접운송 요건과 입증 서류

자유무역협정에 따른 협정관세 혜택을 받기 위해서는 해당 물품이 협정 상대국에서 직접 운송된 사실이 입증되어야 한다. 직접운송을 입증하기 위해 일반적으로는 선하증권, 항공운송장(Air Waybill, AWB), 운송 경로가 표시된 기타 상업서류가 사용된다. 그러나 국제우편물의 경우 상업적 운송 문서가 아닌 우편송장(CN22, CN23)이나 주소기표지만이 존재하는 경우가 많다. 과거에는 이러한 문서들이 직접운송을 입증하는 자료로 인정되지 않아, FTA 특혜관세 적용을 받기 위해 수입자가 별도의 운송 입증자료(예: 국제우편 추적내역, 발송국 증명서 등)를 세관에 제출해야 하는 번거로움이 있었다.

이러한 불편을 해소하고자 관세청은 2015년 12월 29일 「FTA 관세법 고시」를 개정하였다. 개정 내용의 핵심은, 국제우편물의 경우 우편물에 부착되는 주소기표지(Address Label, 예: EMS 송장[28]) 또는 우편송장(CN22, CN23)[29]을 '직접운송 입증 서류'로 공식 인정한다는 것이다. 즉, 국제우편물은 해당 송장류에 기재된 발송국·수취국 정보와 우편물번호, 발송일자 등이 직접운송 사실을 확인하는 문서로 활용될 수 있도록 제도적으로 명문화한 것이다. 이 개정으로 인해, 해외에서 FTA 협정국이 발송한 물품이 국제우편 형태로 들어올 경우, 수입자는 별도의 선적서류 없이도 국가 간 직접운송 사실을 간편하게 증명할 수 있게 되었다. 다만, 우편송장 상의 발송국 표기 내용과 국제우편 추적 정보가 불일치하는 경우에는 직접운송 요건이 미충족된 것으로 판단될 수 있으므로, 수입자는 발송국과 송장 기재사항을 반드시 정확히 확인해야 한다.

---

28) 주소기표지는 국제우편물이 발송될 때 우편물 외부에 부착되는 기본 정보표시 라벨을 의미한다. 국제특송(EMS)이나 일반 국제우편 발송 시 사용되며, 발송국(Ship-from country), 수취국(Ship-to country), 발송인·수취인의 성명 및 주소, 우편물 고유 번호(Tracking number), 발송 날짜, 우편물 종류(EMS, 항공, 선편 등) 다음과 같은 정보가 포함된다. 즉, 주소기표지는 국제우편의 이동 경로와 기본 정보를 확인할 수 있는 표준 라벨이며, 우편물의 직접운송 여부를 판단할 때 핵심 자료로 활용된다.
29) 우편송장(CN22, CN23)은 국제우편물 통관을 위해 사용되는 공식 세관신고서로, 수취국 세관이 물품의 내용물과 가치를 확인할 수 있도록 하기 위한 양식이다. CN은 국제우편을 관장하는 UPU(Universal Postal Union, 만국우편연합)에서 정한 공식 용어로, 국가 간 우편물 통관을 위해 사용하는 세관신고서(Code Name)를 의미한다. 두 양식은 내용물의 가치나 무게에 따라 구분된다. CN22은 비교적 소액·소형 물품에 붙이는 간략형 세관신고서(주요 정보: 내용물 품명, 중량, 가격, 발송 목적(판매, 선물 등))이고, CN23은 가격이 높거나 무게가 큰 국제우편물에 사용하는 상세형 세관신고서(포함 정보: CN22의 모든 정보, 발송인·수취인 상세 주소, 운송 관련 추가 정보, 세관이 요구하는 상세 내용물 정보)이다. 즉, CN22·CN23은 국제우편물에 부착되는 공식 통관서류(Customs Declaration Form)이며, 물품의 이동 및 통관 과정을 판단하는 핵심 문서이다.

다. 국제우편물 통관에서 협정관세를 효과적으로 활용하는 방안

국제우편물의 협정관세 활용도를 높이기 위해서는 수입자가 물품 반입 전 단계에서 가격, 원산지, 구매 형태, 발송 방식, 협정별 면제 기준 등을 종합적으로 고려해야 한다.

먼저, 물품가격이 협정별 원산지증명서 제출면제 기준 이하라면 불필요한 증빙 확보 없이도 협정관세를 적용받을 수 있으므로, 구매 단계에서 금액 조정이 가능하다면 이 기준을 활용하여 관세 부담을 줄일 수 있다.

또한 우편물의 가격이 미화 1,000달러 이하라면 간이통관으로 처리되는데, 간이 통관은 협정관세 사후 적용이 불가능하므로 원산지신고문안이나 증빙 확보 여부를 사전에 확인하는 것이 관세 부담을 최소화하는 핵심 전략이 된다. 원산지증빙 확보가 어렵거나 협정요건 확인이 필요한 경우에는 일반수입신고를 선택함으로써 협정관세 적용 기회를 사후까지 확보할 수 있다.

나아가 우편송장(CN22·CN23) 및 EMS 라벨이 직접운송을 공식적으로 입증하는 자료로 인정되기 때문에, 수입자는 발송국과 송장상의 표기 일치 여부를 점검하여 직접운송 요건 충족을 사전에 확인함으로써 불필요한 보완 요구나 협정관세 배제 위험을 줄일 수 있다.

이러한 단계별 확인을 통해 국제우편물 수입자는 협정관세 적용 가능성을 높이고, 국내 통관제도와 FTA 특혜제도를 조합하여 합리적으로 관세 부담을 최소화할 수 있다.

제08조-09 보세건설장 반입 물품의 협정관세 적용

1. 보세건설장 반입 물품의 통관절차

현행 「FTA 관세법」에는 보세건설장 물품, 즉 건설 현장에서 사용되는 기계·설비품, 장비, 의료시설, 식당, 숙소 등의 부대시설에 대한 협정관세 적용 규정이 없다. 따라서 관련 사항은 「관세법」에서 정한 절차에 따라야 한다.

보세건설장 반입 물품의 기본적인 통관절차는 다음과 같이 진행된다.

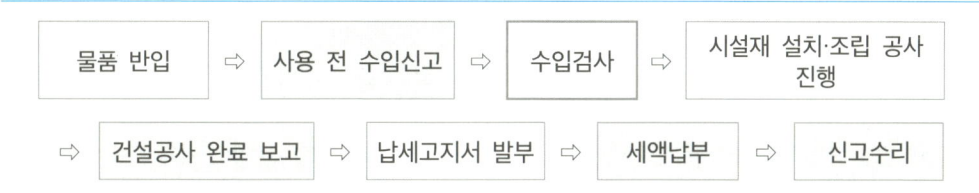

보세건설장 반입 물품 통관절차

물품 반입 ⇨ 사용 전 수입신고 ⇨ 수입검사 ⇨ 시설재 설치·조립 공사 진행

⇨ 건설공사 완료 보고 ⇨ 납세고지서 발부 ⇨ 세액납부 ⇨ 신고수리

- ○ **(물품 반입신고)** 적하목록, 보세운송신고서 사본
- ○ **(사용 전 수입신고)** 보세 건설에 사용하기 전에 수입신고하여야 함(보세건설장 완료 전까지는 과세 유보 상태 유지)[30]
- ○ **(건설공사 완료 보고)** 과세 단위(HS 10단위)별, 공정별 공사 완료 시점[31]
- ○ **(세액납부 및 신고수리)** 공정별 일괄신고 및 세액납부 및 신고수리
  - 과세물건은 최종 완성품을 신고수리한 시점의 법령에 의거(품목분류, 세율, 감면율 등) 확정

먼저, 물품이 보세건설장으로 반입되면 '물품반입신고'를 하여 적하목록과 보세운송 신고서 사본을 제출한다. 이후 해당 물품을 실제 건설에 사용하기 전에 반드시 '사용 전 수입신고'를 해야 하며, 이 시점에 세관공무원의 검사를 받아야 한다. 다만, 검사가

---

30) 「관세법」 제192조(사용 전 수입신고) 운영인은 보세건설장에 외국물품을 반입하였을 때에는 사용 전에 해당 물품에 대하여 수입신고를 하고 세관공무원의 검사를 받아야 한다. 다만, 세관공무원이 검사가 필요 없다고 인정하는 경우에는 검사를 하지 아니할 수 있다.
31) 「관세법 시행령」 제211조(건설공사 완료보고) 보세건설장의 운영인은 법 제192조의 규정에 의한 수입신고를 한 물품을 사용한 건설공사가 완료된 때에는 지체 없이 이를 세관장에게 보고하여야 한다.

불필요하다고 판단되는 경우 세관공무원은 이를 면제할 수 있다. 수입신고를 마친 후 시설재 설치, 조립, 공사를 진행하고, 각 공정별로 건설공사가 완료되면 '건설공사 완료 보고'를 해야 한다. 「관세법 시행령」 제211조에 따라 이는 과세단위(HS 10단위) 별·공정별로 완료 시 지체 없이 세관장에게 보고해야 한다.

보고가 완료되면 세관은 '납세 고지서'를 발부하고, 납세의무자가 세액을 납부한 뒤 최종 '신고수리'가 이루어진다.

정리하면 통관절차는 '물품 반입 → 사용 전 수입신고 및 검사 → 시설 설치·조립 → 건설공사 완료 보고 → 납세고지서 발급 → 세액 납부 → 신고수리' 절차를 따른다.

2. 과세물건 확정 시기와 적용 법령

일반 물품과 보세건설장 반입 물품은 과세물건 확정 시기에 차이가 있다. 일반 수입물품의 경우, 과세물건은 수입신고(입항 전 수입신고 포함) 당시 확정되며, 이 시점의 관련 법령에 따라 세율·품목분류·감면율 등을 결정한다.

반면 보세건설장 물품은 「관세법」 제17조에 따라 '사용 전 수입신고가 수리된 날'의 법령을 적용한다. 이때 과세표준은 완성품 또는 부분품 전체를 기준으로 하며, 공장 자동화 감면, 「조세특례제한법」상의 감면 등의 적용 여부도 이 시점에 확정된다. 즉, 보세건설장 반입 물품은 수입시점이 아닌 사용 전 수입신고 수리일 기준으로 과세 물건이 확정된다는 점이 일반 물품과 다르다.

3. 보세건설장 물품의 FTA 협정관세 적용 요건

보세건설장에 반입된 물품이 FTA 협정관세를 적용받기 위해서는, 신고수리 시점의 완성품을 기준으로 한 원산지증명서를 반드시 구비해야 한다. 이는 관세부과의 과세단위가 개별 부분품이 아니라 조립·설치가 완료된 완성품에 있는 경우가 많기 때문에, 해당 완성품의 원산지가 명확히 입증되어야 협정관세 혜택을 받을 수 있다.

만약 보세건설장으로 분할 반입된 각각의 부분품(예: ⓐ, ⓑ, ⓒ)에 대해서만 개별 원산지증명서를 확보하고, 완성품 자체에 대한 원산지증명서를 갖추지 않은 경우에는 협정관세 적용이 어렵다. 이는 신고수리 시점에 세관이 확인하는 물품이 완성품인데, 제출된 원산지증명서 상의 품명·규격이 완성품과 일치하지 않기 때문이다.

또한 완성품에 FTA 협정 당사국의 원산지 물품이 아닌 역외국 원산지 물품 또는 국내에서 조달한 내국물품이 결합된 경우 협정관세를 적용할 수 없다. 원산지증명은 원칙적으로 수출국에서 생산·가공되어 해당 국가에서 직송되는 물품에 한해 발급되며, 국내 보세구역에서 원산지가 다른 물품이 조립·결합된 경우에는 그 완성품의 전체 원산지를 증명할 수 없게 된다.

따라서 보세건설장 물품에 FTA 협정관세를 적용하기 위해서는, ❶ 완성품 단위의 원산지증명서 확보, ❷ 완성품 구성물품 모두가 동일 협정 당사국 원산지일 것, ❸ 원산지가 다른 비당사국 물품이나 국내산 물품이 완성품에 결합되지 않을 것이라는 이 세 가지 요건을 모두 충족해야 한다. 이를 충족하지 못하면 설사 개별 부분품에 대한 원산지증명서가 있더라도, 완성품 전체에 대한 협정관세 혜택은 받을 수 없다.

4. 관세청 지침(2017.3.10.)에 따른 적용 가능 유형

보세건설장에서는 해외에서 들여온 여러 부품을 이용해 현장에서 기계나 설비를 완성하는 경우가 많다. 그러나 부품의 출처가 다양하고 조립 방식도 복잡해 FTA 관세 혜택을 적용하기 어려웠다. 이를 해결하기 위해 관세청은 2017년 지침을 마련하여 어떤 형태로 물품이 반입되었을 때 FTA 적용이 가능한지 명확히 정리하였다.

먼저, 완성품을 이루는 모든 부품이 동일한 FTA 협정국에서 온 경우에는 완성품 전체의 원산지증명서를 제출하거나, 완성품 구성 부품 전부의 원산지증명서를 제출하거나, 부품을 개별적으로 수입하면서 각 부품의 증명서를 제출하는 방식 중 어느 것을 선택해도 관세 혜택을 받을 수 있다.

반면 여러 국가에서 온 부품이 섞여 있는 경우에도 조건을 충족하면 혜택 적용이 가능하다. 예를 들어, 중국산이나 국내산 부품은 일반 통관을 거쳐 내국물품으로 전환하고, 협정국산 부품은 보세건설장 사용용으로 수입신고한 뒤 이들을 조합해 완성품을 만든 경우, 완성품 자체의 원산지증명서나 해당하는 협정국산 부품들의 증명서를 제출하면 된다. 단, 이 방식은 완성품이 관세상 '완성품'으로 인정될 수 있을 때만 적용된다. 또한 부품을 개별적으로 수입하면서 협정국산 부품에 대한 증명서를 제출하는 방식도 허용된다.

이러한 지침은 다양한 형태의 공사 물품 반입 상황에서도 협정국산 부품의 원산지가 명확히 입증된다면 FTA 관세 혜택을 받을 수 있도록 기준을 넓힌 것이다.

보세건설장 물품 협정관세 적용 유형

과세단위 (완성물품) 구성	수입신고 수리 및 C/O 제출 유형
(유형1) 동일 FTA 협정 당사국으로부터 반입된 물품으로만 완성품 구성	
부분품1 (EU산)	① 과세단위인 완성품으로 수입신고 수리되고, 해당 완성품에 대한 C/O를 제출한 경우
부분품2 (EU산)	② 과세단위인 완성품으로 수입신고 수리되고, 완성품을 구성하는 부분품에 대한 C/O를 모두 제출한 경우
부분품3 (EU산)	③ 부분품으로 수입신고 수리되고, 해당 부분품 C/O를 제출한 경우
(유형2) 여러 FTA 협정 당사국, 비당사국으로부터 반입된 물품 및 국내산 물품 등으로 완성품 구성	
부분품1 (중국산/ 국내산 등) 부분품2 (EU산)	④ 일부 물품(부분품1)은 사용 전 신고와 별도로 통관하여 내국물품화하고, FTA 협정 당사국으로부터 반입되어 사용 전 수입신고된 물품(부분품2, 부분품3)이 완성품으로 수입신고 수리되고 당해 완성품(부분품2 + 부분품3)에 대한 C/O를 제출하거나 당해 완성품의 모든 부분품에 대한 C/O를 제출한 경우 - 다만, HS 해석 통칙 2(가)에 따라 완성품으로 분류될 수 있어 완성품(과세단위)으로 신고한 경우에 한함
부분품3 (EU산)	⑤ 부분품으로 수입신고 수리되고, 해당 부분품 C/O를 제출한 경우

제08조-10 보세창고 인도조건부 물품에서 협정관세 적용

1. 보세창고 인도조건부(BWT) 거래의 개념과 특징

보세창고 인도조건부(BWT, Bonded Warehouse Transaction) 거래란 수출업자가 자신의 책임과 비용으로 수입국의 보세창고까지 물품을 운송·입고하고, 해당 보세창고에서 구매자가 나타나면 인도하는 조건의 거래를 말한다.

이 방식은 수출 시점에서 최종 수입자가 확정되지 않은 상태로 해외 보세구역에 무환 반출하여 보관하다가, 현지에서 계약이 성립하면 인도하는 것이 특징이다. BWT 거래는 직수출과 유사하지만, 「대외무역법」상 위탁판매수출에는 해당하지 않는다. 공급 시기와 과세 처리 방식은 다음과 같다.

공급 시기	보세창고거래 방식 수출 재화의 공급 시기는 선(기)적일이다. 즉, 위탁판매방식에 의한 수출과 유사하지만 대외무역법상 위탁판매수출에 해당하지 아니하는 보세창고 수출은 직수출에 포함하여 수출재화의 선적일을 공급 시기로 한다.
과세표준	사업자가 자기가 생산하거나 취득한 재화를 외국의 보세창고에 반출하여 보관하다가 수입자에게 판매하는 경우 부가가치세 과세표준은 무환반출(선적) 시의 시가상당액을 과세표준으로 하여 신고하고 추후 수입자에게 판매하는 때 과세표준이 확정되므로 그 확정되는 때 당초 신고금액과 증감되는 금액에 대하여 예정신고 또는 확정신고 시 가감하여 신고하여야 한다(부가-4952, 2008.12.23).
수입 금액	수출업자가 자기책임 하에 수입국의 보세창고까지 수출상품을 반출하고 현지에서 수입자를 물색하여 계약이 성립되면 상품을 인도하는 방식의 수출을 하는 경우에는 당해 수출물품을 수입업자에게 인도한 날이 속하는 사업연도에 손익을 계상하는 것이다(법인 46012-2085, 1998.7.25.). 따라서 부가가치세 공급 시기와 법인세법상 수입금액의 귀속시기의 차이가 발생하여 과세표준과 수입금액이 다르게 되어 조정 후 수입금액명세서에서 그 원인을 기재하면 된다.

출처: 한국무역협회 홈페이지(자문·상담>실무)

이처럼 부가가치세법상 공급 시기와 법인세법상 수입금액 귀속시기가 다를 수 있으며, 그 차이를 수입금액 명세서에 명확히 기재해야 한다.

2. 협정별 BWT 거래 인정 여부

BWT 거래물품에 대한 협정관세 적용은 FTA 협정의 직접운송 규정과 밀접한 관련이 있다. 대부분의 협정에서 제3국 보세창고 경유 자체는 허용되지만, 일부 협정에서는 "경유국(비당사국)에서 거래 또는 소비가 허용되지 않는다"거나 "자유로운 유통을 위해 미반출 상태 유지"라는 조건을 두어 BWT 거래를 제한한다. 이러한 규정은 제3국 내에서의 거래를 어렵게 하며, 기업의 자유로운 교역에는 제약이 된다. 협정별 BWT 거래 가능 여부는 다음과 같다.

협정별 보세창고 인도조건부 거래(BWT) 허용 여부

	BWT 거래 불인정 협정	BWT 거래 가능 협정
아세아권	아세안, 베트남, 인도네시아, 필리핀, 인도, 중국	
EU권	EU, 영국, 튀르키예	불인정 협정을 제외한 나머지 FTA 협정
남미권	페루, 캐나다, 콜롬비아, 중미	
중동권	이스라엘	

3. 원산지증명서 발급 시 수입자 기재 유의 사항

FTA 규정상 원산지증명서에는 협정에서 정의한 수입자가 기재되어야 한다. 그러나 BWT 거래의 특성상 수출 시점에는 최종 수입자가 확정되지 않으므로, 원산지증명서를 즉시 발급하기 어려운 문제가 있다. 따라서 실무적으로는 다음과 같이 처리하는 것이 타당하다.

- 수출 당시에는 원산지증명서를 발급하지 않는다.
- 보세창고에서 최종 구매자가 확정된 후, 확정된 실제 수입자별로 원산지증명서를 발급한다.
- 발급된 원산지증명서를 근거로 사후에 협정관세를 신청·적용한다.

이 방식은 협정에서 요구하는 '수입자 식별 가능성'을 충족하며, 불필요한 원산지증명서 오류나 무효 판정을 예방할 수 있다.

4. 결론

보세창고 인도조건부(BWT) 거래물품에 협정관세를 적용하기 위해서는 몇 가지 주요 사항을 반드시 유념해야 한다.

우선, 해당 거래가 속하는 자유무역협정(FTA)에서 제3국 보세창고를 경유하여 거래되는 물품에 대해 협정관세 적용을 허용하는지를 사전에 확인해야 한다. 일부 협정은 제3국 보세창고 경유 자체를 제한하거나, 경유는 허용하더라도 보세창고 내에서의 거래나 가공을 금지하고 있으므로, 이를 간과할 경우 협정관세 적용이 거부될 수 있다.

다음으로, 원산지증명서에는 협정에서 정한 '수입자'가 기재되어야 하므로, 수출 시점에 최종 수입자가 확정되지 않은 BWT 거래의 경우 원산지증명서를 선 발급할 수 없다. 이때는 보세창고에서 최종 구매자가 정해진 이후, 구매자별로 원산지증명서를 발급받아 사후 협정관세를 신청하는 절차를 거쳐야 한다. 이러한 절차는 협정상 요건을 충족할 뿐 아니라, 원산지 관련 오류나 서류 무효 판정을 예방하는 데에도 도움이 된다.

마지막으로, BWT 거래에서는 부가가치세법상 공급 시기와 법인세법상 수입금액 귀속시기가 서로 다르게 적용될 수 있다. 부가가치세는 물품을 무환반출하여 선적한 시점을 기준으로 과세표준을 산정하는 반면, 법인세법상 수입금액은 실제로 보세 창고에서 구매자에게 인도한 시점에 손익이 계상되기 때문이다. 따라서 기업은 이러한 시기 차이에 따른 회계 및 세무 조정을 정밀하게 수행해야 하며, 관련 차이를 수입금액 명세서에 정확히 기재하여 신고해야 한다.

결과적으로, BWT 거래물품에 협정관세를 적용하려면 협정 규정 검토, 원산지증명서 발급 절차 준수, 그리고 세무상 시기 불일치 조정이라는 세 가지 핵심 사항을 종합적 으로 고려해야 하며, 이를 통해 법적·실무적 리스크를 최소화할 수 있다.

5. 사례로 이해하기

Q) 인도네시아에서 BWT 거래로 한국으로 수출한 경우, 수입자가 확정되지 않아 가공의 수입자를 기재 하여 원산지증명서를 발급받을 수밖에 없는 상황에서, 해당 증명서는 유효한가?

BWT 거래의 경우, 수출 시점에 최종 수입자가 확정되지 않는 것이 일반적이다. 그러나 자유무역협정(FTA)에서는 원산지증명서에 반드시 '협정상 정의된 수입자'가 기재되어야 하며, 가공의 수입자를 기재한 증명서는 유효성을 인정받을 수 없다.

한-아세안 FTA 부록 1 OCP 제4조 제2호는 생산자·수출자 또는 권한 있는 대리인이 원산지증명서 발급을 신청할 때, 해당 물품이 발급 자격이 있음을 입증하는 서류를 갖추고 국내 법령에 부합하도록 신청하도록 규정하고 있다. 따라서 국내(한국)에 존재하지 않는 가공의 수입자를 기재한 경우, 이는 부정하게 발급받은 것으로 판단될 수 있다.

정정 가능 여부를 살펴보면, 만약 가공의 수입자를 기재한 원산지증명서로 협정관세를 적용받았다가, 이후 실제 수입자가 결정된 경우라도, 한-아세안 OCP 제17조(정정 규정)에 따라 해당 증명서는 부속서 3 및 부록의 요건을 충족하지 못하므로 정정 대상이 될 수 없다. 즉, 수입자를 바꿔서 재발급하더라도 최초에 협정관세 적용이 거부된 세액에 대해 환급을 받을 수 없다.

이러한 상황에서는 최초 발급 자체가 불가능하므로, OCP 제7조(소급 발급 규정)에 따라 수입자가 확정된 이후 원산지증명서를 발급받아 사후 협정관세 신청을 하는 것이 법적으로나 실무적으로 타당하다. 이를 통해 원산지증명서의 요건을 충족시키고, 협정관세 혜택을 적법하게 적용받을 수 있다.

> **Q)** 한-EU FTA에서 BWT 조건으로 물품을 양도하는 경우, 수출자가 수입자가 아닌 임가공업체로 원산지 신고 문구가 기재된 인도증서(Delivery Note)를 발행하면 원산지증명서로 효력이 있는가?

한-EU FTA에서는 원산지증명방식 중 하나로 '원산지신고서'를 인정하고 있으며, 해당 신고서(예: 인보이스, 패킹리스트, 인도증서 등)에 필수 원산지 문구를 기재하도록 규정하고 있다. 협정문상 원산지신고서의 발행 대상을 '수입자'로 한정하는 명시 규정은 없다.

본 사안의 경우, 수출자가 인도증서(Delivery Note)에 원산지 신고 문구를 기재하여 발행하였고, 그 발행대상이 최종 수입자가 아닌 임가공업체(최종 도착지)라고 하더라도, 다음 요건이 충족된다면 협정상 특혜 원산지증명서로 효력이 인정될 수 있다.

- 거래·물품 동일성 입증 가능성: B/L(선하증권), 상업송장(Invoice), Delivery Note 간의 'Purchase Order NO, 품명, 규격, 수량' 등이 일치하여 동일성이 명확히 확인되는 경우
- 협정문 제시 요건 충족: 한-EU FTA 부속서에 따른 원산지 신고 필수 문구 정확 기재
- 실질적 원산지 요건 충족: 물품이 협정에서 정한 원산지 기준을 만족하고, 서류를 통해 이를 입증할 수 있는 경우

결론적으로 한-EU FTA에서는 원산지신고서 발행 대상을 수입자로 제한하지 않으므로, 서류상 동일성 확인이 가능하고, 필수 원산지문구·요건이 모두 충족된 경우, 임가공업체 명의의 인도증서라도 특혜 원산지증명서로 인정할 수 있다.

> **Q)** 당사는 이탈리아와 미국으로부터 스케이트보드를 수입하여 국내에 판매하는 업체이다. 해당 국가는 모두 제3국 창고에 물품을 보관하였다가, 당사와 계약이 체결되면 해당 물류기지에서 국내로 물품을 수출한다. 물품은 협정에서 규정한 '상품을 양호한 상태로 보존하기 위한 작업'을 제외한 어떠한 작업도 거치지 않았다. 이러한 경우, 직접운송원칙을 충족하였다면 한-EU FTA와 한-미 FTA 적용이 가능한가?
>
> 사례 출처: 스스로 찾아가는 FTA 단계별 묻고 답하기, 울산세관, 2020.12.

한-EU FTA의 경우, 협정에서는 원칙적으로 양 당사국 간에 직접 운송되는 제품에 대해서만 특혜관세 적용이 가능하도록 규정하고 있다. 다만, 예외적으로 제3국을 경유하더라도 해당 물품이 '단일 탁송화물'로 인정되는 경우에는 직접운송원칙을 충족한 것으로 본다. 여기서 단일 탁송화물로 인정받기 위해서는 수출자로부터 수하인에게 발행된 단일 운송서류(Bill of Lading) 또는 그에 준하는 서류(예: 송품장)가 반드시 존재하여야 한다. 그러나 본 사례와 같이 제3국 창고에 보관된 물품이 분할 선적되는 BWT(Back-to-Back) 거래의 경우, 통상적으로 단일 운송서류 요건을 충족하기 어렵다. 따라서 이러한 거래 형태는 협정상 직접운송원칙을 만족하지 못하므로, 한-EU FTA의 특혜 적용을 받을 수 없다.

반면, 한-미 FTA의 경우에는 한-EU FTA와 달리 '직접운송원칙'이라는 개념을 별도의 필수 요건으로 규정하고 있지 않다. 한-미 FTA에서는 원산지 상품으로 인정되기 위해, 물품이 제3국을 경유하는 동안 원산지 지위를 유지하고, 운송 중에는 상품의 상태를 양호하게 보존하기 위한 작업 외에 어떠한 가공이나 변경이 이루어지지 않으며, 통과 또는 환적 과정에서 협정에서 금지하는 행위가 발생하지 않아야 한다고 규정하고

있다. 이에 따라 본 사례의 경우, 제3국 보세구역에 물품을 보관하였다가 계약 체결 후 국내로 수입하더라도, 위의 조건을 모두 충족한다면 한-미 FTA의 특혜 적용이 가능하다.

추가적으로, 한-EU FTA의 경우 협정의 당사자는 '유럽연합(EU)'이므로, 물품이 EU 회원국 간을 자유롭게 경유하더라도, 해당 과정에서 원산지 지위가 변경되지 않는 한 직접운송원칙 위반으로 보지 않는다. 예를 들어, 이탈리아에서 한국으로의 수출 과정에서 물품이 다른 EU 회원국을 경유하더라도, 이는 동일 협정 당사국 내 이동이므로 직접운송 요건에는 영향을 미치지 않는다.

한-아세안 FTA, BWT 물품의 B/L 분할 사용과 관련된 사례

Q) 태국으로부터 물품을 수입하는 과정에서, 수입자가 확정되지 않은 상태에서 해당 물품을 부산항 보세창고에 반입해 두었다. 이후 수입자가 결정되면 화물의 일부를 국내 다른 수입자에게 양도하여 각각 수입통관을 진행할 예정이다. 이 경우 원산지증명서는 1부만 발급되었는데, 수입자가 복수인 경우에도 B/L을 분할하여 사용할 수 있는가?

한-아세안 FTA 적용 대상인 물품이 외국에서 우리나라로 1회 선적되어 입항한 경우, 수입통관 전에 해당 물품의 일부를 다른 수입자에게 양도함으로써 선하증권(B/L)을 분할하는 것이 가능하다. 이러한 경우, 원산지증명서 역시 분할하여 각 수입자가 해당 물량에 대한 수입신고 시 제출할 수 있다. 이를 통해 분할된 물량에도 동일하게 FTA 특혜관세 적용이 가능하다.

다만, 이때는 원산지증명서 상의 수량, 중량, 금액 등의 잔량 관리가 중요하다. 각 수입자는 자신에게 양도된 물량이 원산지증명서에 기재된 전체 물량의 일부임을 명확히 확인하고, 분할 후에도 잔량이 정확히 관리되어야 한다. 이는 추후 세관 심사나 원산지 검증 과정에서 잔량 불일치로 인한 특혜 부인 사례를 방지하기 위함이다.

또한, 원산지증명서 상의 Consignee(수하인)란에는 최초 송품장 또는 최초 B/L에 기재된 수하인의 정보를 그대로 기재하면 된다. 분할 선적 및 분할 통관 과정에서 최종 수입자가 변경되더라도, 원산지증명서의 Consignee는 교체할 필요가 없다.

제08조-11 해외임가공물품의 협정관세 적용

1. 해외임가공물품에 대한 협정관세 기본 개념

해외임가공물품이라 함은 국내에서 원재료 또는 부분품을 수출한 후, 해외에서 제조나 가공을 거쳐 다시 완제품 또는 가공품 형태로 재수입하는 물품을 의미한다. 원칙적으로 원산지증명서는 수출 시점의 수출물품을 기준으로 발급되며, 임가공이 완료된 후 재수입되는 경우에는 해당 수입물품 전체를 대상으로 협정관세가 적용될 수 있다. 이는 임가공비, 해외 가공 과정에서 사용된 원자재, 기타 부대비용 등 전체 가치가 수입물품의 과세가격에 포함되기 때문이다.

2. 협정관세 적용을 위한 원산지증명서 발급

원산지증명서는 해당 상품이 협정에서 정한 원산지 요건을 충족하는 경우에 발급된다. 발급은 통상 수출신고 단위로 이루어지며, 각 품목별로도 발급이 가능하다. 해외임가공물품의 경우 원산지증명서는 주로 임가공 후 완성된 최종 제품에 대해 발급되며, 이는 법령상 원산지 판정이 완제품 기준으로 이루어지기 때문이다.

3. 임가공 후 재수입물품의 과세가격 산정

「관세법」 제14조[32] 및 제15조[33]는 '수입물품'에 대해 관세를 부과하고 수입물품의 가격이 과세표준이라고 규정하고 있다. 「관세법」 상 수입물품의 과세표준은 가격 또는 수량을 기준으로 하며, 여기서 가격은 해당 물품이 수입 시점에 가지는 총가치로 산정된다. 해외임가공물품의 경우 과세가격에는 원래 수출된 원재료 또는 반제품의

---

32) 제14조(과세물건) 수입물품에는 관세를 부과한다.
33) 제15조(과세표준) 관세의 과세표준은 수입물품의 가격 또는 수량으로 한다.

가격과 더불어 해외에서 가공하는 데 소요된 임가공비, 추가 원자재 비용, 운송비, 기타 제비용 등이 모두 포함된다.

따라서 해외에서 부가가치가 증가한 부분까지 포함하여 최종 수입물품 가격이 결정되고, 이를 기준으로 관세가 부과된다.

4. 협정관세 적용 여부

협정관세를 적용받기 위해서는 해당 물품이 협정에서 정한 요건들을 모두 충족해야 한다. 여기에는 원산지증명서 구비, 직접운송 요건 충족, 관련 서류 제시 등의 요건이 포함된다. 이러한 요건이 충족되고 협정관세 세율이 해당 물품에 적용되는 기본 세율보다 낮을 경우, 수입물품 전체 가격을 기준으로 협정관세를 적용할 수 있다. 즉, 해외에서 가공된 부분까지 포함된 최종 가격 전액이 협정관세 적용 대상이 된다.

5. 해외임가공물품 면세제도와 협정관세의 병행 적용 가능성

「관세법」에는 해외임가공물품에 대한 관세 경감 또는 면세제도가 별도로 규정되어 있다.[34] 이 제도는 원재료 또는 부분품을 수출하여 해외에서 제조·가공 후 재수입한 물품, 혹은 가공·수리 목적의 수출 후 재수입한 물품에 대해 관세를 경감하거나 면세하는 제도이다.

협정관세 적용제도와 해외임가공면세제도는 서로 별개의 법령에서 규정·운영되는 것이므로, 요건을 모두 충족하는 경우 두 제도를 동시에 적용할 수 있다. 따라서 수입물품에 대해 협정관세와 임가공면세를 병행 적용하여 관세 부담을 최소화할 수 있다.[35]

---

34) 제101조(해외임가공물품 등의 감면) ① 다음 각 호의 어느 하나에 해당하는 물품이 수입될 때에는 대통령령으로 정하는 바에 따라 그 관세를 경감할 수 있다.
　　1. 원재료 또는 부분품을 수출하여 기획재정부령으로 정하는 물품으로 제조하거나 가공한 물품
　　2. 가공 또는 수리할 목적으로 수출한 물품으로서 기획재정부령으로 정하는 기준에 적합한 물품
35) 협정관세와 해외임가공면세는 법적 근거·운영 방식이 완전히 독립적이므로, FTA 요건 미충족 시에도 면세제도를 통해 관세를 절감할 수 있다. 가능하다면, 수출 전 단계에서 원산지증명서 확보와 해외임가공 증빙 확보를 동시에 준비해 두는 것이 관세 절감의 최선책이다.

사례(상황)	협정관세 가능 여부	해외임가공면세 가능 여부	결과
① 원산지증명서 보유, FTA 요건 충족	가능	가능	협정관세와 면세제도 병행 적용으로 관세 부담 최소화
② 원산지증명서 없음. 해외에서 가공한 원래 수출품임	불가	가능	협정관세는 불가하지만 면세제도를 통해 관세 감면 가능
③ 원산지증명서 보유, 그러나 직접운송 요건 미충족	불가	가능	협정관세 불가, 면세제도로 관세 감면 가능
④ 해외 가공품이 협정 상대국이 아닌 제3국에서 생산	불가	가능	협정관세는 당연히 불가, 면세제도만 적용 가능

사례 ①은 원산지증명서를 갖추고 FTA의 모든 원산지 요건을 충족한 경우로, 협정관세와 해외임가공면세 제도를 모두 적용할 수 있어 관세 절감 효과가 가장 크다.

사례 ②는 원산지증명서를 확보하지 못해 FTA 적용은 불가하지만, 수출한 원재료가 해외에서 가공되어 다시 수입된 구조라면 해외임가공면세만 적용할 수 있어 일정 부분 관세를 절감할 수 있다.

사례 ③은 원산지증명서는 있으나 직접운송 요건을 충족하지 못해 협정관세 적용이 배제된 상황으로, 이 경우에도 해외임가공면세 요건을 갖추었다면 면세제도만 단독으로 적용 가능하다.

마지막으로 사례 ④는 해외 가공이 협정 상대국이 아닌 제3국에서 이루어진 경우로, 협정관세는 적용할 수 없지만 임가공 자체의 요건을 충족한다면 해외임가공면세는 적용할 수 있다.

이 네 가지 사례는 협정관세와 해외임가공면세가 서로 다른 기준으로 판단되기 때문에, 한 제도가 불가하더라도 다른 제도를 활용하여 관세 부담을 줄일 수 있음을 보여준다.

제08조-12 보세공장 등에서 가공 후 수입되는 물품의 협정관세 적용

보세공장, 보세구역, 그리고 자유무역지역은 관세의 부과가 유예되는 특수지역으로, 물품이 해당 구역 안에서 가공·조립·가치 부가 등의 작업을 거친 후 국내로 반입될 경우, 반입 시점에서 수입신고와 통관이 이루어진다. 이러한 경우 협정관세 적용 여부는 가공 전의 원재료 또는 가공 후 완제품의 성격과 동일성 여부에 따라 판단된다.

「관세법」제189조는 보세공장 등에서 가공된 물품의 과세 방법을 규정하고 있으며, 이를 크게 원료과세와 제품과세로 구분한다.

1. 원료과세

원료과세란, 가공에 사용된 원재료를 기준으로 과세하는 방식이다. 물품이 국내로 반입될 때, 그 가공물의 구성 원료가 원산지증명서에 의해 협정관세 요건을 충족하면, 최종 수입 단계에서도 협정관세가 적용된다. 즉, 원재료가 FTA 원산지 요건을 만족하고, 해당 원재료와 수입 물품 간 동일성이 명확히 확인되는 경우, 세관은 이를 근거로 협정관세 적용을 허용한다. 이는 가공 과정이 보세구역 내에서 이루어졌더라도 원재료의 원산지 혜택을 유지할 수 있도록 한 규정이다.

2. 제품과세

반면, 제품과세는 가공 후 완성된 최종 제품을 기준으로 과세하는 방식이다. 이 경우, 가공 과정에서 원재료의 형태·성질이 변화하고 새로운 제품으로서의 HS 코드나 과세 대상이 변경되므로, 원재료에 대한 동일성 확인이 사실상 불가능하다. 특히, 여러 국가에서 들여온 원재료가 혼합되거나, 가공을 거쳐 새로운 성질의 제품이 탄생하는 경우에는 원산지 판정이 초기 원재료와 무관하게 완제품 기준으로 이루어지기 때문에 협정관세 적용이 불가하다. 이는 「관세법」과 FTA 협정문에서 동일성 요건을 충족해야만 관세 감면이 가능한 원칙에 따른 결과이다.

3. 결론

따라서, 보세공장·보세구역·자유무역지역에서 가공된 물품이 국내로 수입될 때 협정관세를 적용하려면, 해당 물품이 「관세법」 제189조의 원료과세 대상이어야 하며, 가공된 상태에서도 원재료의 동일성이 명확히 확인될 수 있어야 한다. 제품과세 대상인 경우에는 동일성 확인이 불가능하므로 협정관세 적용이 배제된다.

무역실무에서는 이러한 과세방식을 사전에 판단하여, FTA 활용 여부와 원산지증명서 준비 절차를 계획적으로 진행하는 것이 중요하다.

[사례] 예를 들어, 한국의 전자부품 제조업체 A사는 FTA 체약국인 베트남에서 원산지증명서가 첨부된 반도체 칩 10,000개를 수입하여 국내 보세공장에서 단순 조립 공정을 수행한 후 완성품을 국내로 반입하였다.

조립 과정은 칩의 성질을 변경하지 않는 단순 가공에 해당하여 관세법 제189조에 따라 원료과세가 적용되었고, 세관은 베트남산 칩의 원산지증명서와 작업지시서·입출고 기록을 근거로 동일성을 확인하여 협정관세 적용을 승인하였다.

반면, 다른 업체 B사는 여러 국가에서 들어온 화학 원료를 보세구역에서 혼합·반응시켜 성질이 완전히 새로운 화학제품을 제조한 후 국내 반입을 신고하였으나, 이 경우는 제품과세 대상에 해당하여 원재료의 동일성 확인이 불가능해 협정관세 적용이 인정되지 않았다.

제08조-13 협정세율을 적용받은 경우도 관세 감면 신청 가능 여부

1. FTA 협정세율과 관세 감면 제도의 관계

FTA 협정세율 적용과 관세 감면 제도는 서로 다른 법적·제도적 틀을 가진 독립적인 혜택 방식으로 한 제도를 적용받았다고 해서 다른 제도의 혜택을 받을 수 없게 되는 것은 아니다.

FTA 협정세율은 자유무역협정 당사국 간 무역에서 원산지 기준을 충족하는 경우, 해당 수입물품의 관세율을 기본세율보다 낮게 적용하거나 전면적으로 면제하는 제도다. 반면 관세 감면 제도는 특정 법령에서 정한 요건(예: 특정 용도, 산업 지원, 재해 피해 복구 등)에 따라 부과된 관세를 부분적으로 줄이거나 전부 면제하는 제도다.

따라서 FTA 협정세율을 적용받은 이후에도 해당 물품이 별도의 법령상 감면 요건을 충족한다면 추가로 관세 감면 신청을 할 수 있다. 반대로 관세 감면을 먼저 받은 경우라도, 원산지 기준을 충족하면 FTA 협정세율을 별도로 적용받을 수 있다. 즉, 두 제도는 상호 배타적이지 않으며 법적 요건을 동시에 충족할 경우 중복 적용이 가능하다.

[사례] 예를 들어, 기계장비 수입업체 A사는 FTA 체약국인 호주에서 원산지증명서가 첨부된 산업용 펌프를 수입하며 FTA 협정세율 5%를 적용받아 통관을 완료하였다. 이후 해당 펌프가 국내에서 재난 복구용 장비로 사용될 예정임이 확인되어, 「관세법」 및 관련 감면 규정에서 정한 재해복구용 물품 감면 요건을 충족하는 것으로 판단되었다.

A사는 통관 후 6개월 이내에 필요한 증빙서류를 갖추어 관세 감면 신청을 진행하였고, 세관은 먼저 FTA 협정세율을 통해 산정된 관세액을 기준으로 감면 가능성을 검토하였다. 감면 요건이 충족된다고 판단된 후 세관은 기존 수입신고 내용을 수정하여 감면세액을 환급하였다. 이 사례는 FTA 협정세율과 관세 감면 제도가 상호 배타적이지 않으며, 법적 요건만 충족한다면 순차적으로 중복 적용될 수 있음을 보여준다.

2. 실무 적용 시 유의 사항

FTA 협정세율을 적용받기 위해서는 반드시 유효한 원산지증명서를 세관에 제출해야 한다. 그리고 관세 감면을 신청하려면 해당 감면 사유와 요건을 명확히 입증하는 관련 증빙서류 및 감면 신청서를 세관에 제출해야 한다.

두 제도를 동시에 적용하는 경우는 세액 산정 절차가 중요하다. 절차는 먼저 FTA 협정세율을 적용하여 기본세율 대비 낮아진 관세액을 산출한 뒤, 이 관세액을 기준으로 감면 금액을 다시 계산하는 방식이다. 따라서 실무자는 관세 산정 순서를 엄격히 지켜야 하고, 세액 계산이 틀린 경우 환급 승인에 차질이 발생할 수 있다.

추가로, FTA 협정세율과 관세 감면 혜택을 동시에 신청할 경우 서류 제출 시점과 처리 기간을 고려해야 한다. 원산지증명서는 대부분 수입신고 시점에 제출되며, 관세 감면 신청은 별도의 행정 절차를 거쳐야 하므로 처리 시간이 길어질 수 있다. 이를 방지하기 위해서는 두 제도의 신청 서류를 동시에 준비하고, 사전에 세관 담당자와 절차를 협의하는 것이 바람직하다.

마지막으로, 한 제도에서 혜택이 확정된 이후 다른 제도를 추가로 요청하는 경우, 기존 신고 내용의 수정 절차가 필요할 수 있다. 이때는 수정신고 또는 경정청구를 통해 세액을 조정하며, 법정 기한 내에 신청해야 한다. 기한이 초과되는 경우 감면 또는 환급이 불가능해질 수 있으므로, 일정 관리에도 각별한 주의가 요구된다.

제09조-01 협정관세의 "사후 적용을 신청할 수 있는 자"의 범위

1. 협정의 기본 취지

국제협정(FTA) 차원에서 사후 적용 규정의 본질적 목적은 요건을 충족했으나 절차적 미비로 혜택을 받지 못한 수입자를 구제하는 데 있다. 예외적으로 사후 신청을 허용하는 규정은 싱가포르·EFTA·ASEAN FTA, RCEP 등 대부분의 협정에 존재하며, 형식적 신청 시점을 넘겼더라도 원산지 요건을 충족하는 경우에는 특혜관세를 부여하도록 한다.

협정 규정의 기본 취지: 구제 성격의 우선성

대부분의 자유무역협정 협정문은 원칙적으로 수입 시점에 협정관세를 신청하도록 규정하고 있으나, 예외적으로 수입 당시 원산지증명서를 갖추지 못하거나 신청 요건을 충족하지 못한 경우에도, 일정 기간 내에 사후적으로 특혜관세를 신청할 수 있도록 허용하고 있다.

이러한 사후 신청 제도는 실제로 협정상 원산지 요건을 충족하는 수입자가 절차적·형식적 요건 미비로 인해 협정관세 혜택을 받지 못하는 불이익을 방지하기 위하여 마련되었다. 예컨대 한-싱가포르 FTA 제5.3조, EFTA 협정, RCEP, ASEAN FTA 등 대부분의 협정은 수입자가 원산지증명서를 사후 제출하거나 특혜관세 신청을 사후 보완할 수 있는 규정을 포함하고 있다.

따라서 협정 레벨에서의 본질적 목적은 요건을 충족한 수입자를 행정 절차와 관계없이 구제하려는 측면이 우선적으로 작용한다.

2. 법률상 사후 적용신청 가능자의 범위와 기본 취지

「FTA 관세법」 제9조 제1항은 협정관세 사후 적용을 신청할 수 있는 자를 "수입신고 수리 전까지 제8조에 따른 협정관세 적용신청을 하지 못한 수입자"로 명시하고 있다. 이에 따라 수입자가 수입신고 수리 전에 협정관세 적용을 신청하지 않은 경우에는, 해당 물품의 수입신고 수리일부터 1년 이내에 대통령령에서 정한 절차에 따라 사후 적용을 신청할 수 있다.

2012년 12월 31일까지는 해당 문구에 "원산지증빙서류를 갖추지 못하여"라는 제한적 표현이 포함되어 있었고, 이로 인해 원산지증빙서류가 미비한 경우에만 사후 신청이 가능하다는 협소한 해석이 이루어졌다. 이러한 해석상의 문제를 해소하기 위하여, 2013년 1월 1일 법률 개정을 통해 "원산지증빙서류를 갖추지 못하여"라는 문구를 삭제함으로써, 단순 착오나 누락으로 신청하지 못한 경우까지 범위를 확대하여 법적 관점을 명확히 했다.

3. 해석상의 논란과 조세심판원 판례

법 문언을 엄격하게 해석하면, "사후 적용을 신청할 수 있는 자"란 협정관세 적용을 신청한 적이 없는 수입자여야 하므로, 한 번이라도 협정관세 적용을 신청한 기록이 있으면 사후 신청 자격이 없다.

조세심판원 역시 이러한 해석을 채택하였고, 조심 2018관0081(2018.9.17.) 결정에서 이는 명확히 확인된다. 해당 사건에서 심판원은, 수입자가 수입신고 수리 전에 협정관세를 적용받았다가 스스로 적용을 배제하는 내용으로 수정신고를 한 경우, 다시 사후 적용신청을 할 수 없다고 판단하였다. 이 해석은 협정관세가 특혜관세인 만큼 신중하게 신청해야 한다는 원칙을 강화하나, 수입자 입장에서는 불합리한 결과를 초래할 수 있다.

대체로 수입자는 수출자가 제공한 원산지증명서에 기초하여 신청하므로, 후속 과정에서 오류가 발견되더라도 원산지 결정기준과 협정 요건을 충족한다면 특혜관세를 인정받는 것이 합리적이다. 그럼에도 신청 이력이 있다는 이유만으로 사후 신청을 배제하는 것은 실질적으로 요건을 충족하는 수입자에게 불필요한 불이익이 될 수 있다.

4. 관세청의 구체적 해석과 업무처리 지침

해석상의 불명확성과 현장 혼란을 줄이기 위해 관세청은 행정지침을 통해 사후 적용 가능자의 범위를 세분화하였다. 주요 지침으로는 '자유무역협정관세 재적용 처리 방법'(2014.11.5.), '자유무역협정관세 적용 관련 업무처리 지침'(2015.6.25.), '1국 2개 협정 적용 수입물품에 대한 협정관세 사후 적용 업무처리 지침'(2018.8.14.), 그리고 2021년 3월 18일 제정된 「협정관세 사후 적용 등에 관한 업무처리 지침」이 있다.

2021년 지침은 특히 '수입신고 수리 전까지 협정관세 적용신청을 하지 못한 수입자'의 구체적 사례를 명시하며, 두 가지 유형으로 나눈다.

첫째, 원산지결정에 영향을 미치는 변경 내역에 따른 정정 사례이다. 예를 들어, 원산지증빙서류 오류가 발견되어 수정신고를 하는 경우, 협정관세 적용 대상의 HS 번호 변경으로 원산지결정기준 충족 여부를 새로 검토해야 하는 경우 등이 포함된다.

둘째, 원산지 결정에 영향을 미치지 않는 경미한 변경의 경우로서, 품명·규격·가격 변경이나 경미한 기재 오류가 있는 경우를 말한다. 각 유형에 대해 관세청은 세관장의 심사·보완 요구, 적용 정정 승인, 요건 미충족 시 적용 배제 등 단계별 절차를 상세히 규정하여 법적 근거와 행정집행 간의 일관성을 유지하고 있다.

5. 경정청구 성격과 운용상의 엄격성

현실적으로 협정관세 사후 적용은 이미 납부한 관세를 환급하는 효과를 가지며, 이는 경정청구 절차를 통해 이루어지는 점에서 국가 세입에 직결되는 문제이다. 관세청은 소급 환급의 특성상 세수 위험과 남용 가능성을 억제하기 위해 범위를 엄격히 설정한다. 즉, 이미 협정관세를 신청했다가 철회·수정한 경우나, 수입 이후 발급된 원산지증명서에 의존하는 경우 등 남용 우려가 있는 상황은 배제하는 것이다. 나아가 일부 경우에는 수출자와 수입자가 의도적으로 사후 증명서를 발급·제출하며 특혜를 받는 악용 사례를 막기 위해 규정이 강화되고 있다.

이러한 이유로 법에서는 '수입신고 수리 전까지 신청을 하지 못한 경우'만 사후 신청이 가능하다고 하며, 관세청은 이를 바탕으로 행정집행을 엄격히 운용하고 있는 것이다.

국내 법령의 입법 흐름: 초기에는 구제 중심, 이후에는 관리·엄격성 강화

우리나라 「FTA 관세법」 제9조(사후 적용신청)는 2006년 제정 당시에는 '원산지증빙서류를 갖추지 못하여 협정관세 적용을 신청하지 못한 경우'라는 제한적 문구를 포함하여, 명확하게 서류 미비로 혜택을 받지 못한 수입자를 구제하는 제도를 운영하였다.

그러나 2013년 개정을 통해 "원산지증빙서류를 갖추지 못하여"라는 문구를 삭제하면서, 신청 범위를 확대하여 단순한 착오나 누락으로 신청하지 못한 수입자도 사후 적용을 신청할 수 있도록 하였다. 이는 협정의 구제 취지를 국내법에 반영하여, 요건을 갖춘 수입자가 형식상 실수로 특혜를 받지 못하는 불합리를 해소하기 위한 조치였다.

그러나 신청 범위가 확장됨에 따라 제도의 악용 가능성이 제기되었고, 이는 이후 행정 운용에서 관리와 엄격 적용을 강화하는 방향으로 발전하게 되는 계기가 되었다.

6. 결론

자유무역협정의 규범적 취지와 법률의 제정 목적을 종합하면, 협정관세 사후 적용 제도는 근본적으로 요건을 충족한 수입자가 형식적·절차적 실수로 특정 시점에 신청하지 못한 경우를 구제하기 위해 마련된 것이다. 하지만 국내 실무에서는 경정청구를 통한 환급이라는 재정적 영향, 제도의 남용 방지 필요성이 크게 작용하여 운용상 엄격성이 강화되었다.

입법 초기에는 '서류 미비 구제'가 중심이었으나, 신청 범위 확대 이후 관세청은 구체적 업무지침을 통해 원산지 결정의 중요성과 변경 유형별 처리 절차를 정밀하게 분리하였다. 이는 법령의 취지를 유지하면서도 세수 관리, 제도 남용 방지를 위한 제도적 안전장치를 마련한 것이다.

따라서 현재 제도 운용은 규범적 구조상 구제가 근본이나, 실무집행에서는 세수 관리와 엄격 운용이 우위를 차지하고 있으며, 관세청 지침은 이러한 균형을 실제 적용 현장에서 구현하는 역할을 하고 있다.

제09조-02 협정관세 사후 적용 대상에 본세와 가산세 모두 해당 여부

1. FTA 협정관세 사후 적용의 범위

FTA 협정관세 사후 적용은 「관세법」 제38조의3[36] 및 관련 고시에 따라, 수입신고가 수리된 이후 일정 기간(수입신고 수리일부터 1년 이내)에 협정에서 정한 양허세율을 소급하여 적용받을 수 있는 제도이다.

이 제도는 최초 수입신고 당시 협정관세 적용을 받지 못한 수입물품에 대하여, 협정관세를 다시 적용함으로써 낮은 세율로 경정하여 본세를 환급하는 것을 목적으로 한다. '본세'란 관세, 부가가치세 등 납세의무자가 실제로 물품 수입 과정에서 납부하는 주요 세목을 의미하며, 가산세나 과징금, 벌금과 같은 제재금은 포함되지 않는다.

따라서 FTA 협정관세 사후 적용 절차에서 환급할 수 있는 범위는 본세에 한정되며, 가산세는 이 제도의 적용 범위 밖에 있는 별도의 징수금으로서 환급 대상에 해당하지

---

36) 제38조의3(수정 및 경정) ① 납세의무자는 신고납부한 세액이 부족한 경우에는 대통령령으로 정하는 바에 따라 수정신고(보정기간이 지난 날부터 제21조 제1항에 따른 기간이 끝나기 전까지로 한정한다)를 할 수 있다. 이 경우 납세의무자는 수정신고한 날의 다음 날까지 해당 관세를 납부하여야 한다.
② 납세의무자는 신고납부한 세액, 제38조의2 제1항에 따라 보정신청한 세액 및 이 조 제1항에 따라 수정신고한 세액이 과다한 것을 알게 되었을 때에는 최초로 납세신고를 한 날부터 5년 이내에 대통령령으로 정하는 바에 따라 신고한 세액의 경정을 세관장에게 청구할 수 있다.
③ 납세의무자는 최초의 신고 또는 경정에서 과세표준 및 세액의 계산근거가 된 거래 또는 행위 등이 그에 관한 소송에 대한 판결(판결과 같은 효력을 가지는 화해나 그 밖의 행위를 포함한다)에 의하여 다른 것으로 확정되는 등 대통령령으로 정하는 사유가 발생하여 납부한 세액이 과다한 것을 알게 되었을 때에는 제2항에 따른 기간에도 불구하고 그 사유가 발생한 것을 안 날부터 2개월 이내에 대통령령으로 정하는 바에 따라 납부한 세액의 경정을 세관장에게 청구할 수 있다.
④ 세관장은 제2항 또는 제3항에 따른 경정의 청구를 받은 날부터 2개월 이내에 세액을 경정하거나 경정하여야 할 이유가 없다는 뜻을 그 청구를 한 자에게 통지하여야 한다.
⑤ 제2항 또는 제3항에 따라 경정을 청구한 자가 제4항에 따라 2개월 이내에 통지를 받지 못한 경우에는 그 2개월이 되는 날의 다음 날부터 제5장에 따른 이의신청, 심사청구, 심판청구 또는 「감사원법」에 따른 심사청구를 할 수 있다.
⑥ 세관장은 납세의무자가 신고납부한 세액, 납세신고한 세액 또는 제2항 및 제3항에 따라 경정청구한 세액을 심사한 결과 과부족하다는 것을 알게 되었을 때에는 대통령령으로 정하는 바에 따라 그 세액을 경정하여야 한다.

않는다. 즉, 협정관세의 사후 적용으로 세율이 인하되어 본세에 대한 환급이 발생하더라도, 이미 납부한 가산세는 본세와 성질 및 부과 근거가 다르므로 환급할 수 없다는 것이 법령상 명확하다.

2. 사안과 판단

아래와 같은 사안이 있다고 가정한다.

> 신고인은 2022년 11월 1일에 Label Check Station(쟁점물품)을 HSK 8471.60-3090(관세율 0%)으로 수입 신고하였다. 이후 2023년 6월 20일 기업심사 결과 해당 물품이 HSK 8443.32-5090(관세율 8%)에 해당한다고 판단되어 수정신고를 하였고, 이에 따라 관세와 부가가치세, 가산세를 납부하였다.
>
> 이후 2023년 7월 11일 신고인의 품목분류 질의에 대해 관세평가분류원은 일부 프린터류는 HSK 8443.32-1090(0%), 기타 기기는 HSK 9031.49-9090(8%)이라는 분류 회신을 하였다. 이에 따라 신고인은 2023년 9월 12일, 8% 관세율이 적용된 일부 물품에 대해 한-EU FTA 협정관세 사후 적용을 신청하였다.
>
> 2023년 10월 24일 세관은 품목분류 회신에 따라, 수정신고 시 납부한 프린터 제품에 대한 관세·부가가치세·가산세를 전액 환급하였다. 반면 FTA 협정관세 사후 적용을 받은 물품에 대해서는 본세만 환급하고, 이미 납부한 가산세는 환급하지 않았다.

본 사안에서 수정신고에 따라 납부한 가산세는, 최초 수입신고 시 신고·납부하지 아니한 부족세액에 대한 제재로서 부과된 것이다. 이는 본세와 별개의 성격을 가지고 있으며, 본세 환급에 연동하여 환급되는 구조가 아니다.

FTA 사후 적용은 낮은 협정세율을 적용하여 본세를 경정·환급하는 절차에 불과하므로, 가산세는 환급 대상에 해당하지 않는다.

따라서 FTA 협정관세 사후 적용으로 인해 세율이 낮아져 본세가 환급되더라도, 이미 납부한 가산세는 환급받지 못한다는 것이 법적으로 타당하다.

제11조-01 원산지증명서 발급(작성) 방법의 선택 가능 여부

1. FTA 원산지증명서 발급 방식의 선택 가능 여부

FTA 원산지증명서의 발급 방식은 수출자나 생산자가 임의로 선택할 수 있는 사항이 아니다. 발급 방식은 해당 물품 거래에 적용되는 FTA 협정에서 정한 방식에 따라 반드시 결정된다.

「FTA 관세법」 제11조 제1항에서는 "원산지증명서는 협정에서 정한 각 호의 방법에 따라 작성·발급하여야 한다"고 규정하여, 협정상 발급 절차를 법적으로 강제하고 있다. 따라서 기관발급(Authority-Issued C/O)인지, 자율증명(Self-Issued C/O)인지는 자율 판단이 아니라 관련 협정의 규정에 따라야 하며, 이를 변경하거나 선택하는 것은 허용되지 않는다.

2. 발급 방식 결정의 법적 근거

FTA 원산지증명서 발급 방식은 국제협정과 국내 법령이라는 두 가지 법적 근거에 따라 결정된다. 국제협정은 우리나라와 협정 상대국 간 체결된 FTA 조문으로, 발급 방식(기관발급 또는 자율증명)과 작성 주체, 전자작성 허용 여부 등을 포함하고 있다. 일부 협정은 자율증명을 폭넓게 허용하지만, 다른 협정은 지정 발급기관의 발급만을 인정한다.

국내 법령에서는 「FTA 관세법」과 「FTA 관세법 시행규칙」이 이를 구체적으로 규정하며, 특히 시행규칙 제7조는 협정에 따른 발급 방식을 국내에서 적용하는 방법을, 제8조는 국내 원산지 물품에 대해 원산지증명서를 발급할 수 있는 기관을 지정하고 있다.

3. 원산지증명서의 발급 방식

원산지증명서의 발급 방식은 관련 자유무역협정별 규정에 따라 크게 세 가지로 구분된다.

FTA 관세법 시행규칙 제7조(원산지증명서의 발급 방식) 요약

발급 방식	협정명	FTA 관세법 시행규칙 제7조		비고
기관발급만 규정	싱가포르	①-1		지정 발급기관(제8조 제1항) 발급
	EFTA (스위스 치즈)	①-2		제8조 제2항 발급기관
	아세안	①-3		제8조 제3항 발급기관
	인도	①-4		제8조 제4항 발급기관
	베트남	①-7		제8조 제7항 발급기관
	중국	①-8		기관발급은 제8조 제8항
	인도네시아	①-9		제8조 제9항 발급기관
자율발급만 규정	칠레		②-1	수출자 자율 작성·서명
	EFTA(일반)		②-2	기관발급 제외, 수출자·생산자 작성
	EU		②-3	인증수출자 또는 6천 유로 이하 소액 수출자
	페루		②-5	수출자·생산자 서면·전자 작성
	미국		②-6	수출자·생산자·수입자 작성 가능
	튀르키예		②-7	수출자 작성
	콜롬비아		②-8	수출자·생산자 서면·전자 작성
	캐나다		②-10	수출자·생산자 작성
	뉴질랜드		②-11	수출자·생산자 작성
	중미 5개국		②-12	수출자·생산자 서면·전자 작성
	영국		②-13	인증수출자 또는 6천 유로 이하 소액 수출자
기관 + 자율 발급 규정	호주	①-6	②-9	기관은 제8조 제6항, 자율은 수출자·생산자 작성
	이스라엘	①-10	②-14	기관은 제8조 제10항, 자율은 인증수출자·가액 요건(미화 1천$ 이하)
	RCEP	①-11	②-15, ②-15의2	기관발급은 제8조 제11항, 자율은 인증수출자 및 호주·일본·뉴질랜드 간 특례
	캄보디아	①-12	②-16	기관은 제8조 제12항, 자율은 인증수출자
	필리핀	①-13	②-17	기관은 제8조 제13항, 자율은 인증수출자

가. 기관발급만 인정되는 경우

협정상 지정된 발급기관(예: 세관, 대한상공회의소 등)에 의해 원산지증명서가 발급되어야 하며, 수출자나 생산자가 자체적으로 발급한 문서는 원산지 확인용으로 공식적인 효력을 인정받지 못한다. 이러한 제도는 협정 상대국 간 원산지 판정을 더욱 엄격히 관리하기 위한 것으로, 정부 또는 지정기관이 발급과 진위 여부를 책임진다.

기관발급만 허용되는 협정에는 싱가포르 아세안·인도·베트남·중국 FTA, 그리고 인도네시아 CEPA, 유럽자유무역연합(EFTA) 중 스위스 치즈에 한정된 경우가 포함된다. 이들 협정에서는 발급신청 시 수출물품의 원산지 요건을 충족했음을 입증하는 서류를 제출해야 하며, 담당 기관이 이를 심사한 뒤 적합한 경우에만 증명서를 발급한다.

나. 자율발급만 인정되는 경우

수출자·생산자(한-미 FTA에서는 수입자 포함)가 자율발급만 할 수 있는 경우는 별도의 기관발급 절차 없이, 당사자가 직접 원산지증명서를 작성하고 서명하여 발급할 수 있다. 발급 방식은 서면 또는 전자문서 형태가 가능하며, 협정에 따라 인증수출자 제도(인증을 받은 수출자만 자율발급 가능)나 소액 수출 요건 등이 부가적으로 적용될 수 있다. 이러한 자율발급은 발급 절차가 간소하며 신속성이 높다는 장점이 있는 반면, 원산지 판정에 대한 책임이 발급 당사자에게 직접 부과되는 특성이 있다.

자율발급 전용인 협정에는 칠레, EFTA 일반(스위스 치즈 제외), EU, 페루, 미국, 튀르키예, 콜롬비아, 캐나다, 뉴질랜드, 중미 5개국, 그리고 영국 FTA가 해당된다.

다. 기관발급과 자율발급이 모두 허용되는 경우

협정에서 두 가지 발급 방식을 병행하여 사용할 수 있도록 허용하는 협정도 있다. 이 경우 기업은 거래 조건, 비용, 상대국의 세관 요구사항 등을 종합적으로 고려하여 보다 효율적이고 유리한 발급 방식을 선택할 수 있다. 필요시 동일 기업이 동일 협정 내에서 상황에 따라 기관발급을 선택하거나 자율발급을 활용할 수 있어 활용 범위가 넓고 유연하다.

이러한 혼용형 발급 방식에는 호주 FTA, 이스라엘 FTA, 역내포괄적경제동반자협정(RCEP), 캄보디아 FTA, 필리핀 FTA가 포함된다.

4. 결론 및 실무 유의 사항

FTA 원산지증명서의 발급 방식은 협정과 국내 법령에 의해 엄격하게 규정되며, 이를 수출자나 생산자가 임의로 선택하는 것은 불가능하다. 발급 방식을 잘못 이해하거나 규정을 위반하면 특혜관세 혜택이 제한되거나, 사후검증에서 위법 판정을 받을 수 있다. 따라서 수출입 기업은 다음 사항을 반드시 유의해야 한다.

첫째, 거래 협정의 원산지증명서 발급 방식과 작성 주체를 사전에 확인한다.
둘째, 국내 법령이 지정한 발급기관을 통해서만 증명서를 발급받는다.
셋째, 상대국의 발급 방식 규정도 함께 검토하여 상대국 세관이 요구하는 절차를 충족한다.
넷째, 발급 절차와 근거 자료를 내부적으로 문서화하여 사후검증에 대비한다.

결국, 발급 방식은 '선택 사항'이 아닌 '규정 사항'이며, 이를 준수하는 것이 국제 무역에서 법적 안정성을 확보하는 유일한 방법이다.

제11조-02 | 원산지증명서 발급신청 기한과 소급 발급의 차이점

1. 원산지증명서 발급 규정

FTA 협정별 원산지증명서 발급 규정을 살펴보면, 일부 협정에는 발급신청 기한이나 소급 발급 절차에 관한 조항이 명시되어 있는 반면, 어떤 협정에는 이에 대한 구체적인 규정이 나타나 있지 않다. 이러한 경우, 해당 협정문에서는 관련 내용을 별도로 두지 않았기 때문에 실제 발급 업무는 각 체약국의 국내 법령과 행정규칙에 따라 운용된다.

우리나라의 경우에는 「FTA 관세법 시행규칙」 제10조(수출물품에 대한 원산지증명서의 발급절차)가 그 기준이 된다. 현행 국내법에서는 원칙적으로 수출물품 선적 전에 발급기관에 원산지증명서 발급신청을 해야 한다. 다만, 수출자의 과실이나 부득이한 사유로 선적 전에 신청할 수 없는 경우에는 선적 후 1년 이내까지 소급 발급 신청이 가능하도록 하고 있다.

협정문에 발급신청 기한이나 소급 발급 허용 규정이 없는 경우에도, 실무에서는 발급기관이 이러한 국내법 규정을 근거로 심사·발급 절차를 진행한다.

2. 정상 발급과 소급(선적 후) 발급의 정의 및 차이

정상 발급이란 협정에서 정한 발급신청 시기에 따라 원산지증명서를 발급하는 것을 말한다. 이는 선적 전에 발급하거나, 선적 시 또는 선적 후 협정이 허용하는 기간 내에 발급하는 경우를 포함한다.

소급 발급은 협정 문서에서 사용되는 표현이며, 「FTA 관세법 고시」 제28조(원산지증명서 선적 후 발급)에서는 동일한 의미를 '선적 후 발급'이라고 부른다. 제28조 제1항과 고시 별표 3에 따르면, 소급 발급을 할 때에는 반드시 '선적 후 발급 스탬프'를 원산지증명서에 찍어야 하며, 전자 발급인 경우에도 동일하게 표시해야 한다. 주로 아시아권 협정과 이스라엘과의 협정이 이에 해당한다. 다만, 제28조 제2항에 따라 발급일이 협정에서 정한 선적 후 허용 기간 이내라면 '소급 발급 스탬프'를 생략할 수 있도록 규정하고 있다. 이는 해당 발급이 정상적인 범위 내에서 이루어졌음을 의미한다.

3. FTA 협정별 원산지증명서 발급 규정

가. EU, 튀르키예, 영국 협정

EU, 튀르키예, 영국과의 자유무역협정에서는 원산지신고서(Origin Declaration)의 작성 및 제출 기한을 협정문에 명시하고 있다.

협정명	발급신청 기한	소급 발급 허용	소급 발급 표시 방식(날인란/문구) ☞ 스탬프 생략 조건
EU	수출 시 또는 수입 후 2년 이내 제출	허용 (명문 없음, 구조상)	Origin Declaration 제출
튀르키예	수출 시 또는 수입 후 2년 이내 제출		Origin Declaration 제출
영국	수출 시 또는 수입 후 1년 내 제출		Origin Declaration 제출

즉, 원칙적으로는 '수출 시' 작성이 기준이나, 협정문 상 명확히 수입 후 일정 기간 (일반적으로 1~2년) 동안 제출할 수 있는 유연성을 부여하고 있다. 이런 구조로 인해 명시적인 '소급 발급' 규정(예: RETROACTIVELY 발급 허용 조항)은 없더라도, 실제 발급·제출 시점이 선적 이후라 하더라도 해당 기간 내라면 유효하게 인정된다. 이는 곧 기한 구조상 선적 후 발급이 가능하다는 뜻이며, 실무에서는 이를 '소급 발급 허용 효과'로 해석하여 운용하고 있다.

따라서 수출자는 수출 시 작성과 수출 후 작성 중 선택할 수 있다. 이러한 기한 구조는 협정문 규정에 따라 수출자의 업무 부담을 완화시키며, 서류 준비 과정에서 발생할 수 있는 행정적 지연이나 문서 재작성 상황에 대응할 수 있는 여지를 제공한다. 실무적으로도 선적 후 발급이 빈번하게 이루어지므로, 협정문에 별도의 '소급 발급 허용' 문구가 없더라도 해당 기간 내 발급이 가능하다는 점에서 사실상 소급 발급 가능한 협정으로 분류된다.

나. 칠레, 페루, 미국, 콜롬비아, 캐나다, 뉴질랜드, 호주, 중미 협정

이들 협정은 원산지증명서 발급신청 기한을 명시적으로 규정하지 않는다는 공통점을 가지고 있다.

협정문 상 발급 시점을 '수출 시'로 한정하거나, 구체적인 신청·제출 기한을 지정하는 조항이 존재하지 않으므로, 수출자는 선적 이후에도 원산지증명서 또는 원산지신고서를 작성하여 제출할 수 있다. 이로 인해 법적으로는 선적 후 발급, 즉 소급 발급이 실질적으로 허용되는 구조다.

특히, 한-칠레 FTA 제4.15조, EFTA 부속서 I 제15조, 한-페루 FTA 부속서 4-B 제15조, 한-미 FTA 제4.18조 등은 '수출자 또는 생산자가 자율적으로 작성할 수 있다'라는 권한만 부여할 뿐, 발급 시기에 대한 명시적 제한을 두지 않고 있다. 이에 따라 서류 발급이 출항 이후에 이뤄지더라도 해당 협정의 요건을 충족하는 것으로 간주되며, 이는 곧 실질적인 소급 발급이 허용되는 법적 구조를 의미한다.

다만 유의해야 할 점은, 협정에서 발급 기한을 규정하지 않더라도 수입국 관세당국이 자국의 관세법, 관련 시행규칙 또는 통관 고시에 따라 제출 기한을 별도로 설정할 수 있다는 것이다. 예를 들어 일부 국가에서는 수입신고일로부터 1년 이내에 원산지증명서를 제출하도록 요구하거나, 세관 심사 과정에서 '정당한 발급 시점'을 확인할 수 있다. 따라서 실무에서는 협정문 상 기한 제약이 없더라도 수입국별 법규와 행정지침을 반드시 검토해야 하며, 이를 준수하지 않으면 협정 특혜 적용이 거절될 위험이 있다.

결론적으로, 이들 협정은 발급신청 기한이 규정되어 있지 않다는 점에서 수출 이후 발급이 가능하고, 소급 발급이 법적으로 인정된다. 그러나 실무에서의 성공적인 특혜 적용을 위해서는 해당 수입국의 관세법상 제출 기한을 병행 준수하는 것이 필수적이다.

다. 한-EFTA FTA

EFTA(일반) 협정은 원산지증명서 발급기한을 별도로 규정하지 않는다. 이에 따라 국내법 기준을 적용하여 선적 전 발급을 원칙으로 하되, 부득이한 경우 선적 후 1년 이내 소급 발급이 가능하다.

EFTA(스위스 농업협정)은 특정 농산물에 대해 기관발급 방식을 규정하며, 발급 시점은 '수출되었거나 수출 후'로 명시한다. 단, 소급 발급 규정 자체는 없으므로 사실상 발급 가능 범위가 제한된다.

라. RCEP

RCEP 협정 제3.17조 제8항은 원산지증명서 발급신청 기한을 '선적 시'로 명시하고 있다. 이는 원칙적으로 수출 물품이 선적되는 시점에 원산지증명서가 발급되어야 함을 의미한다. 다만, 예외적으로 협정에서는 선적일로부터 1년 이내에 소급 발급을 허용하고 있으며, 이를 통해 수출자는 선적 이후라도 일정 기간 내 요건을 충족하면 특혜관세 적용을 받을 수 있다.

다른 다수의 FTA 협정에서는 소급 발급 시 '선적 후 발급 스탬프'를 날인해야 하지만, RCEP 협정은 이러한 방식 대신 원산지증명서 양식 내 "ISSUED RETROACTIVELY" 란에 체크 표기(√)하는 방식을 채택하고 있다. 즉, 수출자는 소급 발급 시 해당란에 기호를 표시함으로써 발급 시점이 선적 이후임을 명확히 알려야 하며, 별도의 문구 날인은 요구되지 않는다. 이 방식은 협정문 부속서 양식과 제3.17조 제8항에서 규정하는 절차에 따라 적용되며, 체크 표기는 세관이나 수입국의 통관 단계에서 발급 적법성을 입증하는 중요한 표시가 된다.

마. 아시아권과 이스라엘의 자유무역협정

아시아권과 이스라엘의 자유무역협정에서만 원산지증명서에 '소급 발급 문구'를 날인하도록 하고 있다. 그 이유는 주로 발급 방식, 수입국 세관의 행정 처리 관행, 그리고 협정상의 표기 의무가 서로 맞물린 결과이다.

선적 후 발급 스탬프 규정

협정	날인란	선적 후 발급 스탬프 (고시 별표3)	선적 후 발급 스탬프 날인하지 않는 경우
인도	6란 (Remarks)	"ISSUED RETROSPECTIVELY" (세로 0.8cm, 가로 7cm)	선적일로부터 근무일 수 7일 이내 (선적일을 포함)에 발급하는 경우
이스라엘	7란 (Observations)		선적일 후 7근무일 이내(선적일을 포함하지 않음)에 발급하는 경우
싱가포르	15번란 (Certification)	"ISSUED RETROACTIVELY" (세로 0.8cm, 가로 7cm)	-
아세안 베트남	12번란 (Certification)		선적일로부터 3근무일 이내 (선적일을 포함)에 발급하는 경우
중국	5란 (Remarks)		선적일 후 7근무일 이내(선적일을 포함하지 않음)에 발급하는 경우
인도네시아	4란 (Remarks)		선적일로부터 달력상 7일 이내(선적일을 포함)에 발급하는 경우
캄보디아	13번란 (Certification)		

이들 협정은 대부분 원산지증명서 발급 방식에서 기관발급만 허용하거나 기관발급과 자율발급을 병행하는 혼합형 체계를 채택하고 있다.[37]

기관발급 방식에서는 발급일과 선적일이 국제무역에서 매우 중요한 심사 기준이 되며, 특히 상대국 세관은 통관 시 원산지증명서의 발급일이 선적일 이후인지 여부를 주의 깊게 살피고 있다. 이때 발급일이 선적 후인 경우, 수입국 세관이 이를 명확히 인지할 수 있도록 협정에서 정한 지정란에 '소급 발급 문구'를 찍도록 규정한다.

결과적으로 '소급 발급 스탬프'는 발급 후 문서의 신뢰도를 확보하고 위·변조 가능성을 줄이며, 상대국 세관이 발급 경위와 날짜 차이를 간단히 확인할 수 있도록 하는 기능을 수행하게 된다.

---

37) 반면, EU, 미국, 칠레 등 자율발급 중심 협정에서는 발급자가 바로 수출자 또는 생산자 본인이므로 이러한 행정 표기 의무가 필요하지 않아 소급 발급 문구 규정을 두지 않는 경우가 많다.

4. 선적 후 3~7일 이내 발급을 정상 발급으로 간주하는 이유

가. 행정 처리 기간에 대한 실무적 고려

국제무역에서 원산지증명서 발급은 원칙적으로 선적 전에 이루어져야 하며, 이는 「FTA 관세법 시행규칙」 제10조가 규정하는 기본 절차이다. 그러나 실제 무역 현장에서는 선적일과 발급일을 완전히 일치시키기 어려운 경우가 많다.

발급기관은 신청서와 첨부서류를 접수한 후, 자료 검토와 원산지 검증, 심사 과정을 거쳐 증명서를 발급한다. 이 과정에서 서류 보완 요청, 내부 검토 회의, 주말·공휴일 등의 일정상의 요인이 행정 처리 기간을 지연시킬 수 있다. 이러한 현실적 여건을 반영하여 일부 협정에서는 선적일 이후라도 3일 또는 7일 이내에 발급된 경우를 정상발급으로 인정하도록 규정하고 있다.

나. 국제적 통용 원칙과 제도적 유연성

세계관세기구(WCO)와 세계무역기구(WTO)는 회원국에게 원산지증명서 발급 지연을 최소화하고 신속한 통관을 보장하라고 권고하고 있다. 다만, 현실적으로 불가피한 단기간의 지연은 정상 범위로 간주하는 것이 국제적으로 통용되는 실무 원칙이다. 이는 수입국 세관의 불필요한 추가 검증 부담을 줄이고, 관세 혜택 적용에 있어 무역의 흐름을 방해하지 않도록 하는 제도적 완충 장치 역할을 한다.

다. 무역 당사자에 대한 배려 및 실무적 효율성

선적 직후 즉시 발급이 어려운 현실적 여건을 감안하여 단기간 지연을 정상 발급으로 인정함으로써, 통관 지연 방지, 수입자·수출자 부담 완화, 발급기관의 합리적 업무처리를 동시에 확보한다.

5. 근무일 기준 차이에 따른 통관 상 유의 사항

각 FTA 협정은 선적 후 발급 허용 기간을 '근무일(Working Day)' 기준으로 규정하고 있으나, 근무일의 판단 기준은 국가마다 다르다. 예를 들어, 한국에서는 5월 1일이 공휴일이지만 인도네시아에서는 근무일로 본다. 이러한 차이는 발급일 계산 시 양국 기준을 모두 확인해야 하는 이유가 된다.

실무에서는 이러한 근무일 기준 차이로 인해 한국 기준으로는 정상 발급에 해당하더라도 상대국에서는 기한을 초과했다고 판단하여 발급을 무효로 처리하는 사례가 발생한다. 실제로 인도네시아 세관은 소급 문구가 없는 원산지증명서를 무효 처리한 사례가 있다.

또한 원산지증명서는 한 번 발급된 이후에 소급 발급 문구를 추가하여 재발급하는 것이 불가능하므로, 최초 발급 시부터 양국의 근무일 기준을 면밀히 고려해야 한다.

발급 관련 문제 발생 시에는 National Letter를 첨부하여 상대국에 설명서를 제출할 수 있지만, 상대국이 이를 수용하지 않으면 국가 간 협의 절차를 거쳐야 하므로 사전확인이 필수적이다.

제11조-03 FTA 원산지증명서 간이발급제도의 내용과 효과

1. 법적 근거

FTA 원산지증명서 간이발급제도는 「FTA 관세법 시행규칙」 제10조 제1항 제4호 나목에서 규정하고 있는 제도로, 관세청장이 고시한 '원산지간이확인물품[38]'에 대하여 적용된다.

이 제도는 원산지 결정기준 충족 여부를 간소하게 확인할 수 있는 범위 내에서 원산지증명서 발급 절차를 완화함으로써 기업의 행정 부담을 줄이고 원활한 수출 활동을 지원하기 위해 마련되었다. 법령에서는 일반적인 기관발급 절차와 함께, 국내 제조·가공된 사실만으로 원산지 기준 충족이 명확한 품목에 한하여 간이발급이 가능하도록 규정하고 있다.

2. 간이발급제도의 내용

원산지증명서 간이발급제도는 자유무역협정에서 규정한 원산지 기준 충족 여부를 확인하는 과정 중, 불필요하게 복잡한 절차를 줄이고 신속한 발급을 가능하게 하는 제도이다. 특히 관세청장이 '원산지간이확인물품'으로 지정한 품목에 적용되며, 해당 품목은 제조공정 상 국내에서 제조·가공된 사실만으로도 협정상의 원산지 기준을 충족하는 것이 명백하다.

간이발급제도 적용 시에는 원산지증명을 위한 복잡한 원재료 원산지 입증 절차, 원재료별 HS코드 기재, 원산지소명서 작성 등이 생략되며, 대신 '국내제조확인서' 또는 '국내제조포괄확인서'를 제출함으로써 원산지 결정이 가능하다. 이는 품목분류가 간단하지만 종전에는 동일하게 복잡한 절차를 거쳐야 했던 기업의 부담을 크게 덜어 주는 제도다.

---

38) 원산지증명서 발급 또는 인증수출자 인증 신청 시 '원산지소명서 및 관련 증빙자료(8종)' 대신 '국내 제조확인서(1종)'를 제출할 수 있는 물품(국내 제조·가공 사실만으로 원산지 확정 가능)

3. 절차 및 제출 서류

일반적인 기관발급 절차에서는 원산지증명서 발급 신청 시 다음과 같은 서류가 요구된다.

원산지증명서 발급신청서 (필수 서류임)	+	첨부 서류
		① 수출신고의 수리필증 사본 ② 송품장 또는 거래계약서 ③ 원산지확인서 ④ 원산지소명서 또는 이를 대신하는 서류

이 중 원산지소명서는 물품이 협정에서 정한 원산지 기준을 충족했음을 입증하는 핵심 문서이나, 간이발급제도 적용 대상 품목의 경우에는 '국내제조확인서' 또는 '국내제조포괄확인서' 제출로 이를 대체할 수 있다.

또한, 간이발급 대상 품목은 원산지확인서에서 원재료별 HS 6단위의 품목분류를 기재할 필요가 없다. 이를 통해 문서 작성 및 심사 절차가 단순화되고 발급 소요 시간이 단축된다.

4. 간이발급 대상 품목

관세청 고시인 「FTA 관세법 고시[39]」 별표 2의2에 따르면 현재 343개 품목이 간이발급 대상으로 지정되어 있으며, 이 품목들은 국내 제조·가공 사실만으로 원산지 기준을 충족한다고 공식 인정된다. 주로 다음과 같은 유형의 품목이 이에 해당한다.

- 부품이나 원재료가 완제품과 같은 호(또는 소호)에 분류될 수 없는 경우
- 제조공정 특성상 원재료와 제품의 호(소호)가 변경되는 경우
- 부품이나 원재료가 완제품과 별개의 호에 분류되는 경우
- 원산지결정기준 자체가 동일 소호의 비 원산지 재료 사용을 허용하여, 국내에서 제조만 되면 원산지 기준을 충족하는 경우

---

39) [시행 2025. 6. 30.] [관세청 고시 제2025-34호, 2025. 6. 30., 일부개정], 중소기업 수출확대 지원을 위해 '원산지간이확인물품'의 신규 지정(총 17개) 및 적용 가능 신규 협정 확대(필리핀과의 협정)

이러한 품목들은 원산지 증명을 위해 복잡한 원재료 추적이 불필요하고, 생산지 확인만으로 FTA 원산지 인정이 가능하다.

5. 제도의 효과와 의의

원산지증명서 간이발급제도의 가장 큰 장점은 기업의 서류 준비 부담과 행정 절차를 줄여 신속한 수출을 지원한다는 점이다. 복잡한 원재료 원산지 분석, 상세 품목분류 검토, 원산지소명서 작성 등의 절차가 생략되므로 특히 품목분류가 까다롭거나 원산지입증 자료 관리가 어려운 중소기업에 실질적인 혜택을 제공한다.

또한, 관세청은 수출 환경 변화와 산업 구조 개편에 맞춰 간이발급 대상 품목을 지속적으로 조정·갱신하고 있다. 이를 통해 법적 정확성과 신뢰성을 유지함과 동시에, 현장에서의 유연성과 효율성을 높이고 있다.

결과적으로 이 제도는 기업의 수출경쟁력 제고, 무역비용 절감, FTA 활용률 향상의 핵심적 수단으로 기능하며, 자유무역협정 이행 과정에서 행정 효율성과 법적 안정성을 동시에 담보하는 제도적 장치라 할 수 있다.

제11조-04 체약상대국과 HS 번호가 다를 경우 C/O 발급 방법

1. 협정 규정과 국내법 규정

원산지증명서 발급을 위해서는 원칙적으로 우리나라의 HS 번호와 협정 상대국의 HS 번호 모두에서 해당 물품이 원산지결정기준을 충족해야 한다. 그러나 국가별 HS 분류 체계와 품목분류 집행 기준의 차이로 인해 양국 간 HS 번호 불일치가 발생하는 경우가 있다. 실제로 상대국 기준의 HS 번호에서는 원산지결정기준을 충족하더라도, 우리나라 기준 HS 번호에서는 충족하지 못하는 사례가 나타날 수 있다.

이러한 문제를 해결하기 위해 우리나라는 협정 상대국 HS 번호를 확인할 수 있는 공식적 의견서를 제출받아 해당 번호로 원산지증명서를 발급하는 운영 기준을 마련해 두고 있다. 세관장이 인정하는 공식적 의견서에는 다음과 같은 서류가 포함된다.

- 수입신고필증
- 품목번호 확인서
- 사전심사결정서(Advance Ruling)
- 협정 상대국 관세·품목분류표에 명확히 규정된 품목임을 증명하는 자료
- 기타 세관장이 타당하다고 인정하는 서류

이는 「통일상품명 및 부호체계에 관한 국제협약」 제1조(정의) 나항[40]에서 규정하고 있는 내용에 근거한다. HS 협약은 각국이 공통의 상품명·품목분류 코드 체계를 사용하도록 하고 있지만, 제1조 나항에서는 각국의 「관세법」에 따라 작성된 품목분류표가 해당 국가 내에서 관세부과 및 무역 특혜 적용의 최종 공식 기준임을 명시하고 있다. 즉, 협정 상대국이 발급한 공식 HS 번호(예: 사전심사결정서나 수입신고필증 등)는 해당 국가 관세당국의 법적 판단에 따른 것이므로, 우리나라 세관에서도 이를 신뢰하여 원산지증명서를 발급할 법적 근거가 확보되는 것이다.

---

40) 나. "관세품목분류표"라 함은 수입물품에 대한 관세의무부과를 목적으로 체약당사국의 법에 따라 제정된 품목분류표를 말한다.

또한 동일 물품·동일 HS 번호에 대해 최초 발급 시 공식적 의견서를 제출하였다면, 이후 동일 조건의 원산지증명서 발급 시에는 증빙자료 제출을 생략할 수 있다.

동일 물품·동일 HS 번호에 대해 최초 발급 시 공식적 의견서를 제출하였다면, 이후 동일 조건의 원산지증명서 발급 시 증빙자료 제출을 생략할 수 있다. 이 경우 세관은 '메모'란, 상공회의소는 '발급기관 전달사항'란에 최초 발급번호와 발급코드 등 관련 정보를 명시하여야 한다.

예시 문구:
"동 물품은 2025년 ○월 ○일 원산지증명서 발급신청(발급번호: 0000-00-0000000, 발급코드: 0000-0000) 시 상대국 HS 번호를 확인할 수 있는 공식서류를 제출한 물품과 동일한 HS 번호임을 확인하여 증빙서류 제출을 생략함."

다만, 물품의 동일성이 확인되지 않거나 번호 변경 가능성이 있는 경우에는 재제출을 요구할 수 있으며, 이 경우 발급서류의 '메모'란 또는 '발급기관 전달사항'란에 최초 발급번호와 발급코드를 명기해야 한다.

2. 수입국의 HS 번호를 인정하고 있는 협정의 원산지증명서 발급

일부 FTA 협정은 원산지증명서 상 기재하는 HS 번호를 수입국 기준으로 작성하도록 명시하고 있다. 이러한 협정에서는 수입국 HS 번호만으로 원산지결정기준을 충족하면 원산지증명서 발급이 가능하다. 대표적인 사례는 다음과 같다.

협정명	규정 내용
한-아세안 FTA	통일부호체계 번호는 수입국의 번호를 사용
한-베트남 FTA	통일상품명 및 부호체계 번호는 수입 당사국의 번호를 사용
한-인도네시아 CEPA	제7란 '품목번호'에 수입 당사국의 HS 번호를 6단위까지 기재
한-필리핀 FTA	통일상품명 및 부호체계(HS) 번호는 수입 당사국 번호 사용

이외에도 이스라엘과의 FTA는 특수한 규정[41]을 두고 있는데, 원산지증명서에 기재된 HS 번호와 수입국 관세당국의 실제 품목분류가 다르더라도, 그 이유만으로 원산지 증명서를 무효화하지 않는다고 명문화하고 있어, HS 불일치로 인한 무효 위험을 낮춘 사례이다.

따라서 해당 규정을 가진 협정에서는 수출국 HS 번호 불일치 문제가 크게 부각되지 않으며, 수입국 HS 코드가 원산지 판정의 기준 코드로 기능한다.

3. 협정에서 명확한 규정이 없는 경우의 원산지증명서 발급

대다수의 FTA 협정은 HS 번호 작성 방식에 대해 수입국 기준 사용 여부를 명시하지 않는다. 이 경우에는 HS 번호 불일치가 원산지 검증 과정에서 중요한 쟁점이 된다. 특히 수출국 기준 HS 번호로만 원산지결정기준이 충족되는 경우에는, 상대국의 원산지 검증 과정에서 HS 번호 변경이 이루어질 가능성이 있으며, 그 결과 원산지결정기준 불충족 판정을 받을 위험이 존재한다.

이러한 위험을 최소화하기 위해 수출자는 해당 협정의 HS 번호 작성 규정을 사전에 확인해야 하며, 명확한 규정이 없는 경우에는 상대국 HS 번호에 대한 품목분류 사전확인 절차(Advance Ruling 등)를 거쳐야 한다. 또한, 사전에 확보한 공식적 의견서를 근거로 원산지증명서를 발급받아야 상대국 검증 시 리스크를 줄일 수 있다.

결국, 명시적 규정이 없는 협정하에서는 HS 번호 불일치는 FTA 특혜 적용 배제의 주요 원인이 될 수 있으며, 수출자는 협정 확인·사전확인·증빙 확보의 3단계 절차를 통해 발급 안정성을 확보해야 한다.

---

41) 부속서 3-다(원산지증명서) 제9란-"물품명세"
  * 증명서에 상세히 기술된 HS 코드와 수입 당사국의 권한 있는 당국에 의한 실제 품목분류가 상응하지 않는다는 그 자체만으로 증명서가 무효화되는 이유를 구성하지 않는다.

제11조-05 원산지포괄증명 제도의 정확한 활용

1. 제도 개요

원산지포괄증명이란 일정 기간 동안 반복적으로 선적되거나 수입 신고되는 동종·동질 물품에 대하여 최초 발급된 원산지증명서를 동일 기간 내 여러 선적 건에 반복 적용할 수 있도록 허용하는 제도이다.

이는 매 선적마다 개별적으로 원산지증명서를 발급받아야 하는 행정 절차와 비용을 줄이기 위해 도입된 무역 절차 간소화 제도이다. 이 제도는 동일한 상품이 동일한 수출자에 의해 지속적으로 거래되는 경우, 최초 발급 시 이미 원산지가 확인되었으므로 매 거래마다 동일한 판정을 반복할 필요가 없다는 논리에 기반한다. 이를 활용하면 기업은 발급·관리 부담을 대폭 줄일 수 있으며, 세관은 심사 절차를 단순화하여 행정 효율성을 높일 수 있다.

2. 주요 구성요소

원산지포괄증명은 다음 요건을 모두 충족할 때만 가능하다.

- 포괄 기간이 협정에서 정한 최대 허용 기간(대체로 12개월)을 초과하지 않을 것
- 해당 기간 내 물품이 동종·동질 상태를 유지할 것
- 동일 수출자에 의해 협정 상대국으로 반복 선적될 것

가. 적용 기간(Validity Period)

원산지포괄증명은 협정에서 정한 최대 허용 기간 동안 반복 선적되는 동일 물품에 동일한 원산지 판정을 적용할 수 있도록 허용한다. 대부분의 자유무역협정에서 이 기간은 최대 12개월로 설정되어 있다.

실무에서는 발급 시 거래 빈도, 계약 기간, 공급망 구조 등을 고려하여 포괄기간을 설정하며, 기간이 종료되거나 물품의 원산지에 영향을 미치는 조건 변화가 발생하면 새로 발급해야 한다. 예를 들어, 한-미 FTA에서는 최초 발급일로부터 최대 12개월간 동일 증명을 재사용할 수 있으며, 원재료 공급처 변화나 생산공정 변경 시 남은 기간이 있더라도 새로운 증명 발급이 필요하다.

나. 동일 물품의 범위(Same Goods)

포괄증명이 적용되기 위해서는 거래되는 물품이 HS 품목분류, 규격, 성질, 생산공정 등의 측면에서 동종·동질해야 한다. 단순히 품목명이 같거나 HS코드가 일치한다고 해서 동일 물품으로 인정되지 않으며, 색상이나 재질·규격 변화가 있는 경우에는 원산지 판정 기준이 달라질 수 있다.

또한 동일 상품이라 하더라도 수출자가 다르면 동일 물품으로 간주하지 않는다. 이는 원산지 검증 과정에서 수출자별로 문서 및 생산공정 확인을 통해 투명성을 유지하기 위한 규정이다.

다. 동일 수출자 요건

원산지포괄증명이 적용되기 위해서는 동일 수출자가 동일 협정 상대국으로 반복적으로 선적하거나 수출 신고해야 한다. 이는 포괄기간 동안 수출자 단위로 원산지 판정을 일관성 있게 유지하기 위한 필수 요건이다.

동일한 물품이라도 수출자가 다르면 포괄증명 적용 대상이 될 수 없다. 그 이유는 다음과 같다.

- 수출자별로 생산공정, 원재료 조달처, 제조관리 방식이 다를 수 있어 동일한 원산지 기준을 보장할 수 없다.
- 원산지 검증 시 세관은 수출자 단위로 자료를 요청·확인하므로, 수출자가 다르면 동일 증명서의 연속성 및 검증 가능성이 떨어진다.
- 일부 협정은 포괄기간 동안의 생산·수출 기록을 수출자 단위로 보관하도록 규정하고 있어, 동일 수출자가 아닐 경우 법적 요건을 충족할 수 없다.

따라서 포괄증명은 '동일 물품 + 동일 수출자'라는 두 가지 전제 조건이 모두 충족되는 경우에만 인정되며, 이는 협정의 원산지관리 체계와 검증 투명성을 유지하기 위한 핵심 요소다.

3. 협정별 도입 여부와 특징

가. 포괄증명 제도 도입 협정(자율발급 중심)

원산지포괄증명은 원산지증명서 자율발급(Self-Certification)을 허용하는 협정에서 주로 도입되는 제도이다. 자율발급의 기본 전제는 수출자가 스스로 원산지를 계속 관리·증명할 수 있다는 점이므로, 동일 물품을 일정 기간 반복 거래하는 경우 이를 포괄하여 증명하는 방식이 제도적으로 자연스럽게 결합된다. 다수의 자율발급 협정은 최대 12개월의 포괄 유효기간(Blanket Period)을 인정한다.

대표적으로 미국, 호주, 캐나다, 페루, 뉴질랜드, 콜롬비아, 중미, 필리핀과의 협정이 이러한 제도를 채택하고 있다. 이들 협정에서는 기업이 동일·동종 물품에 대해 반복 거래 시 매 건마다 별도의 증명서를 발급할 필요가 없어, 인력·비용 부담을 크게 줄이고 통관 효율성을 제고할 수 있다.

나. 포괄증명 미도입 협정(기관발급 중심 + 유럽권 단일탁송화물 원칙)

반면 기관발급(원산지증명서 발급기관이 매 건마다 서류를 심사하는 방식)을 채택한 협정에서는 원칙적으로 포괄증명이 불가능하다. 기관발급 제도는 "선적 건별 심사"를 원칙으로 하므로, 다수의 선적 건을 하나의 증명서로 포괄하는 방식은 제도 취지와 충돌하기 때문이다.

또한 유럽권 협정(EU·EFTA·영국·터키 등)은 자율발급이 도입된 경우에도 포괄 증명을 인정하지 않는다. 그 이유는 이들 협정이 공통적으로 "단일 탁송화물(Single Shipment)" 원칙을 원산지증명의 기본 구조로 채택하고 있기 때문이다. 단일 탁송화물 원칙의 특징은 다음과 같다.

- 증명서는 특정 선적(Shipment)과 직접적으로 연결된다.
- 증명서의 효력은 "해당 탁송화물 1건"으로 한정된다.
- 한 증명서를 여러 선적 건에 반복 사용하는 개념을 제도적으로 허용하지 않는다.

따라서 EFTA, EU, 영국, 튀르키예, 이스라엘, 캄보디아, RCEP은 포괄기간 제도 자체가 존재하지 않는다. 포괄증명 규정이 없으므로 거래 건별로 증명서를 매번 발급해야 한다. 또한 한-칠레 FTA 또한 단일 선적 건에 대해서만 증명서 효력을 인정하여 포괄증명이 불가능하다.

이러한 협정에서는 거래 빈도가 많을수록 원산지증명서 발급·관리 부담이 증가하며, 특혜관세 적용을 위해 매 건마다 서류 발급·보관 절차를 반복해야 한다.

4. 원산지증명서 유효기간과 포괄증명 기간과의 관계

원산지증명서 유효기간과 포괄증명 기간은 모두 자유무역협정 특혜관세 적용과 깊은 관련이 있으나, 그 의미와 적용 범위는 서로 다르다.

가. 개념의 차이

원산지증명서 유효기간은 증명서가 발급된 이후 수입자가 세관에 제출하여 특혜관세를 신청할 수 있는 법적 기한을 의미한다. 대부분의 FTA는 발급일로부터 12개월을 유효기간으로 규정하며, 이 기간을 초과하여 제출된 증명서는 특혜관세 적용 대상에서 제외된다.

반면, 포괄증명 기간은 동일한 수출자와 수입자 간에 반복적으로 거래되는 동일 물품에 대해 하나의 증명서를 여러 선적 건에 재사용할 수 있도록 허용하는 기간을 의미한다. 이 기간은 보통 최대 12개월로 설정되며, 포괄증명서에 기재된 시작일과 종료일 사이에서 발생한 모든 거래가 해당 증명서의 적용 대상이 된다.

나. 기준점의 차이

원산지증명서 유효기간은 증명서 발급일을 기준으로 기간을 계산한다.

포괄증명 기간은 포괄증명서에 명시된 시작일과 종료일을 기준으로 계산되며, 이 기간 안에서 발생한 선적 건에 대해 동일 증명서를 반복 적용할 수 있다. 예를 들어, 포괄증명 기간이 2026년 1월 1일부터 2026년 12월 31일까지라면, 해당 기간 내 모든 거래가 효력 범위에 들어간다. 이 두 기준점의 차이는 증명서의 제출 가능 여부와 적용 가능 범위를 구분하는 중요한 요소로 작용한다.

다. 두 기간의 관계

포괄증명 기간은 유효기간 안의 일부 구간을 차지하여 반복 거래 건을 커버하는 방식으로 운영된다. 따라서 포괄증명 기간이 유효기간보다 짧을 수 있으며, 유효기간은 해당 거래 건이 세관에 제출될 수 있는 최대 기한을 결정한다.

예를 들어, 포괄증명 기간이 2026년 1월 1일부터 2026년 12월 31일까지라고 가정하면, 이 기간 중의 선적 건은 동일 증명서로 커버할 수 있다. 그리고 각 거래의 수입신고일이 증명서 발급일로부터 12개월 이내라면 특혜관세 적용이 가능하다. 포괄증명 종료 이후라도 유효기간이 남아 있다면, 마지막 선적 건은 유효기간 내라면 제출이 가능하다. 이처럼 두 기간은 서로 다른 기능을 수행하면서도 특혜관세 적용을 위해 상호 보완적으로 운영된다.

라. 실무상 유의 사항

실무자는 원산지증명서 유효기간과 포괄증명 기간을 명확히 구분하여 관리해야 한다. 포괄기간이 남아 있더라도 유효기간이 만료되면 증명서의 효력이 상실되므로, 이후 선적된 물품에 대해서는 특혜관세 적용이 불가능하다. 또한 포괄기간 중이라도 원산지 요건이나 생산공정이 변경되면 새로운 증명서를 즉시 발급해야 하며, 이를 준수하지 않을 경우 통관 과정에서 특혜관세 적용이 거부될 수 있다.

이러한 점을 고려하면, 두 기간을 동시에 관리하는 체계적인 운영이 FTA 특혜관세 적용의 안정성을 확보하는 핵심 요소임을 확인할 수 있다.

5. 원산지포괄증명 기간 시작일과 발급일간의 관계

포괄증명서에서 기간 시작일(Start Date)과 발급일(Issue Date)은 혼동하기 쉬운 부분이지만, FTA 원산지증명 실무에서는 두 날짜의 관계를 정확히 이해하는 것이 매우 중요하다. 이 두 날짜는 단순히 발급 시기를 나타내는 것이 아니라, 증명서의 효력 범위와 유효성 판단 기준을 결정하는 핵심 요소다.

가. 포괄증명 기간 시작일과 발급일의 개념 차이

포괄증명서에서 기간 시작일은 해당 증명서가 실제로 적용되는 기간의 첫날을 의미한다. 이 날짜를 기준으로 이후에 발생하는 모든 선적 및 거래가 증명서의 효력 범위에 포함되며, 적용 여부는 선적일을 기준으로 판단한다. 따라서 시작일은 발급일 이전의 날짜로도 설정이 가능하다. 예를 들어, 1월 15일에 증명서를 발급하더라도, 시작일을 1월 1일로 지정하면 1월 1일 이후의 거래까지 효력을 소급하여 적용할 수 있다. 다만, 이러한 경우에는 해당 거래 시점의 원산지 요건 충족 사실을 입증할 수 있는 증빙이 반드시 필요하다.

반면에 발급일은 증명서가 공식적으로 작성되고 부여된 날짜를 의미한다. 발급일은 세관에 증명서를 제출할 때의 기준일이 되며, 또한 유효기간을 계산하는 기준점 역할을 한다. 발급일은 반드시 과거 또는 현재 날짜로 작성해야 하며, 미래 날짜를 기재하는 것은 불가능하다. 증명서의 유효기간은 국제적으로 대부분 발급일 기준으로 산정되므로, 발급일과 시작일이 서로 다를 경우 실제로 사용할 수 있는 기간이 달라질 수 있다. 예를 들어, 시작일이 발급일보다 훨씬 이전이라면, 효력이 적용되는 전체 기간 중 일부는 이미 경과한 후 발급되는 셈이므로 남은 기간이 줄어들게 된다.

결국 실무에서는 시작일과 발급일 사이 간격을 최소화하는 것이 효율적이며, 특히 발급일 이후의 유효기간 계산 방식과 세관의 증명서 판단 기준을 정확히 이해하는 것이 중요하다.

포괄증명 기간 시작일(Start Date)	발급일(Issue Date)
▪ 실제로 증명서가 적용되는 기간의 첫날을 의미 ▪ 해당 날짜 이후 발생하는 모든 선적·거래가 증명서의 범위에 포함 ▪ 이 기간은 선적 날짜 기준으로 판단되며, **발급일 이전 날짜로도 설정 가능**	▪ 증명서가 공식적으로 작성·부여된 날짜 ▪ 세관 제출 및 유효기간 계산의 기준점 ▪ 발급일은 반드시 과거 또는 현재 날짜로 써야 하며 미래 날짜 불가

나. 두 날짜의 관계와 시나리오

실무에서는 발급일과 시작일을 다음과 같이 설정할 수 있다.

케이스	시작일	발급일	특징	위험/이점
A형(동일)	2025-01-01	2025-01-01	시작과 발급이 동일	기간 계산이 단순하며 혼동 없음
B형 (발급이 늦음)	2025-01-01	2025-01-15	과거 거래도 증명서 적용 가능	발급일 기준 유효기간이 줄어듦
C형 (발급이 빠름)	2025-01-15	2025-01-01	시작일 이후 거래만 적용	기간 내 거래 없으면 효율성 ↓

☞ **핵심포인트**

▪ 포괄증명 기간은 시작일 기준으로 효력이 발생하지만, 세관은 발급일을 기준으로 유효기간(보통 12개월)을 산정한다.
▪ 발급일이 늦어지면, 그만큼 전체 사용 가능한 시간이 줄어든다.
▪ 발급일 이전의 거래를 커버하려면, 시작일을 그 이전 날짜로 설정해야 하지만, 원산지 요건이 해당 거래 시점에 충족되었음을 입증할 수 있어야 한다.

다. 포괄증명 시작일과 발급일 설정의 실무 적용 핵심

포괄증명서의 시작일은 실제 거래 패턴에 맞추어 설정하는 것이 효율적이다. 예를 들어, 동일한 품목이 반복적으로 거래되는 경우에는 월초나 분기 초를 시작일로 잡는 것이 관리상 편리하다. 이렇게 하면 증명서 적용 기간과 회계·물류 관리 주기가 일치하여, 원산지 관리와 증빙자료 준비가 체계적으로 이루어진다.

발급일은 가능한 한 시작일과 근접하게 작성하는 것이 바람직하다. 발급일과 시작일 사이에 지나치게 긴 간격이 생기면, 발급일 기준으로 산정되는 유효기간이 불필요하게 단축될 수 있다. 예를 들어, 시작일이 1월 1일이고 발급일이 3월 1일이라면, 유효기간은

3월 1일부터 계산되므로 실제 사용 가능 기간은 줄어든다. 따라서 발급일을 늦추는 것은 기간 관리 측면에서 불리하다. 세관에 제출할 때는 반드시 발급일이 법적 기준이 되므로, 각 FTA에서 규정하는 "12개월 유효기간" 또는 각 협정별 기간 제한은 모두 발급일을 기준으로 산정해야 한다. 세관은 발급일을 중심으로 증명서의 적법성과 유효성을 판단하며, 시작일은 관리상의 개념일 뿐 법적 적용 기준이 아니다.

만약 발급일을 늦게 설정하여, 시작일 이후에 발급하는 경우에는 추가적인 리스크관리가 필요하다. 시작일과 발급일 사이에 이미 발생한 거래에 대해서는 해당 시점의 원산지 요건을 충족했다는 것을 입증할 수 있는 자료를 반드시 확보해야 한다. 이를 위해 생산자 증명서, 수출기록, 원재료 공급내역 등 관련 증빙을 보관하는 것이 중요하다. 이러한 준비가 부족하면 세관 심사나 통관 과정에서 원산지 인정 여부에 대한 분쟁이 발생할 가능성이 높아진다.

결론적으로, 실무에서는 시작일을 거래 흐름에 맞춰 설정하되 발급일은 시작일과 최대한 가까운 시점에 잡는 것이 가장 효율적이며, 기간 계산과 증빙 관리 모두에서 안정성을 확보하는 핵심 전략이 된다.

제11조-06 관세청장이 인정하는 원산지간편확인 제도

1. 간편확인 제도의 필요성

FTA 원산지확인서 발급 절차는 다수의 중소 생산자와 농어업 종사자에게 상당한 행정 부담을 준다. 특히 농·수·축산물은 대체로 FTA '완전생산' 기준을 충족하더라도, 실제 생산·재배·양식 과정을 증명하는 서류 준비가 복잡하고 까다롭다.

소규모 농가나 어업 종사자는 합법적 생산 사실을 공식 문서로 증빙하기 어려워 FTA 관세 혜택을 활용하지 못하는 경우가 빈번했다. 이러한 문제를 해소하기 위해 관세청은 FTA 원산지 간편인정제도를 도입하였다.

2. 제도의 법적 근거

FTA 원산지 간편인정제도는 「FTA 관세법 시행규칙」 제12조 제4항부터 제6항에 근거한다.[42] 해당 규정은 관세청장이 농산물이력추적관리등록증, 수산물이력추적관리등록증, 또는 이에 준하는 서류를 원산지확인서로 인정·고시할 수 있도록 규정하고 있다.

다만, '간편인정제도'라는 명칭은 법률상 공식 용어가 아니며, 시민과 현장 종사자가 보다 쉽게 이해할 수 있도록 부여된 통칭이다. 법령에서는 단순히 고시된 서류를

---

42) 제12조(원산지확인서)
　④ 관세청장은 「농수산물 품질관리법 시행규칙」 제47조 제7항에 따른 농산물이력추적관리등록증, 수산물이력추적관리등록증 또는 그 밖에 이와 유사한 서류를 제1항에 따른 원산지확인서로 인정하여 고시할 수 있다.
　⑤ 관세청장은 제4항에 따른 서류를 원산지확인서로 인정하려면 관련 기관의 장과 사전에 협의하여야 한다.
　⑥ 제1항·제2항 또는 제4항에 따라 재료 또는 최종물품 생산자 등으로부터 원산지확인서 또는 원산지포괄확인서를 제공 받은 생산자 또는 수출자는 이를 기초로 제10조에 따라 원산지증명서의 발급을 신청하거나 제14조에 따라 원산지증명서를 작성할 수 있다.

'원산지확인서'로 인정하는 것으로 규정하고 있으며, '간편인정제도'라는 표현은
행정적·홍보적 차원에서 사용되고 있다.

3. 제도 도입 경과와 인정 서류

지금의 간편인정제도는 2014년 11월 28일 관세청과 농산물품질관리원이 체결한
업무협약을 계기로 마련되었다. 협약을 통해 농산물에 HS 품목번호와 영문품명을
부여하고, 영문 인증서 발행 시스템을 구축하였다. 이후 농산물이력추적관리등록증,
농산물우수관리인증서, 친환경농산물인증서 등 생산 이력과 품질을 입증하는 서류들이
우선적으로 인정되었다.

4. 고시에 따른 인정 범위와 품목 현황

관세청은 「관세청장이 인정하는 원산지(포괄)확인서 고시[43]」를 통해 간편확인제도
적용 품목을 공식적으로 규정하고 있다. 현재 인정 품목에는 농·수·축산물, 식품류,
지역특산품, 재활용 공산품 등이 포함되며, 총 1,257개 품목이 해당된다. 품목별 현황은
다음과 같다.

관세청장이 원산지(포괄)확인서로 인정하는 품목

구분	농산물	수산물	축산물	식품류	지역 특산품	재활용 공산품	계
품목 수(개)	1,030	101	8	39	48	31	1,257
별표	별표 1	별표 2	별표 3	별표 4	별표 5	별표 6	

이 품목들은 관세청장이 고시한 지정 서류만으로 원산지확인서 효력을 인정받으며,
별도의 복잡한 절차 없이 FTA 혜택을 적용받을 수 있다.

---

43) [시행 2015. 6. 4.] [관세청 고시 제2015-20호, 2015. 6. 3., 제정] … → [시행 2025. 11. 27.] [관세청
고시 제2025-56호, 2025. 11. 27., 일부개정]

5. 제도 효과 및 현장 적용 사례

간편확인제도의 운영으로 발급 절차가 크게 단축되고 행정 부담이 완화되었다. 특히 소규모 생산자, 영세 농어업인이 FTA 혜택을 활용할 수 있는 기회가 확대되면서 생산과 수출 효율성이 향상되었다. 이는 국가 차원의 수출경쟁력 강화에도 기여하였다.

[사례 1] 농수산물 원산지 증빙 확보 곤란 상황
경상도와 강원도에서 재배된 배추·무를 가공하는 A업체는 거래처 농가로부터 원산지확인서, 수매확인서, 현장검사표(Inspection Sheet), 농지원부 등을 증빙자료로 수취하고 있다. 그러나 모든 농가로부터 관세청장이 고시한 표준 원산지확인서를 받는 것은 현실적으로 불가능하며, 국립농산물품질관리원 인증을 획득하는 절차도 대부분의 농가에게 어려운 상황이다.
이 경우 「FTA 관세법 시행규칙」 제12조 제4항에서 규정한 서류가 표준 인정서류에 해당하지만, 이를 수취하지 못하는 경우에도 농지원부·수매확인서·거래명세서 등은 원산지 여부를 입증하는 보조 증빙자료로 제출할 수 있다. 이러한 자료들은 관세당국 검증 과정에서 생산지를 확인하는 유효한 보조 수단으로 인정될 수 있다.

[사례 2] 국내 원수 사용 생수의 원산지 인정
강원도 수원지에서 채취한 원수를 사용하여 생수를 생산하는 업체가 있다. 해당 생수(완제품)와 원수(원재료)의 HS 코드가 모두 2201.10으로 동일하여 원산지결정기준(CC: 세번변경 기준)을 충족하지 못한다. 그러나 원수의 수원지가 국내임을 확실히 증명할 수 있으며, 시·도지사가 발급한 먹는샘물 제조업·개발업 허가증을 보유하고 있다.
이 허가증은 원재료가 국내산임을 입증하는 공식 문서로 인정되기에, HS 코드 변경이 발생하지 않더라도 "KR"로 기재한 원산지확인서를 발급할 수 있다. 다만 생수 용기(페트병) 등 부자재에 대해서도 공급자 원산지확인서를 받아 전체 제품의 원산지 요건을 충족하는지를 확인할 필요가 있다.

6. 결론

관세청장이 인정하는 원산지 간편확인제도는 농·수·축산물과 일부 특산품의 원산지 입증 절차를 대폭 간소화하여, 행정 부담을 줄이고 FTA 활용률을 높인 제도다. 관세청 고시상 고시된 서류가 원칙적으로 공식 인정서류이나, 현실적으로 이를 확보하기 어려운 경우 신뢰할 수 있는 기타 서류를 보조 증빙으로 활용할 수 있다.

이를 통해 현장 생산자들이 제도의 혜택을 보다 넓게 누릴 수 있으며, 국가 전체의 수출경쟁력 향상에도 기여하고 있다.

수출기업이 인증수출자 인증을 받아야 하는 필요성

원산지인증수출자 인증은 FTA 협정에 따른 자율발급 권한과 절차 간소화 혜택을 통해 수출에 필요한 시간과 비용을 절감하고, 해외 통관 시 신뢰도를 높이며, 거래 협상력과 시장 접근성을 강화하는 핵심 제도이다.

인증은 기업의 원산지관리 역량을 체계적으로 향상시키고 장기적인 성장 전략과 맞물려 수출경쟁력을 확대한다. 반대로 인증이 없을 경우, 특정 국가·협정에서는 FTA 특혜를 활용하지 못하거나 통관 지연, 가격 경쟁력 저하, 바이어 신뢰 약화 등 실질적인 불이익이 발생할 수 있다.

따라서 원산지인증수출자 인증은 선택이 아닌 수출기업의 필수 전략 수단이다.

1. 수출 절차를 간소화하고 비용과 시간을 절감할 수 있게 함

원산지인증수출자 제도의 가장 큰 장점은 수출 과정의 행정 절차를 획기적으로 줄이고, 신속성과 효율성을 확보하는 데 있다.

원산지인증수출자 인증은 자율발급 권한, 국내·외 절차 간소화, 서류·현지확인 면제, 긴급·휴일 발급 혜택, 그리고 관세청 심사 절차에서의 우대 조치까지 포괄한다. 이는 기업의 행정 부담을 줄이고 수출 대응 속도를 높이며, 해외 시장에서 FTA 혜택을 안정적으로 제공할 수 있는 기반이 된다. 따라서 인증수출자 지위는 FTA 활용뿐 아니라 글로벌 경쟁력 확보를 위한 핵심 제도라 할 수 있다.

가. 협정에서 규정하고 있는 혜택

첫째, 대부분의 FTA 협정 중 일부는 '인증수출자(Approved Exporter)' 제도를 통하여, 인증을 받은 수출자가 협정상 특정 조건하에 자율적으로 원산지를 증명할 수 있도록 규정하고 있다. 이는 원산지증명서를 발급받기 위해 기관을 거치는 절차

없이, 수출자가 자체적으로 증명서를 작성·발급할 수 있게 하는 제도이다. 현재 자율 발급이 가능한 협정은 EFTA, EU, 영국, 페루[44], 캄보디아, 이스라엘, 필리핀과의 FTA 및 RCEP이다.

둘째, 일부 협정(EFTA, EU, 영국)은 자율발급 시 원산지증명서의 수출자 서명 의무를 면제한다. 「FTA 관세법 시행규칙」 제7조 제2항은 이 협정들의 규정을 수용하여, 해당 국가로 수출할 경우 인증수출자는 원산지증명서에 서명을 기재할 필요 없이 발급할 수 있도록 허용하였다.

나. FTA 관세법령에서 규정하는 혜택

FTA 관세법령은 우리나라에서만 적용되는 원산지인증수출자 관련 특례를 규정하고 있다. 해당 법령은 국내 발급 절차를 간소화하고, 인증수출자의 행정 부담을 줄이는 방향으로 제도를 설계하였다.

첫째, 인증수출자는 기관발급을 신청할 때 첨부 서류를 제출하지 않아도 된다. 「FTA 관세법」 제12조에 따르면, 인증수출자는 원산지증명 능력을 갖추고 요건을 충족한 경우, 협정에서 정하는 범위 내에서 자율적으로 원산지를 증명할 수 있을 뿐 아니라, 원산지증명서 발급에 있어 간소 절차를 적용받을 수 있다.

둘째, 기관발급 시 일반적으로 필수 절차인 현지확인이 면제된다. 현지확인은 발급기관이 신청인의 사업장이나 공장을 방문하여 원산지 적정 여부를 확인하는 절차지만, 인증수출자의 경우 법에서 이를 생략하도록 규정하여 발급 대기 기간을 단축시키고 있다.

셋째, 기관발급 시 휴일에도 신속 발급이 가능하다. 일반적인 발급은 평일 기준 3일(현지확인 시 최대 10일)이 소요되지만, 인증수출자는 신청 후 1시간 이내에 자동 수리 절차로 발급받을 수 있는 특례가 운영된다. 이는 긴급 수출이나 배송 일정이 촉박한 상황에서 매우 큰 장점이 된다.

---

44) 한-페루 FTA는 2021년 12월 31일부터 기관발급 규정을 삭제하고 완전한 자율발급 체계를 채택하였다.

다. 관세청 고시에서 규정하는 혜택

관세청이 제정한 「특혜관세 적용 및 원산지증명 제도 운영에 관한 고시」에서도 인증수출자에 대한 추가 혜택을 규정하고 있다. 이 고시는 아시아-태평양 무역협정(APTA), 일반특혜관세제도(GSP), GATT 개발도상국 간 무역 협상 의정서(TNDC), 개발도상국 간 특혜제도(GSTP) 등 일반특혜 원산지증명서 발급에도 적용된다.

기존에는 일반특혜 원산지증명서를 발급받기 위해, 발급신청서와 함께 수출신고필증, 송품장, 거래계약서, 원산지소명서 등의 다양한 서류를 반드시 세관에 제출해야 했다. 그러나 2017년 5월 11일 개정된 「원산지제도 운영에 관한 고시」 제28조 제2항은 업체별 인증수출자에 한하여 이러한 첨부 서류를 생략할 수 있도록 했다.

이로써 업체별 인증수출자는 발급신청서만 제출해도 일반특혜 원산지증명서를 발급받을 수 있다. 이는 기존에 FTA에만 적용되던 첨부서류 생략 특례를 일반특혜제도까지 확대 적용한 조치로, 수출기업의 발급 절차를 단순화하고 준비 서류 부담을 획기적으로 줄였다.

라. 관세청 심사 지침에 따른 인증수출자 우대 혜택

관세청은 「원산지증명서 발급신청에 대한 증명서 발급기관의 심사 방법에 관한 지침」을 제정하여, 발급기관이 원산지증명서 발급 신청 건을 심사하는 방법과 절차를 표준화하고 있다. 이 지침에 따라, 원산지인증수출자는 심사 과정에서 특별한 우대 혜택을 받는다.

먼저, 원산지인증수출자는 발급기관의 심사 생략 대상에 포함된다. 관세청장은 업체별 인증수출자를 신뢰성이 높은 업체로 지정하며, 해당 업체는 지정일로부터 1년 동안 원산지증명서 발급 신청 건에 대해 발급기관의 심사 절차를 거치지 않고 곧바로 발급받을 수 있다. 이를 통해 서류 검토와 현지 확인 등 일반심사 절차가 면제되며, 발급 소요 시간을 크게 단축시킬 수 있다.

또한, 원산지인증수출자는 자동심사 제도의 적용을 받을 수 있다. 자동심사는 발급기관이 신청을 접수한 후 1시간이 경과하면 시스템상 자동으로 승인하는 방식으로, 특히 긴급 수출이나 촉박한 선적 일정이 있는 경우 큰 장점이 된다. 이 제도는 2014년 1월 원산지인증수출자에 한해 최초 도입되었으며, 이후 인증수출자는 조건을 충족하는 경우 항상 자동심사 혜택을 누릴 수 있도록 범위가 유지·확대되었다.

더 나아가, 인증수출자는 발급 심사 과정에서 추가서류 요구 제한의 혜택을 받는다. 발급기관은 제출된 서류만으로 원산지결정기준 충족 여부를 확인할 수 없는 경우에만 예외적으로 추가 자료를 요청할 수 있으며, 그 요청 사유에는 반드시 '원산지결정기준 적합 여부 확인 목적'임을 명시해야 한다. 이로써 인증수출자는 불필요한 입증자료 제출 부담을 줄이고, 발급 절차를 신속하게 마칠 수 있다.

결론적으로, 관세청 심사 지침에 따른 인증수출자 우대 혜택은 심사 생략과 자동심사 적용, 그리고 추가서류 요청 제한이라는 세 가지 강력한 제도적 지원을 중심으로 한다. 이러한 혜택은 원산지인증수출자가 원산지증명서를 더욱 빠르고 간편하게 발급받을 수 있도록 하며, 수출 일정 준수와 행정 부담 완화에 크게 기여한다.

2. 상대국 통관 과정에서의 신뢰성과 협상력 제고

인증수출자 지위는 단순히 문서 발급 권한을 부여하는 데 그치지 않고, 해외 바이어와 세관 당국에 대한 신뢰도 제고로 이어진다.

인증수출자는 일정한 원산지관리 능력을 갖춘 기업으로 평가되기 때문에, 상대국 통관 과정에서 원산지증명서 검토가 보다 원활하게 이루어질 가능성이 있다. 특히 일부 FTA 국가의 경우, 인증수출자만이 자율 증명을 인정하거나, 원산지증명서 작성 권한을 제한적으로 부여하기 때문에, 인증이 없으면 거래 조건이 불리하거나 수출 자체가 어려워질 수 있다.

또한 인증수출자라는 신분은 해외 바이어와의 협상에 있어 "관세 혜택을 안정적으로 제공할 수 있는 파트너"라는 이미지를 형성하여, 장기 계약이나 신규 거래처 발굴에서 경쟁우위를 확보하는 데 도움이 된다.

3. 기업의 원산지관리 역량과 확장 전략에 직접적인 기여

원산지인증수출자 제도는 취득 자체보다 취득 후 유지 과정에서 기업의 내부 관리 역량을 강화시킨다. 인증 유효기간 동안 원산지 기준을 지속적으로 충족해야 하므로, 기업은 원재료 공급망 관리, 협력사 원산지 점검, 전산시스템 구축, 담당자 교육 등을 통해 체계적인 관리 시스템을 운용하게 된다. 결과적으로 이는 기업 내부 프로세스 효율화와 리스크 예방 능력 향상으로 이어진다.

더 나아가, 인증 유형 선택은 기업의 향후 성장 계획과도 연결된다. 현재 소량·소수 품목만 수출하더라도, 향후 품목 확대나 시장 다변화를 계획한다면 초기부터 업체별 인증을 확보하는 것이 전략적으로 유리하다. 반대로 단기·단발성 거래 위주의 사업이라면 품목별 인증을 선택해 불필요한 관리비용을 절감할 수 있다.

4. 글로벌 규범 변화 대응과 리스크 관리 역량 강화

FTA 환경은 지속적으로 변화하고 있으며, 각국은 원산지 검증을 강화하고 공급망 투명성을 요구하는 방향으로 규제를 확대하고 있다. 이러한 상황에서 원산지인증수출자 지위는 기업이 국제통상 규범 변화에 능동적으로 대응할 수 있는 중요한 장치가 된다.

인증수출자는 체계적인 원산지관리 체계를 기반으로 운영되기 때문에, 협정 변경, 기준 강화, 추가 검증 요청 등 예상치 못한 외부 요구에도 신속하게 대응할 수 있다. 특히 최근 주요 교역국에서 강화되고 있는 사후검증, 공급망 실사, 원산지 허위 판정에 대한 제재 위험 등을 고려하면, 인증수출자는 단순한 행정 편의가 아닌 기업 리스크 관리의 핵심 요소로 기능한다.

또한 인증을 유지하기 위해서는 내부 통제 시스템과 협력사 관리, 문서 보관 체계가 필수적이므로, 이는 기업 전반의 컴플라이언스 수준을 향상시키고 장기적으로 신뢰 기반의 수출 구조를 확립하는 데 기여한다.

결과적으로 인증수출자는 규제 준수, 공급망 안정성 확보, 국제 신뢰도 제고라는 세 가지 측면에서 글로벌 시장 변화에 대비할 수 있는 가장 효과적인 제도적 수단이다.

제12조-02 원산지인증수출자의 재인증 및 신규 인증 대상 여부

1. HS 코드 오류 발생 시 품목별 인증수출자 재인증 필요 여부

품목별 원산지인증수출자 인증은 특정 HS 코드(6단위)와 해당 물품의 원산지 결정기준을 기반으로 부여된다. 따라서 인증서에 기재된 HS 코드가 실제 수출 물품의 세번과 다르거나, 원산지결정기준 등 주요 인증 내용에 변화가 발생하면 인증 요건이 달라진 것으로 보아 신규 인증 절차를 거쳐야 한다.

예를 들어 품목별 원산지인증수출자 인증을 받고 해당 품목에 대해 원산지신고서를 발급했는데, HS 세번에 오류가 있었다.

구 분	인증 품목(오류 세번)	적정 세번
HS번호	8443.39	8443.32
원산지기준	MC 45%	MC 45%

본 사례에서 인증받은 품목의 HS 번호는 8443.39였으나, 실제 적정 세번은 8443.32였다. 두 세번 모두 원산지결정기준이 MC 45%로 동일하였으나, 형식적으로 인증 사항에 오류가 존재하므로 제도상 품목에 대한 재인증이 요구된다.

2. 개인·법인사업자의 대표자 등의 변경 시 신규 인증 여부

FTA 원산지인증수출자는 인증을 받은 이후에도 사업자의 주요 정보가 변경될 경우, 변경 내용에 따라 신규 인증 절차를 거쳐야 한다. 특히, 대표자의 변경이나 사업자 등록번호의 변경은 사업자의 동일성과 연속성을 인정받을 수 있는지 여부와 직결된다. 「FTA 원산지인증수출자 운영에 관한 고시」 제15조 제2항 제1호에 따르면, 다음과 같은 경우에는 새로운 인증을 받아야 한다.

- 개인사업자: 대표자 변경 또는 사업자등록번호 변경
- 법인사업자: 사업자등록번호 변경

이는 사업자등록번호나 대표자의 변경이 사업자의 동일성·연속성에 미치는 영향을 고려한 규정으로, 변경 내용에 따라 기존 인증을 유지할 수 없는 상황이 발생하기 때문이다.

가. 개인사업자의 경우

개인사업자는 대표자 변경 또는 사업자등록번호 변경 시 동일성 및 연속성이 인정되지 않는다. 특히, 대표자가 변경될 경우, 「부가가치세법」 제8조 및 그 시행령 제14~15조에 따라 기존 사업은 폐업 처리되고, 새로운 대표 명의로 사업자등록을 다시 해야 한다. 이러한 절차로 인해 법적으로는 기존 사업자와 새로운 사업자가 별개의 존재로 취급되며, 동일성을 인정할 수 없으므로 반드시 신규 인증을 받아야 한다.

나. 법인사업자의 경우

법인사업자는 대표자가 변경되더라도 법인 자체의 법적 존속이 유지되므로 동일성 및 연속성이 인정된다. 따라서 대표자 변경만으로 신규 인증을 받을 필요는 없다. 그러나 법인사업자라도 사업자등록번호가 변경되면 동일성 및 연속성이 인정되지 않으며, 새로운 인증을 받아야 한다. 이는 사업자등록번호 변경이 법인의 법적 정체성 변경을 의미하기 때문이다.

기업의 동일성 및 연속성 인정 여부

구분	변경	동일성 및 연속성	신규 인증 필요 여부
개인사업자	대표자	불인정	필요
	사업자등록번호	불인정	필요
법인사업자	대표자	인정	불필요
	사업자등록번호	불인정	필요

제12조-03 원산지관리전담자가 될 수 있는 자의 범위

원산지관리전담자는 「FTA 관세법 시행규칙」 제17조(업체별 원산지인증수출자) 및 제18조(품목별 원산지인증수출자)에 따라, 기획재정부령에서 정한 자격 요건을 갖춘 사람을 의미한다. 또한, 관련 규정에서는 해당 전담자가 화물의 원산지 판정과 관리 업무를 전문적으로 수행할 수 있는 역량을 갖추도록, 일정한 자격·교육·경력 요건을 명문화하고 있다. 이러한 기준에 충족하는 경우에만 원산지관리전담자로 지정될 수 있다.

법령에 따르면 원산지관리전담자는 다음 세 가지 유형 중 하나에 해당하는 사람 이어야 한다.

1. 국가자격증 소지자

변호사, 관세사, 공인회계사와 같이 국가자격을 보유한 경우 원산지관리전담자로 지정될 수 있다. 이때 반드시 해당 업체에 소속되어 있을 필요는 없으며, 예를 들어 관세법인 소속 관세사나 회계법인 소속 공인회계사도 다른 업체의 전담자로 활동할 수 있다.

국가자격증을 보유한 전담자는 점수 기준이나 유효기간 제한 없이 자격이 인정된다.

2. 국가공인 민간자격 '원산지관리사' 소지자

「자격기본법」 제19조 제1항에 따라 공인을 받은 원산지관리사 자격증을 소지한 경우에도 전담자가 될 수 있다. 원산지관리사는 「FTA 관세법 고시」 제45조에 규정된 자격시험을 통해 취득할 수 있으며, 국가공인 민간자격에 해당한다.

원산지관리사 자격제도는 FTA 시대에 원산지 관련 전문인력을 육성하기 위해 도입[45]되었다.

관세청의 원산지관리사 자격제도 도입 경과	
2010.3.29.	관세청이 FTA 원산지 전문가를 양성하기 위해 원산지관리사 자격 제도를 공식 도입
2010.6.3.	「FTA 관세법 고시」 제45조[46]에 근거하여 국제원산지정보원을 자격시험 시행기관으로 지정
2010.12.1.	「자격기본법」 제17조 및 시행령 제23조에 따라 민간자격으로 등록
2012.12.27.	「자격기본법」 제19조에 따라 국가공인 민간자격으로 승격
2013년	제1회 국가공인 원산지관리사 시험 시행, 이후 매년 2회 정기적으로 실시

이 경우 반드시 전담자가 해당 업체의 소속직원이어야 하며, 별도의 점수 기준이나 유효기간 제한은 없다.

3. 관세청 요건 충족자(교육·자격·컨설팅 이수)

관세청장이 정한 원산지관리 교육 이수 요건 또는 자격기준을 충족한 경우도 전담자가 될 수 있다. 「인증수출자 고시」 제9조 제2항, 제10조 제3항 및 별표 3에 따라 관련 요건을 점수로 환산하며, 다음과 같이 기준이 다르다.

- 품목별 원산지인증수출자 전담자: 총점 10점 이상
- 업체별 원산지인증수출자 전담자: 총점 20점 이상

여기서 교육·컨설팅 실적에 따른 자격은 유효기간이 2년이며, 전담자는 반드시 해당 업체 소속이어야 한다.

---

45) 원산지관리사의 주무부처는 기획재정부(관세청)이며, 이는 「자격기본법 시행규칙」 별표의 민간자격 분야별 소관 부처 규정에 따라 보세, 수출입 화물관리, 수출입통관 및 원산지관리와 같은 분야를 담당한다. 자격검정의 시행기관은 관세청장이 지정하며, 현재 한국원산지정보원이 원산지관리사 자격시험 운영을 맡고 있다.
46) 당시 규정은 「FTA 관세법 고시」 제2-4-7조 제3항이다.

원산지인증수출자에 대한 시정과 취소의 차이점

인증수출자의 시정과 취소는 「FTA 관세법」 제12조 및 같은 법 시행규칙 제17조·제18조에 근거하여, 세관장이 인증수출자가 인증 요건을 충족하지 못한 경우에 취하는 행정 절차이다. 이 제도는 원산지인증수출자의 신뢰성과 적법성을 유지하기 위해 마련된 것으로, 시정은 인증 유지의 기회를 주는 조치이며, 취소는 인증 효력을 상실시키는 최종 처분이다.

1. 시정의 개념과 대상

시정이란 세관장이 인증수출자가 인증 요건을 충족하지 못한 사실을 발견했을 때, 해당 수출자에게 일정 기간을 부여하여 부족한 사항을 보완하도록 요구하는 절차를 말한다. 이는 인증을 즉시 취소하지 않고, 개선할 기회를 주는 예방적 조치로서, 지정된 기간 내(최소 30일 이상)에 시정이 완료되면 인증이 유지된다.

시정 요구 대상은 업체별 원산지인증수출자와 품목별 원산지인증수출자에서 일부 내용이 다르다.

업체별·품목별 원산지인증수출자 시정 요건

	시정 요구 대상	업체별	품목별
인증요건 관련	가. 수출실적이 있는 물품 또는 새롭게 수출하려는 물품이 법 제7조에 따른 원산지결정기준을 충족하는 물품(품목번호 6단위를 기준으로 함)임을 증명할 수 있는 전산처리시스템을 보유하고 있거나 그 밖의 방법으로 증명할 능력이 있을 것	○	해당 사항 없음
	다. 원산지증명서 작성대장을 비치·관리하고 기획재정부령으로 정하는 원산지관리전담자를 지정·운영할 것	○	○

세관장은 이러한 요건을 충족하지 못한 경우 시정 요구를 할 수 있으며, 요구사항을 기한 내 이행하지 않을 경우 취소 절차로 이어진다.

2. 취소의 개념과 대상

취소란 세관장이 인증수출자가 인증을 유지할 수 없는 중대한 사유가 발생한 경우, 해당 자격의 효력을 종결시키는 행정처분을 말한다. 취소되면 인증수출자는 해당 지위를 상실하며, 관련 증명서 발급도 불가능해진다.

취소 사유는 법령상 강행 취소(무조건 취소)와 임의 취소(요건 불충족 시 취소)로 구분된다. 강행 취소 대상은 위반 정도가 중대하며, 시정 기회를 주지 않고 즉시 취소가 이루어진다.

강행 취소 대상	임의 취소 대상
▪ 거짓이나 그 밖의 부정한 방법으로 인증을 받은 경우 ▪ 서면조사 또는 현지조사를 거부한 경우 ▪ 법령에 따른 원산지 관련 서류 보관 의무를 위반한 경우 ▪ 속임수나 그 밖의 부정한 방법으로 원산지증명서 발급을 신청하거나 작성·발급한 경우	▪ 기존에 인증 요건을 충족했으나, 이후 요건을 충족하지 못하게 된 경우 ▪ 시정 요구를 받았으나 정당한 사유 없이 기간 내에 시정을 완료하지 않은 경우

업체별·품목별 인증수출자 모두 해당 규정에 따라 취소될 수 있으며, 관세청장 또는 세관장은 그 사실을 관련 기관(증명서 발급기관 포함)에 지체 없이 통보해야 한다.

3. 시정과 취소의 관계

시정과 취소는 인증수출자 관리 절차에서 서로 긴밀하게 연결되어 있으나, 법적 의미와 효과에서 뚜렷한 차이가 있다.

결국 시정은 취소로 이어질 수 있는 사전 단계이지만, 시정 요구를 성실하게 이행하면 인증을 유지할 수 있다. 반면, 시정 요구를 이행하지 않거나 중대한 법령 위반이 있는 경우에는 예외 없이 취소가 이루어져, 인증수출자로서의 모든 권한과 혜택이 소멸된다.

다시 말해, 시정은 개선의 기회이고, 취소는 자격의 최종 박탈이며, 두 절차는 법적 결과와 파급효과에서 본질적으로 구별된다.

시정과 취소 비교

구분	시정	취소
개념	인증 요건 미충족 시 개선기회를 주는 행정조치	인증의 효력을 상실시키는 행정처분
대상 규정	「FTA 관세법 시행규칙」 제17조, 제18조	동일 조항 및 법령상 강행취소 사유
대상 사례	요건 미충족(전산시스템 미보유, 작성대장 미관리 등)	부정한 방법으로 인증 취득, 조사 거부, 서류 보관 의무 위반 등
결과	시정 기간 내 개선 시 인증 유지	취소 즉시 인증수출자 자격 상실, 증명서 발급 불가
절차	시정 요구(최소 30일 이상 기간 부여)	청문 절차(사유 통지 및 의견 제출 기회) 필수

4. 취소 절차

인증 취소는 「행정절차법」상 청문 절차를 반드시 거쳐야 한다. 세관장은 취소 이전에 해당 수출자에게 사유를 통지하고 의견 제출 및 변명 기회를 제공해야 하며, 청문을 통해 취소 여부를 최종 결정한다. 즉, 세관장이 직권으로 즉시 취소할 수 없으며, 적법 절차를 준수해야 한다. 이는 자격 취소가 수출자의 무역 활동에 중대한 영향을 주기 때문이다.

제14조-01 수출물품에 대한 원산지 오류 수정 통보

1. 개요

우리나라의 수출자 또는 생산자가 체약상대국의 협정관세를 적용받기 위해 원산지증빙서류를 작성·제출한 후, 해당 물품의 원산지에 관한 내용에 오류가 있음을 알게 된 경우에는, 그 오류 사항을 세관장과 체약상대국의 수입자에게 각각 수정 통보하도록 규정하고 있다. 이는 「FTA 관세법」 제14조 제1항의 법적 근거에 따른 것으로, 체약상대국에서 협정세율 적용의 정확성을 확보하기 위한 목적을 가지고 있다.

원산지증빙서류 오류 사실의 수정 통보 절차는 다음과 같이 이루어진다. 수출자 (생산자)는 협정에서 정한 규정에 따라 오류사실을 안 날로부터 30일 이내에 '수정 통보서'(규칙 별지 제31호 서식)에 작성하여, 세관장과 체약상대국의 수입자에게 통보한다. 세관장은 해당 사항을 관세청장에게 보고하고, 동시에 수출자 주소지를 관할하는 원산지조사 담당 세관장에게 통보한다. 관세청장은 협정에서 정하는 범위에 따라 해당 체약상대국의 관세당국에 이를 전달한다.

수출물품의 원산지증빙서류 오류 사실 수정통보 절차도

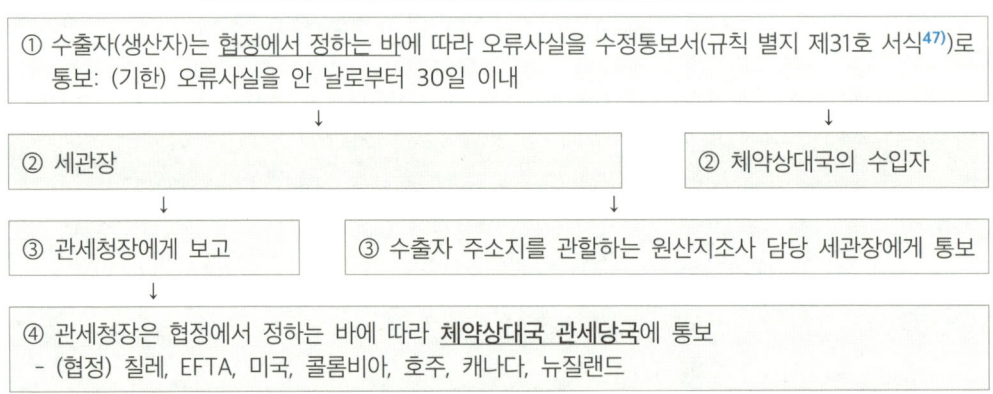

---

47) 수정통보서 서식은 2016년 7월 1일 기재부령으로 상향되었다. 그 이전에는 관세청 「FTA 특례고시」 별지 서식으로 운영하고 있었다.

2. 수정 통보 대상

수정 통보의 대상은 원산지에 관한 오류로 한정된다. 그러나 원산지가 아닌 다른 내용에서 오류가 발생한 경우에는 법적으로 통보 의무가 없다. 그럼에도 불구하고 실무적으로는 원산지와 직접적으로 관련이 없는 사소한 오류라 하더라도 이를 통보하는 것이 안전하다. 이는 신뢰성 유지와 사후 분쟁 방지를 위한 실무적 관행이며, 수출자와 수입자 모두 절차상 안정성을 확보할 수 있다.

3. 수정 통보 의무가 있는 협정

원산지증빙서류 오류 사항에 대한 통보 의무는 모든 FTA에 공통적으로 존재하는 것은 아니다. 협정에서 이를 규정한 경우에 한하여 적용되며, 현재 칠레(제5.4조), EFTA(제15조), 미국(제6.20조), 호주(제3.21조), 뉴질랜드(제3.23조), 콜롬비아 (제3.22조), 캐나다(제4.4조) 등 7개 협정이 이에 해당한다. 각 협정은 수출자가 원산지증빙서류에 부정확한 정보가 포함되었음을 알게 된 경우, 해당 오류가 원산지 지위에 영향을 미치는 경우에 수입자에게 즉시 서면 통보하고, 사본을 수출국 관세 당국에 제출하도록 규정하고 있다.

실무적으로는 한-EU FTA에서 수정 통보가 가장 많이 이루어진다. 그 이유는 「FTA 관세법」 제44조 제3항에 따라 과실로 잘못된 원산지증빙서류를 작성·발급한 자가 수정 통보를 하면 300만 원 이하의 벌금 부과 대상에서 제외되기 때문이다. 그러나 한-EU FTA의 경우 체약상대국 관세당국으로의 통보 의무가 없으므로, 세관이 오류 사항을 접수하더라도 상대국에 통보되지 않는 사례가 발생한다. 이러한 상황은 불필요한 절차가 이행되는 구조적 문제를 야기한다.

4. 수정 통보 대상 세관

수정 통보를 할 수 있는 세관은 제한되지 않는다. 2016년 7월 1일 이전에는 수출 신고를 수리한 세관에만 통보가 가능하여, 기업의 부담이 컸다. 예를 들어 본사는 서울에 소재하면서, 수출신고는 전국의 다양한 세관에서 수행하는 경우, 각각의 수출신고 세관마다 수정 통보를 개별적으로 해야만 했다. 이러한 형식은 기업의 행정적·비용적 부담을 가중시켰다.

이를 개선하기 위해 2016년 7월 1일 「FTA 관세법」 제14조 제1항을 개정하여, 수정 통보를 하는 경우 수출자가 임의로 세관을 선택하도록 하였다. 이로써 기업은 처리 편의성을 높이고 행정 효율성을 확보할 수 있게 되었다.

5. 수정 통보를 받은 세관의 절차

수정 통보를 받은 세관은 「FTA 관세법 고시」 제44조에 따라 세부 절차를 수행한다. 수정통보서의 접수 및 통보는 원산지증명서 발급 업무를 담당하는 부서에서 수행하며, 세관은 제출된 수정통보서를 관세청장과 수출자 주소지를 관할하는 원산지조사 담당 세관장(또는 담당 부서)에 보고·통보해야 한다. 관세청장은 해당 보고를 받은 경우, 협정에서 정하는 범위에 따라 체약상대국 관세당국에 이를 통보한다.

제14조-02 | 수입물품에 대한 원산지 오류 수정 통보

　　수입자가 원산지증빙서류에 오류가 있다는 사실을 알게 되었을 때에는, 해당 오류를 조속히 시정하여야 한다. 이에 관한 규정은 「FTA 관세법」 제14조 제2항에 명시되어 있으며, 납세의무의 정확성과 협정세율 적용의 공정성을 담보하기 위한 제도이다.

　　수입물품의 원산지증빙서류 오류 사실 수정 절차는 다음과 같다.

수입물품의 원산지증빙서류 오류 사실 수정 절차도

체약상대국의 C/O 작성자	수입신고를 수리한 세관장 원산지를 심사한 세관장
↓	↓

(오류사실 통보)

수입자
↓　　　　　　　　　　　　↓

납세신고한 세액 또는 신고납부한 세액에 부족이 있을 때	납세신고한 세액 또는 신고납부한 세액이 과다한 것을 알게 되었을 때에는
기획재정부령으로 정하는 기간(통보받은 날로부터 30일 이내로서 서면조사통지받기 전까지) 이내에 세관장에게 세액정정·세액보정 신청 또는 수정신고를 하여야 한다. (의무 규정)	세관장에게 세액정정 신청 또는 경정청구를 할 수 있다. (선택 규정)

1. 수입물품의 원산지증빙서류 오류 사실을 알 수 있는 경우

　　수입자가 원산지증빙서류의 오류 사실을 알 수 있는 경우는 크게 두 가지다. 첫째, 해당 서류를 작성한 체약상대국의 수출자·생산자 또는 작성자로부터 직접 통보를 받는 경우다. 둘째, 해당 물품에 대해 수입신고를 수리한 세관장이나 원산지를 심사한 세관장으로부터 오류 통지를 받는 경우다.

이러한 통보는 수입자의 자발적 세액정정 기회를 제공하며, 성실납세를 유도하는 기능을 한다.

2. 수입물품의 원산지 오류 수정신고 기간

수입자가 원산지증빙서류 오류 사실을 통보받은 경우, 법령에 따라 수정신고를 해야 하는 기한은 통보받은 날로부터 30일 이내이며, 동시에 해당 물품에 대해 「FTA 관세법」 제17조 제1항에 따른 서면조사 통지를 받기 전까지이다.

이 기간 내에 세액정정·세액보정 신청 또는 수정신고를 완료해야 의무 이행이 인정되며, 이를 넘길 경우 미납세액에 대한 가산세가 부과될 수 있다.

3. 수입자에게 원산지 오류를 통보하는 세관장

2021년 12월 31일까지는 원산지증빙서류 오류를 통보할 수 있는 세관장이 수입신고를 수리한 세관장으로 한정되었다. 그러나 2021년 12월 21일 「FTA 관세법」 개정 (법률 제18592호, 시행일 2022년 1월 1일)에 따라 원산지를 심사한 세관장도 포함되도록 범위가 확대되었다.

이 개정의 배경은 성실납세를 장려하기 위함이었다. 관세청은 '선 통관, 후 심사' 원칙을 적용하여 대부분의 원산지증빙서류 오류 판단과 수정 안내를 심사부서에서 수행하고 있으나, 과거에는 이 부서에서의 오류 통보가 법적 혜택(가산세 면제)과 직접 연결되지 않는 불합리가 있었다. 동일한 세관장 소속임에도 통관부서와 심사부서를 구분하여 법률을 적용하는 것은 비합리적이라는 지적이 제기되었고, 법 개정으로 이러한 문제가 해소되었다.

현재 개정 법률은 이를 '세관장'으로 통합적으로 규정하여 납세자 측면에서 보다 합리적인 제도가 되었다.

4. 세액 과다 납부 시의 조치 사항

2020년 1월 1일 이전에는 수입자가 원산지증빙서류 오류로 인해 세액을 과다 납부한 사실을 알게 되면, 반드시 세액정정 신청이나 경정청구를 해야 했으며, 이를 불이행하면 500만 원 이하의 과태료가 부과되었다.

그러나 2020년 1월 1일부터는 이 제도가 완화되었다. 개정 법률에 따라 세액 과다 납부에 대한 세액정정 신청 또는 경정청구는 의무가 아니라 선택사항으로 변경되었으며, 이와 함께 불이행에 대한 과태료 규정도 삭제되었다. 다만, 부족 세액이 발생한 경우에는 여전히 의무적으로 수정신고를 해야 하며, 기한 내 이행시에는 가산세가 면제된다.

제15조-01 원산지증빙서류 기록유지 및 보관

1. 기록유지 및 보관 제도의 법적·실무적 의미

FTA 협정에서의 원산지증빙서류 기록유지 및 보관 의무는 단순한 행정 절차를 넘어서, 협정세율을 적용받을 수 있는 핵심 근거를 제공하는 제도이다. 원산지 검증 과정은 수출입 물품이 협정상 원산지 상품인지 여부를 입증하는 절차로 이루어진다. 이때 수출자·수입자·생산자가 유지하는 각종 증빙서류가 협정관세 적용신청의 직접적인 증거가 된다.

모든 FTA 협정은 기록보관 의무(Record Keeping Requirements)를 명시적으로 규정하고 있으며, 이는 협정의 투명성 확보와 사후검증의 실효성을 보장하기 위한 국제적 합의이다. 서류보관 의무가 없다면, 통관 후 원산지 검증 단계에서 물리적 현물 확인이 불가능한 상황에서 법적 판단의 근거를 상실하게 된다. 따라서 각 협정과 국내법은 수출입 당사자에게 일정기간 원산지 증빙서류를 유지·보관하도록 의무를 부과하고 있다.

2. 협정별 기록보관 기간 규정

협정별 기록보관 의무 기간은 협정 특성, 체결국의 국내법, 협상 과정에서의 타협에 따라 상이하게 규정되어 있다. 대부분의 FTA 협정은 5년을 기본기간으로 삼지만, 일부는 최소 보관기간(3년 이상)을 규정하거나 자국법에 따라 더 긴 기간을 허용하는 조건부 규정을 두고 있다.

예를 들어, 한-중 FTA에서는 3년의 보관기간을 규정하는데, 이는 한국 측이 5년을 요구했음에도 불구하고 중국 측이 국내법 규정 변경의 어려움(전국인민대표대회의 승인 필요)을 이유로 3년안을 고수하여 협상 타결에 이른 결과이다. 반면 다수의 협정은 5년을 기본으로 설정하여, 사후검증 절차에서 충분한 시간적 여유를 확보할 수 있도록 하고 있다.

아래 표는 주요 협정별 보관기간을 정리한 것이다.

협정	기간	비고
칠레, 콜롬비아, 캐나다, 중미, EU, 영국, 튀르키예, 호주, 뉴질랜드, 싱가포르, 이스라엘,	5년	대부분의 협정에서 채택한 기본기간
EFTA	최장 5년	2016.12.22. 개정으로 '최장' 대신 '최소' 5년으로 표현 변경[48]
인도, 페루, 미국	최소 5년	국내 법령에 따라 더 긴 기간 가능
아세안	3년 이상	최소 기간을 규정
중국	3년	한-중 FTA 제3.20조 규정, 중국 관세법 개정 절차상 제약으로 협상 타결
베트남	5년 이상	최소 기준 5년
인도네시아	최소 3년	국내 규정에 따라 연장 가능
캄보디아	최소 5년 또는 자국 법상 더 긴 기간	국내 연장 규정 허용
필리핀	최소 3년 또는 자국 법상 더 긴 기간	국내 연장 규정 허용
RCEP	최소 3년 또는 자국 법상 더 긴 기간	의무 기간은 최소 3년

3. 우리나라의 원산지증빙서류 보관기간 법령

우리나라는 「FTA 관세법 시행령」 제10조 제2항에서 원산지증빙서류 보관기간을 명시적으로 규정하고 있다.

수입자	협정관세의 적용을 신청한 날의 다음 날부터 5년
수출자 생산자	원산지증명서 작성일 또는 발급일부터 5년 다만, 중국이 체약상대국인 경우는 「한-중 FTA」 제3.20조에 따라 3년

---

48) 협정 발효 시에 제21조 제1항은 "원산지신고서를 작성하는 수출자 또는 생산자는 제15조 제7항에 규정된 서류 및 해당 원산지신고서 사본을 최장 5년 동안 보관하여야 한다."와 같이 규정되었으나, 2016.12.22. "1. 원산지신고서를 작성하는 수출자 또는 생산자는 제15조 제7항에 언급된 해당 원산지 신고서 사본 및 서류 사본을 최소 5년 동안 보관한다."로 개정되었다.

2015년 6월 5일 개정 전에는 "수입신고 수리일부터 5년"으로 규정되어 있었는데, 사후 협정관세 적용신청(수입신고 수리일부터 1년 이내 가능)에 문제점이 발생했다. 당시 규정은 최대 1년의 시간차로 인해 관세부과제척기간 전에 자료보관기간이 만료되는 경우가 발생하여, 법 개정을 통해 자료보관 기산일과 관세부과제척기간의 기산일을 일치시켰다.

예를 들어, 2022년 1월 1일 수입신고 수리 후 2022년 12월 31일에 협정관세 적용을 신청한 경우, 관세부과는 2027년 12월 31일까지 가능하다. 그러나 개정 전 규정이라면 원산지증빙서류 보관 의무는 2026년 12월 31일까지이므로, 마지막 1년간의 검증 가능성을 상실하게 된다. 개정 이후 이러한 시간차 문제는 해소되었다.

4. 원산지증빙서류는 서류로만 보관하여야 하는지 여부

「FTA 관세법 시행령」제10조 제3항에 따르면, 원산지증빙서류는 관세청장이 정하여 고시하는 바에 따라 보관할 수 있으며, 마이크로필름·광디스크 등과 같은 자료전달매체 또는 서버 등 자료보관매체를 이용하여 보관할 수 있다. 즉, 종이 서류 형태만을 의무적으로 보관할 필요는 없으며, 전자적 매체를 활용한 보관도 가능하다. 다만, 법령에서 관세청장이 고시하는 세부 보관 방법을 따르도록 하고 있으나, 현재 관세청장이 별도로 고시한 구체적인 보관 지침은 존재하지 않는다.

가. "서버"의 의미

서버(server)는 컴퓨터 네트워크에서 클라이언트라고 불리는 다른 컴퓨터에 정보를 제공하는 역할을 하는 컴퓨터를 의미한다. 서버는 자료를 공유하는 기능뿐만 아니라, 리소스를 공유하고 작업을 분배하는 기능도 수행한다. 「FTA 관세법 시행령」은 2020년 2월 11일 개정을 통해 '서버'라는 개념을 추가하였으며, 기존의 "자료전달매체" 표현을 "자료전달매체 또는 서버 등 자료보관매체"로 변경하여 서버를 포함한 다양한 전자적 저장 방법을 허용하게 되었다.

나. 보관과 관련한 세부 기준

FTA 관세법령에는 원산지증빙서류를 보관할 때 적용해야 하는 세부 기준이 규정되어 있지 않다. 이에 따라 「관세법 시행령」 제3조 제2항에 명시된 기준을 준용해야 한다. 해당 조항은 2024년 2월 9일 개정을 통해 현행과 같이 규정되었으며, 다음과 같은 요건을 충족해야 한다.

- 자료를 저장하거나 저장된 자료를 수정·추가·삭제하는 절차와 방법 등 정보보존 장치의 생산과 이용에 관련된 전산시스템의 개발·운영 기록을 보관해야 한다.
- 정보보존 장치에 저장된 자료를 쉽게 확인하거나 문서 형태로 출력할 수 있는 장치와 절차를 마련해야 하고, 필요할 경우 다른 정보보존 장치에 자료를 복제할 수 있어야 한다.
- 정보보존 장치에는 거래 내용 및 변동 사항이 모두 포함되어야 하며, 과세표준과 세액을 결정할 수 있도록 검색과 이용이 가능한 형태로 자료를 보존해야 한다.

5. 기록유지 의무의 현황과 제도 개선의 필요성

실무 현장에서는 원산지증명서 제출면제 제도를 협정세율 적용의 간이 절차로 이해한 나머지, 일부 수출입 당사자가 원산지증빙서류를 충분히 준비·보관하지 않는 사례가 존재한다는 점이 지속적으로 문제점으로 지적되고 있다. 면제 제도는 서류 제출을 생략하도록 허용하는 것일 뿐, 원산지증빙서류의 기록유지·보관 의무를 면제하는 것은 아니라는 점이 충분히 인식되지 못하는 경우가 나타난다.

이와 같은 인식 부족은 사후검증 단계에서 원산지 입증이 곤란해질 가능성을 높이고, 특혜 관세 적용의 투명성과 신뢰성을 저해하는 요인으로 작용할 수 있다. 따라서 세관당국은 원산지증빙서류 보관 의무에 대한 지속적인 안내와 교육을 강화할 필요가 있으며, 기업 또한 내부 통제 시스템을 정비하여 협정상 의무를 충실히 이행할 필요가 있다. 이러한 제도적·실무적 보완은 협정 운영의 일관성을 강화하고, 원산지 검증 과정의 효율성을 높이는 데 기여할 것으로 평가된다.

제16조-01 세관장의 자료 제출 요구 대상 및 사유

1. 제출 요구 대상 범위

가. 「관세법」 제232조 상 자료 제출 요구 대상 범위

「관세법」 제232조(원산지증명서 등)는 원산지 확인이 필요한 물품을 수입하는 자의 의무를 규정하고 있다. 동 조문 제1항에 따르면, 원산지확인이 필요한 물품을 수입하는 자는 해당 물품의 원산지를 증명하는 원산지증명서를 제출해야 하며, 제3항에서는 세관장이 수입자에게 원산지증명서의 내용을 확인하기 위하여 필요한 자료(원산지증명서확인자료)를 제출하게 할 수 있다고 규정하고 있다.

즉, 「관세법」 제232조에서의 자료 제출 요구 대상은 기본적으로 국내에 있는 수입자로 한정된다. 이 규정에서는 국외 당사자, 예를 들어 해외 소재의 수출자나 생산자에 대하여 직접적인 자료 제출을 요구할 수 있는 권한을 부여하지 않는다.

나. 「FTA 관세법」 제16조 상 자료 제출 요구 대상 범위

「FTA 관세법」 제16조와 같은 법 시행규칙 제21조 제1항에 따르면, 세관장은 원산지증명서의 진위를 확인하기 위하여 국내·외를 불문하고 자료 제출을 요구할 수 있는 권한을 가진다. 법과 시행규칙에서는 "체약상대국에 거주하는 수출자 및 생산자를 포함한다"라고 명시하고 있어, 그 권한의 범위가 국내에 있는 당사자에만 한정되지 않고 협정 상대국으로까지 확장됨을 의미한다. 이에 따라 세관장은 수입자뿐만 아니라 수출자, 생산자, 해당 재화의 생산에 사용된 재료를 공급하거나 생산한 자, 그리고 해당 재화를 거래·유통·운송·보관하거나 통관을 대행·취급한 자까지 모두 자료 제출 요구 대상에 포함시킬 수 있다.

이 규정의 핵심적인 특징은, 자료 제출 요구권이 국제적으로 확장되어 협정 상대국에 거주하는 해외 당사자, 즉 외국 소재의 수출자와 생산자에게도 직접 자료 제출을 요청할 수 있다는 점이다.

국내	+	국외
수입자, 수출자, 생산자		수출자, 생산자
생산에 사용된 재료를 공급하거나 생산한 자		생산에 사용된 재료를 공급하거나 생산한 자
거래·유통·운송·보관 및 통관을 대행하거나 취급한 자		

이러한 국제적 효력은 자유무역협정 이행의 필수적인 요소로서, 세관이 협정 상대국의 협력기관과 연계하여 협정관세 적용에 필요한 원산지 검증을 수행할 수 있는 법적 기반이 된다.

2. 자료 제출 요구 사유

가. 「관세법」 제232조 상 자료 제출 요구 사유

본 조항(관세법 제232조)은 FTA 협정관세 적용을 전제로 하지 않는 일반적인 원산지 확인 절차를 규정한 것으로, 이후 설명할 「FTA 관세법」 제16조와 적용 범위 및 권한이 어떻게 다른지를 비교하기 위해 먼저 살펴본다.

법 제232조는 원산지확인이 필요한 물품을 수입하는 자에 대하여 원산지증명서와 해당 원산지를 확인할 수 있는 자료를 제출하도록 의무를 부여하고 있다. 동 조문 제1항에서 수입자는 원산지를 증명하는 문서를 제출해야 하며, 제3항에서는 세관장이 수입자에게 원산지증명서의 내용 확인을 위해 필요한 원산지증명서확인자료를 제출하게 할 수 있도록 하고 있다.

자료 제출 요구 사유는 원산지증명서의 진위 여부 또는 해당 물품의 원산지를 판정하기 위해 필요한 경우로 한정된다. 즉, 수입자가 제출한 원산지증명서가 불충분하거나 의심스러운 경우, 또는 FTA 특혜관세나 기타 원산지기준 적용에 이견이나 의문이 있는 경우에 세관은 추가 자료 제출을 요구할 수 있다.

이 규정의 사유 요건은 국내 관세행정 집행의 틀 안에서만 적용되며, 해외 소재 수출자나 생산자에게 직접 자료 제출을 요구할 수 있는 권한은 없다. 따라서 「관세법」

제232조 상 자료 제출 요구권은 국내 수입자의 의무와 직결되며, 목적은 해당 물품이 특혜관세나 관세율 우대대우를 적용받을 자격이 있는지 확인하는 데 있다.

나. 「FTA 관세법」 제16조 상 자료 제출 요구 사유

법 제16조 제1항은 세관장이 협정에서 정하는 범위에서 원산지의 확인이나 협정관세의 적용에 관한 심사를 하는 데 필요하다고 인정하는 경우에만 자료 제출을 요구할 수 있도록 규정하고 있다. 여기서 "협정에서 정하는 범위"란 해당 자유무역협정 협정문에서 규정한 원산지 검증 절차와 협정관세 적용 규정을 의미한다. 세관장은 이 범위 안에서만 자료 제출 요구를 할 수 있으며, 임의적으로 법적 근거 없이 자료를 강제 요구할 수 없다.

자료 제출 요구의 대상은 수입자, 수출자(체약상대국에 거주하는 자 포함), 생산자, 그리고 기획재정부령에서 정하는 그 밖의 관련자이다. 자료 제출 요구를 받은 자는 기획재정부령에서 정한 기간(20일 이상) 내에 반드시 자료를 제출해야 하며, 세관장이 요구하는 제출 기간은 원칙적으로 30일(페루, 뉴질랜드와의 협정은 90일) 이내로 설정된다. 요청 기한 내에 자료가 제출되지 않으면 세관은 해당 물품에 대해 특혜관세 대우를 거부할 수 있다. 다만, 페루·뉴질랜드 협정의 경우 제출기한 연장 규정이 없다.

실무적으로 세관이 자료 제출 요구서를 발송할 때는 반드시 "원산지 확인 및 협정관세 적용 심사 필요"라는 사유를 명시해야 하며, 이는 요청이 적법하게 이루어졌음을 입증하고 이후 발생할 수 있는 행정 분쟁을 예방하는 중요한 절차적 장치이다. 요컨대, FTA 관세법상 세관의 자료 제출 요구 사유는 국제협정 집행의 범위 안에서 원산지 검증과 특혜관세 적용 여부를 판정하기 위해 필요한 경우로 한정된다.

제16조-02 「FTA 관세법」상 원산지증명서 보완 규정의 주요 특징

1. 원산지증명서 보완 규정의 법적 개요

원산지증명서는 수입물품이 협정상 원산지 요건을 충족한다는 사실을 증명하며, 협정관세 혜택을 받을 수 있는 법적 근거를 제공하는 핵심 서류다. 따라서 원산지 증명서는 법·협정에서 정한 모든 기재 요건을 충족하고 오류 없이 작성되어야 하며, 누락 또는 불일치는 관세부과나 특혜관세 배제의 원인이 될 수 있다.

「FTA 관세법 시행규칙」 제21조 제5항은 이러한 원산지증명서에 오류나 불일치가 존재할 경우, 이를 수정·보완할 수 있도록 절차를 마련하고 있다.

> **제21조(자료제출자 및 자료제출기한)** ⑤ 관세청장 또는 세관장은 법 제16조 제2항에 따라 제출받은 원산지증명서가 다음 각 호의 어느 하나에 해당하는 경우에는 5일 이상 45일 이내의 기간을 정하여 그 원산지증명서를 제출한 자에게 **보완을 요구해야 한다.** 다만, 관세청장 또는 세관장은 이러한 경우가 원산지 결정에 영향을 미치지 않는 경미한 사항이라고 인정하는 때에는 보완을 요구하지 않을 수 있다.
> 1. 인증수출자의 인증번호가 체약상대국으로부터 통보받은 인증수출자 번호체계와 일치하지 않는 경우
> 2. 원산지증명서 작성자의 주소가 체약상대국이 아닌 다른 국가로 기재된 경우
> 3. 협정관세를 적용받은 수입신고 내역과 일치하지 않는 경우
> 4. 원산지증명서의 기재사항이 협정 및 법에서 정한 기재방법과 상이한 경우
> ⑥ 관세청장 또는 세관장은 원산지증명서의 유효기간 이내에 수입자가 법 제8조 및 제9조에 따른 협정 관세 적용신청을 한 경우에는 협정의 취지에 위배되지 않는 한 그 유효기간이 지난 후에도 원산지증명 서의 보완을 허용해야 한다. <신설 2019. 8. 30.>

가. 규칙 제21조 제5항 본문 내용

단순히 임의적 조치가 아닌, 법령상 의무 사항(강행규정)으로 규정되어 있다. 이 규정의 역할은 즉시 특혜 배제의 위험을 완화하는 데 있다. 과거에는 원산지증명서에 일부 오류나 형식적 흠결이 있으면 즉시 해당 서류가 무효로 간주되어 협정관세 적용이 거부되는 사례가 빈번했다. 그러나 국제무역 현장에서는 이러한 형식적 오류가 수출자·수입자의 고의가 아닌 단순 실수, 언어·기재방식의 차이, 행정착오에서 발생하는 경우가 많았다. 그럼에도 불구하고 명확한 보완 절차가 부재하여 불필요한

민원과 법적 분쟁이 발생하였고, 일부 경우에는 사소한 기재누락으로 인해 수입자가 고율의 일반관세를 부담하는 불합리한 상황이 이어졌다.

이에 따라 2016년 7월 1일 시행규칙 전부 개정 시, 기존의 포괄적 표현("기재 사항이 일부 누락되었거나 오류 또는 흠이 있는 경우")에서 더 구체적인 기준을 마련하려는 시도가 이루어졌으나, 여전히 형식요건 미충족에 대한 보정 절차가 불명확하다는 지적이 계속되었다. 이러한 한계를 보완하기 위해 관세청은 규정 구체화를 거듭 요구했고, 결국 2019년 8월 30일 개정을 통해 보완 대상 사유를 네 가지로 한정·명문화 하였다.

나. 보완 요구 기간

2019년 2월 8일 개정에서는 보완 요구 기간을 "5일 이상 30일 이내"에서 "5일 이상 45일 이내"로 연장하여, 수출자·수입자가 현실적으로 자료를 확보하고 보완할 수 있는 시간적 여유를 확대하였다. 이 변화는 특히 해외 발급·송부에 시간이 소요되는 국제거래 환경을 반영한 조치로 평가된다.

다. 보완요구를 하지 않아도 되는 경우 규정

아울러 경미한 사항으로서 원산지 결정에 영향을 미치지 않는 경우에는 보완요구를 하지 않아도 되도록 하여, 불필요한 행정 부담을 줄이는 유연성을 함께 부여하였다.

라. 결론

결론적으로, 원산지증명서 보완 규정은 국제무역 거래의 원활성과 수입자의 권리 보호를 동시에 달성하기 위한 장치로 기능한다. 규정의 명확화와 절차 보장은 특혜관세 적용의 안정성을 높이고, 형식적 결함으로 인한 불이익을 예방하며, 궁극적으로 FTA의 취지인 무역 자유화 촉진을 실현하는 기반이 된다.

2. 보완 대상의 구체적 범위

「FTA 관세법 시행규칙」 제21조 제5항은 관세청장 또는 세관장이 원산지증명서를 검토하는 과정에서 특정한 오류나 불일치가 확인될 경우, 이를 보완하도록 요구할 수 있는 요건을 명확히 규정하고 있다. 2019년 8월 30일 개정을 통해, 보완 대상으로 인정되는 사유를 다음 네 가지로 구체화함으로써 이전의 모호한 규정으로 인한 해석상의 혼란을 해소하였다. 각각의 사유는 실무에서 발생할 수 있는 시나리오와 밀접하며, 국제무역 거래의 특성상 충분한 이해와 사전 대비가 필요하다.

첫째, 인증수출자의 인증번호 불일치의 경우이다(제1호). 협정상 특혜관세를 적용받기 위해서는 인증수출자가 해당 체약상대국에서 발급받은 고유의 인증번호를 사용해야 하는데, 제출된 원산지증명서의 인증번호가 체약상대국이 관세청에 공식적으로 통보한 번호체계와 일치하지 않으면 보완 대상이 된다. 예를 들어, 수출자가 번호 기재 과정에서 오탈자를 입력하거나, 체약상대국에서 부여받은 형식과 다른 포맷으로 기재한 경우 오류로 간주된다. 이는 번호체계 일치 여부가 원산지 증명서의 신뢰성과 진위 여부를 확인하는 핵심 요소이기 때문이다.

둘째, 원산지증명서 작성자의 주소 국가 불일치이다(제2호).[49] 협정상 원산지 증명서는 반드시 체약상대국에서 발급·작성된 것이어야 한다. 그러나 실무에서는 수출업체의 행정등록지나 영업소 소재지가 제3국에 있는 경우, 주소란에 체약상대국이 아닌 다른 국가가 기재되는 사례가 발생한다. 이러한 경우 제21조 제5항 제2호에 따라 보완 요구가 가능하다. 특히 '비당사국 발행 원산지증명서'로 판단되는 경우에도, 법령상 보완 기회를 부여하여 형식적 불일치로 인한 즉시 불승인을 방지하고 있다.

셋째, 협정관세 적용 수입신고 내역 불일치이다(제3호). 제출된 원산지증명서의 품목명, HS 코드, 수량, 가격 등이 실제 수입신고 내역과 상이하면 보완 대상에 해당한다. 예컨대 수입신고서에서는 HS 코드가 8409.91로 기재되어 있으나 원산지 증명서에는 8409.99로 기재된 경우, 품목분류 자동 판정 시스템에서 오류 가능성이 제기되고, 특혜관세 적용 여부에 혼란이 발생할 수 있다. 이러한 데이터 불일치는

---

49) 특히 제2호는 '비당사국 발행 원산지증명서' 문제와 직결되며, 이는 보완이 가능하도록 명문화되었다.:
⑥ 관세청장 또는 세관장은 원산지증명서의 유효기간 이내에 수입자가 법 제8조 및 제9조에 따른 협정관세 적용신청을 한 경우에는 협정의 취지에 위배되지 않는 한 그 유효기간이 지난 후에도 원산지 증명서의 보완을 허용해야 한다.

원산지 판정뿐 아니라 관세율 적용에도 직접적인 영향을 미치므로, 반드시 보완이 필요하다.

넷째, 협정 및 법에서 정한 기재 방법 상이이다(제4호). 각 FTA 협정문과 관련 법령에서는 원산지증명서의 기재 항목 및 형식을 세부적으로 명시하고 있다. 발행 기관명, 인증수출자 표시 방법, 원산지 기준 등은 규정에 따라 정확히 기재되어야 하지만, 실무에서는 기재형식을 준수하지 않아 문제가 발생하는 경우가 많다. 예를 들어, 원산지 기준을 FTA 협정문에서 정한 영문 표기 방식 그대로 적지 않고 자의적으로 번역·요약하는 경우, 규정상 상이한 기재 방법으로 분류되어 보완 요청이 이루어진다.

이 네 가지 사유는 단순한 행정형식의 문제에 그치지 않고, 협정관세 적용의 법적 타당성을 좌우할 수 있는 중요한 요건이다. 보완 대상에 명확히 포함됨으로써, 세관은 형식적 결함을 이유로 즉시 특혜관세를 배제하는 대신 수입자에게 합리적인 보완 기회를 제공할 수 있게 되었고, 수입자 역시 법적으로 보완 절차를 거쳐 불필요한 관세 부담을 피할 수 있게 되었다. 특히 제6항의 규정에 따라, 원산지증명서의 유효기간 내에 협정관세 적용신청을 완료한 경우에는 유효기간이 경과하더라도 협정의 취지를 저해하지 않는 범위에서 보완이 허용되므로, 실무에서는 이를 적극적으로 활용해야 한다.

3. 강행규정으로의 전환과 그 의미

원산지증명서 보완 규정은 과거에는 세관장이 필요하다고 판단하는 경우에만 보완을 요청할 수 있는 임의규정에 불과하였다. 즉, 규정에 '보완할 수 있다'는 취지로 표현되어 있어, 세관장의 재량 판단에 따라 동일한 상황에서도 어떤 경우는 보완 요구가 이루어지고, 어떤 경우는 즉시 특혜관세 배제 결정이 내려지는 등 적용이 일관되지 않았다. 이러한 불확실성은 수입자의 법적 안정성을 심각하게 저해했고, 기업들이 FTA 활용에 있어 예측 가능성을 갖기 어려운 문제를 야기하였다.

그러나 2019년 8월 30일 개정을 통해, '보완할 수 있다'는 재량적 표현이 '보완하여야 한다'(강행규정)로 변경되었다. 이는 행정기관이 특정 사유에 해당하는 경우 반드시 보완 요구를 해야 하며, 임의로 생략할 수 없음을 의미한다. 이제 세관은 해당 사유가 확인되면 법령상 의무에 따라 수입자에게 보완 기회를 부여해야 하고, 이를 미이행하면 행정절차 위법이 성립하게 된다. 강행규정으로의 전환은 다음과 같은 문제점을 해결하기 위한 조치였다.

- **재량 남용 방지**: 동일한 사안에서 세관별·담당자별로 상이한 결정을 내려 발생하던 형평성 문제 해소
- **기업의 예측 가능성 제고**: 수입자가 결함이 있는 원산지증명서를 제출하더라도, 법에서 정한 범위 내에서는 반드시 보완 기회를 받게 함
- **분쟁 예방**: 관세 감면 거부로 인한 행정심판·소송 증가를 방지

강행규정으로의 전환은 단순한 문구 변경에 그치지 않고, 다음과 같은 법적 및 실무적 효과를 가져왔다.

- **법적 안정성 강화**: 수입자는 명시된 사유에 해당하면 보완 요청을 반드시 받게 되어, 특혜 관세 적용 가능성을 유지할 수 있다. 그리고 세관은 규정을 위반하여 보완 요구를 하지 않은 경우 법적 책임을 질 수 있다.
- **절차의 표준화(Uniform Procedure)**: 모든 세관이 동일 기준으로 보완 절차를 수행하게 되어 업무 처리 속성과 결과의 일관성이 제고 → FTA 협정상 '투명성' 원칙을 준수함으로써 무역 상대국에 대한 신뢰도 향상
- **경제·통상 영향**: 원산지증명서의 형식적 오류로 인한 불필요한 관세 부담 감소 → 기업의 FTA 활용률 상승. / 또한 강행규정으로 인해 수출자와 수입자 모두 보완 절차를 전제로 한 내부 관리 체계를 구축하게 되어, 무역 문서 품질 향상
- **국제법적 관련성**: WTO TFA(무역원활화협정) 및 FTA에서 강조하는 '관세행정 투명성과 예측 가능성' 원칙과 부합, 국제분쟁에서 '적법한 절차(Procedural Fairness)' 준수 사례로서 방어 논거 가능

강행규정으로의 전환은 행정기관의 재량 축소를 통한 규정 집행의 형평성 확보, 기업의 법적 예측 가능성 제고, 국제통상 규범의 투명성 강화라는 세 가지 의의를 동시에 가진다. 과거에 존재하던 세관별 자의적 판단과 기업의 불필요한 부담을 줄이는 제도적 장치로서, FTA 특혜관세 제도의 안정성을 크게 향상시킨 사건이라 할 수 있다.

4. 보완 요구 불응 시의 법적 결과

관세청장 또는 세관장의 보완 요청에 응하지 않는 경우, 「FTA 관세법」 제35조에 따라 협정관세 적용이 배제될 수 있다. 이는 수입자에게 관세 상 매우 중대한 불이익을 초래하며, 이미 적용받은 특혜관세가 추징되는 결과로 이어질 수 있다. 특히 수출국의 수출자가 원산지 확인에 필요한 증빙서류를 제출하지 않는 경우, 해당 수출자의 거래물품을 수입한 수입자는 그 책임을 직접 부담하게 된다.

따라서 수입업자는 무역계약 단계에서 원산지증빙서류 제출 의무 및 형식 충족 여부를 계약조건으로 명확히 하고, 미제출 시 책임 소재를 수출자에게 귀속시키는 합의서를 마련해야 한다. 이는 국제거래에서 법적·경제적 위험을 예방하는 핵심 전략이다.

5. 비당사국 발행 원산지증명서 보완 가능성

비당사국 발행 원산지증명서는 원칙적으로 협정대상국에서 발행된 것이 아니므로 문제 소지가 있다. 그러나 시행규칙 제21조 제5항 제2호에 따라 원산지증명서 작성자의 주소가 체약상대국이 아닌 다른 국가로 기재된 경우에도 보완 요구가 가능하다.

따라서 협정관세 적용신청이 원산지증명서 유효기간 내에 이루어진 경우, 유효기간 경과 후에도 협정의 목적에 반하지 않는 한 보완을 허용한다. 이는 무역현장에서 발생하는 실무적 오류를 보정할 수 있는 중요한 법적 완충장치이며, 단순형식 하자로 인해 특혜관세 적용이 배제되는 것을 방지한다.

제17조-01 협정 및 「FTA 관세법」상 가지고 있는 원산지조사의 특징

FTA 관세법상 원산지조사(원산지 검증[50])는 일반관세 절차와 비교하여 몇 가지 두드러진 특징을 가지고 있다. 이는 입증책임 구조, 과실 여부와 무관한 납세의무 발생, 국제적 범위를 갖는 업무 특성 등으로 요약할 수 있다.

1. 원산지 입증책임의 귀속

「FTA 관세법」 제10조는 협정관세를 적용받고자 하는 수입자에게 해당 물품이 협정에서 정한 원산지 요건을 충족함을 입증할 책임을 부과하고 있다. 즉, 수입자는 단순히 원산지증명서를 제출하는 것뿐 아니라, 이를 뒷받침하는 세부 자료와 증거를 갖추어야 하며, 필요시 세관의 요구에 따라 추가로 제출해야 한다. 이러한 규정은 협정관세가 국제적 특혜조치이므로, 그 적용 요건 충족 여부를 적극적으로 입증해야 한다는 제도 설계상의 원칙을 반영한다.

이는 일반 「관세법」상 입증책임 구조와 뚜렷한 차이를 가진다. 예를 들어, 품목분류나 과세가격의 적정성에 대해서는 과세당국이 스스로 입증해야 하며, 관련 대법원 판례에서도(1992.7.14. 선고 91누10763) 과세관청이 거래조건과 과세가격의 관련성을 증명할 책임이 있다고 명확히 판시한 바 있다. 반면 FTA 관련 원산지의 경우, 기업이 해당 물품이 협정에서 요구하는 세부 기준(세번변경기준, 부가가치 기준, 가공공정 기준 등)을 충족함을 스스로 증명해야 한다.

더 나아가, 「FTA 관세법」 제35조는 자료를 제출하지 않거나 불충분한 경우에도, 과세당국이 별도의 불이익 사유를 입증하지 않고 협정관세 적용을 배제할 수 있도록 규정하고 있다. 이는 원산지 입증책임이 오롯이 수입자에게 귀속됨을 의미하며, 조사

---

50) 원산지조사 및 검증과 관련하여 협정과 국내법령에서 사용하는 용어가 상이하므로(내용은 동일) 본 책자에서는 편의상 원산지조사와 검증을 혼용해서 사용하기로 한다.

대상 기업은 문서 관리와 사전 대비를 철저히 하지 않을 경우 특혜관세를 상실하게 되는 구조이다.

따라서 원산지 입증책임의 귀속은 단순한 서류 제출 의무를 넘어, 협정관세 제도의 실효성을 확보하고 무역 거래에서의 투명성을 유지하기 위해 핵심적인 역할을 한다. 기업 입장에서는 수출자·수입자 간의 계약 단계에서부터 원산지 요건을 충족할 수 있는 제조·공급 체계를 갖추고, 이를 지속적으로 관리·기록하는 것이 필수적이다. 결국 이는 국제무역에서 FTA를 활용하는 모든 경제 주체가 반드시 인식하고 준수해야 할 중심 규범이라고 할 수 있다.

2. 과실 여부와 무관한 납세의무

FTA 원산지조사에서는 특혜관세 적용을 위해 요구되는 원산지 요건이 충족되지 않으면, 수입자의 과실 유무에 관계없이 관세 납부 의무가 발생한다. 즉, 수입자가 원산지 위반 사실을 전혀 알지 못했더라도, 또는 고의적으로 회피하지 않았더라도, 원산지 관리 소홀이나 오류가 발견되면 협정관세는 배제된다.

이러한 구조는 협정관세가 '조건부 혜택'이라는 점을 반영한다. FTA 특혜세율은 원산지 요건 충족이라는 전제하에 제공되는 국제적 약속의 일종이며, 해당 요건은 수출국·수입국 모두의 신뢰를 전제로 한다. 따라서 수출자가 원산지 요건을 위반했거나 원산지증명서 발급 과정에서 절차상 하자가 있었다면, 수입자는 이를 까다롭게 검증하지 않은 경우에도 법적으로 혜택을 유지하기 어렵다.

실무적으로는 해외 공급망이 복잡화되고 다단계 거래 구조가 일반화되면서, 수입자가 모든 원산지 세부 사회·경제적 정보를 직접 파악하기 어려운 경우가 있다. 그럼에도 불구하고, FTA 적용을 받기 위해서는 수입자가 사전 검증 절차와 계약 조건을 통해 수출자의 원산지 관리 체계를 확인·보증받는 과정이 필요하다. 예컨대, 계약서에 원산지증명서 발급 의무와 관련 위반 시 손해배상 조항을 삽입하는 것이 일반적 방법이다.

결국, '과실 여부 불문' 원칙은 FTA 제도가 단순한 세금 혜택이 아니라 국제무역 법규와 절차를 준수하는 기반 위에 운영된다는 점을 보여준다. 이는 수입자와 수출자 양측 모두에게 엄격한 내부 관리와 책임 있는 거래 관행 채택을 요구하는 제도적 장치이기도 하다.

3. 국제적 범위의 업무

FTA 원산지조사는 단순한 국내 관세행정 절차를 넘어, 다수의 국가와 다양한 기관이 연결되는 국제적 성격을 지닌다. 협정마다 원산지 결정 기준, 검증 방식과 절차가 서로 상이하고, 세부 요건 역시 복잡하다. 따라서 원산지조사는 수출자·수입자뿐 아니라 국내·외 협력업체, 상대국 세관 또는 원산지증명서 발급기관 등 폭넓은 참여자가 관련되는 업무이다.

원산지 검증 통지서에 첨부되는 '원산지 검증 표준 질의서'를 보면 이러한 국제적 범위를 구체적으로 확인할 수 있다. 검증 항목은 거래당사자 요건(협정 규정에 부합하는 적법한 발급 주체인지 여부), 품목 요건(HS Code 적용의 적정성), 원산지 요건 (협정에 따른 국내 제조·가공 여부), 절차적 요건(원산지증명서 발급 절차 준수 여부), 운송 요건(직접운송원칙 충족 여부)으로 구분된다. 각 항목은 물품의 생산지, 가공 과정, 통관 절차 등 국제 공급망 전반에 걸친 데이터를 요구한다.

이러한 구조에서 조사 대상자는 각 요건을 충족했음을 증명할 수 있는 계약서, 제조공정 설명서, 원재료 소싱 증빙, 선적서류, 통관 문서 등을 제출해야 한다.

또한 일부 경우에는 상대국 세관이 해외 제조 현장을 직접 실사할 수 있으며, 이에 따라 기업은 사실관계 확인을 위해 필요한 자료를 제공하는 등 절차적 대응을 수행해야 한다.

결과적으로, FTA 원산지조사는 단일 국가 법률이 아닌 국제 규범의 틀 안에서 수행되는 '국경을 초월한 행정 절차'로서의 성격을 강하게 띤다. 이는 기업이 단순한 수출입 조건 관리뿐만 아니라, 전 세계 공급망 관리와 국제 규제 준수 체계를 동시에 갖추어야 함을 의미한다.

제17조-02 협정에서 규정하는 FTA 원산지 검증 방법

1. 검증 대상에 따른 구분: 수입검증과 수출검증

FTA 원산지 검증은 수입물품을 대상으로 하는 수입검증과 수출 물품을 대상으로 하는 수출검증으로 나뉜다.

수입검증은 원산지증명서 및 그 기재내용을 뒷받침하는 관련 증빙자료의 적정성을 확인하는 절차이다. 세관은 원산지증명서의 형식·내용뿐 아니라 제조·구매·원재료 사용 내역 등 관련 자료 전체를 종합적으로 검토한다. 검증 대상은 무작위로 선정되거나, 원산지증명서에 형식적 오류나 의심 사유가 있는 경우, 특정 산업·국가에서 FTA 활용률이 비정상적으로 높은 경우, 또는 수입기업의 법규 준수 수준이 낮아 위험성이 높은 경우 등이 해당된다. 이를 위해 세관은 무역 거래 데이터와 위험요인을 분석하여 검증을 진행한다.

수출검증은 체약상대국이 우리나라에 해당 물품의 원산지 확인을 요청하는 경우에 한국 세관이 수출 물품에 대해 조사하고, 그 결과를 협정에서 정한 기한 내 상대국에 회신하는 방식이다. 이는 주로 상대국 세관이 의심 사유를 발견했을 때 발동된다.

2. 검증 방식에 따른 구분: 직접검증과 간접검증

FTA 원산지 검증은 조사 주체와 절차에 따라 직접검증과 간접검증으로 나눌 수 있으며, 협정마다 이 중 하나 또는 혼합 형태를 채택한다.

직접검증은 수입국 세관이 원산지증명서를 발급한 수출자나 생산자에게 직접 원산지 확인 서류를 요구하고 조사하는 방식이다. 미국, 호주, 캐나다, 칠레, 뉴질랜드, 콜롬비아 등이 이 방식을 채택한다. 이 경우 수출국 세관은 조사 과정에 개입하지 않으며, 수출자는 수입국 세관에 직접 서류를 제출해야 하므로 모든 자료를 영어로 작성하거나 번역해야 한다.

간접검증은 수입국 세관이 수출국 세관에 검증을 위임하여, 수출국 세관이 자국 수출자와 검증을 진행하는 방식이다. ASEAN, 중국, EU, 인도, 터키, 베트남 등에서 채택하는 방식으로, 자료는 자국 국내법상 서식에 맞춰 제출하면 되며 일반적으로 자국어 작성이 가능하다.

3. 협정별 수입물품 원산지 검증 유형

협정에 따라 수입물품 원산지 검증은 4가지 유형으로 나눌 수 있다. 이는 「FTA 관세법 시행규칙」 제24조에도 반영되어 있다.

협정별 수입물품 원산지 검증 유형

유형	특징	주요 국가/협정
제1유형 (간접검증)	수입국이 수출국 세관에 원산지 확인을 요청하고, 수출국 세관이 조사·회신	■ (수입국 동의 시 참관 가능) EFTA, EU, 영국, 튀르키예 ■ (수입국과 함께 조사사업장 방문 가능) 미국(섬유·의류)
제2유형 (직접검증)	수입국 세관이 수출자(생산자)에게 직접 서면조사 또는 현지조사를 요청·실시	■ 칠레, 싱가포르, 캐나다, 뉴질랜드 ■ 미국(일반물품)
제3유형 (간접검증 후 보완으로 직접검증)	우선 간접검증 실시 후 필요 시 현지조사	■ 아세안, 인도, 중국, 베트남, 이스라엘, 인도네시아
제4유형 (혼합·선택형)	직접검증 또는 간접검증 중 선택하거나 혼합하여 운영 가능	■ 페루, 콜롬비아, 중미, 호주, RCEP, 캄보디아, 필리핀

제1유형은 간접검증으로, 수입국이 수출국 세관에 원산지 확인을 요청하고 수출국 세관이 조사하여 회신하며, 수입국의 동의가 있을 경우 참관도 가능하다. 이 방식은 EFTA, EU, 영국, 튀르키예에서 적용되며, 미국의 섬유·의류 분야에서는 수입국과 수출국이 공동으로 수출자, 생산자의 사업장을 방문할 수 있다.

제2유형은 직접검증으로, 수입국 세관이 수출자 또는 생산자에게 직접 서면조사나 현지조사를 실시한다. 칠레, 싱가포르, 캐나다, 뉴질랜드 및 미국의 일반물품이 여기에 해당한다.

제3유형은 간접검증 후 필요시 보완하는 직접검증 방식으로, 우선 수출국 세관을 통한 간접검증을 실시하고 필요하면 수입국이 현지조사를 진행한다. 아세안, 인도, 중국, 베트남, 이스라엘, 인도네시아에서 채택하고 있다.

제4유형은 혼합·선택형으로, 상황에 따라 직접검증과 간접검증 중 하나를 선택하거나 혼합하여 운영한다. 페루, 콜롬비아, 중미, 호주, RCEP, 캄보디아, 필리핀 등이 이에 속한다.

4. '수입국 동의 시 참관 가능'의 의미

FTA 협정에서 '간접검증' 방식은 수입국 세관이 직접 수출자나 생산자를 조사하지 않고, 대신 수출국 세관에 원산지 확인을 요청하여 수출국 세관이 자국의 수출자·생산자와 검증 절차를 수행한 뒤 결과를 수입국에 회신하는 방식이다. 이때 일부 협정, 예를 들어 EFTA, EU, 영국, 튀르키예와 체결된 FTA에서는 수입국 세관이 검증 절차에 참관(observation)할 수 있는 권한을 규정하고 있다.

참관이란 수출국 세관이 진행하는 검증 과정에 수입국 세관 공무원이 현장 또는 회의에 입회하여 절차를 관찰하는 것을 의미한다. 그러나 이러한 참관은 협정 당사국 간의 주권과 절차를 존중하기 위해 수입국 세관이 원할 경우 자동으로 이루어지는 것이 아니라, 반드시 수출국 세관의 사전 동의를 받아야 한다. 동의가 확보되면 수입국 세관은 현지방문 검사, 자료 검토, 인터뷰 등 검증 과정에서 제한된 범위의 관찰과 질의가 가능하며, 이를 통해 검증 결과의 신뢰성과 투명성을 높일 수 있다. 반대로 수출국이 동의하지 않을 경우 수입국은 회신된 검증 보고서만을 근거로 협정관세 적용 여부를 판단해야 한다. 즉, 해당 문구는 EFTA, EU, 영국, 튀르키예 협정에서 간접검증 중에 수입국 참관이 가능하나, 이는 양측의 합의와 수출국 동의가 전제되어야 한다는 점을 나타낸 것이다.

5. '순차적 원산지 검증' 규정은 반드시 순서를 준수하여야 하는지 여부

한-싱가포르 FTA 제5.7조(특혜관세대우의 검증[51])는, 특혜관세대우를 받을 자격이 있는지 여부를 확인하기 위한 원산지 검증 절차를 수입당사국의 관세행정기관이 '순차적으로' 진행해야 한다는 점을 명시하고 있다. 이 조문은 다른 일부 FTA에서 볼 수 있는 선택적 검증 방식과 달리, 아래와 같이 규정된 절차를 하나하나 거쳐야 하는 구조를 채택하고 있다.

여기서 '순차적'이라는 표현은 절차의 흐름을 규정된 순서대로 이행해야 함을 뜻한다. 즉, 한-싱가포르 FTA에서는 특별한 사유 없이 임의로 단계 순서를 건너뛰어 곧바로 현장 방문이나 타방 당사국 수출자·생산자 직접 요청을 할 수 없도록 하고 있다. 이는 단계별로 자료를 확보하고, 불필요한 부담을 줄이며, 상대국과의 사전 협조를 원활하게 하기 위한 구조이다.

따라서 이 협정의 '순차적 검증'은 법적으로 명시된 순서를 따라야 하는 '의무적 단계진행' 방식으로 해석된다. 단, 조문 마지막 항목(마항)의 "양 당사국이 합의한 그 밖의 절차"에 해당하는 경우에는, 양국이 별도로 합의하여 절차를 변경하거나 일부 단계를 생략할 수 있는 여지가 존재한다. 그러나 이 경우에도 협정문의 기본 구조는 순차적 진행을 전제로 하고 있다는 점에서, 이는 예외적 적용에 불과하다.

결과적으로, 한-싱가포르 FTA의 원산지 검증은 규정된 절차를 순서대로 거치는 것을 원칙으로 하며, 각 단계는 이전 단계의 결과가 다음 단계 검증의 근거로 활용되는 구조적 연계성을 가진다. 이로써 검증 과정의 공정성과 투명성을 확보하고, 당사국 간의 무역절차에서 불필요한 마찰을 최소화하는 효과를 기대할 수 있다.

---

51) 1. 타방 당사국의 영역으로부터 자국 영역으로 수입되는 상품이 특혜관세대우를 받을 자격이 있는지 여부를 판단하기 위한 목적으로, 수입당사국은 자국의 관세행정기관을 통하여 다음의 방법을 순차적으로 사용하여 검증할 수 있다.

제17조-03 원산지조사 과정에서 확인된 C/O 오류의 보완 가능 여부

FTA 원산지조사 과정에서 원산지증명서의 기재 오류나 흠이 발견되는 경우, 「FTA 관세법」 제17조에 근거하여 관세청은 "원산지증명서 오류에 대한 원산지조사 처리지침"(2017.3.6. 시행)에 따라 이를 처리한다.

즉, 원산지조사 과정에서 확인된 원산지증명서 오류는 하자의 중대성과 원산지 판정 영향 여부에 따라 다음 3단계로 처리된다. 이는 행정상 '비례의 원칙'과 '절차적 적법성'을 반영한 제도로서, 조사 실무의 예측 가능성을 높이고, 무역거래의 안정성을 확보하는 역할을 한다.

- 중대·명백한 하자 → 협정관세 적용 배제
- 보완 가능한 하자 → 일정 기한 내 보완 요구
- 경미한 하자 → 보완 요구 생략

이 지침은 협정관세 적용 배제, 보완 요구, 보완 생략 등 상황별 세부 처리원칙을 제시하여, 조사 과정에서의 법적 일관성과 절차적 정당성을 확보하고 있다.

1. 적용 대상

관세청의 지침은 「FTA 관세법」 제8조 및 제9조에 따른 원산지증명서를 대상으로 하고 있다. 원산지조사는 원칙적으로 협정관세가 적용된 이후에 사후검증 형태로 실시되지만, 검증의 기준은 협정관세를 신청·적용받을 당시 세관에 제출되었거나 수입자가 보관하고 있던 당초의 원산지증명서에 한정된다.

따라서 협정관세 적용 결정 이후에 새롭게 발급되거나, 당시 제출되지 않고 사후에 수입자가 추가로 제공하는 원산지증명서는 해당 건의 유효한 증명서로 인정되지 아니하며, 협정관세 적용의 근거로 사용할 수 없다.

2. 원산지증명서 오류에 대한 처리 방안

원산지증명서의 기재 사항에 누락·오류·흠이 있는 경우에는 우선 해당 FTA 협정과 관세법령의 규정에 따라 처리한다. 협정이나 법령에서 명확히 보완 절차를 규정하지 않은 경우에는 본 지침의 처리 기준이 적용된다.

가. 보완이 불가능한 경우: 협정관세 적용 배제

원산지증명서의 오류 또는 흠이 중대·명백하여 그 효력을 인정할 수 없는 경우에는 협정관세 적용을 배제한다. 또한 협정관세 신청 시 유효기간이 경과했거나, 세관 제출 기한을 초과한 경우에도 적용이 배제된다. 주요 사례는 다음과 같다.

❶ 위조 또는 변조된 원산지증명서로 확인된 경우
❷ 무자격자(비인증수출자, 비당사국 수출자 등)가 발행한 원산지증명서로 확인된 경우
❸ 원산지증명서 상의 서명·인장·서식(지정서식인 경우)이 권한 있는 자의 것이 아니거나 협정에서 정한 것과 다른 것으로 확인된 경우
❹ 원산지증명서 상의 수출자, 수입자, 품명, 규격 등이 수입내역과 상이하여 당해 수입물품에 대한 원산지증명서로 인정하기 어려운 경우
❺ 기타 세관장이 각 해당 협정 또는 FTA 관세법령 등에 따라 해당 원산지증명서를 협정관세 적용의 근거가 되는 원산지증명서로 인정하기 어려운 경우
※ 예시) 한-아세안 FTA의 경우 원산지결정기준이 "RVC"인 물품에 대해 사전 통보(6개월 이전) 없이 RVC 계산법이 변경된 원산지증명서

이 경우 법리는 '중대 하자'로 인한 증명서 무효로서, 협정관세 적용 요건 자체를 충족하지 못한 것으로 본다.

나. 보완이 가능한 경우: 협정관세 유지 가능성

상기 '보완 불가능' 사유 외의 오류 또는 흠은, 해당 물품과의 관련성이 인정되는 경우에 한하여 보완이 가능하다. 주요 예시는 다음과 같다.

❶ 원산지결정기준, HS 부호(필수항목인 경우) 등의 오류 또는 흠이 있는 경우
  ※ 예시 1) 원산지증명서 상의 HS 부호가 수입국 세관당국이 분류한 HS 부호와 상이하고, 수입국의 HS
      부호에 따른 원산지결정기준이 더 강화된 경우
  ※ 예시 2) 원산지증명서 상의 원산지결정기준이 CTH로 기재되어 있으나, 해당 물품의 원산지결정기준이
      가공공정기준인 경우
❷ 원산지증명서 상의 수출자, 수입자, 품명, 규격 등이 수입내역과 일부 상이하나, 당해 수입물품에 대한
  원산지증명서로 인정할 수 있는 경우 등
  ※ 예시) 수입신고 전 B/L 양도로 인하여 원산지증명서 상의 수입자와 협정관세 적용신청 시 수입자가
      다른 경우

세관장은 보완 요구를 하여야 하며, 요구기한 내 미이행 시 원칙적으로 협정관세를
배제할 수 있다. 다만 구체적 판단에는 협정 내용, 법령, 오류의 종류·정도, 추가 증빙,
원산지조사 결과 등을 종합 고려한다.

다. 보완 요구 생략이 가능한 경우: 경미한 오류 처리

원산지결정에 실질적 영향을 미치지 않는 경미한 오류임이 협정 해석과 증빙서류
(송품장, 무역계약서 등)로 확인되는 경우, 세관장은 보완 요구를 생략할 수 있다. 주요
예시는 다음과 같다.

원산지결정기준 표기의 경미한 오표기의 경우(예시)

❶ 원산지결정기준이 "RVC 40%"임에도 원산지결정기준을 RVC 40% 이상의 특정기준으로 잘못 표기한
  경우로서 역내부가가치가 40% 이상으로 확인된 경우

❷ 한-중 FTA에서 원산지결정기준이 "WP"이고 해당 물품의 원산지결정기준을 충족하는 물품에 대한 원산지
  증명서 상의 원산지결정기준이 "WO"로 표기된 경우

❸ 동일한 물품에 대해 계속해서 동일한 HS 부호로 표기하였으나, 당해 건만 HS 부호를 잘못 표기하여 단순
  오류로 인정되는 경우

❹ 원산지증명서 상의 HS 부호가 수입국 세관당국이 분류한 HS 부호와 상이하나, 수입국의 HS 부호에 따른
  원산지결정기준이 같거나 완화된 경우

단순 오탈자(고의적인 경우는 제외)의 경우(예시)

❶ 단어의 철자를 잘못 작성한 경우: 'these products'를 'these produtcs'로 작성한 경우 등

❷ 협정문에서 정한 단어 이외의 단어를 사용한 경우: 'these products'를 'these goods'로 작성한 경우 등

❸ 단어 순서 또는 항목 위치가 바뀌어 작성된 경우: 인증수출자번호·제품의 원산지를 다른 위치에 기재한 경우 등

❹ 협정에서 정하는 원산지 신고문안을 수기로 작성하면서 소문자로 작성한 경우

❺ 원산지신고 문안의 각주 또는 설명 내용을 기재하지 않은 경우: 인증번호와 장소·일자는 기재하였으나, 'customs authorisation No'. 'Place and Date' 문구를 기재하지 않은 경우 등

법리상 이러한 경미 오류는 '원산지 요건 충족성' 자체를 훼손하지 않으므로, 보완 의무를 면제할 수 있다.

제17조-04 | 원산지조사 시 수입자에 대한 권리보호제도

FTA 원산지조사 및 관세법상 조사는 수입자에게 직접적인 불이익을 초래할 수 있으므로, 법률은 수입자의 절차적 권리를 보호하기 위해 다양한 장치를 마련하고 있다. 「관세법」과 「FTA 관세법」은 각각의 규정 체계 속에서 통보 의무, 제척기간 적용 특례, 그리고 조사과정에서 전문가 조력을 받을 권리를 명문화하고 있다.

다음은 주요 권리보호제도의 법적 근거와 그 취지를 정리한 것이다.

1. 원산지조사 사실의 통보

수입자는 자신이 받게 될 원산지조사의 진행 상황을 인지할 권리가 있다. 「관세법」 제233조 제1항은 세관장이 원산지조사를 실시하는 경우 그 사실을 수입자에게 통보할 의무를 규정하고 있으며, 이는 2013년 1월 1일 개정 시 명문화되었다.

「FTA 관세법」 제17조 제5항과 제6항도 동일한 취지를 담고 있다. 관세청장 또는 세관장이 체약상대국 관세당국에 원산지 확인을 요청할 경우, 반드시 수입자에게 그 사실을 알려야 하며, 또한 체약상대국으로부터 원산지 확인 결과를 받았을 때는 그 결과와 이에 따른 결정 내용을 지체 없이 수입자에게 통보해야 한다.

이는 원래 「FTA 관세법 시행령」에 있었던 규정이었으나, 간접검증 과정에서 발생하는 조사 요청 사실 등이 수입자 권리와 직결된다는 점을 고려하여, 2013년 법률 개정을 통해 법률 차원으로 상향 규정한 것이다. 이러한 통보의무 제도는 수입자가 조사 대응 준비를 할 수 있는 시간을 확보하게 하여, 절차적 방어권을 보장한다.

2. 원산지조사 결과 회신에 따른 부과 제척기간 특례

수입자는 원산지조사로 인한 관세부과가 법정 기간을 초과하여 이루어지지 않는 권리를 가진다. 「관세법」 제21조(관세부과의 제척기간) 제2항 제2호[52]는 원산지 확인 결과 회신일과 관련하여 관세부과 제척기간에 특례를 적용하도록 규정하고 있다.

이 규정은 2013년 1월 1일 신설되었으며, 원산지 확인 결과 회신이 늦어지는 경우에도 법정 부과기간 산정 시 그 지연기간을 고려할 수 있도록 하여, 불필요한 시효 만료로 조사가 무력화되는 것을 방지하는 한편, 수입자도 부과 시점과 그 한계를 명확히 예측할 수 있도록 법적 안정성을 보장한다.

3. 조사대상자의 전문가 조력을 받을 권리

수입자는 원산지조사 과정에서 전문적인 법률 및 통관 지식을 갖춘 자로부터 조력을 받을 권리를 가진다. 「관세법」 제112조는 납세자가 관세조사를 받는 경우 변호사 또는 관세사를 조사에 참여시키거나 의견을 진술하게 할 수 있는 권리를 보장한다.

2014년 1월 1일 개정에서는 조력자의 범위를 축소하여, 과거 '관세에 관한 전문 지식을 갖춘 자' 범주 중 특정 경력자(예: 20년 이상 관세행정 경력자 등)를 삭제하고, 전문 자격(변호사·관세사)을 가진 자만이 조력을 제공하도록 변경하였다.[53]

---

52) 2. 이 법과 「자유무역협정의 이행을 위한 관세법의 특례에 관한 법률」 및 조약·협정 등에서 정하는 바에 따라 양허세율의 적용여부 및 세액 등을 확정하기 위하여 원산지증명서를 발급한 국가의 세관이나 그 밖에 발급권한이 있는 기관에게 원산지증명서 및 원산지증명서확인자료의 진위 여부, 정확성 등의 확인을 요청한 경우: 다음 각 목의 날 중 먼저 도래하는 날부터 1년
　　가. 해당 요청에 따라 회신을 받은 날
　　나. 이 법과 「자유무역협정의 이행을 위한 관세법의 특례에 관한 법률」 및 조약·협정 등에서 정한 회신기간이 종료된 날
53) 2014.1.1. 관세조사 시 참여하는 조력자 범위가 조정되었다. 관세조사 시 납세자에게 조력을 줄 수 있는 대상에서 '관세에 관한 전문지식을 갖춘 사람(20년 이상 일반직공무원으로 관세행정에 종사한 경력이 있는 사람, 그 밖에 관세에 관하여 학식과 경험이 풍부한 사람으로서 세관장이 인정하는 사람)'을 삭제하여 납세자가 전문적인 자격이 있는 자만의 조력을 받도록 하였다.

「FTA 관세법」 제17조 제8항은 위 권리를 원산지조사 절차에도 준용한다고 규정한다.[54] 이에 따라 협정에 따른 수출자·생산자 등에 대한 원산지 확인 현지조사 시에도, 변호사나 관세사의 입회 또는 의견 진술이 허용된다. 나아가, 체약상대국 관세당국이 우리나라 수출자·생산자를 직접 조사할 때 역시 동일한 조력권이 보장되며, 이를 통해 수출입 당사자의 절차적 권리가 국제적 검증 절차에서도 유지되도록 하고 있다.

4. 결론

이와 같이 「관세법」과 「FTA 관세법」은 원산지조사 시 다음과 같은 권리보호장치를 마련하고 있다.

- 사실 통보를 통한 절차 인지권 보장
- 제척기간 특례를 통한 부과 시점의 예측 가능성 확보
- 전문가 조력권을 통한 실효적 방어 능력 강화

이러한 제도들은 수입자가 조사 과정에서 불이익을 최소화하고, 법률 및 사실관계에 기초한 합리적인 주장을 펼칠 수 있도록 하는 핵심 장치라 할 수 있다.

---

54) 2010.1.1. 「관세법」에 따른 관세조사의 경우에는 「관세법」 제112조에 따라 변호사·관세사의 조력을 받을 수 있으나, 협정에 따른 수출자·생산자 등을 대상으로 하는 원산지 확인에 필요한 현지 조사의 경우에는 전문가의 도움을 받을 수 있는 근거가 없어 그 근거를 법률에 마련하였다. 아울러 체약상대국의 관세당국에서 우리나라 수출자·생산자를 대상으로 수출물품에 대한 원산지 확인에 필요한 현지 조사를 하는 경우에도 변호사 및 관세사를 조사에 참관하게 하거나 의견을 진술하게 할 수 있도록 하였다.

제18조-01 국제 간접검증 회신 내용의 수입자 통지 범위

「FTA 관세법」 제19조 및 같은 법 시행령 제16조는 세관장이 체약상대국에 원산지 또는 협정관세 적용의 적정 여부에 대해 확인을 요청한 사실을 수입자에게 알려야 하고, 체약상대국의 관세당국으로부터 회신을 받은 경우에는 그 회신 내용과 그에 따른 결정 내용을 수입자에게 알려야 한다고 명시하고 있다. 그러나 실제 실무에서는 '회신 내용'의 범위를 어디까지 포함해야 하는지에 대해 분쟁이 발생할 수 있으며, 본 사안은 특히 한-아세안 FTA 적용과 관련해 그 쟁점을 보여준다.[55]

1. 사건의 배경과 쟁점

본 사안은 한-아세안 FTA 원산지조사와 관련하여, 세관장(처분청)이 체약상대국인 인도네시아 관세당국으로부터 받은 간접검증 회신 내용을 수입자에게 어느 범위까지 통지해야 하는지가 문제 되었다.

청구인(수입자)은 체약상대국의 회신 내용 전체, 즉 체약상대국이 발송한 서한문 원문까지 포함하여 통지를 받을 권리가 있다고 주장하였다. 반면, 처분청은 회신 내용 중 쟁점 처분과 직접 관련이 있는 필요한 사실만을 공개하면 족하며, 그 외 회신문의 전부 공개는 한-아세안 FTA상 비밀유지 의무를 위반할 수 있다고 보았다.

따라서 쟁점은 "수입자에게 알려야 하는 회신 내용의 범위를 법령이 규정한 '회신 내용에 따른 처분청의 결정 내용'으로 한정할 수 있는지 여부"에 있었다.

---

55) 아래 사례 내용은 한-아세안 FTA 원산지조사와 관련하여 쟁점이 된 사례이며 조세심판원 결정 (조심 2021관131, 2023.4.23.)은 처분청 의견이 받아들여졌다.

2. 관련 법령의 해석 원칙

「FTA 관세법」제19조와 동 시행령 제16조는 세관장이 국제 간접검증 절차의 경과와 결과를 수입자에게 통지할 의무를 규정하고 있다. 이는 절차적 투명성을 보장하고 '깜깜이 처분'을 방지하기 위함이며, 수입자의 알 권리를 보장하는 취지가 있다. 특히 간접검증 결과가 과세처분 등 불이익으로 이어질 경우, 수입자는 구체적인 사유를 확인할 수 있어야 한다. 다만, FTA 협정문 자체와 부속서에서는 양국 관세당국 간 교환한 검증 관련 정보에 대해 비밀 유지 원칙을 명시하고 있다. 한-아세안 FTA도 원산지증명서의 유효성 확인을 위한 목적에 한하여 해당 정보를 사용할 수 있도록 하며, 영업비밀이나 수출자의 경제적 지위를 저해하는 내용의 공개를 금지하고 있다.

따라서 법령 해석 시에는 '수입자의 알 권리'와 'FTA 상 비밀유지 의무'의 조화로운 적용이 필요하다.

3. 당사자 주장

본 사건에서 청구인인 수입자는 「FTA 관세법」제19조와 시행령 제16조의 취지가 원산지 검증 절차의 투명성을 강화하고 수입자의 알 권리를 보장하는 데 있다고 주장하였다. 과거 간접검증 과정이 비공개적으로 진행돼 수입자가 이유를 파악할 수 없었던 점을 고려하면, 세관장은 체약상대국으로부터 받은 회신 서한문 전체를 포함해 모든 내용을 통지해야 한다고 보았다. 따라서 처분청이 회신의 일부만 요약하여 제공한 것은 절차 위반이라고 주장하였다. 반면 처분청은 검증 결과 중 쟁점 처분에 필요한 핵심 정보는 수입자에게 반드시 제공해야 한다는 점은 인정하면서도, 회신문 전체 공개는 한-아세안 FTA의 비밀유지 조항에 반할 수 있다고 보았다. 특히 수출자의 영업비밀이 포함될 가능성 및 양국 관세당국 간 신뢰 훼손 우려를 이유로 들며, 공개 범위는 처분 근거를 설명하는 필요한 부분에 한정되어야 한다고 설명하였다. 처분청은 실제로 검증 요청 사실, 회신 요지, 이를 반영한 결정 내용을 모두 수입자에게 통지했으므로 절차상 하자는 없다고 주장하였다.

4. 조세심판원의 판단

조세심판원은 처분청이 검증 요청 사실과 체약상대국 회신의 주요 내용, 그리고 그 회신을 바탕으로 한 최종 결정 내용을 청구인에게 이미 통지한 사실을 인정하였다. 심판원은 「FTA 관세법」과 시행령의 목적이 수입자에게 검증 경과를 알 수 있도록 하는 데 있으나, 통지해야 할 '회신 내용'은 처분의 근거가 되는 핵심 사항으로 제한될 수 있다고 보았다.

특히 한-아세안 FTA의 비밀유지 조항과 정보 목적 제한 규정을 고려하면, 회신 서한문 전체를 원문 그대로 공개할 의무가 있다고 보기는 어렵다고 판단하였다. 전면 공개는 협정 위반 소지뿐 아니라 수출자의 영업상 비밀 침해 및 당사국 신뢰 훼손을 초래할 우려가 있기 때문이다. 이에 따라 조세심판원은 처분청의 통지가 법령 및 협정에 부합하며 절차적 위법도 없다고 보아 청구인의 주장을 받아들이지 않았다.

5. 법리적 의의와 시사점

본 사건은 국제 간접검증 결과의 통지 범위를 둘러싸고, 수입자의 알 권리와 FTA 비밀유지 의무가 어떻게 조화되어야 하는지를 명확히 한 의미가 있다. 조세심판원은 두 원칙이 상호 절충적으로 적용돼야 하며, 수입자에게 제공해야 할 정보는 처분의 직접적 근거가 되는 핵심 내용으로 한정된다는 기준을 제시하였다.

또한 FTA 비밀유지 조항이 단순한 외교적 약속이 아니라 국내 절차 해석에도 직접 영향을 미치는 규범임을 확인하였다. 심판원은 검증 과정에서 요약본 형태라 하더라도 필요한 정보가 제공되고, 수입자가 쟁점과 결정 이유를 파악할 수 있다면 회신문 전체의 공개를 요구할 수 없다고 판단하였다.

이는 향후 국제 간접검증 과정에서 정보 제공 범위와 비밀유지 의무의 균형을 판단하는 중요한 준거가 될 수 있다.

제21조-01 협정별 협정관세 적용보류 규정 발동 시점

우리나라가 체결한 다자·양자 자유무역협정 대부분은 관세당국이 원산지 검증 절차를 개시한 경우, 그 검증이 완료되기 전까지 또는 검증 결과에 따라 협정관세 (특혜관세) 적용을 일시적으로 중지하는 규정을 두고 있다. 다만 한-콜롬비아 및 한-호주 협정은 원산지 검증 방식에 관한 규정은 존재하지만, 협정문 상에서 협정관세 적용 보류에 관한 명시 조항은 두고 있지 않다.

협정관세 적용 보류 규정을 두고 있는 협정은 크게 발동 시점과 효과의 범위에 따라 검증기간 중 잠정적 보류와 검증 결과 후 확정적 보류로 양분된다. 전자는 주로 위험관리 목적의 예방적 행정조치 성격을 띠며, 후자는 원산지 위반에 대한 강력한 사후적 제재 수단으로 기능한다. 다만, 양 유형 모두 물품의 반출은 원칙적으로 허용하되, 담보 제공이나 행정조치 부과와 같은 조건을 부가할 수 있도록 함으로써 수출입 흐름을 과도하게 제한하지 않도록 설계되어 있다는 공통점을 가진다.

1. 검증 기간 중 보류형 협정

이 유형은 협정문에서 '검증 결과를 기다리는 동안'(while awaiting the result of the verification)이라는 표현을 사용하여, 검증 절차가 진행 중인 상태에서 관세당국이 잠정적으로 특혜관세 적용을 중단할 수 있도록 규정한다. 주로 간접검증 방식을 채택한 한-EFTA, 한-EU, 한-영국, 한-튀르키예 협정에서 이러한 형태를 보인다. 또한, 원산지 확인을 수출국 발급기관에 요청하고 필요시 현지조사를 하는 절차를 채택한 한-아세안, 한-인도, 한-중, 한-베트남, 한-이스라엘, 한-인도네시아, 한-필리핀 등 다수의 협정이 이에 해당한다.

공통적으로 이러한 조항은 수입금지·제한 대상이 아니고 사기 혐의가 없는 경우, 필요하다고 인정되는 행정조치를 조건으로 수입자에게 물품 반출을 허용하고, 검증 종료 후 원산지 자격이 확인되면 협정관세를 회복하도록 규정한다.

검증기간 보류형

협정명(규정 조문)	협정문 표현(요지)	발동 시점	주요 특징
한-EFTA (부속서 I 제24조 제5항)	검증 결과를 기다리는 동안 특혜대우 부여를 정지	검증 개시 후 결과 확정 전	담보나 조건부로 반출 허용, 사기/금지품목 제외
한-EU/한-영 (제27조 제5항)	검증 결과를 기다리는 동안 특혜대우 부여 정지	동일	반출 조건 부여 가능
한-튀르키예 (제25조 제5항)	검증 결과 대기 중 특혜대우 정지	동일	사기혐의/금지품목 제외 후 반출 허용
한-아세안(부속서3 부록1 제14조 다목)	검증 결과 대기 중 보류	동일	행정조건부 반출 허용, 결과 후 회복
한-인도(제4.11조 다목, 제4.12조 제7항)	검증대기 중 보류 가능	동일	반출허용, 사후 복원 규정 명문화
한-중 (제3.23조 제4항)	검증 결과 대기 중 보류 가능	동일	사기혐의·수입금지 제외, 반출 허용
한-베트남 (제3.21조 라목)	검증대기 중 특혜 정지	동일	사기·금지 제외, 반출 후 복원 가능
한-이스라엘 (제3.29조 제4항)	검증 결과 대기 중 보류	동일	반출허용+조건 부여 가능
한-인도네시아 (제3.23조 라목)	검증 결과 대기 중 보류	동일	반출허용+조건 부여 가능, 회복규정 있음
한-필리핀 (규칙15 라목)	검증대기 중 보류 동일	동일	반출허용+조건 부여 가능, 회복규정 있음
RCEP (제3.24조 제6항)	검증 결과 대기 중 보류	동일	담보 조건 가능
한-캄보디아 (제3.22조 제6항)	검증 결과 대기 중 보류	동일	담보제공 조건 가능
한-페루 (제4.8조 제7항)	원산지 의심 시 검증 끝까지 반출 후 환급	검증 시작 직후	보증금·관세 예치 후 반출, 결과 시 환급
한-뉴질랜드 (제3.24조 제5항)	원산지 의심 시 검증 끝까지 반출 후 환급	검증 시작 직후	보증금·관세 예치 후 반출, 결과 시 환급

* 검증 기간 중 보류형은 원산지가 불분명한 상태에서 특혜관세를 잠정 유보하며, 대체로 담보제공·사기 혐의 여부 등을 조건으로 반출을 허용하고, 검증 결과 원산지가 인정되면 득혜관세를 회복한다. → 위험관리·잠정조치 성격

2. 검증 결과 후 보류형 협정

이 유형은 협정문에서 '이미 결정하였던 경우'(has determined)의 표현을 사용하며, 관세당국이 원산지 불충족 또는 허위신고 등 위반 사실을 확정적으로 판정한 경우, 동일 수출자·생산자에 의한 이후 동일 상품의 수입에 대하여 특혜관세 적용을 중지할 수 있도록 규정한다. 칠레, 싱가포르, 미국, 캐나다, 뉴질랜드, 중미, 페루와의 협정 등이 이에 해당한다.

이 유형은 단순히 검증 중인 수입물품에 대한 잠정조치에 그치는 것이 아니라, 원산지 위반 행위 유형이 반복 또는 지속적으로 발생하는 경우 그 이후의 수입 거래 전체에 대한 특혜적용을 차단하는 제재적·전면적 성격을 가진 것이 특징이다.

검증 결과 후 보류형

협정명(규정 조문)	협정문 표현(요지)	발동 시점	주요 특징
한-칠레(제5.8조 제13항, 통일규칙 제8조)	반복적 허위표시 시 특혜 부여 보류	원산지 위반 '확정' 후	동일 수출자/생산자 향후 동일 상품 수입 시 특혜중지
한-싱가포르 (제5.7조 제9항)	반복 허위·근거 없는 표시 시 중지	동일	결과를 수출국에 통지
한-미 일반물품 (제6.18조 제6항)	허위·근거 없는 진술·신고· 증명 시 중지	동일	이 장 요건 준수 입증 전까지 지속
한-캐나다 (제4.6조 제11항)	허위·근거 없는 표시 시 보류	동일	인이 요건 입증 시까지 유지
한-뉴질랜드 (제3.24조 제6항)	이전에 불충족 결정 시 이후 수입 특혜중지	동일	반출 후 검증 시 회복 가능
한-중미 (제3.24조 제7항)	이전 결정 불충족 시 이후 특혜중지	동일	이 장 준수 입증 시 복원
한-페루 (제4.8조 제8항)	불충족 결정 후 이후 동일 상품 특혜중지	동일	입증 시 복원 가능

* 검증 결과 후 보류형은 원산지 불충족이나 허위신고 사실이 확정된 경우, 동일 수출자/생산자의 동일 상품에 대해 이후 수입 시 특혜관세를 중지한다. → 확정적·제재적 성격
* 일부 협정(한-뉴질랜드·한-페루)은 2단계 규정을 둘 다 포함해, 검증 중 보류와 검증 후 보류를 모두 규정

「FTA 관세법」상 협정관세 적용 보류 제도

「FTA 관세법」 제21조(원산지 조사 기간 중 협정관세의 적용 보류)는 자유무역협정에 따른 특혜관세 적용을 보류할 수 있는 법적 근거를 규정한 조항(아래 내용)으로, 원산지 조사 또는 원산지 확인 요청이 진행되는 기간 동안 해당 특혜 적용을 잠정적으로 중단할 수 있도록 하고 있다.

원산지조사와 관련하여	■ 제17조에 따른 원산지 조사를 하는 경우 또는 ■ 제19조에 따른 원산지 확인 요청을 한 경우 ☞ 간접검증도 포함
원산지조사 **기간 중**	「FTA 관세법 시행규칙」 제26조(협정관세의 적용 보류 기간 등) - (보류 시작일) 해외 수출자·생산자에 대해 원산지 서면(현지)조사를 실시한다는 사실을 국내 수입자에게 통지한 날 - (보류 종료일)은 법 제17조 제6항에 따른 해외 직접검증(서면·현지 포함) 결과를 수입자에게 통지한 날
협정관세 적용 보류 요건 (다음에 한하여)	「FTA 관세법 시행령」 제17조(협정관세의 적용 보류) ① 세관장은 다음 각 호의 어느 하나에 해당하는 경우에는 협정관세의 적용을 보류할 수 있다. 1. 원산지증빙서류의 작성 또는 협정관세 적용의 신청에 관하여 불성실 혐의가 있다고 세관장이 인정하는 경우 2. 원산지증빙서류를 속임수 또는 그 밖의 부정한 방법으로 작성 또는 발급받았거나 탈세 등의 혐의를 인정할 만한 자료 또는 구체적인 제보가 있는 경우 3. 그 밖에 세관장이 수집한 증거·자료 등을 근거로 수입자, 생산자 또는 수출자의 신고 또는 신청 내용이 원산지결정기준을 충족하지 못한 것으로 인정하는 경우 ☞ 2013.2.15. 제17조 제1항 신설(협정관세 적용을 보류할 수 있도록 요건 강화)
동일한 수출자·생산자로부터	2013.1.1. 신설[56] → 『동일한 수출자·생산자로부터』를 삽입하여 물품의 범위를 축소
	- 조사 대상 수입자가 추가로 수입하는 동종·동질 물품에 대해 협정관세 적용을 모두 보류하는 경우는 선의의 수출자 물품까지 협정관세 적용을 보류하여 통상 마찰의 우려가 있었기 때문이다.
추가로 수입하는	☞ 미결 상태이므로 당해 조사 대상 물품은 해당이 되지 않는다.
동종·동질 (同種·同質)의 물품	

---

56) [시행 2013.1.1.] [법률 제11612호, 2013.1.1.]

동 규정은 협정의 내용을 국내법으로 수용한 것으로, 협정에서 규정한 '검증 기간 중 보류' 제도를 법제화한 것이다.

1. 협정관세 적용 보류가 가능한 협정의 범위

법 제21조 제1항은 "제17조에 따른 원산지 조사를 하는 경우 또는 제19조에 따른 원산지 확인 요청을 한 경우"에 한하여 협정관세의 적용을 보류할 수 있도록 규정하고 있다.

이 규정은 우리나라가 체결한 FTA 중 검증 기간에 특혜관세 적용을 중지할 수 있도록 명시한 협정만 해당되며, '검증 결과에 따라' 보류하는 협정에는 적용되지 않는다. 즉, 국내법상 제21조는 협정문에서 '검증 결과를 기다리는 동안'이라는 표현을 사용하고 있는 유형의 협정과 연결된다.

2. 협정관세 적용 보류 대상 물품의 범위

협정관세의 적용 보류는 수입물품 전반에 대해 일괄적으로 적용되는 제도가 아니라, 법률이 정한 범위와 요건 안에서만 제한적으로 발동된다.

「FTA 관세법」 제21조 제1항은 보류의 대상 범위를 '원산지조사 기간 중 해당 조사 대상 수입자가 동일한 수출자 또는 생산자로부터 추가로 수입하는 동종·동질물품'으로 한정한다. 여기서 '추가로 수입하는'이란 원산지조사 개시 통지 이후, 조사 결과가 확정되기 전의 기간 동안 수입자가 해당 수출자 또는 생산자로부터 들여오는 새로운 물품을 의미한다. 즉, 현재 조사 중인 물품 자체는 이미 수입·통관이 진행되고 있으므로 보류대상에서 제외되며, 이후에 추가로 반입되는 동일계열 물품만이 대상이 된다.

또한 '동종·동질'의 해석은 통상적으로 다음 요소를 종합하여 판단한다.

- 기능·용도가 동일하거나 유사할 것
- HS 품목분류(세번) 상 동일 또는 유사 범주에 속할 것
- 주요 재질·구성이 유사하고, 외관·성능에 본질적 차이가 없을 것

이 요건이 2013년 개정 전에는 '조사대상 수입자의 추가 수입물품 전체'로 적용되어 선의의 협정 당사국 수출업체 물품까지 보류되는 경우가 있었다. 이러한 과도한 범위 설정은 무역마찰과 외교적 분쟁을 유발할 수 있으므로, 2013년 개정 때 '동일한 수출자·생산자'와 '동종·동질'이라는 제한(범위의 축소)이 명확히 삽입되었다.

나아가, 단순히 동일 수출자·생산자 및 동종·동질 요건을 충족했다 하더라도 보류는 자동적으로 이루어지지 않는다. 「FTA 관세법 시행령」 제17조 제1항에서 규정하는 구체적인 사유가 있을 때에만 가능하다. 예를 들면 원산지증빙서류 작성 또는 협정관세 신청이 불성실하다고 인정되는 경우, 증빙서류가 속임수 또는 부정한 방법으로 발급되었거나, 탈세 등의 혐의를 인정할 충분한 자료·제보가 있는 경우, 세관장이 수집한 증거를 토대로 해당 물품이 원산지결정기준을 충족하지 못한 것으로 판단되는 경우 등이다.

이러한 규정은 협정관세 보류를 가능한 한 신중하고 제한적으로 운용하도록 하는 장치이다. 이는 외국 수출자와의 통상 관계를 고려함과 동시에, 국내 수입자의 정상적인 거래를 불필요하게 위축시키지 않기 위한 것이다. 다시 말해, '법적 요건을 모두 충족한 경우에만 보류'라는 원칙이 관철되고 있으며, 행정 자의성을 최소화하여 무역 안정성을 유지하려는 취지가 담겨 있다.

3. 협정관세 적용 보류 기간의 설정

보류 기간은 「FTA 관세법 시행규칙」 제26조에서 규정하며, 서면조사 통지일부터 조사 결과 통지일까지이다.

보류 시작일은 해외 수출자·생산자에 대해 원산지 서면조사 또는 현지 조사를 실시한다는 사실을 국내 수입자에게 통지한 날이며, 보류 종료일은 해외 직접검증 (서면·현지 포함) 결과를 수입자에게 통지한 날이다. 이로써 보류의 시작·종료 시점이 명확히 규정되어 있으며, 보류 기간 중이라도 조사대상자가 요건을 충족하면 조기 해제가 가능하다.

4. 제도의 한계와 보완 필요성

현행 제21조 운용에는 다음과 같은 한계가 존재한다.

첫째, 간접검증 대상의 보류 기간이 불분명하다. 시행규칙 제26조는 직접검증(법 제17조 절차)만을 대상으로 보류 기간을 규정하고 있어, 간접검증(법 제19조 절차)에 대해서는 보류 기간에 관한 명확한 규정이 없다. 간접검증 방식의 FTA(예: 한-EU, 한-아세안 등)에도 협정상 보류 조항이 존재하므로, 이를 집행할 국내법 절차 마련이 필요하다.

둘째, 검증 결과 후 보류형 협정에 대한 국내 절차가 없다. 칠레, 싱가포르, 미국 (일반물품), 캐나다, 뉴질랜드, 중미, 페루 등은 검증을 종료한 후 그 결과에 따라 특혜관세를 중지하는 유형의 협정을 포함하고 있으나, 이에 대응하는 국내법상 보류 절차는 부재하다. 따라서 검증 후 보류 규정이 국내 제도와 연계되지 않아 실효성이 떨어지는 문제가 발생한다.

제24조-01 농림축산물에 대한 긴급관세제도의 관세법과의 차이점

농림축산물에 대한 긴급관세제도는 「관세법」과 「FTA 관세법」에서 각각 규정하고 있으나, 대상 및 발동 요건 등에서 차이를 보인다.

1. 대상 범위

「관세법」의 긴급관세제도는 모든 농림축산물을 포괄하는 반면, 「FTA 관세법」의 특별긴급관세조치는 협정 체결 당시 한정된 '특정 농림축산물'에만 적용된다. 이는 FTA 협상 과정에서 대상 품목과 특별긴급관세율이 사전에 확정되었기 때문이다.

2. 발동 요건

「관세법」에서는 법 제73조(국제협력관세)에 의거하여 국내·외 가격 차이에 상당한 율로 양허한 농림축산물의 수입물량이 급증하거나 수입가격이 하락할 경우 발동된다. 이는 우루과이라운드 농업협상에 따라 관세화가 전면 적용된 후 특정 상황에서 추가 관세를 부과하여 국내 산업을 보호하는 제도이며, 산업의 심각한 피해 발생 여부와 관계없이 발동이 가능하다.

반면, 「FTA 관세법」의 특별긴급관세조치는 산업 피해조사 없이, 단순히 협정에서 정한 기준발동물량을 초과하면 자동적으로 부과할 수 있다.

3. 조치 및 세율 규정

「관세법」에 따른 긴급관세조치는 대상 물품, 세율, 적용기간, 수량 등이 기획재정부령에 의해 매년 변경 가능하며, 부과 품목 역시 매년 조정될 수 있다. '특별긴급관세 부과에 관한 규칙'은 최초 1994년 12월 31일 제정 후, 현재까지 운용 규정이 지속적으로 변경·운영되고 있다.[57]

기준발동물량 이내 or 기준가격 이내	적용기준발동물량 초과 or 기준가격 10% 이상 하락
WTO 시장접근물량 이내 양허세율	특별긴급관세 부과

반면, 「FTA 관세법」에 따른 특별긴급관세조치는 협정에 따라 품목, 기준발동물량, 세율, 적용기간 및 방법이 이미 확정되어 있으며, 「FTA 관세법 시행령」 제30조에서 구체적으로 규정되어 있다. 해당 제도는 EU, 페루, 미국, 콜롬비아, 호주, 캐나다, 뉴질랜드, 영국, 필리핀과의 FTA로 9개 협정에서 운용되며, 대체로 기준발동물량은 연도별로 증가하고 특별긴급관세율은 점차 낮아지는 경향을 보인다. 예를 들어 한-미 FTA에서 녹두는 연간 500톤까지는 관세 0%가 적용되지만, 이를 초과하면 488%의 특별긴급관세가 부과된다.

> 협정관세율 ≥ 기준발동물량 < 특별긴급관세
> (예시) 녹두(한-미 FTA): 500t 이하까지 0% / 500t 초과 488%

4. 산업 피해조사 여부

「관세법」상 긴급관세는 발동 전 산업 피해조사와 판정이 필요한 경우가 있으나, 우루과이라운드 농업협상에 따라 이루어진 특별긴급관세(Special Safeguard)는 현실적으로 피해조사 없이도 발동할 수 있다. 이에 비해 FTA 특별긴급관세조치는 산업 피해조사나 판정 절차가 전혀 필요 없으며, 기준발동물량을 초과한 시점부터 즉시 부과된다. 따라서 조사 기간 없이 신속한 추가 관세부과를 통한 시장 안정화가 가능하다는 장점이 있다.

---

57) 「관세법 제68조에 따른 특별긴급관세 부과에 관한 규칙」 운영: 1994.12.31. 총리령 제484호로 제정되어 1995.1.1. 시행되었다. 동 규칙의 제정 이유는 「관세법」에서 규정하고 있는 농림축산물에 대한 특별긴급 관세제도의 시행을 위하여 필요한 구체적인 부과 대상 물품 및 세율 등을 정하기 위해서이다. 이후 1998.12.31. 재정경제부령으로 변경되었다.

제24조-02 농업 특별긴급관세 운영과 관련하여 물량 관리 원칙

1. 일반적인 규정과 원칙

농업 분야에서 운영되는 특별긴급관세(또는 농업 긴급수입제한조치)는 일정 수입량을 초과하거나 시장 안정에 필요하다고 판단될 경우 발동된다. 이 조치는 발효 이후에도 특정 예외를 인정하는데, 일반적으로 조치 시행 이전에 이미 계약이 체결되어 운송 중인 상품은 적용 면제 대상이 될 수 있다.

또한, 운송이 완료되어 보세구역(세관 창고 등)에 장치되어 있는 상품도 동일한 예외 대상으로 인정된다. 이는 물리적으로 수입 절차에 들어간 상품은 이미 거래가 완성된 것으로 간주하여, 긴급조치의 영향을 소급 적용하지 않는다는 관세행정 원칙에 따른 것이다.

한편, 긴급조치 발동 이후에는 그 시점 이후 수입신고를 하거나 협정관세를 신청하는 물량에 대해서는 기존 기준과 다른 관세율이 적용되며, 이를 회피하기 위해 사후에 협정관세 신청을 하는 것은 허용되지 않는다.

특히, 기준물량(쿼터)이 소진되기 전에 수입신고를 했더라도, 동시에 협정관세를 신청하지 않고 쿼터 초과 후에 사후 신청을 시도하는 경우에는 인정되지 않는다. 이는 기준물량 관리가 수입신고와 협정관세 신청이 동일 시점에 이루어져야 한다는 원칙을 전제로 하고 있기 때문이다.

2. 호주 사례

한-호주 FTA의 농업 특별긴급관세 제도에서도 동일한 관리 원칙이 적용된다. 2015년 한-호주 FTA 제6.7조 제7항(농업 긴급수입제한조치 적용 면제)의 해석과 관련해, 한국 농림축산식품부는 "조치 적용 이전에 계약이 체결되어 운송 중인 상품뿐 아니라 이미 운송이 완료되어 보세구역에 장치되어 있는 상품도 면제 대상이 된다"는 입장을 공식적으로 통보하였다.

또한, 물량관리와 관련된 구체적 사례를 보면, 세번 0201.20-9000의 한-호주 FTA 협정세율(2년 차)은 다음과 같다.

- 기준물량(쿼터) 157,676톤 이하: FAU1 세율(34.6%) 적용 가능
- 기준물량 157,676톤 초과: FAU9 세율(40%) 적용

이때, 수입자는 157,676톤 초과 전에 수입신고를 했더라도 협정관세를 동시에 신청하지 않고, 초과 이후에 사후 신청하여 FAU1 세율 적용을 요구할 수 없다. 해당 물량은 긴급관세 발동 이후에는 일반 관세율에 따라 처리되며, 다음 해에 기준물량이 새로 발동된다고 해도 이전 연도에 수입된 물량에 대해서는 협정관세 적용이 불가능하다.

3. 결론

FTA 농업 특별긴급관세 운영 시 물량관리의 본질적인 목적은 협정의 원활한 이행과 시장 안정의 균형을 맞추는 데 있다. 다수의 FTA 협정에서는, 긴급관세 제도를 단순한 수입 억제 장치로만 두지 않고, 이미 거래가 진행 중이거나 사실상 수입이 확정된 물품에 대해서는 예외를 인정하는 규정을 함께 두고 있다. 이를 통해 발동 시점 이전의 경제활동과 계약 안정성을 보장하고, 불필요한 거래 혼란을 최소화한다.

따라서 긴급수입제한조치가 발동되기 전에 계약이 체결되어 운송 중인 상품이나, 최종적으로 국내에 도착하여 보세구역에 장치(세관 창고 또는 보세창고에 보관)되어 있는 상품은 일반적으로 면제 대상이 될 수 있다. 이는 실제로 물리적·경제적 거래가 상당 부분 진행되었음을 반영한 것으로, 발동 이후에 이러한 물품에 긴급관세를 소급 적용하는 것은 국제무역 관행상 부당하다고 보기 때문이다.

다만, 긴급관세 면제를 받기 위해서는 조치 발동 이전의 상태를 명확하게 입증할 수 있는 서류와 절차가 필요하다. 예를 들어, 계약서, 선적서류, 운송증명서, 보세구역 반입 확인서 등의 기록을 통해 해당 물품이 긴급관세 발동 이전에 이미 거래 및 운송이 완료되었음을 증명해야 한다. 이러한 증거가 없거나 불확실한 경우에는 면제 판정이 어렵게 된다.

한편, 기준물량(쿼터) 관리와 관련하여 주의해야 할 점도 있다. 기준물량 초과 여부를 판단하는 시점은 수입신고와 협정관세 적용신청의 동시성을 전제로 하고 있다. 즉, 기준물량이 소진되기 전에 수입신고를 했더라도, 협정관세 신청을 동시 진행하지 않은 경우에는, 기준물량 초과 이후에 사후 협정관세 적용 요청을 할 수 없다. 긴급관세 발동 이후에는 그 시점 기준의 관세율이 적용되며, 이는 사후적 신청으로 번복될 수 없다.

또한, 이전 연도에 수입된 물량은 당해 연도에 새로 설정된 기준물량과 무관하게 취급된다. 다시 말해, 기준물량은 해당 연도 수입 물량에만 적용되기 때문에, 과거 연도에 수입하고 해당 연도에 협정관세를 신청하는 것은 인정되지 않는다. 이는 연도별 물량 관리가 단절적으로 운영되며, 누적적 관리가 아니라는 점을 의미한다.

결국, 농업 특별긴급관세 운영에서 물량 관리는 예외 인정 범위와 적용 시점 엄격성이 두 축이 된다. 예외 인정 범위는 발동 이전 이미 진행된 거래를 보장하는 역할을 하며, 적용 시점 엄격성은 기준물량 관리의 효율성과 형평성을 유지한다.

실무에서는 반드시 두 가지를 모두 고려해야 하며, 수입자·통관담당자는 발동 시점, 수입신고, 협정관세 신청 시점을 정확히 파악하고 필요한 증빙을 확보해 두는 것이 중요하다.

국제무역 실행 현장에서는 이러한 물량 관리 절차가 국가 간 신뢰 형성과 무역 안정성 확보에 직결되며, FTA의 신뢰도에도 영향을 미친다.

제30조-01 '일시 수입물품' 통관 시 원산지증명서 필요 여부

1. 원산지와 무관한 관세 면제 규정

자유무역협정에서는 일정 조건을 충족하는 경우, 물품의 원산지에 관계없이 협정에서 정한 범위 내에서 관세를 면제하는 제도를 두고 있다.

「FTA 관세법」 제30조 제1항에 따르면, 이 관세 면제 제도는 국내 「관세법」 규정이 아니라 FTA 협정 당사국 간 합의에 근거하며, 해당 조건을 충족하면 원산지증명서를 제출하지 않아도 관세가 면제된다. 이는 품목 자체가 협정 특혜 품목이 아니더라도 주어진 조건에 부합하기만 하면 적용된다.

2. 관세 면제 대상이 되는 일시 수입물품의 유형

관세 면제 대상이 되는 일시 수입물품은 물품의 종류 자체보다 반입 목적과 거래 형태에 따라 구분되며, 다음의 세 가지 유형이 대표적이다.

첫째, 재수출 목적의 일시 수입물품이다. 이는 수입신고가 완료된 날로부터 2년 이내, 또는 대통령령으로 정한 특정 기간 이내에 다시 해외로 반출할 예정인 물품을 의미한다. 예를 들어, 해외 박람회에 선보일 장비를 잠시 들여왔다가 행사 종료 후 즉시 반출하거나, 촬영·시연 등을 위해 단기간 국내에 반입한 기자재가 여기에 해당된다. 다만, 단순히 수입 후 장기간 보관하는 경우나 제도에서 정한 재수출 기한을 넘긴 경우에는 관세 면제를 받을 수 없다.

둘째, 수리·개조 목적의 재수입물품이다. 이는 이미 국내에서 사용되던 물품을 기능 개선이나 고장 수리를 위해 체약상대국으로 반출한 후 다시 가져오는 경우를 말한다. 예를 들어, 고정식 기계장치, 정밀 측정기, 항공기 부품 등을 해외 전문업체에서 수리하거나 성능 업그레이드를 진행한 뒤 재반입하는 경우가 이에 해당된다. 이러한 경우에도 기획재정부령에서 정한 품목과 용도 요건을 충족해야 하며, 수리·개조가 완료된 후에도 원래 용도나 성격이 크게 변하지 않아야 한다.

셋째, 소액 상용견품 및 광고용품이다. 상용견품은 거래 성사를 위해 고객에게 시연하거나 품질을 검증받기 위해 제공되는 소량의 샘플을 의미한다. 일정 금액 이하의 소액 견본은 판매 목적이 없다는 점에서 관세 면제를 받을 수 있으며, 광고용품은 판촉이나 홍보 목적으로 배포하는 리플릿, 카탈로그, 소책자 등이 이에 해당한다. 다만, 견본품이라도 다량 반입하거나 판매 목적이 있는 경우에는 관세 면제가 적용되지 않는다.

요약하자면, 이러한 유형의 일시 수입물품은 원산지와 관계없이 조건만 충족하면 관세 면제가 가능하며, 원산지증명서를 제출할 의무가 없다. 그러나 이미 다른 법률에 따라 관세환급을 받은 경우, 혹은 재수출 조건 위반과 같이 명시된 예외 상황에 해당하면 면제가 제한된다.

3. 관세 면제 적용 절차와 유의 사항

일시 수입물품에 대해 관세 면제를 받으려면 법에서 정한 절차를 철저히 준수해야 한다.

먼저, 「관세법 시행령」 제112조에 따라 수입신고 수리 전에 관세감면신청서를 반드시 제출해야 한다. 사전 신청이 이루어지지 않으면 이후에 면제를 요청하더라도 적용이 불가능하다. 신청서에는 면세 사유, 재수출 예정일, 반입 목적 등을 명확히 기재해야 하며, 필요시 관련 증빙자료를 함께 첨부해야 한다.

재수출 기간을 연장할 필요가 있을 경우, 「관세법 시행령」 제114조에 따른 기간 연장 신청 절차를 거쳐야 한다. 연장은 단순히 신청만으로 이루어지는 것이 아니라 합리적인 사유와 이를 입증할 자료가 필요하다. 예를 들어 전시회 일정 변경, 수리 지연, 국제배송 차질 등의 이유가 있다.

「관세법 시행령」 제115조 제1항에서는 재수출 조건부 면세 기간을 명시하고 있으며, 만약 이 조건을 지키지 못하면 면세 혜택이 취소되고 기본 관세율에 따라 세금이 부과된다. 「관세법 시행령」 제116조에서는 재수출 조건을 위반했을 경우 가산세를 부과하는 규정도 두고 있으므로, 반드시 기한 내 재수출을 완료해야 한다.

또한 일부 FTA(한-인도 CEPA[58])에서는 국제적으로 통일된 통관 제도인 A.T.A. 까르네(A.T.A. Carnet)를 인정한다. 까르네는 국제적으로 표준화된 '물품 여권' 역할을 하여, 통관 시 국내 세관 서류를 대신할 수 있다. 이를 이용하면 전시, 시연, 스포츠 경기, 연구 장비 등 비판매 목적의 물품을 여러 국가에 걸쳐 반복적으로 운송할 때 절차와 비용을 크게 줄일 수 있다.

결국, 관세 면제 절차에서 핵심은 조건 준수와 사전 신청이며, 재수출 기한과 사유, 반입 목적을 명확히 하는 것이 필수적이다.

4. 제도의 국제적·국내적 의의

일시 수입물품에 대한 관세 면제 규정은 국제무역에서 전시, 기술시연, 수리, 견본 제공 등의 활동을 원활하게 하기 위해 마련된 제도다.

FTA에서는 이러한 물품에 대해 원산지 불문 관세 면제를 합의함으로써 절차를 단순화하고 비용을 절감할 수 있도록 하였다. 우리나라는 이러한 협정상의 합의를 「FTA 관세법」과 시행령에 반영해 국내 기업들이 해외와 동일한 수준의 혜택을 누릴 수 있도록 제도화하였다. 이를 통해 무역 파트너십 강화와 원활한 물류 이동을 동시에 달성할 수 있다.

---

58) 제2.12조(일시 수입) 1. 각 당사국은 다음 상품의 일시 수입을 위하여 A.T.A. 까르네 협약에 기재된 조건에 따라 발급되고 사용되는 것으로서, 자국 영역에서 유효한 A.T.A. 까르네를, 국내 세관서류에 갈음하여 A.T.A. 까르네 협약 제6조에 언급된 금액에 대한 담보로서 수락한다. (이하 생략)

제30조-02 "수리·개조 등의 목적으로 수출 후 다시 수입하는 물품" 통관

1. 제도 개요 및 법적 근거

「FTA 관세법」 제30조 제1항 제2호는, 우리나라에서 체약상대국으로 수출된 물품이 수리 또는 개조를 위해 일시적으로 반출되었다가 다시 국내로 재반입되는 경우, 재정경제부령으로 정한 물품에 한해 관세를 면제한다고 규정하고 있다. 이는 해당 물품의 원산지와 관계없이 적용되며, 자유무역협정 체약국 간 가공·수리 무역의 활성화를 목적으로 한다.

2. 관세 면제 대상 국가 및 범위

관세 면제가 적용되는 국가는 칠레, 페루, 미국, 호주, 캐나다, 콜롬비아, 뉴질랜드, 베트남, 이스라엘, 그리고 중미 국가들과의 FTA를 체결한 경우이다. 이들 국가와의 협정에서는, 수리 또는 개조를 목적으로 수출된 물품이 재반입될 때, 일정 요건을 충족하면 무관세 혜택이 주어진다. 다만, 다음에 해당하는 경우는 수리·개조 범위에서 제외되어 관세 면제가 불가능하다.

- 「관세법」 또는 「수출용 원재료 관세 등 환급 특별법」에 따른 관세 환급을 이미 받은 물품
- 보세공장에서 생산하여 수출한 보세가공물품
- 장치기간이 경과하여 공매로 매각되었으나 재수출 조건부로 판매·수출된 물품

참고로 한·싱가포르 FTA 협정문에는 수리 또는 가공 후 재반입되는 상품에 대해 원산지와 관계없이 관세를 면제하거나 경감할 수 있는 규정이 있다. 그러나 현재 「FTA 관세법 시행규칙」에는 반영되지 않았다. 다만, 코로나19로 어려움을 겪는 항공업계를 지원하기 위해 법령을 한시적으로 개정하여, 2021년 12월 31일부터 2023년 3월 20일까지 싱가포르에서 수리·개조된 항공기 부품의 재반입 시 관세를 면제한 사례가 있다.

3. 「관세법」과 「FTA 관세법」의 차이

가. 「관세법」 적용 시

「관세법」 제99조(재수입면세)에 따라, 우리나라에서 수출한 물품이 해외에서 수리되어 수출신고 수리일로부터 2년 이내 재반입되면, 수출 당시 원물품의 가치에 대해서는 관세가 면제된다. 다만, 해외 수리·개조 과정에서 발생한 가치상승분(수리비, 왕복 운임, 왕복 보험료 등)은 과세 대상이며, 무상 수리라도 해당 가치상승분이 있으면 과세된다.

매매계약 상 하자보수 보증기간(수입신고 수리 후 1년 이내) 내의 수리는 수리비만 과세, 나머지(원물품 + 운임 + 보험료)는 면세된다. 또한 제101조(해외 임가공물품 등의 감세)에 따른 감면 규정도 있으나, 적용 범위가 제한적이어서 모든 수리·개조 물품을 포괄하지는 않는다. 즉, 「관세법」은 원물품 가치를 면세하되, 해외 발생 부가비용은 과세하는 구조로, 기업의 관세 부담을 완전히 해소하지 못하는 한계가 있다.

나. 「FTA 관세법」 적용 시

「FTA 관세법」 제30조 제1항 제2호 및 각 FTA 협정문(예: 한-미 FTA 제2.6조)에 따르면, 체약국 간 수리·개조 목적의 일시 수출 및 재반입 물품은 원산지와 관계없이 전면적인 관세 면제가 적용된다. 이는 수리 가능 여부, 가치 상승 여부와 무관하게 적용되며, 예외적으로 상품의 본질적 특성을 변경하는 경우, 상업적으로 전혀 새로운 상품을 생산하는 경우, 미완성품을 완성품으로 제작하는 경우 등은 '수리·개조' 범위에서 제외되어 면세할 수 없다.

또한 협정국 발행 원산지증명서를 구비하면, 관세법상 과세 대상이었던 왕복 운임·수리비·임가공비까지 면세가 가능하다. 이는 체약국 간 가공 무역·유지보수 거래 활성화를 위한 핵심 제도이며, 기존 관세법 한계를 보완하여 기업의 비용 부담을 대폭 경감시킨다.

구분	관세법	FTA 관세법
적용 범위	원물품 가치 면세	원물품 + 부가비용(수리·운임·보험)도 면세
원산지 기준	국내 원물품	원산지 무관
가치상승분 과세 여부	과세	면세
예외 대상	원물품과 HS 10단위 동일해야 함. 부가비용 과세	본질적 특성 변경·신상품 생산·미완성품 완성 시 면세 제외
목적	일정 범위 재수입 물품의 부담 경감	체약국 간 가공·수리 무역 활성화 및 비용 절감

4. 수리·개조 후 재반입 물품, 수리비와 운임비의 과세 적용 여부

가. 협정에 규정이 있는 경우 (예: 한-미 FTA)

한-미 FTA 제2.6조는 수리 또는 개조 목적을 위해 해외로 반출하였다가 재반입하는 물품에 대해, 해당 수리비와 운임비에 대한 관세를 면제하는 규정을 두고 있다. 이에 따라, 「관세법」 제30조에서 일반적으로 수입물품의 과세가격에 수리비와 운임 등 비용을 포함하도록 규정하고 있더라도, 협정에 명시된 관세 면제 조항이 우선적으로 적용된다. 즉, 한-미 FTA 제2.6조가 적용되는 경우, 재반입 물품의 과세가격에 수리비와 운임비가 포함되더라도 결과적으로 해당 비용 전액에 대해 관세가 부과되지 않는다. 다만, 관세 면제를 적용받기 위해서는 해당 물품이 진정으로 "수리 또는 개조" 목적에 부합하는지 여부를 면밀하게 확인해야 한다. 예를 들어, 단순 수리, 부품 교체, 성능 개선 수준이라면 면세 적용이 가능하지만, 구조의 본질적 변경이나 완전한 제품 재조립 수준이라면 면세 대상에서 제외될 수 있다. 또한, 관세 면제 요건 충족 사실을 세관에서 명확히 확인할 수 있도록 수리 내역서, 수리 의뢰서 등 관련 증빙자료를 재반입 신고 시 함께 제출하는 것이 바람직하다.

나. 협정에 규정이 없는 경우 (예: 한-EU FTA)

한-EU FTA에는 수리 또는 개조 목적으로 해외로 반출한 후 재반입하는 물품의 수리비나 운임비에 대해 관세를 면제하거나 특혜를 부여하는 규정이 포함되어 있지 않는다. 따라서 이 경우에는 FTA 협정 규정이 아닌, 일반 「관세법」 규정이 적용된다. 적용되는 주요 법령은 「관세법」 제99조(재수입면세)와 제101조(해외 임가공물품 등의 감세)이다.

이들 조항은 해외에서 수리·가공을 거쳐 재수입되는 물품의 경우, 그 비용(수리비· 운임비)을 과세가격에 반드시 포함하도록 정하고 있다. 즉, 해당 금액을 포함한 전체 과세가격에 해당 물품의 세번별 세율을 적용하여 관세를 산출한다. 세액 계산 절차는 다음과 같다.

- 재수입 물품의 기본 과세가격을 확정한다.
- 해외에서 발생한 수리비·가공비·운임비를 과세가격에 가산한다.
- 해당 물품의 세번에 따라 국내 기본세율을 적용하여 관세를 계산한다.

재수입 시에도 한-EU FTA 원산지증명서를 제출하면, 과세가격 자체는 동일하게 산정되지만, 적용 세율이 협정에서 정한 특혜세율로 조정될 수 있다. 이 경우 수리비 자체가 과세에서 제외되는 것은 아니지만, 낮은 협정세율이 적용되므로 결과적으로 관세 부담이 일부 줄어들 수 있다. 즉, '과세 대상' 여부와 '적용 세율'은 별개 개념임을 유념해야 한다.

5. 제도의 의미

이 제도는 자유무역협정 상 체약국 간 합의된 관세 면제 조항을 국내 법령에 반영함으로써, 수리·개조 목적의 일시수출입 물품에 대해 폭넓은 관세 혜택을 제공하는 장치이다.

기존 「관세법」에서는 재수입물품에 대해 원칙적으로 수리비, 운임, 보험료 등 가치상승분을 과세하는 제한이 있었지만, 「FTA 관세법」에 의하면 협정 체약국에서 수리·개조된 물품이라면 이러한 부가비용까지 포함하여 전면적인 관세 면제가 가능하다. 이는 기업의 국제 협력·가공·수리 거래를 활성화하는 직접적인 효과를 가진다.

- 첫째, 수리·개조 거래의 비용 절감이다. 국제적으로 기술·부품 수리 역량이 특정 국가에 집중된 경우, 해당 국가와 FTA를 체결해 관세 면제 혜택을 활용하면 기업이 기존보다 훨씬 저렴하게 해외 수리 네트워크를 이용할 수 있다. 특히 항공, 선박, 고가 산업기계와 같이 부품 가격과 수리비가 큰 산업에서는 관세 부담 경감 효과가 크다.

- 둘째, 부품·설비의 신속한 회전 및 유지보수를 촉진한다. 고장·결함이 발생한 장비나 부품을 체약국으로 보내 수리 후 재반입할 때, 관세와 절차 부담을 줄임으로써 재고·운영 공백 기간을 최소화할 수 있다. 이는 단순히 기업의 운영 효율성을 높이는 것을 넘어, 국가 전체의 산업 경쟁력을 유지하는 데 기여한다.

- 셋째, FTA 체약국 간 가공 무역·기술 교류 활성화이다. 상대국의 수리·개조 기술을 적극적으로 활용할 수 있어 기술 이전과 산업 협력이 강화된다. 나아가 해당 물품이 재반입된 후 국내에서 다시 완성품·부품으로 재수출될 경우, 무역거래의 회전 주기도 빨라진다.

- 넷째, 정책적 지원과 산업 안정화 수단이다. 예를 들어 코로나19 시기 한·싱가포르 FTA를 활용한 항공기 부품 관세 면제 사례처럼, 특정 산업의 일시적 위기 상황에 맞춰 법령을 유연하게 개정·운용할 수 있다. 이를 통해 급격한 수요·공급 변동에도 산업 붕괴를 방지하고, 국제 운송·조달망을 안정적으로 유지할 수 있다.

- 다섯째, 「관세법」 규정과의 연계성 강화이다. 「FTA 관세법」에 따라 관세 면제를 받은 물품이 「관세법」상 추가 감면 대상 요건을 충족하면, 중복 혜택을 적용받아 관세 절감 효과를 극대화할 수 있다. 이는 법령 해석과 운용에 있어 실무자가 유연한 접근을 가능하게 하며, 기업 입장에서는 비용 절감의 기회가 확대된다.

결국, 이 제도는 단순히 관세를 면제하는 것을 넘어, 국제 산업 생태계에서 수리·개조 네트워크를 지원하고, 산업 경쟁력과 무역 효율성을 높이는 전략적 제도라고 평가할 수 있다. 특히 고가·정밀 산업 장비를 보유한 국가에서는 이 제도의 활용도가 매우 높으며, 장기적으로는 FTA 체약국 간 상호 의존적인 공급망과 유지보수 생태계를 강화하는 기반이 된다.

협정별 사전심사 대상과 우리나라에서의 적용

1. 협정별 사전심사 대상

FTA 협정에서 규정하는 사전심사 대상은 협정별로 범위가 상이하다. 한-EFTA FTA는 사전심사 규정을 두고 있지 않으며, 대부분의 FTA에서는 품목분류, 가격, 원산지와 같은 기본적인 사항만을 대상으로 한다. 특히 한-미 FTA는 사전심사 범위가 가장 넓다. 품목분류·가격·원산지 외에도 쿼터나 관세율할당 적용 여부, 원산지 표시, 관세환급, 관세 납기연장, 관세감면 등에 관한 사항까지 포함하고 있다.

한편, 협정문 규정만을 기준으로 보면, 관세 환급·감면, 원산지 표시, 수량별 차등협정관세의 적용에 대한 사전심사는 한-미 FTA 수입물품에만 적용된다. 다양한 FTA 협정에서 규정하는 사전심사 대상은 다음과 같이 정리할 수 있다.

협정에서 규정하고 있는 사전심사 대상

협정	심사 대상	
이스라엘	품목분류	
인도네시아	품목분류, 가격	
한-미 FTA[59]	품목분류, 가격, 원산지 +	쿼터나 관세율할당 적용 여부, 원산지 표시, 관세환급, 납기연장, 관세감면
기타 협정	품목분류, 가격, 원산지	

---

59) 제7.10조(사전심사결정) 1. 각 당사국은, 자국 영역에 있는 수입자나 다른 쪽 당사국 영역에 있는 수출자 또는 생산자의 서면 요청이 있는 경우(수입자·수출자 또는 생산자는 정당하게 권한을 받은 대표자를 통하여 사전심사 신청을 제출할 수 있다), 자국 영역으로 상품이 수입되기 전에 자국의 세관당국을 통하여 다음에 대한 사전심사 결정서를 발급한다.
　가. 품목분류
　나. 관세평가협정에 따라 특정한 사안에 대한 관세평가기준의 적용
　다. 관세환급, 납기 연장 또는 그 밖의 관세감면의 적용
　라. 상품이 원산지 상품인지 여부

2. 우리나라에서의 사전심사제도 운영

가. 법적 근거와 제도 구성

우리나라의 FTA 사전심사제도는 「FTA 관세법」과 「관세법」에 근거하여 운영된다. 먼저, 「FTA 관세법」 제31조(원산지 등에 대한 사전심사)는 FTA 협정에서 정한 사항에 따라 원산지, 가격, 품목분류 등 특정 항목에 대해 우리 세관이 협정 상대국과의 거래 이전 단계에서 심사와 판정을 수행할 수 있도록 규정하고 있다. 이와 관련하여 「FTA 관세법 시행령」 제37조(원산지 등에 관한 사전심사)는 심사 요청 절차를 비롯해, 심사가 가능한 항목의 구체적인 범위와 심사 결과의 법적 효력에 대한 세부 사항을 명확히 하고 있다.

한편, 「관세법」에서도 사전심사와 유사한 제도를 별도로 운영하고 있다. 우선 제37조는 과세가격 결정방법의 사전심사제도를 규정하여, 수입물품 가격 산정 과정에서 발생할 수 있는 불확실성을 줄이고 예측 가능성을 높일 수 있도록 한다. 제86조는 품목분류 사전심사제도, 즉 HS 코드 부여에 관한 사전판정 절차를 규정하여, 수입물품의 품목분류와 관련된 분쟁을 사전에 예방할 수 있도록 하고 있다. 또한 「관세법 시행령」 제236조의2에서는 원산지 사전확인제도를 도입하여, 수입물품이 해당 협정에서 규정한 원산지 자격 요건을 충족하는지 여부를 통관 이전에 판정할 수 있도록 하고 있다.

이와 같이, 우리나라의 FTA 사전심사제도는 「FTA 관세법」과 「관세법」에서 각각 규정된 여러 유형의 사전판정·사전확인 절차를 통해, 통관 과정의 신속성과 정확성을 제고하고 무역 당사자의 법적 안정성을 보장하고 있다.

마. 수리 또는 개조를 위하여 다른 쪽 당사국의 영역으로 수출된 후 어느 한쪽 당사국의 영역으로 재반입된 상품이 제2.6조(수리 또는 개조 후 재반입되는 상품)에 따라 무관세 대우를 받을 자격이 있는지 여부
바. 원산지국가 표시
사. 상품이 쿼터나 관세율할당의 적용을 받는지 여부, 그리고
아. 양 당사국이 합의하는 그 밖의 사안

나. 제도 변천과 범위 확장

2024년 12월 31일까지는 「FTA 관세법」 제31조 제1항 단서 규정에 따라, 사전심사는 해당 협정문에서 해당 제도를 명시적으로 규정한 경우에만 가능했다. 즉, FTA 협정에 사전심사 조항이 없는 경우(예: 한-EFTA FTA)에는 법적으로 사전심사를 요청하거나 진행할 수 없었다. 이 한계 때문에, 실무에서는 협정별 사전심사 요청 가능 여부를 사전에 검토해야 했으며, 심사 대상 범위도 협정 간 편차가 커서 통관 현장에서 혼선이 발생하는 경우가 있었다.

2025년 1월 1일부터 시행되는 개정 「FTA 관세법」에서는 이러한 제약을 해소하기 위해 단서 규정을 삭제했다. 개정의 핵심은, 협정문에 사전심사 규정이 있는 경우에만 가능하던 기존의 제한을 없애 국내적으로는 모든 FTA에 한-미 FTA 수준의 가장 광범위한 사전심사 항목을 적용할 수 있게 한 것이다.

이 변화에 발맞춰 2025년 2월 28일부로 「FTA 관세법 시행령」 제37조 제1항 제7호가 신설되었다. 새 조항은 "우리나라가 체결한 협정 중 어느 하나에서 사전심사 대상으로 정하고 있는 사항"을 사전심사 가능 범위로 규정하여, 사전심사 범위를 한-미 FTA의 폭넓은 항목(즉, 품목분류, 가격, 원산지, 쿼터나 관세율할당 적용 여부, 원산지 표시, 관세환급, 납기연장, 관세감면)에까지 확장할 수 있도록 했다.

다. 범위 확장의 의미와 한계

「FTA 관세법」과 시행령 개정으로 인해 우리나라 세관이 국내에서 집행하는 사전심사 범위는 실질적으로 FTA 중 가장 포괄적인 한-미 FTA 규정을 모든 FTA에도 적용할 수 있게 되었다. 이는 국내 수입업체와 수출업체가 자국 내 세관에 요청하는 사전심사에서, 보다 다양한 항목을 사전에 확인받을 수 있게 되어 통관과정의 예측 가능성 제고, 행정 절차 간소화, 물류 효율성 향상에 크게 기여할 것으로 기대된다.

다만, 이러한 범위 확장은 국내에서 실시하는 사전심사에 한정된다. 우리나라가 FTA 협정 상대국(예: 미국, EU, EFTA 회원국)에 대해 사전심사를 요청할 경우에는 해당 협정문에 규정된 사항만 요청할 수 있다. 따라서 협정 상대국과의 실무에서는 여전히 협정별 사전심사 규정 확인이 필요하며, 협정마다 가능한 항목의 폭이 다르다는 점을 유념해야 한다.

제31조-02 사전심사 신청권자 및 유효기간

1. 사전심사 신청권자

우리나라에서 원산지 사전심사를 신청할 수 있는 권한은 「FTA 관세법」 제31조 제1항에 근거를 두고 있다. 해당 조항은 사전심사 신청권자를 '원산지결정기준의 충족 여부 등 협정관세 적용의 기초가 되는 사항에 대하여 의문이 있는 자'로 규정하며, 여기에는 체약상대국의 수출자, 생산자 그리고 그 대리인을 명시적으로 포함한다. 즉, 신청권자의 범위는 단순한 국내 수입자에 국한되지 않으며, 외국에서 생산·수출되는 물품에 관여하는 이해관계인 및 그 대리인까지 법적으로 인정하고 있는 것이다.

이러한 규정은 각 FTA 협정의 사전심사 관련 조문을 국내법에 반영하면서 설정된 것으로, 실무적으로도 광범위한 신청권을 보장한다. 대부분의 FTA 협정은 공통적으로 수입자, 체약상대국 수출자·생산자 및 그 대리인을 사전심사 신청권자로 규정하고 있다. 특히 미국·호주·뉴질랜드·중미·캄보디아·필리핀과의 협정 및 역내포괄적 경제 동반자협정(RCEP)은 대리인을 명시적으로 포함시켜 신청권자의 범위를 명확히 하고 있다. 이는 신청 절차에서 대리인의 법적 지위를 보장하여, 기업이나 개인이 직접 신청하기 어려운 상황에서도 신속하고 효율적인 절차 진행이 가능하도록 한 것이다.

다만, 일부 협정은 신청권자에 대한 절차적 요건을 더하고 있다. 예를 들어 한·중 FTA의 경우, 중국 측에서 원산지 사전심사를 신청하려면 반드시 중국 세관에 사전 등록해야 한다. 이는 상대국 세관이 신청권자의 자격을 자국 제도에 맞추어 관리하고자 하는 조치이며, 단순히 국제협정상 권한 부여를 넘어서 자국 내 법령·행정 절차를 반영한 특수 규정이다.

국내법과 협정 규정의 관계를 살펴보면, 「FTA 관세법」 제31조 제1항은 대리인의 신청을 명확히 포함시키며, 그 범위를 협정보다 폭넓게 설정한다. 따라서 국내에서 관세청장에게 사전심사를 신청할 경우, 협정상 제한 여부와 관계없이 모든 협정에서 대리인의 신청이 가능하다. 이는 국내법이 협정 규정에서 정한 '최소 범위'보다 확장하여 해석·적용한 사례이며, 행정상 포괄성과 접근성을 높이려는 정책적 의도라 볼 수 있다.

그러나 상대국 세관에 직접 사전심사를 신청하려는 경우에는 반드시 해당 국가의 협정 규정과 자국 내 절차를 따라야 한다. 상대국이 신청권자를 제한하거나 특정 등록 요건 등을 부과하는 경우, 이를 준수하지 않으면 신청 자체가 거부될 수 있다. 이는 국제법상 '합의 우선 원칙[60]'과 '준거국 관할권 우선 원칙[61]'에 따른 것으로, 한 국가의 국내법 적용 범위가 다른 국가의 세관 관할에 미칠 수 없음을 의미한다.

결론적으로, 국내에서는 「FTA 관세법」을 근거로 모든 협정에서 수입자·수출자·생산자·대리인이 사전심사 신청을 할 수 있는 폭넓은 권한을 보장받는다. 이는 무역 절차의 투명성과 효율성을 제고하는 효과를 가져오며, 대리인을 포함함으로써 실무상 신청의 접근성을 크게 높이는 장점이 있다. 다만, 신청 대상국이 외국 세관인 경우에는 해당 협정과 절차를 반드시 준수해야 하며, 이는 국제무역 거래에서 상호 존중과 법적 일관성을 유지하는 필수 조건이다.

2. 사전심사서의 유효기간

협정에서 사전심사서의 유효기간은 협정에 따라 다양하게 규정되며, 크게 3년을 명시하는 고정형, 조건 충족 시 지속되는 조건부형, 아예 규정을 두지 않는 미규정형으로 나눌 수 있다.

한-미 FTA와 한-EU FTA는 사전심사 결정의 유효기간을 3년으로 정해 그 이후에는 동일 사안이라도 재심사가 필요하도록 규정하고 있으며, 이는 생산공정·원재료·조달 구조 등 원산지 판단 요소의 변화를 정기적으로 반영하기 위한 제도적 장치다. 반면 일부 협정은 유효기간을 구체적으로 명시하지 않고 조건부로 효력이 유지된다고

---

60) 국가 간 체결된 FTA 등 국제협정은 당사국 간의 합의에 기초하므로, 개별 국가의 국내법보다 우선하여 적용된다는 국제법상 원칙이다. 이는 국가들이 협정에서 정한 절차·요건·권한을 우선적으로 따라야 함을 의미하며, 국내 규정이 협정 내용과 충돌할 경우 협정 규범이 상위 규범으로서 우선한다.
61) 특정 행정 절차가 외국의 세관 또는 정부 기관 관할에 속하는 경우, 그 절차의 준수 여부와 신청 자격 판단은 해당 국가의 법령과 행정 규칙에 따라 결정된다는 원칙이다. 즉, 국내법에서 신청권을 폭넓게 인정하더라도 외국 세관에 신청할 때는 상대국의 규정이 최종 기준이 되며, 이를 따르지 않을 경우 신청이 제한될 수 있다.

규정하는데, 이러한 협정에서는 각 체약국의 국내 통관법령에 따라 실질적 운용기간이 다시 결정되므로, 통관 실무에서는 협정문과 상대국 법령을 모두 검토할 필요가 있다. 이는 행정 부담을 조절하고, 사후검증 분쟁을 예방하기 위한 협정 차원의 관리체계라고 볼 수 있다.

우리나라 국내 법령은 현재 사전심사서의 유효기간을 설정하지 않는다. 그러나 제정 초기에는 시행규칙에서 유효기간을 3년으로 제한하여 운영하였고, 기업은 조건이 동일하더라도 3년마다 사전심사를 반복 신청해야 하는 부담을 안고 있었다. 이러한 비효율을 개선하기 위해 2008년 개정을 통해 기간 제한 규정이 삭제되었으며, 그 결과 조건이 변경되지 않는 한 최초 사전심사 결과가 장기간 유지될 수 있게 되어 기업의 행정적 부담 감소, 통관 예측 가능성 제고, 세관의 반복 심사 감소 등 긍정적 효과가 발생하였다.

현행 국내 실무에서는 국내법을 우선 적용하므로, 협정에서 일부 3년 규정을 두고 있더라도 우리나라 세관이 발급한 사전심사서는 실질적으로 유효기간 제한 없이 계속 활용될 수 있다. 다만 이는 국내 통관에 한정된 완화적 운영이라는 점을 유의해야 한다. 상대국은 해당 협정 규정과 자국 법령에 따라 유효기간을 별도로 운영할 수 있으므로, 우리나라에서 발급된 사전심사서가 수출 상대국에서 그대로 인정된다는 보장은 없다. 예를 들어 협정상 3년 규정을 엄격히 적용하는 국가로 수출할 경우, 유효기간 경과 시 사전심사서를 갱신하지 않으면 특혜관세가 거부될 수 있다. 따라서 기업은 국내에서는 무기한 적용 가능하더라도, 국제거래에서는 반드시 상대국의 유효기간 규정을 확인하고 필요한 경우 갱신 절차를 거쳐야 한다.

결론적으로 사전심사서의 유효기간은 국제협정·국내법·상대국 법령이 복합적으로 작용하는 영역이며, 국내에서는 무기한 유효라는 장점이 있으나, 해외 수출의 경우 상대국 기준에 따른 별도 관리가 필요하다. 이는 원산지 검증의 안정성과 통관 리스크 관리 측면에서 기업이 반드시 고려해야 할 핵심 요소라고 할 수 있다.

EODES 시행을 위한 「FTA 관세법」상 운용 근거

1. 원산지정보 교환시스템(EODES) 구축·운영의 법적 근거

전자적 원산지정보 교환시스템(Electronic Origin Data Exchange System, 이하 'EODES')은 우리나라 관세청이 추진하는 국제통관정보교환 인프라로서, 자유무역협정 특혜관세 적용에 필요한 원산지증명서의 핵심 정보를 협정 당사국 간 세관당국이 전자적으로 실시간 교환하는 시스템이다.

전자적 원산지정보 교환시스템(EODES)의 원활한 구축과 운영을 위해서는 국제 협정에 따른 의무뿐 아니라, 이를 수용하는 국내 법률상의 명시적 근거가 필요하다. 이러한 법적 토대를 마련하기 위해 「FTA 관세법」은 제33조 제2항에서 상호협력의 범위를 구체적으로 규정하고 있다.

> **제33조(상호협력)** ② 관세청장은 협정을 통일적이고 효율적으로 시행하기 위하여 협정에서 정하는 바에 따라 다음 각 호의 사항에 관하여 체약상대국의 관세당국과 협력할 수 있다. <개정 2021. 12. 21.>
> 1. 통관 절차의 간소화
> 2. 다른 법률에 저촉되지 아니하는 범위에서의 정보 교환
> 3. 세관기술의 지원
> 4. 체약상대국의 관세당국과 제11조 제1항 제1호에 따라 작성·발급하는 원산지증명서에 포함되는 정보를 전자적으로 교환하는 시스템의 구축·운영
> 5. 그 밖에 협정을 통일적으로 이행하고 효율적으로 시행하기 위하여 필요한 사항으로서 대통령령으로 정하는 사항

2021년 12월 21일 개정 당시, 이미 한국은 중국·인도네시아와 EODES를 전면적으로 시행하고 있었으며, 베트남·인도·싱가포르 등과의 EODES 구축 사업도 진행 중이었다. 따라서 전자적 원산지정보 교환이라는 새로운 관세 협력 형태를 제도적으로 뒷받침할 필요성이 높았다. 이에 따라 제33조 제2항에 제4항이 추가되었고, 2022년 1월 1일자로 시행되었다.[62]

---

62) 개정 전: ② 관세청장은 협정을 통일적이고 효율적으로 시행하기 위하여 필요한 통관 절차의 간소화,

이와 더불어 「FTA 관세법 시행령」 제41조는 이러한 상호협력을 구체화하기 위해 여섯 가지 세부 사항을 규정하고 있다.

1. 원산지 확인에 필요한 상호행정지원에 관한 사항
2. 원산지와 관련되는 법령의 교환에 관한 사항
3. **서류 없는 통관절차의 구축, 전자무역환경의 증진 등 통관절차의 개선·발전에 관한 사항**
4. 세관공무원과 통관종사자에 대한 교육·훈련에 관한 사항
5. 수출입물품의 원산지에 관한 조사에 필요한 정보 교환
6. 그 밖에 법 제33조 제1항에 따른 협의기구에서 합의한 사항

그 내용은 원산지 확인에 필요한 상호 행정지원, 원산지 관련 법령의 교환, 서류 없는 통관절차의 구축과 전자무역환경의 증진을 포함한 통관절차 개선, 세관공무원과 통관종사자에 대한 교육·훈련, 수출입물품의 원산지조사에 필요한 정보 교환, 그리고 법 제33조 제1항에 따른 협의기구에서 합의한 기타 사항이다.

이처럼 「FTA 관세법」과 그 시행령은 EODES를 명시적으로 포함하는 상호협력 범위와 절차를 법률과 하위법령에서 모두 규정함으로써, 관세당국이 체약상대국과 전자적 방식으로 원산지정보를 교환하는 행위를 법적으로 정당화하고 제도적으로 안정화하였다.

2. 원산지증명서 제출면제 규정과 EODES의 연계

EODES의 운영은 단순히 데이터 교환의 편의성을 넘어, 수입자의 행정 부담을 완화하고 통관 효율을 높이는 효과를 가진다. 이에 따라 「FTA 관세법」은 원산지 증명서 제출면제 사유를 명확하게 규정하여 EODES와 직접적으로 연계하였다.

「FTA 관세법」 제9조 제3항은 수입자가 협정관세의 사후 적용을 신청하는 경우 원산지증빙서류를 제출해야 한다고 규정하면서, 다만 제33조 제2항 제4호에 따른 전자적 원산지정보 교환시스템을 구축·운영하고 있는 체약상대국으로부터 물품을 수입하고, 해당 물품의 원산지증명서 정보가 이미 전자적으로 교환된 경우에는 원산지증명서를

다른 법률에 저촉되지 아니하는 범위에서의 정보 교환, 세관기술의 지원, 그 밖에 대통령령으로 정하는 사항에 관하여 협정에서 정하는 바에 따라 체약상대국의 관세당국과 협력할 수 있다.

별도로 제출하지 않아도 된다고 명시하였다.[63] 이는 전자적 교환으로 인해 이미 관세당국이 원산지정보를 확보하였으므로, 종이 증명서 제출을 요구할 필요가 없다는 법적 판단에 기반한다.

또한 「FTA 관세법」 제9조 제4항은, 세관장이 제3항 단서에 따라 원산지증명서를 제출하지 않은 수입자에 대하여 필요한 경우 대통령령으로 정하는 조건 하에서 해당 증명서의 제출을 요구할 수 있도록 하였다. 이는 전자정보가 이미 확보된 경우에도, 특수 상황에서 원산지의 사실관계를 추가적으로 확인할 수 있도록 하는 보완 규정이다.

결과적으로 이 규정은 EODES 운영국과의 교역에서 원산지증명서 제출을 면제함으로써, 수입자의 서류 준비 부담과 서류 운송에 따른 시간·비용을 줄이고, 관세행정과 무역 절차를 간소화하는 효과를 가져왔다. 이는 FTA 협정과 국내법의 조화를 이루는 동시에, 체약상대국 간 신뢰를 기반으로 한 무역환경을 촉진하는 중요한 법적 장치로 작용한다.

---

63) 2021년 12월 21일 개정 당시 협정관세의 사후적용을 신청하려는 수입자의 서류제출 부담을 완화하기 위하여 수입자가 원산지 정보교환 시스템을 구축·운영하고 있는 체약상대국으로부터 물품을 수입하는 경우로서 원산지증명서에 포함된 정보가 전자적으로 교환된 경우에는 원산지증명서를 제출하지 아니할 수 있도록 하였다.

전자적 원산지정보 교환시스템 규정 협정과 추진 현황

1. 협정 규정

전자적 원산지정보 교환시스템(EODES)에 관한 규정은 우리나라가 체결한 다수의 자유무역협정과 지역무역협정에 반영되어 있다.

한-중 FTA 제3.27조를 비롯해 캄보디아(제3.27조 전자적 원산지정보 교환시스템[64]), 인도네시아(제3.25조 전자적 원산지정보 교환시스템[65]), 필리핀(규칙 4 전자적 원산지정보 교환시스템)과의 협정과 RCEP(제3.29조 원산지정보 교환을 위한 전자 시스템[66]), APTA 협정(제11조 전자적 원산지정보 교환시스템[67])은 모두 전자적 원산지정보 교환시스템을 개발·운영할 것을 규정하고 있으며, 이는 협정의 '효과적이고 효율적인 이행'을 위한 제도적 장치로 위치하고 있다.

각 협정에서 공통적으로 규정하는 바는, 수출국 세관과 수입국 세관 간 원산지증명서 정보가 전자적으로 교환되는 경우 수입자에 대한 원본 제출 의무를 면제할 수 있다는 것이다. 다만, 협정은 "세관이 필요하다고 간주하는 경우 원본 제출을 요구할 수 있는 권리"를 명시적으로 유보하여 예외를 인정하고 있다.

---

64) 양 당사국은 이 장의 효과적이고 효율적인 이행을 보장하기 위하여, 양 당사국에 의하여 공동으로 결정된 방식으로 전자적 원산지정보 교환시스템을 개발할 수 있다.
65) 양 당사국은 이 장의 효과적이고 효율적인 이행을 보장하기 위하여 전자적 원산지정보 교환시스템을 개발할 수 있다.
66) 당사자들은 이 장의 효과적이고 효율적인 이행을 보장하기 위하여, 관련 당사자들에 의하여 공동으로 결정된 방식으로 원산지정보 교환을 위한 전자 시스템을 개발할 수 있다.
67) 참가국은 이 챕터의 효율적 이행을 보장하기 위해 참가국 간 공동으로 결정된 방법에 따라 전자적 원산지정보 교환시스템을 개발하여야 한다.

2. 추진 현황

현재 한국은 중국, 인도네시아, 베트남, 인도 등 4개 교역국과 EODES를 정식 운영하고 있다.

EODES 국가·협정별 추진 현황 비교

국가	적용 협정 / 개통일	주요 특징 / 운영 방식
중국	- FTA: 2016.12.28., - APTA: 2017.05.11.	- 2016.7.1.~12.27. 시범운영 후 전면 시행 - CO 원본 제출 면제(전자데이터 일치 시) - 시스템 장애 시 보완신고＋담보제공 후 통관 - HS 6단위 일치, 수량·단위 일치 등 엄격 검증
	■ 최초 개통 국가이며 APTA로 확대 적용	
인도네시아	- 아세안: 2020.03.01, - CEPA: 2024.02.29.	- CEPA 발효와 동시에 전자 CO 교환 시작 - 전자·종이 CO 병행, 장애 시 원본 제출·보완 절차
	■ CEPA로 양자 FTA 기반 확장	
베트남	- 아세안: 2020.03.01, - VKFTA: 2023.07.15.	- UNI-PASS와 베트남 세관 전산망 직결 - 원산지증명서 확인·적용 절차 간소화
	■ 복수 협정 동시 활용 성공 사례	
인도	- CEPA: 2023.12.22.	- 2023.12. 기술연동 완료 후 운영 개시 - 전자 CO 교환에 기반한 협정세율 적용 - 전자자료 미수신 시 원본 요구·추가검증 병행 2024.02.29. 확장 및 안정화
	■ 2019년 APTA 일부 품목 대상으로 시범운영만 했으며, 기술검증 후 중단	

○ 한-아세안 FTA
 - 전송 경로: 아세안 단일 채널(ASEAN Single Window, ASW) 사용
 - 구조: 한국 UNI-PASS ↔ ASW ↔ 베트남 세관 ☞ 아세안 회원국 공용 네트워크 이용

○ 한-베트남 FTA (VKFTA)
 - 전송 경로: 양자(한국-베트남) 전용 채널을 통한 EODES
 - 구조: 한국 UNI-PASS ↔ 베트남 세관 전용 연결 ☞ 아세안 공동망과 별개, 협정 특화 조건에 맞춘 데이터 구조임. 그 이유는 VKFTA의 CO 서식·규칙이 한-아세안 FTA와 다르기 때문에, 동일 플랫폼이라도 송·수신 규격은 별도 적용

○ 한-인도네시아 CEPA
 - 전송 경로: 양자(한국-인도네시아) 전용 채널을 통한 EODES
 - 구조: 한국 UNI-PASS ↔ 인도네시아 세관 전용 연결 ☞ 아세안 공동망과 별개, 협정 특화 조건에 맞춘 데이터 구조. 그 이유는 CO 서식·규칙이 한-아세안 FTA와 다르기 때문에, 동일 플랫폼이라도 송·수신 규격은 별도 적용

3. 중국과의 전자적 원산지정보 교환시스템(EODES) 경과와 운영

한-중 간 전자적 원산지정보 교환시스템(EODES) 구축은 2014년 7월 3일 체결된 「한-중 세관당국 간 전략적 협력에 관한 약정」을 계기로 본격 추진되었다. 해당 약정은 무역원활화, 신속통관, 기업의 법규 준수를 촉진하기 위해 양국 간 원산지 자료의 전자적 정보교환 협력을 명시하였다. 같은 해 9월 개최된 제13차 한-중 FTA 협상에서 중국은 이러한 정보교환 규정을 단순 양해각서(MOU)에 그치지 않고 FTA 본문에도 반영할 것을 요구하였으며, 그 결과 2015년 2월 25일 가서명된 한-중 FTA 제3.27조에 EODES 구축 의무가 정식으로 포함되었다.

한-중 FTA 제3.17조 특혜관세대우의 청구

1. 이 장에 달리 규정된 경우를 제외하고, 특혜관세대우를 청구하는 수입자는
    다. 각각의 국내 법과 규정에 따라 원본 원산지증명서 및 상품의 수입에 관련된 그 밖의 증빙서류를 제출한다.[주]
    주) 원산지증명서상의 모든 정보가 제3.27조(전자적 원산지 정보 교환 시스템)을 통하여 각 당사국의 관세당국 간에 교환되는 경우, 각 당사국의 관세당국은 수입자에 대하여 수입 시 원산지증명서 제출을 요구하지 아니할 수 있다. 그럼에도 불구하고, 각 당사국의 관세당국은 필요하다고 간주하는 경우 수입자에 대하여 원산지증명서를 제출하도록 요구할 수 있는 권리를 보유한다. 이 각주는 이 장에 따른 그 밖의 어떠한 요건도 저해하지 아니한다.

제3.27조 전자적 원산지정보 교환시스템
(Article 3.27: Electronic Origin Data Exchange System)

「대한민국 관세청과 중화인민공화국 해관총서 간 전략적 협력에 관한 약정」에 따라, 양 당사국은 양 당사국이 공동으로 결정하는 방식으로 이 장의 효과적이고 효율적인 이행을 보장하기 위하여, 전자적 원산지정보 교환시스템을 이 협정의 이행 전에 개발하기 위하여 노력한다.

2016년 7월 1일 한-중 FTA EODES 시범운영이 개시되었고, 중국 해관총서는 이와 관련하여 수입신고서 작성방법, HS코드 6단위 일치 요건, 원산지 데이터 사전통보 절차 등의 세부 규정을 공고하였다. 이후 시범운영 성과를 토대로 2016년 12월 28일 양국은 EODES를 전면 시행하여 원산지증명서 원본 제출 의무를 전자자료로 대체하는 제도를 확립하였다. 이에 따라 한국에서 중국으로 수출 시 FTA 협정세율 적용을 위한 원산지증명서 원본 제출이 원칙적으로 생략되며, 다만 시스템 장애로 데이터 교환이 되지 않을 경우에는 사후 보완신고 및 담보제공 절차를 거쳐야 한다. 중국에서 한국으로 수입하는 경우에도 통관 시 원본 제출이 면제되며, 사후 협정세율 적용신청 시에도 동일하게 원본 없이 전자자료로 확인이 가능하다. 다만 양국 모두 원산지증명서 보관의무(3년)는 유지하고 있으며, 세관 요청 시 원본을 제출해야 한다.

중국 측은 2016년 12월 27일 제85호 공고를 통해 한-중 FTA 적용 화물의 수입신고 시 원산지증명서 원본 제출을 요구하지 않는다고 공식 규정하였다. 단, 전자데이터가 확인되지 않거나 세관 판단상 필요하다고 인정되는 경우 원본 제출을 요구할 수 있도록 하였으며, 전자정보 미수신 시에는 보충신고와 담보제공을 거쳐 통관하도록 절차를 설정하였다.

한-중 FTA EODES가 안정적으로 운영되자, 양국은 이를 역내포괄적 무역협정인 APTA에도 확대 적용하기로 2016년 7월 한-중 FTA 실무회의에서 합의하였다. 이후 중국 측과의 원산지증명서 송수신 기술 테스트를 거쳐, 2017년 2월 8일 APTA EODES 시범운영을 시작하였고, 2017년 5월 11일부터 전면 시행에 들어갔다. APTA 전면 시행 이후 한국은 원산지증명서 전자자료가 확인되는 경우 원본 제출을 면제하고, 데이터가 미수신되면 원본을 제출하도록 하였다. 중국 역시 전자자료와 원본이 일치하면 제출을 면제하고, 불일치 시 수입신고서 정정을 요구하며, 전자자료가 수신되지 않은 경우 보충신고 및 담보제공을 거쳐 통관을 허용하고 있다.

이와 같이 한-중 간 EODES는 FTA와 APTA 모두에서 무역서류 전자화와 절차 간소화를 실현하고 있으며, 시스템 미수신 또는 데이터 불일치 시에는 보완조치를 마련해 관세행정의 안정성과 신뢰성을 확보하고 있다.

4. 한국과 인도네시아 간 전자적 원산지정보 교환시스템(EODES) 협력

한-아세안 자유무역협정 발효 이후, 한국과 인도네시아 세관당국은 협정세율 적용 과정에 필요한 원산지증명서를 전자적으로 실시간 교환하는 필요성을 강하게 인식하였다.

기존 종이 증명서 제출 방식은 국제 우편이나 물리적 전달 과정에서 시간이 지연되고, 위·변조 가능성이 존재했으며, 검증 과정에서 중복 비용과 오류가 발생할 가능성이 높았다. 이에 따라 대한민국 관세청 UNI-PASS와 인도네시아 세관 정보시스템 간 디지털 연계(EODES) 구축이 추진되었다.

시범 논의와 일부 파일럿 운영을 거친 뒤, 2020년 3월 1일에 인도네시아가 참여한 한-아세안 EODES가 정식 개통되었다. 이날부터 원산지증명서 정보가 양국 세관 간 실시간으로 전송·확인되었으며, 전자자료가 정상적으로 수신되면 수입자는 종이 원본 제출을 면제받게 되었다. 반대로 데이터가 미수신되거나 불일치할 경우, 종이 원본 제출과 보충신고를 거쳐야 하며 경우에 따라 담보제공 절차를 별도로 진행해야 한다.

2023년 1월 1일 발효된 한-인도네시아 포괄적경제동반자협정(CEPA)은 한-아세안 FTA보다 상품 범위가 더 넓고 원산지 기준이 더 복잡해, 전송 데이터 필드가 대폭 확장되었다. 특히 CEPA 전용 EODES는 HS코드 6단위 정확성 검증, 거래가격·수량 자동 매칭, 원산지 판정근거 입력 필드 강화 등의 기능을 추가했으며, 2024년 2월 29일에 정식 개통되었다.

현재는 CEPA EODES와 한-아세안 FTA 기반 EODES가 병행 운영되고 있으며, 정상 연계 시 모든 협정에서 원본 제출 면제가 적용된다. 미연계·불일치 발생 시 paper 원산지증명서 제출과 보충 절차를 거쳐 특혜를 신청하도록 하고 있다.

5. 한국과 베트남 간 전자적 원산지정보 교환시스템(EODES) 협력

한국과 베트남은 한-아세안 FTA와 2015년 발효된 한-베트남 FTA(VKFTA)를 모두 시행 중이며, 두 협정에서 원산지증명서 제출이 필수 요건이다.

종이 제출 방식에서는 물리적 지연, 분실 위험, 위·변조 가능성, 인력 소모가 큰 수작업 검증 등 다양한 문제가 있었다. 이를 해결하기 위해 한국 관세청 UNI-PASS와 베트남 해관총국 전자통관망을 직접 연결하는 EODES가 구축되었다.

시범운영을 거친 후, 2020년 3월 1일에 베트남이 참여한 한-아세안 EODES가 정식 가동되었다. 이 시점부터 전자자료가 정상 수신되면 원본 제출을 면제하고, 미수신·불일치 시 종이 원본 제출과 수입신고서 정정, 그리고 필요시 보충신고 절차를 거치도록 했다.

베트남 EODES의 특징은 다중 협정 지원(Multi-FTA Support) 구조를 갖춘 것이다. 물리적 시스템 인프라는 동일하나, 한-아세안 FTA와 VKFTA는 상품 범위·원산지 기준·데이터 필드 구성에서 차이가 있다. 이에 따라 전송 데이터 항목과 검증 절차를 협정별 맞춤형으로 설계·운용하고 있다. 전자자료 기반 사전검증(HS코드 6단위 매칭, 가격·수량 비교)이 통관 단계에서 강화되었으며, 사후검증에서도 전자원산지 정보가 활용되어 심사 효율이 높아졌다. 데이터 미수신 시에는 담보제공 후 통관하는 방식으로 사후 특혜 적용을 받을 수 있다.

이로써 한-베트남 EODES는 통관 소요시간 단축, 무역서류 간소화, 원산지 검증 효율 강화라는 세 가지 목표를 동시에 달성했으며, 향후 다른 아세안 회원국과의 EODES 확장 모델로 활용될 가능성이 높다.

6. 한-인도 전자적 원산지정보 교환시스템(EODES) 경과와 운영 현황

한-인도 간 EODES 구축은 2009년 발효된 APTA와 2010년 발효된 한-인도 CEPA 이행 과정에서 본격 추진되었다. 두 협정은 모두 협정세율 적용 시 원산지 증명서 제출을 요구하며, 원산지 판정기준이 엄격해 수작업 검증에 많은 인력과 시간이 소요되었다.

이러한 문제를 개선하기 위해 양국 세관은 UNI-PASS와 인도 재정부 산하 관세·간접세청의 IT시스템 간 실시간 데이터 연계(ICT 기반 API 방식)를 개발했다. 이를 통해 전송된 전자 C/O 데이터는 자동 검증 절차를 거쳐 HS코드 6단위 일치 여부, 품목명·규격·거래가격·수량, 원산지 판정근거 등 핵심 검증 항목이 즉시 처리된다.

APTA 기반 EODES는 2019년 10월 시범운영을 시작했으며, 초기에는 데이터 포맷·전송 규격 차이로 일부 불일치 사례가 발생했다. 양국은 이를 개선하기 위해 포맷 표준화, 코드 매핑, 전송 오류 알림 기능 등을 단계적으로 보강하였다.

2023년 12월에 기술적 연결이 완료되었고, 2024년 2월 29일부터 APTA 기반 정식 운영이 개시되었다. CEPA도 EODES를 병행 활용하도록 연계되어, 정상 연계 시 종이 원본 제출이 면제되고, 데이터 미연계 또는 불일치 시에는 담보제공 후 잠정 적용 또는 보충신고를 거쳐 사후 적용이 가능하도록 했다.

한-인도 EODES는 이중 협정 지원 구조(APTA+CEPA)를 갖추고 있어, 동일한 전송 인프라에서 두 협정을 처리하되 데이터 항목, 판정 기준, 수출입 구분 규칙을 별도로 운영한다. 정기적인 시스템 점검, 오류 데이터 분석, 송수신 성공률 통계 공개를 통해 투명성을 높이고 있으며, 이는 양국 간 디지털 통관 협력의 모범 사례로 평가받고 있다.

제33조-03 EODES 시행 시 종이 원산지증명서 발급 필요 여부

1. 법적 의무의 지속

EODES가 도입되더라도 종이 원산지증명서의 발급·보관·제출 의무는 현행 법령에 따라 여전히 유효하게 유지된다. 「FTA 관세법」 및 시행령은 수출자·수입자 모두가 원산지증빙서류를 5년간 보관해야 한다고 규정하고 있으며, 관세당국은 필요시 원본 제출을 요구할 수 있다. 이는 EODES를 통한 전자 자료 교환이 이루어진 경우에도 종이 원본이 대체될 수 없음을 의미한다.

특히 종이 증명서는 자필 서명·직인 등 형식적 요건을 갖추고 있어 법적 증거력 확보에 유리하며, 사후검증 시 전자데이터만으로는 충족하기 어려운 요건을 보완하는 기능을 한다. 제도 전환기에 발생할 수 있는 기술적 불확실성을 고려할 때, 종이 증명서 보관은 법적 안정성과 위험 관리 측면에서 필수적인 요소이다.

2. 전송 오류에 대비한 필요성

EODES는 원산지정보를 실시간으로 교환하는 데 큰 효율성을 제공하지만, 전자 시스템에는 기술적 장애가 발생할 가능성이 항상 존재한다. 네트워크 장애, 서버 오류, 데이터 손상, 상대국 시스템 문제 등으로 원산지 정보가 정상적으로 전송되지 않을 경우 협정관세 적용 절차가 지연되거나 일시적으로 거부될 수 있다.

이때 종이 원산지증명서는 문제 해결을 위한 즉각적 대체 수단으로 기능한다. 종이 원본을 제출하면 기존 통관 절차에 따라 검증을 진행할 수 있어, 전자 시스템 장애로 인한 통관 지연 또는 물류비용 증가를 효과적으로 방지하는 역할을 한다. 따라서 시스템 오류 가능성을 고려한 '백업 증빙'으로서 종이 증명서의 실무적 중요성은 여전히 매우 크다.

3. 전자 방식과 종이 방식의 상호 보완성

EODES는 원산지정보의 자동 심사와 실시간 교환을 가능하게 하여 통관 속도와 행정 효율성을 크게 향상시키지만, 이러한 장점은 시스템이 정상적으로 작동할 때에 한정된다. 전자 방식은 신속성과 편의성에서 뛰어난 반면, 종이 원산지증명서는 분쟁 대응과 법률적 확실성 측면에서 여전히 대체 불가능한 역할을 수행한다.

또한 국제무역 환경에서는 상대국 시스템의 기술적 성숙도나 통신인프라 수준이 서로 다를 수 있어, 모든 국가 간 거래에서 전자 방식만으로 안정적인 통관이 보장된다고 보기는 어렵다. 현행 체계가 전자·종이 방식을 병행하도록 설계된 것도 이러한 차이를 고려한 조치이다. 전자 방식이 제공하는 효율성과 종이 방식이 제공하는 법적 안정성을 동시에 유지함으로써 예기치 못한 장애 상황에서도 무역 절차의 연속성과 신뢰성을 확보할 수 있다.

4. 결론

EODES는 무역 절차의 디지털 전환을 촉진하는 핵심 수단이며, 통관 시간을 단축하고 행정 효율성을 높이는 데 중요한 기여를 한다. 그러나 전자 정보 교환 체계가 도입되었다고 하여 종이 원산지증명서의 법적·실무적 필요성이 사라진 것은 아니다. 현행 법령은 종이 원본의 보관과 제출 의무를 명확히 유지하고 있으며, 이는 증거력 확보, 사후검증 대응, 전자 시스템 오류 대비 등 실질적인 필요에 기반하고 있다.

따라서 수출자와 수입자는 EODES 기반의 전자 방식과 종이 원산지증명서를 병행해 운영해야 하며, 이를 통해 법적 안정성을 갖추면서도 효율적이고 안전한 통관을 실현할 수 있다.

제35조-01 협정관세 적용 제한 규정 입법 이유 및 제한 사유

협정관세 적용 제한은 법령에 규정된 사유가 발생한 경우 특혜관세 적용을 최종적으로 배제하는 조치이다. 적용 제한이 이루어지면 해당 물품에 대해 협정관세는 더 이상 인정되지 않으며, 일반관세율 기준으로 부족세액이 추징된다. 이 조치는 보류와 달리 제재적·최종적 성격을 가진다.

1. 협정관세 적용 제한 규정을 「FTA 관세법」에 반영 이유

첫째, 국제협정과 국내법 집행을 연계하기 위해서이다. 협정관세 적용 제한은 특혜관세 제도의 신뢰성과 엄정성을 확보하기 위한 핵심적 법집행 영역으로, 그 근거는 국가 간 자유무역협정에 규정된 "특혜관세대우 거부" 조항에서 도출된다. 모든 FTA에는 원산지 미충족, 검증 비협조, 허위신고 등 특정 사유가 발생한 경우 관세당국이 특혜 관세를 배제할 수 있도록 규정되어 있다. 그러나 국제협정의 규정은 국내 관세행정에서 직접 적용되지 않으며, 국내 법령에 명시되어야만 실질적인 법적 효력을 갖는다. 이에 따라 「FTA 관세법」 제35조는 각 협정에서 정한 특혜관세 적용 제한 사유를 국내 규범으로 수용하여, 원산지 검증 또는 정보 제출 과정에서 협정상 의무 위반이 발생한 경우 관세당국이 특혜 적용을 제한할 수 있도록 하고 있다. 이와 같은 입법 방식은 국제협정과 국내 관세행정의 일관성을 확보하기 위한 필수적인 조치이다.

둘째, 관세행정의 법적 근거와 조세법률주의를 확보하기 위해서이다. 관세는 조세의 일종이므로 부과·감면·특혜 인정 또는 배제는 반드시 법률에 근거해야 한다는 조세 법률주의가 적용된다. 따라서 협정에 규정된 특혜관세 제한 사유가 있다 하더라도, 이를 국내법에 명시하지 않는 경우 관세당국은 법적 근거 없이 특혜를 거부하게 되어 위법 논란이 발생할 수 있다. 이러한 문제를 방지하기 위해 「FTA 관세법」 제35조는 협정상 제한 사유를 법령에 구체적으로 열거하고, 세관이 특혜관세를 거부할 수 있는 요건을 명확하게 규정하고 있다.

2. 협정관세 적용 제한 사유

제35조의 구성은 총 8개의 호로 규정되어 있다.

체약상대국 수출자 등의 원산지증빙자료 제출		1. 정당한 사유 없이 수입자, 체약상대국의 수출자 또는 생산자가 　- 제16조 제2항에 따른 기간 이내에 제출하지 아니하거나 　- 거짓으로 또는 사실과 다르게 제출한 경우 다만, 원산지증빙서류의 기재사항을 단순한 착오로 잘못 기재한 것으로서 원산지결정에 실질적인 영향을 미치지 아니하는 경우는 제외한다.
원산지 조사	제17조에 따른 서면조사 관련	2. 서면조사에 대하여 회신 기간 이내에 회신하지 아니한 경우
	제17조에 따른 현지조사 관련	2. 현지조사에 대한 동의 요청에 대하여 동의 여부에 대한 통보를 하지 아니하거나 특별한 사유 없이 동의하지 아니하는 경우 3. 체약상대국 수출자등이 정당한 사유 없이 세관공무원의 원산지증빙 서류 확인 접근을 거부하거나 보관하지 아니한 경우
	제17조에 따른 서면(현지)조사 결과 관련	4. 세관장에게 신고한 원산지가 실제 원산지와 다른 것으로 확인되거나 제출한 자료에 제7조에 따른 원산지의 정확성을 확인하는 데 필요한 정보가 포함되지 아니한 경우
	제19조에 따른 원산지 확인 요청 관련	5. 체약상대국의 관세당국이 　- 기간 이내에 그 결과를 회신하지 아니한 경우 　- 세관장에게 신고한 원산지가 실제 원산지와 다른 것으로 확인되거나 회신 내용에 제7조에 따른 원산지의 정확성을 확인하는 데 필요한 정보가 포함되지 아니한 경우
사전심사		6. 사전심사를 신청한 수입자가 사전심사의 결과에 영향을 미칠 수 있는 자료를 　- 고의로 제출하지 아니하였거나 거짓으로 제출한 경우 　- 사전심사서에 기재된 조건을 이행하지 아니한 경우
포괄 규정		7. 협정에 따른 협정관세 적용의 거부·제한 사유에 해당하는 경우
기타 사항		8. 그 밖에 관세청장·세관장이 원산지의 정확성 여부를 확인할 수 없는 경우로서 대통령령으로 정하는 사유에 해당되는 경우

이를 기능별로 구분하면 크게 원산지증빙자료 제출의무 위반, 원산지 조사 단계에서의 불응 또는 불성실 대응, 사전심사 과정의 고의적 허위·누락 행위, 협정에서 정한 특혜 거부 사유, 그리고 기타 원산지 정확성 확인이 불가능한 경우로 구성된다.

3. 법 제35조 제1항 제1호의 "거짓"과 "사실과 다르게"의 차이점

가. 규정의 구조와 적용 범위

「FTA 관세법」 제35조 제1항 제1호는 세관장이 원산지증빙자료를 요구한 경우, 수입자 또는 체약상대국 수출자·생산자가 자료를 미제출, 거짓 제출, 사실과 다르게 제출한 때 협정관세 적용을 배제할 수 있도록 규정한다. 이 조항은 허위·부정확 제출까지 포괄하는 광범위한 제재 규정을 마련하고 있으며, 단순한 착오로서 원산지 판정에 영향을 미치지 않는 경우는 예외로 인정한다.

나. '거짓' 제출의 의미

'거짓' 제출은 제출자가 허위임을 인식하고도 의도적으로 사실을 왜곡·날조하여 제출하는 경우를 의미한다. 이는 기망 의도가 명백한 행위로, 원산지를 실제와 다른 국가로 기재하거나 핵심 정보를 허위로 작성하는 사례가 여기에 해당한다. 이러한 행위는 관세당국의 신뢰를 직접적으로 침해하므로 중대한 위법으로 평가된다.

다. '사실과 다르게' 제출의 의미

'사실과 다르게' 제출은 자료 내용이 진실한 사실과 일치하지 않는 모든 경우를 포함하며, 고의 여부와 관계없이 부정확한 기재 전체를 포괄한다. 작성자의 과실·부주의로 인한 불일치도 포함되며, 원산지 판정에 영향을 주는 경우 협정관세 배제 사유가 된다. 따라서 '사실과 다르게'는 '거짓'보다 범위가 넓은 개념이다.

라. 「관세법」과의 비교

현행 「관세법」 제232조 제3항은 자료 미제출만을 규정하고 있어, 자료가 사실과 다르거나 불일치하더라도 고의적 허위임이 입증되지 않으면 제재가 어려운 구조이다.

반면 「FTA 관세법」 제35조는 미제출뿐 아니라 허위 제출·불일치 제출 모두를 제재 대상으로 포함해 자료 성실 제출 의무를 대폭 강화한다. 이는 협정 이행을 확보하고 다양한 형태의 정보 왜곡을 효과적으로 방지하기 위한 특별법적 장치이다.

마. 실무적·입법적 제언

실무상 '거짓'은 고의적 허위, '사실과 다르게'는 고의 여부를 불문한 사실 불일치로 구분된다. 특히 사실 불일치 제출은 조세채권 보호 차원에서 단순 '미제출'보다 더 강한 제재 정당성이 인정될 수 있다.

따라서 일반법인 「관세법」에서도 허위·불일치 제출을 명문 제재 사유로 도입할 필요가 있으며, 이는 특별법과 일반법의 체계를 일치시켜 행정집행의 일관성을 강화하고 국제무역에서의 원산지 규정 준수 신뢰도를 높이는 효과를 가져올 것이다.

4. 「FTA 관세법」 제35조 제1항 제7호를 규정한 배경

제35조 제1항 제7호는 협정에서 정한 협정관세 거부·제한 사유를 국내 특혜 배제 사유로 인정하기 위해 2016년 도입된 규정으로, 협정별 제한 사유가 서로 다르고 표현도 포괄적이어서 국내법에 모두 열거하기 어려운 한계를 보완하기 위해 마련되었다.

당시에는 협정상 명확한 제한 사유가 존재하더라도 국내법에 규정이 없으면 행정 집행에 근거가 부족해지는 문제가 반복되었고, 이를 상징적으로 보여준 사례가 2013년 조세심판원 결정이다. 이 사건에서 심판원은 한-ASEAN FTA에 따라 소급 발급이 불가한 원산지증명서임에도 국내법상 해당 사유가 명시되지 않았다는 이유로 과세 관청의 특혜 배제를 취소했는데, 이 결정은 협정과 국내법의 불일치가 실제 처분을 제약하고 분쟁을 야기할 수 있음을 보여주었다.

이러한 문제 인식 속에서 제7호는 협정에 규정된 제한 사유를 국내법이 자동적으로 수용할 수 있도록 하는 포괄 규정으로 신설되었으며, 그 결과 협정-국내법 간 규정 불일치를 해소하고 특혜 배제 처분의 법적 근거를 명확히 하며 관세행정의 일관성과 예측 가능성을 높이는 효과를 가져왔다.

또한 새로운 FTA가 체결될 때마다 국내법 개정을 반복할 필요가 없어 행정 효율성과 법적 안정성이 강화되었다.

결국 제7호는 개별 사건 대응이 아니라 FTA 이행체계 전체의 구조적 문제를 해결하기 위한 제도적 장치로서, 향후 유사 분쟁을 예방하고 협정관세 운용의 신뢰성을 높이는 기반을 마련한 것으로 평가된다.

제35조-02 「관세법」과 「FTA 관세법」의 제척기간 규정 차이점

1. 제척기간의 개념

제척기간(除斥期間, Limitation Period)이란 법률에서 정한 권리를 행사할 수 있는 최대 기한을 의미한다. 제척기간이 경과하면 해당 권리를 더 이상 행사할 수 없다. 이는 일정한 기간 권리를 행사하지 않으면 소멸되는 소멸시효(消滅時效, Statute of Limitations)와 유사하지만, 소멸시효와 달리 제척기간에는 시효의 중단과 정지 규정이 적용되지 않는다. 즉, 제척기간이 지나면 어떠한 사유가 있더라도 권리 행사가 완전히 배제된다.

2. 「관세법」과 「FTA 관세법」의 제척기간 규정 차이

「관세법」과 「FTA 관세법」은 부과 제척기간과 관련하여 그 적용 대상과 기간 규정에서 차이가 있다.

관세법과 FTA 관세법의 제척기간 비교

구분	관세법	FTA 관세법
근거	■ 법 제21조(관세부과의 제척기간) 제1항 ■ 시행령 제6조(관세부과의 제척기간의 기산일) 제1항	■ 법 제35조(협정관세의 적용제한) 제2항 ■ 시행령 제46조(관세부과 제척기간의 기산일)
대상	■ 관세	■ 납부하여야 할 세액 또는 납부하여야 할 세액과 납부한 세액의 차액 ※ 내국세도 포함
제척기간 및 기산일	■ 수입신고한 날의 다음 날(관세를 부과할 수 있는 날)로부터 5년 ■ 부정한 방법으로 관세를 포탈, 환급, 감면 받은 경우: 10년	■ 협정관세 적용신청을 한 날의 다음 날부터 5년

첫째, 대상의 측면에서 「관세법」은 원칙적으로 관세부과만을 규율한다. 따라서 관세법에서 말하는 부과 제척기간은 관세에 한정된다. 반면, 「FTA 관세법」은 관세뿐만 아니라 내국세까지를 부과 대상으로 포함한다. 이는 FTA 협정관세를 적용할 때 해당 물품의 수입 시 부과되는 내국세(예: 부가가치세, 개별소비세, 주세 등)가 관세를 과세표준 삼아 산정되기 때문이다. 즉, 협정관세가 적용되면 관세액이 줄어들어 이에 연동되는 내국세액도 변동되므로, 관세와 내국세를 함께 부과·징수할 수 있도록 법률에서 규정하고 있는 것이다. 따라서 「FTA 관세법」은 부과 범위가 「관세법」보다 넓다.

둘째, 기간의 측면에서 「관세법」은 기본적으로 부과 제척기간을 5년으로 정하되, 납세자가 부정한 방법으로 관세를 포탈하거나, 환급·감면받은 경우에는 제척기간을 최대 10년까지 연장할 수 있도록 하고 있다. 이는 부정행위로 인한 조세포탈에 대해 장기간 과세권을 행사할 수 있도록 하기 위한 목적이다. 반면, 「FTA 관세법」은 부과 제척기간을 어떠한 경우에도 5년을 초과하여 연장할 수 없다. 이는 대부분의 FTA 협정에서 원산지증빙서류의 보관 기간을 최대 5년으로 제한하고 있으며, 부정한 방법 여부를 확인하는 절차 역시 원산지 검증을 통해서만 가능하기 때문이다. 보관 기간이 지난 이후에는 원산지와 관련된 증빙자료를 확보할 수 없어 검증 자체가 불가능하므로, 과세권 행사 역시 불허하는 것이다.

결론적으로, 「관세법」과 「FTA 관세법」은 대상에서 「관세법」은 관세만 해당되지만 「FTA 관세법」은 관세와 내국세를 모두 포함한다는 점에서, 그리고 기간에서 「관세법」은 예외적으로 10년까지 연장이 가능하나 「FTA 관세법」은 어떠한 경우에도 5년이 한계라는 점에서 명확한 차이가 있다. 이러한 차이를 감안할 때, 특히 FTA 협정관세 관련 사후심사나 원산지 검증에서는 반드시 5년 기한을 엄격히 준수해야 하며, 이를 초과하면 과세권이 완전히 소멸하게 된다.

3. 「관세법」 상 부과 제척기간 특례규정

「관세법」 제21조 제1항은 원칙적으로 관세는 부과할 수 있는 날부터 5년이 지나면 부과할 수 없다고 규정한다. 다만, 수입신고를 하지 않고 수입한 경우에는 7년, 부정한 방법으로 관세를 포탈하거나 환급·감면받은 경우에는 10년까지 부과할 수 있도록 하고 있다.

같은 법 제21조 제2항은 특례 규정을 두어 일반 제척기간을 초과해 부과권을 행사할 수 있는 경우를 명시하고 있다. 그중 제2호는 FTA 원산지증명서의 진위 여부 등 확인 요청과 그 회신(또는 회신기간 종료)을 근거로 1년간 부과권을 행사할 수 있도록 한다. 이는 2013년 1월 1일 개정을 통해 신설된 규정으로, 외국 세관 등에서 회신이 지연될 경우 부과 제척기간이 경과하는 문제를 방지하기 위함이다.

이후 2020년 12월 22일(2021년 1월 1일 시행) 개정에서는 회신이 법정기간 내에 이루어지지 않는 경우에도 회신기간 종료일로부터 1년 동안 부과권을 행사할 수 있도록 명확히 보완하였다.

「관세법」 제21조(관세부과의 제척기간) 제2항	제척기간의 특례 기간
2. 「관세법」과 「FTA 관세법」 및 조약·협정 등에서 정하는 바에 따라 양허 세율의 적용여부 및 세액 등을 확정하기 위하여 원산지증명서를 발급한 국가의 세관이나 그 밖에 발급권한이 있는 기관에게 원산지 증명서 및 원산지증명서확인자료의 진위 여부, 정확성 등의 확인을 요청한 경우 가. 해당 요청에 따라 회신을 받은 날 나. 「관세법」과 「FTA 관세법」 및 조약·협정 등에서 정한 회신기간이 종료된 날	각 목의 날 중 먼저 도래하는 날부터 1년

참고로 아래와 같은 입법 연혁은 실무에서 빈번히 발생하는 원산지 검증 지연에 따른 제척기간 도과 문제를 해결하고, 과세권 소멸을 방지하는 방향으로 제도가 발전해 왔음을 보여준다.

입법 연혁과 개선 과정

- 2010.3.2. 시행: 「FTA 관세법」에서 협정관세부과 제척기간 규정(5년) 도입.

- 2013.1.1. 개정: 「관세법」 제21조 제2항 제2호 가목 신설, 원산지 간접검증 회신 지연에 따른 특례기간 부여. 「FTA 관세법」(당시 제16조)에서도 관세법 특례 규정을 준용하도록 규정. 수입자에 대한 회신 요청 사실 및 결과 통보 절차 강화.

- 2013.8.13. 개정: 관세부과 제척기간을 일반 5년, 부정한 방법에 해당하는 경우 10년으로 연장.

- 2020.12.22. 개정(2021.1.1. 시행): 회신이 기한 내 이루어지지 않는 경우 회신기간 종료일로부터 1년간 부과권 행사 가능하도록 규정 확대.

4. 「FTA 관세법」상 제척기간 규정과 관세법 특례의 준용

「FTA 관세법」제35조 제2항은 협정관세 적용과 관련된 세액 부과 가능 기간을 원칙적으로 5년으로 정하며, 「관세법」제21조 제2항의 제척기간 특례 규정을 준용하도록 명시하고 있다.

이는 원산지 간접검증에서 외국 세관의 회신이 늦어져 일반 제척기간 내에 부과 여부를 확정하기 어려운 경우에도, 회신일 또는 회신기간 만료일로부터 1년 범위 내에서 과세권을 행사할 수 있도록 보장하는 역할을 한다. 이 규정은 국가 간 협력 절차의 불가피한 지연을 반영하여 조세정의 실현과 과세권 보호라는 공익을 달성하기 위한 제도적 근거를 제공한다.

5. 적용 사례: 국제간접검증에서 관세부과 제척기간의 적용

가. 사안의 개요

청구 법인은 2016년 5월 17일 수입신고를 하였고, 2019년 1월 서면조사 통지를 받은 후 같은 해 7월 인도네시아에 대한 국제간접검증이 요청되었다. 첫 회신은 2020년 4월 6일에 도달하였다. 이후 1차 적부심사에서 쟁점 목재의 수종을 재조사하라는 결정이 내려지자, 처분청은 2020년 12월부터 2021년 6월까지 동일 사안에 대해 추가 질의를 하였고, 2021년 2월 23일 및 6월 11일 회신을 받았다. 최종적으로 2021년 6월 23일 부과 처분이 이루어졌다.

나. 당사자 주장

청구 법인은 일반 제척기간(5년) 및 최초 회신일 기준의 특례 제척기간(1년)이 이미 경과했다며 처분이 위법하다고 주장하였다. 반면 처분청은 특례 제척기간의 취지가 장기간의 국제검증으로 인해 과세권이 소멸되는 불합리를 방지하는 데 있으므로, 실질적 과세 근거가 되는 최종 회신일을 기산점으로 보아야 한다고 주장하였다. 또한 「관세법」제21조 제2항 제2호에 '최초 회신'이라는 문언이 없음을 근거로 들었다.

다. 조세심판원의 판단

심판원은 처분청의 손을 들어 주었다.

- 첫째, 관세법은 국제간접검증 회신일을 기준으로 특례 제척기간을 정하고 있으나, 회신의 횟수나 최초·추가 회신의 구별을 명시하지 않고 있다.
- 둘째, 본 건에서 목재 수종은 적용 협정관세율을 좌우하는 핵심 쟁점이므로, 최초 회신 이후 추가적 확인이 필요했고, 실제로 2021년 2월과 6월에 추가 회신이 있었다.
- 셋째, 최종 회신일(2021.6.11.)로부터 1년 이내인 2021년 6월 23일에 부과 처분이 이루어졌으므로 제척기간 내 처분으로 판단하였다.

라. 결론

본 사건은 동일한 원산지 검증 사안에서 추가 질의·검증이 이루어지고 그 결과가 과세 판단의 핵심 근거가 되는 경우, 특례 부과제척기간의 기산점은 '최종 회신일'로 본다는 점을 명확히 하였다. 이는 장기 국제검증 과정에서 과세권 소멸을 방지하고, 국제간접검증 제도의 실효성을 확보하려는 입법 취지와도 일치한다.

6. 적용 사례: 국제간접검증 회신 이후 재조사 결과에 대한 특례 부과제척 기간 적용

가. 사안의 개요

A사는 2011년 10월부터 2012년 1월 사이 싱가포르로부터 살충제를 수입하며 한-아세안 FTA 협정세율을 적용하였다. 이후 세관은 2016년 5월 싱가포르 관세당국에 원산지결정기준 충족 여부 및 원산지증명서 진위 여부를 확인 요청했고, 2016년 8월 12일 '협정세율 적용 가능'이라는 회신을 받았다.

그러나 세관은 같은 달부터 2017년 1월까지 추가 재조사를 실시한 후, 일부 물품이 원산지 기준을 충족하지 않는다는 새로운 판단을 근거로 2017년 3월 13일 협정관세 적용을 배제하였다. 이 시점에서 일반 부과제척기간은 이미 도과한 상태였다.

나. 특례 부과제척기간의 취지

「관세법」 제21조 제2항은 원산지 검증·쟁송 등 장기간 소요되는 절차로 인해 과세 여부가 확정되지 못하는 경우를 대비해, 회신일 또는 회신기간 종료일로부터 1년간 과세권을 행사할 수 있도록 하는 특례를 둔다.

이는 회신 결과에 따라 필요한 처분을 가능케 하려는 목적이지, 새로운 근거에 의한 독립적 증액 처분까지 허용하기 위한 제도가 아니다.

다. 본 사안에서의 특례 적용 검토

이 사건에서 받은 회신은 "협정세율 적용 요건 충족"이라는 긍정적 결과였다. 따라서 이 회신을 전제로 처분할 필요가 없었고, 특례 제척기간을 적용할 사유도 존재하지 않았다.

세관의 재조사는 회신과 배치되는 새로운 사실을 기초로 한 독립된 판단으로, 이는 회신 결과를 반영한 처분으로 볼 수 없다. 대법원도(2012두6636 등) 특례는 "판결·결정 내용에 따른 변동 범위" 내에서만 허용되며, 이를 벗어난 새로운 증액 처분은 제척기간 도과 후 불가하다고 판시한다. 이러한 논리는 「관세법」의 특례에도 그대로 유추 적용된다.

라. 결론

국제간접검증 회신이 협정관세 적용을 인정한 이상, 회신 시점에서 당초 원산지 검증은 종료된다. 이후 세관이 회신과 무관한 새로운 조사 결과를 근거로 내린 증액 경정 처분은 회신에 기초한 처분이 아니므로 특례 부과제척기간을 적용할 수 없다.

따라서 일반 부과제척기간이 이미 경과한 본 사안에서의 재조사 경정은 적법할 수 없으며, 이는 납세자의 법적 안정성과 부과제척기간 제도의 취지를 유지하기 위한 당연한 결론이다.

제35조의2-01 「FTA 관세법」에 제35조의2 (보정이자)를 신설한 배경

1. 세액보정 제도 개요

세액보정 제도란, 수입자가 관세를 신고·납부한 이후 세금 납부액이 부족하다는 사실이나 계산상의 오류를 발견했을 때, 신고·납부일로부터 6개월 이내에 스스로 부족분을 보완하여 납부할 수 있도록 하는 제도를 말한다.

「관세법」에서는 이러한 경우, 일반적인 가산세(벌금)를 부과하는 대신 보정이자를 부과하도록 규정하고 있다. 보정이자는 납부세액의 부족분에 대해, 늦게 낸 기간만큼의 이자를 산정하여 부담하도록 하는 것으로, 실제로는 금융기관의 예금이자 수준과 유사한 성격을 가진다.[68]

이 제도는 성실신고를 장려하고, 납세자가 스스로 오류를 정정할 수 있는 기회를 제공함으로써, 가산세보다 경미한 부담으로 세액을 보충할 수 있도록 한 것이다.

2. 기존 제도의 문제점 및 개선 필요성

과거 「FTA 관세법」에는 협정관세 적용을 받는 물품에 대하여 가산세를 면제해 주는 규정은 존재하였으나, 보정이자를 면제할 수 있는 근거 규정은 없었다. 따라서 수입자가 협정관세 적용과 관련하여 세액을 과소 납부한 사실을 조기에 인지하고 이를 스스로 보정하더라도, 가산세는 면제받을 수 있었으나 보정이자는 반드시 납부해야 하는 불합리한 상황이 발생하였다.

이로 인해 「FTA 관세법」상 가산세 면제 사유에 해당하더라도, 「관세법」을 준용하여 보정 절차를 거치는 경우에는 보정이자를 부과하게 되어, 조기에 오류를 시정하려는

---

68) 이 보정이자는 해당 세금을 제때 납부했다면 발생하지 않았을 금액에 대한 '이자' 성격으로, 세금을 늦게 낸 부분에 대한 금전적 보상 개념이다.

성실한 수입자에게도 경제적 부담이 부과되는 문제가 있었다. 이러한 구조는 같은 사안이라도 「관세법」 적용 시와 「FTA 관세법」 적용 시의 부담이 달라지는 불균형을 초래하였으며, 제도의 형평성을 저해하고 성실신고를 장려하는 제도 취지를 약화시키는 원인으로 작용하였다.

관세 관계 법령상 가산세 및 보정이자 면제 사유

가산세 면제 사유 (「FTA 관세법 시행령」 제47조 제3항)	보정이자 면제 사유 (「관세법」 제38조의2 제5항)
1. 원산지증빙서류 오류 통보를 받고 30일 이내에 수정신고	보정이자는 부과 대상
2. 체약상대국 관세당국이 원산지 확인 요청 결과를 기한 내 미회신	
3. 수입자의 정당한 사유	2. 납세의무자의 정당한 사유
	1. 국가 또는 지자체 수입물품 및 우편물

이러한 구조는 성실한 납세자가 조기에 잘못을 스스로 발견하여 보정신고를 하더라도, 여전히 보정이자 부담을 지게 되는 불합리성을 내포하고 있었다. 또한, 「FTA 관세법」만의 특례가 없어 동일한 보정 행위임에도 불구하고 「FTA 관세법」 적용 시와 「관세법」 적용 시의 납세 부담이 상이하게 나타나는 불균형이 발생하였다. 이는 동일 제도의 취지를 약화시키고, 자발적 수정신고를 유인하는 정책 효과를 떨어뜨리는 원인이 되었다. 결국 이러한 불일치는 행정의 형평성과 법적 일관성을 저해하며, 납세자의 자발적 협력 유도를 어렵게 만드는 부작용을 가져온다.

따라서, 자진 보정을 통한 오류 시정에 적극적으로 나서는 성실 납세자에 대해 가산세뿐 아니라 보정이자까지 면제할 수 있는 법적 근거를 마련할 필요가 있었다. 이를 통해 납세자에게는 불필요한 경제적 부담을 완화하고, 세관 당국에는 보다 원활한 세수 확보와 행정 효율성 제고라는 긍정적 효과를 동시에 도모할 수 있다.

3. 개선 내용: 「FTA 관세법」에 제35조의2(보정이자) 신설

2023년 12월 31일, 협정관세 적용을 받는 납세자의 부담을 완화하기 위해 「관세법」의 특례로 「FTA 관세법」에 제35조의2(보정이자)가 신설되었다(법률 제19935호, 2023.12.31. 공포, 2024.3.1. 시행). 이 규정의 도입으로 2024년 3월 1일부터 보정이자 면제의 법적 근거가 마련되었다.

이에 따라 「FTA 관세법 시행령」에도 제46조의2(보정이자)가 신설(2024.3.1. 시행)되어, 보정이자 면제 대상과 요건을 구체적으로 규정하였다. 면제 대상은 부족세액 징수와 관련하여 수입자에게 정당한 사유가 있는 경우로 한정되며, 다음 세 가지 유형으로 규정된다.

❶ 수입자가 법 제14조 제2항에 따라 원산지증빙서류의 내용에 오류가 있음을 통보받은 경우로서 법 제17조 제1항에 따른 원산지 조사의 통지를 받기 전에 세액보정 신청을 하는 경우(다만, 수입자에게 귀책사유가 없는 경우로 한정한다)

❷ 법 제19조 제1항에 따라 관세청장 또는 세관장이 체약상대국의 관세당국에 원산지 확인을 요청한 사항에 대하여 체약상대국의 관세당국이 기획재정부령으로 정하는 기간 이내에 그 결과를 회신하지 않은 경우

❸ 체약상대국의 수출자 또는 생산자가 법 제16조 제1항에 따라 관세청장 또는 세관장이 요구한 자료를 같은 조 제2항에 따른 기간 내에 제출하지 않거나 거짓으로 또는 사실과 다르게 제출한 경우

이 개정을 통해 자발적으로 오류를 시정하려는 성실 납세자나 국제 거래 과정에서 발생할 수 있는 불가피한 지연·오류에 대해서, 가산세뿐 아니라 보정이자까지 면제할 수 있는 제도적 기반이 마련되었다. 이는 납세자의 경제적 부담 완화와 제도 운영의 합리성을 높이는 중요한 개선이라 할 수 있다.

4. 면제신청 기한

가산세 또는 보정이자의 면제신청은 「FTA 관세법」 제35조 제2항의 협정관세 적용제한에 따른 관세부과 제척기간 이내에 신청 가능하다. 다만, 법 제35조 제1항에 따라 세관장이 경정통지하는 가산세 등에 대해서는 해당 처분을 한 것을 안 날(처분하였다는 통지를 받았을 때에는 통지를 받은 날을 말한다)부터 90일 이내에 가산세 등의 면제를 신청하여야 한다.

5. 면제신청 방법

가산세 또는 보정이자의 면제신청은 「납세업무처리에 관한 고시」 별지 제12호 서식 (가산세(보정이자) 면제신청서)을 자율점검 안내 또는 경정처분하였거나 경정하고자 하는 원산지조사부서에 제출하여야 한다. 면제신청서에는 면제 코드 및 정당한 사유 등을 입력하여 제출하여야 한다.

가산세 및 보정이자 면제 코드

구분	면제사유	면제코드
보정 이자	국가 또는 지방자치단체가 직접 수입하는 물품(관세법 제38조의2 제5항 제1호)	A1
	정당한 사유(관세법 제38조의2 제5항 제2호)	A3
	원산지조사 통지를 받기 전에 수정신고(FTA 관세법 시행령 제46조의2 제2항 제1호)	A4
	상대국이 기한 내 검증 결과를 미회신(FTA 관세법 시행령 제46조의2 제2항 제2호)	A5
	FTA 부족세액 징수 관련 수입자에게 정당한 사유(FTA 관세법 시행령 제46조의2 제2항 제3호)	A6
가산세	원산지조사 통지를 받기 전에 수정신고(FTA 관세법 시행령 제47조 제3항 제1호)	B7
	상대국이 기한 내 검증 결과를 미회신 (FTA 관세법 시행령 제47조 제3항 제2호(제46조의2 제2항 제2호에 해당))	B8
	FTA 부족세액 징수 관련 수입자에게 정당한 사유 (FTA 관세법 시행령 제47조 제3항 제2호(제46조의2 제2항 제3호에 해당))	B9

* 「FTA 관세법 시행령」 제46조의2 제2항 제2호에 해당하는 경우에는 별도의 면제신청 없이 세액정정신청서에 면제대상 표시 및 면제사유코드 입력 가능(A5, B8)

제36조-01 「관세법」과 「FTA 관세법」의 가산세 규정 차이점

가산세는 납세자가 「관세법」과 「FTA 관세법」이 규정하는 신고·납부·증빙 등 각종 절차적 의무를 성실히 이행하지 않은 경우, 그 불이행 행위에 대하여 부과되는 금전적 제재이다. 이는 세법상 행정벌의 성격을 가지며, 형사처벌이나 과태료와 달리 세금의 형식으로 부과된다.

가산세 제도는 납세자의 성실신고를 유도함과 동시에, 위반행위로 인한 행정 신뢰 침해 및 조세 정의 훼손을 억제하는 기능을 수행한다.

1. 「관세법」과 「FTA 관세법」의 가산세 제도의 차이점

가. 「관세법」상 가산세 제도

「관세법」의 가산세 제도는 수입신고의 오류·누락·허위, 납부 지연 등으로 부족 세액이 발생하는 경우 이를 보완·제재하기 위한 규정이다.

- 일반 과소신고 가산세: 단순 신고 오류로 부족세액이 발생한 경우 부족세액의 10%를 부과한다. 자진 수정신고 시 기간에 따라 일부 감면 가능하다.
- 부당 과소신고 가산세: 허위문서 작성·수취, 과세근거 은폐·조작 등 부정한 행위로 과소신고한 경우 부족세액의 60%를 부과한다(2025.1.1.부터 40%에서 상향).
- 무신고 가산세: 수입신고 없이 수입한 경우 해당 관세액의 20%, 밀수입죄 등 중대 위반 시 60%를 부과한다.

또한 「관세법」은 납부기한 이후 세금을 완납하지 않은 경우 기간이자(가산이자) 및 납부불성실가산세를 추가로 적용하여 금전적 제재를 강화한다.

나. 「FTA 관세법」 상 가산세 제도

「FTA 관세법」의 가산세는 협정관세를 적용받은 물품의 경우, 원산지 검증·증빙 제출·수정신고 등의 의무를 위반했을 때 부과된다. 2016년 7월 1일 이전에는 「관세법」에 따라 징수했으나, 이후 독자 규정(제36조)을 두어 운영하고 있다.

- 일반 과소신고 가산세: 신고 오류로 부족세액이 발생한 경우 부족세액의 10%를 부과한다. 원산지 조사 통지 전에 자진 수정신고하는 경우 대통령령에서 정한 범위 내에서 전부 또는 일부 면제 가능하다.
- 부당 과소신고 가산세: 원산지증명서 위조·변조, 증빙서류 파기, 기타 부정한 행위로 협정 관세를 신청하여 부족세액이 발생한 경우 부족세액의 60%를 부과한다(2025.1.1.부터 상향).

「FTA 관세법」에서는 무신고 가산세 규정이 없다. 이는 협정관세 절차상 원칙적으로 무신고 상태가 발생하지 않음을 전제로 하기 때문이다.

다. 제도적 차이와 특징 비교

「관세법」과 「FTA 관세법」의 가산세 규정은 기본적인 부과 취지와 계산 구조가 유사하지만, 적용 범위·부과 사유·면제 요건·무신고 가산세 여부에서 중요한 차이가 존재한다.

「관세법」(제42조, 제42조의2)은 모든 수입물품에 대하여 신고 불성실, 부당 과소신고, 무신고, 납부지연 등 다양한 의무 위반행위를 규정하고, 이에 대한 가산세율과 감면규정을 명확히 하고 있다. 특히 같은 법 제42조 제2항은 납세자가 부정한 방법으로 신고를 하여 부족세액이 발생한 경우 부족세액의 60%를 가산세로 부과함을 명시하며 (2025.1.1.부터 상향), 제3항에서는 무신고 상태로 수입한 물품에 대한 가산세율을 규정한다.

반면 「FTA 관세법」(제36조)은 협정관세의 적용을 받는 물품에 한하여 신고 불성실 및 부당 과소신고 행위를 대상으로 규정하며, 원산지 조사 통지 전에 자진 수정신고를 하는 경우 일정 요건 하에 가산세를 징수하지 않는다는 특례(제36조 제1항 단서)를 두고 있다. 또한 「FTA 관세법」에는 무신고 가산세 규정이 존재하지 않으며, 이는 협정관세 제도의 특성상 무신고 상태가 발생하지 않는 절차 구조를 반영한 것이다. 따라서 표에서 살펴보는 바와 같이, 두 제도의 차이는 부과사유와 적용대상, 감면규정, 무신고 가산세 여부 등에 있어서 명확히 구분된다.

「관세법」과 「FTA 관세법」의 가산세 규정 비교

구분	관세법 가산세	FTA 관세법 가산세
적용 대상	모든 수입물품	협정관세 적용 물품
부과사유	신고 불성실, 부정 과소신고, 무신고, 납부 지연	신고 불성실, 부정 과소신고, 납부 지연(무신고 제외)
부당 과소신고 가산세율	60% (2025.1.1. 상향)	60% (2025.1.1. 상향)
면제·감면 제도	자진 수정신고 시 기간별 감면	원산지 조사 통지 전 자진 수정신고 시 면제 가능
무신고 가산세	존재(20%, 중대 위반 60%)	없음

두 법률의 가산세 제도는 모두 납세자의 성실신고를 확보하고, 국가 재정 손실과 국제무역 질서 훼손을 방지하기 위한 필수적 제재 장치이다. 「관세법」은 모든 수입 물품을 포괄하여 일반적인 신고·납부 위반에 대응하는 구조이며, 「FTA 관세법」은 협정관세의 투명한 적용과 원산지 검증 절차의 신뢰성을 확보하기 위한 특화 제도로 기능한다.

이와 같은 차별화된 적용 범위와 특별 규정은 국내·외 무역환경 변화에 따른 맞춤형 조세집행을 가능하게 한다.

2. 간접검증 결과 특혜 적용이 거부된 경우, 가산세 면제 여부

가. 사례[69]

A사는 원래 자사 브랜드 신발을 이탈리아에서 생산하다가 2018년부터 중국공장으로 생산지를 이전하였다. 이 내용은 해당 기업의 공식 홈페이지와 언론 보도를 통해 공개적으로 밝혀진 사항이다. 그럼에도 불구하고, A사는 중국에서 생산한 신발을

---

69) 동 사례는 실제 검증 사례이다.

한국으로 수입하면서 여전히 한-EU FTA 협정관세를 적용받기 위해 원산지를 유럽 국가(예: 영국) 등으로 신고하여 수입신고를 했다.

이에 세관은 신고된 원산지의 진위 여부를 판단하기 위해 간접검증 절차를 진행하였다. 한국 세관은 영국 관세당국에 해당 품목의 원산지 확인을 요청하였고, 영국 측에서는 "해당 물품은 협정 조건에 부합하지 않아 한-EU FTA 특혜 자격이 없다"는 회신을 보냈다. 결과적으로, A사가 신고한 원산지가 실제 원산지와 불일치 하는 것으로 확정되어, 협정관세 적용이 제한되었다.

나. 가산세 면제 대상 여부

이 사례는 「FTA 협정관세 적용 물품에 대한 가산세 및 보정이자 면제에 관한 지침」 별표4의 "조건부 가산세 또는 보정이자 면제 사유" 중 제2호에 해당하므로 가산세를 면제할 수 있게 된다.

[별표 4] 조건부 가산세 또는 보정이자 면제 사유

1. 법 제35조 제1항 제4호와 관련하여 체약상대국 수출자 등에 대해 제17조에 따른 서면 또는 현지조사 결과 세관장에게 신고한 원산지가 실제 원산지와 다른 것으로 확인되어 협정관세 적용이 제한된 경우
2. 법 제35조 제1항 제5호와 관련하여 제19조 제1항에 따라 체약상대국의 관세당국에 원산지의 확인을 요청한 사항에 대하여 세관장에게 신고한 원산지가 실제 원산지가 다른 것으로 확인되어 협정관세 적용이 제한된 경우
3. 법 제35조 제1항 제1호와 관련하여 체약상대국의 수출자 등이 관세청장 또는 세관장이 요구한 자료를 거짓으로 또는 사실과 다르게 제출하여 협정관세 적용이 제한된 경우
4. 법 제35조 제1항 제4호와 관련하여 제17조에 따라 수입자에 대한 서면 또는 현지조사 결과 세관장에게 신고한 원산지가 실제 원산지와 다른 것으로 확인되어 협정관세 적용이 제한된 경우
5. 법 제35조 제1항 제7호와 관련하여 협정에 따른 협정관세 적용의 거부·제한 사유로 인해 협정관세 적용이 제한된 경우
6. 기타 상기 사유에 준하여 세관장이 인정하는 경우

따라서 이 사례는 영국 관세당국의 공식 확인 결과, 협정 조건 불합치로 특혜관세가 배제된 건에 해당하므로, 가산세 부과 대상에서 제외된다. 면제 사유는 과실 판단과 무관하게 '원산지 불일치가 협정 상대국의 관세당국 확인으로 판명된 경우'에 전적으로 적용된다.

3. 가산세의 관세형벌과의 병과(竝科) 가능 여부

「관세법」상 동일한 의무위반 행위에 대하여 가산세와 관세형벌이 함께 부과될 수 있는지 여부는 실무상 자주 논의되는 쟁점이다.

현행 법체계와 판례에 따르면, 동일한 행위에 대해 가산세와 관세형벌을 중복하여 부과하는 것은 원칙적으로 가능하며, 이는 헌법상 금지되는 이중처벌에 해당하지 않는다. 그 이유는 두 제재의 법적 성질이 근본적으로 다르기 때문이다.

가산세는 세법에 따라 납세자의 위반행위에 대한 재정적 불이익을 부과하는 행정상 제재조치로서, 범의 또는 과실 여부와 관계없이 부과될 수 있으며 조세질서 유지에 목적이 있다. 반면, 관세형벌은 관세법상 범죄구성을 충족하는 위반행위에 대하여 부과되는 형사처벌로서, 법원이 형사재판을 통해 유죄를 인정해야 부과된다.

예를 들어, 납세자가 허위로 수입신고를 하여 과세표준과 세액을 축소·은폐하여 관세를 포탈한 경우, 해당 행위는 「관세법」 제269조(밀수출입죄)에 따라 형사처벌이 가능하다. 동시에, 실제 포탈된 세액에 비례하여 「관세법」 제42조에서 정한 가산세가 부과될 수 있다. 이 경우 부과되는 가산세는 재정제재로서의 성격을 가지므로 형벌과 성질이 달라 병과가 가능하다는 것이 대법원과 헌법재판소의 입장이다.

대법원 2002.4.26. 선고 2001도5385 판결

- 사건 개요: 수입신고가 허위로 이루어져 관세가 포탈된 사건. 피고인에게 관세법상의 사기·부정수입 죄로 형사처벌과 동시에 가산세가 부과됨.
- 판시 내용: 가산세는 조세질서 유지를 위한 행정상 제재금으로서, 형벌과 성질이 다르므로 동일 행위에 대해 형벌과 병과해도 '일사부재리(이중처벌금지)'에 위배되지 않는다.
- 법리 요지: 형벌은 형사상 책임에 기초한 제재이고, 가산세는 조세 부과제도의 적정한 운영을 확보하기 위한 재정적 불이익에 불과하므로 각각 독립적 부과 가능

헌법재판소 2003.5.29. 선고 2001헌가9 결정

- 사건 개요: 관세포탈과 관련하여 형벌과 가산세 중복 부과의 위헌성을 다툰 사건
- 결정 요지: 행정상 조세제재금과 형벌은 제재 목적과 부과절차가 다르므로, 같은 행위에 대해 병과하더라도 이중처벌금지 원칙 적용 대상이 아니다.
- 결론: 헌법상 합헌

결론적으로, 가산세와 관세형벌은 동일한 위반행위에 대해 병과가 가능하며, 이는 '하나의 행위에 두 번 처벌'하는 이중처벌 금지 원칙을 위반하는 것이 아니라, 동일한 사실관계에 대하여 서로 다른 법적 성질의 제재를 병행하는 것에 해당한다. 따라서 법률과 판례상 모두 그 합법성이 인정된다.

제37조-01 | 협정관세 적용제한자 지정제도의 입법 배경과 효과

협정관세 적용제한자 지정제도는 국내법의 직접 관할이 미치지 않는 해외 수출자·생산자의 위반행위에 간접적인 제재수단을 부여한 제도이다. 이는 국제협정의 원활한 이행, 수출입 거래의 성실성 확보, 세수 보호, 불공정 무역 관행 방지를 목적으로 하며, 제35조와 병행하여 FTA 집행의 법적 완성도를 높이는 기능을 수행한다.

1. 도입 배경과 입법 필요성

「FTA 관세법」 제37조에 규정된 협정관세 적용제한자 지정제도는, 「FTA 관세법」상 벌칙 적용 대상이 '국내에 소재하는 자'로 한정됨에 따라 직접 제재가 불가능한 체약상대국의 수출자 또는 생산자 등에 대해 간접적으로 제재하기 위해 도입되었다.

우리나라는 협정 상대국의 영토 밖에 있는 수출자나 생산자에 대하여 사법관할권을 행사할 수 없으며, 이들에 대한 처벌은 원칙적으로 해당 국가의 법령에 따라 이루어진다. 그러나 수출국의 수출자 등이 원산지증빙서류를 조작하거나 허위 기재하는 경우, 이는 수입국인 우리나라의 세수 손실과 법질서 훼손을 초래한다. 따라서 이러한 위반행위에 대하여 일정 범위 내에서라도 간접적인 제재수단을 두는 것이 필요하였고, 이를 제도화한 것이 바로 협정관세 적용제한자 지정제도이다.

2. 제35조(협정관세 적용 제한)와의 법적 관계

「FTA 관세법」 제35조에 규정된 협정관세 적용 제한은 특정 수입물품 건별로 협정관세 적용여부를 판단하는 개별적·일시적 조치이다. 반면, 제37조의 협정관세 적용제한자 지정은 특정인에 대하여 장기간 협정관세 적용을 제한하는 제재로서, 행정효과가 기간 전체에 걸쳐 지속적으로 발생한다. 즉, 제35조는 개별 수입 건을 대상으로 하여 단발적으로 적용되지만, 제37조는 일정 요건을 충족한 경우 해당 수출자·생산자를 등록한 후 5년간 협정관세 적용 한정 심사 대상으로 두는 제도로 차별화된다.

3. 지정 요건과 기산 시점의 법리

세관장은 협정에 따라 최근 5년간 2회 이상 원산지증빙서류의 주요 내용을 거짓으로 작성하거나 잘못 작성한 체약상대국의 수출자 등을 협정관세 적용제한자로 지정할 수 있다.

FTA 협정 각 조문은 구체적인 지정 기간이나 반복 횟수를 규율하지 않으며, 각 당사국의 국내법이 위반행위에 대한 제재방식을 마련하도록 하고 있다.

법리에 따라 '최근 5년'의 기산 시점은 협정관세 적용제한의 결정이 원산지조사 결과에 의해 이루어지므로, 세관장이 '원산지조사를 시작한 날'을 기준으로 삼는 것이 타당하다. 따라서 가장 합리적인 해석은 '원산지조사 통지일'을 기산점으로 보는 것이다.

원산지조사 통지일을 기산점으로 삼는 것이 타당한 이유는 다음과 같다. 첫째, 협정관세 적용제한자 지정은 최근 5년간 반복된 위반행위의 존재를 전제로 하는 제재적 처분이므로, 위반행위의 시효적 평가 기준은 조사 개시 시점에서 설정하는 것이 일반 원칙에 부합한다. 둘째, 원산지조사 결과통지일은 단순히 행정절차의 종료를 의미할 뿐 위반행위의 존재나 시점을 구성하는 요소가 아니므로, 이를 기산점으로 삼을 경우 조사 기간의 장·단이라는 우연적 요소가 기준일에 영향을 미쳐 동일한 사실관계에 대해 상이한 법적 효과가 발생하는 불합리가 초래된다. 셋째, 행정법상 '행정청의 절차 진행 속도나 내부 사정이 국민의 권리·의무에 부당한 영향을 미쳐서는 안 된다'는 원칙에 비추어 볼 때, 조사 결과통지일을 기준으로 삼는 해석은 행정청의 처리 기간이 기산점을 좌우하게 되어 법적 안정성에 반한다. 넷째, 원산지조사 통지일은 세관이 위반 혐의에 대한 심사에 공식적으로 착수함을 대외적으로 확정하는 시점으로서, 위반행위의 존재 여부를 판단하는 객관적·중립적 기준이 될 수 있으므로, 이를 기산점으로 삼는 것이 법리와 실무 모두에 가장 적합하다.

4. 지정의 효과

협정관세 적용제한자로 지정된 수출자 또는 생산자가 수출한 물품에 대하여는, 수입신고 단계에서 원칙적으로 협정관세 적용이 제한된다. 수입물품별로 원산지를 포함한 협정관세 적용 요건을 심사한 후, 요건을 충족한 경우에만 협정관세가 적용된다.

이 지정은 실질적으로 다음과 같은 효과를 가진다.

- 협정관세 배제 효과: 협정관세 적용이 제한되어 사실상 수입제한과 유사한 결과를 초래한다.
- 통관 제한 효과: 광범위한 서류 검토가 필요하므로 통관 절차가 지연될 수 있다.
- 평판 및 거래 영향: 부도덕한 기업으로 낙인찍히는 등 국제 거래 관계에서 신뢰 훼손과 경제적 불이익이 발생할 수 있다.

5. 고의·과실 여부와 지정의 관계

협정관세 적용제한자 지정은 협정과 국내법이 정한 요건의 해당 여부를 기준으로 하며, 원산지증빙서류의 잘못된 작성이 고의인지 또는 과실인지는 지정 여부에 영향을 미치지 않는다. 즉, 명백히 허위 또는 오류가 반복적으로 발생했는지가 판단 근거이며, 위법성 판단에서 의도성 여부는 불문한다.

6. 지정·해제 시 효력 발생 시점

협정관세 적용제한자 지정 또는 해제의 효력 발생 시점은 세관장이 해당 사항을 관계 정보통신망에 게시한 날부터이다. 이는 세관장이 지정사실을 당사자에게 통보한 날이 아니라는 점에서 실무상 주의가 필요하다. 따라서 당사자의 통지를 기다리지 않고 공지 게시 즉시 법적 효력이 발생한다.

7. 수입업체에 미치는 영향

해외 거래처가 협정관세 적용제한자로 지정된 경우, 원칙적으로 5년간 해당 거래처의 물품에 대한 협정관세 적용이 제한된다. 다만, 수입신고 물품별로 원산지 등 적용요건 심사를 거쳐 요건을 충족하면 협정관세를 적용받을 수 있다. 이에 따라 수입업자는 거래 안정성 확보, 추가 통관 지연 및 비용 발생 가능성을 고려한 거래 전략 조정이 필요하다.

1. 협정 규정

가. 비밀유지의 기본 원칙

대부분의 FTA는 영업비밀 등 민감정보를 비밀로 유지하도록 규정하며, 정보 제공자의 동의 없이 공개하거나 협정상 목적 외로 사용하는 것을 금지한다. 정보는 주로 원산지 검증·관세 집행 등 협정에서 정한 범위 내에서만 활용할 수 있다. 단, 한-아세안 FTA와 RCEP은 별도의 명문 규정 없이[70] 각국 국내법에 따라 처리한다.

나. 정보 제공 및 사용의 제한

정보는 제공자의 명시적 동의 없이는 제3자 공개 또는 목적 외 사용이 금지된다. 예외적으로 사법·행정절차 등 국내법이 허용하는 경우 제한적 공개가 인정되며, 대부분 협정은 제공국에 사전 또는 즉시 통보하도록 한다.

한-미, 한-중미 FTA 등은 비밀유지 위반 시 제공국이 향후 정보 제공을 거부할 수 있는 제재조항도 포함한다. 일부 협정은 제공자가 사용 조건(대상·범위·보관 등)을 설정할 수 있도록 하며, 이를 위반하면 협정 위반이 된다.

---

70) 한-아세안 FTA 및 RCEP에서는 원산지 검증과 관련한 정보보호 규범을 협정 자체에서 통일적으로 규정하지 않고 각국 국내법에 위임하는 방식을 택하고 있다. 이는 협정 체결 당시 참여국 간 행정역량, 데이터보호 제도, 공익·영업비밀 보호 수준 등에 상당한 이질성이 존재하여 일률적 기준을 마련하기 어려웠던 협정 체결 구조적 특성이 반영된 것으로 볼 수 있다. 한-중미 FTA의 경우와 같이 복수국 간 체결되었음에도 명문 조항을 둔 사례가 존재하나, 이는 해당 협정의 별도 협상 경과 및 구성국 간 제도적 접근성 차이에 기인하는 것으로, 한-아세안 FTA 및 RCEP의 조문 부재를 부정하는 근거로 보기 어렵다.

다. 정보 보호의 범위와 수준

많은 FTA는 수령국이 자국법에 따라 비밀정보를 보호하도록 하고, 일부(한-EU, 한-영 등)는 제공국과 '동등하거나 그 이상'의 보호 수준을 요구한다.

원산지 검증 과정에서 교환되는 상업적·개인정보 등은 암호화, 접근 제한 등 강화된 보호조치를 요구하기도 한다. 반면 한-아세안 FTA와 RCEP은 동등 수준 보호를 명문으로 규정하지 않아, 보호 수준을 개별 협의로 보완해야 한다.

라. 공개 거부 및 정보 제공 제한

법 집행을 해치거나 기업의 영업비밀을 침해할 우려가 있는 경우, 제공국은 정보 제공을 거부할 수 있다. 특히 한-미 등 일부 협정은 비밀유지 위반 시 장기간 정보 제공을 중단할 수 있는 강한 거부권을 명시해 규정 준수의 실효성을 높이고 있다.

마. 검증 및 집행 목적에 한정된 이용

비밀정보는 원산지 판정·관세·조세 집행 등 협정 목적에만 사용할 수 있으며, 다른 용도로 활용하려면 제공국의 사전 서면 동의가 필요하다. 한-인도·한-뉴질랜드 등은 서면 동의 시 사용 범위를 구체적으로 명시하도록 하고, 조건 위반 시 제재나 정보 제공 중단이 가능하도록 규정하고 있다.

바. 위반 시 처리 절차

비밀유지 의무 위반은 각국 국내법에 따라 제재되며, 위반의 고의성·피해 규모 등이 고려된다. 한-EFTA 등 일부 협정은 위반 의심 시 당사국 간 신속한 협의 절차를 두고 있다. 또한 한-콜롬비아·한-페루 협정은 제한적 범위에서 비밀정보를 증거로 사용할 수 있도록 하되, 목적 외 사용은 엄격히 금지하고 있다.

사. 결론

FTA 비밀유지 조항은 다음의 네 가지 핵심 요소를 공통적으로 포함한다.

- 비밀유지 원칙: 민감정보는 비공개 유지
- 사용 범위 제한: 협정상 목적에 한정, 목적 외 사용은 제공국 동의 필요
- 예외 규정: 법률상 공개 사유 인정 + 사전·사후 통보 의무
- 위반 시 제재: 국내법상 처벌 및 정보 제공 거부 가능

결과적으로, 비밀유지 의무는 FTA 신뢰 유지와 정보 안전관리를 위한 핵심 장치로 기능하며, 목적 외 이용을 구조적으로 차단하는 역할을 한다.

2. 「FTA 관세법」에 규정된 '비밀유지의무' 규정의 내용

우리나라의 「FTA 관세법」에 비밀유지의무 규정이 도입된 배경은 2004년 발효한 한-칠레 자유무역협정에서 찾을 수 있다. 해당 협정은 원산지 정보와 관련된 비밀유지 조항을 두고 있으며, 이를 국내 이행법령에 반영하기 위해 2005년 12월 31일 법률 제7842호로 「FTA 관세법」이 제정되어 2006년 3월 2일부터 시행되었다. 이후 2008년 12월 26일 법률 제9271호 개정을 통해 2009년 1월 26일부터 시행되면서 다음과 같은 변화가 이루어졌다.

- 비밀유지의무의 주체를 세관공무원뿐 아니라 원산지증명서 발급기관(대한상공회의소) 담당자까지 확대하였다.
- 자료의 범위를 단순한 '과세자료'라는 일반 개념에서 '비밀취급자료'라는 구체적 개념으로 명확히 규정하였다.
- 보호 대상 범위를 '국내의 타인'에서 '체약상대국의 관세당국'까지 확장하였다.

가. 「관세법」과 「FTA 관세법」의 비밀유지의무 비교

1) 의무 주체

「관세법」은 관세청장과 세관장을 주체로 규정하고 있다. 반면, 「FTA 관세법」은 협정 이행과 관련된 세관공무원과 원산지증빙서류 발급자까지 포함한다. 즉, FTA 이행을 위해 국내·외 기관과 자료를 주고받는 특성을 반영하여 비밀유지 책임의 범위를 넓혔다.

2) 보호 대상 자료

「관세법」에서는 납세자가 제출한 자료와 과세자료 제출기관이 제출한 자료를 별도의 조문에서 규정하며, 이를 '과세정보'로 명시하고 있다. 반면, 「FTA 관세법」은 별도의 구분 없이 하나의 조문에서 수입자·수출자·생산자(체약상대국 거주자 및 이해관계인 포함) 또는 체약상대국 권한 있는 기관이 제출한 자료로 일괄 규정하고 있다. 이로써 FTA 관세행정 특성상 국제적 범위의 자료까지 비밀유지 보호 대상에 포함시켰다.

나. 비밀취급자료 제공의 예외 사유

「FTA 관세법」은 비밀취급자료 제공의 예외 사유를 「관세법」 제116조의 체계를 그대로 수용하고 있다. 주요 예외 사유는 다음과 같다.

관세법(제116조 제1항, 제264조의8 제1항)	FTA 관세법(제38조 제1항)
1. 국가기관이 관세에 관한 쟁송이나 관세범에 대한 소추(訴追)를 목적으로 과세정보를 요구하는 경우	1. 국가기관이 관세에 관한 쟁송 또는 관세범의 소추(訴追)를 목적으로 비밀취급자료를 요구하는 경우
2. 법원의 제출명령이나 법관이 발부한 영장에 따라 과세정보를 요구하는 경우	2. 법원의 제출명령 또는 법관이 발부한 영장에 따라 비밀취급자료를 요구하는 경우
3. 세관공무원 상호 간에 관세를 부과·징수, 통관 또는 질문·검사하는 데에 필요하여 과세정보를 요구하는 경우	3. 세관공무원 상호 간에 관세의 부과·징수, 통관 또는 질문·검사상의 필요에 따라 제공하는 경우
4. 통계청장이 국가통계작성 목적으로 과세정보를 요구하는 경우	미규정
5. 다른 법률에 따라 과세정보를 요구하는 경우	4. 다른 법률에 따라 비밀취급자료를 요구하는 경우

※ 1호, 4호, 5호는 반드시 문서로 요구하여야 함.

특히, 2016년 7월 1일 전부 개정을 통해 세관공무원이 목적 범위 내에서 비밀취급 자료를 제공할 수 있는 근거를 명확히 규정하였다. 이는 기업 영업비밀과 개인정보의 엄격한 보호를 위해 「관세법」 제116조와 내용상 일치하도록 제1항 제4호를 신설한 것이다.

3. "다른 법률에 따라 비밀취급자료를 요구하는 경우"의 해석

가. 해석의 기본 원칙

「FTA 관세법」 제38조 제1항 제4호에서 규정하는 "다른 법률에 근거한 요구"란 관세법령 이외의 개별 법률에서 명시적으로 비밀취급자료(과세정보 포함)의 제공을 명할 수 있는 법적 권한을 부여한 경우를 의미한다.

이러한 경우에는 반드시 국회가 제정한 법률 규정에 근거하여야 하며, 단순한 행정명령이나 내부 지침은 법적 근거로 인정되지 않는다. 또한 자료를 요구하는 기관은 해당 법률에 의해 적법하게 권한을 부여받은 주체여야 하고, 요구 목적은 그 법률의 입법 취지와 직접적으로 부합하여야 한다.

비밀취급자료의 제공 범위는 법률이 정한 목적을 달성하기 위해 필요한 한도 내에서 엄격히 제한되어야 하며, 비밀보호의 원칙과 공익 목적의 균형이 유지되어야 한다.

나. 제한 규정

다른 법률에 따른 자료 요구가 있더라도 「헌법」 제17조에서 규정한 사생활의 비밀과 자유에 관한 기본권을 침해할 수 없고, 「개인정보 보호법」이나 「부정경쟁방지 및 영업비밀보호에 관한 법률」 등이 규정한 보호 범위를 위반할 수 없다. 따라서 비밀취급자료의 제공은 법률상 정당한 목적을 달성하는 데 필요한 최소한의 범위로 한정되어야 한다.

특히 「FTA 관세법」은 다른 법률에 따라 자료를 제공하는 경우 반드시 문서 요구를 거쳐야 하며, 구두의 요구나 임의제출은 허용하지 않는다. 이러한 제한은 비밀유지 의무가 무역 당사국과의 신뢰 및 기업의 영업비밀 보호에 직결되기 때문에, 공익적 필요와 비밀보호 간의 균형을 유지하기 위한 필수적인 장치라 할 수 있다.

4. 위반 시 처벌 규정

「관세법」은 비밀유지의무 위반에 대한 처벌 규정이 상대적으로 미흡하다. 이에 따라 「FTA 관세법」은 별도의 특례를 두고, 제38조의 규정(제40조 제2항에서 준용하는 경우 포함)을 위반하여 비밀취급자료를 타인에게 제공·누설하거나 목적 외 사용한 경우 3년 이하의 징역 또는 3천만 원 이하의 벌금에 처하도록 규정하였다(제44조 제1항).[71]

이 제재 규정은 수출국 기업이 우리 정부를 신뢰하고 원산지증빙서류 제출에 적극 협조하도록 유도하며, 나아가 관세행정의 투명성과 효율성을 제고한다.

---

71) 「FTA 관세법」에서 규정하고 있는 벌칙 중 가장 강한 처벌 규정이며 유일하게 징역형이 규정되어 있다.

제39조-01 불복청구 관련 사항을 「FTA 관세법」에 규정한 이유

1. 불복청구 관련 사항을 「FTA 관세법」에 규정한 이유

2010년 1월 1일, 「FTA 관세법」에 제39조(신설 당시 제17조의3)를 추가하여 체약상대국의 수출자와 생산자에게 불복청구권을 부여하는 제도를 도입하였고, 이는 2010년 3월 2일부터 시행되었다.

이 규정은 법 제17조의 원산지에 관한 조사 및 법 제31조의 원산지 등에 관한 사전심사와 관련된 처분에 대해, 체약상대국 수출자·생산자가 「관세법」상의 심사청구 또는 심판청구를 신청할 수 있도록 한다. 이는 한-칠레 FTA 등 주요 협정에서 수출자·생산자도 원산지 판정 및 사전 원산지 판정에 불복할 수 있도록 규정한 데 따른 국내법적 근거 마련이다.

가. FTA 협정상 의무의 국내법 반영

FTA 대부분은 "재심사 및 불복청구(Review and Appeal)" 관련 조항을 두고 있다. 이 중 칠레·싱가포르·콜롬비아·호주·캐나다와 체결한 협정에서는 모두 '재심사 및 불복청구(Review and Appeal)' 조항을 명문화하고 있으며, 특히 신청권자의 범위를 체약상대국으로까지 확대하여 명시하고 있다. 이러한 확대 규정은 FTA의 상호주의 원칙과 절차적 권리 보장이라는 기본 정신에 근거한 것으로, 상대국의 수출자·생산자에게도 자국의 수입자와 동일한 불복권을 인정하는 구조이다.

이를 구체적으로 살펴보면, 한-칠레 FTA 제5.10조는 각 당사국이 자국의 관세 행정기관이 국내 수입자에게 부여하는 원산지 판정 및 사전 원산지 판정에 대한 심사와 상소 권리를, 일정 요건을 충족하는 체약상대국 수출자 또는 생산자에게도 형식과 내용에 있어 '실질적으로 동일하게' 보장할 것을 요구하고 있다. 여기서 규정된 요건은 첫째, 협정 제5.8조 제12항에 따라 원산지 판정의 대상이 된 특정 상품에 대해 원산지증명서를 작성하고 서명한 경우이고, 둘째, 협정 제5.9조에 따라 해당 상품에 대한 '사전 원산지 판정'을 이미 받은 경우다. 이 두 가지 요건을 갖춘 자에게는 국내 수입자와 동등한 권리로 불복 절차를 이용할 수 있도록 보장해야 한다고 규정한다.

또한, 이 조문은 절차적 구조를 매우 명확히 하고 있다. 우선, 심사청구는 반드시 해당 판정을 내린 기관과 독립된 권한을 지닌 최소 한 단계 이상의 행정심사 절차를 거쳐야 하며, 이러한 행정심사 이후에는 국내법이 허용하는 범위 내에서 사법적 또는 준사법적 심사 절차를 거칠 수 있어야 한다. 이는 단순히 형식적인 불복권이 아니라, 실제로 판정의 객관성을 검토하고 수정할 수 있는 구조적 장치를 마련하라는 의미를 갖는다. 유사한 규정은 싱가포르(제5.11조), 콜롬비아(제4.10조), 호주(제3.29조 및 제4.8조), 캐나다(제4.11조) FTA에서도 공통적으로 확인된다.

이들 협정 모두에서, 불복청구권의 신청권자가 국내 이해관계자뿐 아니라 체약상대국의 수출자·생산자까지 포함되도록 법적 범위를 확장하고 있다. 이러한 체약상대국 신청권 확장은 향후 분쟁 발생 시 절차적 비대칭을 방지하고 상호주의적 권리 보장을 실현하기 위한 필수 장치다.

국내에서는 이러한 협정 규정을 충실히 반영하기 위하여 「FTA 관세법 시행령」 제51조를 제정하고, 위의 다섯 개 협정에 한하여 신청권자를 '체약상대국의 수출자 또는 생산자'로 명시하였다. 이 규정에 따라, 해당 FTA의 적용을 받는 수출자·생산자는 한국 관세당국의 원산지 판정 및 사전판정에 대해 국내 수입자와 동일하게 심사청구나 심판청구를 제기할 수 있게 되었다.

반면, EFTA 및 아세안 FTA에서는 '재심사 및 불복청구'에 관한 명문 규정이 없거나, 신청권자를 자국의 이해관계자로 한정하는 구조를 취하고 있다. 이러한 경우에는 상대국 수출자·생산자에게 국내법상 불복 절차를 보장하는 협정 의무가 존재하지 않으므로, 시행령의 적용 범위에서 제외되었다.

결과적으로, 협정 조문과 국내 시행령은 상호 긴밀하게 연결되어 있으며, 이는 FTA 협정의 국제적 의무를 국내 법령에 충실히 반영하는 동시에, 무역거래 당사자 모두에게 실질적으로 공정하고 접근 가능한 권리구제 절차를 제공하기 위한 입법적 조치로 평가된다.

구분	있음		없음
	신청권자가 체약상대국으로 확대	신청권자가 자국으로 한정	
협정	칠레, 싱가포르, 콜롬비아, 호주, 캐나다	나머지 협정	아세안, EFTA

나. 원산지 판정 특성에 따른 제도적 필요성

FTA 특유의 원산지 판정은 국제적 사실관계, 외국 생산자의 정보, 복잡한 공급망 등을 포함하므로 수입자 외에도 수출자·생산자가 실질적인 이해관계자가 된다. 이들에게 불복절차를 허용해야 판정의 공정성과 투명성이 확보되며, 절차적 불균형을 해소할 수 있다.

또한 해외 기업이 제출하는 자료에는 영업비밀이 포함되는 경우가 많아, 「FTA 관세법」은 자료의 직접 제출, 비밀유지 의무 등 관세법보다 강화된 절차를 별도로 규정하여 민감정보 보호를 제도적으로 보장하고 있다.

다. 무역 분쟁 예방과 절차적 안정성 확보

적정한 불복 절차는 원산지 판정 과정에서 당사국 간 이해 충돌을 최소화하고, 절차적 대칭성을 통해 무역 분쟁 발생 가능성을 낮춘다. 체약상대국 수출자·생산자에게 국내 수입자와 동등한 권리구제를 제공하는 것은 협정의 상호주의 원칙을 구현하는 동시에, FTA 운영의 투명성과 신뢰를 높이는 장치가 된다. 이를 통해 분쟁 해결 구조가 명확해지고 원산지 제도의 일관성이 유지되며, 국제무역 환경에서도 예측 가능성이 강화된다.

2. 불복청구 관련 「FTA 관세법」 규정의 주요 특징

가. 신청권자의 범위 확대

「FTA 관세법」은 신청권자의 범위를 기존 「관세법」보다 넓게 규정하고 있다. 「관세법」상 불복청구는 일반적으로 대한민국의 법이 적용되는 국내 거주자(예: 수입자)가 관세당국의 위법 또는 부당한 처분을 받을 경우 이를 청구할 수 있다.

그러나 「FTA 관세법」은 협정상의 의무 이행을 위해, 체약당사국 내에 소재하면서 우리나라로 물품을 수출한 수출자, 또는 해당 물품을 생산한 생산자도 일정한 조건을 충족하면 한국 관세당국에 직접 불복을 청구할 수 있도록 하고 있다.

이러한 범위 확장은 「FTA 관세법 시행령」 제51조에 근거하여, 적용 체약상대국의 수출자 또는 생산자를 명시적으로 규정함으로써 이루어진다. 이는 FTA 협정에서 요구하는 상호주의와 절차적 권리 보장을 국내법에 반영한 것이다.

나. 「관세법」 제119조 준용

「FTA 관세법」은 불복청구 절차에 관해 「관세법」 제119조를 준용하도록 하고 있다. 제119조는 심사청구와 심판청구의 절차, 신청 요건, 심리 방식 등에 관한 기본적인 절차 규정을 담고 있다.

따라서 「FTA 관세법」상 불복청구도 기본적인 절차 틀은 「관세법」과 동일하게 운영되지만, 신청권자의 범위가 체약상대국 수출자·생산자까지 확대된다는 점에서 차이를 보인다. 이 방식은 국내 행정절차의 일관성을 유지하면서도 FTA 협정에서 요구하는 특례를 함께 반영하는 기능을 한다.

다. 비밀유지 조항의 명문화

「FTA 관세법」은 불복청구 과정에서 제출되는 자료의 비밀을 보호하기 위한 조항을 명문화하고 있다. 2008년 12월 26일 법률 개정(법률 제9271호)을 통해 도입된 구 제17조의2는, 청구인이나 체약상대국의 수출자 또는 생산자가 제출한 자료 중 비밀로 취급할 것을 요청받은 자료는 자료제출자의 사전 동의 없이 제3자(체약상대국의 관세당국 포함)에게 제공·누설하거나 사용 목적 외로 활용하지 못하도록 규정하였다. 현재 이 조항은 「FTA 관세법」 제40조(불복 증거서류 및 증거물의 제출 등)로 운영되고 있으며, 자료의 보관·제공·사용 절차는 제38조를 준용한다.

이 비밀유지 원칙은 한-미 FTA 제7.6조, 한-EFTA FTA 제26조, 한-ASEAN FTA 제13조 등 협정에서도 엄격히 규정되어 있으며, 기업 영업비밀과 민감한 거래정보를 보호하기 위한 국제적 공통 기준을 반영한다.

라. 자료 제출 특례

「FTA 관세법」 제40조는 자료 제출 방식에 관한 특례를 두고 있다. 구체적으로 재결청은 불복청구 심리 과정에서 필요하다고 인정하면, 체약상대국의 수출자 또는 생산자가 증거서류나 증거물을 재결청에 직접 제출할 수 있도록 하고 있다. 이러한 절차는 수입자를 경유하여 자료를 제출하는 과정에서 발생할 수 있는 기업 비밀 유출 위험을 감소시키고, 자료 제출의 안정성과 신뢰성을 높이는 효과를 낸다. 또한 직접 제출 절차는 심리기관이 보다 신속하고 정확하게 자료를 확보할 수 있도록 해, 불복청구 절차의 효율성을 향상시키는 역할을 한다.

제39조-02 '재조사 결정'의 법적 성격

1. 재조사 결정의 의의

재조사 결정은 심판청구 등에 대한 결정 유형 가운데 하나로, 재결청이 사건을 심리한 결과 특정 사항에 대해 처분청의 추가 조사 및 보완 조치를 필요로 할 때 내려지는 결정이다.

실무에서는 재조사 결정이 내려지면 처분청이 재결청의 지적 사항을 근거로 재조사를 실시한 후 그 결과에 따라 후속 처분을 하게 된다. 이는 사건의 사실관계를 보다 정확하게 확인하고, 위법·부당한 처분을 시정하기 위한 절차적 장치이다.

2. 법적 성격과 기속력

재조사 결정은 단순한 권고나 참고사항이 아니라, 관계 행정청이 반드시 따라야 하는 기속력을 가진 법적 결정이다. 조세심판원의 결정은 행정청에 대해 반복금지효(같은 위법을 반복할 수 없음), 재처분의무(결정에 따라 후속 처분을 해야 함), 결과제거의무(위법 결과를 시정할 의무)를 부과하며, 이는 납세자의 권익 보호와 공정한 과세 실현을 위한 기본 원칙이다.

따라서 재조사 결정이 내려진 경우, 행정청은 그 결정의 취지에 맞게 재조사를 수행하고 필요한 처분을 신속히 내려야 하며, 결정의 주문 및 요건사실의 인정·판단, 즉 당초 처분의 위법 사유에 관한 판단을 위반하는 내용으로는 처분을 유지할 수 없다. 이를 위반하면 재조사 결정의 기속력에 저촉되는 위법행위가 된다.

3. 관련 법령 근거

재조사 결정의 법적 성격은 국세기본법에 명확히 근거를 두고 있다. 제80조 제1항
및 제2항은 심판청구에 대한 결정의 효력을 규정하고, 재결청의 결정이 관계 행정청을
기속함을 분명히 하고 있다. 그리고 제80조의2에서 '심판청구에 관하여는 제65조를
준용한다'라고 규정하고 있다. 이는 심판청구의 절차와 효력을 이해하기 위해 제65조의
내용을 동일하게 적용할 수 있음을 의미한다.

국세기본법
제80조(결정의 효력) ① 제80조의2에서 준용하는 제65조에 따른 결정은 관계 행정청을 기속(羈束)
한다. <개정 2022. 12. 31.>
② 심판청구에 대한 결정이 있으면 해당 행정청은 결정의 취지에 따라 즉시 필요한 처분을 하여야 한다.

제80조의2(심사청구에 관한 규정의 준용) 심판청구에 관하여는 제61조 제3항·제4항, 제63조, 제65조
(제1항 제1호 가목 중 심사청구와 심판청구를 같은 날 제기한 경우는 제외한다) 및 제65조의2를 준용
한다. 이 경우 제63조 제1항 중 "20일 이내의 기간"은 "상당한 기간"으로 본다. <개정 2013. 1. 1.,
2016. 12. 20.>

즉, 심판청구에 대한 결정이 있으면 해당 행정청은 그 결정의 취지에 따라 즉시
필요한 처분을 하여야 하며, 이를 지연하거나 무시하는 것은 법령 위반에 해당한다.
이러한 규정은 재조사 결정이 단순한 행정적 안내가 아니라 반드시 이행되어야 하는
법적 명령임을 보여준다.

또한 제65조 제1항 제3호[72]는 심사청구가 이유 있다고 인정될 경우, 재결청이 해당
처분의 취소나 경정 결정을 내릴 수 있으며, 필요하다면 그 밖의 필요한 처분에 관한
결정을 할 수 있다고 규정하고 있다. 이 조항이 바로 재조사 결정의 근거 규정에
해당하며, 이를 통해 재결청은 직접 처분을 취소하거나 변경하는 대신, 일정 사항에
대해 처분청이 추가 조사 후 조치를 취하도록 명령할 수 있다.

---

72) 제65조(결정) ① 심사청구에 대한 결정은 다음 각 호의 규정에 따라 하여야 한다.
　　<개정 2013. 1. 1., 2016. 12. 20.>
　　3. 심사청구가 이유 있다고 인정될 때에는 그 청구의 대상이 된 처분의 취소·경정 결정을 하거
　　　나 필요한 처분의 결정을 한다. 다만, 취소·경정 또는 필요한 처분을 하기 위하여 사실관계
　　　확인 등 추가적으로 조사가 필요한 경우에는 처분청으로 하여금 이를 재조사하여 그 결과
　　　에 따라 취소·경정하거나 필요한 처분을 하도록 하는 재조사 결정을 할 수 있다.

이와 같이 국세기본법의 규정 체계는 재조사 결정을 명시적으로 '심판청구에 대한 결정'의 한 유형으로 인정하고 있으며, 해당 결정이 처분청에 대해 강력한 기속력을 발휘하도록 설계되어 있다. 결국 재조사 결정은 법령상 뚜렷한 근거와 강제력을 갖춘 절차적 장치로서, 조세 분쟁에서 납세자의 권익 보호와 공정한 과세 실현을 뒷받침하는 핵심 제도라 할 수 있다.

4. 대법원 판례 분석

대법원은 2017년 5월 11일 선고한 2015두37549 판결(부가가치세 부과처분 취소 사건)에서 재조사 결정의 법적 성격을 구체적이고 심도 있게 판시하였다. 이 사건은 조세심판원이 부가가치세 부과처분 관련 심판청구를 심리한 후, 처분청이 특정 사실관계와 관련하여 추가적인 확인이 필요하다고 판단되어 재조사 결정을 내린 사안이었다. 여기서 쟁점은 재조사 결정이 단순한 행정청 내부 권고인지, 아니면 행정청이 반드시 준수해야 하는 구속력 있는 결정인지 여부였다.

대법원은 먼저 구 국세기본법 제80조와 제81조[73], 제65조의 체계와 문언을 검토하여, 재조사 결정이 심판청구에 대한 '결정'의 한 형태로 간주된다고 보았다. 법원은 재조사 결정이란 재결청이 지적한 사항에 관하여 처분청이 재조사를 실시하고, 그 재조사 결과에 따라 후속 처분을 결정하도록 요구하는 변형결정이라고 규정하였다. 이와 같은 변형결정은 처분청의 재조사 결과를 기다려 그 후속 처분 내용이 최종 결정의 일부를 이루게 하는 성질을 가진다.

따라서 대법원은 처분청이 재조사 결정의 취지에 반하는 행위를 할 수 없다고 판시하였다. 구체적으로 처분청은 재조사 결정의 주문 내용뿐 아니라, 그 전제가 된 요건사실의 인정 및 판단(위법 사유에 관한 판단 포함)을 준수해야 한다. 재조사 결정에서 명시된 위법 사유나 판단을 무시하고 당초 처분을 그대로 유지하는 행위는 재조사 결정의 기속력을 정면으로 위반하는 것이므로, 이는 위법하다고 본 것이다. 이 판례는 실무적으로 중요한 의미를 가진다.

---

73) 2016.12.20. 법률 제14382호 개정 이전의 것은 제81조에서 '심판청구에 관하여는 제65조를 준용한다' 라고 규정하고 있다.

- 첫째, 재조사 결정은 재결청의 단순한 '사실 확인 요구'가 아니라, 처분청의 조사와 후속 처분 범위를 제한하는 법적 근거로 작용한다.
- 둘째, 재조사 후 처분청은 재결청이 인정한 사실관계와 법률 판단을 기초로 보완 처분을 해야 하며, 자기 판단으로 이를 배제하거나 변경할 수 없다.
- 셋째, 이는 조세 행정에서 재조사의 목적성을 명확히 하고, 납세자의 권익을 보호하며 심판 결과의 실효성을 담보하는 기능을 한다.

결국 2015두37549 판결은 재조사 결정의 구속력과 실효성을 재확인함으로써, 행정청이 재결청의 판단을 존중하고 그 절차를 충실히 이행해야 한다는 법적 원칙을 분명히 한 사례로 평가된다.

5. 결론

재조사 결정은 단순 참고나 권고가 아닌, 관계 행정청을 법적으로 구속하는 결정이다. 국세기본법과 대법원 판례는 재조사 결정이 기속력을 가지며, 행정청은 반드시 그 취지에 따라 재조사를 하고 후속 처분을 내려야 함을 명확히 하고 있다.

이는 조세 행정에서 납세자의 권익을 보호하고 위법·부당한 처분을 신속히 시정하기 위한 중요한 제도적 장치로 평가된다.

제44조-01 「FTA 관세법」에서 규정하는 벌칙의 종류 및 적용

1. 「FTA 관세법」에서 규정하는 벌칙의 종류

「FTA 관세법」 제9장은 벌칙의 종류와 그 적용을 규정하고 있으며, 제44조에는 형사벌인 징역형과 벌금형, 제46조에는 행정벌인 과태료 부과가 포함되어 있다.

이러한 제재 규정은 위반행위의 성질에 따라 차등 적용되며, 일부 행위에 대해서는 고의와 과실을 구분하여 처벌하고 있다. 또한 제45조에서는 양벌규정이 명시되어 있으나, 제38조(비밀유지 의무) 위반의 경우에는 예외적으로 양벌규정이 적용되지 않는다.

가. 징역형과 벌금형

특히 제38조의 비밀유지의무 위반은 「FTA 관세법」에서 가장 강한 처벌이 부과되는 조항으로, 세관 또는 협정관세 업무와 관련하여 취급되는 비밀자료를 누설하거나 목적 외 사용을 한 경우 3년 이하의 징역 또는 3천만 원 이하의 벌금에 처하도록 규정하고 있다. 이 규정은 국제 통관 협력 과정에서 확보된 기밀이 외부로 유출될 경우 협정국 간 신뢰가 훼손되고 국가 경제에도 심각한 위험을 초래할 수 있기 때문에, 다른 조항과 달리 예외적으로 양벌규정을 적용하지 않고 행위자를 직접 처벌하도록 한다. 나머지 일반적인 위반행위와 달리 법인의 연대책임을 배제한 것은 해당 행위가 개인의 고의적 선택에 따른 것이라는 점을 중시한 입법적 결정이라 할 수 있다.

이와 달리 벌금형은 고의 또는 과실로 FTA 관련 의무를 위반한 경우 폭넓게 적용된다. 특히 과실범 처벌 범위를 명확히 하기 위해 2019년 개정 당시 조문에 '과실'이라는 표현이 삽입되어 법 해석의 불확실성이 해소되었다. 예를 들어, 협정관세 특례를 적용받은 물품을 해당 용도 외로 사용하거나 부정한 방법으로 원산지 명서를 신청·발급한 행위는 고의일 때 2천만 원 이하의 벌금, 과실일 때 300만 원 이하의 벌금이 적용된다. 이 밖에도 원산지인증수출자를 부정하게 인증받거나, 고의로 서류를 제출하지 않거나, 관세 감면 물품을 부정 사용한 경우에도 유사한 수준의 벌금이 부과된다. 벌금형은 고의·부정행위에 대한 제재 수단으로서 기능하며, 과태료보다 높은 비난 가능성이 있는 행위를 제재하는 중간 단계의 형사벌이라 할 수 있다.

나. 행정벌인 과태료

대부분 행정절차 준수 의무를 이행하지 않은 경우나 경미한 위반에 적용된다. 예를 들어 용도세율 물품을 낮은 세율 용도로 사용한 경우, 원산지증빙서류 오류 통보 후 정정 신청을 하지 않은 경우, 관세감면 물품을 부적정하게 양도한 경우 등은 500만 원 이하 과태료 대상이다. 또한 세관의 문서 제출 요구나 조사를 기한 내 이행하지 않거나 이를 방해·기피한 경우에는 1천만 원 이하 과태료가 부과된다. 이처럼 과태료는 협정 절차의 정확성과 투명성을 유지하기 위한 행정질서적 조치를 의미하며, 형사 처벌과 달리 고의 여부와 관계없이 부과될 수 있다.

다. 양벌규정의 적용

「FTA 관세법」에는 양벌규정도 포함되어 있어, 위반행위가 법인의 업무와 관련하여 발생한 경우에는 행위자뿐 아니라 법인도 함께 처벌할 수 있다. 다만 앞서 언급한 비밀유지의무 위반에는 이 규정이 적용되지 않는다. 이는 국가 간 정보 보호 체계를 유지하기 위한 강한 메시지로서, 위반행위의 본질과 위험성을 반영한 입법적 선택이다.

2. 「FTA 관세법」 벌칙 규정에서 「관세법」 준용 규정

「FTA 관세법」의 벌칙을 적용함에 있어 중요한 점은 「관세법」 벌칙 규정을 광범위하게 준용한다는 것이다. 「FTA 관세법」 제44조 제4항은 「관세법」 제278조 및 제283조부터 제319조까지를 적용하도록 규정하고 있으며, 이를 통해 관세범 조사·처분 절차와 동일한 수준의 법 집행 체계를 유지한다.

가. 「관세법」 제278조(형법 적용의 일부 배제) 준용

「관세법」 제278조는 형법상 벌금 경합에 관한 제한가중 규정을 적용하지 않도록 하고 있어, 「FTA 관세법」 위반과 「관세법」 위반이 함께 있는 경우 벌금이 단순 합산된다.

예컨대 동일인의 두 위반행위가 각기 1,000만 원과 1,500만 원의 벌금에 해당할 때, 형법을 적용하면 2,250만 원이 한도[74]지만, 「관세법」 준용에 따라 총 2,500만 원의 벌금이 그대로 부과된다. 이는 무역 질서를 해하는 위반행위에 대하여 보다 강력한 억지력을 확보하기 위한 제도적 장치로 해석할 수 있다.

나. 「관세법」 상의 조사 및 처분 절차 준용

또한 준용된 「관세법」 규정에 따라 「FTA 관세법」 위반 조사 과정에서도 서류 열람·압수, 영장에 의한 수색, 관계자 조사 등 강력한 조사 권한이 동일하게 행사된다. 원산지 허위기재 등과 같은 중대한 위반이 의심되는 경우, 세관은 동일한 조사 절차를 통해 사실관계를 규명하고 형사 고발 또는 행정처분 절차를 진행할 수 있다.

3. 「FTA 관세법」과 「관세법」의 병존 및 적용 기준

가. 「FTA 관세법」 위반이 동시에 「관세법」 위반에도 해당하는 경우

「FTA 관세법」과 「관세법」의 관계는 상호 배타적이 아니라 병존적이다. 위반행위가 두 법률의 구성요건을 동시에 충족할 경우, 「FTA 관세법」 위반으로 처벌하는 동시에 「관세법」 위반으로도 별도의 처벌이 가능하며, 이러한 경우 경합범 관계가 형성된다. 예를 들어, 협정관세 적용을 위하여 원산지증명서를 허위로 기재해 제출한 경우는 「FTA 관세법」 위반일 뿐 아니라 관세 포탈로 이어질 수 있어 「관세법」 위반에도 해당한다.

나. 「FTA 관세법」에 규정되지 않은 위반행위의 경우

반면 특정 위반행위가 「FTA 관세법」에 규정되어 있지 않은 경우에는 「관세법」에 따라 처벌이 이루어진다. 이는 「관세법」이 보다 일반법적 지위를 가지며, 「FTA

---

74) 형법을 적용할 경우 벌금은 합산되지 않고 '제한가중'이 적용되며, 그 상한은 '가장 무거운 벌금의 상한 × 1/2 추가'가 된다. 추가 가중 범위는 1,500만 원 × 0.5 = 750만 원으로 최종 상한은 1,500만 원 + 750만 원 = 2,250만 원이다. 즉, 형법 기준에서는 벌금이 단순히 1,500 + 1,000 = 2,500만 원으로 합산되지 않는다.

관세법」이 협정관세 이행이라는 특수한 영역을 보완하는 구조이기 때문이다. 이러한 관계 설정을 통해 법 적용의 공백을 방지하고, 무역 질서 전반에 걸쳐 통일된 법 집행이 이루어질 수 있도록 하는 것이 입법자의 의도라 할 것이다.

4. 결론

종합하면, 「FTA 관세법」의 벌칙 체계는 국제협정의 신뢰를 유지하고 부정한 협정관세 수혜를 방지하기 위한 법적 장치로서, 비밀 누설과 같은 중대한 위반에는 징역형까지 적용하는 한편, 고의·부정행위에는 벌금형, 절차 위반에는 과태료를 부과 하는 구조로 이루어져 있다.

또한 「관세법」의 벌칙 및 조사 절차를 폭넓게 준용하여 법 집행의 일관성과 실효성을 확보하고, 동일 행위가 두 법률을 모두 위반할 경우 병합 처벌이 가능하도록 규정 함으로써 국제무역 과정에서의 법 준수 환경을 강화하고 있다.

제45조-01 「FTA 관세법」상 양벌규정의 적용

1. 「관세법」과의 관계 및 적용 범위

「FTA 관세법」 제45조에서 규정하는 양벌규정은 그 내용과 구조가 「관세법」 제279조와 동일하다. 다만, 적용 대상이 「FTA 관세법」 제44조 제2항 및 제3항의 위반행위에 한정된다는 점에서 특수성을 가진다.[75]

양벌규정의 기본 원리는, 법인의 대표자, 법인 또는 개인의 대리인, 임직원, 사용인, 종업원이 해당 법인의 또는 개인의 업무와 관련하여 규정된 벌칙에 해당하는 위반행위를 할 경우, 위법행위를 한 개인(행위자)을 처벌하는 것 외에 해당 법인 또는 개인(사용주·고용주 등)에게도 해당 조문의 벌금형을 부과하는 것이다.

또한, 「FTA 관세법」의 단서 조항 역시 「관세법」과 동일하게, 법인 또는 개인이 해당 위반행위를 방지하기 위해 업무에 관한 상당한 주의와 감독을 게을리하지 않았을 경우에는 처벌하지 않는 면책 규정을 두고 있다.

2. 벌칙 형태와 한계

양벌규정에 따라 법인 또는 개인에 대하여 부과되는 형벌은 벌금형에 한정된다. 이는 법인에 본질적으로 징역형과 같은 자유형을 부과할 수 없기 때문이다.

자연인(법인의 대표이사 등)에 대해서도 연좌적으로 처벌한다는 점을 고려하여 자유형을 과하는 것은 입법 정책상 적절하지 않다고 판단된다. 따라서 양벌규정에서 법인이나 개인에 대하여는 벌금형만 부과하는 것이 원칙이다.

이로써 제재방식이 재산형 중심으로 구성되고, 범죄로 인해 발생한 경제적 이익을 환수하거나 위법으로 인한 경제적 손실을 반환케 하는 실효성이 확보된다.

---

75) 「FTA 관세법」은 FTA 관련 관세 절차 위반을 대상으로 하고, 「관세법」은 일반 관세행정 전반의 위반을 대상으로 한다.

3. 면책조항과 주의·감독 의무

「FTA 관세법」은 2010년 1월 1일 개정 시 면책조항을 신설하여(2010년 3월 2일 시행), 법인 또는 개인이 해당 위반행위를 방지하기 위해 해당 업무에 관하여 상당한 주의와 감독을 다한 경우에는 양벌규정에 따른 처벌을 면하게 했다. 이러한 면책 규정은 단순히 위법행위가 발생하지 않도록 규정하는 선언적 조항이 아니라, 법인 또는 개인이 사전 예방조치와 내부 통제 시스템을 갖추었는지를 판단하는 실질적 기준으로 기능한다.

여기서 '주의의무'는 다음을 포함한다.

- 선임의무: 업무 담당자(직원·대리인 등)를 선임할 때, 해당 업무의 적격성을 검토하고, 위법행위 가능성을 차단하기 위해 충분한 자격과 신뢰성을 갖춘 인물을 배치해야 한다.
- 감독의무: 선임된 자가 업무를 수행하는 과정에서 규정을 준수하도록 지휘·관리·점검하는 의무를 말하며, 이는 단순히 보고를 받는 수준을 넘어 정기적인 점검과 불시 점검을 포함하는 적극적 감독을 요구한다.

이러한 의무의 범위는 직접 지휘하거나 알고 있는 사안에만 한정되지 않으며, 나아가 행위가 법인 또는 개인의 업무를 위해 수행된 것으로 인정되는 경우에도 책임 범위에 포함된다. 즉, 행위자가 독단으로 실행했다고 주장하더라도, 조직의 이익을 위한 행임이 명백하다면 대표자나 법인에게 감독책임이 인정된다.

면책이 인정되기 위해서는 다음과 같은 사전·사후 조치가 입증되어야 한다.

- 규정 제정 및 공지: FTA 관세 절차 준수 관련 내부 규정 또는 매뉴얼 작성 및 모든 직원에게 교육 실시
- 교육 및 훈련 기록: 원산지증명서 작성, 관세 감면 절차 등과 관련된 교육 기록 보유
- 내부 감사 및 점검 절차: 주기적 내부 감사를 통해 위반행위 가능성을 확인하고 개선조치를 취한 자료 확보
- 위반 발생 시 즉각 대응: 위법행위 발견 시 즉시 시정 조치를 하고, 추가 발생을 방지하기 위한 조직 개편 또는 업무 재배치 실시

법리적으로 면책조항은 과실 책임을 전제로 하는 양벌규정의 적용을 제한하기 위한 장치다. 이는 무과실 책임을 강제로 부여하는 것이 헌법상 과잉금지원칙에 위배될 수 있다는 점을 고려하여, 입법자가 '상당한 주의와 감독'이라는 실체적 요건을 마련한 것이다. 결국, 감독의무를 다했다고 인정되면 법인이나 개인은 양벌규정 적용 대상에서 제외되어 형사상 벌금형을 부과받지 않는다.

따라서, 실무에서는 준법경영(Compliance Management) 체계를 확립하고, 정기적인 사내 교육과 감사 절차를 통하여 면책 요건을 충족시키는 것이 중요하다.

4. 입법 취지와 법리적 의미

「FTA 관세법」의 양벌규정은 실질적인 법 집행력을 확보하기 위한 제도이다. 자유무역협정 이행 과정에서 발생하는 위법행위는 개인 차원뿐 아니라 법인 차원에서의 관리·감독 부실로 이어지는 경우가 많다. 이에 따라, 단순히 행위자를 처벌하는 것에 그치지 않고 법인 또는 개인에게도 벌금형을 부과함으로써, 조직적 위법행위를 억제하고 예방효과를 극대화한다. 또한, 면책조항을 둠으로써 과실 없는 자를 부당하게 처벌하지 않도록 하고, 감독 의무를 강화하여 법인 제도 전반에서 준법 경영 문화를 정착시키려는 목적을 가진다. 이는 「FTA 관세법」의 특수성을 유지하면서도 관세법과의 규범 조화를 이루는 법리적 장치라고 할 수 있다.

제46조-01 「관세법」과 「FTA 관세법」의 과태료 부과 기준의 차이점

1. 과태료의 개념과 법적 성격

과태료는 국가 또는 지방자치단체가 법률상 의무를 위반한 자에게 행정질서 유지를 목적으로 부과하는 금전적 제재를 의미한다. 이는 행정벌 중 행정질서벌[76]에 해당하며, 직접적으로 사회적 법익을 침해하는 행위를 처벌하는 행정형벌(벌금·과료)과 구별된다.[77]

과태료는 형벌이 아니므로 「형법」의 적용을 받지 않으며 부과되어도 전과가 되지 않는다. 또한 다른 형벌과 누범 관계가 성립하지 않으며, 최근에는 경미한 범법 행위에 대한 벌금형을 과태료로 전환하는 추세가 확산되고 있다.

과태료 부과의 일반법은 「질서위반행위규제법」으로, 위반행위의 성립 요건, 부과·징수 절차 및 재판 절차를 규정하고 있다. 같은 법 제2조에 따르면 질서위반행위란 법률상 의무를 위반하여 과태료를 부과하는 행위를 말한다. 이 경우 대통령령으로 정하는 사법상·소송법상 의무 위반이나 징계사유에 해당하는 행위는 제외된다.

관세 관련 과태료는 세관장이 부과·징수하며, 기준과 절차는 관세청 훈령인 「관세법 등에 따른 과태료 부과징수에 관한 훈령」에 상세히 정하고 있다. 과태료 처분에 불복하는 자는 60일[78] 이내에 세관장에게 이의를 제기할 수 있으며, 이후 세관장은 관할 법원에 통보하여 「비송사건절차법」에 따른 과태료 재판이 진행된다.

---

76) 간접적으로 행정상의 질서에 장애를 줄 우려가 있는 정도의 단순한 의무태만에 대하여 과하는 금전적 제재
77) 과태료와 과징금과의 차이: 과태료는 행정질서 유지를 목적으로 부과되는 행정질서벌로서, 형벌과 달리 전과가 남지 않으며 「질서위반행위규제법」이 일반법으로 적용된다. 과태료는 원칙적으로 법률에서 정한 한도(일반적으로 5백만 원 이하)를 초과하여 부과할 수 없고, 위반자의 고의·과실이 요구되며, 질서위반행위 자체에 대한 책임을 묻는 제재이다.
반면, 과징금은 위반행위에 따른 경제적 이익의 박탈 또는 행정목적 달성을 위해 부과되는 행정제재금으로서, 형벌과도 과태료와도 성격이 다르다. 과징금은 위반행위로 얻은 이익을 환수하거나 위반행위를 억지하기 위한 기능을 가지므로 법률이 정하는 범위에서 상당히 높은 금액으로 부과될 수 있으며, 법정 상한이 없거나 매우 높게 설정되는 경우가 많다. 또한 고의·과실 유무와 관계없이 결과 자체에 따라 부과되는 경우도 있다. 즉, 과태료는 '질서위반행위 자체에 대한 제재'인 반면, 과징금은 '위반으로 얻은 이익의 환수 또는 규제 목적 달성'을 위한 경제적 제재라는 점에서 구별된다.
78) 관세청 제1186호(2008.9.1, 일부개정)에서 30일 → 60일로 확대되었다.

2. FTA 관세법령의 과태료 부과 기준

「FTA 관세법 시행령」 [별표 25] 과태료의 부과기준(제54조 관련)에 일반기준과 개별기준을 규정하고 있다.

---

1. **일반기준**
   가. 위반행위의 횟수에 따른 과태료의 부과기준은 최근 5년간 같은 위반행위로 과태료를 부과받은 경우에 적용한다. 이 경우 위반 횟수는 같은 위반행위에 대하여 과태료 부과처분을 받은 날과 그 처분 후에 한 위반행위로 적발된 날을 각각 기준으로 하여 계산한다.
   나. 가목에 따라 가중된 부과처분을 하는 경우 가중처분의 적용 차수는 그 위반행위 전 부과처분 차수(가목에 따른 기간 내에 과태료 부과처분이 둘 이상 있었던 경우에는 높은 차수를 말한다)의 다음 차수로 한다.
   다. 부과권자는 다음의 어느 하나에 해당하는 경우에는 제2호의 개별기준에 따른 과태료 금액의 2분의 1 범위에서 그 금액을 줄일 수 있다. 다만, 과태료를 체납하고 있는 위반행위자에 대해서는 그렇지 않다.
   1) 위반행위자가 「질서위반행위규제법 시행령」 제2조의2 제1항 각 호의 어느 하나에 해당하는 경우
   2) 위반행위가 사소한 부주의나 오류로 인한 것으로 인정되는 경우
   3) 위반행위자가 법 위반상태를 시정하거나 해소하기 위해 노력한 것이 인정되는 경우
   4) 그 밖에 위반행위의 정도, 위반행위의 동기와 그 결과 등을 고려하여 과태료를 줄일 필요가 있다고 인정되는 경우

일반기준 중 가호는 위반행위의 횟수를 산정할 때 최근 5년간 같은 유형의 위반으로 과태료 처분을 받은 이력이 있는지를 기준으로 삼는다는 내용이다. 같은 위반행위에 대해 과거에 처분을 받은 날과 그 이후 새롭게 적발된 날을 기준으로 최근 5년 이내에 해당되는지를 판단하며, 여기에 포함된다면 동일한 위반이 반복된 것으로 보아 차수를 높여 과태료를 가중한다. 예를 들어 어떤 업체가 2021년에 서류 미제출로 과태료 처분을 받고, 2024년에 동일한 사유로 다시 적발되었다면 두 사건 사이의 기간이 5년 이내이고 동일 위반이므로 2024년 위반은 2차 위반으로 처리된다.

또한 일반기준 나호는 이미 존재하는 위반 차수를 바탕으로 새로운 적발에 적용할 가중 처분의 차수를 결정하는 기준을 제시하고 있다. 최근 5년 이내에 동일한 위반으로 여러 차례 과태료 처분을 받은 사실이 있다면 그중 가장 높은 차수를 확인한 뒤, 그 다음 차수를 이번 위반의 적용 차수로 결정한다. 예를 들어 어떤 업체가 2022년에 1차 처분을, 2024년에 2차 처분을 받은 뒤 2026년에 동일한 위반행위로 다시 적발되었다면 최근 5년 이내의 최고 차수는 2차이므로, 2026년 위반은 이를 기준으로 한 단계 높은 3차 위반으로 가중하여 부과된다.

이와 같이 가호와 나호는 각각 최근 5년 내 동일 위반의 존재 여부와 최고 차수의 다음 차수 적용이라는 두 가지 원칙을 통해 위반의 반복성을 판단하고 과태료를 점진적으로 강화하도록 설계되어 있다.

2. 개별기준

위반행위	근거 법조문	과태료 금액			
		1차 위반	2차 위반	3차 위반	4차 이상 위반
가. 정당한 사유 없이 법 제16조 제2항에 따른 기간 이내에 서류를 제출하지 않은 경우	법 제46조 제1항 제1호	200	500	800	1,000
나. 법 제17조 제1항 및 법 제18조 제1항에 따른 관세청장 또는 세관장의 서면조사 또는 현지조사를 거부·방해 또는 기피한 경우	법 제46조 제1항 제2호	200	500	800	1,000
다. 법 제4조 제2항에서 준용하는 「관세법」 제83조 제1항을 위반하여 승인을 받지 않고 용도에 따라 세율을 다르게 정하는 물품을 세율이 낮은 용도에 사용한 경우	법 제46조 제2항 제1호	100	200	300	500
라. 법 제4조 제2항에서 준용하는 「관세법」 제83조 제2항을 위반한 경우 중 세율이 낮은 용도와 동일한 용도에 사용하려는 자에게 양도한 경우	법 제46조 제2항 제2호	100	200	300	500
마. 법 제14조 제2항에 따라 원산지증빙서류의 오류 내용을 통보받고도 이를 세관장에게 세액정정·세액보정신청, 수정신고를 하지 않은 경우	법 제46조 제2항 제3호	100	200	300	500
바. 법 제30조 제3항에서 준용하는 「관세법」 제97조 제2항을 위반한 경우 중 해당 물품을 직접 수입한 경우에는 관세의 감면을 받을 수 있는 자에게 양도한 경우	법 제46조 제2항 제4호	100	200	300	500

「FTA 관세법」의 과태료 부과 기준은 「관세법」 규정을 대부분 수용하면서 일부 조항에서 차이를 두고 있다. 특히 위 개별 기준 중 "나" 호와 "마" 호는 「관세법」에는 존재하지 않는 독자적인 규정이다.

제3장

원산지결정기준

03-01 협정의 원산지 상품 규정 해석

한-중 FTA 제3.2조를 예를 들어 설명하기로 한다. 즉, 원산지상품이 되기 위해서는 제3.2조 가·나·다항은 모두 충족해야 하는가가 쟁점이 된다.

> **제3.2조 원산지 상품**
>
> 이 장에서 달리 규정된 경우를 제외하고, 다음의 경우 상품은 당사국의 원산지상품으로 간주된다.
> 가. 제3.4조에 규정된 바와 같이 상품이 전적으로 당사국에서 완전하게 획득되거나 생산되는 경우
> 나. 상품이 원산지재료로만 전적으로 당사국에서 생산되는 경우, 또는
> 다. 상품이 비원산지재료를 사용하여 전적으로 당사국에서 생산되고 부속서 3-가에 합치되는 경우
> 그리고 그 상품이 이 장의 적용 가능한 규정을 충족하는 경우

1. 제3.2조의 적용 취지와 가·나·다항의 관계

한-중 FTA 제3.2조는 원산지상품으로 인정될 수 있는 조건을 규정하고 있으며, 가항, 나항, 다항 각각은 독립적으로 원산지상품 인정의 근거가 된다. 협정문에는 가항·나항·다항 중 어느 하나를 선택적으로 적용해야 하거나 특정 항을 우선 적용해야 한다는 규정이 없으므로, 세 항은 서로 독립적이면서도 동등하게 적용되는 병렬 규정으로 이해할 수 있다. 따라서 세 조건은 동등한 자격을 가진 병렬 규정이라고 해석할 수 있다.

2. 가항과 나항 충족 시 다항의 고려 여부

제3.2조에 따르면, 상품이 가항(완전획득 또는 완전생산 기준, WO) 또는 나항(전적으로 원산지 재료만 사용한 생산 기준, WP)을 충족하는 경우, 해당 상품은 별도의 추가 요건 없이 원산지상품으로 인정된다. 이 경우 다항에 따라 부속서 3-가의 품목별 원산지기준(PSR)을 충족하는지 여부를 추가로 따질 필요가 없다. 즉, 가항이나 나항에 해당하는 경우는 이미 원산지 판정이 완료된 것이므로 다항은 적용 대상에서 제외된다.

3. 다항의 적용 시점

다항은 해당 상품에 비원산지 재료가 사용된 경우 적용되며, 이때 부속서 3-가의 품목별 원산지 기준(세번변경기준, 부가가치기준 등)을 충족하면 원산지상품으로 인정된다. 하지만 이는 가항 또는 나항 요건을 충족하지 못했을 때 고려하는 보완 기준이라고 볼 수 있다.

4. 결론

협정 제3.2조의 가항·나항·다항은 모두 동등한 지위를 가지는 독립 규정이며, 세 요건 중 어느 하나만 충족하면 원산지상품으로 인정된다. 따라서 가항이나 나항에 해당하는 경우에는 다항의 요건 충족 여부를 고려할 필요가 없으며, 다항은 주로 가항·나항 요건을 충족하지 못한 경우에만 적용된다.

5. 적용 예

예를 들어 한국에서 생산된 깐마늘이 전적으로 한국산 농산물만 사용하여 제조된 경우, 이는 제3.2조 나항의 '전적으로 원산지재료만 사용한 생산' 기준을 충족하므로 별도의 품목별 원산지기준 검토 없이 원산지상품으로 인정된다.

반면, 한국에서 제조된 전기밥솥에 중국산 부품이 일부 사용되었다면 가항과 나항을 충족할 수 없으므로 다항을 적용해야 한다. 이 경우 부속서 3-가의 해당 HS 품목 기준인 세번변경기준이나 부가가치기준 등을 충족하면 원산지상품으로 인정된다. 그러나 동일한 전기밥솥이라도 모든 부품이 한국산이라면 나항 기준이 우선 충족되므로 다항의 검토는 필요하지 않다.

이러한 사례는 제3.2조의 가·나·다항이 독립적으로 작동한다는 점을 명확히 보여준다.

03-02 완전 생산품의 개념과 적용 범위

1. 완전 생산품의 개념과 적용 범위

완전 생산품이란 해당 국가에서 생산에 사용된 모든 재료가 전적으로 그 국가에서 채취·생산되었으며, 생산 과정 전체가 해당 국가의 영역 내에서 수행된 물품을 의미한다. 이는 타국 재료가 전혀 투입되지 않아야 하며, 원재료의 획득과 가공, 최종 제품 제조까지의 모든 단계를 하나의 국가 내에서 마쳐야 한다.

완전 생산품 규정은 산업 분야를 크게 제한하지 않고 적용될 수 있으나, 주로 천연광물·농수산물과 같이 자연적으로 특정 국가에서 전량 생산되거나 채취되는 1차 산품에서 충족되기 쉽다. 반면, 다양한 국가에서 원재료를 조달하고 복잡한 글로벌 공급망을 거치는 공산품의 경우 요건 충족이 어려운 편이다.

2. FTA 협정문 속 완전 생산품 규정의 제시 형태

완전 생산품의 판단 기준은 대부분의 FTA 협정에서 품목 일반기준(General Rule)으로 규정되어, 모든 품목에 공통적으로 적용된다. 그러나 일부 협정에서는 품목별 원산지결정기준(PSR)에서 특정 품목에 대해 완전 생산품 요건을 별도로 명시하거나, 특정 물품을 완전 생산품으로 간주하는 규정을 추가적으로 두기도 한다.

가. PSR에서 완전 생산품 요건을 직접 명시하는 방식

이 방식에서는 해당 품목이 특정 국가의 영역에서 전량 생산되어야 한다고 규정한다. 예를 들어, 한-아세안 FTA에서는 버터(HS 0405.10)가 반드시 수출당사국의 영토에서 완전하게 생산되어야 하며, 한-EU FTA에서는 밀가루(HS 1101.00)를 생산할 때 제7·8·10·11·23류에 해당하는 모든 사용 재료가 체약당사국에서 완전 생산되어야 한다.

나. '품목 일반기준'에서 특정 물품을 완전 생산품으로 간주하는 방식

많은 FTA에서는 품목 일반기준에서 특정 물품을 일정 조건 충족 시 완전 생산품으로 인정하는 규정을 두고 있다. 예를 들어, 역내 선박이 공해에서 채취한 수산물은 원산지가 명확하지 않더라도 완전 생산품으로 간주되며, 고물·부산물도 최초 원산지와 관계없이 이를 회수한 국가의 완전 생산품으로 인정된다.

3. 완전 생산품 영역 범위[79)]

FTA 협정문에서 완전 생산품을 정의할 때 제시되는 지리적 범위 문구는 협정별로 다르며, 이로 인해 원산지로 인정되는 생산 영역이 달라진다.

표현	일반적인 영문 번역과 의미 범위
당사국에서	in the territory of a Party ☞ 협정의 당사국 중 한 나라의 영토에서
전적으로 당사국에서	wholly obtained or produced in the territory of a Party ☞ 한 나라 안에서 전 과정이 이루어진 경우
당사국의 영역에서	in the territory of a Party ☞ "당사국에서"와 동일, 영토 강조 표현
전적으로 당사국의 영역에서	wholly obtained in the territory of a Party ☞ 한 나라 영토 내에서만 전 과정 수행
당사자에서	in the Parties ☞ "당사자 내에서"와 유사, 모든 당사국의 영역 포함
당사자 내에서	within the Parties ☞ 협정의 모든 당사국 전체를 하나의 영역으로

어떤 협정은 단일 국가의 영역에서 생산된 경우만 인정하고, 다른 협정은 상대국과의 통합 영역에서 이루어진 생산도 인정한다.

---

79) 저자 입장에서 협정문의 국문과 영문본 해석을 견해로 서술한 것으로 사실과 다를 수 있다.

협정별 완전 생산품 규정의 영역 범위

인정 범위 표현		적용 협정 예시 및 특징
수출국 당사국 또는 영역		아세안, 인도, 캄보디아, 인도네시아 ☞ 한 국가만 인정
당사국 또는 당사자	**당사국**에서	EFTA, 이스라엘 ☞ 한 국가 내 생산만 인정, '전적으로' 없는 경우 일부 생산 단계만 해당 가능
	전적으로 **당사국**에서	중국 ☞ 한 국가 내에서 모든 생산·가공 과정 수행
	당사국의 영역에서	베트남, 뉴질랜드 ☞ 한 국가의 영토 내에서만 생산·가공, 영토적 범위 강조
	전적으로 **당사국의 영역**에서	중미, 필리핀: 한 국가 영토 내에서 전 과정 수행
	당사자 내에서	EU, 터키, 영국 ☞ 모든 당사국 영역을 합산 가능, 문구 자체 누적 허용
	당사자에서	RCEP ☞ 모든 당사국 영역 포함, 해석 여지 있어 일부 협정은 상대국 포함 여부 다르게 규정
일방 또는 양 당사국		칠레, 페루, 미국, 콜롬비아, 캐나다, 싱가포르, 호주 ☞ 당사국과 상대국 모두 인정 가능, 부분 또는 전면 누적 허용

'당사국에서', '전적으로 당사국에서', '당사국의 영역에서', '전적으로 당사국의 영역에서'라는 표현은 모두 협정에 참여한 여러 나라 중 오직 한 나라의 영역을 의미한다. 즉, 생산과 가공의 모든 과정은 한 당사국의 영토 내에서만 이루어져야 하며, 다른 당사국에서 수행된 공정은 포함되지 않는다. 특히 '전적으로'라는 표현이 붙는 경우에는 원재료의 획득부터 최종 제품 생산까지의 전 과정이 한 개의 당사국 영토 내에서만 이루어져야 함을 뜻한다.

'당사자 내에서' 또는 '당사자에서'라는 표현은 협정에 참여한 모든 당사국 전체를 하나의 통합된 영역으로 보는 의미를 가진다. 이 경우에는 한국과 상대국을 포함한 모든 협정 당사국에서 이루어진 생산과 가공을 합산할 수 있으며, 문구 자체만으로도 누적(cumulation)이 허용되는 사례가 많다.

03-03 원산지 재료로만 획득된 물품의 원산지 결정

1. 원산지 재료로만 생산된 물품의 정의

원산지 재료로만 생산된 물품이란, 해당 자유무역협정에서 이미 원산지 자격이 인정된 재료만을 사용하여 제조된 최종 제품을 의미한다.

이러한 경우 최종 제품은 생산 과정이 어떠한 구조를 갖더라도 사용된 재료 자체가 모두 원산지로 확인되므로, 별도의 세번변경 기준이나 부가가치 기준을 적용할 필요 없이 원산지 물품으로 판정된다. 예를 들어 한국산 원산지 철강 코일을 사용하여 한국에서 철제 볼트를 제조한 경우가 대표적이다. 해당 철강 코일이 이미 협정에 따라 원산지 인정 재료라면, 추가적인 비원산지 재료가 사용되지 않는 한 최종 제품인 철제 볼트 역시 원산지 물품으로 인정된다.

이러한 구조는 원재료의 단계에서 이미 원산지 성격이 안정적으로 확보되어 있음을 전제로 하므로, 글로벌 공급망 환경에서도 판정이 단순하고 예측 가능하다는 장점이 있다.

2. 원산지 재료만으로 만든 제품의 원산지 결정

원산지 재료만을 사용한 제품을 어떻게 원산지로 판정할 것인지는 각 자유무역협정마다 규정 방식에 차이가 존재한다.

대부분의 협정은 원산지 재료만을 사용한 물품을 자동적으로 원산지 물품으로 인정하지만, 일부 협정(예: 한-아세안 FTA, 한-인도 CEPA)은 이러한 규정을 명시적으로 포함하지 않아 원산지 판정 시 다른 기준(세번변경 기준, 역내 부가가치 기준 등)을 우선 검토해야 한다.

협정마다 원산지로 인정하는 생산 영역의 범위가 상이하며, 그 구체적 내용은 아래와 같다.

| 협정별로 인정하는 생산 영역 범위 |
구분	생산 영역	해당 협정
일방 또는 양 당사국의 영역에서 생산	한쪽 또는 양쪽 협정 당사국의 영역에서 생산된 원산지 재료만으로 제조	칠레, 싱가포르, 페루, 미국, 호주, 뉴질랜드, 콜롬비아, 캐나다, 베트남, 인도네시아
당사국(자)에서 생산	협정에 참여하는 모든 당사국에서 생산된 원산지 재료를 사용하여 제조	EFTA, EU, 영국, 튀르키예, 중국, 중미, RCEP, 이스라엘, 필리핀
수출당사국의 영역에서 생산	수출을 수행하는 특정 당사국의 영역에서 생산된 원산지 재료로만 제조	캄보디아

3. 「FTA 관세법 시행규칙」과의 연계 및 일부 협정만 규정된 이유

가. 「FTA 관세법 시행규칙」과의 연계

「FTA 관세법 시행규칙」 별표에는 각 협정별 원산지 재료 생산 물품의 판정 기준이 명시되어 있다. 그런데 흥미로운 점은, 모든 협정이 아니라 일부 협정만 '원산지 재료로만 생산된 물품'에 대한 원산지 결정 기준을 시행규칙에서 규정하고 있다는 사실이다.

현재 시행규칙에 해당 기준이 명시된 협정은 칠레, 싱가포르, EFTA, EU, 튀르키예, 영국과의 협정이다. 이러한 협정들의 경우, 법 제7조 제1항 제3호 및 각 협정의 관련 조항에 따라, 역내국(또는 체약당사국)에서 원산지 물품으로 인정된 재료만 사용한 경우 해당 국가를 원산지로 판정한다.

칠레 및 싱가포르와의 FTA에서는, 해당 협정의 역내국에서 이미 원산지 물품으로 인정받은 재료만을 사용하여 생산된 물품에 대해서는, 그 협정의 해당 조항에 따라 해당 역내국을 원산지로 판정하도록 규정하고 있다.

EFTA 및 EU와의 FTA에서는, 협정 체약당사국의 영역에서 원산지로 인정된 재료만을 사용하여 획득한 물품에 대하여, 그 물품을 해당 체약당사국을 원산지로 하는 것으로 판정하도록 규정하고 있다.

튀르키예 및 영국과의 FTA에서도, EFTA·EU 협정과 동일한 구조의 원산지 결정 규정을 두고 있으며, 이를 통해 해당 체약당사국 내에서 원산지 재료만으로 생산된 물품에 대해서는 그 체약당사국을 원산지로 인정한다.

그 외 협정에서는 이러한 세부 규정을 시행규칙에서 명시하지 않으므로, 해당 협정문 자체를 근거로 판정을 진행해야 한다.

나. 일부 협정만 규정된 이유

일부 협정만 국내 시행규칙에 규정된 이유는 다음과 같이 설명될 수 있다.[80]

첫째, 협정문 구조의 차이다. 일부 협정은 "원산지 재료만으로 생산된 물품"에 대한 기준을 협정문 자체에 명확하게 포함하고 있어, 국내 시행규칙으로 추가 규정할 필요가 없다. 반면 칠레·싱가포르·EU 등 일부 협정은 해당 기준을 협정문에서 간단히 언급하거나 구체적 적용 방식이 모호하여 국내 법령으로 세부 기준을 명확히 해야 할 필요가 있다.

둘째, 국내 법령을 통한 운영 명확화의 필요성이다. 특정 협정은 원산지 재료 기준의 적용 범위, 판정 방식 등이 상대적으로 복잡하거나 해석 여지가 있어, 실무에서 혼란을 방지하기 위해 시행규칙에서 별도로 기준을 명확히 할 필요가 있다.

셋째, 협정 체결 시기 및 법령 정비 단계의 차이다. 초기 체결된 FTA는 국내 운영을 위해 시행규칙에서 많은 내용을 보완했으나, 이후 체결된 FTA는 협정문 자체에 세부 규정을 보다 명확히 넣는 방향으로 설계되어 굳이 시행규칙에서 재규정할 필요가 줄어들었다.

이와 같은 배경에서 시행규칙은 특정 협정에 대해서만 '원산지 재료로만 생산된 물품'을 독자적으로 규정하고 있으며, 그 외 협정에 대해서는 협정문 자체를 근거로 원산지 판정을 진행하는 구조가 유지되고 있다.

---

80) 저자의 견해로 사실과 다를 수 있다.

03-04 식물성 생산품의 완전생산품 기준

식물성 생산품이란 자유무역협정에서 완전생산품으로 분류되는 주요 품목군 중 하나로, FTA 당사국의 영역 내에서 재배·수확·채집·채취 과정을 거쳐 생산된 각종 농산물, 원예 작물, 산림 자원을 의미한다. 이 범주에는 벼·밀·옥수수 등 곡물류, 각종 채소와 과실, 견과류, 꽃과 관상식물, 나무 및 목재 자원 등이 포함된다.

1. 완전생산품으로 인정되는 핵심 요건

모든 자유무역협정에서 식물성 생산품이 완전생산품으로 인정되기 위해서는, 해당 생산품이 반드시 당사국의 영토(역내)에서 전 재배 과정과 수확 과정을 거쳐야 한다. 즉, 재배의 시작 시점부터 작물이 상품화 가능한 성숙 단계에 이르러 수확하는 전 과정이 역내에서 수행되어야 하며, 이는 국제 원산지 판정에서 가장 핵심적인 요건으로 간주된다.

이 재배·생산 과정은 통상적으로 세 가지 주요 단계로 구분된다.

첫째, 파종·심기 단계다. 이는 역내 토지에서 씨앗을 파종하거나 묘목·구근을 식재하는 최초의 재배 단계에 해당한다. 이 단계에서 사용되는 종자나 묘목은 반드시 역내에서 생산될 필요가 없으며, 협정상 종자·묘목의 출처에는 아무런 제한이 없다. 따라서 역외산 종자·묘목을 사용하더라도 이후 모든 재배 과정과 수확이 당사국에서 이루어진다면 원산지 판정상 불이익이 없다. 다만, 파종 또는 심기는 일반적으로 동일한 국가 내의 농지·재배지에서 이루어지는 것이 원산지 증빙에 유리하다.

둘째, 재배·성장 단계다. 작물이 발아하여 생육하고, 성숙에 이르는 전 성장기간을 포함한다. 이 기간 동안의 모든 농작업, 예를 들어 관수·시비·병해충 방제·잡초 제거 등은 반드시 당사국의 영역 내에서 수행되어야 한다. 만약 재배 기간 중 일부라도 역외에서 진행되면, 최종 수확지가 역내라 하더라도 해당 생산품은 완전생산품으로 인정받을 수 없다.

셋째, 수확·채취·채집 단계다. 작물이 상품 가치가 있는 상태로 성숙했을 때 이를 수거하는 과정으로, 반드시 당사국의 영토 안에서 실시되어야 한다. 수확지는 원산지 판정에서 재배지와 함께 최종 판정에 결정적인 역할을 하며, 종자나 묘목의 출처보다 훨씬 중요한 요인으로 작용한다. 특히 수확 후 1차 처리 단계(세척, 선별, 포장 등) 또한 가능하면 역내에서 이루어져야 하며, 만약 수확한 작물이 역외로 반출되어 가공이 이루어질 경우 완전생산품 요건이 상실된다.

결론적으로 식물성 생산품의 경우, 종자·묘목의 원산지가 역외라 하더라도 재배와 성장, 그리고 최종 수확 전 과정이 당사국에서 수행된다면 완전생산품으로 판정된다.

이 때문에 식물성 생산품은 원산지 판정을 위한 조건이 비교적 명확하며, 재배 및 수확 위치에 대한 증빙자료만 충분하다면 판정 절차가 간단하고 분쟁 가능성도 낮다.

2. 사례와 유의 사항

예를 들어, 미국에서 생산·수출된 밀 종자를 대한민국의 농지에 파종하고, 전 재배 기간 동안 대한민국 영토 내에서 재배·성숙 과정을 거쳐 최종적으로 수확한 경우를 생각해 볼 수 있다.

이 경우 해당 밀은 자유무역협정 원산지 기준에 따라 '대한민국에서 완전하게 얻어진 식물성 생산품'으로 판정된다. 이는 식물성 생산품의 원산지 판정에서 종자나 묘목의 원산지보다 재배 장소와 수확 장소가 절대적으로 중요한 판단 기준임을 명확히 보여주는 사례이다.

그렇지만 여기서 특히 주의해야 할 부분은 수확 이후 진행되는 가공 과정이다. 만약 수확한 밀을 역외 국가로 반출하여 제분(밀가루 생산), 도정, 건조, 혼합 등의 2차 가공 작업을 실시할 경우, 해당 생산품은 '완전생산품' 요건을 즉시 상실하게 된다. 이는 가공이 단순한 후처리만이 아니라 원산지 판정에 직접 영향을 미치는 제조·변형 작업으로 간주되기 때문이다.

따라서, 가공이 필요한 경우에도 반드시 FTA 당사국의 영토 내, 즉 역내에서 모든 가공 절차를 완료해야만 완전생산품의 지위를 유지할 수 있다.

이는 곡물류뿐 아니라 과채류, 약용작물, 향료 식물 등 모든 식물성 생산품에 동일하게 적용되며, 특히 역내에서의 재배·수확·가공 전 과정을 증빙할 수 있는 자료(재배일지, 가공공정 기록 등)를 확보하는 것이 실무상 중요하다.

03-05 '산 동물과 그로부터 획득한 물품'의 완전생산품 기준

1. 산 동물과 그로부터 획득한 물품의 정의

'산 동물'은 일반적으로 HS 제01류에 해당하는 살아 있는 동물 전체를 의미한다. 중요한 점은 이 동물들이 반드시 협정 당사국에서 태어나고 사육된 것이어야 완전생산품 기준을 충족한다는 것이다. 즉, 협정국 외 국가에서 태어나거나 일정 기간만 사육된 동물은 완전생산품으로 인정되지 않는다.

또한 '그로부터 획득한 물품'은 단순히 동물 자체뿐 아니라 그 동물로부터 생산되는 모든 산출물을 포괄한다. 대표적인 예로는 우유, 계란, 생고기, 내장류, 벌꿀, 양털 등이 있으며, 완전생산품 인정 요건은 협정별로 차이가 있다.

2. 협정 규정 형식

모든 FTA 협정에서는 완전생산기준에서 산 동물과 산 동물로부터 얻어진 물품을 규정하고 있으나, 그 방식에는 차이가 있다. 한-EFTA 협정을 비롯한 대부분의 FTA는 산 동물과 산 동물로부터 얻어진 물품을 별도의 조문으로 나누어 명확하게 구분하고 있다. 이는 각각을 독립적으로 열거함으로써 각 범주를 명확히 식별하고, 규정 해석의 명확성을 높이는 방식이다.

반면, 한-칠레와 한-싱가포르 협정은 산 동물에 관한 조항을 둔 후, 별도의 항에서 '파생품'이라는 포괄적 표현을 사용하여 산 동물과 그로부터 얻어진 물품을 개별적으로 나열하지 않고 한꺼번에 규정한다. 따라서 한-칠레 및 한-싱가포르 협정은 별도의 조항 구분 없이 포괄 규정을 통해 두 범주를 일괄적으로 포함하는 특징을 가지고 있다.[81]

---

81) 칠레·싱가포르와의 협정은 초창기 협정으로 포괄적으로 규정된 것으로 판단 되며, 이후 한-EFTA FTA 부터는 별도 조문으로 규정되어 있다.

[한-칠레] 제4.1조 정의

일방 또는 양 당사국의 영역 내에서만 완전하게 획득되거나 생산된 상품이라 함은 다음을 말한다.
다. 일방 또는 양 당사국 영역 내에서 출생 및 사육된 살아있는 동물
차. 모든 생산단계와 관련하여, 전적으로 가호 내지 자호에서 언급된 상품 또는 그 파생품으로부터 일방 또는 양 당사국의 영역 내에서 생산된 상품.

[한-싱가포르] 제4.1조 정의

일방 또는 양 당사국의 영역 안에서만 완전하게 획득되거나 생산된 상품이라 함은 다음을 말한다.
다. 일방 또는 양 당사국의 영역 안에서 출생 및 사육된 살아있는 동물
카. 모든 생산단계에서, 전적으로 가호 내지 차호에 규정된 상품 또는 그 파생품으로부터 일방 또는 양 당사국의 영역 안에서 생산된 상품

[한-EFTA] 제4조 완전하게 획득된 상품

제2조 가호의 목적상, 다음 상품은 당사국에서 완전하게 획득된 것으로 간주된다.
다. 당사국에서 출생하고 사육된 산 동물
라. 당사국에서 출생하고 사육된 산 동물로 만든 생산품
카. 가호에서 차호에 명시된 상품으로만 그 당사국에서 제조된 상품

3. 살아 있는 동물의 완전생산품 인정 요건

살아 있는 동물에 대한 완전생산품 요건은 모든 FTA에서 일관되게 '출생'과 '사육'의 두 요소를 모두 충족할 것을 요구하고 있다. 협정 어디에서도 사육 기간에 관한 최소 요건을 명시하고 있지 않으므로, 출생과 사육이 당사국 영역에서 이루어졌다는 사실이 입증되는 한 사육 기간의 길이는 원산지 판단에 영향을 미치지 않는다. 즉, 핵심은 '사실상 당사국에서 태어나고 자란 동물인가'이며, 특정 기간의 사육 또는 성장 단계에 대한 제한은 존재하지 않는다.

4. 산 동물로부터 획득한 물품의 경우 완전생산품 인정 요건

산 동물로부터 획득된 물품의 완전생산품 요건은 협정별로 다소 차이가 존재하며, 이를 유형별로 구분하면 크게 세 가지로 정리된다. 유형은 ① 획득만 충족하는 경우, ② 사육＋획득을 요구하는 경우, ③ 출생＋사육＋획득을 모두 요구하는 경우로 구분된다.

가. 획득: 한-미 FTA(획득)

이 유형을 채택한 협정은 한-미 FTA이며, '살아 있는 동물로부터 획득'만 충족해도 완전생산품으로 인정된다. 해당 협정에서는 동물의 출생지 또는 사육지가 역외라 하더라도 당사국 영역에서 획득한 생산물이라면 완전생산품으로 간주된다. 이는 가장 완화된 기준이다.

[한-미] 제6.22조 정의

전적으로 어느 한쪽 또는 양 당사국의 영역에서 완전하게 획득되거나 생산된 상품이라 함은 다음을 말한다.

나. 어느 한쪽 또는 양 당사국의 영역에서 출생되고 사육된 살아있는 동물

다. 어느 한쪽 또는 양 당사국의 영역에서 **살아있는 동물로부터 획득**된 상품

타. 모든 생산단계에서, 가호 내지 차호에 규정된 상품 또는 그 파생품만으로 어느 한쪽 또는 양 당사국의 영역에서 생산된 상품

나. 사육+획득: EU, 영국, RCEP

한-EU, 한-영, RCEP 등이 채택한 유형으로, 동물의 출생지는 당사국일 필요가 없으나, 해당 동물이 당사국에서 사육되었고, 그 동물로부터 획득된 생산물이 당사국에서 획득된 경우에만 완전생산품으로 인정된다.

출생 요건이 제외되어 있으므로 제3국에서 태어난 동물이라도 일정 기간 당사국에서 사육되면서 동물의 성장이 이루어지고, 그 이후 생산물이 획득되면 원산지 기준을 충족할 수 있다. 이는 사육을 통해 실질적 가치가 당사국 내에서 창출되었다는 점을 인정하는 규정 구조라 할 수 있다.

[한-EU] 제4조 완전하게 획득된 제품

1. 제2조 가호의 목적상, 다음은 당사자 내에서 완전하게 획득된 것으로 간주된다.

다. 당사자 내에서 출생되고 사육된 살아있는 동물

라. 당사자 내에서 **사육**된 살아있는 동물로부터의 **제품**

카. 이 항에 언급된 제품으로만 당사자 내에서 생산된 제품

다. 출생 + 사육 + 획득: 미국, EU, 영국, RCEP을 제외한 나머지 협정

아세안·중국·호주와의 FTA 등 대부분의 협정은 산 동물에 대해 가장 엄격한 기준을 적용한다. 이들 협정에서는 당사국에서 출생하고, 당사국에서 사육되며, 해당 동물로부터 생산물을 당사국에서 획득해야만 완전생산품으로 인정된다.

예를 들어 이러한 협정들에서 소고기를 완전생산품으로 인정받기 위해서는 국내에서 송아지가 출생하고, 이후 국내에서 성장 단계까지 사육된 뒤, 국내에서 도축 및 가공이 이루어져야 한다. 즉 출생부터 생산물 획득까지의 전 과정이 당사국 영토 내에서 수행되어야 함을 의미한다.

[한-아세안] 제3조 완전 획득되거나 생산된 상품

제2조 제1항 가호의 의미 내에서 다음은 당사국의 영역 내에서 완전 획득되거나 생산된 것으로 간주된다.
　나. 당사국의 영역 내에서 **출생**하고 **사육**된 살아있는 동물
　다. **나호에서 규정된 살아있는 동물**로부터 **획득한 상품**
　타. 가호 내지 카호에 규정된 상품으로부터만 당사국 영역에서 생산 또는 획득된 상품

---

5. 실무상 유의 사항

산 동물 및 그 생산물의 완전생산품 여부를 판단할 때에는 협정별 규정 차이와 실제 생산 이력의 입증 가능성을 종합적으로 고려해야 한다. 동물의 출생지, 사육 이력, 생산물의 획득 장소 등 단계별 정보가 핵심 판단 요소가 되므로 관련 서류 확보와 관리체계 구축이 필수적이다.

첫째, 동물의 출생 및 사육 이력은 원산지 증명의 기본 요건이며, 사육 기록, 농장 등록 정보, 이동 신고 내역 등 공식 자료가 요구될 수 있다. 특히 여러 협정에서 출생과 사육을 모두 요건으로 규정하고 있어, 출생 단계 입증자료 부재는 원산지 인정에 큰 불리요소가 된다.

둘째, 동물로부터 얻은 생산물의 경우 당사국 내에서 '획득'되었음을 증명하는 자료가 중요하다. 도축 증명서, 가공장 소재지 확인서, 생산·가공 공정 기록 등이 이를 뒷받침하는 자료로 활용된다. 협정별로 획득만으로 인정되는 경우와 전 과정(출생·사육·획득)을 모두 요구하는 경우가 존재하므로 협정별 요건을 정확히 파악해야 한다.

셋째, 제3국 동물의 사육 기간과 관련하여 명시적 제한이 없는 협정도 있으나, 사육 기간이 지나치게 짧을 경우 실질적 사육으로 인정되지 않을 위험이 있다. 따라서 사육 과정이 가치 형성에 기여했음을 보여주는 기록 관리가 필요하다.

넷째, 우회 수출 및 원산지 세탁 방지를 위한 심사가 강화되고 있으므로, 역외산 동물을 활용해 원산지를 인정받고자 할 경우 관세당국의 보완자료 요구 기준을 사전에 확인해야 한다. 특히 획득 요건만으로 인정하는 협정이라도 실제 검증에서 추가적인 사육·생산 이력 확인이 이루어질 수 있다.

마지막으로, 동물 및 그 생산물의 원산지관리는 일반 공산품보다 절차가 복잡하므로, 농장·도축장·가공업체 간 정보 연계와 기록 보존 체계를 사전에 구축해야 한다. 일부 기록이 누락될 경우 전체 생산물의 원산지 인정이 거부될 수 있어, 일관된 생산 이력 관리가 실무 리스크를 줄이는 핵심 수단이다.

03-06 | '영역 내 수렵·어로·양식에 의한 생산품'의 완전생산품 기준

1. 완전생산품으로 인정되는 기본 범위

영역 내에서 이루어진 수렵, 덫사냥, 어로, 그리고 양식에 의해 획득된 생산품은 대부분의 자유무역협정(FTA)에서 완전생산품으로 인정된다. 이때 '영역 내'라는 개념은 협정의 당사국이 보유한 영토(land territory), 영해(territorial sea), 그리고 배타적 경제수역(EEZ, Exclusive Economic Zone)을 포함한다. 따라서 활동 범위는 단순히 육지에 한정되지 않으며, 해양과 연안 환경 전체를 포괄한다.

예를 들어 대한민국 영해에서 포획된 고등어나 명태와 같은 어획물, 또는 내륙 산지에서 사냥된 야생동물은 원칙적으로 대한민국산 완전생산품으로 판정된다. 이러한 기본 인정 범위는 수산물과 육상 동물 모두에 동일하게 적용되며, 당사국의 주권적 자원 생산권을 보장하고 원산지 판정 절차를 명확화하기 위해 규정된다. 이는 협정에서 자국의 천연자원의 경제적 가치 보호와 무역 질서 유지라는 정책적 목적을 내포하고 있다.

2. 포획 선박의 국적 요건과 협정별 차이

대부분의 FTA 협정은 연안국주의(Coastal State Principle)를 기본 원칙으로 채택한다. 연안국주의란 해당 해역(영해 및 배타적경제수역)에 대한 자원 관리·이용권을 연안국이 보유하며, 외국 선박이라 하더라도 해당 연안국의 허가를 얻어 합법적인 어로 활동을 통해 포획된 수산물은 그 연안국의 생산물로 인정하는 제도적 프레임워크를 의미한다.

이 원칙에 따라 대한민국 영해 또는 EEZ 내에서 합법적으로 어획된 수산물은 포획 선박의 국적과 관계없이 완전생산품 판정을 받을 수 있다. 즉, 외국 국적의 선박이라도 대한민국 정부나 권한 있는 기관의 허가를 받고 대한민국의 해양 관할 구역 내에서 어획을 한 경우, 해당 어획물은 대한민국산으로 산정된다. 이 제도는 국제해양법에 따라 연안국이 해양 자원 관리 권한을 보장받는 구조를 바탕으로 한다.

그러나 일부 FTA 협정은 이러한 범위를 더 엄격하게 제한한다. 예를 들어 한-페루 FTA와 한-콜롬비아 FTA는 비당사국에 등록되고 그 국기를 게양한 선박이 당사국의 영역에서 어획한 수산물이라 하더라도, 원산지로 인정하지 않는 규정을 두고 있다. 이러한 제한은 역내 생산물 판정을 의도적으로 회피하는 '편의치적(flag of convenience)[82]' 행위를 방지하고, 당사국의 어업 보호 및 자원 관리 강화를 목적으로 마련된 제도적 장치다. 즉, 선박이 물리적으로 당사국 EEZ에서 어획을 했더라도, 해당 선박의 등록국이나 국기가 협정 당사국이 아니라면 원산지 인정이 불허될 수 있다.

3. 양식업에 관한 협정별 규정과 차이

양식업의 인정 범위와 조건은 협정마다 큰 차이를 보인다.

일부 협정, 예를 들어 한-아세안 FTA는 완화된 원산지 기준을 적용하여, 역외산 치어를 당사국에서 양식해 성장시키고 최종적으로 가공·출하된 경우에도 완전 생산품으로 인정한다. 이 방식은 치어의 출생지가 협정 당사국이 아니더라도, 최종 생산이 당사국에서 이루어졌다면 원산지로 인정하는 제도로, 양식 산업의 유연성과 국제 공급망 활용도를 높이는 효과가 있다.

반면 한-EU FTA와 한-영국 FTA 등은 더 엄격한 기준을 채택하고 있으며, 해당 어류·갑각류·연체류는 반드시 당사국에서 태어나고 자란 경우에만 완전생산품으로 인정한다. 즉, 역외산 치어를 가져와서 당사국에서 성장시킨 경우라도 원산지 자격을 부여하지 않는다. 이러한 규제는 주로 수산자원 보호와 유전적 자원 관리, 그리고 생태계 안정성 유지 정책에 기반을 둔다.

---

82) 편의치적(flag of convenience)이란 선박 소유자가 실제 영업·운항의 중심이 되는 국가가 아니라, 등록 절차가 간단하고 세금·노동 규제가 느슨하며 운영 비용이 낮은 국가에 선박을 등록하는 관행을 의미한다. 이러한 국가는 국제적으로 '개방등록국(open registry state)'으로 불리며, 외국 선사에 국적 등록을 폭넓게 허용하는 특징이 있다. 편의치적 선박은 낮은 비용과 규제 회피라는 장점이 있으나, 국적국과 실질적 운항국 간의 괴리로 인해 안전관리, 선원 보호, 불법·비보고·비규제(IUU) 어업 통제 측면에서 문제가 발생할 수 있다. 따라서 일부 FTA는 역내 생산물 인정 과정에서 편의치적 선박을 배제함으로써 원산지 우회 방지와 자원 관리의 실효성을 확보하고자 한다.

생산공정	협정	주요 규정
'양식' 규정 없음	칠레, 싱가포르, EFTA, 캐나다	양식업에 관한 별도 요건 미규정
'양식' 규정 있음 (엄격기준)	EU, 튀르키예, 영국	당사국에서 **태어나고** 자란 어류, 갑각류 또는 연체류의 양식 제품만 완전생산품으로 인정
'양식' 규정 있음 (완화기준)	기타 협정	**역외산 치어를 사용하여 당사국에서 양식**한 경우 완전생산품으로 인정

4. 원산지 판정 시 주의 사항과 결론

결론적으로, 영역 내에서 수렵·어로·양식된 생산품은 대체로 완전생산품으로 인정되지만, 협정별 세부 규정에 따라 원산지 판정 결과가 달라질 수 있다.

특히 포획 선박의 등록국과 국기 요건, 어류의 출생지 조건, 역외산 자원의 양식 활용 가능 여부는 협정마다 상이하기 때문에, 실제 판정 과정에서는 반드시 해당 협정 문서와 원산지 규정을 확인해야 한다.

예를 들어 칠레, 싱가포르, EFTA, 캐나다 협정에는 '양식' 관련 규정이 명시되어 있지 않고, EU, 튀르키예, 영국 협정은 당사국에서 출생·성장한 어류만 인정하며, 그 외 일부 협정에서는 역외산 치어를 사용하여 당사국에서 양식해 생산된 경우도 완전 생산품으로 인정한다.

따라서 원산지 담당자는 각 협정의 조항을 세밀히 검토하고, 모든 생산 단계에 관한 증빙 자료를 확보하여야만 정확한 판정과 무역 거래에서의 신뢰성을 유지할 수 있다.

공해 어획물 및 공해·국제해저 채취물의 원산지 인정 원칙

1. '바다 어획물 및 그 가공품'의 완전생산품 기준

가. 공해 어획물의 기본 원칙

영해와 배타적경제수역을 벗어난 공해에서 포획된 수산물은 특정한 요건을 충족하는 선박에 의해 어획된 경우에만 자유무역협정 상 완전생산품으로 인정된다. 공해는 어느 국가에도 주권이 미치지 않는 지역이기 때문에, 이곳에서 어획된 수산물의 국적은 선박의 법적 지위에 의해 결정되며, 해당 선박이 당사국과 실질적 연계성을 갖추었는 지가 핵심 판단 기준이 된다. 따라서 선박은 협정에서 정한 등록·국기게양·소유 구조 등 일정한 요건을 충족해야 하며, 이러한 요건을 만족하지 못한 선박이 공해에서 어획한 수산물은 당사국 원산지로 인정될 수 없다. 이와 같은 원칙은 공해 어획물이 무국적 또는 편의치적 선박을 통한 우회적 원산지 취득을 방지하기 위해 마련된 것이다.

나. 협정별 선박 요건의 차이

FTA별로 선박 요건의 구성과 강도는 서로 다르게 설정되어 있으며, 협정의 성격과 협상 배경에 따라 요구되는 요건의 범위가 달라진다. 예를 들어 EFTA와의 FTA는 공해에서 어획한 수산물의 원산지를 판단할 때 당사국 국기를 게양한 선박이라는 점만 확인되면 족하다고 보아, 등록국 요건을 필수적으로 요구하지 않는 비교적 완화된 규정을 두고 있다. 반면 EU, 영국, 튀르키예와의 FTA는 선박이 당사국에 등록되고 당사국 국기를 게양해야 할 뿐 아니라, 그 소유권 또한 일정 비율 이상 당사국 또는 그 국민·기업에 의해 보유되어야 한다고 규정하고 있어 가장 엄격한 체계를 갖추고 있다. 이 밖의 여러 협정들은 대체로 등록과 국기게양을 기본 요건으로 삼되, 선원 구성에 관한 요건은 협정별로 상이하게 적용한다. 이처럼 협정에 따라 선박 요건은 다르지만, 공해 어획물의 원산지 인정 여부가 선박의 법적 소속과 실질적 연계성에 의해 좌우된다는 점은 공통적으로 확인된다.

對 협정	당사국 등록	당사국 국기게양	소유 요건	비고
EFTA	—	○	—	국기 요건만 요구(완화)[83]
EU, 영국, 튀르키예	○	○	○	가장 엄격한 요건: 소유 요건 있음
기타 협정	○	○	—	일반적 기준 유지

다. 공해 어획물 가공품의 원산지 인정 요건

공해에서 적격 선박이 어획한 원재료를 사용하더라도, 그 원재료가 어디에서 가공되었는지는 원산지 판정에서 결정적인 요소로 작용한다.

대부분의 FTA는 공해에서 확보한 수산물을 당사국 또는 협정이 인정한 역내 지역에서 가공한 경우에만 완전생산품으로 인정하며, 동일한 원재료라 하더라도 역외 지역에서 가공이 이루어지면 원산지 요건을 충족하지 못하는 것으로 본다. 이는 공해 어획물이 제3국을 거쳐 가공되는 과정에서 원산지가 왜곡되는 것을 방지하기 위한 규정이다. 또한 당사국 내에서의 가공은 장소가 선박이든 육상이든 관계없이 모두 당사국 내에서 수행된 것으로 인정된다는 점이 행정 해석(2015.8.19.)을 통해 명확히 확인되어 있다. 즉, 공해에서 포획한 수산물이 당사국 내 비당사국 가공선박에서 추가 가공된 경우라도, 해당 가공이 당사국 내부에서 이루어졌다면 완전생산품 요건을 충족한다.

결국 공해 어획물에 대한 원산지 인정은 적격 선박 요건과 역내 가공 요건이 함께 충족될 때 비로소 완성되며, 어느 하나라도 누락될 경우 완전생산품으로 인정될 수 없다.

---

83) 원칙적으로 당사국에 등록되지 않은 선박 즉, 외국에 등록된 선박을 임차하여 당사국 국기를 게양하고 획득한 어획물로 완전생산품으로 인정된다.

2. 영역(영해) 밖 바다 밑에서 채취한 상품의 완전생산품 기준

가. 영해 밖 해저자원의 기본 개념

국가의 영해 외부에 위치한 해저에서 채취한 광물 또는 기타 지하자원은, 해당 지역이 특정 국가의 관할권 밖에 놓여 있는 만큼 자연적으로 어느 국가의 재화로 귀속되지 않는다. 따라서 이들 상품에 대해 원산지를 결정하기 위해서는 채취 활동을 수행한 주체가 당사국과 실질적 법적 연계를 갖고 있는지 여부를 중심으로 판단하게 된다. 이러한 원칙은 공해에서 어획된 어획물과 유사한 논리를 따르며, 해저자원이 편의치적 장비나 무관계한 제3국의 기업을 통해 채취된 경우 원산지 인정이 부적절하다는 점을 전제로 하고 있다.

나. 채취 주체의 자격 요건

영해 밖 해저에서 획득한 자원이 당사국의 완전생산품으로 인정되기 위해서는, 채취 장비 또는 해저 채굴선을 소유·운영하는 주체가 해당 협정에서 정한 당사국 적격 요건을 충족해야 한다. 협정들은 일반적으로 당사국 법에 따라 설립된 기업 또는 당사국 국민이 실질적으로 소유하거나 통제하는 장비에 의해 수행된 채취 활동을 원산지 인정의 기준으로 삼고 있다. 일부 협정의 경우 장비의 국적과 더불어 기업의 소유 구조, 운영 주체의 국적, 그리고 해당 기업과 당사국 간의 실질적 연관성을 요구하기도 한다. 이러한 요건들은 해저자원의 무단 이용과 원산지 우회 방지를 위한 장치로 기능하며, 협정별 세부 규정의 차이는 있으나 기본적으로 채취 행위의 주체가 당사국과 실질적으로 연결되어 있어야 한다는 점에서 동일하다.

다. 역내 가공 여부에 따른 원산지 인정

영해 외부에서 채취된 자원이라 하더라도, 그 자원이 완전생산품으로 인정되기 위해서는 채취 이후의 처리·정제·가공 과정이 당사국 또는 협정상 인정된 지역에서 수행되어야 한다. 동일한 해저자원이라도 제3국에서 가공이 이루어질 경우 대부분의 FTA에서 원산지 요건을 충족하지 못한 것으로 판단된다. 이는 역외 지역에서의 가공을 통해 자원이 새로운 형태나 가치로 변환될 때, 이를 원산지 규정의 취지에 맞게 당사국 생산품으로 간주하기 어렵기 때문이다. 또한 가공의 장소가 반드시 육상일 필요는 없으며, 당사국에 속한 선박이나 채취 장비에서 이루어진 경우도 당사국 영역 내에서의 처리로 인정된다는 해석이 일반적으로 적용된다.

결과적으로 해저자원의 원산지 인정은 채취 주체의 적격성뿐 아니라, 이후 모든 가공 과정이 역내에서 이루어졌는지 여부를 종합적으로 충족해야만 가능하다.

3. 결론

영역(영해) 밖에서 생산된 어획물·채취물의 원산지 판단은 다음 세 요소가 모두 충족되어야 한다.

- 적격 선박·장비 요건(등록·국기·소유·인력 요건 등)
- 국제법상 합법성(공해·해저 채취 허가 등)
- 역내 가공 요건(원재료는 반드시 당사국 또는 역내에서 가공)

이는 원산지 우회, 불법·무허가 어업 및 채취, 역외 가공을 통한 원산지 왜곡을 방지하기 위한 제도적 장치로, 원산지 검증 시 반드시 관련 서류(선박 등록증, 국기 게양 증빙, 소유구조 자료, GPS 어획기록, 채취 허가서, 가공시설 등록 정보 등)를 확보해야 한다.

03-08 '폐물·부스러기·고물·재생품'의 완전생산품 기준

1. 정의와 인정 범위

폐물·부스러기·고물·재생품은 각각 성격과 발생 경로가 다른 특수한 물품 범주로서 자유무역협정에서 완전생산품으로 인정될 수 있다. 이들은 생산 과정에서 발생한 부산물 또는 사용 수명이 종료된 물품에서 회수된 자원을 포함하며, 본래 기능을 복원하거나 수리하여 재사용하는 것이 불가능하고, 재활용이나 원재료 회수에 적합해야 한다.

폐물	산업 생산이나 가공 과정 중에 부산물 형태로 발생하는 물질을 말한다. 대표적으로 철강 제조 시 발생하는 금속 스크랩, 유리 제품 생산 중 깨져 나온 유리 파편, 플라스틱 가공 중 생긴 조각, 섬유 제조 과정에서 발생하는 찌꺼기 등이 있으며, 이들은 본래의 직접적인 사용 가치를 잃었지만 재활용을 통해 새로운 원재료나 제품 생산에 다시 활용될 수 있다.
부스러기	원재료를 절단하거나 성형하는 과정에서 필연적으로 발생하는 잔여 조각이나 파편을 의미한다. 예를 들어, 금속 판재를 절단할 때 발생하는 자투리 금속, 목재 가공 과정에서 발생하는 톱밥, 그리고 섬유를 재단한 후 남는 조각 원단 등이 있다. 이러한 부스러기는 재처리 과정을 거친 후 다른 생산에 필요한 원재료로 재사용될 수 있다.
고물	사용 수명의 종료로 인해 본래 의도된 기능을 수행할 수 없게 된 물품을 지칭한다. 폐차, 고장난 공장 기계, 해운에서 더 이상 운항이 불가능한 폐선박 등이 이를 대표하는 사례이며, 이들은 원래 용도로는 더 이상 사용할 수 없지만, 해체 후 부품이나 소재를 회수하여 재활용할 수 있다.
재생품	폐물이나 고물에서 유용한 자원과 부품을 회수하여 재처리한 결과물이다. 예를 들어, 폐전자제품에서 금이나 구리를 추출하여 제련하거나, 폐플라스틱을 세척·분쇄·가공하여 새로운 플라스틱 원료로 재생산하는 경우가 이에 해당한다. 재생품은 반드시 협정 당사국 내에서 회수와 재처리 과정이 이루어져야 하며, 역외에서 가공된 경우에는 원산지로 인정되지 않는다.

2. 원산지 인정 요건

FTA에서 이 범주의 물품을 완전생산품으로 인정하기 위해서는 다음 조건을 충족해야 한다.

- 발생 장소 요건: 폐물, 부스러기, 고물은 반드시 협정 당사국 내에서 발생해야 함.
- 소유권·처리 주체 요건: 해당 물품의 소유자 및 처리자는 협정 당사국에 소재한 사업자 또는 거주자여야 함.
- 재처리 요건: 재생품은 반드시 당사국 내에서 세척, 분쇄, 제련, 재조립 등 실질적 재처리를 거쳐야 하며, 이를 통해 역내 부가가치를 창출해야 함.

폐물·부스러기·고물·재생품의 완전생산품 인정 규정은 역외 폐물의 의도적 반입을 통한 원산지 속임 방지와 역내 재활용 산업 육성이라는 두 가지 목적을 가진다. 이를 위해 발생지, 소유권, 처리 위치 및 방식이 엄격히 규정되며, 특히 재생품은 가공·재처리의 실질성이 중요하다.

FTA 규정상 이 범주는 환경 보호와 자원 순환경제 촉진에 기여하는 동시에, 역내 산업 경쟁력을 높이는 역할을 수행한다.

3. 적용 예시

자동차 제조 과정에서 발생한 금속 스크랩이 협정 당사국 내의 생산 공장에서 부산물로 발생한 경우, 이 스크랩은 해당 국가에서 생성된 폐물로 인정된다. 공장은 이 금속 스크랩을 수집하여 당사국 내 제련 시설로 보내고, 제련소는 이를 녹여 새 금속 원재료로 재처리한다. 재처리를 거쳐 생산된 금속 잉곳은 기존 자동차 부품 생산에 다시 활용되며, 이러한 일련의 과정은 모두 당사국 내에서 이루어진다. 이 경우 금속 스크랩은 발생 장소 요건을 충족하고, 제련 과정을 통해 생산된 금속 잉곳은 당사국 내에서 실질적 가공을 거친 재생품으로 인정된다.

따라서 최종 금속 잉곳은 FTA 상 완전생산품 기준을 충족하게 되며, 이후 이를 활용해 제조된 자동차 부품 역시 원산지 결정 시 유리한 지위를 갖게 된다.

03-09 불인정공정

1. PSR 충족과 불인정공정 규정의 상관관계

품목별 원산지 기준(PSR)은 세번 변경, 부가가치 기준, 특정 가공 공정 등을 충족하면 원산지를 인정하는 제도이지만, 대부분의 FTA에서는 이와 별도로 불인정공정 규정을 두어 최소한의 작업이나 단순 공정만 수행된 경우에는 원산지를 인정하지 않도록 하고 있다.[84] 즉, PSR 충족만으로는 원산지를 확정할 수 없으며, 불인정공정 여부를 별도로 반드시 검토해야 한다.

예를 들어 비원산지 소를 역내에서 도축하여 고기로 만드는 경우 HS 코드가 0102호에서 0201호로 변경되어 형식적으로는 세번 변경 기준을 만족하나, '도축'은 여러 FTA에서 본질적 특성을 변화시키지 않는 단순 공정으로 규정되어 있어 원산지로 인정되지 않는다. 비원산지 쌀을 제분해 쌀가루로 만드는 경우도 마찬가지로 세번 변경이 발생하지만 '단순 제분'은 불인정공정에 해당하여 원산지로 인정되지 않는다.

결국 원산지 판정에서는 PSR 충족 여부와 불인정공정 해당 여부를 병행해 검토해야 하며, 두 요건을 모두 충족해야만 최종적으로 원산지 혜택을 적용받을 수 있다.

2. 불인정공정을 둘 이상 결합 시 원산지 기준 충족 여부

가. 불인정공정의 복합 수행에 대한 원칙

대부분의 자유무역협정에서는 개별로 지정된 불인정공정을 수행하는 경우뿐 아니라, 이를 둘 이상 결합하여 수행하는 경우에도 '충분가공'으로 인정하지 않는다. 즉, 불인정공정 두 가지 이상을 조합하더라도 결과물은 여전히 불인정공정으로 간주되며,

---

84) 예를 들어, 한-중 FTA 제3.7조는 "PSR 충족 여부와 관계없이 본질적 특성에 최소한으로 기여하는 작업이나 가공은 원산지를 부여하지 않는다"라고 명시하고 있다. 한-아세안 FTA 제8조 또한 "부속서의 어떠한 조항에도 불구하고 특정 단순 공정만 수행된 상품은 원산지로 간주하지 않는다"라고 규정한다.

원산지 판정에서 특혜관세를 받을 수 없다. 이러한 규칙은 원산지 결정기준의 기본 원칙 중 하나로서, 단순히 여러 경미한 공정을 결합하는 것만으로는 제품의 본질적인 성질 변화를 야기하지 않는다고 보기 때문이다.

이 원칙이 적용되는 이유는 간단하다. FTA에서 원산지 판정의 주요 목적은 역내에서 발생한 실질적인 제조·가공 활동을 통해 제품 가치가 실질적으로 증가했는지를 확인하는 것이다. 그러나 단순공정(예: 포장, 세척, 희석, 혼합) 등 불인정공정은 그 자체로 본질적인 변화나 고도 가공을 수반하지 않으며, 이러한 공정들을 복합하더라도 여전히 형식적 처리에 불과하다는 점에서 원산지로 인정되지 않는다.

나. FTA별 규정과 사례

일부 협정에서는 불인정공정이 두 가지 이상 결합하여 수행된 경우에도 이를 '충분가공'으로 보지 않는다는 점을 명확하게 규정하고 있다. 한-이스라엘 FTA의 불인정공정 조항 역시 "위 공정의 둘 이상의 조합"을 불충분한 작업 또는 가공에 포함[85]시키고 있어, 단순 공정들을 결합하더라도 원산지로 인정되지 않도록 하고 있다. 이는 단순·경미한 공정의 조합을 통해 원산지 기준을 형식적으로 충족하려는 가능성을 차단하기 위한 취지다.

이를테면, 외국산 원료를 역내에서 먼저 희석하고(단순 희석), 그 후 포장하는(단순 포장) 작업을 거친 경우, 두 공정 모두 불인정 범주에 속함과 동시에 결합 수행 역시 불인정으로 판단된다. 설령 공정이 2~3단계로 구성되어 공장 내에서 일정 비용과 시간이 소요되었다 하더라도, 협정상 원산지 기준을 충족하는 '충분가공'에는 해당하지 않는다.

---

85) 제3.6조(불충분한 작업 또는 가공) 1. 제3.4조의 요건이 충족되는지 여부와 관계없이, 다음의 공정은 원산지 상품의 지위를 부여하기 위한 불충분한 작업 또는 가공으로 간주된다.
가.~더: (생략)
러: **위 공정의 둘 이상의 조합**

3. 도축공정의 불인정공정 해당 여부

가. 일반적 FTA 규정

대부분의 자유무역협정에서 동물의 도축(slaughter)은 불인정공정으로 규정되어 있다. 그 이유는 도축이 원재료의 품목코드 변경을 발생시킬 수 있지만, 그 과정이 제품의 본질적 특성·기능·사용 목적을 실질적으로 변경하는 충분한 가공으로 보기 어렵기 때문이다.

도축은 살아있는 동물을 시장 유통 가능한 고기 형태로 바꾸는 물리적 작업에 불과하며, 이는 단순한 형태 전환으로 판단되는 경우가 많다. 예를 들어, 비원산지산 동물(HS 제01류)을 역내에서 도축해 육류(HS 제02류)로 만드는 경우, 세번 변경(HS Code Change)이 발생하더라도 원산지로 인정하지 않는 협정들이 많다. 이는 원산지 판정을 위한 충분가공원칙을 엄격히 적용하려는 제도적 의도에서 비롯된다.

나. 협정별 도축공정 접근 방식 차이

FTA마다 도축공정을 규제하는 방식에는 차이가 있다.

- 호주·뉴질랜드 FTA: 일반기준에는 '도축'을 불인정공정으로 명시하지 않지만, 품목별 원산지기준(PSR)에서 육류(HS 제02류)에 대해 '산 동물(HS 제01류)로부터의 변경'을 예외로 규정한다. 이는 도축을 직접 명기하지 않더라도 사실상 불인정 효과를 발휘하는 구조이다.
- 미국·캐나다 FTA: 일반기준에 불인정공정을 직접 도입하지 않고, PSR에서도 HS 제01류로부터의 세번 변경을 제한하지 않는다. 따라서 역내에서 도축만 해도 원산지를 인정받을 수 있다. 이는 북미 지역의 축산업 보호와 가치 반영이라는 협정 정책적 특징을 보여준다.
- 일부 기타 FTA: 도축 외에도 1차 단순가공(손질·포장 등)을 불인정공정으로 포괄 규정하여, 도축 + 포장과 같은 조합도 원산지 인정을 배제한다. 이는 역내 부가가치 창출을 강화하기 위한 조치다.

다. 실무적 영향과 활용 전략

도축공정의 인정 여부는 축산물 및 축산가공품의 수출입 전략에 직접적인 영향을 미친다.

- 인정되는 협정: 역외에서 산 동물을 수입 후 역내에서 도축하는 것만으로 관세 혜택을 받을 수 있어, 가공단계 없이도 FTA 특혜를 활용 가능하다.
- 불인정 되는 협정: 단순 도축만으로는 요건을 충족할 수 없으므로, 가공육 생산, 냉동·조리 공정, 복합제품 제조 등 추가 가공을 수행해야 한다.

따라서 기업은 각 FTA별 규정을 정확히 파악하여 생산·가공 계획을 설계해야 하며, 도축 이후의 가공방식·부가가치 창출 여부에 대한 전략적 대응이 필수적이다. 이는 축산업·가공육 산업에서 FTA 활용도를 극대화하는 핵심 조건이다.

4. '단순한 혼합'의 불인정공정 해당 여부

가. 단순 혼합의 의미와 불인정 사유

단순 혼합은 둘 이상의 원재료를 물리적으로 결합하여 혼합물 또는 균질한 제품을 만드는 작업을 의미한다. 원산지 판정에서 대부분의 FTA는 이러한 단순한 혼합을 불인정공정으로 분류한다. 그 이유는 혼합 과정이 각 재료의 본질적 성질을 변형하지 않고, 제품의 기능·용도도 달라지지 않으며, 실질적인 부가가치가 창출되지 않는 경우가 많기 때문이다. 예를 들어, 서로 다른 원산지의 설탕과 소금을 비율대로 섞어 '블렌드 제품'을 만드는 경우, 결과물은 여전히 설탕과 소금의 성질을 유지하고 기능 변화를 일으키지 않으므로 원산지 판정에서 가공으로 인정되지 않는다.

나. FTA별 단순혼합 규정 적용 차이

각 FTA는 단순혼합을 불인정하는 기본 방향은 같지만 규정 방식에는 차이가 있다. 이처럼 협정별 차이는 수출입 시 혼합공정 제품의 특혜관세 적용 가능성을 직접적으로 좌우하므로, 해당 협정의 규정 방식을 사전에 확인하는 것이 필수적이다.

구분	규정 방식	특징
한-EU, 한-ASEAN	일반기준에서 단순혼합을 명시적으로 불인정공정으로 규정	모든 품목에 일괄 적용되는 불인정공정
한-미, 한-캐나다	'단순 혼합'을 일반기준에 명시하지 않고, 품목별 원산지 기준(PSR)에서 일부 품목에만 적용	특정 HS 품목군에 대해서만 제한
한-호주, 한-뉴질랜드	'단순 혼합' 개념을 확장하여, 포장·재포장·분리 등 다른 단순공정과 함께 묶어서 규정	단순물리적 작업은 전면 불인정

다. 본질적 가공 여부 판단과 실무 대응

혼합공정이 단순한지 아니면 본질적인 가공인지 판단하려면 1) 혼합 후 물리적·화학적 성질의 변화 여부, 2) 기능·용도의 변경 가능성, 3) 단순한 기계혼합인지, 아니면 첨가제 투입·화학반응 등 복합 공정이 포함되는지, 4) 혼합 과정이 제품 가치의 상당 부분을 결정하는지의 요소를 검토해야 한다. 예를 들어, 서로 다른 산지의 밀가루를 단순히 섞어 출하하는 것은 단순혼합에 해당한다. 그러나 혼합 과정에서 특수 첨가제를 투입하고 화학적 반응을 유도해 제품의 품질·기능에 본질적인 변화를 발생시키는 경우, 의약품 원료나 특수 산업용 소재처럼 본질적 가공으로 인정될 수 있다.

실무적으로는 혼합이 단순공정인지 여부를 입증하기 위해 생산공정서, 시험성적서 등 기술적 변화의 증거 자료를 준비해야 하며, 특히 가공식품·사료·화학제품·향료·화장품과 같이 혼합이 핵심인 산업에서는 품목별 원산지 판정 차이가 매우 크다는 점을 유의해야 한다.

5. '희석(Dilution)'의 불인정공정 해당 여부

가. 희석(Dilution)의 개념과 불인정 사유

희석은 재료나 제품에 물 또는 다른 물질을 혼합하여 농도나 함량을 낮추는 작업을 의미한다. 원산지 판정에서 대부분의 FTA는 '단순 희석'을 불인정공정으로 규정한다. 이는 농도 조절만으로는 제품의 물리적·화학적 특성이 본질적으로 변화하지 않으며, 실질적인 부가가치 창출로 보기 어렵기 때문이다. 예를 들어, 특정 원료 용액에 물을 첨가하여 농도를 낮추는 경우, 제품의 성질과 용도가 희석 전과 크게 변하지 않으면 단순 희석으로 분류된다. 이러한 경우 세번 변경이 발생하더라도 원산지 요건을 충족하지 못한다. 따라서 희석이 가공으로 인정되기 위해서는 농도 조절을 넘어 제품의 성질·기능을 실질적으로 바꿔야 한다.

나. FTA별 희석 규정 적용 차이

FTA마다 희석의 불인정 규정 방식은 차이가 있다.

- 한·미 FTA: 부속서 6-가(품목별 원산지 기준) 주해에서 HS 제01류~HS 제40류 물품에 대해, 역내에서 단순 희석만 거친 경우 원산지로 인정하지 않는다고 명시한다. 여기서 '단순 희석'은 물리적·화학적 특성이 본질적으로 변하지 않는 농도 조절 작업을 의미한다.
- 일부 FTA: 희석에 대한 규정을 명시하지 않거나, 특정 조건에서만 불인정공정으로 적용한다.
- 예외 인정 협정: 희석이 제품의 성질·용도·기능에 본질적인 변화를 발생시키는 경우, 가공으로 인정할 수 있도록 하는 협정도 존재한다.

결국 모든 협정이 희석을 일괄적으로 불인정하지는 않으며, 희석의 결과가 단순 농도 조절을 넘어서 상업적·기능적 차별성을 만든다면 예외적으로 원산지 판정에서 인정될 수 있다.

다. 본질적 가공 여부 판단과 실무 대응

희석 공정이 단순한지 또는 본질적인 가공인지 판단하려면 다음 요소를 종합적으로 검토해야 한다.

- 희석의 목적: 단순 농도 조절인지, 제품의 성질 및 기능을 변화시키는지
- 투입 재료의 성질: 원재료 성분, 희석에 사용되는 물질, 혼합 비율
- 결과물의 상업적·기능적 차별성: 희석 전후 제품의 시장 용도나 기술적 가치 변화를 동반하는지
- FTA 협정 규정: 해당 협정에서 희석을 불인정공정으로 직접 규정했는지 여부

실무 예로, 음료 제조에서는 원액과 물을 혼합해 맛·성분을 조정하며 최종 상품의 성질과 가치를 결정할 수 있다. 이는 단순 농도 조절을 넘어서는 가공으로 인정될 가능성이 있다. 또한 의약품 제조에서는 희석 과정에서 활성 성분 농도를 조절하고, 복합제 조성을 변경하거나 안정성을 확보하여 본질적 특성을 만드는 경우도 있다. 이러한 경우 희석은 제조공정으로 분류되어 원산지 인정이 가능할 수 있다.

6. 최종 생산자가 단순공정만 수행한 경우, 원산지증명 가능 여부

가. 단순공정 수행과 원산지 판정의 기본 원칙

주요 FTA에서 원산지 판정의 핵심은 특정 사업자가 어떤 가공을 했는지가 아니라, 역내 전체 생산공정이 '충분가공원칙'을 충족했는지 여부에 있다. 따라서 최종 생산자가 단순공정만 수행한 경우에도, 생산 과정의 다른 단계에서 역내에서 불인정공정을 초과하는 수준의 가공이 이루어졌다면 원산지 기준 충족이 가능하다.

예를 들어 완제품의 포장(단순포장)만을 수행한 최종 생산자라 하더라도, 이전 단계에서 국내 다른 제조업체가 원자재나 부품을 HS Code 변경을 수반하는 조립·성형 작업, 기능 부여, 품질 향상과 같은 실질적 가공을 완료했다면 그 생산활동을 포함하여 원산지 판단을 할 수 있다. 결국 최종 생산자 단독의 공정 내용만으로 원산지 여부를 결정하는 것이 아니라 전체 생산 흐름을 종합적으로 검토하여야 한다.

나. 협정 규정과 적용 사례

여러 FTA에서 이 원칙은 유사하게 반영되어 있다.

- 한-미 FTA 원산지 규정(제6.2조)에서는 "원산지상품 여부는 당해 상품의 생산 전체 과정에서 해당 당사국 영역 내에서 수행된 가공활동이 원산지기준을 충족하는지 여부로 결정한다"고 명시하고 있다. 이는 특정 단계에서 단순공정만 수행했더라도, 다른 단계에서 충분가공이 있었다면 원산지 판정 가능성을 인정하는 근거가 된다.
- 한-EU FTA 부속서 II 주 3에서도 "두 개 이상의 사업자가 생산공정을 나누어 수행하는 경우, 모든 사업자의 역내 가공활동을 종합하여 원산지 기준 충족 여부를 판단한다"는 취지가 담겨 있다.

예시로, 국내 1차 제조업체가 금속 부품을 절단·성형하여 HS Code 상의 품목분류가 변경되도록 가공한 뒤, 이를 다른 업체가 단순히 포장하여 수출하는 경우, 전체 공정 중 1차 제조 단계에서 이미 충분가공요건을 충족했으므로 최종 생산자도 원산지증명 발급이 가능하다.

다. 결론

최종 생산자가 단순공정만 수행했더라도 원산지증명을 가능하게 하려면 다른 단계의 가공 내역 입증이 명확해야 한다.

결론적으로, 충분가공원칙은 '한 사업자가 어느 수준의 가공을 했는지'보다 'FTA 체결국 내에서 수행된 전체 생산공정'에 중점을 둔다. 따라서 최종 생산자가 단순공정만 수행했다고 하더라도, 다른 생산단계에서 충분가공이 이루어졌음을 증명하면 원산지 인정 및 증명 발급이 가능하다.

03-10 세번변경기준의 종류와 의미

1. 세번변경기준의 개념

세번변경기준은 비원산지 재료와 최종 완제품의 HS 품목번호가 일정한 품목분류 단위에서 서로 다를 경우, 해당 제품을 최종 생산한 국가를 원산지로 인정하는 방식이다.

HS 품목번호는 물품의 재질·가공 정도·사용 용도 등 본질적 특성을 반영하여 부여되므로, 품목번호가 변경되면 그 물품의 성격이 실질적으로 변한 것으로 판단할 수 있다. 따라서 해당 기준은 가공 결과가 제품의 본질적 특성을 변경했는지를 판단하는 객관적 수단으로 활용된다.

2. 단위 변경의 종류와 의미

세번변경기준에서 단위 변경은 HS 품목번호의 앞자리 수 변화로 판정된다. HS 품목번호는 2단위, 4단위, 6단위로 구분되며, 각각의 변경 범위는 물품 성격이 변한 정도를 나타낸다.

첫째, 2단위 변경(품목류 변경)은 HS 코드의 앞 두 자리가 달라지는 경우를 의미하며, 이는 물품이 대분류 단계에서 완전히 다른 범주로 이동했음을 뜻한다. 예를 들어, 원재료가 HS 11류(곡물의 분·고운가루·전분) 소속의 밀가루이었으나 이를 가공하여 HS 19류(곡물, 곡물가루 또는 전분의 조제품) 소속의 파스타 제품을 제조한 경우, 품목류가 11에서 19로 변경되었으므로 2단위 변경이 인정된다. 이는 원재료의 성격과 용도가 본질적으로 변화했음을 보여준다.

둘째, 4단위 변경(품목 변경)은 HS 코드의 앞 네 자리가 달라지는 경우를 의미하며, 대분류(2단위)는 동일하지만 중분류에서 물품의 성격이 변한 경우로 본다. 예를 들어, HS 8703(승용자동차)에 해당하는 완성차를 제조하기 위해 HS 8708(자동차 부품)에 해당하는 비원산지 부품을 사용한 경우, 품목은 8708에서 8703으로 변경되었으므로 4단위 변경이 인정된다. 이 경우, 같은 운송기기류 내에서라도 부품이 완제품으로 변하여 기능과 용도가 확연히 달라진 것이다.

셋째, 6단위 변경(세부품목 변경)은 HS 코드의 여섯 자리가 달라지는 경우를 의미하며, 가장 세밀한 수준의 품목 구분 변화이다. 예를 들어, HS 6109.10(면으로 만든 티셔츠) 생산에 HS 6109.90(기타 섬유로 만든 티셔츠)을 원재료로 사용하여 새로운 제품을 제조한 경우, 6단위가 달라져 세부품목 수준에서 변경이 이루어진다. 이 수준의 변경은 외관이나 기본 형태는 같더라도 소재·세부 사양·품질 등에서 본질적인 차이가 발생한 경우에 해당한다.

이와 같이, 2·4·6단위 변경은 물품 가공 전·후의 HS 번호 변화를 통해 가공 정도와 본질적 변화를 판단하도록 설계된 기준이며, 단위 숫자가 작을수록 보다 큰 범위의 변화, 숫자가 클수록 보다 엄격하고 세밀한 변화 판단이 이루어진다.

3. 국가별 적용 경향과 고려 요소

세번변경기준에서 어느 단위의 변경을 적용할지는 해당 품목에 대한 국가의 산업 경쟁력과 보호 필요성에 따라 달라진다. 경쟁력이 높은 국가에서는 보다 엄격하게 원산지를 판정하는 경향이 있어, HS 코드 여섯 자리 수준에서의 변화까지 요구하는 6단위 변경 기준을 채택하는 경우가 많다. 반면 산업 경쟁력이 상대적으로 낮거나 국가 차원에서 해당 분야를 보호하려는 경우에는 2단위 변경 또는 4단위 변경 기준과 같이 완화된 판정 기준을 적용하여, 역내 생산으로 인정받을 수 있는 범위를 넓힌다.

예를 들어, 한국과 EU 간의 FTA에서 섬유·패션 분야는 고급 품질과 디자인 경쟁력이 굉장히 높은 산업이므로, 원재료와 최종 제품이 모두 셔츠류로 분류되더라도 소재나 세부 사양이 달라져 HS 코드 마지막 두 자리까지 변경되는 경우, 즉 6단위 변경이 이루어져야만 원산지로 인정하는 규정을 두고 있다.

또 다른 예로, 한국과 아세안 간의 FTA에서는 자동차 산업에서 4단위 변경 기준을 적용하는 경우가 있다. 아세안 일부 국가는 완성차 생산 역량이 부족하여, 자동차 부품(HS 8708)을 사용하여 승용차(HS 8703)로 조립·가공하는 경우, 부품과 완제품

간 품목 코드가 네 자리 수준에서 변경되면 원산지로 인정한다. 즉, 같은 운송기기류 내에서 부품이 완성품으로 변하는 정도의 가공이면 충분하다고 보는 것이다.

또한, 한국과 칠레 간의 FTA에서는 농업 및 식량 가공 부문에서 2단위 변경 기준을 적용하는 사례가 있다. 예를 들어, 곡물(HS 10류)을 가루(HS 11류)로 단순 가공하는 경우처럼 품목의 대분류가 변경되면 원산지로 인정한다. 이는 칠레가 곡물 재배에 강점을 가진 국가임을 고려하여, 단순한 공정 변환이라도 원산지 판정에 유리하도록 설계한 것이다.

이처럼 2단위 변경은 비교적 완화된 판정 기준으로 넓은 범위의 가공을 인정하고, 4단위 변경은 중간 정도의 변화를, 6단위 변경은 가장 엄격하고 세밀한 수준의 가공 변화를 요구한다. 따라서 실무자는 원산지 판정을 할 때 반드시 해당 협정의 부속서를 확인하고, 적용되는 세번변경 수준과 그 산업의 경쟁력·보호 필요성을 함께 고려한 뒤 판단해야 한다.

4. 세번변경기준의 한계

세번이 변경되어도 제품의 본질적 특성이 변하지 않는 경우(예: 소 → 쇠고기, 생선 → 건어물)에는 세번변경기준만으로 원산지를 판정하기 어렵다. 반대로 물품의 특성은 크게 변했지만 세번이 바뀌지 않는 경우도 존재한다.

따라서 이러한 경우에는 세번변경기준 외에 특정 가공공정이나 부가가치기준을 추가로 적용하거나, 협정의 특례규정(누적, 간접재료, 부속품 포함 기준 등)을 활용해야 한다.

03-11 부가가치기준

부가가치기준은 제품의 최종 가치 중 협정 당사국에서 창출된 역내 부가가치 비율이 일정 기준 이상이어야 원산지로 인정되는 제도이다. 이 기준은 단순히 원재료의 출처만을 보는 것이 아니라, 제조·가공·조립·포장 등 생산 과정에서 발생하는 전체 경제적 기여도를 반영한다.

FTA 협정별로 요구하는 원산지 판정의 계산 방식, 부가가치 비율, 가격 기준은 서로 다르다.

협정	방식	요구 비율 범위	상품가격 계상기준
EFTA	MC	30~60%	공장도가격
EU, 영국, 튀르키예	MC	20~50%	공장도가격
이스라엘	MC	50~60%	공장도가격
칠레	RVC	45~80%	조정가격
미국	RVC(공제법, 집적법, 순원가법)	35~60%	조정가치, 순원가
페루	RVC(공제법, 집적법)	20~50%	FOB
콜롬비아	RVC(공제법, 집적법, 순원가법)	30~60%	조정가치
캐나다	RVC(순원가, 집적법)	10~65%	공장도가격(거래가격), 순원가
중미	RVC(공제법, 집적법)	20~50%	FOB
싱가포르	RVC(공제법)	45~55%	FOB 기초 조정된 관세가격
ASEAN	RVC(공제법, 집적법)	35~60%	FOB
인도	RVC(공제법)	25~40%	FOB (관세평가에 따라 결정된 FOB)
중국	RVC(공제법)	40~60%	FOB (관세평가에 따라 결정된 FOB)
인도네시아	RVC/QVC(공제법, 집적법)	40%	FOB
베트남	RVC(공제법, 집적법)	40~45%	FOB (관세평가에 따라 결정된 FOB)

협정	방식	요구 비율 범위	상품가격 계상기준
캄보디아	RVC(공제법, 집적법)	35~70%	FOB
필리핀	RVC(공제법, 집적법)	40~60%	FOB
호주	RVC(공제법, 집적법)	30~40%	조정가치
뉴질랜드	RVC(공제법, 집적법)	30~40%	FOB
RCEP	RVC(공제법, 집적법)	40%	FOB

1. 부가가치 비율 계산 방식

　FTA의 부가가치기준은 제품 가격 중 역내(원산지 국가 또는 협정 당사국)에서 발생한 가치가 일정 비율 이상이어야 원산지로 인정하는 규정이다. 이 기준은 크게 RVC(Regional Value Content) 방식과 MC(Import Content) 방식으로 나뉜다.

　FTA에서 사용하는 부가가치 비율 계산법은 다음 네 가지이며, 협정별 적용 방법과 공식이 다를 수 있다.

부가가치 비율 계산 방법의 종류

		역내 부가가치 비율이 기준 이상이어야 함: RVC ≥ 기준 비율	
RVC	공제법 (Build-down method)	부가가치 비율 $= \dfrac{\text{조정가격(AV)} - \text{비원산지재료의 가격(VNM)}}{\text{조정가격 (AV)}}$	X 100
	집적법 (Build-up method)	부가가치 비율 $= \dfrac{\text{원산지재료의 가격(VOM)}}{\text{조정가격 (AV)}}$	X 100
	순원가법 (Net cost method)	부가가치 비율 $= \dfrac{\text{순원가} - \text{비원산지재료비(VNM)}}{\text{순원가(NC)}}$	X 100
		* NC: 총비용에서 판촉, 마케팅, AS, 로열티, 운송과 포장 관련 비용 및 허용범위를 벗어난 이자비용을 뺀 가격	
MC (역외산 상한법)		비원산지(역외) 재료 가치 비율이 기준 이하이어야 함: MC ≤ 기준 비율	
		부가가치비율 $= \dfrac{\text{비원산지재료비(VNM)}}{\text{공장도가격(EXW)}}$	X 100

가. 공제법(Build-down Method)

공제법은 완제품의 총 가격(FOB 또는 CIF 기준에서 협정별 규정에 맞춘 가격)에서 비원산지 재료에 해당하는 가격을 차감하여 역내(원산지) 부가가치를 산정하는 방식이다. 이 방식에서 차감된 후 남은 금액이 곧 원산지 부가가치이며, 여기에는 원산지 재료의 가격뿐만 아니라 완제품 제조 과정에서 발생한 직접 노무비, 제조간접비, 판매·관리비, 영업이윤, 그리고 수출국 내 운송비가 모두 포함된다. 즉, 생산 과정에서 발생하는 다양한 국내 부가가치를 금액에 반영할 수 있어, 노무비·가공비 등이 큰 비중을 차지하는 상품에 매우 유리한 계산 방식이다.[86] 예를 들어, 최종 완제품 가격이 1,000달러이고, 비원산지 재료 비용이 400달러라면, 역내 부가가치는 600달러로 산정된다. 이 600달러는 협정별로 요구하는 비율(예: 40% 이상)과 비교하여 원산지 판정을 받게 된다.

공제법의 장점은 국내에서 가공·조립·제조를 거친 제품의 경우 가공비가 많을수록 산출되는 역내 부가가치가 증가해 판정에 유리하다는 점이다. 하지만 동시에 원재료의 비원산지 비중이 지나치게 높으면 비율 충족이 어려워질 수 있으므로 원재료 구매 전략과 생산공정이 판정 결과에 큰 영향을 미친다.

나. 집적법(Build-up Method)

집적법은 공제법과 반대되는 개념으로, 역내 부가가치에 해당하는 항목을 직접 더해 나가는 방식이다. 기본적으로 원산지 재료 가격만을 부가가치로 인정하며, 국내에서 발생한 노무비, 제조간접비, 판매·관리비, 영업이윤, 국내 운송비 등은 부가가치 계산에 포함되지 않는다.

따라서 원재료 사용 비중이 높은 상품 또는 최종가격에서 원재료가 차지하는 비율이 큰 제품에 유리하며, 특히 가공비보다 재료비 중심의 산업(예: 농산물 가공, 원자재 가공품)에 적합하다. 다만 일부 협정에서는 집적법의 범위를 확장하여, 원산지 재료 가격에 직접노무비, 직접제조경비, 운임, 그리고 영업이윤까지 포함할 수 있도록 허용하고 있다. 예를 들어, 한-아세안 FTA의 경우 집적법을 적용할 때 원산지 재료

---

86) 공제법은 완제품 가격에서 비원산지 재료비를 빼고 가공비·노무비 등 다양한 국내 부가가치를 반영하는 방식으로 제조·조립 산업에 적합하다.

가격에 이러한 부가적인 비용을 포함할 수 있도록 규정하고 있어, 원재료 비중이 크지 않더라도 판정 비율을 확보할 여지가 있다.

집적법의 계산은 비교적 단순하며, 세관 검증 시 원산지 재료에 대한 구매 계약서, 송장, 세금계산서 등 직접 증빙자료의 신뢰도가 매우 중요하다. 이 방식은 원산지 비율이 명확하게 재료 중심으로 산출되기 때문에 일부 기업에서는 증빙 편의성 때문에 선호하기도 한다.

다. 순원가법(Net Cost Method)

순원가법은 완제품의 "순원가"(Net Cost)를 기준으로 부가가치 비율을 계산하는 방식이다. 여기서 순원가란 제품 생산과 직접적으로 관련된 비용에서 판촉·마케팅비, 애프터서비스 비용, 로열티, 포장·운송비, 그리고 일정 범위를 초과한 금융비용 등을 제외한 금액이다. 이렇게 산출된 순원가에서 비원산지 재료 가격을 공제하면 최종적으로 역내 부가가치를 구할 수 있다.

특징적으로, 순원가법은 원재료·직접 노무비·제조간접비 등 실제 생산 관련 항목만을 반영하기 때문에 완제품 총가격 기반의 공제법보다 제조 과정의 실제 원가 구조를 더 정확하게 반영할 수 있다. 이 방식은 특히 자동차 산업(NAFTA, USMCA 등)과 같이 원가 구조를 세부 항목별로 분류·관리하는 산업에 사용되는 경우가 많다.

미국·콜롬비아·캐나다 등 일부 FTA 협정에서 사용하며, 캐나다의 경우 MC법과 유사하게 역외산 재료의 상한 비율을 설정하여 판정에 적용한다. 순원가법은 계산 시 공제 가능한 항목이 협정마다 상이하므로, 정확한 협정별 규정 해석과 비용의 적격 여부 판단이 필수적이며, 회계 부서와 원산지 판정 담당자의 긴밀한 협력이 필요하다.

라. MC법(iMport Contents)

MC법은 "수입재료 함유율 방식"이라고도 하며, 제품에 포함된 역외산(비원산지) 재료의 가격 비율이 협정에서 정한 기준 이하일 것을 요구하는 방식이다. 계산은 완제품의 총 가격(또는 순원가)을 기준으로, 그 중 비원산지 재료가 차지하는 비율을 산출하고, 이 비율이 규정된 한도를 넘지 않아야 판정을 충족한다.

이 방식은 원산지 부가가치를 직접 계산하는 것이 아니라 비원산지 비율을 역산적으로 통제하는 구조다. 따라서 규정 비율이 낮을수록 판정 충족이 어려워지는 특성이 있다. 예를 들어, 기준 상한이 40%라면 완제품 가격 중 비원산지 재료가 반드시 40% 이하만 들어가야 한다. 41% 이상이면 아무리 국내 가공비가 높아도 판정을 통과할 수 없다.

MC법은 EU, EFTA, 영국, 캐나다, 이스라엘, 튀르키예 등과의 FTA에서 사용된다. 이 방식은 기업 입장에서 원재료 공급망 관리가 절대적으로 중요하며, 생산 과정에서 비원산지 재료 투입량을 최소화하는 전략이 필수다. 또한 비원산지 비율 계산 근거로서 원재료 단가, 매입계약, 운송서류 등 투입재 전체에 대한 증빙을 요구하므로, 생산·구매·물류 부서 간의 데이터 정합성이 판정의 성패를 좌우한다.

각 방식별 특징을 비교·정리하면 다음과 같다.

구분	계산 기준	장점	유리한 산업
공제법	완제품 가격 – 비원산지 재료	가공비·노무비가 많이 반영	제조·조립 중심
집적법	원산지 재료 가격	계산 간단, 원재료 중심	농산물, 원자재 가공
순원가법	순원가 – 비원산지 재료	제조원가를 세밀하게 반영	자동차·기계
MC법	비원산지 재료 비율	원재료 비율 통제 용이	공급망 다변화 필요 산업

2. 한-EU FTA 등 유럽권이 MC법을 사용하는 이유

한-EU FTA를 포함한 유럽권 다수의 자유무역협정은 제품 내 역외(비원산지) 재료 사용 비율을 제한하는 MC(Import Content) 방식을 주요 부가가치 기준으로 채택하고 있다. 이는 유럽의 산업 구조와 무역 전략에 따라, 다변화된 공급망을 운영하면서도 역내 산업을 보호하고 무역 절차를 단순화하기 위해 선택된 방식이다.

가. 글로벌 조달 구조에 대한 유연성 확보

유럽 제조업체들은 여러 국가에서 다양한 원재료와 부품을 조달하는 공급망을 갖추고 있다. 기존의 RVC 방식은 역내 부가가치 비율을 직접 계산해야 하므로 원가와 원산지 정보를 상세하게 관리해야 하고, 절차가 복잡하다. MC 방식은 최종 제품에서 비원산지 재료 비율만 기준 이하로 유지하면 되므로 증빙과 계산이 단순하다. 이로 인해 다국적 공급망 구조를 유지하면서도 FTA 특혜관세를 효율적으로 확보할 수 있다.

나. 역외 의존도 제한을 통한 역내 산업 보호

비원산지 재료 사용 비율에 상한을 두는 MC 방식은 역내 소재와 부품 사용을 늘려 공급망 안정성을 높인다. 이를 통해 외부 요인으로 인한 조달 불안정을 줄이고, 역내 산업과 고용을 보호할 수 있다. 기업은 기준을 맞추기 위해 자연스럽게 지역 자재를 일정 비율 이상 사용하게 된다.

다. 무역 규정의 표준화와 국제 조화

유럽연합은 여러 국가와 FTA를 체결하면서 원산지 규정의 일관성을 중시한다. MC 방식은 산업 전반에 통일 적용이 가능해 협정 간 규정 표준화에 유리하며, 무역 절차의 예측 가능성을 높인다.

MC법의 장·단점

구분	장점	한계
산출 방식	계산이 단순해 판정 속도와 효율성이 높음	역내 부가가치를 직접 늘리는 기능은 약함
공급망 적합성	글로벌 다변화 공급망에 유연하게 대응 가능	해외 원재료 사용 비중이 여전히 높을 수 있음
행정 부담	문서·계산 절차가 간편하여 기업의 행정 부담 경감	비원산지 재료 가치 산정 정확도가 낮으면 분쟁 소지 가능
국제 조화	FTA 간 원산지 규정의 표준화가 용이	단순 규정이 특정 산업 보호에는 한계가 있음

요약하면 MC 방식은 복잡한 원산지 계산을 줄이고, 국제무역에서 공급망 유연성과 행정 효율성을 높여주는 제도이며, 역내 산업 보호와 무역 규정 표준화를 동시에 지원한다. 그러나 부가가치 증대 효과는 제한적일 수 있어 구조적인 산업 보호에는 한계가 있다.

3. 상품가격 계상 기준

가. FOB 구성도

FOB 구성도는 다음과 같다.

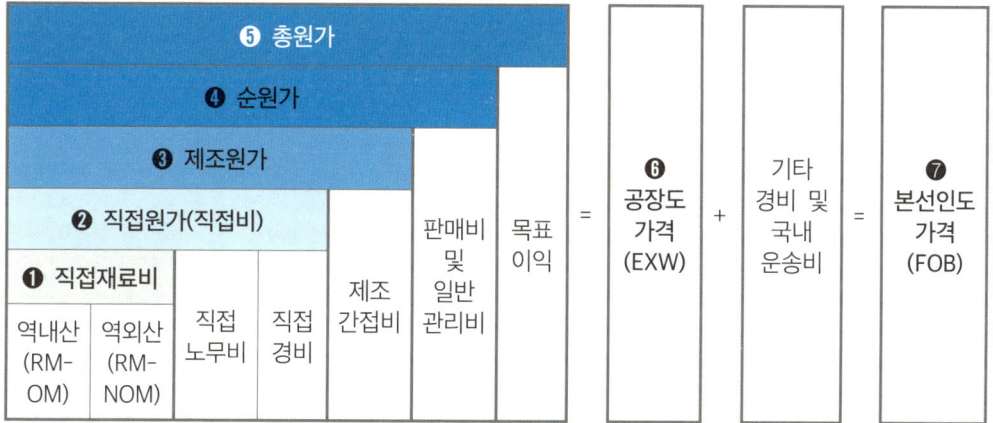

* 역내산 재료비 → RM-OM(Raw Material - Originating Material)
* 역외산 재료비 → RM-NOM(Raw Material - Non-Originating Material)

❶ 직접재료비

직접재료비란, 제품을 실제로 만드는 과정에서 바로 눈에 보이고 손으로 만질 수 있는 재료를 구입하는 데 들어가는 비용을 의미한다. 예를 들어 의자를 만든다고 하면 나무판, 철제 다리, 나사, 쿠션 등이 모두 직접재료가 되고, 스마트폰을 만든다면 화면, 배터리, 케이스, 칩셋과 같은 부품들이 직접재료에 해당한다. 즉, 완성된 제품 속에 그대로 포함되어 남아 있는 재료들의 비용을 모두 합친 것이 바로 직접재료비이다.

이 비용은 제품의 제조원가를 구성하는 가장 기본적인 요소이며, FOB 가격을 계산할 때도 중요한 출발점이 된다. 제품을 어떤 나라에서 만든 것인지, 재료가 어디에서 왔는지에 따라 원산지 판정에도 영향을 줄 수 있기 때문에 직접재료비의 구성은 매우 중요하다. 하지만 단순히 재료가 어떤 나라에서 온 것인지 따지는 것이 아니라, 제조 과정에서 실제로 사용된 재료가 무엇이며 그 재료를 구매하는 데 얼마가 들었는지를 가장 기초적으로 나타내는 비용이라고 이해하면 된다.

결론적으로, 직접재료비는 "이 제품을 만드는 데 실제로 필요한 눈에 보이는 재료들을 사는 데 든 비용의 합계"라고 생각하면 가장 쉽다. 다만, 이는 RVC(부가가치기준)

계산 시 재료비의 개념과는 다르다.[87]

❷ 직접원가(직접비): 직접재료비 + 직접노무비 + 직접경비

제품생산에 직접 사용하여 추적이 가능한 원가(직접재료비 + 직접노무비 + 직접경비)이다.

직접 재료비	■ 특정 제품 생산 시 투입된 원재료 중 추적이 가능한 원가 　예) 자동차 생산 시 투입된 엔진 원가, 라면 생산 시 투입된 밀가루 원가 　☞ FTA에서 사용되는 재료비는 모두 직접 추적이 가능한 직접재료비가 적용
직접 노무비	■ 특정 제품 생산 시 투입된 노무비 중 직접적으로 추적이 가능한 원가 　예) 제품 생산 라인에 직접 참여한 생산직 종업원의 급여
직접 경비	■ 특정 제품에 직접 투입된 비용 중 직접재료비, 직접노무비를 제외한 원가(해당 제품의 　설계비, 특허 사용료 등)

❸ 제조원가: 직접원가 + 제조간접비

제품생산에 투입된 원가(직접원가 + 제조간접비)이다.

제조 간접비	■ 특정 제품별로 추적은 어렵지만 생산과정에서 공통적으로 발생한 비용 　- 간접재료비: 윤활유, 통합제조공정에 사용된 소모성 공구 비용 등 　- 간접노무비: 공장장 등 공장 전체 업무를 보는 직원의 임금 등 　- 간접경비: 가스, 수도료, 전기료, 공장 전체의 감가상각비 등

❹ 순원가: 제조원가 + 판매·일반관리비-제외비용(FTA 규정 사항)

순원가란 제품을 생산하는 데 실제로 소요된 모든 제조 관련 비용과 판매·일반관리비 중 원산지 판정에 허용되는 비용만을 포함한 가격이다. 단순히 "제조비용 + 판매·일반관리비"가 아니라, 협정에서 규정한 바에 따라 일부 '제외비용'을 차감해야 하므로 산정 과정이 까다롭다.

---

87) 참고로 RVC 계산에서의 "재료비"는 FOB 구성도에서의 직접재료비만을 의미하지 않는다. 원재료 구매가격, 운송비, 보험료, 보관·포장비, 수입 시 과세가격(CIF), 협정에서 허용하는 가산 요소(운송비·이윤 등), 협정별 공제 요소(NOM: 비원산지 재료비)가 포함될 수 있다. 즉, RVC 재료비 = 원산지/비원산지 재료비 전체를 의미하며, 이는 FOB 구성도 상의 하나의 항목(직접재료비)보다 훨씬 넓은 범위다.

판매비와 일반관리비	■ 제조 분야가 아닌 사무 분야 및 영업 분야와 관련한 모든 인건비와 물건비로 제조 시점에 수익에 대응하는 비용으로 발생하는 원가 - 판매비: 영업사원의 급여, 전기·통신비, 감가상각비, 광고료 등을 지칭 - 관리비: 관리직 급여, 전기·통신비, 감가상각비 등을 지칭

즉, 모든 판매·관리비가 순원가에 포함되는 것은 아니다. 예를 들어 한-미 FTA, 한-캐나다 FTA 규정에 따르면 판촉 및 마케팅 비용, 판매 후 서비스 비용, 로열티 지급액, 국내·국제 운송비, 포장 비용, 비허용 이자비용은 순원가 산정에서 제외해야 한다.[88] 이처럼 순원가는 해당 제품의 '순수한 제조·영업 기본 비용'을 반영하며, FOB 기준 부가가치 비율 계산에서 역내·역외 원가 구성의 토대가 된다.

❺ 총원가: 순원가 + 목표이익

총원가란 제품을 생산하는 데 소요된 순원가에 기업이 설정한 목표이익을 더하여 산출되는 금액을 말한다. 순원가는 제조원가에 판매비와 일반관리비를 더하고, 협정에서 규정한 제외비용을 차감하여 구한 값으로, 해당 제품을 생산·판매하기 위해 필수적으로 들어간 실제 비용을 반영한다. 그러나 기업이 제품을 판매할 때는 이 순원가만으로는 지속적인 운영이 어렵기 때문에, 반드시 일정 수준의 이윤을 확보해야 한다.

이때 목표이익이란 기업이 해당 제품 판매 시 기대하는 이익률 또는 이익액을 의미하며, 업종 특성, 시장 상황, 생산 규모 등에 따라 다르게 설정된다. 예를 들어, 어떤 제품의 순원가가 10,000원이고 기업이 목표이익률을 20%로 책정했다면, 목표이익은 2,000원이 되며, 총원가는 12,000원으로 산출된다. 여기서 목표이익은 FTA 원산지 판정 규정에서 직접적으로 정의되거나 제한되지 않으며, 기업의 내부 회계 기준과 경영 계획에 따라 결정된다.

총원가의 산출은 이후 가격 구성을 단계적으로 확장하는 기반이 된다. 먼저 총원가에 기타 경비(내국세 공제 후 금액)와 제품 반출 시 발생하는 준비 비용 등을 더하면 공장도가격(EXW)이 만들어진다. 공장도가격은 생산 공장에서 물품을 반출하는 시점에 실제로 지급되거나 지급해야 하는 금액을 의미한다. 이후 공장도가격에 국내 운송비를 추가함으로써 본선인도가격(FOB)을 산출하게 되며, 이는 FTA 원산지 판정에서

---

88) 한-미 FTA와 한-캐나다 FTA 협정문의 순원가 정의: 총비용에서 총비용에 포함되어 있는 판촉·마케팅·판매 후 서비스 비용·로열티·운송·포장 비용, 그리고 비허용 이자비용을 차감한 것을 말한다.

부가가치기준의 계산과 기준 비율 검증에 활용되는 중요한 최종가격 지표가 된다.

❻ 공장도가격: 총원가 + 기타 경비

공장도가격이란, 생산된 물품을 공장·제조 현장에서 반출할 때의 거래가격을 의미하며, 이는 해당 물품의 생산자에게 실제로 지급하였거나 지급하여야 할 금액을 기준으로 한다. 이때 중요한 점은, 수출 시 환급되는 내국세(부가가치세, 개별소비세 등 내국세 성격의 환급 가능 세금)는 가격에서 제외해야 한다는 것이다. 공장도가격은 물품 거래의 가장 기초적인 가격 형태로, 국제무역에서 가격 산정의 출발점 역할을 한다.

구성 측면에서 보면, 공장도가격은 총원가(= 순원가 + 목표이익)에 해당 공장에서 반출되기까지 소요되는 기타 경비를 더하여 산출된다. 여기서 기타 경비란, 내국세 환급분을 제외한 포장, 취급, 서류 발급비용과 같은 출하 준비 비용을 포함한다. 예를 들어, 한 제조업체가 특정 기계를 생산하는 경우, 순원가가 1,000,000원이고 목표이익을 200,000원으로 설정하면 총원가는 1,200,000원이 된다. 여기에 출하 전 포장 비용 30,000원, 출고 검사 비용 20,000원, 서류 발급비용 10,000원(총 60,000원)을 더하면, 공장도가격은 1,260,000원이 된다. 이 가격은 공장에서 물품을 인수할 경우 구매자가 부담해야 하는 금액이며, 국제 거래 조건에서 EXW 조건에 해당한다. 즉, 공장도가격은 물품이 생산자의 공장을 떠나는 순간까지 발생한 모든 비용과 이윤을 반영한 금액이며, 운송비는 포함되지 않는다는 점이 특징이다. 이러한 산정 방식은 국제무역에서 가격 구조를 투명하게 하고, 이후 단계인 FOB, CIF 가격 계산의 기초 수치를 제공한다.

❼ 본선인도가격(FOB): 공장도가격 + 국내운송비용

본선인도가격이란 수출국의 선적항 또는 선적지에서 물품을 본선에 적재하는 조건으로 산출되는 가격을 말한다. 이는 공장도가격(EXW)에 해당 물품을 최종 선적항까지 운송하는 데 발생하는 국내 운송비용을 더하여 계산된다. 국내 운송비에는 공장에서 항구까지의 육상 운송료, 항만 하역료, 창고 보관료, 항구 내 반출·반입 비용 등 선적 준비를 위한 비용이 포함된다.

이 경우, FOB 가격은 실제로 구매자가 수출자에게 지급하거나 지급해야 할 금액의 합계로 나타나며, 선적 지점까지의 모든 책임과 비용은 판매자가 부담한다. FOB 조건에서는 물품이 본선에 적재되는 순간 위험과 소유권이 구매자에게 이전된다. 앞서의 기계 생산 예시를 이어서 보면, 공장도가격이 1,260,000원일 때, 해당 기계를 선적항까지 운송하는 데 차량 운송비 40,000원, 항만 하역료 20,000원, 보관료 10,000원이 추가로 발생한다고 가정하자. 이 경우 국내 운송비용 합계는 70,000원이 된다. 따라서 FOB 가격은 1,260,000원 + 70,000원 = 1,330,000원이 된다. 이 금액은 해외 구매자가 물품을 FOB 조건으로 구매할 경우 지불하는 금액이며, 선적 이후 해상운송비, 보험료 등은 포함되지 않는다. 즉, FOB 가격은 '공장에서 선적항까지의 운송·적재·하역·보관 등을 모두 포함한 금액'이며, 국제무역에서 부가가치 기준 산정, 무역 통계, 관세 부과 등의 기준이 되는 중요한 가격 지표이다. 이는 CIF(운임·보험 포함 가격)이나 DDP(배송 완료 인도 가격) 등으로 확산되는 가격 산정의 중간 단계이자 표준 기준점 역할을 한다.

나. 부가가치 산정 시 조정가격

1) 조정가격의 개념

조정가격(Adjusted Price)은 RVC 계산을 위한 기준가격으로, 거래가격 또는 FOB 가격을 기초로 하되 FTA 규정에 따라 포함하거나 제외해야 하는 항목을 조정하여 산출한 값이다.

기본적으로 FOB는 EXW 가격에 국내 운송비·상차비·항만 처리비 등을 더한 가격이지만, RVC 계산에서는 해외 발생비용(해외 로열티, 해외 광고비, 국외 운송보험료 등)을 제외해야 하므로, 단순 FOB와 조정가격은 동일하지 않다. 따라서 RVC 산식을 적용하기 위해서는 반드시 협정별 허용·제외 항목을 반영한 조정가격을 별도로 확정해야 한다.

2) 조정가격을 반드시 검토해야 하는 이유

첫째, 조정가격은 RVC 계산의 분모를 결정하는 기준가격이기 때문에 금액의 변화는 원산지 판정 결과에 직접적인 영향을 미친다. 조정가격이 높게 산정되면 역내 부가가치율이 낮아지고, 반대로 낮게 산정되면 부가가치율이 높아지는 구조이므로, 잘못 산출된 조정가격은 원산지 충족 여부를 왜곡시킬 수 있다.

둘째, FTA별 요구사항이 상이하기 때문이다. 각 협정은 제외 항목이나 추가 인정 비용을 서로 다르게 규정하므로, 동일한 FOB라도 협정별 조정가격이 달라질 수 있다.

셋째, 세관 검증 대응을 위해 조정가격의 산출 근거가 명확해야 한다는 점도 중요하다. 조정가격 산정 과정에서 해외비용을 누락·과다 반영하면 세관이 조정가격을 재산정하여 RVC 불충족 판정을 내릴 수 있으므로, 명확한 산식과 자료를 갖춘 조정가격 확정은 필수 절차이다.

3) 조정가격과 관련 용어의 차이

FTA 실무와 관세평가에서는 FOB, 조정가격, 조정가치, FOB 기초 조정 관세가격 등 유사한 용어가 혼용되지만, 목적과 적용 범위가 다르다.

- FOB: EXW + 국내 운송·상차·항만 비용을 포함한 본선 인도 시점의 가격
- 조정가격(조정가치): FTA RVC 계산을 위해 해외 발생비용을 제외·조정한 기준가격
- FOB 기초 조정된 관세가격: 관세평가 목적상 해외 운송보험료 등 특정 항목을 조정한 FOB
- 관세평가에 따라 결정된 FOB: 세관이 공식적으로 인정한 최종 FOB 가격

이들 용어는 산식의 목적이 서로 다르므로, FTA 원산지 판정 시에는 반드시 "FTA 조정가격"만을 기준으로 삼아야 한다.

4) 개념 적용 시 유의 사항

부가가치기준과 조정가격을 정확히 적용하기 위해서는 다음 사항을 이해해야 한다.

첫째, 역내 가치의 범위는 협정 당사국으로 한정되며, 제3국에서 발생한 비용·가공은 원칙적으로 역내 가치에 포함되지 않는다.

둘째, 조정가격은 단순 FOB와 다르며 협정별 조정 항목을 반영한 계산이 필요하다. 해외 로열티·해외 마케팅비 등은 대부분의 협정에서 제외대상이다.

셋째, 무역 가격 용어(EXW, FOB, CIF)를 혼동하면 RVC 계산이 잘못될 수 있으므로 정확한 구분이 필요하다.

03-12 가공공정기준

가공공정기준은 특정 제조 방법 또는 가공 공정을 원산지 판정의 기준으로 삼는 방식이다. 이 기준은 세번변경이나 부가가치기준 충족 여부와 무관하게, 협정에서 명시한 공정을 역내에서 수행했는지를 판단의 핵심 요소로 한다. 예를 들어, 원사 방적, 화학반응, 석유 정제 공정, 농·수산물의 재배·양식 등 협정에서 지정한 절차가 역내에서 이루어지면 해당 물품을 원산지로 인정한다.

1. 협정별 규정 여부

가공공정기준은 모든 자유무역협정에서 공통적으로 규정되어 있는 것은 아니다. 일부 협정에서는 섬유, 화학, 석유 등 특정 품목군에 한정하여 명시하고 있으며, 다른 협정에서는 세번변경기준(CTC)이나 부가가치기준(RVC)을 우선 적용하고 가공공정 기준은 거의 사용하지 않는다.

대체로 다음과 같은 산업 분야에서 활용된다.

- 섬유제품의 경우 원사 단계(Yarn forward), 원단 단계(Fabric forward), Fiber forward 등을 역내에서 수행해야 원산지로 인정된다. 재단·봉제 공정도 대표적인 사례다.
- 화학제품은 특정 화학반응을 거치면 세번변경이 발생하지 않아도 원산지로 인정된다.
- 역외산 치어를 역내에서 양식하거나, 역외산 씨앗을 심어 역내에서 재배하는 경우도 세번 변경 여부와 관계없이 원산지로 본다.
- 석유제품의 경우 FCC(Fixed Catalytic Cracking) 반응 등 특정 정유 공정을 수행해야 원산 지로 인정된다.

따라서 해당 기준을 적용하려면 협정문과 품목별 원산지결정기준(PSR)에서 대상 품목과 공정을 구체적으로 확인해야 한다.

2. 가공공정기준의 장점과 한계

가공공정기준은 특정 제조 방법과 가공 절차를 명확하게 규정하므로 판정의 객관성을 확보할 수 있다. 이를 통해 통관 과정에서 원산지 판정의 일관성이 유지되고, 해석의 차이로 인한 분쟁 가능성이 줄어든다. 또한 해당 공정을 수행했는지 여부가 비교적 명확하게 증빙 가능하다는 점에서 관리가 용이하다.

반면 가공공정기준은 적용 대상 품목이 한정되어 있어 모든 산업 분야에 적용하기 어렵다. 주로 섬유, 화학, 석유 산업과 일부 농·수산물에 국한되며, 산업 전반의 원산지 판정에는 제한적이다. 또한 생산자는 규정 충족을 위해 효율적인 제조 방식보다 협정에서 요구하는 공정을 선택해야 하는 경우가 발생할 수 있다. 이는 제조 방식의 왜곡을 초래할 수 있으며, 새로운 기술이나 혁신 공정을 도입하려는 시도를 제약하는 부작용을 낳을 가능성이 있다.

03-13 원산지 누적 기준

1. 원산지 누적(累積, accumulation) 기준의 개념

원산지 누적은 자유무역협정에서 상품의 원산지를 판정할 때, 협정 상대국에서 발생한 생산 요소(재료, 가공, 부가가치 등)를 자국에서 발생한 것으로 인정하는 제도이다.

이를 통해 협정 상대국에서 생산된 원산지 재료를 우리나라에서 생산된 원산지 재료와 동일한 가치로 인정할 수 있으며, 이러한 인정은 상대국 재료를 사용해 제조한 제품이 해당 협정의 원산지 요건을 충족하는 경우 그 제품을 우리나라 원산지로 판정할 수 있게 한다. 즉, 원산지 누적 기준은 양국 간의 생산활동을 하나의 경제 영역 내 가공으로 보아, 생산국 범위를 확장시키는 제도이며, FTA 규정상 원산지 기준(세번변경, 부가가치 기준)을 충족하는 범위를 넓히는 역할을 한다.

2. 누적 규정을 두는 이유

FTA에서 누적 규정을 두는 가장 큰 목적은 원산지 인정 범위의 확대와 역내산 재료·가공의 촉진을 통한 시장 통합 효과의 극대화에 있다.

누적 규정 적용의 일반적 효과

원산지 영역 확대	⇨	역내산 재료 사용, 역내가공 촉진	⇨	FTA 시장 통합효과 증대	⇨	역내 교역 및 투자 증진

출처: (재)국제원산지정보원·삼정KPMG, 「RCEP 완전누적 도입 필요성 연구」, 2015.5, 용역보고서, P1

이 제도는 단순히 원산지를 완화하는 예외 규정이 아니라, 협정 당사국들이 하나의 경제·생산 영역처럼 연계하여 운영되도록 하는 기본 원칙에 해당한다.

누적의 적용을 통해 원산지 결정 기준(세번변경기준, 부가가치 기준)을 충족하는 것이 용이해지고, 특혜관세를 적용받을 수 있는 상품 범위가 넓어진다. 또한, 상대국의 재료와 생산·가공을 원산지로 인정함으로써 제조 과정에서 사용할 수 있는 재료의 선택 폭과 가공을 수행할 지역의 범위가 확대되는 효과를 가져온다.

다시 말해, 원산지 누적 규정은 역내 생산과 가공을 하나의 통합 생태계로 연결하는 장치이며, 이를 통해 기업은 보다 유연하게 원산지 기준 충족 전략을 설계하고 특혜관세 적용 가능성을 높일 수 있다.

3. 원산지 누적의 종류

누적은 형태와 적용 범위에 따라 여러 종류로 구분되며, 각 유형은 인정 요건과 적용 예가 서로 다르다.

가. 재료 누적과 공정 누적

재료 누적은 협정 상대국에서 생산된 원산지 재료를 자국 원산지 재료로 간주하는 방식으로, 대부분의 FTA에서 폭넓게 허용된다. 그러나 최종 생산국에서 충분한 가공이 이루어져야 하며 원산지증명서 제출이 필요하다.

공정 누적은 상대국에서 수행한 생산 또는 가공 공정을 자국에서 수행한 것으로 인정하는 방식이며, 일부 FTA(EFTA, 미주권, 호주·뉴질랜드 등)에서만 허용되고, ASEAN은 특정 품목에 대해서만 허용된다.

나. 양자 누적과 다자 누적

양자 누적은 두 체약국 간의 누적을 인정하는 형태로, 한-EU FTA와 같은 예가 존재한다. 이 협정에서는 대한민국에서 생산된 원산 재료를 EU 회원국에서 생산된 원산 재료와 동일하게 인정하고, EU 회원국에서 수행된 가공 역시 상호 인정한다. 그러나 이 적용 범위는 대한민국과 EU 회원국 간에만 한정되며, 제3국에 대해서는 누적이 인정되지 않는다.

다자 누적은 세 개국 이상이 누적을 인정하는 방식으로, EFTA와 ASEAN 등에서 적용된다.

다. 교차 누적과 완전 누적

교차 누적은 협정 외부 국가에서 생산된 재료를 일정 요건을 충족할 경우 역내산으로 인정하는 제도로, 한-캐나다 FTA에서 일부 자동차 부품에 적용된 사례가 있다.

완전 누적은 FTA 전체 영역을 하나의 생산영역으로 간주하여 모든 재료와 공정을 역내산으로 인정하는 방식이며, RCEP 등에서 논의된 바 있다.

라. 롤업(Roll-up)과 롤다운(Roll-down)

롤업(Roll-up)은 완제품이 원산지 요건을 충족하는 경우 그 안의 모든 비원산지 재료도 원산지로 인정하는 제도로 모든 FTA에서 허용된다.

롤다운(Roll-down)은 FTA 원산지 판정에서 적용되는 특수 규정 중 하나다. 이는 완제품이 협정상 원산지 요건을 충족하지 못하는 경우, 그 완제품에 사용된 모든 재료 역시 비원산지 재료로 간주하는 방식이다. 즉, 완제품이 특혜 관세를 받을 수 없다는 판단이 내려지면, 그 완제품을 분해하거나 부품으로 재사용할 때에도 해당 부품을 원산지 재료로 인정하지 않는 것이다. 이 원칙의 목적은 '제품 전체가 원산지를 충족하지 못한다면, 그 내부 구성 요소들도 원산지로 간주할 수 없다'는 규율을 유지함으로써, 역내산 재료와 가공을 더욱 엄격하게 보호하려는 데 있다. 그러나 이 방식은 경우에 따라 역내산 재료를 활용하더라도, 최종 제품이 요건을 충족하지 못하면 그 내부에 포함된 역내산 재료까지 모두 인정받지 못하는 문제가 발생한다.

4. 반품 재수입의 누적 기준 적용 여부

반품 재수입품은 FTA 협정상 누적 규정의 적용이 가능하다. 그러나 단순히 물품이 원산지에서 생산되었다는 사실만으로 자동으로 원산지 자격이 인정되는 것은 아니다. 해당 협정문에서 반품품의 원산지 유지에 관한 규정이 명시되어 있어야 하며, 재수입 과정에서 그 물품이 역외국에서 가공되거나 사용되지 않았다는 점을 입증할 수 있는 서류를 갖추어야 한다.

이러한 조건이 충족될 때만 해당 제품은 FTA 누적 규정의 적용을 받아 원산지 자격을 유지할 수 있다.

가. 반품 재수입의 정의

반품 재수입이란 원산국에서 수출된 물품이 구매자의 사양 불일치, 품질 문제, 운송 중 손상, 거래 취소 등의 다양한 사유로 인해 수입국에서 다시 원산국으로 되돌아오는 것을 의미한다. 이러한 상황은 국제무역에서 빈번하게 발생하며, 예를 들어 한국에서 생산된 기계 부품을 해외에 수출했는데 현지 검수 과정에서 주문 사양과 맞지 않거나 품질 문제가 발견되는 경우 해당 부품이 다시 한국으로 반송될 수 있다.

이때 재수입된 부품을 그대로 판매하거나 부품 소재로 재사용하기 위해서는 해당 물품이 여전히 'FTA 협정상 원산지 물품'으로 인정될 수 있는지가 관건이다. 이를 판단하기 위해서는 FTA의 누적 규정과 비원산지 재료 처리 규정을 함께 고려해야 하며, 원산지 인정 여부는 관세 혜택과 재수출 가능성에 직접적인 영향을 미친다.

나. 누적 규정 적용을 위한 조건

반품 재수입품에 대해 누적 규정을 적용하려면 그 제품이 FTA 당사국에서 원산지 자격을 이미 보유하고 있어야 한다. 또한, 다른 당사국에서 이루어진 가공이나 생산 활동이 협정에서 정한 '충분가공 기준'을 충족해야 한다. 재수입되는 제품은 역외국에서 소비·사용되지 않은 상태를 유지해야 하며, 본질적인 변형이 없어야 한다. FTA의 누적 규정은 지역 내에서 발생한 생산활동을 서로 인정하는 제도이지만, 반품 재수입의 경우 '원산지 보존'이라는 요건이 추가로 요구된다.

따라서 제품이 역외국을 경유하더라도 본질적인 가공이 이루어지지 않는다면 원산지 자격은 유지된다. 운송 과정에서 발생하는 경미한 손상이나 단순 포장 변경은 원산지 자격에 영향을 미치지 않는다. 그러나 역외국에서 새로운 가공이나 조립이 발생할 경우 해당 제품은 원산지 자격을 상실하며, 누적 규정의 적용 또한 불가능해진다. 즉, 반품 재수입품이 누적 인정받기 위해서는 협정문의 원산지 유지 요건과 충분가공 기준을 모두 충족해야 하며, 운송 및 재수입 과정에서 이를 증명할 수 있는 서류를 반드시 확보해야 한다.

다. 원산지 자격 유지 가능 여부 사례

반품된 제품이 협정 당사국에서 완전히 생산된 것이며, 재수입 전까지 다른 국가에서 새로운 가공이나 사용이 전혀 이루어지지 않았다면 원산지 자격을 유지할 수 있다. 이러한 인정이 가능하려면 협정문에 '역외국 반품품의 원산지 인정'과 관련된 명확한 조항이 반드시 존재해야 하고, 운송·보관·재수입 과정에서 원산지 보존을 입증할 자료가 확보되어야 한다.

만약 협정문에서 해당 내용을 규정하지 않고 있다면, 재수입 시 해당 제품은 일반 수입품으로 간주되며, 원산지 자격을 다시 인정받으려면 생산 과정에서 원산지 기준을 재충족해야 한다.

구체적인 사례

상황 설명: 원산지 자격 인정 여부	판단 근거
① 한국에서 생산된 자동차 부품(원산지 기준 충족)을 수출했지만, 구매국의 주문 사양과 맞지 않아 원상태 그대로 한국으로 반품됨. 경유지는 제3국 항구였으나 그 과정에서 포장 변경 및 외관검사 외의 가공은 없음: **원산지 자격 인정**	원산지 보존, 본질적 가공 없음. 협정문에 '재수입 인정' 조항 존재
② 한국산 의류를 미국으로 수출했으나 사이즈 문제로 반품됨. 미국에서 사이즈 수정을 위해 일부 재봉 작업을 거친 후 한국으로 재수입됨: **원산지 자격 불인정**	재봉은 본질적 가공에 해당, 원산지 자격 상실
③ 한국산 전자제품을 유럽으로 수출 후 전량 반품됨. 운송 중 배터리가 교체되었으나 동일 사양의 부품으로 교체하고 기능 변화 없음: **원산지 자격 인정 가능**	경미한 유지·보수는 본질적 가공으로 보지 않음(단, 협정 조항과 사전 증빙 필요)
④ 한국산 기계장치를 중동으로 수출 후 반품됨. 반품 경유지에서 현지 업체가 일부 부품을 다른 원산지 부품으로 교체 후 재수입함: **원산지 자격 불인정**	원산지 비원산지 재료 혼입, 원산지 기준 불충족

라. 실무적 유의 사항

반품 재수입품의 원산지 인정 여부를 판단할 때는 협정문의 '누적' 조항뿐 아니라 '원산지 보존' 또는 '재수입품 처리' 조항을 반드시 함께 검토해야 한다. 또한, 운송 과정에서 제품이 사용되거나 가공되지 않았음을 입증할 수 있는 서류를 확보해야 한다.

03-14 최소허용기준

1. 최소허용기준의 개념

자유무역협정에서 최소허용기준(De Minimis Rule)은 완제품에 포함된 비원산지 재료가 일정 비율 이하일 경우, 해당 재료가 원산지결정기준(예: 세번변경기준) 위반에 해당하더라도 예외적으로 완제품을 원산지로 인정하는 제도이다.

이는 비원산지 재료의 비중이 매우 미미하여 무역 규제 목적상 원산지에 실질적인 영향을 주지 않는다고 판단될 때 적용된다. 예를 들어, 국산 인플레이터와 중국산 커버·쿠션으로 자동차용 에어백(HS 8708)을 생산하는 경우, 쿠션 가격이 완제품 가격의 10% 이하라면 세번변경이 이루어지지 않아도 해당 제품은 원산지로 인정될 수 있다.

만약 이 제도가 없다면 비원산지 재료가 0.1%라도 세번변경기준을 위반하면 즉시 원산지 자격을 상실하게 된다.

2. 최소허용기준 운영이 필요한 이유

가. 생산 과정에서 불가피하게 발생하는 소량의 비원산지 재료 사용을 허용하기 위해 필요

제조업체는 부품·재료를 모두 역내에서 조달하는 것이 이상적이지만, 현실적으로 특정 부품이나 소재는 역외에서 소량만 구매해야 하는 경우가 많다. 예를 들어 완제품 제조 시 특정 나사나 커버, 포장재가 비원산지에서 공급되더라도 그 값이 전체 제품 원가에서 차지하는 비중이 극히 적은 경우, 이를 이유로 원산지 자격을 박탈하는 것은 과도한 규제로 작용한다. 최소허용기준은 이러한 부담을 줄인다.

나. 복잡한 공급망에서 원산지 판정의 유연성을 확보하기 위해 필요

세번변경기준(CTC 기준)이나 특정 가공공정 기준을 엄격하게 적용하면, 극히 일부 재료의 사용만으로도 협정상의 특혜관세 혜택이 제거되는 사례가 발생할 수 있다. 최소허용기준은 이러한 상황에서 일정 비율을 초과하지 않는 한 완제품을 원산지로 인정함으로써, 공급망 운영에 안정성을 부여한다.

다. 기업이 FTA 혜택을 적극적으로 활용하도록 장려하기 위해 필요

최소허용기준이 없다면, 사소한 원재료 사용으로도 원산지 판정이 불리해져서 기업이 FTA를 활용할 의욕이 떨어질 수 있다. 이 제도가 있으면 생산계획을 세울 때 원산지 요건 충족 가능성을 높게 유지할 수 있어, 협정 활용률을 확대하는 효과가 있다.

라. 국제무역에서 불필요한 장벽을 완화하기 위해 필요

FTA는 무역 자유화를 목적으로 하지만, 원산지 규정이 지나치게 엄격하면 오히려 무역 흐름을 저해할 수 있다. 최소허용기준은 비원산지 재료가 무역 결과에 미치는 실질적 영향을 고려하여, 실질 가치에 기반한 판단을 가능하게 함으로써 무역 장벽을 줄여준다.

3. 협정별 최소허용기준

협정별 최소 허용 수준 규정은 아래와 같다.

협정별 최소 허용 수준 규정

협정	기준가격	비중 (가격 기준, 섬유제품은 중량 기준)
칠레	조정가격	8% 이하
	■ 농·수·축산물: 01류~24류 CTSH 충족 시 적용 가능	
싱가포르	관세가격	10% 이하 (섬유제품은 8% 이하)
	■ 농·수·축산물: 01류~24류 적용 제외 (15류~24류 CTSH 충족 시 적용 가능)	
아세안	FOB	10% 이하
	■ 농·수·축산물: 제한 없음	
EU, 영국, 튀르키예	공장도가격	10% 이하 (섬유제품은 8~30% 이하, 일부 가격 기준 적용)
	■ 농·수·축산물: 제한 없음	
인도	FOB	10% 이하 (섬유제품은 7% 이하)
	■ 농·수·축산물: 01류~24류 적용 제외 (15류~24류 적용 가능)	
EFTA	공장도가격	10% 이하
	■ 농·수·축산물: 01류~24류 CTSH 충족 시 적용 가능	
페루	FOB	10% 이하
	■ 농·수·축산물: 01류~24류 적용 제외 (15류~24류 적용 가능)	
미국	조정가치	10% 이하 (섬유제품은 7% 이하)
	■ 농·수·축산물: 01류~24류 CTSH 충족 시 적용 가능 (일부 제외)	
호주	조정가치	10% 이하
	■ 농·수·축산물: 01류~14류 CTSH 충족 시 적용 가능 - HS 0301호부터 0303호까지, 0305호부터 0308호까지, 0701호부터 0710.10호까지, 0713호부터 0714호까지, 0813.10호부터 0813.40호는 적용 제외	
캐나다	공장도가격	10% 이하
	■ 농·수·축산물: 01류~21류 CTSH 충족 시 적용 가능 (일부 제외)	
중국	FOB	10% 이하 (섬유제품은 중량 또는 가격 기준)
	■ 농·수·축산물: 01류~24류 CTSH 충족 시 적용 가능	
베트남	FOB	10% 이하 (섬유제품은 중량 또는 가격기준)
	■ 농·수·축산물: 제한 없음	
뉴질랜드	FOB	10% 이하 (섬유제품은 중량 또는 가격기준)
	■ 농·수·축산물: 01류~14류 적용 가능 (단순한 혼합 이상인 경우만)	
콜롬비아	조정가치	10% 이하
	■ 농·수·축산물: 01류~24류 CTSH 충족 시 적용 가능 - 15류 일부 제외: HS 1501~1508호, 1511~1515호까지에 분류된 상품의 생산에 사용되고, HS 제15류에 분류된 비원산지재료에 적용되지 아니한다.	
중미	FOB	10% 이하
	■ 농·수·축산물: 01류~24류 CTSH 충족 시 적용 가능	
RCEP, 이스라엘, 캄보디아, 인도네시아, 필리핀	FOB	10% 이하
	■ 농·수·축산물: 제한 없음	

가. 일반품목군: 가격 기준 적용

일반품목군은 농·수·축산물과 섬유제품을 제외한 대부분의 공산품을 포함하며, 비원산지 재료의 비율은 가격을 기준으로 측정한다. 즉, 완제품 가격에서 세번변경 기준을 충족하지 못한 비원산지 재료의 가치가 10% 이하면 원산지로 인정한다.

대부분의 FTA에서 이 비율은 10%로 규정하나, 한-칠레 FTA는 예외적으로 8%를 채택한다. 예를 들어, 전자제품 제조 시 일부 부품이 비원산지이고 HS 코드 변경이 이루어지지 않았더라도 그 부품의 가치 총합이 완제품의 공장도가격 또는 FOB 가격의 10% 이하라면 원산지 판정이 가능하다.

나. 농·수·축산물: 가격 기준과 세번변경기준 병행 적용

농·수·축산물(HS 제01류~제24류)은 대부분의 FTA에서 가격 기준과 세번변경 기준을 동시에 충족해야 최소허용기준을 인정받는다. 이는 해당 품목군이 소비자의 안전, 품질, 원산지 신뢰성과 직결되기 때문에 일반 공산품군보다 엄격하게 관리되는 특성 때문이다. 즉, 완제품에 사용된 비원산지 재료의 가치가 허용 비율(대부분 10%, 한-칠레 FTA는 8%) 이하이어야 하며, 동시에 품목분류상의 HS 코드 변경이 이루어져야 한다. 예를 들어, 가공커피(HS 0901)를 제조하는 과정에서 일부 원두가 비원산지라도, 가공 과정에서 HS 코드가 변경되고 그 비원산지 원두의 가치가 전체 제품 FOB 가격의 10% 이하라면 원산지로 인정된다. 만약 이 두 조건 중 하나라도 충족하지 못하면, 완제품은 원산지 판정을 받을 수 없다.

또한, 농·수·축산물 범위에는 신선·냉장·냉동 상태의 농산물, 수산물, 축산물뿐만 아니라 가공·저장 형태의 식료품이 포함된다. 이런 품목은 원재료의 출처를 명확히 하는 것이 시장 신뢰과 직결되므로, 비원산지 재료 사용 허용 범위를 최소화하려는 경향이 강하다.

다만 일부 FTA에서는 예외적으로 농·수·축산물에 대해 일반품목군과 동일한 규정을 적용하고, 세번변경 요건을 요구하지 않는 경우가 있다. 예를 들어, 아세안 FTA 및 EU·영국·튀르키예와의 FTA에서는 농·수·축산물과 일반품목군을 별도로 구분하지 않으며, 가격 기준만으로 판정이 가능하다. 이러한 경우, 비원산지 재료의 가치가 10% 이하이면 세번변경 여부와 관계없이 원산지 판정이 가능하므로 기업의 요건 충족 부담이 상대적으로 낮아진다.

다. 섬유제품: 중량 기준 또는 가격 기준 적용

섬유제품(HS 제50류~제63류)은 대부분의 FTA에서 가격이 아닌 중량을 기준으로 비원산지 재료 비율을 산정한다. 예를 들어, 한-미 FTA에서는 비원산지 섬유 소재의 중량이 완제품의 총중량의 7% 이하일 경우 미소기준을 충족한다.

일부 FTA(EU, 영국, 튀르키예, 중국, 베트남, 뉴질랜드 등)에서는 섬유제품에 대해 가격 기준과 중량 기준 중 하나를 선택 적용할 수 있게 하고 있어, 기업은 자신에게 유리한 측정 방식을 선택할 수 있다.

4. 최소허용기준을 적용할 수 없는 경우

자유무역협정에서 최소허용기준은 원산지 판정 요건을 일부 충족하지 못하더라도 협정에서 정한 허용 범위(비율, 중량, 가치) 안에 들면 원산지로 인정하는 탄력적 제도이다.

그러나 이 제도는 원산지 요건의 핵심 조건이 충족되지 않은 경우에는 적용할 수 없다. 즉, 최소허용기준은 단순히 비원산지 재료 비중 또는 부족분이 일정 한도 이내인 경우를 대상으로 하며, 필수 제조공정이 역내에서 이루어져야 하는 등 협정에서 별도로 지정한 중요한 요건을 충족하지 못한 경우에는 어떠한 상황에서도 적용되지 않는다.

따라서 협정별 허용치, 적용 제외 품목, 필수 제조공정 여부를 반드시 사전에 확인하고 관련 증빙을 확보해야 한다.

가. 필수 제조공정을 충족하지 못한 경우

FTA의 일부 품목은 원산지 판정 요건 중 필수 제조공정이 명시적으로 규정되어 있다. 예를 들어 합성섬유의 방적 공정은 반드시 역내에서 수행해야 한다고 명시된 경우, 이를 역외에서 처리하면 완제품은 원산지로 인정받을 수 없다. 비록 사용된 비원산지 재료의 비율이 허용 한도 이내라고 하더라도, 필수 제조공정을 만족하지 못한 경우에는 최소허용기준을 적용할 수 없다. 이러한 규정은 품질 유지, 기술 보호, 산업 육성 목적에서 비롯되며, 단순히 재료 비중이 적다고 해서 면제되는 성격이 아니다.

따라서 기업은 생산계획 단계부터 필수 제조공정이 반드시 역내에서 수행되도록 관리해야 한다.

나. 원산지 핵심 요건 자체를 위반한 경우

최소허용기준은 세번변경기준(CTC)이나 부가가치기준(RVC) 등 원산지 판정 방식에서 일부 부족분을 보완하는 성격을 가진다. 그러나 해당 기준 자체를 충족하지 못하면, 부족분이 허용 범위 내라 하더라도 적용할 수 없다.

예를 들어, RVC 40% 이상이라는 원산지 요건이 있는 경우 실제 RVC가 35%라면, 비율상 5% 부족하더라도 협정상 최소허용기준 적용이 금지될 수 있다. 이는 RVC와 같이 총 가치 비중을 엄격히 요구하는 기준은 '부족분 보충' 규정이 없는 협정이 많기 때문에, 선택형 기준에서 RVC를 선택한 경우에도 동일하다.

따라서 기업은 원산지 기준 선택 단계에서 최소허용기준이 적용될 수 있는 기준인지 여부를 반드시 확인해야 하며, RVC 기준만 존재하는 품목에서는 미소기준이 전혀 도움이 되지 않을 수 있다.

5. 최소허용기준은 세번변경기준(CTC)에만 한정하는지 여부

미소기준은 제품이 원산지결정기준을 충족하는지 판단할 때, 일부 비원산지 재료가 기준을 위반하더라도 그 비율이 일정 수준 이하이면 원산지로 인정할 수 있도록 하는 완화 규정이다. 그러나 이러한 미소기준의 적용 범위가 세번변경기준에만 한정되는지, 또는 다른 기준(부가가치기준, 제조공정기준 등)에도 적용 가능한지는 협정마다 다르게 규정되어 있다.

FTA 실무에서는 이 적용 범위 이해가 매우 중요하다. 왜냐하면 미소기준을 폭넓게 적용할 수 있는 협정인지 여부에 따라 원산지 판정 전략과 원재료 조달 계획이 달라지기 때문이다.

가. 세번변경기준(CTC) 한정 적용 협정

대다수 FTA에서는 미소기준을 CTC 기준에 한정하여 적용한다. 즉, 원산지결정 기준이 세번변경인 경우에만 일부 비원산지 재료의 HS 코드 변경 미달을 허용하며, 부가가치기준이나 특정 제조공정기준(PSR)의 미위반은 미소기준으로 보완할 수 없다.

예를 들어, 한-미 FTA에서는 원산지결정기준이 CTH인 제품이 일부 부품의 HS 코드 변경에 실패하더라도, 그 가치가 제품 가격의 10% 이하이면 원산지로 인정한다. 그러나 원산지결정기준이 RVC 40% 이상인 경우, 비원산지 재료가 그 비율을 초과하면 미소기준 적용이 불가능하다.

나. CTC 외 기준까지 허용하는 협정

일부 FTA(특히, EU·영국·중국·베트남·뉴질랜드 FTA)는 미소기준을 CTC뿐 아니라 부가가치기준에도 적용하도록 규정하고 있다. 이는 원산지결정기준이 RVC 기준인 경우에도, 비원산지 재료의 가치가 허용 한도 이하라면 원산지로 인정할 수 있는 방식이다.

이러한 협정에서는 의류, 전자제품, 화학제품 등 RVC 기준이 주로 적용되는 품목에서 미소기준이 판정 유연성을 높인다. 예를 들어, 한-EU FTA에서 RVC 기준이 60% 이상이어야 하는 제품에 비원산지 재료가 소량 포함되어 RVC 비율이 약간 부족한 경우, 그 부족분이 10% 이하라면 원산지 판정이 가능하다.

다. 실무상 고려 사항

CTC 한정 협정에서는 원재료의 HS 코드 변경 여부와 비원산지 비율 관리가 핵심이다.

'CTC+RVC 허용 협정'에서는 가격·중량 등 광범위한 계산을 통해 판정 유연성을 확보할 수 있으므로, 원재료명세서(BOM: Bill of Material) 분석과 원가관리 체계 구축이 중요하다.

또한 협정문 부속서에서 미소기준 허용 범위, 허용 비율, 적용 조건(예외 품목, 섬유별 규정 등)을 반드시 확인해야 하며, 이를 무시하면 판정 오류 및 원산지 검증 실패로 이어질 수 있다.

특히 다품목 생산 기업의 경우, 동일 제품이라도 수출 대상국의 협정별 규정을 나누어 적용하는 "FTA별 이원화 판정" 전략을 사용하면 원산지 비율 확보가 용이하다.

03-15 중간재

1. 중간재의 정의

중간재란 최종 제품을 생산하기 위해 원산지 재료와 비원산지 재료를 결합하여, 일정한 생산공정을 거쳐 새롭게 만들어진 재료를 의미한다.

이는 단순히 외부에서 구매한 원재료를 그대로 사용하는 것이 아니라, 해당 기업이 보유한 기계·설비·노하우 등을 활용하여 가공·조립·변형과 같은 실질적인 생산활동을 통해 새로운 형태와 기능을 갖춘 생산물품을 말한다.

따라서 중간재는 원재료와 최종 제품 사이에 위치하며, 최종 제품 완성을 위한 핵심 구성요소로 기능한다. 즉, 중간재는 단순한 재료 이상의 의미를 가지며, FTA 원산지 판정과 수출경쟁력 확보에 있어 전략적으로 중요한 요소다.

2. 생산 과정에서의 의미

중간재는 최종 제품의 제조 과정에서 핵심적인 연결고리 역할을 수행한다. 자유무역협정에서 원산지를 판정할 때, 중간재가 원산지로 인정되면 해당 중간재 전체 금액을 원산지 가치에 포함할 수 있다. 이로 인해 최종 제품의 원산지 비율을 높이는 것이 훨씬 용이해진다.

제조업체가 중간재를 전략적으로 활용하면, 원산지 재료와 비원산지 재료를 적절히 혼합하여 생산 효율성과 원산지 비율을 동시에 극대화할 수 있다. 특히 FTA의 원산지 기준을 충족하기 위해 부가가치를 역내에서 창출하고, 가공·조립 과정에서 원산지 판정이 유리해지는 구조를 만들 수 있다.

3. 협정 규정

대부분의 자유무역협정은 직·간접적으로 중간재를 인정하는 제도를 포함하고 있다.

일부 협정의 경우 협정문 내에 독립적인 중간재 조항이 명시되어 있으며, 다른 협정은 별도의 조항 없이 원산지 규정 속에서 간접적으로 이를 인정한다. 이러한 협정들은 공통적으로 'Roll-up(롤업)' 방식을 채택하고 있어, 비원산지 재료라도 협정 당사국에서 충분한 가공이나 생산을 거치면 원산지 상품으로 간주한다. 이후 해당 상품이 다른 상품의 생산 과정에 투입될 경우, 그 안에 포함된 비원산지 재료를 다시 고려하지 않아도 되어, 중간재 인정 범위는 상당히 넓게 적용된다.

또한 대부분의 협정은 최종 생산자가 직접 생산하지 않은 '역내 생산품'도 중간재로 인정하고 있다. 이는 협정 당사국 내에서 생산되어 공급받은 부품이나 소재가 최종 제품 생산에 활용될 경우에도 원산지로 판정받을 수 있다는 의미이다. 그 결과, 공급망 활용도가 높아지고, 역내 산업 간 연계성이 강화된다.

일부 협정에서는 '자가 생산품'만을 중간재로 인정하는 제한이 있으나, 실무적으로는 협정 상대국에서 발급한 원산지확인서 등의 공식 증빙을 통해 공급받은 재료도 원산지 재료로 인정받을 수 있어, 이러한 제한이 실제 산업 활동에서 큰 장애가 되지는 않는다.

결론적으로, 대부분의 협정은 명시적 또는 간접적 방법을 통해 중간재를 폭넓게 인정하며, 이를 통해 역내 가치사슬 강화를 도모하고 무역 및 생산활동의 효율성을 제고하고 있다.

협정	중간재 규정 존재	규정 유형	중간재 정의 규정	중간재 적용 범위	중간재 지정 의무
칠레	있음(4.4조)	명시형	있음	자가생산품만	있음
싱가포르	있음(4.7조)	명시형	있음	자가생산품만	있음
페루	있음(3.4조)	명시형	없음	자가·역내생산품	없음
콜롬비아	있음(3.5조)	명시형	있음 (자가생산재료)	자가·역내생산품	없음
중미	있음(3.4조)	명시형	없음	자가·역내생산품	없음
인도네시아	있음(3.8조)	명시형	없음	자가·역내생산품	없음
필리핀	있음(4.9조)	명시형	없음	자가·역내생산품	없음
EFTA, EU, 영국, 튀르키예, 호주, 중국, RCEP, 이스라엘, 캄보디아	있음	간접형	없음	자가·역내생산품	없음
미국	있음	간접형	있음 (자가생산재료)	자가·역내생산품	없음
캐나다	있음	간접형	있음 (자가생산재료)	자가·역내생산품	없음
뉴질랜드	있음	간접형	있음 (자가생산재료)	자가·역내생산품	없음
아세안	없음	부재형 (법령 준용)	없음	자가·역내생산품	없음
인도	없음	부재형 (도입 예정)	없음	자가·역내생산품	없음

가. 협정문에 중간재 조항과 정의를 독립적으로 명시형 협정: 칠레, 싱가포르, 페루, 호주, 콜롬비아, 중미, 인도네시아

명시형 유형은 협정문 내에 독립적인 조항으로 중간재 규정과 정의를 명확하게 기재한 형태를 말한다. 이 경우 협정문에 '자가 생산 재료', '역내 생산 재료' 등과 같이 중간재에 해당하는 재료의 범위와 요건이 구체적으로 규정되어 있으므로, 법적 근거가 분명하고 원산지 판정의 신뢰성이 높다.

대표적으로 칠레, 싱가포르, 페루, 호주, 콜롬비아, 중미, 인도네시아와의 협정이 이 유형에 속한다. 이 중 일부는 조항 번호와 함께 중간재 정의를 구체적으로 명기하며, 예를 들어 칠레와 싱가포르 협정은 중간재를 '자가 생산된 재료'로 한정하여 정의한다.

다만 명시형 협정은 대체로 행정절차가 수반된다. 예를 들어 칠레·싱가포르 협정의 경우, 최종 제품 생산자는 해당 재료를 중간재로 사용하기 전에 필수적으로 지정 절차를 거쳐야 하며, 부가가치기준(RVC)이 적용되는 재료는 중간재로 중복 지정할 수 없도록 제한하고 있다. 또한 일부 협정에서는 '자가 생산 재료'만을 인정하는 규정이 있어 공급망에서 역내 타국에서 조달한 재료를 활용하는 범위가 제한될 수 있다.

나. 간접형(Roll-up): 협정문에 별도 조항은 없으나 원산지 판정 규칙에서 '한 번 원산지로 인정된 상품은 이후 재판정 불필요' 규정

간접형(Roll-up) 유형은 협정문에 별도의 '중간재' 항목이 존재하지 않지만, 원산지 규정에 "이미 원산지로 판정된 상품은 이후 다른 상품의 생산에 투입될 때 비원산지 성분을 재계산하지 않는다"는 원칙을 명시한 경우를 말한다. 이 규정은 비원산지 재료를 포함한 생산품도 협정 체결국 내에서 충분한 가공을 거쳐 원산지 자격을 취득하면, 이후 원산지 판정에서 해당 제품을 완전한 원산지 재료로 인정하는 효과를 갖는다.

대표적으로 EFTA, EU, 영국, 튀르키예, 호주, 중국, RCEP, 이스라엘, 캄보디아와의 협정이 이 유형에 해당하며, 미국·캐나다·뉴질랜드 협정도 동일한 규칙을 채택하고 있다. 이 방식은 '자가 생산품'뿐 아니라 협정 당사국 내에서 조달된 '역내 생산품' 모두를 활용할 수 있어 공급망 운영에 상당히 유리하다.

간접형은 명시형처럼 재료의 사전 지정 절차가 필요 없으며, 관련 원산지증명서만 확보하면 자동으로 중간재 효과가 발생한다. 절차가 간소화되어 행정 부담이 낮고, 국제 분업 구조 및 역내 가치사슬 활용도를 높이는 장점이 있다. 다만 중간재 개념이 직접적으로 협정문에 명기되지 않기 때문에 초심자가 규정의 의미를 오해할 가능성이 있고, 해석 과정에서 원산지 판정 오류가 발생할 수 있다. 따라서 이를 활용하는 기업은 협정문과 해설서를 숙지하고, 공급망 내 모든 원재료와 부품에 대한 원산지 증빙 체계를 철저히 구축해야 한다.

다. 명시 규정과 Roll-up 규정 모두 부재: 아세안과 인도와의 협정

부재형 유형은 협정문에 중간재에 관한 명시 규정이 없고, Roll-up 규정 또한 포함되지 않은 경우를 의미한다. 이러한 경우 원산지 판정은 생산 과정에 투입되는 모든 재료와 부품에 대해 개별적으로 전 과정에서 반복하여 수행해야 한다. 즉, 한 번 원산지 판정을 받은 재료라 하더라도 다른 생산공정에 투입될 때마다 다시 원산지 판정을 받아야 한다.

아세안과 인도와의 협정이 대표적인 부재형에 해당하며, 한-아세안 FTA는 「FTA 관세법 시행규칙」을 적용하여 싱가포르 FTA 기준을 준용함으로써 실질적으로 중간재를 인정하고 있다. 한-인도 CEPA는 아직 해당 제도를 운영하지 않지만, 관세위원회에서 향후 도입을 검토 중이다.

부재형의 가장 큰 특징은 중간재 개념이 제도적으로 마련되어 있지 않다는 점이다. 이로 인해 행정·시간·비용 부담이 가장 크며, 실제로는 FTA 활용 난이도가 매우 높아진다. 실무에서는 이러한 한계를 보완하기 위해 외부 조달을 최소화하고, 자가 생산 비중을 최대한 높이는 전략을 채택하거나, 중간재 규정이 존재하는 다른 FTA를 활용하는 것이 일반적이다.

4. 중간재 규정의 효과

중간재는 최종 제품을 생산하는 과정에서 투입되는 재화로, 생산자가 직접 제조한 경우뿐만 아니라 FTA 협정 체결지역 내의 다른 생산자로부터 구매한 경우도 포함된다. 이를 구성하는 재료는 원산지 재료와 비원산지 재료가 혼합될 수 있으며, 중요한 점은 해당 중간재가 반드시 협정에서 정한 원산지 판정 기준을 충족해야 한다는 것이다.

중간재로 인정되는 경우, 이러한 재화는 최종 제품 생산 시 원산지 재료로 간주되어 원산지 비율 산정이나 특혜관세 적용에서 유리하게 작용한다. 따라서, 중간재의 개념은 단순한 '부품'의 의미를 넘어, 원산지 누적과 특혜관세 활용 전략에 핵심적인 역할을 한다고 할 수 있다. 이러한 중간재 규정은 다양한 효과가 있다.

가. 원산지 인정 범위 확대

중간재 규정은 원산지로 인정되는 재화의 범위를 넓혀줌으로써, 특혜관세를 적용받을 수 있는 품목의 수와 종류를 크게 증가시키는 효과를 가진다. 협정에서 정한 원산지 판정 기준을 충족한 중간재는 최종 제품 생산 시 원산지 재료로 간주되며,

이는 완제품의 원산지 재료 비율을 직접적으로 높여주는 중요한 요소가 된다. 결과적으로, 복잡하고 다단계로 구성된 글로벌 공급망을 운영하는 기업도 원산지 충족 요건을 보다 쉽게 만족할 수 있다.

예를 들어, 자동차 제조업체가 역내에서 생산된 엔진(중간재)을 구매하여 최종 완성차를 조립하는 경우를 생각해 볼 수 있다. 이 엔진이 협정에서 정한 세번변경 기준 또는 부가가치 기준을 충족해 원산지로 판정되면, 해당 엔진 전체가 완성차 원산지 비율에 모두 반영된다. 이로 인해 완성차 전체의 원산지 비율이 상승하여 FTA 규정상 원산지 요건을 보다 쉽게 충족하게 되고, 해당 차량을 협정 상대국으로 수출할 때 특혜관세를 적용받을 수 있다.

이와 같은 사례는 특히 생산공정의 일부를 외부에서 조달하는 기업에게 큰 장점을 제공한다. 복잡한 부품 구조를 가지는 제품일수록, 원산지 인정이 가능한 중간재를 확보하면 효과적으로 기준을 만족할 수 있고, 비원산지 부품 비중을 줄이는 압박에서 벗어나 수출경쟁력을 유지하는 데 유리하다.

나. Roll-up에 따른 가치 산정 유리

중간재가 원산지 판정을 받으면, 그 가격 전체를 원산지 가치로 산정할 수 있는 Roll-up 방식을 사용할 수 있다. 이는 단순히 중간재 속의 원산지 재료만을 인정하는 것이 아니라, 해당 중간재의 총금액을 원산지로 계산하는 방식이다. 결과적으로 최종 제품의 원산지 비율이 빠르게 상승하며, 원산지 규정 충족에 필요한 비원산지 재료의 비중을 크게 줄일 수 있다. 이 제도는 특히 원재료 수급이 제한되거나 국제 시장에서 가격 변동성이 큰 경우에 매우 유용하다.

예를 들어, 스마트폰 제조업체가 역내에서 원산지 판정을 받은 카메라 모듈을 구매하는 상황을 가정해 보자. 이 카메라 모듈을 구성하는 일부 렌즈나 센서 부품이 비원산지 국가에서 조달되었더라도, 해당 모듈이 전체적으로 협정의 원산지 기준을 충족하면 '중간재'로서 인정받게 된다. Roll-up 규정에 따라 이 모듈의 전체 금액이 원산지 가치로 계산되므로, 스마트폰 전체의 원산지 비율이 크게 증가한다.

결과적으로 제조업체는 다른 부품에서 비원산지 재료 비중을 다소 높게 가져가더라도 전체 원산지 비율에서 여유가 생겨, FTA 규정 충족 가능성이 높아진다. 이는 기업이 다양한 부품을 글로벌 공급망에서 조달하면서도, 제품의 원산지 요건을 안정적으로 맞추는 데 중요한 전략적 수단이 된다.

다. 생산자 간 형평성 제고

중간재 규정은 생산자가 직접 제조한 부품뿐만 아니라, 역내 다른 생산자로부터 구매한 부품도 동일하게 원산지로 인정해 준다. 이로 인해 자체적으로 모든 부품을 제조하지 않는 기업도 역내 공급망을 통해 원산지 혜택을 동일하게 받을 수 있다. 이는 생산규모와 설비 보유 정도에 따라 불리함을 겪을 수 있는 중소·중견기업에게 상당히 유리하게 작용하며, 역내 조달 기반을 이용한 산업 경쟁 환경에서 형평성을 강화한다. 나아가 이러한 구조는 부품 공급자와 완제품 제조업체 간 상호 의존도를 높이고, 역내 기업 간 거래와 산업 연계성을 촉진한다. "결과적으로 지역 전체의 산업 발전과 네트워크 형태의 경제 구조 형성에 기여하게 된다."에 긍정적인 파급효과를 미친다.

라. 역내 산업 활성화 및 공급망 강화

중간재 규정은 기업들이 원산지 요건을 충족하기 위해 역내에서 더 많은 중간재를 구매하거나 생산하도록 유도한다. 이는 유통·조달 패턴의 변화와 함께 역내 공급망 전체의 활성화를 촉진한다. 새로운 중간재 생산설비 투자, 협력업체 발굴, 그리고 기술 교류를 확대하는 계기를 제공하며, 이 과정에서 추가적인 일자리 창출과 역내 산업 다양화가 이루어진다. 기업 간의 장기적인 거래 관계가 강화되고, 원산지 요건을 충족하기 위한 기술 표준화나 품질 개선이 촉진되면서 역내 제조 경쟁력도 높아진다.

궁극적으로 이러한 효과는 FTA 체결국 간의 무역 증대와 경제통합을 가속화시키고, 해당 지역의 경제·산업 기반을 한층 더 견고하게 만드는 중요한 요소로 작용한다.

5. 중간재와 누적 규정 간의 관계

가. 중간재의 누적 인정 확대 효과

원산지 판정을 이미 받은 중간재는 누적 규정을 통해 협정 회원국 간에 원산지 재료로서 상호 인정될 수 있다. 예를 들어 A국에서 생산되어 원산지 요건을 충족한 중간재를 B국에서 최종 제품 제조의 부품으로 사용하면, B국은 해당 중간재를 자국산과 동일하게 계산하여 원산지 비율에 합산할 수 있다. 이와 같이 중간재의 누적 인정은 역내 생산자들이 더 넓은 범위에서 원산지 혜택을 공유하게 하며, 국가 간 상호보완적인 공급망을 형성하는 데 기여한다.

나. 원산지 기준 충족의 유연성 제고

중간재 규정이 누적 규정과 결합되면, 제조업체는 원산지 판정 부담을 줄이면서도 생산공정을 최적화할 수 있는 유연성을 가지게 된다. 각 협정 참가국의 비교우위(예: 특정 부품 생산능력, 인건비, 기술력)에 따라 생산 단계를 분산 배치할 수 있으며, 협정 상대국에서 생산된 원산지 중간재를 자유롭게 활용하여 최종 제품의 원산지 비율을 높일 수 있다. 이는 제조 과정에서 비용 절감 효과를 가져오고, 원산지 기준을 맞추기 위해 불필요한 고비용 현지 조달을 강제당하는 위험을 줄여준다.

예를 들어, 전기차 제조 프로젝트를 진행하는 기업을 가정해 보자.

- 배터리 모듈은 리튬 정제를 잘하는 A국에서 생산하되, 해당 모듈이 협정상 원산지 판정을 받도록 설계한다.
- 전기 모터는 고정밀 가공 능력이 뛰어난 B국에서 제조하며, 역시 원산지 기준을 충족하도록 한다.
- 이후 C국에서 배터리 모듈과 전기 모터를 조립하여 완성차를 생산한다.

누적 규정에 따라 A국 배터리 모듈과 B국 전기 모터 모두 C국에서 국내산 원산지 재료로 간주되므로, 완성차의 원산지 비율이 쉽게 기준을 넘게 된다. 이렇게 하면 각 단계에서 가장 경쟁력 있는 국가를 선택하여 생산할 수 있으며, 원산지 요건 충족을 위해 모든 부품을 한 국가에서 생산할 필요가 없다. 결과적으로 비용 효율성, 품질, 수출경쟁력 모두 향상된다.

다. 역내 산업 연계 강화와 안정성 확보

중간재가 누적 규정을 통해 원산지로 인정되면, 협정 참가국 내에서 생산된 부품과 소재가 자연스럽게 서로의 산업에 통합된다. 이러한 통합은 역내 부품 제조업체와 완제품 제조업체 간의 협력관계를 강화시키고, 산업 간 연계성을 높인다. 장기적으로 이러한 구조는 역내 공급망의 안정성을 강화하며, 무역 제한이나 원자재 가격 변동과 같은 외부 충격에도 대응력을 높이게 된다.

6. 원재료와 최종 제품의 HS Code가 동일할 경우 중간재 지정 가능 여부

가. HS Code 동일 여부와 중간재 지정 가능성

중간재 지정 여부는 원재료와 최종 제품의 HS Code가 동일한지 여부와는 직접적인 제한 관계가 없다. 다시 말해, 원재료와 최종 생산물의 HS Code가 같더라도, 해당 생산물품이 일정한 생산공정을 거쳐 새로운 성질이나 기능을 갖게 되면 중간재로 인정될 수 있다. 이는 HS Code가 주로 제품의 형태와 기능을 기준으로 분류하는 제도이기 때문에, 동일한 코드 내에서도 다양한 가공 수준과 품질 차이가 존재할 수 있다는 사실에 기반한다. 따라서 중간재 인정 판단에서는 HS Code 변동 여부보다, 실제 생산 과정에서 수행된 가공·조립·변형 등의 실질적인 변화가 핵심 기준이 된다.

원산지 판정 실무에서는 종종 "CTC(세번변경기준)를 충족하지 못하면 중간재로도 인정받기 어렵다"는 오해가 있지만, 실제로는 CTC와 중간재 지정은 별개의 개념이며, 가공 실질성과 독자적인 생산활동이 입증된다면 동일 HS Code 상태에서도 중간재로 지정할 수 있다.

예를 들어, 전자제품 외관을 만드는 금속 케이스를 생각해 보자. 중국에서 HS Code 7616(알루미늄 기타제품)에 해당하는 단순 알루미늄 프레임을 수입해, 한국의 한 공장에서 이를 절단·성형하고 표면처리를 한 뒤, 내부 구조를 변경하여 특정 전자기기 부품이 장착될 수 있도록 설계한다고 가정하자. 가공 전·후 제품의 HS Code가 여전히 7616으로 동일하더라도, 기존 단순 프레임과 비교해 기능, 구조, 용도가 달라졌다면 생산된 케이스는 중간재로 인정될 수 있다. 이렇게 인정된 중간재는 이후 최종 전자제품 조립 과정에서 원산지 재료로 취급되며, 최종 제품의 원산지 충족에 직접 기여한다.

나. 다른 원산지결정기준에서의 중간재 활용

중간재는 세번변경기준뿐 아니라 부가가치기준과 가공공정기준에서도 폭넓게 활용될 수 있다. 예를 들어, 최종 제품의 원산지결정기준이 RVC 40% 이상이라고 규정되어 있다면, 중간재를 원산지로 인정받는 경우 해당 중간재의 가치가 그대로 지역가치[89]에 포함된다. 이는 지역가치 함유율 산정 시 비원산지 부품을 줄이는 효과를 가져와, 훨씬 용이하게 기준을 충족하도록 만든다.

가공공정기준의 경우에도, 특정 생산 단계(예: 특정 형태로의 가공, 특정 성질의 부여)를 국내 또는 협정 체결국 내에서 수행하여 중간재로 인정받는다면, 최종 제품의 원산지 판정에 중요한 유리 요소로 작용한다. 즉, 중간재 지정은 단순히 CTC 적용을 보완하는 수준을 넘어, RVC나 가공공정기준 충족 과정에서도 핵심적인 전략 수단이 된다.

7. 중간재를 지정하여야 하는 협정의 경우, 중간재 지정 시점

가. 중간재 지정의 시점과 효력

중간재 지정은 원산지 판정에 있어 핵심적인 절차로, 기업이 생산한 재료를 역내산 재료로 인정받기 위한 기초 작업이다. 일반적으로 중간재 지정은 원산지증명서 발급 이전, 즉 사전에 완료되어야 하며, 이를 통해 최종 제품에 대한 원산지 판정을 위한 법적·행정적 근거를 확보하게 된다. 그러나 현실적으로 모든 생산·공급 과정에서 사전 지정이 이루어지는 것은 쉽지 않다. 특히 협력사의 원산지 정보가 늦게 확보되거나, 판정 기준 변경 등의 사유로 지정 시점이 지연되는 경우가 발생한다.

따라서 협정문과 국내 원산지관리 규정에서는 중간재 지정의 시점과 그 효력 범위를 명확하게 규정할 필요가 있다. 이는 분쟁 예방뿐 아니라 생산·공급망의 예측 가능성을 높이는 핵심 요소이다.

---

89) 지역가치란 FTA 회원국 내에서 창출된 금액을 의미하며, RVC 기준 충족 여부를 판단할 때 핵심 역할을 한다. 중간재 인정을 받으면 해당 금액이 전액 지역가치로 포함되어 원산지 판정이 유리해 진다.

나. 검증착수 이후의 중간재 지정 가능 여부

실무에서 자주 발생하는 쟁점 중 하나는, 세관당국이 원산지 검증을 착수하기 전에 중간재 지정이 되어 있지 않은 경우이다. 만약 검증 과정에서 기업이 새롭게 중간재를 지정한다면, 이를 협정문 상의 규정 또는 국내 법령 상 인정할 수 있는지가 논란이 된다.

일부 자유무역협정은 원산지 판정을 위한 중간재 지정에 대해 사전 지정 원칙을 엄격히 적용하고 있다. 예를 들어, 한-EU FTA에서는 부속서 원산지규정 제7조(증명서 발급 및 자료 제출)에서 원산지 증명서 발급 전의 자료에 근거하여 판정을 수행해야 한다고 규정하고 있다. 이 조항은 검증 절차 개시 이후 제출되는 새로운 중간재 지정 자료를 원칙적으로 인정하지 않는 해석을 가능하게 하며, 따라서 검증이 시작된 이후에 특정 재료가 중간재로 추가 지정되더라도 해당 재료는 원산지 재료로 간주되지 않는다. 이 경우 최종 제품의 원산지 기준 충족 가능성이 크게 낮아질 수 있다.

반면, 다른 일부 협정이나 국가의 국내 규정은 검증 과정에서 신규 지정이 가능하도록 하는 예외 규정을 두고 있어 보다 유연한 운영이 가능하다. 예를 들어, 한-미 FTA에서는 원산지규정(Annex 4-A, Rules of Origin) 제6조(원산지 검증)와 제8조(증명서와 자료 보완 제출)에 따라, 검증 과정 중에도 세관당국이나 검증기관의 요청에 따라 추가 자료를 제출할 수 있도록 명시하고 있다. 이 조항 해석상, 협정 발효국의 권한 있는 기관이 검증 중이라도 원산지 판정에 필요한 새로운 중간재 지정 서류나 공급망 정보를 받아들일 수 있으며, 이를 통해 최종 원산지 판정에서 실질적인 형평성을 확보하게 된다.

그리고 한-칠레 FTA와 한-싱가포르 FTA는 명시형 절차를 채택하고 있다. 두 협정 모두 최종 제품 생산자가 해당 재료를 중간재로 사용하기 전에 사전에 지정 절차를 밟아야 하며, 행정기관을 통한 승인 절차가 수반된다. 특히 부가가치 기준(RVC)을 적용받는 재료는 중간재로 중복 지정이 불가능하도록 제한하고 있어 원산지 계산에 제약이 발생할 수 있다. 또한 일부 명시형 협정, 특히 싱가포르 협정은 '자가 생산 재료'만 지정할 수 있도록 규정하고 있어, 역내 타국에서 조달한 재료를 중간재로 인정하는 범위가 제한된다.

즉, 한-EU FTA와 같이 '발급 전 자료만 인정'하는 협정은 지정 시점에 매우 엄격하여 기업이 사전에 완벽하게 중간재 자료를 준비해야 하고, 반면 한·미 FTA처럼 '검증 중 보완 자료 인정' 규정을 갖춘 협정은 기업이 비교적 유연하게 대응할 수 있다. 이러한 차이는 실무에서 원산지 관리 전략과 리스크 관리 방식에 큰 영향을 미친다.

협정명 (관련 조항)	사전 지정 원칙 적용 여부	검증 중 신규 지정 가능 여부	지정 범위/제약 조건	실무 주의점
한-EU (제7조)	엄격 적용	불가능 (원칙)	발급 전 자료만 인정	검증 착수 전 모든 지정과 자료 준비 완료 필요
한-미(Annex 4-A 제6조, 제8조)	적용하되 예외 인정	가능 (예외 규정 허용)	지정 범위 제한 없음	추가 지정 가능하나 증빙 신속 제출 필요
한-칠레 (제3조~제5조)	엄격 적용 + 명시형 절차	불가능 (원칙)	RVC 재료는 중복 지정 불가	사전 지정과 행정승인 필요, 공정·원재료 계획 조정 필수
한-싱가포르 (제4조, 제6조)	엄격 적용 + 명시형 절차	불가능 (원칙)	자가 생산 재료만 지정 가능. RVC 재료 중복 지정 불가	역내 타국 조달 재료 활 용 시 지정 제한, 공급망 사전 분석 필요

따라서 실무담당자는 해당 FTA 협정문과 국내 원산지 판정 규정을 면밀히 검토하여, 검증 진행 중이라도 지정이 가능한 경우에는 즉시 서류를 보완하고, 지정이 불가능한 경우에는 사전 지정 사고를 방지하기 위한 내부통제 절차를 강화해야 한다.

8. 실무적 대응 전략

중간재 지정은 원산지 판정 과정에서 기업의 수출경쟁력과 협정 활용 여부를 결정짓는 중요한 절차이다. 따라서 지정 시점과 검증착수 이후 지정 가능 여부에 대한 협정 및 국내 법령 규정을 정확히 이해하고, 이에 따른 실무 대응 전략을 체계적으로 수립해야 한다.

첫째, 모든 재료의 중간재 지정은 원산지 증명서 발급 이전 단계에서 완료하는 것을 원칙으로 삼아야 한다. 이를 위해 기업 내부에 사전 지정 절차를 포함한 표준 운영 매뉴얼(SOP)을 마련하고, 재료 공급 단계에서부터 원산지 정보 수집과 판정을 병행하는 내부 통제를 강화해야 한다. 이러한 사전 지정 절차는 EU 계열 협정과 같이 엄격한 사전 지정 원칙을 적용하는 경우 필수적이며, 누락 시 불인정 위험을 크게 줄인다.

둘째, 각 FTA 협정별 규정을 주기적으로 확인하고, 검증 중 보완 자료 제출이 가능한 협정 목록과 불가능한 협정 목록을 별도 관리해야 한다. 이를 표로 정리해 현업 부서와 공유함으로써, 검증 절차가 개시된 경우에도 규정에 따라 유연하게 대응할 수 있도록 한다.

셋째, 생산 및 조달 단계에서 발생하는 원산지 정보를 통합 관리할 수 있는 원산지 관리 시스템을 도입하는 것이 바람직하다. 이 시스템에서는 각 재료의 중간재 지정 여부, 협정별 적용 가능성, 원산지 판정 데이터 등을 실시간으로 관리할 수 있어 지정 누락이나 입력 오류를 예방하는 데 효과적이다.

넷째, 규정 해석상 혼란이 있거나 사안이 복잡한 경우에는 관련 경험이 풍부한 관세사·무역 전문 변호사의 자문을 사전에 확보해야 한다. 특히 검증 착수 후 신규 지정이 가능한지 여부를 판단할 때에는 법령의 문언뿐만 아니라 협정 적용 사례, 국제적 판례, 세관의 행정해석 등을 종합적으로 검토해야 정확한 대응이 가능하다.

마지막으로, 지정이 누락되었을 경우를 가정해 위험 예측 시뮬레이션을 수행해야 한다. 이는 특정 중간재가 원산지 기준에서 제외될 경우 전체 제품의 원산지 비율이 어떻게 변동하는지 분석하는 작업이다. 이를 통해 원산지 기준 미충족 가능성이 확인되면, 수출 전략 변경이나 공급망 재조정으로 선제 대응할 수 있다.

이와 같은 대응 전략을 종합적으로 운영하면, 기업은 협정별 차이에 따른 리스크를 최소화하고, 검증 과정에 대한 대응력을 크게 향상시킬 수 있다. 특히 중간재 지정 과정에서의 오류나 누락을 예방함으로써, 원산지 판정의 안정성과 해외시장 경쟁력을 동시에 확보할 수 있다.

03-16 간접재료

1. 간접재료(Indirect Materials)의 개념

원산지 판정에서 '재료'란 최종 제품의 생산 과정에서 사용되어 그 제품의 일부로 물리적으로 결합되는 요소를 의미한다. 그러나 '간접재료'는 생산 과정에 사용되지만 완성된 제품에 물리적으로 포함되지 않는 재료를 지칭한다. 이러한 재료는 제품 제조, 시험, 검사, 설비 유지 및 운영 과정에서 소모되거나 기능을 발휘하며, 생산 과정 전반에서 필수적인 역할을 담당한다. 예를 들어 촉매, 연료, 공구, 주형, 작업복, 윤활유 등과 같은 생산용 재료, 제품의 품질을 확인하기 위한 시험 장비와 소모품, 설비를 유지·보수하는 데 필요한 부품 및 재료 등이 대표적인 사례이다.

이 밖에도 생산 과정에서 실제로 사용되었음을 합리적으로 입증할 수 있는 모든 재료가 간접재료 범주에 포함될 수 있다. 이러한 특성으로 인해 간접재료는 '중립재 (Neutral Elements)'라는 표현으로도 불린다.

2. 간접재료의 재료비 계상 방식

간접재료는 완성된 제품에 물리적으로 결합되지 않기 때문에, 일반적으로 원산지 판정에서 '재료'로 간주하지 않는다. 이로 인해 다수의 협정에서는 간접재료를 원산지 판정의 재료비 계산에서 제외하는 것이 일반적인 원칙이다. 그러나 일부 협정에서는 간접재료의 출처와 관계없이 이를 원산지 재료로 인정한다. 예를 들어 칠레·호주·뉴질랜드와의 FTA, 그리고 RCEP은 제품 생산, 시험·검사, 건물 유지 또는 설비 운영 과정에 사용되는 간접재료를 역내산·역외산 여부를 불문하고 원산지 재료로 간주하고 있다. 이러한 협정에서는 간접재료의 가치를 합산할 때, 해당 국가에서 일반적으로 인정되는 회계원칙에 따라 계산하도록 규정하고 있다.

3. 협정별 규정 차이

협정별로 간접재료의 인정 여부와 처리 방식에는 차이가 존재한다.

- 한-칠레 FTA는 제4.1조와 제4.9조에서, 생산·시험·검사 과정에 사용되나 최종 제품에 포함되지 않는 재료를 원산지 재료로 인정하며, 그 가치는 국내 회계원칙에 따라 산정하도록 규정하고 있다.
- 한-호주 FTA 제3.11조 역시 제품 생산에 사용되지만 완성품 일부가 아닌 재료를 원산지로 인정하고 있다.
- 한-뉴질랜드 FTA 제3.13조에서는 생산·시험·검사뿐 아니라 건물 유지·설비 운영에 사용되는 재료까지도 원산지 재료로 포함한다.
- RCEP 제3.10조는 생산·시험·검사, 건물 유지·설비 운영에 사용되는 재료를 생산지와 무관하게 원산지 재료로 취급하고, 회계원칙에 따라 가치를 산정하도록 명시한다.

따라서, 모든 협정에서 간접재료를 원산지 재료로 인정하는 것은 아니며, 일부 협정만이 이를 인정하고 있다. 원산지 판정 시 간접재료를 포함할 수 있는지 여부는 적용 대상 협정의 조문을 반드시 확인해야 하며, RVC 산정에 이를 반영할 경우에는 해당 국가의 회계 처리 기준을 준수해야 한다.

4. 간접재료의 원산지 판정 시 처리 방식

원산지 판정 기준인 세번변경기준(CTC)과 부가가치기준(RVC)에서는 간접재료의 처리 방식이 명확히 구분된다. CTC는 완성품과 그 구성 재료의 세번을 비교하여, 비원산지 재료가 규정된 범위 내에서 세번 변경을 거쳤는지를 판단한다. 이때 간접재료는 최종 제품 생산 과정에서 사용되더라도 완성품에 물리적으로 결합되지 않기 때문에, 생산지(역내 또는 역외)와 관계없이 판정에서 제외된다. 따라서 간접재료가 비원산지 물품이라 하더라도 세번 변경 요건 적용에서 완전히 무시되며, 원산지 판정 결과에 영향을 주지 않는다. 반면, RVC는 제품 가격에서 원산지 재료, 노동비, 제조간접비 등을 합산하여 비율로 산정하는 방식이다. 이 경우 간접재료는 완성품에 직접 포함되지 않더라도 제조 과정에서 실제 비용이 발생하므로 제조간접비의 일부로 포함된다. 이에 따라 상품가격에 반영되며, 최종 RVC 비율 계산에도 영향을 미칠 수 있다.

결국, 간접재료는 CTC 방식에서는 전혀 고려되지 않는 반면, RVC 방식에서는 비용 요소로 반영된다는 점에서 처리 방식이 근본적으로 다르다. 이러한 차이는 기업이 원산지 판정 시 적용할 기준을 선택할 때 중요한 판단 요소가 된다.

예시) 최종 제품이 스마트폰(HS 8517.12)이며, 원재료 투입 내역에 직접재료와 간접재료(중립재)가 모두 포함되어 있다. 각 협정을 적용할 때 부가가치기준을 적용하는 품목이라고 가정하면, 원산지재료비와 비원산지재료비를 각각 어떻게 산출하는가?

		투입 원재료			
연번	재료구분	원재료명	HS 코드	원산지	가격($)
1	직접재료	CPU	8534.10	한국	60
2		스피커, 이어폰	8517.70	미국	20
3		프레임	8532.21	미국	20
4		디스플레이	8517.70	미국	40
5		USB케이블	8523.29	미국	10
6	간접재료	생산설비용 연료	2710	미국	2
7		상품 시험장비 부품	9033	미국	3

① 칠레·호주·뉴질랜드·RCEP 협정 적용 시

이 협정들은 간접재료를 원산지 여부와 관계없이 '원산지 재료'로 간주하는 예외 규정을 두고 있다. 따라서 이 협정들을 적용하는 경우에는 간접재료(연번 6, 7)를 원산지재료비에 포함한다.

→ 원산지재료비: $65(연번 1, 6, 7)
→ 비원산지재료비: $90(연번 2, 3, 4, 5)

② 그 외 협정 적용 시

대부분의 다른 협정에서는 간접재료를 원산지재료로 보지 않고, 부가가치기준 산정 시 제조간접비로만 처리한다(따라서 원산지·비원산지 재료비 산정에서 제외). 따라서 원산지재료비는 $60(연번 1)이고, 비원산지재료비는 $90(연번 2＋3＋4＋5)이다.

03-17 대체가능물품

1. 대체가능물품의 개요

대체가능물품(Fungible Materials 또는 Identical and Interchangeable Materials)
이란, 원산지 물품과 비원산지 물품이 상업적으로 동일한 품질과 특성을 가지며 서로
대체하여 사용할 수 있는 상품 또는 재료를 의미한다.

「FTA 관세법 시행규칙」 제2조 제7호에서는 이를 "원산지 물품과 비원산지 물품이
상업적으로 동일한 질과 특성을 가지며, 서로 대체 사용이 가능한 물품(재료 포함)"
이라고 정의하고 있다. 즉, 원산지가 다르더라도 본질적인 품질과 특성이 같아 상업적
으로 구분 없이 사용할 수 있는 상품·재료를 말한다. 이러한 특성을 가진 품목으로는
동종·동질의 곡물과 과일, 규격이 동일한 볼트·너트·베어링·타이어 등이 있다.

2. 대체가능물품 규정을 원산지 기준 특례로 두는 이유

FTA 제도에서는 기본적으로 원산지 물품과 비원산지 물품을 물리적으로 구분하여
보관·관리할 것을 원칙으로 요구한다. 이는 원산지 판정의 정확성을 담보하기 위한
조치이며, 각 물품의 출처를 명확히 하여 협정상 특혜관세 적용의 타당성을 유지하는
데 목적이 있다. 그러나 현실의 생산·물류 환경에서는 이러한 원칙을 엄격히 지키기
어려운 상황이 자주 발생한다.

대표적으로, 원산지가 서로 다른 재료나 상품이 품질·규격 면에서 완전히 동일한
경우, 이를 원산지별로 구분하여 보관하는 것은 물류 공간, 장비, 인력 등에서
추가적인 부담을 유발한다. 특히 대량 생산·유통 환경에서는 원산지별 물리적 구분을
위해 창고나 생산 라인을 별도로 운영해야 하므로, 운영비용 증가와 관리 효율성
저하라는 문제가 발생한다. 더욱이 동일 규격의 소모품이나 원재료는 생산 과정에서
혼합 투입되는 경우가 많아, 원산지별 흐름을 물리적으로 추적하는 것이 기술적으로
어려운 경우도 있다.

이러한 문제를 해결하기 위해 FTA 제도에서는 '대체가능물품' 규정을 특례로 마련하였다. 이 규정을 적용하면 원산지 물품과 비원산지 물품을 동일한 장소와 조건에서 혼합 보관할 수 있으며, 수출 시점 또는 생산 시 투입된 재료의 원산지를 재고관리 기법(예: 선입선출법 FIFO, 후입선출법 LIFO, 평균법 등)을 통해 간접적으로 판정할 수 있다. 이를 통해 생산·물류 현장은 동일 품질의 재료를 효율적으로 관리하면서도 원산지 판정 요건을 충족할 수 있게 된다.

결과적으로, 대체가능물품 제도는 물류비용 절감, 생산 효율성 향상, 원산지 판정의 유연성 확보, 반복적인 행정절차 부담 완화라는 효과를 제공하며, 특히 곡물·금속 부품·표준화 된 산업용 소재처럼 규격과 품질이 일정한 품목을 취급하는 산업에서 유용하게 활용되고 있다. 이 특례는 실무상 효율성과 법적 타당성을 동시에 확보하기 위한 필수적인 제도적 장치라 할 수 있다.

3. 대체가능물품에서 물품의 범위는 재료가 아닌 상품만 해당되는지 여부

가. 협정에서 규정하는 대체가능물품의 적용 범위

대체가능물품 제도의 적용 범위는 FTA 협정마다 다르게 규정되어 있으며, 크게 세 가지 형태로 구분된다.

첫째, 일부 협정에서는 '대체가능 재료'만을 대상으로 규정하고 있다. 이러한 협정에서는 완제품인 상품 자체에는 대체가능 개념을 적용하지 않으며, 생산에 사용되는 재료의 원산지 판정에만 해당 규정을 활용할 수 있다.

둘째, 다른 일부 협정에서는 '대체가능 상품과 재료'를 모두 규정하고 있다. 이 경우, 완제품과 생산 재료 모두에 대해 원산지와 비원산지가 혼합·보관될 수 있으며, 재고관리 기법을 통하여 원산지를 판정할 수 있다.

셋째, 특정 협정에서는 '대체가능 상품과 재료'를 모두 다루되, 재고관리 기법 적용 시 세관 당국의 사전승인제를 운영할 수 있도록 규정하고 있다. 이러한 경우, 생산자는 해당 제도의 적용을 위해 필요한 자료를 보관하고 당국에 보고해야 하며, 원산지 판정 과정에서 물리적 구분 방식보다 더 많은 물품이 원산지 지위를 부여받지 않도록 보장해야 한다.

구분	대체가능물품 규정 범위	사전승인제 운영	해당 협정
재료만 규정	×	−	칠레, 싱가포르, 미국, 호주, 캐나다, 베트남, 뉴질랜드, 콜롬비아, 중미, RCEP, 캄보디아, 인도네시아
상품 및 재료 규정	×	−	아세안, 인도, 페루, 중국, 이스라엘, 필리핀
상품 및 재료 규정 + 사전승인제 가능	○	○	EFTA, EU, 튀르키예, 영국

나. 협정에서 허용하는 재고관리 기법과 적용 방식

대체가능물품의 원산지 여부는 해당 협정 당사국의 법률이나 규정에서 허용하는 재고관리 기법을 기반으로 판단해야 한다. 일반적으로 평균법이 가장 널리 사용되며, 일부 협정(예: 싱가포르, 페루, 미국, 콜롬비아, 호주, 뉴질랜드, 중미 등)에서는 평균법 외에도 선입선출법(FIFO)과 후입선출법(LIFO)도 예시로 제시하고 있다. 재고관리 기법은 회계연도 내에서 선택 후 일관되게 사용해야 하며, 잦은 변경은 허용되지 않는다. 특히 EFTA, EU, 튀르키예, 영국과의 협정에서는 재고관리 기법 적용 시 엄격한 증빙서류 보관과 정보제공 의무를 요구하며, 세관 당국의 사전승인을 거쳐야만 제도를 활용할 수 있도록 규정하고 있다.

4. 선입선출법(FIFO)과 후입선출법(LIFO)의 차이: 사례를 통한 비교 설명

기업이 상품을 판매할 때, 장부상 원가를 어떤 순서로 매출원가에 반영하느냐에 따라 단기순이익은 크게 달라질 수 있다. 이를 원가 흐름 가정이라고 하며, 대표적인 방식으로 선입선출법(FIFO)과 후입선출법(LIFO)이 있다. 예를 들어, A라는 상품을 판매하는 과정에서 2024년 1월 한 달 동안 다음과 같은 거래가 발생했다고 가정해 보자.

- 1월 1일: 기초재고 없음, 물건 A를 개당 100원에 100개 구매(총 10,000원)
- 1월 15일: 인플레이션으로 개당 1,000원에 100개 추가 구매(총 100,000원)
- 1월 25일: 개당 2,000원에 100개 판매(총 매출액 200,000원)
  회계기간은 1월 1일부터 1월 31일까지 한 달이라고 가정한다.

선입선출법은 장부상 먼저 입고된 재고부터 먼저 판매되는 것으로 가정한다. 이번 사례에서는 1월 1일에 먼저 구입한 개당 100원의 재고가 판매분에 반영된다. 따라서 FIFO 방식에서는 예전에 저렴하게 구입한 원가를 기준으로 매출원가를 계산하기 때문에, 인플레이션 환경에서는 순이익이 높게 나타나는 경향이 있다.

- 매출원가(COGS): 100원 × 100개 = 10,000원
- 매출액(Sales Revenue): 2,000원 × 100개 = 200,000원
- 단기순이익(Net Profit): 200,000원 − 10,000원 = 190,000원

반면에, 후입선출법은 최근에 입고된 재고부터 먼저 판매되는 것으로 가정한다. 이번 거래에서는 1월 15일에 구입한 개당 1,000원의 재고가 판매분에 사용된 것으로 본다. LIFO 방식에서는 최근에 구입한 높은 원가를 매출원가에 먼저 반영하므로, 인플레이션 상황에서는 순이익이 낮게 계산된다.

- 매출원가(COGS): 1,000원 × 100개 = 100,000원
- 매출액(Sales Revenue): 2,000원 × 100개 = 200,000원
- 단기순이익(Net Profit): 200,000원 − 100,000원 = 100,000원

이처럼 동일한 판매 조건과 거래 상황에서도, 원가 흐름 가정 방식에 따라 단기순이익이 크게 달라질 수 있다. 이는 단순히 재무제표 상의 이익 차이에 그치지 않고, 법인세 등 세금 부담에도 직접적인 영향을 미친다.

- FIFO: 인플레이션 환경에서 재무상 이익이 높게 나타나 세금 부담이 커질 가능성이 있음.
- LIFO: 같은 환경에서 재무상 이익이 낮게 나타나 세금 부담을 줄이는 효과가 있을 수 있음.

따라서 기업은 재고 평가 방법을 선택할 때, 단기적인 세금 부담, 재무제표에 나타나는 이익 규모, 그리고 장기적인 재무 전략을 함께 고려해야 한다. 원가 흐름 가정은 단순한 회계 선택이 아니라 기업의 재무 및 세금 전략에 직결되는 중요한 의사결정이 된다.

03-18 | 재수입물품

1. 「관세법」상 재수입면세 제도의 개념

우리나라에서 생산된 물품이라도 일단 해외로 수출되면 법률상 '외국물품'으로 간주되어, 다시 국내로 반입할 경우 원칙적으로 관세가 부과된다. 그러나 「관세법」 제99조에서는 재수입면세 제도를 규정하고 있다.

이 제도는 국내에서 생산된 물품이 일정 요건 하에 다시 수입될 때 관세를 전부 면제해 주며, 과거 수입 이력이 있는 외국물품이 재반입되는 경우에도 이미 납부한 관세에 대해 이중과세가 발생하지 않도록 면세를 허용한다. 이러한 제도는 관세 형평성과 무역의 원활한 운영을 목적으로 한다.

2. FTA에서의 원산지 기준 '특례 인정'의 의미

자유무역협정에서 원산지 기준의 '특례로 인정'한다는 것은, 재수입 시 관세를 면제한다는 의미가 아니라 재수입된 물품을 제3국으로 다시 수출하는 경우 해당 물품을 FTA 상 원산지 물품으로 인정할 수 있도록 하는 제도적 장치이다.

예를 들어, 한국에서 생산한 제품을 일본으로 수출했다가 동일 상태로 반송받아 스위스로 재수출할 경우, 제품의 원산지 요건이 충족되고 물품의 동일성이 입증되면 '한국산' 원산지증명서를 발급할 수 있으며, 이에 따라 스위스에서 특혜관세를 적용받을 수 있다.

이 경우 중요한 조건은 재수입 물품이 원래 상태를 보존하고, 외국에서 보존 이외의 어떠한 가공도 거치지 않아야 한다는 점이다.

3. 협정별 재수입물품 특례 규정의 특징

FTA에 따라 재수입물품을 원산지 그대로 인정하는 범위와 조건이 다르다.

비당사국으로 수출되었다가 원상태 그대로 재수입된 물품을 원산지 그대로 인정하는 특례규정을 보유한 FTA 협정은 EFTA, 인도, EU, 튀르키예, 영국, 페루, 캐나다, 콜롬비아, 중미, 이스라엘과의 협정이며, 중미 협정을 제외한 협정들은 모두 '영역원칙' 조항에 해당 규정이 포함되어 있다.

가. 한-아세안 FTA

한-아세안 FTA에는 협정 본문에 재수입 물품 관련 규정이 없다. 대신 「FTA 관세법 시행규칙」 별표 4의 '원산지 결정에 관한 보충적 기준'에서 이를 보완하고 있다.[90] 여기서는 수출된 물품과 동일한 상태로 재수입될 것, 재수입 기간 동안 보존에 필요한 작업 외의 어떠한 공정도 거치지 않을 것이라는 두 가지 조건을 모두 충족하는 경우 원산지 물품으로 인정한다고 규정하고 있다.

나. 한-중미 FTA

제3.16조 '상품의 재수출' 규정에서, 당사국이 발행하는 재수출 증명서를 인정한다고 명시하고 있다. 이 증명서는 비당사국에서 반입된 뒤 당사국 영역 내 자유지역에서 다른 당사국으로 재수출되는 상품에 대한 통제와 감시를 증명한다. 다만, 자유지역 내에서 원산지 지위에 변화를 주는 가공을 거치지 않아야 하며, 수행된 공정은 관세당국 발행 재수출 증명서에 명시되어야 한다.

---

90) 사. 재수입물품의 원산지결정
　　가목에 규정된 경우를 제외하고는 원산지물품이 체약당사국에서 체약당사국이 아닌 국가로 수출되었다가 다시 그 체약당사국으로 수입된 경우 원산지물품으로 인정되지 않는다. 다만, 다음의 모든 요건을 세관에 입증할 경우 원산지물품으로 본다.
　　1) 수출된 물품과 동일한 상태로 재수입될 것
　　2) 재수입된 물품이 수출되어 있는 동안 그 물품을 양호한 상태로 보존하는데 필요한 작업 또는 공정 이상을 거치지 않을 것

다. 기타 협정

EFTA(부속서 Ⅰ 제12조), 인도(제3.13조), EU·튀르키예·영국(제12조), 페루(제3.15조), 캐나다(제3.15조), 콜롬비아(제3.16조), 이스라엘(제3.12조) 협정은 모두 영역원칙에서 재수입 물품 특례를 규정하고 있다.

그 외 협정에서는, 비당사국에서 재반입된 물품이 각 협정이 요구하는 품목별 원산지 결정기준(PSR)을 충족해야만 특혜관세를 적용받을 수 있다. 이를 위해서는 해당 품목의 HS 품목분류에 따른 원산지 요건을 재검토하고, 부가가치 비율이나 세번변경요건, 필수 가공공정 요건 등 협정에서 규정한 기준을 모두 충족해야 한다. 또한, 이러한 요건 충족을 입증하기 위한 원산지 증명서와 관련 서류가 함께 구비되어야만 특혜 관세를 적용받을 수 있다.

4. 결론

재수입물품은 일반적으로 FTA 협정관세를 적용받기 어려운 편이다. 그 이유는 재수입된 물품 대부분이 해외에서 제조·가공·수리·사용 등의 절차를 거치지 않고 국내로 돌아오기에, 재수출국이 실질적인 생산국으로 인정되지 않기 때문이다. FTA 협정관세는 반드시 협정 당사국에서 생산된 물품이어야 하므로, 이러한 조건을 만족하지 못하는 재수입물품은 적용 대상에서 제외된다.

다만, 비당사국에서 원상태로 재수입된 물품이라도 특례 규정이 포함된 협정에 해당하면 원산지를 그대로 인정받을 수 있다. 반면, 특례 규정이 없는 협정에 해당한다면 품목별 원산지 기준을 모두 충족해야 하며, 이 과정에서 HS 코드 확인, 세번변경·부가가치 비율·필수 가공공정 요건 등을 검토하고 이를 입증할 수 있는 원산지 증명서와 관련 서류를 반드시 구비해야 한다.

03-19 부속품, 예비 부품 및 공구 등의 원산지 결정

1. 부속품(Accessories), 예비 부품(Spare Parts) 및 공구(Tools)의 개념

부속품, 예비 부품 및 공구는 일반적으로 본체 물품과 함께 제공되는 물품을 의미한다. 이러한 부속품 등은 본체와 불가분의 관계를 맺으므로, 원산지 판정 시 그 거래 조건을 함께 고려해야 한다.

부속품으로 인정되기 위해서는 첫째, 본체 물품과 별도로 송품장이 발행되지 않아야 하며, 둘째, 그 가격과 수량이 통상적인 수준이어야 한다. 특히, 각 FTA 협정문에서 부속품 등에 대한 정의를 별도로 규정하지 않는 경우가 많으므로, 해당 물품의 용도·성상·거래 조건 등을 종합적으로 판단하여야 한다.

2. 원산지 기준 적용 방법

부속품, 예비 부품 및 공구의 원산지 기준은 본체 물품의 품목별 원산지 결정 기준(PSR)에 따라 달리 적용된다. 세번변경기준이 적용되는 경우에는 모든 협정에서 부속품 등에 대한 별도의 고려가 필요하지 않다. 그러나 부가가치기준이 적용되는 경우는 협정별로 규정이 다르므로 주의가 필요하다.

가. 아세안, 베트남, 캐나다와의 협정

아세안, 베트남, 캐나다와 체결된 자유무역협정에서는 부가가치기준을 적용하는 경우에도 부속품, 예비 부품 및 공구를 재료로 포함해 계산할 필요가 없다. 이는 본체와 함께 제공되는 부속품 등의 원산지 판정을 실무적으로 간소화하고, 무역 당사자에게 보다 넓은 범위의 특례를 허용하기 위한 규정이다. 예를 들어, 한-캐나다 FTA 제3.11조에서는 다음과 같이 명확히 규정하고 있다. 상품의 표준 부속품, 예비부품 또는 공구가 해당 상품의 구성 일부로서 동시에 인도되는 경우에, 본체 상품이 원산지로 판정되면 해당 부속품, 예비부품 및 공구도 동일하게 원산지로 인정한다. 이때, 부속품과 관련된 비원산지 재료가 부속서 3-가에 규정된 해당 품목 기준 요건을 거쳤는지 여부를 판정할 때, 이러한 부속품은 평가에 포함하지 않는다.

다만, 이러한 특례의 적용을 받기 위해서는 일정한 요건을 반드시 충족해야 한다. 첫째, 부속품·예비부품·공구가 본체 상품과 별도로 송장이 발급되어서는 안 된다. 둘째, 해당 부속품 등의 수량과 가치는 본체와의 거래에서 통상적인 범위를 벗어나지 않아야 한다. 즉, 부속품이 과도하게 많거나 고가여서는 안 되며, 일반적으로 해당 상품을 사용할 때 필수적으로 딸려오는 수준이어야 한다.

이러한 규정은 실무 현장에서 매우 유용하다. 예를 들어, 기계류를 수출할 때 함께 제공하는 표준 렌치나 설치 부품, 차량에 기본 장착되는 스페어타이어와 같은 경우, 해당 부속품의 원산지에 관계없이 본체의 원산지 판정에 따라 동일하게 취급할 수 있다. 이는 불필요한 원산지 계산 절차를 줄이고, 통관 업무를 간소화하는 효과를 가지고 있다.

종합적으로, 아세안·베트남·캐나다와의 협정에서 채택하고 있는 이러한 규정은 기업의 행정 부담을 완화하고, 원산지 판정 과정에서의 유연성을 높여 무역 활성화에 기여하는 제도라 할 수 있다. 실제로 다른 일부 협정과 비교할 때 상당히 넓은 범위로 특례를 인정하는 편에 속하므로, 관련 기업들은 이 점을 전략적으로 활용할 수 있다.

나. EFTA, EU, 영국, 튀르키예, 이스라엘과의 협정

EFTA, EU, 영국, 튀르키예, 이스라엘과 체결된 자유무역협정에서는 장비, 기계, 도구 또는 차량과 함께 발송되는 부속품, 예비부품 및 공구를 해당 본체와 일체로 간주한다. 이는 본체와 부속품을 원산지 판정 시 분리하지 않고 동일한 성격으로 취급함으로써, 판정 절차를 단순화하는 규정이다. 예를 들어 한-EFTA FTA 제8조에 서는 "가격에 포함되거나 송장이 별도로 발부되지 않고 장비, 기계, 도구 또는 차량과 함께 발송되는 부속품, 예비부품 및 공구는 해당 장비, 기계, 도구 또는 차량과 일체로 간주한다."라고 명시되어 있다. 이 조항은 부속품 등이 본체의 표준 구성요소로 자연스럽게 포함되어 제공되는 경우, 해당 부속품을 별도의 원산지 판정 대상이 아닌 본체의 일부로 인정한다는 의미를 가진다.

이 규정이 적용되면, 예를 들어 산업용 기계에 함께 포함되어 출고되는 표준 설치용 공구, 차량의 기본 스페어타이어, 측정 장비의 교정 키트 등은 본체와 동일한 원산지를 부여받는다. 따라서, 이러한 부속품이 원산지 판정 기준을 별도로 충족해야 하는 부담이 사라지고, 수출입 과정에서 행정절차가 단순화된다. 다만, 규정의 적용을 위해서는 부속품이 본체의 가격에 포함되거나 송장이 별도로 발행되지 않는 조건을 만족해야 하며, 이는 해당 물품이 본체의 필수 구성품이라는 점을 입증하는 중요한 요소로 작용한다. 이러한 조건을 갖추면, 원산지 판정 단계에서 본체와 부속품을 함께 하나의 상품 단위로 처리할 수 있다.

이와 같은 일체 간주 규정은 무역 당사자에게 원산지 판정의 효율성과 예측 가능성을 높여주는 장점이 있다. 특히, 다수의 부속품이 포함된 복합 장비나 차량 거래에서 불필요한 원산지 문서 작업을 줄이고, 통관 진행 속도를 향상시키는 효과가 크다. 결과적으로, 이러한 협정 구조는 기업의 국제 거래 시 시간과 비용을 절감하며, 안정적인 공급 체계를 유지하는 데 긍정적으로 기여한다.

다. 칠레, 싱가포르 등 기타 협정

칠레, 싱가포르 등과 체결된 자유무역협정에서는 부가가치기준을 적용할 때, 부속품·예비부품 및 공구의 원산지 지위가 본체 상품의 원산지 판정에 직접적인 영향을 미친다. 즉, 부속품 등이 원산지 재료인지 아니면 비원산지 재료인지에 따라, 본체의 원산지 인정 여부가 달라질 수 있다. 예를 들어, 한-싱가포르 FTA 제4.12조 제2항은 역내가치포함 비율(RVC)을 산정할 때, 부속품·예비부품 및 공구의 가치는 그 원산지 여부에 따라 원산지 재료로서 또는 비원산지 재료로서 각각 계산에 반영한다라고 규정하고 있다. 이는 곧, 부속품의 공급처와 생산 과정이 본체 상품의 RVC 비율 산정 결과에 결정적인 영향을 줄 수 있음을 의미한다.

이러한 규정 구조에서는, 비록 본체가 상당 부분 원산지 재료로 구성되어 있더라도, 부속품·예비부품·공구가 비원산지 재료로 판정되면 RVC 비율이 낮아져 원산지 기준을 충족하지 못할 가능성이 발생한다. 따라서, 수출업자는 각 부속품에 대한 원산지 판정을 별도로 수행하여, 본체의 원산지 인정에 불리한 요소가 포함되지 않도록 사전 검토를 강화해야 한다.

실무적으로는, 복합 기계나 전자제품처럼 다양한 부속품이 포함된 상품을 수출할 경우, 부속품 하나하나에 대해 원산지 증명서 확보 또는 생산이력 검증을 진행하게 된다. 이를 통해 RVC 계산에서 원산지 재료 비중을 최대한 높임으로써, 본체의 원산지 기준 충족 가능성을 높일 수 있다.

결과적으로, 칠레·싱가포르 협정하에서는 기업이 부속품의 조달과 구매 전략을 원산지 판정 요건과 연계하여 설계하는 것이 매우 중요하다. 이러한 접근은 단순히 협정 준수 목적을 넘어, 원산지 충족률을 높여 세율 혜택을 극대화하는 효과를 거둘 수 있다.

라. 가호와 나호 협정의 공통점과 차이점

가호(아세안·베트남·캐나다)와 나호(EFTA·EU·영국·튀르키예·이스라엘) 협정은 모두 본체와 함께 제공되는 부속품·예비부품·공구에 대해 특례적 취급을 허용한다는 공통점을 가진다. 두 협정군 모두 부속품이 본체의 표준 구성요소로서 가격에 포함되거나 별도 송장이 발급되지 않는 경우에 한해, 원산지 판정 시 불필요한 부담을 줄이고 실무 처리를 간소화하도록 설계되어 있다.

그러나 두 규정은 그 법적 구조와 적용 방식에서 분명한 차이를 보인다.

먼저, 가호 협정에서는 부속품 등이 부가가치기준을 적용할 때 계산 대상에서 원칙적으로 제외되며, 부속품의 원산지 여부는 본체의 원산지 판정에 어떠한 영향을 미치지 않는다. 즉, 원산지 계산 과정의 단순화와 실무 편의를 중심으로 한 특례 조항이라는 성격이 강하다. 반면, 나호 협정은 부속품을 본체와 '일체의 구성요소'로 간주하여 본체의 원산지가 인정되면 부속품 역시 자동적으로 동일한 원산지 지위를 부여받도록 하는 구조를 취한다. 이 경우 부속품은 독립된 판단 대상이 아니라 본체의 일부로 흡수되어 원산지 판정의 단위가 확대되는 효과가 나타난다.

또한 가호가 계산상 제외라는 예외적 방식에 기반한다면, 나호는 상품의 일체성을 원칙적으로 인정하는 구조이므로 규정의 성격에서도 차이가 존재한다.

이러한 점에서 두 협정군은 외형적으로 유사해 보이지만, 실제 적용 방식과 법적 효과는 명확히 구분되며, 기업은 협정별 규정의 취지를 이해하고 이에 맞추어 원산지 관리 전략을 달리할 필요가 있다.

3. 제언: 한-EFTA FTA 규정의 명확화 필요

EFTA, EU, 튀르키예, 영국, 이스라엘과 체결된 자유무역협정에는 모두 부속품·예비부품 및 공구를 본체와 일체로 간주하여 동일한 원산지를 부여한다는 규정이 포함되어 있다. 다만, 국내 「FTA 관세법 시행규칙」을 살펴보면 EU, 튀르키예, 영국, 이스라엘과의 협정은 협정문 내용과 동일하게 규정되어 있는 반면, EFTA 협정의 경우 별표 3에서 부속품 등의 원산지 판정 방식으로 한-싱가포르 FTA 규정을 준용하도록 하고 있다. 한-싱가포르 FTA 규정은 부속품·예비부품·공구의 원산지를 원산지 재료와 비원산지 재료로 구분하여 각각 별도로 판정하는 구조를 가지고 있다. 이 방식은 RVC 계산에 있어서 부속품의 원산지 여부를 개별적으로 반영하기 때문에, 본체와 부속품의 원산지를 동일하게 보는 '일체로 간주' 방식과는 차이가 있다.

그러나, 국제조약인 FTA 협정문은 국내법보다 우선 적용된다. 따라서, EFTA 협정의 경우 국내 시행규칙에서 싱가포르 규정을 준용하도록 규정되어 있다 하더라도 실제 원산지 판정 시에는 반드시 협정문 상 '일체로 간주' 규정을 적용해야 한다. 이는 통관 및 원산지 검증 과정에서 규정 간 해석 차이로 인한 혼선을 방지하기 위한 것이다.

현행 시행규칙의 준용 규정은 협정문과 상충될 여지가 있으므로, 행정 해석상 협정문 우선 원칙을 명확히 안내하는 것이 필요하다. 동시에, 향후 법령 개정을 통해 시행규칙의 문구를 협정문과 일치시키는 작업이 요구된다. 이를 통해 수출입 실무에서는 규정 해석의 일관성을 확보하고, 원산지 판정 과정에서 불필요한 분쟁이나 혼동을 예방할 수 있다.

결론적으로, EFTA 협정 대상 물품의 원산지 판정에서는 부속품을 본체와 동일하게 보고, 원산지를 함께 부여하는 '일체로 간주' 방식이 적용된다. 기업과 통관 담당자는 국내 시행규칙의 준용 문구만을 근거로 해석하지 말고, 반드시 협정문의 규정을 확인하여 실무에 반영해야 한다.

03-20 포장·용기의 원산지 결정

자유무역협정에서 포장·용기의 원산지 판정은 해당 포장재가 소매용인지 운송(수송)용인지에 따라 처리 방식이 다르다. 소매용 포장·용기는 최종 소비자에게 판매되는 상품과 함께 제공되는 포장재를 의미하며, 운송용 포장·용기는 상품을 운송·보관하는 과정에서 보호를 목적으로 사용하는 재료나 용기를 말한다.

FTA 원산지 판정에서는 적용 기준(세번변경기준·부가가치기준)에 따라 포장재의 원산지 포함 여부가 달라진다. 따라서 판정 시에는 먼저 포장재의 유형을 명확히 구분하고, 해당 FTA 협정에서의 처리 규정을 확인하는 것이 필수적이다.

1. 소매용 포장·용기의 원산지 결정 방식

FTA 협정문에는 대체로 소매용 포장·용기에 대한 별도의 정의 규정이 존재하지 않는다. 이 때문에 실무에서는 세계관세기구(WCO)가 제정한 「HS 해석에 관한 통칙」 제5호를 참조해 그 범위를 확정한다.

통칙 제5호는 소매용 포장·용기의 분류 원칙과 예시를 제시하며, 원산지 판정을 위해 필요한 품목분류(HS 코드) 결정과 개념 확정의 근거가 된다.

「HS 해석에 관한 통칙」 제5호 개요

통칙 제5호는 통칙 제1호부터 제4호까지의 우선순위와 별개로 독립적으로 적용되는 통칙이다.

◇ **통칙 제5호 가목: 케이스 및 용기의 분류 원칙**
 ○ ① 물품을 담을 수 있는 특정한 모양이고, ② 장기간 사용할 수 있으며, ③ 내용물과 함께 제시되는 경우 내용물과 함께 분류하도록 하고 있으며, 만약 용기가 전체 물품에 본질적인 특성을 부여하고 있다면 내용물이 아닌 용기에 따라 분류하여야 한다.

 [예시] 바이올린과 케이스가 동시에 제시된 경우, 바이올린의 세번인 제9202호로 분류
 [예시] 바이올린의 케이스만 제시된 경우, 케이스가 분류되는 제4202호로 분류

◇ 통칙 제5호 나목: 내용물과 함께 제시되는 포장재료, 포장 용기의 분류 원칙
○ 포장용 물품이 ① 내용물과 함께 제시되고, ② 내용물의 포장용으로 정상적으로 사용된다면 내용물과 함께 분류한다. 다만, 포장용 물품이 명백하게 반복사용이 가능하다면 내용물과 함께 분류하지 않아야 한다.

[예시] 1회용 포장 용기(비닐, 골판지 등)

소매용 포장·용기의 원산지 판정 방식은 다음과 같다.

❶ 세번변경기준이 적용되는 경우: 모든 FTA에서 소매용 포장·용기를 본체와 동일하게 간주하고, 별도의 원산지 판단을 하지 않는다. 즉, 본품의 판정 결과를 그대로 따른다.

❷ 부가가치기준이 적용되는 경우: 대부분의 FTA에서는 소매용 포장·용기의 원산지를 별도로 확인하고, 각 재료의 원산지를 구분하여 계산한다.

❸ 예외: 한-캐나다 FTA의 경우 부가가치기준을 적용하더라도 포장재 및 포장용기의 원산지를 고려하지 않는다. 「한-캐나다 FTA」 제3.12조에 따라, 상품의 판매를 위한 포장용기와 재료는 비원산지 재료 여부 판정에서 제외되며, 본체의 판정 결과만으로 원산지가 결정된다.

2. 운송(수송) 포장·용기의 원산지 결정 방식

운송(수송) 포장·용기는 상품을 운송하거나 보관하는 과정에서 손상과 변형을 방지하기 위해 사용하는 재료와 용기다. 예를 들어, 나무 박스, 금속 컨테이너, 대형 운송 케이스 등이 이에 속한다.

FTA 협정문에서는 운송용 포장·용기를 명시적으로 구분하며, 모든 FTA에서 최종 제품의 원산지 판정 시 운송용 포장재와 용기는 고려하지 않는다는 공통 규정을 두고 있다. 따라서 운송용 포장·용기의 원산지가 비원산지일 경우에도, 본품의 원산지가 해당 FTA의 판정 기준을 충족하면 최종 제품은 FTA 원산지로 인정된다. 이는 운송용 포장재가 상품의 본질적인 성질이나 가치에 직접적으로 기여하지 않기 때문에, 실질적 원산지 판정에서 제외하는 취지다.

3. FTA 규정과 HS 해석 규정의 관계 및 사례

FTA는 국가 간 무역에서 특혜관세를 적용하기 위해 제품의 원산지 판정 기준을 규정한다. 여기서 제품이 세번변경기준 또는 부가가치기준 등 특정 판정 요건을 충족하는지를 검토하는데, 이를 위해서는 각 구성품의 HS 코드(품목분류)를 먼저 결정해야 한다.

HS 해석에 관한 통칙은 품목분류의 국제 통일 해석 기준을 제공한다. 특히 제5호는 '소매용 포장·용기'의 개념과 범위를 제시하여, FTA 규정에서 해당 용기의 정의나 적용 범위가 명시되지 않은 경우 개념 확정에 활용된다.

실무 순서는 "HS 해석을 통한 개념 확정 → FTA 규정 적용을 통한 판정 여부 결정"이다.

사례: 한-중 FTA에서 세번변경기준을 적용하는 경우

본품 가치가 10,000불, 소매용 포장용기 가치가 100불, 운송용 포장용기 가치가 100불인 경우를 가정한다.

세번변경기준에서는 모든 FTA에서 소매용 및 운송용 포장용기의 원산지를 판정에 반영하지 않는다. 따라서 본품의 HS 코드와 원산지 판정 결과만이 최종 원산지 결정에 영향을 준다. 본품이 세번변경기준을 충족하면 포장재의 원산지 여부나 가치는 결과에 영향을 미치지 않으며, 최종 제품은 '한-중 FTA 원산지 인정'으로 판정된다.

이 규정의 근거는 포장재가 단순히 제품 보호와 제공을 위한 부수 재료라는 점에서, 원산지 판정의 본질적인 요소에서 제외하는 취지이다.

03-21 세트물품의 원산지 결정

1. HS 품목분류 규정에서의 세트(set)의 개념

세트란, 서로 다른 HS 호(또는 소호)에 분류되는 물품 두 개 이상을 특정한 요구를 충족하거나 특정 활동을 위해 함께 조합한 제품으로, 재포장 없이 소비자에게 직접 판매할 수 있도록 소매포장된 것을 말한다. 즉, 세트는 목적과 기능상 하나로 사용되도록 구성된 복수 품목이 동일한 시점에 제시되는 소비자 판매용 조합물이다.

세트물품의 품목분류는 세계관세기구(WCO)가 정한 HS 해설에 관한 통칙과 각 부의 주(註)에서 규정한 세부조건을 따라야 한다. 세트로 된 물품을 어떻게 분류할지는 특히 통칙 제3호와 제6부 주 3이 중요한 기준이 된다. 이 두 규정은 모두 '세트'라는 개념을 다루지만 적용 범위와 세부 조건에서 차이가 있으므로, 실제 실무에서는 반드시 구분하여 이해해야 한다.

통칙 제3호 나목과 제6부 주 3은 모두 '세트'를 다루지만 접근 방식이 다르다. 이를 이해하기 쉽게 비교하면 다음과 같다.

통칙 제3호 나목과 제6부 주 3 비교

구분	통칙 제3 나목	6부 주 3
적용범위	모든 HS 부, 모든 종류의 세트물품	6부(화학제품류) 한정
구성요소	서로 다른 호에 속하는 복수물품	일부 또는 전부가 6부에 속해야 함
목적	특정 활동·기능 수행	특정 활동 수행, 사용 전 혼합 필수
본질적 특성 판단	세트 전체 성격을 대표하는 구성품의 호 적용	혼합 후 완성되는 최종물품의 호 적용
별도 사용 가능 여부	가능 (단, 본질적 특성 구성품 기준으로)	불가 (혼합 필수)

가. 통칙 제3호에서의 세트물품

통칙 제3호는 세트물품뿐만 아니라 혼합물이나 복합물처럼 복수의 재료 또는 구성요소로 이뤄진 물품의 분류 원칙을 규정하고 있다. HS 통칙 제3호는 다음 순서로 분류를 진행한다.

- 가목: 가장 구체적으로 표현된 호 우선 원칙
- 나목: 본질적인 특성에 따른 호 선택
- 다목: 마지막 호 원칙

나. 제6부 주 3에서의 세트물품

제6부 주 3은 주로 화학제품류(제28류~제38류)에 적용되는 특수규정이다. 여기서 정의하는 '세트로 포장한 물품'은 다음 조건을 모두 충족해야 한다.

- 구성요소의 일부 또는 전부가 6부(화학제품류)에 해당할 것
- 특정 목적이나 활동을 위해 하나로 조합되어 있을 것
- 사용 전에 반드시 구성요소를 혼합해야 최종 물품이 완성될 것
- 동시에 제시되며 상호보완적일 것

2. 협정별 세트물품 규정의 주요 특징

FTA 원산지 판정에서는 세트 전체를 하나의 상품으로 간주할지, 각 구성품을 개별적으로 판정할지를 협정 규정에 따라 결정한다. 우리나라가 체결한 FTA는 세트 특례 인정 여부에 따라 크게 두 가지 방식으로 나뉜다.

가. 세트 특례 규정이 없는 경우

칠레, 싱가포르, 아세안, 인도, 호주, 베트남, 뉴질랜드, RCEP, 캄보디아, 인도네시아와의 협정은 세트물품에 관한 특례 규정을 두지 않는다.

협정	비원산지물품 허용한도	불인정공정 규정 (매칭: 물품의 세트 구성)
칠레, 싱가포르, 호주, 뉴질랜드, RCEP	-	
아세안	-	(제8조) 자. 채질, 선별, 구분, 등급 분류, 등급화, 매칭
인도	-	(제3.6조) 마. 체질·선별·구분·분류·등급화 또는 물품의 세트 구성을 포함한 매칭
베트남	-	(제3.7조) 차. 감별, 체질, 선별, 분류, 등급화 또는 매칭
캄보디아	-	(제3.7조) 차. 감별, 체질, 선별, 분류, 등급화 또는 매칭
인도네시아	-	(제3.7조) 차. 감별, 체질, 선별, 분류, 등급화, **매칭**

이 협정들에서는 HS 품목분류 규칙상 세트로 분류된 경우에도 세트 전체를 하나의 상품으로 판정하지 않고, 각 구성품의 원산지 결정 기준(PSR)을 개별적으로 적용한다. 구성품 각각의 원산지 여부를 판정한 결과를 종합하여 세트 전체의 원산지 여부를 판단한다.

또한, 일부 협정에서는 '세트화'를 불인정공정에 포함하고 있다. 단순히 구성품을 묶거나 포장하는 행위는 원산지 획득에 기여하지 않는 것으로 보며, 실질적인 가공이나 생산이 수반되지 않은 세트 구성은 원산지 판정에서 불리하게 작용한다.

나. 세트 특례 규정이 있는 경우

EFTA, EU, 영국, 튀르키예, 페루, 미국, 캐나다, 중국, 콜롬비아, 중미, 이스라엘, 필리핀 등의 협정은 세트물품에 대해 특례를 인정한다.

이 경우 세트 전체의 비원산지 물품 가치가 협정에서 정한 한도 이하이면 세트 전체를 원산지 상품으로 인정한다. 대부분의 협정에서 한도는 공장도가격 또는 FOB 가격의 15% 이하이며, 미국 FTA의 섬유류는 10% 이하를 적용한다.

협정	비원산지물품 허용한도		불인정공정 규정 (매칭: 물품의 세트 구성)
EFTA	공장도가격의 15% 이하		(제6조) 차. 체질, 선별, 분류, 등급화, 매칭(물품 세트의 구성을 포함한다)
EU, 영국, 튀르키예	공장도가격의 15% 이하		(제6조) 차. 감별, 체질, 선별, 분류, 등급화 또는 매칭 (물품 세트의 구성을 포함한다)
캐나다	공장도가격의 15% 이하		
중국	FOB 가격의 15% 이하		(제3.7조) 카. 감별, 체질, 선별, 분류, 등급화 또는 매칭 (물품 세트의 구성 포함), 쪼개기, 구부리기, 감기 또는 풀기
페루	FOB 가격의 15% 이하		
미국	일반 품목	조정가격의(FOB 가격의) 15% 이하	
	섬유류	조정가격의(FOB 가격의) 10% 이하	
콜롬비아	조정가격의 15% 이하		(제3.14조) 하. 감별, 체질, 선별, 분류, 등급화 또는 매칭(물품 세트의 구성을 포함)
중미	FOB 가격의 15% 이하		
이스라엘	공장도가격의 15% 이하		(제3.6조) 차. 감별, 체질, 선별, 분류, 등급화 또는 매칭 (물품 세트의 구성을 포함)
필리핀	FOB 가격의 15% 이하		(제4.6조) 차. 감별, 체질, 선별, 분류, 등급화 또는 **매칭**

세트물품 특례 규정은 HS 품목분류 원칙과 연계되어 있으며, 세트 구성품 중 일부가 비원산지로 판정되더라도 가치 비중이 규정 한도를 넘지 않으면 세트 전체를 원산지로 인정할 수 있다. 그러나 세트 전체가 동일 원산지를 가져야만 특혜관세 적용이 가능하다는 협정도 있어, 구성품의 개별 판정 결과가 세트 판정에 직접적인 영향을 미친다.

다. 불인정공정 규정과 세트물품

여러 협정에서 '세트화'를 불인정공정에 포함하고 있다. 이는 실질적 생산·가공 없이 단순히 세트로 묶거나 포장하는 행위가 원산지 획득에 기여하지 않는다는 의미다. 예를 들어, 한-아세안 FTA나 한-중 FTA는 세트 구성을 불인정공정으로 명시하며, 해당 행위는 원산지 인정 기준에 영향을 주지 않는다.

라. 결론

세트물품 규정은 협정마다 특례 인정 여부, 비원산지 허용한도, 불인정공정의 범위 등에서 큰 차이가 있다. 같은 세트라도 협정에 따라 원산지 판단 결과가 달라질 수 있으므로, HS 품목분류뿐만 아니라 해당 협정의 세트물품 조항과 원산지결정기준을 반드시 함께 검토해야 한다.

특히 특례 규정이 있는 협정에서는 가치 비율 요건 충족이 핵심이며, 특례 규정이 없는 경우에는 각 구성품을 개별 판정하는 방식이 필수다.

3. 원산지 판정 절차와 입증 요건

세트물품의 원산지 판정 절차는 다음의 순서로 진행된다.

첫째, 세트물품의 원산지 판정은 먼저 세트를 구성하는 각 개별 품목이 해당 FTA 협정에서 정한 품목별 원산지결정기준(PSR)을 충족하는지를 확인하는 절차로 시작한다. 각 구성품의 부품·재료는 서로 다른 원산지를 가질 수 있으므로, 세트 전체의 원산지를 판정하기 위해서는 반드시 개별 물품의 원산지 판정이 선행되어야 한다. 이후 각 구성품의 판정 결과를 종합하여 세트 전체가 원산지로 인정될 수 있는지 여부를 최종 판단한다.

둘째, 해당 세트가 불인정공정 규정의 적용 대상인지 협정별로 확인한다. 일부 협정에서는 단순 조합을 '매칭(Matching)' 또는 '물품 세트 구성'이라고 정의하여 이를 불인정공정에 포함하는데, 이러한 규정이 적용되는 경우에는 단순히 다른 원산지의 품목을 모아 포장하거나 세트화하는 행위만으로는 원산지를 인정받을 수 없다. 이와 같이 단순 조립이나 포장은 실질적 가공이 아니므로, FTA 특혜를 적용받기 위해서는 세트 구성 과정에서 완제품의 성질이나 성능에 실질적인 변화를 주는 최소 공정을 넘어서는 제조·가공이 이루어져야 한다.

셋째, 실질적인 가공 여부와 최소공정 충족 여부를 입증할 수 있는 자료를 확보한다. 실무적으로 수출자는 제조확인서, 생산공정도, 원재료 투입내역 등을 준비해야 하며, 이를 통해 세트의 주요 구성품 또는 전체가 수출국 내에서 실질적으로 생산·가공 되었음을 명확히 증명해야 한다.

4. 사례 분석: 한-중 FTA 적용 시 이발세트 원산지 판정

예를 들어, HS 8510호에 해당하는 이발세트를 한-중 FTA를 활용해 수출하는 경우를 살펴보면 다음과 같다. 해당 세트는 전기이발기(한국산, 20,000원), 빗(한국산, 1,000원), 가위(인도산, 1,500원), 면제수건(엘살바도르산, 1,000원)으로 구성되며 총가격은 23,500원이다.

한-중 FTA의 품목별 원산지결정기준에 따르면, 다른 HS 호에 해당하는 재료로부터 생산되었거나 역내 부가가치가 40% 이상이어야 원산지 상품으로 인정된다. 그러나 한-중 FTA에서는 '매칭(물품 세트 구성)'을 불인정공정으로 규정하고 있으므로, 기본 판정으로는 세트 전체가 원산지로 인정되지 않는다.

이 경우 한-중 FTA의 세트물품 특례규정을 적용할 수 있다. 세트 전체 가격에서 비원산지 물품의 가치가 FOB 기준 15% 이하이면 세트 전체를 원산지 상품으로 인정한다. 본 건에서는 인도산 가위(1,500원)와 엘살바도르산 면제수건(1,000원)의 합계가 2,500원으로, 비원산지 비율은 "비원산지비율 = 2,500/23,500 × 100 = 10.6%"로 산출된다. 이는 15% 이하이므로 세트물품 특례규정을 적용하면 해당 이발세트 전체가 원산지 상품으로 인정된다. 단, 전기이발기와 빗이 한국산임을 증명하는 서류와 해당 계산 근거를 명확히 준비해야 한다.

품목별 원산지결정기준(PSR)의 HS 코드 적용

1. 품목별 원산지결정기준(PSR)의 HS 코드 적용

품목별 원산지결정기준(PSR)에 기재된 HS 번호는 수출입 신고 시 사용하는 HS 번호와 항상 일치하지 않는다. 이는 각 FTA가 발효될 당시의 HS 기준연도를 기반으로 PSR을 작성하는데, 협정마다 발효 시기가 다르고 개정 주기 또한 상이하기 때문이다.

즉, 원산지 판정에 적용되는 PSR의 HS 기준연도는 협정 발효 시점 또는 개정 시점의 기준이 그대로 유지되는 반면, 실제 통관에 사용하는 HS 체계는 세계관세기구(WCO)의 개정(예: HS 2017 → HS 2022)에 따라 주기적으로 변경된다.

이러한 차이로 인해 협정문에 기재된 HS 번호를 기준으로 PSR을 확인할 경우, 현재 수출입신고에서 사용하는 HS 코드와 불일치하는 상황이 발생할 수 있다. 따라서 PSR 적용 시에는 반드시 해당 협정이 채택하고 있는 HS 기준연도를 확인해야 하며, 수출입 HS 번호와 단순 일치 여부만으로 판단해서는 안 된다.

FTA 협정별 PSR HS 기준연도 현황(2025.1.5. 기준)

기준연도	적용 협정	비고
2007	인도, 페루, 뉴질랜드, EU, 영국, 튀르키예	튀르키예는 EU 개정 이후 변환 예정, EU와 관세동맹 유지
2012	칠레, 싱가포르, 미국, 호주, 캐나다, 중국, 콜롬비아, 중미, 이스라엘, 캄보디아	HS 2002 → 2007 → 2012 순으로 개정
2017	EFTA, 아세안, 베트남, 인도네시아, 필리핀	HS 2002 → 2007 → 2012 순으로 개정
2022	RCEP	HS 2017 → 2022 변환 완료

HS 2007을 유지하는 협정에는 인도, 페루, 뉴질랜드, 유럽연합(EU), 영국, 그리고 튀르키예가 해당된다. 특히 튀르키예의 경우 EU와 관세동맹을 구성하고 있으므로, HS 개정 역시 EU의 HS 개정 절차가 완료된 이후에 변환을 진행한다. 이는 관세동맹 내에서 품목분류 규정의 일관성을 유지하고, 동일 상품에 대해 동일한 분류체계를 적용하기 위한 조치이다.[91]

HS 2012를 사용하는 협정에는 칠레, 싱가포르, 미국, 호주, 캐나다, 중국, 콜롬비아, 중미 국가들, 이스라엘, 그리고 캄보디아가 포함된다. 일부 협정에서는 원래 HS 2002를 기준으로 체결되었으나, 협정 개정이나 부속서 개정을 통해 HS 2007과 HS 2012를 거치며 단계적으로 최신화한 경우도 있다.

HS 2017을 적용하는 협정으로는 EFTA, 아세안, 베트남, 인도네시아, 그리고 필리핀이 있다. 이들 협정에서는 최근의 WCO 개정에 맞추어 기준연도를 전환했으며, 예를 들어 한-아세안 FTA의 경우 2019년 9월 1일부터 HS 2017을 적용하였다. 일정한 과도기간 종료 후, 아세안 회원국 전역에서 HS 2017이 공식적으로 사용되고 있다.

마지막으로, HS 2022로 전환한 협정도 있다. 대표적으로 RCEP에 해당되며, 이 협정은 2023년 1월 1일부터 HS 2022를 공식 적용하기 시작하였다. 이를 통해 역내 국가들이 최신 품목분류체계를 기반으로 한 통일된 원산지 판정을 수행할 수 있게 되었다.

2. PSR의 HS 기준과 수출입신고 시 HS 번호는 일치하여야 하는지 여부

가. 개요

품목별 원산지결정기준에서 사용하는 HS 기준과 수출입신고서에 기재하는 HS 번호는 반드시 서로 일치할 필요가 없다. 이는 두 기준이 적용 목적과 관리 주체가 서로 다르기 때문이다.

---

91) 튀르키예는 1995년부터 EU와 관세동맹을 유지하고 있어, 산업제품에 대한 관세 및 무역 규정을 통일적으로 적용하고 있다. 이로 인해 품목분류 및 PSR의 개정 시 EU의 변경 일정에 맞추어 변환을 진행하며, 이는 양측 간의 무역 일관성을 유지하고 제3국과 거래 시 규정 충돌을 방지하기 위한 조치다.

HS는 세계관세기구(WCO)가 주관하며, 모든 회원국이 통관 목적의 품목코드를 국제적으로 통일해 사용하도록 주기적으로 개정된다.[92] WCO 개정의 주된 목적은 통관 과정에서 품목분류의 일관성을 유지하고 관세율 및 무역 규제를 통일적으로 적용하는 데 있다. 반면, PSR은 특정 FTA에서 상품이 원산지로 인정받기 위해 적용되는 세부 규칙을 의미한다.

각 FTA 협정은 발효 당시의 HS 체계를 기준으로 원산지 규정을 설정하기 때문에, HS 품목분류가 이후 개정되어도 PSR에서 사용하는 HS 기준연도가 바로 변경되지 않을 수 있다. 이로 인해 최신 HS 코드와 PSR에서 사용하는 HS 번호는 서로 다를 수 있으며, 협정마다 기준연도가 상이하다.

나. 작성 기준의 차이

수출입신고서의 HS 번호는 현재 우리나라에서 시행 중인 최신 HS 체계, 즉 HS 2022를 기준으로 작성한다. 이를 통해 세관은 해당 상품의 품목을 분류하고, 적용 가능한 일반관세율이나 협정세율 등을 결정한다.

반면, 원산지증명서와 원산지확인서에 기재하는 HS 번호는 해당 FTA 협정에서 규정한 HS 기준연도에 따라 작성해야 한다. 예를 들어 한-중 FTA의 경우 수출입 신고서의 HS 번호는 HS 2022 체계에 기반하지만, PSR은 HS 2012를 기준으로 원산지 판단 규정을 적용하고 있으므로, 원산지증명서에는 HS 2012에 따른 품목 번호를 기재해야 한다. 필요하다면 이를 HS 2022 코드와 병기할 수 있으나, 원산지

---

92) 통일상품명 및 부호체계에 관한 국제협약(International Convention on the Harmonized Commodity Description and Coding System)이 2022.1.1. 개정되었다. HS 협약의 개정이란 통상 HS 협약의 부속서인 품목분류표(Nomenclature)의 개정을 의미하고, HS code를 사용하는 각국의 정부, 관세 및 무역종사자 등의 요구나 기술의 발전 또는 국제 무역패턴의 변화 등을 고려하여 필요한 경우 개정 절차를 진행하고 있으며, 일반적으로 5년을 주기로 개정하고 있다. 우리나라 또한 2022년 개정 HS 협약에 맞춰 관세법 별표 관세율표, 관세·통계통합품목분류표(기획재정부 고시, HSK) 및 HS 해설서 (관세청 고시)를 개정하여 2022.1.1.부터 적용하고 있다. 'HS 2022' 개정에는 우리나라 주력산업인 반도체, 디스플레이, LED 모듈, 친환경 차량 및 신기술 품목인 3D 프린터, 전자담배, 드론, 전략물자, 식량자원, 유해물질 관련 품목의 신설이 많다. HSK는 세계관세기구가 제정한 6단위 코드로 구성된 국제 통일 상품분류체계(HS)를 바탕으로 우리나라의 필요에 따라 품목을 세분화한 10단위 품목분류 표인데, 이번 개정으로 HSK 상 품목이 12,242개에서 11,293개(신설 341개, 삭제 1,290개)로 변경되 었다. (출처: KIM & JANG, 뉴스레터, 2022 HS Code(품목분류표) 개정 안내(2022.03.31.)) 참고로 'HS 2022'는 HS 2017 대비 HS 6단위 기준 225개 품목이 증가했다. (출처: 산업통상자원부, 통하는 세상 통상, 2023. 2월호 / VOL.129)

판정의 기준은 협정이 정한 연도에 따른 HS 번호여야 한다.

수출·입 신고와 원산지 증명서·원산지확인서의 원산지 기준 HS 번호 작성 방법

구분	작성 기준	비고
수출·입 신고 HS 번호	HS 2022 기준	수입 시 협정세율 적용 여부를 결정
원산지증명서, 원산지확인서 HS 번호	해당 FTA 협정에서 정한 HS 기준연도	PSR 작성 기준 연도에 맞춰야 함

실무에서는 두 종류의 HS 번호 작성 기준을 반드시 구분해 적용해야 한다. 수출입신고서에서는 최신 HS 코드 체계를 사용하고, 원산지증명서와 원산지확인서에서는 해당 협정이 규정한 HS 기준연도를 따라야 한다. 이러한 구분을 명확히 하지 않고 최신 HS 번호를 원산지증명서에 직접 기재하면, 협정이 요구하는 원산지 판정 기준과 불일치가 발생해 특혜관세 적용이 거부될 수 있다.

따라서 원산지증명서 작성 시에는 반드시 협정별 기준연도를 확인하고 이에 맞추어 HS 번호를 기재해야 한다.

03-23 Fiber-Forward, Yarn-Forward, Fabric-Forward의 의미

1. 섬유제품의 생산 과정과 원산지 규정의 필요성

섬유제품이 만들어지기까지는 일반적으로 "섬유(Fiber) → 원사(Yarn) → 직물(Fabric) → 재단 → 봉제 → 날염(Printing)"과 같은 단계들을 거친다. 국제 무역에서 섬유산업은 각 국가가 민감하게 다루는 분야이므로, 다른 품목보다 훨씬 엄격한 원산지 규정을 적용하는 경우가 많다. 원산지 규정은 상품이 어느 나라에서 생산된 것으로 인정받을지 결정하는 기준이며, 자유무역협정(FTA)에서 관세 혜택을 받기 위해 반드시 충족해야 한다.

섬유 분야에서는 대표적으로 Fiber-Forward, Yarn-Forward, Fabric-orward라는 세 가지 규칙이 사용된다. 이들은 각각 어느 단계부터 역내(협정 당사국 내)에서 생산되어야 원산지로 인정받을지를 정하는 기준이다.

세 규칙은 어느 단계부터 국내 생산이 요구되는지에 따라 엄격함의 정도가 다르다.

Fiber-Forward, Yarn-Forward, Fabric-Forward 비교

규칙 유형	역내 생산 시작 단계	해외에서 생산 가능 단계	특징
Fiber - Forward	섬유(Fiber) 단계	방사 이전 원료	가장 엄격, 섬유부터 국내 생산
Yarn - Forward	원사(Yarn) 단계	섬유(Fiber)	섬유는 해외 가능, 원사부터 국내
Fabric - Forward	직물(Fabric) 단계	원사(Yarn), 섬유(Fiber)	가장 완화, 직물부터 국내 생산

2. Fiber-Forward 규칙: 가장 엄격한 기준

Fiber-Forward 규칙은 제품의 원산지를 인정받기 위해 섬유(Fiber) 단계부터 협정 당사국 내에서 생산해야 한다는 매우 엄격한 기준이다.

- 천연섬유의 경우, 당사국 내에서 재배된 원재료를 사용해야 한다.
- 인조섬유(예: 인조 스테이플 섬유)의 경우, 당사국 내에서 방사(Extrusion) 과정을 거쳐 생산된 섬유를 사용해야 한다.
- 방사 이전 단계에서 사용되는 원료(대부분 플라스틱 재료)는 역내산이 아니어도 무방하다.

이 규칙은 특히 면(Cotton) 및 인조 스테이플 섬유 품목에 많이 적용되며, 원산지 판정 규칙 중 가장 높은 수준의 국내 생산 요구를 포함한다.

3. Yarn-Forward 규칙: Fiber 단계는 자유, Yarn부터는 역내 생산

Yarn-Forward 규칙은 원사(Yarn) 생산 단계부터 그 이후 모든 공정을 협정 당사국 내에서 생산해야 원산지로 인정받는 기준이다.

- 원사는 당사국 내에서 방적(Spinning) 또는 방사(Extrusion) 과정을 거쳐야 한다.
- 그러나 원사 이전 단계인 섬유(Fiber)는 다른 나라에서 생산된 것을 사용해도 무방하다.

예를 들어, 면섬유를 중국에서 들여와 한국에서 방적하여 면사(제5205호)를 만들고, 이를 한국에서 뜨개(편성)하여 편물(제6005호)을 만든 후 재단·봉제까지 국내에서 진행하면 한국산으로 인정받을 수 있다. 반면, 원사가 해외에서 만들어진 경우에는 이후 국내에서 옷을 만들어도 원산지 기준을 충족하지 못한다.

4. Fabric-Forward 규칙: 직물 단계부터 역내 생산

Fabric-Forward 규칙은 직물(Fabric) 생산 단계부터 그 이후 모든 공정을 협정 당사국 내에서 생산해야 원산지로 인정받는 기준이다.

- 직물은 역내에서 제직(Woven)하거나 편성(Knit)하여 생산해야 한다.
- 그러나 직물을 만들기 위한 원사(Yarn)는 다른 나라에서 생산된 것을 사용해도 된다.

예를 들어, 견사(Silk Yarn)를 해외에서 생산해도, 이를 한국에서 제직하여 견직물(제5007호)을 만든 경우 한국산으로 인정받는다. 이 규칙은 Yarn-orward보다 요구 조건이 완화되어, 원사 단계에서 해외 조달이 가능하다는 장점이 있다.

제4장

협정별 주요 특징

01-01 [칠레] 원산지신고서 작성의 특례 규정

1. 한-칠레 FTA의 특수한 원산지증명 구조

한-칠레 FTA는 우리나라가 체결한 최초의 자유무역협정으로, 원산지증명 방식에서 이후 체결된 다른 협정들과 비교할 때 구조적 차이를 가진다. 다른 다수의 FTA에서는 원산지증명서를 수출자 또는 생산자가 직접 작성할 수 있도록 규정하거나, 일정 요건 하에 생산자 정보 없이도 발급 가능하도록 허용한다.

그러나 한-칠레 FTA는 수출자와 생산자가 동일하지 않은 경우, 수출자가 생산자가 작성·제출한 '원산지신고서'를 필수적으로 근거 자료로 사용하여야 한다는 형식을 취한다. 즉, 수출자가 독자적으로 원산지증명서를 작성하기 위해서는 반드시 생산자 측에서 제공한 공식 원산지신고서에 의존해야 하는 제도 구조를 가지고 있는 것이다.

2. 「FTA 관세법 고시」 제43조의 내용

이를 반영하여 「FTA 관세법 고시」 제43조[93]에서는, 한-칠레 FTA의 경우 수출자와 생산자가 다를 때 원산지증명서 작성 요건 및 예외 절차를 별도로 규정하고 있다.

구체적으로, 수출자는 생산자가 작성·제출한 '한-칠레 FTA 원산지신고서'(별지 제10호서식)를 근거로 원산지증명서를 발급한다. 다만, 생산자가 휴업·폐업 등의 사유로 원산지신고서를 제출할 수 없는 경우, '원산지확인서', '국내제조확인서', 생산자 정보, 생산장소·공정 내역, 거래계약서 등 객관적으로 원산지를 입증할 수 있는 자료에 기반하여 원산지증명서를 작성하도록 허용한다.

---

93) 제43조(칠레와의 협정에 따른 원산지신고서 등 작성) 칠레와의 협정에 따라 수출자와 생산자가 동일하지 않는 경우 수출자는 생산자가 작성·제출한 별지 제10호서식의 한-칠레 FTA 원산지신고서에 근거하여 원산지증명서를 작성한다. 다만, 휴·폐업 등의 사유로 생산자에게 원산지신고서를 제출받기 곤란한 경우에는 규칙 제12조의 원산지확인서 또는 규칙 제13조의 국내제조확인서나 생산자·생산장소·생산공정 및 거래계약서 등 원산지를 확인할 수 있는 객관적인 자료 또는 사실에 근거하여 원산지증명서를 작성하여야 한다.

3. 법령상 별도 규정이 필요한 이유

이러한 별도 규정을 둔 배경에는 다음과 같은 이유가 있다.

첫째, 협정문 상의 필수 요건 반영이다. 한-칠레 FTA는 원산지 검증 및 증명 체계에서 '생산자 발급 원산지신고서'의 역할을 핵심 요소로 규정하고 있으며, 이를 통해 원산지 판단의 정확성을 높이고자 하였다. 따라서 이를 국내 고시에도 그대로 반영해야 했다.

둘째, 행정상 명확성 확보다. 다른 FTA에서는 수출자가 직접 원산지증명서를 작성하는 과정에서 생산자 자료 의무가 최소화되어 있지만, 한-칠레 FTA는 해당 자료 의존도가 높다. 그러므로 관세당국이 행정 집행 시 혼동을 방지하고, 사업자가 준수해야 할 서류 요건을 명확히 하기 위해 별도 조문화가 필요했다.

셋째, 예외 상황에 대한 명문화다. 실제 무역 과정에서 생산자가 폐업했거나 서류 제출을 거부하는 등 수출자가 원산지신고서를 확보하지 못하는 경우가 발생할 수 있다. 이를 대비하여 대체자료를 기반으로 증명서를 작성할 수 있도록 하는 예외 규정을 둠으로써, 무역의 연속성을 보장했다.

4. 결론

결국, 「FTA 관세법 고시」 제43조가 한-칠레 FTA에 대해서만 별도의 '원산지신고서 등 작성' 규정을 둔 이유는 협정 특유의 원산지증명 구조와 수출자·생산자 간의 자료 의존 관계, 그리고 행정집행의 명확성과 무역 실무의 유연성 확보 필요성 때문이다.

이 조문은 협정의 집행 과정에서 필수적인 생산자 자료 확보 절차를 법적으로 반영하는 동시에, 현실적으로 자료 확보가 곤란한 경우 대안을 명확히 제시함으로써 FTA 특혜관세 적용의 안정성을 높이고 있다.

참고로, 이후 체결된 다수의 FTA에서는 '생산자와 수출자 불일치 시' 반드시 생산자 원산지신고서를 요구하지 않거나, 다양한 대체자료 인정 범위를 넓혀 고시상 별도 조항 없이 일반 규정으로 해결 가능하게 되어, 한-칠레 FTA만이 고시에 특별 규정으로 남게 된 것이다.

02-01 [싱가포르] 원산지 검증의 특징

한-싱가포르 FTA의 원산지 검증 제도는 수입국 세관이 원산지 적정성을 판단하기 위해 사용할 수 있는 절차를 비교적 엄격하고 단계적으로 규정하고 있다는 점에서 특징적이다.

특히 이 협정은 순차적 검증 방식을 의무적으로 적용하여, 수입국이 검증 강도가 낮은 단계부터 시작해 필요할 때만 상위 단계 검증으로 확대하도록 구조화되어 있다.

또한 현지검증 시 사전통보·동의 절차를 반드시 거치도록 규정하여 수출자와 생산자의 절차적 권리를 보장하고 있으며, 자료 제출 기한·연기 규정·반복 위반 시 제재 등 구체적 운영 규정이 정비되어 있다는 점에서 실무적 안정성이 높은 원산지 검증체계로 평가된다.

1. 순차적 검증 방식의 적용

한-싱가포르 FTA에서 가장 핵심적인 특징은 원산지 검증이 반드시 단계적으로 진행되도록 규정되어 있다는 점이다. 수입국 세관은 검증을 실시할 때 가장 기본적이고 부담이 적은 수준인 수입자에게 원산지증명서를 요구하는 단계에서 시작해야 하며, 이후 추가 확인이 필요한 경우에만 수입자의 보유 자료 기반 소명요구, 상대국 관세행정기관을 통한 수출자·생산자 정보요청, 그리고 최종적으로 현지검증 실시로 검증 강도를 확대할 수 있다.

이와 같은 구조는 수입국이 바로 현지조사와 같은 고강도 검증조치를 시행하지 못하도록 제한함으로써, 수출자와 생산자가 불필요한 부담을 받지 않도록 보호하는 기능을 수행한다.

2. 자료 제출 기한 규정의 명확화

원산지 검증 과정에서 수입자·수출자·생산자는 모두 서면 요청을 받은 날로부터 30일 이내에 자료를 제출해야 한다는 명확한 기한 규정을 따른다. 또한 이들은 1회에 한하여 최대 30일 범위 내에서 답변기한 연장을 요청할 수 있으므로, 기업은 합리적 범위 내에서 준비 시간을 확보할 수 있다. 이러한 기한 규정은 원산지 검증 절차가 일정한 속도와 예측 가능성을 가지고 운영되도록 하기 위한 목적을 가진다. 다만 기한 내에 회신하지 않거나 제출 자료가 허위 또는 부족한 것으로 판단되는 경우 수입국은 특혜관세를 부여하지 않을 수 있으므로, 기업은 기한 준수와 정확한 자료 제출이 필수적이다.

3. 현지검증의 사전통보 및 동의 의무

현지검증은 원산지 검증 절차 중 가장 강도 높은 조치이기 때문에, 한-싱가포르 FTA는 이를 시행하기 위한 사전 의무 절차를 매우 엄격하게 규정하고 있다. 수입국 세관이 현지검증을 수행하려면 우선 수출자 또는 생산자에게 서면으로 방문 의사를 통보해야 하며, 동시에 상대국 관세행정기관에도 이를 공식적으로 전달해야 한다. 이후 수출자 또는 생산자가 서면으로 동의하지 않으면 현지검증은 진행할 수 없으며, 만약 해당 기업이 통지를 받은 후 30일 이내에 동의를 제공하지 않을 경우 수입국은 해당 상품에 대해 특혜관세대우를 제공하지 않을 수 있다. 이 규정은 현지검증이 기업의 사전 동의를 전제로만 이루어지도록 함으로써, 강제조사 방식의 검증이 발생하지 않도록 보호장치를 마련한 것이라고 할 수 있다.

4. 현지검증 일정의 연기 요청 제도

수출자 또는 생산자는 현지검증 통지를 받은 후 준비가 필요할 경우 통지일로부터 15일 이내에 최대 60일 범위에서 방문 일정을 연기해 줄 것을 요청할 수 있다. 이 연기 요청은 1회만 가능하지만, 기업은 이를 통해 검증에 대비할 시간을 확보할 수 있다. 또한 협정은 연기 요청이 있었다는 사실만으로 특혜관세를 거부할 수 없도록 규정하고 있어, 기업이 정당하게 검증 준비를 할 기회를 보장받도록 하고 있다. 이는 절차적 형평성과 기업 보호 기능을 강화한 조항으로 평가된다.

5. 검증결과의 서면 판정 제공

현지검증이 완료되면 수입국 세관당국은 관련 법령과 조사 결과를 종합하여 해당 상품이 특혜관세 적용 요건을 충족하는지 여부를 서면으로 판정해야 하며, 그 결과를 수출자 또는 생산자에게 제공해야 한다.

이 의무 규정은 검증 결과가 투명하고 기록 가능한 방식으로 전달되도록 하여, 기업이 사후 대응을 하거나 필요시 항변할 수 있는 기반을 마련해 준다. 또한 이는 검증 절차의 신뢰성을 높이고, 임의적인 판단을 방지하는 강력한 제도적 장치로 기능한다.

6. 반복적 허위표시에 대한 제재 규정

한-싱가포르 FTA는 원산지 허위표시를 반복적으로 하는 기업에 대해 강력한 제재 조치를 인정하고 있다.[94] 만약 검증 결과 특정 수출자 또는 생산자가 반복적으로 허위 또는 근거 없는 원산지 표시를 한다는 사실이 확인되면, 수입국은 해당 기업이 동일하거나 동질적인 상품을 다시 수출할 때까지 특혜관세 적용을 정지할 수 있다.

이 조치는 단일 선적에 대한 제재를 넘어 동종동질품 전체로 범위가 확장될 수 있다는 점에서 매우 강력한 억제장치에 해당하며, FTA 부정수혜 가능성을 구조적으로 차단하기 위한 장치로 이해된다. 또한 특혜정지 조치를 취한 경우 수입국은 그 근거와 내용을 상대국 관세당국에 통보해야 하므로, 제재 과정에서 정부 간 투명성도 확보된다.

---

94) 협정 제5.8조(원산지 검증) 13. 당사국의 검증을 통해 수출자나 생산자가 그 당사국 영역으로 수입된 상품이 원산지 상품의 자격을 갖추고 있다는 허위표시 또는 근거 없는 표시를 지속적으로 해온 것이 드러날 경우, 그 당사국은 그러한 인이 제4장의 준수를 입증할 때까지 동 인에 의해 수출되거나 생산되는 동일상품에 대해 특혜관세 부여를 보류할 수 있다.

통일규칙 제8조(원산지검증) 13. 협정 제5.8조 제13항의 목적상, "행위유형"이라 함은 일방당사국의 영역 내 상품의 수출자 또는 생산자가 허위 또는 근거없는 표시를 지속적으로 한 경우로서, 타방당사국의 세관당국이 2건 이상의 상품수입에 대해 최소한 2회 또는 그 이상 원산지 검증을 한 결과 동일한 상품에 대해 당해 수출자 또는 생산자가 작성한 원산지증명서가 허위 또는 근거없는 것으로 판명되어 협정 제5.8조 제12항에 따라 당해 수출자 또는 생산자에게 최소한 2회 이상 통보함으로써 확인된 것을 말한다.

03-01 [EFTA] 한-EU FTA와 달리 공정누적을 인정하는 이유

1. 협정 당사국의 규모와 산업 구조 차이

한-EFTA FTA와 한-EU FTA의 가장 큰 차이 중 하나는 협정 당사국의 규모와 산업 구조에 있다. EFTA는 노르웨이, 스위스, 아이슬란드, 리히텐슈타인이라는 4개 소규모 국가로 구성되어 있으며, 각국 산업 구조가 비교적 유사하다. 특히 이들 국가는 다양한 제조업과 첨단산업 분야에서 상호 보완적인 관계를 가지고 있고, 무역에서 상호협력을 강화할 필요성이 크다.

반면 EU는 27개 대규모 회원국으로 구성되어 있으며, 산업 수준과 경제 규모의 편차가 상당하다. 일부 회원국은 첨단 생산능력을 갖춘 반면, 일부는 단순 가공이나 조립 중심의 산업 구조를 지닌다. 이러한 차이는 공정누적 허용 여부에 직접적인 영향을 미친다. EU에서는 모든 회원국이 동일한 수준의 가공능력을 갖추지 않아, 공정누적이 허용되면 단순·경미한 가공을 기반으로 특혜를 누리는 사례가 증가할 우려가 있다.

2. 원산지 규정 운영 철학의 차이

EFTA는 회원국 수가 적고 긴밀한 협력관계 속에서 역내 생산을 효율적으로 운영하는 것을 중시한다. 따라서 각국에서 수행한 가공공정을 모두 합산하여 원산지 요건을 충족하는 공정누적 방식을 적극적으로 채택하고 있다. 이는 생산공정을 여러 회원국에 분산시키더라도 최종 제품의 원산지 판정에 긍정적인 영향을 미치도록 한다.

반면 EU는 원산지 규정을 상대적으로 엄격하게 유지하여, 개별 회원국에서 실질적인 제조·가공이 일정 수준 이상 이루어져야만 특혜관세 혜택을 제공한다. 공정누적을 허용하면 외형상 역내 생산 비중이 충족되지만, 실제로는 개별 국가에서의 실질적 가공 기여도가 낮아질 수 있으므로 EU는 이를 지양한다.

3. 관리·검증 체계의 복잡성 여부

공정누적을 적용하려면 생산공정 단계별로 투입된 자재 및 가공 비율을 국가별로 정확히 집계·검증해야 한다. EFTA는 회원국 수가 적고 행정·협력 체계가 단순하여 이러한 검증 절차를 효율적으로 관리할 수 있다. 또한 상호신뢰도가 높아 복잡한 원산지 판정 요소를 유연하게 운영할 수 있다.

반면 EU의 경우 회원국 수가 많고 각국의 행정 시스템·산업체계가 다양하므로 공정 누적 운영 시 원산지 검증이 훨씬 복잡해진다. 이로 인해 행정 부담 증가와 부정확한 판정 가능성이 높아져, EU는 재료누적만 허용하는 방식으로 제한하였다.

4. 협상 과정의 정책적 선택

한-EFTA FTA 협상에서 양측은 자신의 경제 규모와 공급망 특성을 고려하여 공정누적 도입을 합의했다. 소규모 국가들로 이루어진 EFTA는 제조·가공 공정을 분담 해서 운영하는 구조가 효율적이며, 이를 지원하는 공정누적 제도가 필수적이었다.

반면 한-EU FTA 협상에서는 EU 측이 공정누적 허용에 제한적인 입장을 보였다. 이는 기존 EU 내부 누적 체계와의 정합성을 유지하고, 역내 산업 보호를 위한 정책적 판단에 따른 것이다. 이로 인해 재료누적만을 인정하는 형태로 타협이 이루어졌다.[95]

5. 결론

정리하면, 한-EFTA FTA가 한-EU FTA와 달리 공정누적을 인정하는 이유는 다음과 같이 요약된다.

---

95) FTA 협상 당시 EU는 원산지 완화에 관한 요구를 제한적으로 수용하였고, 공정누적은 수출경쟁력에 따라 일부 산업에서만 시범 검토하자는 입장이었다. 결과적으로 재료 누적만 합의되고, 공정누적은 배제되었다.

- 회원국 수가 적고 산업 구조가 유사하여 공정누적 운영이 용이
- 역내 협력과 분업을 통한 가치사슬 확대가 필요
- 행정·검증 절차가 단순하고 신뢰도가 높음
- 협상 과정에서 상호 이익을 고려한 제도 설계

　반대로 EU는 회원국 규모가 크고 산업 격차가 커서 공정누적을 도입할 경우 불필요한 무역 혜택 남용 가능성이 높았다. 따라서 EU는 원산지 규정을 엄격하게 유지하고 재료누적 방식만 인정하였다. 이 차이는 두 협정의 구조와 협정 당사국의 경제·정책 환경을 반영한 결과이다.

한-EU FTA와 한-EFTA FTA의 원산지 누적 규정 비교

구분	한-EU FTA	한-EFTA FTA
누적 방식	재료누적만 허용	재료누적＋공정누적 모두 허용
원산지 규정 철학	원산지 기준의 엄격성 유지, 역내 실질적 생산 비율 중요	역내 가치사슬 활성화, 생산공정 분산 허용
누적 인정범위	EU 역내 생산재료만 누적	EFTA 역내 생산재료 및 가공 공정 모두 누적
배경 요인	- 회원국 간 산업 격차 - EU의 원산지 규정 완화에 대한 제한적 태도 - EU 내 기존 누적체계와의 정합성 필요성 - 협상 타협 결과	- 회원국 수 적고 협력 필요성 높음 - 공정누적을 통한 부가가치 합산으로 효율적 생산 가능 - 관리 부담 상대적으로 적음
무역 영향	원산지 기준 충족을 위해 개별 생산 비중을 높여야 함, 공급망 연계 제한적	역내에 분산된 각국의 개별 가공공정이 합산되어 원산지 인정 가능, 공급망 활용 확대 가능

03-02 [EFTA] "단순가공품 특례규정"을 두는 이유

1. 규정의 핵심 내용

한-EFTA FTA 부속서 I 제3조(원산지 누적)에서는 일부 경우에 '단순가공품' 또는 '원형 유지'하는 상품의 원산지를 특례적으로 인정하는 규정을 두고 있으며, 요지는 아래와 같다.

- 충분가공 기준 이상 가공 시 원산지 누적 인정: 협정 제6조에 규정된 '충분한 가공 또는 작업' 기준 이상으로 가공된 경우, 상대 당사국(타방 당사국)을 원산지로 하는 재료도 자기 나라(일방 당사국)의 원산지 재료로 간주한다. (제1항)
- 단순 가공·재수출 시 원산지 유지: 특정 당사국에서 다른 당사국으로 수출된 상품이 다시 제3의 당사국으로 '동일한 상태' 또는 '제6조 기준 미만의 단순 가공'을 거쳐 재수출되는 경우, 최초 원산지를 그대로 유지한다. (제2항)
- 다수 원산지 재료 사용 시 원산지 결정 방법: 두 개 이상의 당사국 원산 재료를 사용했지만, 그 수출 당사국에서 충분한 가공 없이 재수출되는 경우, 사용된 재료 중 최고 과세가격의 원산지를 해당 최종 상품의 원산지로 결정한다. 만약 과세가격을 알 수 없으면, 수출 당사국에서 지급된 최초의 '가장 높은 가격의 재료' 기준으로 원산지를 정한다.

이 규정은 한-EFTA FTA 내에서 원산지 누적을 보다 유연하게 적용하기 위한 장치다. 일반적으로 FTA의 원산지 규정에서는 단순한 재포장, 분할, 혼합 등 단순가공만 한 경우에는 원산지가 변하지 않는다.

그러나 한-EFTA FTA는 특례적으로, 동일 상태 재수출이나 충분한 가공 이상을 거친 경우에는 원산지를 특정 방법으로 유지하거나 변경하여 협정상 특혜관세를 적용할 수 있도록 하였다. 특히 다수 당사국 재료가 섞였지만 충분 가공이 아닌 경우, 가장 비싼 재료의 원산지를 최종 상품 원산지로 간주하는 점이 특징이다.

■ 예시 1: 동일 상태로 재수출하는 경우

상황: 스위스(당사국 A)에서 생산된 초콜릿(스위스 원산지)을 한국(당사국 B)으로 수출. 한국은 이 초콜 릿을 전혀 가공하지 않고 아이슬란드(당사국 C)로 재수출

규정 적용: 제3조 제2항에 따라 '동일한 상태'의 재수출이므로 원래의 스위스 원산지를 유지. 아이슬란 드로 수출 시에도 FTA 특혜를 스위스 원산물로 인정받을 수 있음. → 원산지증명서는 스위스 생산자/수출자가 원산지증명서를 발급하고, 한국 수출자는 스위스 발급 원산지증명서를 그대로 함께 보내는 방식 활용, 아이슬란드 세관은 '스위스 원산' 증빙을 통해 EFTA 관세 혜택 적용

■ 예시 2: 단순 가공 후 재수출하는 경우

상황: 노르웨이(당사국 A)에서 생산된 연어를 한국(당사국 B)으로 수출. 한국은 연어를 단순 절단·포장 만 하고 리히텐슈타인(당사국 C)으로 재수출

규정 적용: 제6조 기준 이상의 '충분한 가공'이 아니므로 원산지는 그대로 노르웨이 원산지로 유지. → 우리나라가 단순가공만 한 경우에는 한-EFTA FTA 상 한국 원산지가 인정되지 않으므로, 우리 나라 수출자로서는 원산지신고서 발급이 불가능함. 대신 원래 원산지국(노르웨이)이 발급한 원산 지증명서를 사용해야 함.

■ 예시 3: 다수 재료를 사용하되 충분 가공이 아닌 경우

상황: 한국(당사국 A) 기업이 스위스(당사국 B) 원산 치즈(가격 3천 달러)와 노르웨이(당사국 C) 원산 햄(가격 2천 달러)을 수입하여 간단히 혼합하고 재포장한 뒤 리히텐슈타인에 수출. 가공 수준은 제6조 기준 이상의 공정이 아님.

규정 적용: 제3조 제3항에 따라 최고 과세가격 재료인 스위스 원산지로 최종 상품의 원산지를 결정

2. 결론

한-EFTA FTA의 '단순가공품 특례규정'은 원산지 유지를 허용하거나, 원산지를 다수 재료 중 가장 높은 가격의 재료로 결정하는 방식으로, 협정 내 무역 절차의 유연성을 높였다. 이는 복수 국가 간 재수출·가공이 빈번한 EFTA 회원국 무역 특성을 반영한 제도이며, 기본적인 원산지 변개 규정을 유지하면서도 무역상의 편의를 제공하는 장치라고 할 수 있다.

[EFTA·EU] 의류 원산지 기준을 재단공정으로 한정 이유

한-EFTA FTA와 한-EU FTA 모두 의류 품목(HS 제61류~제63류)의 원산지 기준을 '재단공정'으로 한정하고 있다.

FTA에서 의류 품목의 원산지 기준을 재단공정만 인정하는 이유는 의류 제조의 최종 단계 판정의 명확성 확보, 단순·저부가가치 공정에 대한 특혜 남용 방지, 원산지 검증 절차의 단순화, 역내 봉제·가공 산업 보호라는 네 가지 요인이 결합된 결과이다.

1. 재단공정은 의류 제조 단계의 핵심이며 최종 제품 형태를 결정

재단공정은 원단에서 의복의 형태와 치수를 결정하는 최종적·물리적 변형 단계로, 의류 제조의 완제품화 과정에서 가장 중요한 공정이다. 이는 원단 제조 단계와 완제품 제조 단계를 명확히 구분하고, 원산지 판정 시 논란 없이 적용할 수 있는 기준점 역할을 한다.

재단공정은 난이도가 있는 공정인가?

재단공정은 기술적 난이도가 존재하는 공정으로 평가된다. 의류 제조 과정에서 재단은 단순히 원단을 자르는 행위가 아니라, 패턴 설계에 따라 정확한 형태·치수·곡선·부위별 배치를 고려한 고정밀 작업을 요구한다. 따라서 노동 숙련도, 장비 정확도, 원단 특성 이해 등이 모두 결합되어야 하므로 일정 수준의 난이도와 전문성이 필요하다.

특히 다음과 같은 이유로 재단공정은 결코 단순공정으로 간주되지 않는다.
- 패턴 및 사이즈를 정확히 적용해야 하므로 설계 이해 능력이 요구된다.
- 원단 종류(신축성, 두께, 조직 등)에 따라 다른 재단 기술이 필요하다.
- 재단 오류는 봉제 이전 단계에서 제품 전체의 품질을 결정하므로 책임이 크다.
- 대량 생산 시 CAD·CAM 기반의 자동재단 장비 운용 능력이 필요하다.

결론적으로, 재단공정은 기술적 숙련도와 정밀성을 요구하는 핵심 제조공정으로 분류되며, 단순·저부가가치 공정과는 명확히 구분된다.

2. 단순·저부가가치 공정에 대한 특혜 남용의 방지

두 협정 모두 '실로부터 편직'은 원단 생산공정으로 분류하며, 이를 의류 제조 단계로 인정하지 않는다.

만약 편직 단계도 원산지 기준에 포함하면, 역외에서 제조한 편직물이나 단순가공 제품이 재단 없이 역내산으로 인정될 가능성이 높아진다. 이는 저부가가치 공정만 거친 상품에까지 FTA 특혜가 제공되는 결과를 초래할 수 있기에, 재단공정만을 인정함으로써 이러한 남용을 예방하고 산업 보호를 실현한다.

3. 원산지 판정의 관리·검증 절차의 단순화 필요성

재단공정을 기준으로 하면 세관 당국은 의류 완제품 생산 여부를 명확하고 간단하게 판정할 수 있다. 반면 '실로부터 편직'을 인정하면 원산지 검증 시 편직과 재단이 각각 어느 국가에서 이루어졌는지, 공정별 부가가치가 어느 정도인지 등을 세부적으로 추적해야 하므로 행정 부담과 복잡성이 크게 증가한다. 따라서 행정 편의성과 판정 정확성을 높이기 위해 재단공정만을 인정하는 방식이 선택되었다.

4. 역내 봉제·가공 산업을 보호하고 공급망 구조의 유지

EFTA 회원국과 EU 회원국 모두 의류 제조 단계의 봉제·가공 부문을 역내에서 수행하는 공급망 구조를 보유하고 있다. 만약 '실로부터 편직'까지 인정하면, 역외에서 생산된 편직물이 역내 가공 없이도 원산지 요건을 충족하게 되어 역내 제조업에 경쟁 압력을 가하게 된다. 재단공정만 인정하는 것은 이러한 산업 보호 논리에 부합하며, 역내 생산 및 고용을 유지하려는 정책적 선택이다.

[EFTA] 목적지 미정 상태에서의 제3국 경유·분리 허용 여부

1. 쟁점 사례(가정)

A국의 수출자는 최종 목적지를 확정하지 않은 상태로 물품을 비당사국 B국의 보세창고로 운송하여 보관한 뒤, 이후 C국 수입자와 계약을 체결하고 B국에서 C국으로 물품을 선적하였다. 이러한 상황에서는 비당사국 보세창고 경유가 협정상 허용되는지, 그리고 최종 목적지가 계약 체결 시점까지 정해지지 않았음에도 불구하고 이를 직접 운송으로 인정할 수 있는지가 주요 쟁점으로 제기된다.

2. 한-EFTA 협정의 관련 규정

한-EFTA 협정은 한-EU 협정에서 규정하는 '단일운송(Single Consignment)' 요건을 별도로 두고 있지 않다.[96] 그러나 협정은 직접 운송을 판단하는 기준으로 경유국에서 허용된 작업이 제한된 범위를 초과하지 않아야 하며, 물품이 경유국 세관의 감시하에 있어야 한다는 점을 규정하고 있다.

이와 동시에 협정문에는 목적지가 반드시 사전에 확정되어야 한다는 요구가 존재하지 않으므로, 물품이 비당사국 보세창고를 경유하였다는 사실만으로 직접 운송 요건을 곧바로 부정할 필요는 없다.

3. 해석상 논란

해석 과정에서는 목적지가 미정인 상태에서 제3국 보세창고에 물품이 일정 기간

---

96) 한-EFTA 협정의 'transported through territories of non-parties'라는 문구는 제3국을 단순 경유하는 경우를 전제로 하고 있으나, 협정문 자체에는 최종 목적지가 반드시 사전에 확정되어야 한다는 조건이 명시되어 있지 않다.

보관될 경우, 이 보관 행위가 운송의 연속성을 약화시키거나 상업적 저장 활동으로 해석될 가능성이 있다는 점에서 논란이 발생한다. 이러한 관점은 제3국 보관 중 물품 혼합이나 교환 가능성이 증가하여 원산지 관리의 투명성이 저하될 수 있다는 점을 우려하며, 따라서 목적지 미확정 상황이 직접 운송 개념과 조화를 이루기 어렵다고 주장한다.

4. 일반적·완화된 해석 가능성

완화된 해석에서는 한-EFTA 협정이 제3국에서의 탁송품 분리를 명확하게 허용하고 있고, 목적지가 사전에 정해져야 한다는 문언을 포함하고 있지 않다는 점을 근거로 들고 있다. 이 입장에 따르면 물품이 경유국 세관의 감시하에 있으며 가공 없이 보관된 상태로 최종적으로 협정 당사국으로 운송된다면, 비록 목적지가 처음에는 미정이었더라도 직접 운송으로 인정할 수 있는 여지가 충분히 존재한다. 이와 같은 해석은 협정의 문언 구조와 경유·환적의 실무적 상황을 종합하여 보다 유연한 판단을 가능하게 한다.

5. 판단

결론적으로 한-EFTA 협정은 목적지가 사전에 확정된 경우에 한정하여 직접 운송을 인정한다고 규정하고 있지 않으며, 제3국에서의 탁송품 분리를 허용하고 있는 점에서 목적지 미정 상태의 경유도 일정 요건을 충족하면 직접 운송으로 인정될 수 있다.[97] 다만 물품이 과도한 기간 동안 보관되거나 상업적 재고 운영과 유사한 형태를 보이는 경우에는 직접 운송의 취지와 충돌할 수 있으므로, 운송의 연속성과 투명성 확보 여부를 함께 고려하여 판단할 필요가 있다.

---

97) EFTA가 체결한 다수의 FTA에서는 최종 목적지가 사전에 확정된 경우에만 제3국 경유를 허용한다. 반면, 한-EFTA FTA는 주해서를 통해 최종 목적지가 정해지지 않은 경우에도 제3국 경유를 허용할 수 있다는 입장을 제시하고 있다. 다만, 이 규정은 주해서에서 언급되었으나, 공식적으로 국제회의 의결을 거친 문안으로 확정되지는 않았다.

04-01 [아세안] '상호주의 제도' 도입 이유 및 적용

1. 상호주의 제도의 의미

한-아세안 자유무역협정에는 우리나라가 체결한 FTA 중 유일하게 '상호대응세율(Reciprocal Tariff Rate Treatment)' 제도라는 특수 조항이 있다. 이 제도는 협정 부속서에 따라 각 나라가 민감품목(Sensitive Track)을 지정하고, 그 품목에 대해 관세 철폐를 하지 않을 수 있는 권리를 인정하는 것이다.

핵심은 "상대국이 우리가 민감품목으로 지정한 품목을 무관세로 풀었더라도, 해당 품목을 우리나라가 철폐하지 않았다면 상대국도 동일하게 관세를 부과할 수 있다"는 점이다. 즉, 두 나라가 특정 품목에 대해 관세를 유지하기로 한 '맞대응 관세 제도'라고 이해할 수 있다. 예를 들어, 인도네시아가 우리나라의 민감품목인 새우를 무관세로 풀었더라도, 우리나라가 인도네시아산 새우에 관세를 남겨둔다면, 인도네시아는 우리 샴푸나 자동차 부품 등 특정 품목에 관세를 매길 수 있다.

2. 한-아세안 FTA가 상호주의 제도(상호대응세율 제도)를 도입한 이유[98]

한-아세안 FTA는 아세안 지역의 보호 필요성과 한국-아세안 간 산업구조 차이를 조정하기 위해, 민감품목 개방을 균형적으로 관리하는 안전장치로 상호주의(상호대응세율)를 도입했다.

가. 아세안 역내의 경제·관세 수준 격차를 반영하기 위한 타협 장치

한-아세안 FTA에서 상호주의 제도가 도입된 가장 큰 이유는 아세안국가들 간의 경제 규모와 관세 체계, 그리고 산업 보호 수준이 매우 다르기 때문이다. 싱가포르처럼

---

98) 저자의 관점이며, 사실과 다를수 있다.

이미 대부분의 품목을 무관세로 운영하는 국가도 있는 반면, 인도네시아·필리핀·베트남 등은 농·수산업과 식품 산업을 보호하기 위해 여전히 높은 관세를 유지하고 있다. 또한 라오스·캄보디아·미얀마 등은 산업기반이 취약하여 개방 속도를 조절할 필요성이 컸다. 이러한 환경 속에서 모든 국가가 균일하게 관세를 철폐하도록 강제하는 것은 현실적으로 불가능했기 때문에, 각국이 민감품목을 유지하되 상대국이 조기에 관세를 철폐하더라도 자동적으로 동일한 혜택을 제공하지 않도록 하는 조정장치가 필요했다. 상호대응세율 제도는 바로 이러한 불균형을 완화하고 협정 체결을 가능하게 하기 위한 타협적 제도였다.

나. 한국이 요구한 개방 수준과 아세안의 보호 필요성이 충돌한 결과

한국은 제조업 경쟁력이 높아 상대적으로 빠른 시장 개방을 선호했지만, 아세안 국가들은 농수산물·가공식품 등 자국 내 중요한 산업을 보호해야 한다는 강한 압력을 가지고 있었다. 이러한 이익 대립 속에서 아세안은 한국이 특정 품목을 조기에 무관세로 전환할 경우, 아세안 기업들이 즉시 경쟁 압력에 노출될 수 있다는 점을 우려했다.

반대로 한국은 이미 민감품목을 철저히 관리하고 있었기 때문에, 아세안이 일부 품목에서 관세를 유지하더라도 이를 제어할 장치가 필요했다. 결국 양측의 개방 수준 차이를 조율하기 위해, 한쪽이 민감품목을 개방하더라도 상대국이 자동적으로 그 혜택을 누리지 못하도록 하는 상호주의 제도가 필수적인 협상 타협안으로 자리 잡게 되었다.

다. 아세안이 요구한 '보복 가능성' 장치

아세안국가들은 상대국이 민감품목을 무관세로 개방했을 때 자신들만 일방적으로 불리해지는 상황을 우려해, 일정 수준의 '맞대응' 또는 '보복 가능성'을 제도적으로 확보하고자 했다. 다시 말해, 한국이 자국의 민감품목을 무관세화하여 한국 시장에 새로운 기회를 열어준 경우에도, 아세안이 해당 품목에 대해 여전히 관세를 유지한다면 한국 역시 아세안의 특정 품목에 대해 동일하게 협정 특혜를 제공하지 않는 방식으로 균형을 유지하기를 원했다. 이러한 제도는 한쪽의 조기 시장 개방이나 관세 철폐가 상대방의 의도하지 않은 경쟁 우위를 초래하지 않도록 하기 위한 일종의 방어 장치로 작동하며, 아세안이 협정 체결에 동의하기 위한 최소 조건을 형성하였다.

라. 농수산물·경공업 등 '서로 민감한 분야'가 겹쳐 발생한 구조적 필요

한국과 아세안은 서로 다른 분야를 민감하게 여기는 구조적 차이를 가지고 있기 때문에 완전한 일괄적 관세 철폐가 현실적으로 어려웠다. 한국은 농수산물 분야가 민감한 반면, 아세안은 경공업·가공식품·자동차 부품 등 자국 경제의 핵심 분야를 보호해야 했기 때문에 양측의 민감품목이 서로 다른 영역에 집중되어 있었다.

이러한 상황에서는 어느 한쪽이 민감품목을 먼저 개방하더라도 상대국이 즉시 동일한 혜택을 제공해야 하는 구조는 협정 체결의 걸림돌이 될 수 있었다. 따라서 민감분야가 상호 다름에도 불구하고 협정이 안정적으로 운영되기 위해서는, 한쪽이 개방을 하더라도 상대국이 그 개방 효과를 자동적으로 얻지 않도록 하는 상호주의 기반의 관세 조정이 필수적이었다.

마. 원산지검증 부담과 시장개방 리스크를 줄이기 위한 방어적 제도

아세안국가들은 원산지 검증 체계나 행정 역량이 상대적으로 제한적이며, 특정 산업이 개방 직후 급속하게 경쟁력 상실을 겪을 위험이 컸기 때문에, 조기 시장 개방에 대한 구조적 부담을 가지고 있었다. 특히 한국처럼 제조업 경쟁력이 높은 국가와 FTA를 체결할 경우, 관세 철폐 이후 특정 산업이 단기간에 침체되는 위험이 높아 이를 방지할 완충장치가 필요했다.

상호대응세율 제도는 이러한 우려를 해소하며, 일방적인 개방 부담을 덜어줌으로써 아세안이 FTA에 참여할 수 있는 동기를 강화하는 역할을 했다. 다시 말해, 상호주의는 시장개방의 리스크를 완화하고 협정의 수용성을 높이기 위해 도입된 방어적이면서도 안정적인 관세 운영 장치였다.

3. 상호대응세율의 적용 방식

상호대응세율 적용 방법은 수출국의 민감품목 관세율이 10%를 초과하는지 여부로 구분된다.

- 수출국 MFN 관세율이 10%보다 높은지 판단한다.
- 10%를 초과하는 경우: 수입국은 FTA 특혜관세가 아닌 최혜국대우(MFN) 세율을 그대로 적용한다. 원산지증명서 유무와 관계없이 협정세율 혜택이 없다.
- 10% 이하인 경우: 수출국의 MFN 세율과 수입국의 해당 품목 일반품목 특혜세율 중 더 높은 세율을 적용한다. 대부분은 수출국의 세율이 적용되며, 이를 바로 '상호대응세율'이라고 부른다.

수출국 MFN 관세율 > 10%?	
↓ YES	↓ NO
FTA 혜택 없음(MFN 그대로)	두 세율 중 더 높은 세율을 선택 - 수출국 MFN 관세율 - 수입국 FTA 일반 특혜세율

▼

최종 적용 세율 = 상호대응세율

단, 협정에서 완전히 양허(혜택 제외)된 품목은 상호대응세율 대상에서 아예 제외된다.

4. 적용 국가 현황

2016년 발효된 한-아세안 FTA 상품협정 3차 개정 의정서에 따라, 일부 아세안 회원국과의 무역 관계에서는 상호주의 권리를 영구적으로 포기하기로 합의했다.

이에 따라 브루나이, 라오스, 말레이시아, 미얀마, 싱가포르, 베트남은 상호대응 세율 적용 대상에서 완전히 제외되어, 해당 국가와의 교역에서는 상호주의 관세 조치가 더 이상 활용되지 않는다. 반면, 상호주의 관세가 현행 적용되고 있는 국가는 필리핀, 인도네시아, 태국, 캄보디아의 4개국이다. 이들 국가는 특정 민감 품목에 대해 여전히 상호대응세율을 설정하고 있으며, 이를 통해 양국 간 관세 균형과 자국 산업 보호를 병행하고 있다.

특히, 우리나라와 베트남은 오랫동안 상호주의를 적용해 왔으나, 2023년 11월 28일 부로 적용을 종료하며 기존 영구 포기 국가 목록에 포함되었다. 그 결과 현재 상호대응 세율 제도는 아세안 내에서 소수 국가만을 대상으로 운영되고 있으며, 이는 무역 상대국별 관세 정책 차이를 줄이고, 협정의 안정적인 이행을 위한 조치로 풀이된다.

5. 국가별 적용 현황[99]

가. 인도네시아

우리나라가 인도네시아에 대해 상호대응세율을 적용하는 품목은 총 98개이며, 주로 자동차와 자동차부품, 주류, 일부 수산물, 목재류가 포함된다. 자동차 품목에는 이륜차, 승용차, 화물차 등이 있으며, 수산물에서는 한천, 새우, 바닷가재 등 다양한 품목이 대상으로 지정되어 있다. 목재류에서는 합판, 섬유판, 파티클보드 등 가공목재 제품이 포함된다.

반면, 인도네시아가 우리나라에 대해 상호대응세율을 적용하는 품목은 무려 793개에 달한다. 여기에 합성수지, 폴리프로필렌, 폴리에스터사 등 플라스틱 소재와 섬유사, 곡물가루(옥수수 등), 인삼류, 장류(된장 등), 배와 같은 농산물, 김과 기타 어류, 어류 통조림, 수산 가공품, 합판 등 목재제품이 광범위하게 포함된다.

이러한 규모 차이는 인도네시아가 상호대응세율을 전략적으로 폭넓게 활용하고 있음을 보여준다.

나. 캄보디아

캄보디아의 경우, 우리나라가 상호대응세율을 적용하는 품목은 없다. 그러나 캄보디아는 우리나라에 대해 총 482개 품목에 상호대응세율을 부과하고 있다. 주요 품목에는 섬유사, 의류, 기계요소, 정밀화학원료와 같은 공산품이 포함되며, 농산물에서는 딸기, 포도, 사과, 배 등 다양한 과일류와 사료, 주류, 농산가공품 등이 대상이 된다. 수산물에는 게, 김, 조개, 새우, 오징어 등 광범위한 품목이 지정되어 있으며, 임산물로는 합판과 섬유판이 있다. 이러한 구성은 캄보디아가 농식품과 수산물, 공산품 등 대부분 분야에서 한국에 관세를 유지해 시장 보호를 도모하고 있음을 나타낸다.

---

99) 「자유무역협정의 이행을 위한 관세법의 특례에 관한 법률 시행령 제2조 제5항의 규정에 의한 상호 대응세율표」(기획재정부고시 제2022-12호, 2022.4.15.)를 참조하여 재구성

다. 태국

태국은 한국으로 수입하는 일부 품목에 대해 FTA 특혜관세 적용을 제한하고 상호대응세율을 적용한다.

대표적으로 커피와 커피 함유 제품, 커피·차·마테 추출물로 만든 생산품과 팜유, 야자유, 바바수유 등 각종 식물성 유지가 포함된다. 또한 합성고무 제품, 비금속 장신구, 이동수단의 엔진 부품, 신차 및 중고차, 화물자동차, 냉동차, 탱크, 오토바이 등 자동차 관련 품목에도 광범위하게 상호대응세율을 부과하고 있다. 특히 자동차 분야에서 태국과 한국의 민감도가 높아 관세를 상호 유지하는 구조가 지속되고 있다.

라. 필리핀

필리핀은 한국산 물품 중 일부에 대해 상호대응세율을 적용하며, 대표적인 품목으로 커피, 팜유, 차가 있다. 이 품목들은 필리핀이 자국 산업을 보호하기 위해 관세를 유지하는 핵심 농산물·가공품에 해당하며, 한국이 필리핀의 민감품목과 대응하는 방식으로 관세를 부과하는 구조를 형성한다. 따라서 필리핀과의 교역에서 해당 품목을 수출하는 경우에는 한-아세안 FTA 외에 다른 FTA(예: RCEP)를 병행 검토하여 관세 부담을 줄이는 전략이 필요하다.

6. 상호주의 제도와 RCEP 활용 비교 및 수출 시 유의 사항: 샴푸 사례

다음과 같은 사례(가정)가 있다고 한다. A사는 그동안 베트남에 샴푸를 수출하며 한-아세안 FTA 원산지증명서(Form AK)를 활용해 왔다. 최근에는 태국과도 수출계약을 체결했는데, 샴푸는 우리나라에서 민감품목으로 분류되어 한-아세안 FTA 기준 관세율 5%가 적용된다.

원래 태국은 샴푸를 일반품목으로 보고 있어 무관세가 가능하지만, 상호주의 규정에 따라 한국산 샴푸에도 동일한 5% 관세를 부과한다.

그러나 RCEP(역내포괄적경제동반자협정)에서는 샴푸에 0% 관세가 적용되기 때문에, 태국 수출 건에서는 RCEP 원산지증명서를 발급하는 것이 훨씬 유리하다. 이는 동일 품목이라도 FTA 협정별 관세율이 다르고, 상호주의 제도에 따라 관세우대 혜택이 제한될 수 있음을 보여주는 사례다.

이와 관련하여, 수출 시 다음 사항에 반드시 유의해야 한다.

- 한국의 민감품목은 상대국에서 상호대응세율을 적용할 가능성이 높으므로, 각 협정별 관세율을 사전에 확인할 것
- 수입국 바이어와 HS코드(품목분류) 및 신고 방법을 상세히 협의하여 서류 오류를 예방할 것
- 원산지증명서 발급이나 신고 오류로 FTA 혜택을 받지 못하면 MFN 관세율(예: 20%)이 적용되어 가격 경쟁력이 급격히 악화될 수 있음.
- 특히 태국의 경우 샴푸·린스 등 화장품류에서 실제로 상호주의 관세가 적용된 사례가 존재하므로 주의 필요

결론적으로, 수출 기업은 품목별로 최적의 FTA 협정을 선택하고, 상호주의 관세 구조를 정확히 이해해야 불필요한 관세 비용을 줄일 수 있다.

[아세안] 원산지 결정 기준 체계 구성

한-아세안 FTA의 원산지 결정 기준은 역내 생산품이 협정상의 관세 혜택을 받을 수 있는지를 판정하는 중요한 규정이다. 해당 기준은 협정 제5조(원산지 규정), 부속서 3(원산지 규정), 그리고 「FTA 관세법 시행규칙」 별표 3에 구체적으로 명시되어 있다. 이 규정들은 물품의 생산 과정과 원재료의 출처를 분석하여 최종 제품이 FTA에서 인정하는 '역내산 상품'인지 여부를 판단하는 기준을 제공한다.

1. 원산지 결정 원칙

한-아세안 FTA는 모든 품목에 동일한 방식의 품목별 기준을 두는 것이 아니라, 원산지 결정의 일반원칙을 우선 적용한다. 일반원칙은 4단위 세번변경기준과 RVC 40% 이상으로 구성되며, 이 두 가지 중 하나를 선택하여 원산지를 판정할 수 있다. 이러한 선택 방식은 수출입 기업의 생산공정과 비용 구조에 맞춰 유연하게 대응할 수 있다는 장점이 있다.

일반원칙 외에 일부 품목은 별도의 품목별 원산지기준을 적용한다. 한-아세안 FTA는 총 732개 품목을 PSR 대상으로 지정하고 있다. PSR은 해당 품목의 특성과 생산공정의 현실을 반영해 별도의 세번변경 규정, 부가가치 비율, 또는 특정 공정요건을 설정한다. 예를 들어 화학제품이나 전자부품 등 일부 품목은 HS 6단위 기준으로 세번을 변경하도록 요구하거나, 특정 원재료를 반드시 역내에서 제조·가공해야 한다고 명시한다.

따라서 PSR이 명시된 품목은 일반원칙보다 우선하여 해당 기준을 충족해야 원산지로 인정된다.[100]

---

100) 한-아세안 FTA에서는 기본적으로 세번변경 기준(CTH, HS 4단위), 역내부가가치 기준(RVC ≥ 40%) 중 하나를 선택하여 원산지를 판정할 수 있다. 하지만 어떤 품목이 PSR(품목별 원산지기준)에 포함되어 있다면, 더 이상 일반원칙을 선택할 수 없으며 반드시 PSR 기준을 충족해야 한다.

2. 다른 FTA와의 차이점

다수의 다른 FTA, 예를 들어 한-EU FTA나 한-미 FTA에서는 모든 품목에 품목별 원산지기준을 설정하고 있다. 이 경우 각 품목별로 세세한 기준을 반드시 확인해야 하며, 일반원칙이 적용되는 경우는 거의 없다. 반면 한-아세안 FTA는 "부분 PSR + 일반 기준 선택" 방식으로 운영된다. 즉 일부 품목만 PSR을 두고, 나머지 품목은 HS 4단위 세번변경이나 역내부가가치 40% 기준 중 기업이 선택 가능하다.

3. 적용 시 유의 사항

한-아세안 FTA의 원산지 판정을 위해서는 해당 품목이 일반원칙 적용 대상인지, 또는 PSR 적용 대상인지 여부를 먼저 확인해야 한다. 협정문과 관세청 고시에서 정한 HS 코드별 기준을 정확히 검토해야 하며, 생산공정 및 원재료 구입 내역을 증빙할 수 있는 문서가 필수적이다.

PSR 품목의 경우 일반원칙보다 세부 요건이 까다로울 수 있으므로, 사전에 원산지 판정 시뮬레이션을 해보는 것이 바람직하다.

04-03 [아세안] 불인정공정 규정의 주요 특징

한-아세안 FTA의 불인정공정 규정은 품목별 구분이 명확하며 특히 섬유·의류류에 대해서는 세부적인 제한 공정을 상세히 나열하고 있다. 실무에서는 단순·경미한 가공이 원산지 인정 대상에서 제외된다는 점을 반드시 유념해야 하며, 이를 입증할 수 있는 자료 확보와 체계적인 판정 절차가 필수적이다.

1. 일반품목과 섬유류의 불인정공정 구분

한-아세안 FTA는 불인정공정을 규정하는 방식에서 다른 FTA와 달리, 일반품목과 섬유·의류류 품목(HS 제50류~제63류)을 구분하여 각각 별도의 규정을 두고 있다.

- 일반품목: 협정문 부속서 3 제8조에서 규정하며, 제품의 본질적 특성에 거의 영향을 주지 않는 단순 작업이나 경미한 공정을 원산지 인정 대상에서 제외한다.
- 섬유·의류류 품목: 부속서 3 부록 3(부속서 3에 대한 해석 주석) 제2조에서 별도로 규정하며, 원산지 판정 시 섬유산업의 특성과 민감성을 반영해 보다 상세하고 엄격한 불인정공정을 명시한다.

이러한 구분은 섬유와 의류 산업이 다른 제조업과 달리 원재료 사용, 공정 방식, 국제 가격 경쟁력에서 특수한 성격을 가지며, 특히 단순 작업으로 원산지 지위를 부여받는 편법을 방지하려는 의도를 반영한 것이다.

2. 섬유·의류에 대한 구체적 불인정공정 유형

부속서 3 부록 3의 내용은 다음과 같다.

1. 역내부가가치기준 계산방식

부속서 3 제5조의 목적상, 부록 2에 상세된 상품의 역내부가가치는 부속서 3 제4조의 2항에 규정된 공식에 따라 계산된다.

2. 섬유 및 의류에 대한 불인정공정

제50류 내지 제63류 상품의 원산지 지위 판정의 목적상, 상품은 다음의 공정이 당사국의 영역에서 그 자체로만 수행된 경우에는 역내부가가치기준 및 세번변경기준을 포함한 제5조(품목별 원산지 기준)의 요건이 충족되었는지 여부와 관계없이, 그 당사국의 원산지 상품으로 간주되지 아니한다.

가. 단순 결합 공정, 라벨링, 다림질 또는 프레싱, 세탁 또는 드라이크리닝, 또는 포장 공정, 또는 이들의 결합
나. 종횡 제단 및 끝단 봉제, 특정 상업 목적으로 의도된 것으로 즉시 식별가능한 직물의 스티칭 또는 오버로킹
다. 끈, 밴드, 구슬, 코드, 고리 그리고 아이랫과 같은 장식품을 깁고, 누비고, 잇고 부친 트리밍 그리고 또는 결합
라. 탈색, 방수, 디케이팅, 줄임, 머서라이징, 또는 단지 최종 공정을 수행할 목적의 유사한 공정
마. 자수 상품의 전체 면적의 5% 미만에 해당하는 자수 또는 자수 상품의 총 중량 5% 미만에 해당하는 자수

3. 농산물 및 원예상품

수출 당사국의 영역에서 재배된 농산물 및 원예상품은 비 당사국의 영역에서 수입된 씨, 봉우리, 대목, 잘라진 가지, 접지 또는 다른 식물의 살아있는 부분으로부터 재배되었다 하더라도 그 당사국의 영역의 원산지 상품으로 취급된다.

4. 양식 수산물

수출 당사국의 영역에서 길러진 수산물은 보통 플랑크톤, 알테미아와 같은 시원 사료로 사육된 알, 치어, 유어, 새끼뱀장어 또는 새끼굴로부터 길러졌다 하더라도 그 당사국 영역의 원산지 상품으로 취급된다.

섬유 및 의류류 품목에 대해서는 PSR(품목별 원산지 기준) 충족 여부와 무관하게 다음과 같은 공정들은 원산지로 인정되지 않는다.

- 단순 결합 및 부착: 의류 부품 또는 소재를 단순히 조립하거나 라벨·부착류를 덧붙이는 작업
- 외형 단순 정리: 다림질, 세탁, 단순 포장 등 외형을 정돈하는 작업
- 재단 및 봉제 제한: 원단을 한 방향으로 절단 후 가장자리만 봉제하는 단순 시공
- 소규모 장식 작업: 전체 면적 또는 중량의 5% 미만에 해당하는 자수·장식 부착
- 표면 마무리 작업: 제품 색상이나 기능을 변화시키지 않는 수준의 탈색, 단순 방수처리

이러한 공정들은 제품의 본질적 성질·기능을 변형하지 않는 가벼운 작업에 불과하기 때문에, 역내산 요건을 충족한다고 보기 어렵다.

따라서 섬유·의류 분야의 원산지 인정 여부 판단에서는 공정의 복잡성, 부가가치 기여도, 기능적 변화의 정도가 핵심 기준이 된다.

04-04 [아세안] 공정누적을 활용할 수 있는 경우

1. 원산지 인정의 누적 기준

한-아세안 FTA 제7조와 「FTA 관세법 시행규칙」에서 규정하는 '원산지 인정의 누적 기준'은 해당 협정의 원산지 기준을 충족하는 수입 재료에 적용된다. 즉, 어느 한 당사국에서 생산되어 원산지 요건을 충족한 상품이 다른 당사국에서 최종재 생산의 재료로 사용되었을 경우, 그 최종재는 가공이나 작업이 발생한 해당 당사국의 원산지 상품으로 간주된다. 이는 역내 생산과 자원의 활용 범위를 확대하기 위해 마련된 규정이다.

2. 누적의 유형과 적용 범위

한-아세안 FTA에서는 다자 누적과 재료 누적이 모두 인정된다. 다자 누적은 당사국 중 한쪽 또는 양쪽이 다수 국가로 구성된 경우(1+n 체계)에도 적용 가능하다.

한-아세안 FTA의 '다자 누적'과 '재료 누적' 적용 예시

태국의 한 의류 제조업체가 베트남에서 생산된 면직물(원단)을 수입하여 최종적으로 티셔츠를 생산하는 상황을 가정해 보자. 이때 베트남에서 생산된 면직물은 한-아세안 FTA의 원산지 기준을 충족한 역내산 원재료로 인정된다. 태국 제조업체는 이 베트남산 원단을 사용하여 재단과 봉제 등의 공정을 수행한 뒤 최종 완제품인 티셔츠를 생산하게 된다. 이 과정에서 한-아세안 FTA의 재료 누적 규정이 적용되면, 태국은 베트남산 면직물을 비원산지 재료가 아니라 역내산 원재료로 간주할 수 있다.

그 결과 최종 제품인 티셔츠의 원산지를 판정할 때 비원산지 재료 사용 비율이 증가하지 않으며, 태국에서 이루어진 가공만으로도 최종 제품이 태국산 원산지 상품으로 인정될 수 있게 된다. 즉, 베트남에서 생산된 면직물이 태국에서의 생산 과정에 '누적'되어 태국의 원산지로 함께 계산되는 것이다.

이러한 누적 적용 덕분에 아세안 여러 국가에서 생산된 원재료와 공정이 하나의 생산 체계로 통합되어, 최종 제품이 FTA 특혜를 받을 수 있는 가능성이 크게 높아진다.

따라서 아세안 내 개별 국가에서 생산된 원재료가 역내 다른 국가의 최종물품 생산 과정에서 사용되는 경우, 누적 기준을 통해 해당 원재료를 생산국뿐 아니라 최종물품 생산국의 원산지 재료로 간주할 수 있다.

3. 공정누적의 인정 범위

한-아세안 FTA에서 공정누적은 원칙적으로 인정되지 않는다. 여기서 공정누적이란, 특정 제품의 생산 과정에서 여러 국가에서 수행한 개별 공정을 합산하여 원산지 기준 충족 여부를 판단하는 제도를 말한다. 예를 들어 의류를 생산하는 경우, 원료의 재배·원사 제조·편직·재단·봉제 등을 서로 다른 국가에서 나누어 수행했을 때, 이러한 개별 공정들을 모두 역내 공정으로 합산하여 하나의 원산지 판정 근거로 삼는 것이 공정누적이다.

그러나 한-아세안 FTA에서는 이러한 방식이 일반적으로 허용되지 않으며, 각 품목은 협정에서 정한 원산지 기준(PSR)에 따라 개별적으로 판정된다. 다만, 품목별 원산지 기준(PSR)이 명시적으로 공정누적을 허용하는 경우에는 예외적으로 적용이 가능하다.

대표적인 사례로 제61류(의류) 제품을 들 수 있다.

[상품무역협정 부속서 3 부록 2(PSR)]

제61류 의류와 그 부속품(메리야스 편물이나 뜨개질 편물로 한정한다)	
61.01	다른 류에 해당하는 물품이 제61.01호에 해당하는 물품으로 변경된 것, 다만 그 상품이 어느 당사국 영역에서든 재단 및 봉제된 것에 한한다. 또는 역내가치포함비율이 상품의 FOB 가격의 40% 이상인 것 Change to Heading 61.01 from any other Chapter, provided that the good is both **cut and sewn in the territory of any Party**; or A regional value content of not less than 40 percent of the FOB value of the good

[FTA 관세법 시행규칙 별표 4]

제61류 의류와 그 부속품(메리야스 편물이나 뜨개질 편물로 한정한다)	
제61류	다음 각 호의 어느 하나에 해당하는 것으로 한정한다. 1. 다른 류에 해당하는 재료로부터 생산된 것. 다만, 체약당사국의 영역에서 재단 및 봉제의 방법으로 가공한 것으로 한정한다. 2. 40퍼센트 이상의 역내부가가치가 발생한 것

협정문에서는 제61류 의류의 원산지 기준에 따라 재단과 봉제 공정을 한 국가에서만 수행해야 하는 제한을 두지 않고, 역내의 어느 당사국에서든 수행된 경우 이를 모두 인정한다. 즉 "cut and sewn in the territory of any Party…"라는 문구를 통해, 재단 과정이 베트남에서 이루어지고 봉제 과정이 인도네시아에서 완성된 경우에도 해당 제품은 역내 원산지 제품으로 인정된다. 이는 역내 다양한 국가의 생산능력과 인프라를 효율적으로 활용할 수 있도록 해주며, 제품 생산을 보다 유연하게 설계할 수 있게 한다.

예를 들어, 한-아세안 FTA 체결 이후 한국 기업이 역내 생산 네트워크를 활용하여 의류를 생산한다고 가정하자. 원단은 태국에서 제직하고, 재단은 베트남에서, 봉제는 캄보디아에서 수행하는 방식이다. 이러한 경우 각 공정이 모두 역내 당사국에서 이루어 졌기 때문에 공정누적 규정을 적용하면 최종 제품은 해당 협정의 원산지 요건을 충족 하게 된다. 그 결과 역내 생산된 원산지 제품으로 인정되어 아세안 회원국이나 한국으로 수출될 때 관세혜택을 받을 수 있다.

그러나 이러한 공정누적 예외는 모든 품목에 적용되는 것이 아니라, 반드시 협정서의 품목별 원산지 기준에서 허용 여부를 확인해야 한다. 대부분의 제조업 품목에서는 개별 원산지 판정이 엄격히 적용되므로, 여러 국가에서 나누어 수행한 가공을 단순히 합산하여 원산지로 인정받을 수는 없다. 따라서 기업은 수출입 계획을 세울 때 해당 품목이 공정누적 적용 대상인지 여부와 적용 가능한 공정 범위를 사전에 검토하는 것이 필수적이다.

4. 입증 서류와 누적 적용을 위한 조건

누적을 적용하기 위해서는 신뢰할 수 있는 원산지증빙서류가 반드시 필요하다.

기본적으로는 협정상의 원산지증명서(Form AK)가 해당된다. 그러나 「아세안 회원국과의 자유무역협정」 부속서 3(원산지규정) 제7조 및 「FTA 관세법 시행규칙」 별표4 제2항 가목[101]에서 정하고 있는 '원산지 인정의 누적 기준'은 해당 협정의 원산지 기준을 충족하는 수입 재료에 대해 적용하는 것인 바, 동 협정(한-아세안 FTA)의 누적 기준 적용을 위한 수입 재료의 원산지증빙서류는 '동 협정상의 원산지증명서 (Form AK) 외에 협정상의 원산지 기준이 충족됨이 확인되는 신뢰할 수 있는 서류'도 원산지증빙서류로 볼 수 있다.

단, 서류의 신뢰성과 원산지 기준 충족 여부가 명확해야 하며, 관세청이나 관련 기관에서 검증이 가능해야 한다.

---

101) 2. 원산지결정에 관한 보충적 기준
　　가. 원산지인정의 누적기준
　　제1호 가목부터 다목까지를 적용할 때 어느 하나의 체약당사국에서 생산되는 물품의 재료가 다른 체약당사국을 원산지로 하는 경우 해당 물품을 생산한 체약당사국을 그 재료의 원산지로 본다.

04-05 [아세안] 중간재 활용 가능 여부

1. 협정 규정과 국내법상의 중간재 적용 근거

한-아세안 FTA 협정문 자체에는 중간재 규정이 별도로 명시되어 있지 않다. 그러나 「FTA 관세법 시행규칙」 별표 4에서는 "중간재의 원산지 결정은 싱가포르 협정(별표 2의 제2호 마목)을 준용한다."라고 규정하고 있다. 이는 협정에 없는 세부 규정을 국내법으로 보완하여 운용하는 사례이다.

2. 원산지결정에 관한 보충적 기준

라. 중간재의 원산지결정
  별표 2의 제2호 마목을 준용한다.

별표2 : 싱가포르와의 협정에 따른 원산지결정기준(제4조 제2호 관련)

마. 중간재의 원산지결정
  다목 1)에서의 역내 부가가치의 비율을 산정할 때 중간재는 그 중간재를 생산할 때 비원산지 재료가 사용된 경우에도 그 중간재 전체를 원산지 재료로 본다. 다만, 그 중간재가 이 규칙에 따라 원산지 재료로 인정되는 경우에 한정한다.

중간재 적용 범위	○ "생산에 사용된 모든 자체생산 재료"이다. 즉, 자가생산품만 적용 범위다.
중간재 지정 의무	○ 수직적 공정 시 중간재 1회만 허용 : 원산지결정기준이 부가가치기준일 경우 자가생산재료 생산에 사용된 재료를 다시 중간재로 지정 불가[102]
가격 계상 기준	○ 제조원가+일반경비, 이윤

---

102) 한-싱가포르 FTA 중간재(intermediate materials) 규정 : 상품의 생산자는 역내가치포함 비율의 산정의 목적상 그 생산에 사용된 모든 자체 생산 재료를 중간재로 지정할 수 있다.

2. 협정과 국내 규정의 관계

한-아세안 FTA 부속서 3의 부록 1(원산지증명 운영절차 규정) 제17조(특혜관세 대우의 부인)는 원산지규정(부속서 3)의 요건을 충족하지 않거나, 원산지증명 운영절차(부록 1)의 요건을 만족하지 못한 경우에 대해 규정하고 있다. 이 조항에 따라 수입국은 자국의 법령과 규정에 따라 특혜관세 적용을 거부하거나 이미 감면된 관세를 추징할 수 있다. 즉, 협정관세의 최종 적용 여부는 규정상 수입국의 재량과 판단 권한에 속한다.

또한 부속서 3 제1조(정의)에서는 "원산지 상품"을 해당 부속서 규정에 따라 원산지 자격을 갖춘 생산품 또는 재료로 정의하며, 여기서 말하는 "재료"에는 원료, 원재료, 부품, 부분품, 하위 조립품 등 생산 과정에서 사용되는 모든 형태의 중간재가 포함된다. 이는 협정문에서 생산품뿐만 아니라 생산에 투입된 재료와 부품까지 폭넓게 원산지 판정의 대상에 포함하고 있음을 의미한다.

결국 협정문과 국내 규정은 상호 보완적인 관계를 가진다. 협정은 기본적인 원산지 판정 및 적용 원칙을 정하고, 국내 규정은 이를 실제 운용 단계에서 구체화하여 세부 절차를 마련한다.

따라서 국내 규정에서 싱가포르 협정의 중간재 판정 규정을 준용한다고 하더라도, 이는 협정의 틀 안에서 이루어지는 해석 및 운용의 범위에 속한다고 볼 수 있다.

3. 협정과의 상충 여부

「FTA 관세법 시행규칙」상의 중간재 규정은 협정의 내용을 강화하거나 변경하는 규정이 아니며, 협정과 상충하는 성격을 가지지 않는다. 따라서 협정에 중간재 규정이 명시되지 않았다고 해서 국내법에서 중간재 규정을 둘 수 없다는 것은 아니다.

타 FTA 협정에서도 일반적으로 중간재를 인정하고 있으며, 한-아세안 FTA에서도 국내 규정에 근거하여 적용이 가능하다.

4. 적용 시 유의 사항

비록 국내법에 따라 중간재를 인정하더라도, 상대국에서 이를 받아들이지 않을 경우 문제가 발생할 수 있다. 예를 들어 싱가포르가 우리나라에서 중간재를 적용하여 수출하는 물품에 대해 협정관세를 배제한다면, 수출업체가 이를 구제할 법적 근거가 없다.

[예시] 상대국 미인정으로 인해 중간재 적용이 부인된 경우

한국 A기업은 기계 부품을 한-아세안 FTA에 따라 싱가포르로 수출하면서, 자가생산 부품(중간재)을 싱가포르 FTA 방식으로 지정해 역내가치비율(RVC)을 충족하는 것으로 계산하였다. 그러나 싱가포르 세관은 해당 중간재가 실제로 원산지 기준을 충족했는지, 중간재 지정이 협정문 자체에 명시되어 있지 않은 점, 중간재 지정으로 인해 RVC가 과도하게 상승한 점 등을 이유로 중간재 지정을 인정하지 않았다. 그 결과 특혜관세 적용이 거부되고 이미 감면된 관세 전액을 추징당하며 원산지 오판에 따른 과태료까지 부과되는 문제가 발생하였다.

이 사례는 협정문에 중간재 규정이 없고 국내법에서만 보완 규정을 둔 경우, 상대국 해석이 다르면 수출자가 직접 피해를 입을 수 있음을 보여주는 대표적 사례이다.

따라서 기업은 상대국 세관의 해석과 관세 적용 가능성을 반드시 사전에 확인해야 한다.

04-06 [아세안] 직접운송 규정에 세관통제요건이 없는 이유

한-아세안 FTA 협정문에는 세관통제요건을 명시적으로 기재하지 않고 직접운송의 기본 개념과 원산지 유지 의무만을 두었다.

[부속서 3] 제9조 직접운송

1. 특혜 관세 대우는 이 부속서의 요건을 충족하고, 수출 당사국과 수입 당사국 영역 간에 직접 운송된 상품에 적용된다.
2. 제1항의 규정에 불구하고, 상품이 수출 당사국 및 수입 당사국 영역이 아닌 하나 또는 그 이상의 경유하는 제3국을 경유하여 운송되더라도, 다음을 조건으로, 직접 운송된 것으로 간주한다.
   가. 그 경유가 지리적 이유로 또는 오직 운송 요건에만 관련된 고려에 의하여 정당화될 것
   나. 그 상품이 경유국에서 거래 또는 소비되지 아니하였을 것, 그리고
   다. 그 상품이 하역, 재선적 또는 그 상품을 좋은 상태로 유지하는데 요구되는 공정 외의 어떠한 공정도 거치지 아니하였을 것

그 이유는 크게 세 가지로 구분할 수 있다. 그러나 세관통제요건이 협정문에 없다고 해서, 제3국을 경유하는 물품이 자유롭게 취급될 수 있다는 의미는 아니다. 제3국에서 보세구역을 벗어나는 경우라도, 원산지 유지와 변질 방지에 대한 명확한 증빙이 없으면 협정 혜택을 받을 수 없다. 따라서 실무적으로는 운송 경로를 입증하는 절차가 필수적이다.

1. 물류 및 운송 현실 반영

아세안 지역의 운송 네트워크는 지리적·경제적 특성상 다수의 제3국을 경유하는 복잡한 형태를 띠고 있다. 특히 해상 운송의 경우 허브 항만(예: 싱가포르, 말레이시아 포트클랑)을 중간 기착지로 활용하는 경우가 많다. 모든 경유 단계에서 물품을 보세구역에만 보관하거나 동일한 수준의 세관 감독을 의무화할 경우, 현실적으로 상당한 물류 지연과 추가 비용이 발생할 수 있다. 이러한 비효율은 회원국 간 상품 교역 확대라는 FTA의 본래 목적에 반하게 된다.

따라서 한-아세안 FTA에서는 물류 경유의 유연성을 보장하려고 세관통제요건을 협정문에서 제외하였다.

2. 회원국 간 제도 차이

아세안 각국의 세관 규정 및 보세창고 제도는 법률 구조와 행정 집행 방식에서 차이가 크다. 예를 들어, 일부 국가는 보세구역 관리가 엄격하며 모든 입·반출 기록을 실시간으로 관리하는 반면, 다른 국가는 제도적 장치가 상대적으로 느슨하고 보세창고 개념이 제한적으로 운영된다.

만약 모든 회원국에 동일한 세관통제요건을 강제하면, 제도적·인프라적 기반이 부족한 국가에는 과도한 규제 부담이 생겨 협정의 균형성을 훼손할 가능성이 있다. 이 때문에 협정문에서는 각국이 자국의 법과 환경에 맞는 방식으로 직접운송 요건을 증명하도록 하고, 세관통제라는 구체적 조건을 배제하였다.

3. 협상 당시의 합의

한-아세안 FTA의 원산지·운송 규정은 여러 회원국의 상태를 타협한 결과물이다. 협상 과정에서 직접운송의 핵심이 '원산지가 운송 과정을 거쳐도 변질되지 않도록 유지하는 것'이라는 점에 동의하였고, 이에 대한 입증 의무를 명시하는 수준에서 합의가 이루어졌다.

세관통제 여부는 각국의 실무와 증빙 절차를 활용해 판단하도록 하고, 구체적인 운영 방식이나 조건은 협정문에 포함시키지 않는 것이 FTA 체결의 속도를 높이고 회원국 간 이행 가능성을 높인다고 판단하였다.

이로 인해 협정문에는 세관통제 의무 조항이 명시되지 않았으며, 대신 운송 경로 및 상태를 증명하는 문서 제출 의무로 대체하는 방식이 채택되었다.

[아세안] 연결 원산지증명서 도입 이유 및 내용

한-아세안 FTA는 연결 원산지증명서 제도를 도입하였다. (OCP 제7조) 그리고 상품무역협정 발효일과 동일자인 2007년 6월 1일 「대한민국과 동남아시아국가연합 회원국 정부간의 포괄적 경제협력에 관한 기본협정 하의 상품무역협정 당사국들간의 연결원산지증명서에 관한 양해각서[103]」도 발효되었다.

> 대한민국과 동남아시아국가연합 회원국 정부 간의 포괄적 경제협력에 관한 기본협정 하의 상품무역에 관한 협정(이하 "상품무역협정")의 당사국들은 연결원산지증명서에 대하여 아래 사항을 양해하였다.
>
> 1. 상품무역협정 부속서3과 부속서3의 부록1의 규정은 연결원산지증명서 약정의 이행에 적용된다.
> 2. 상품무역협정 하의 대한민국과 동남아시아국가연합 회원국 간의 무역을 점검하기 위한 목적상, 상품무역협정 부속서 3의 부록1에서 규정된 연결원산지증명서를 발급한 발급기관은 수입당사국 관세당국의 요청에 따라 당해 관세당국에 연결원산지증명서에 관한 정보를 제공하여야 한다.
> 3. 수입당사국 관세당국의 요청이 있는 경우, 중간 경유 당사국의 발급기관은 최초 수출자, 최종 수출자, 참조번호, 상품명, 원산지 국가, 양륙항과 같은 최초 원산지증명서에 관한 정보를, 요청을 받은 일자로부터 30일 이내에 제공하여야 한다.
> 4. 이 양해각서는 상품무역협정과 동일한 일자에 발효하고 상품무역협정의 불가분의 일부로 다뤄져야 한다.

1. 연결 원산지증명서(Back-to-Back Certificate of Origin)의 의미

연결 원산지증명서는 한-아세안 FTA 체결국에서 수입된 물품을 그대로 다른 FTA 체결국으로 재수출할 때 발급되는 특별한 원산지증명서이다.[104] 이 증명서는 재수출 국가가 최초 수출국에서 발급한 원산지증명서를 근거로 작성하여, 원산지가 동일함을 보증한다. 이를 통해 원산지 국가에서 바로 수출하지 않았더라도 해당 물품이 FTA

---

103) [발효일 2007.6.1.] [고시 제2007-632호, 2007.11.29., 제정] 이 양해각서는 상품무역협정과 동일한 일자에 발효하고, 상품무역협정과 불가분의 일부로 다루어지고 있다.
104) "연결원산지증명서"라 함은 최초 수출 당사국이 발행한 원산지증명서를 근거로 경유하는 수출 당사국에 의하여 발행되는 원산지증명서를 말한다(OCP 제1조, 정의).

특혜관세를 받을 수 있도록 한다.[105] 한-아세안 FTA에서는 이를 통해 역내 무역이 보다 원활히 이루어지도록 제도적으로 지원하고 있다.

2. 연결 원산지증명서가 한-아세안 FTA에 규정된 이유

연결 원산지증명서가 한-아세안 FTA에 규정된 이유는 아세안 역내 무역 구조와 물류 경로의 특수성 때문이다. 즉, 아세안 지역에서는 특정 국가에서 생산된 물품이 다른 아세안 허브를 거쳐 최종 수입국에 도착하는 경우가 매우 많아 직접운송원칙만으로는 거래 현실을 반영하기 어렵다. 그래서 원산지 규정의 예외로 '연결 원산지증명서' 제도를 특별히 도입한 것이다.

구분	아세안 FTA 특성	다른 주요 FTA와 차이
지역 구조	10개 국가로 구성, 국가별 규모·물류 인프라 수준 차이가 큼	대부분 양자 또는 소수 국가 간 FTA로 경유 필요성이 적음
물류 경로	역내 허브(싱가포르, 말레이시아)를 통해 제품을 경유·재수출하는 경우 매우 많음	직접 운송 비중이 높아 경유 제도의 중요성이 상대적으로 낮음
경제 모델	중간 경유를 통한 재수출, 가공·조립 후 제3국 수출이 활발	제조·수출을 한 국가에서 완료 후 바로 수입국으로 운송
FTA 설계	여러 국가를 거치는 '다국적 공급망' 지원 필요	대부분의 FTA는 공급망이 단순해 직접운송원칙 유지 가능

3. 발급 요건

연결 원산지증명서는 직접운송원칙(원산지국에서 수입국까지 직접 운송해야 특혜관세 적용)을 예외적으로 인정하는 제도로, 다음 네 가지 요건을 모두 갖추어야 한다.

---

105) 연결 원산지증명서 제도는 중간 경유국을 거치더라도 FTA 혜택을 유지할 수 있게 하는 안전장치라 할 수 있다.

❶ 중간 경유국에서 수입 절차를 거칠 것: 재수출 전에 해당 물품이 중간 국가에서 정식으로 수입되어야 한다.

❷ 정당한 원산지증명서 원본 제출: 최초 수출국이 발급한 공식 원산지증명서 원본을 반드시 제출해야 한다.

❸ 수입자와 수출자가 동일할 것: 중간 경유국에서의 수입자와 재수출을 신청하는 수출자가 동일해야 한다.

❹ 수출자의 신청이 있을 것: 중간 경유국에서 수출자가 연결 원산지증명서 발급을 직접 요청해야 한다.

이러한 요건을 충족하면, 원산지와 증명서를 발급한 국가는 다른 경우라도 FTA 특혜관세가 적용 가능하다.

4. 작성 방법

연결 원산지증명서 발급 시에는 몇 가지 중요한 기재 규칙이 있다. 이 기재 규칙을 지켜야 해당 증명서가 유효하게 인정된다.

- 제7란: 최초 원산지증명서(C/O)의 발급 번호 및 참조번호를 기재한다.
- 제11란: 실제 원산지 제품의 생산국을 정확히 작성한다.
- 제13란: "Back-to-Back CO" 항목에 체크(√) 표시를 한다.

5. 연결 원산지증명서 유효기간

「FTA 관세법 시행령」 제6조는 일반 원산지증명서의 유효기간을 발급일로부터 1년으로 규정하지만, 연결 원산지증명서의 별도 기준은 명시하지 않고 있다. 이에 따라 관세청은 합의사항을 반영한 '한-아세안 FTA 연결 원산지증명서 확인 업무 지침' (2017.3.6.)을 제정·운용하고 있다. 즉, 한-아세안 FTA에서 연결 원산지증명서의 유효기간은 최초 원산지증명서 발급일로부터 12개월이며, 발급기관은 반드시 해당 날짜와 번호를 증명서 7번란에 기재해야 한다. 이 기준은 2016년 제23차 관세소위원회 합의 이후 관세청 지침으로 시행되고 있으며, 협정문 개정 전까지 지속 적용된다.

6. 정보 제공 의무

연결 원산지증명서를 발급한 기관은, 수입국 관세당국이 요청할 경우 해당 증명서와 관련된 모든 정보를 제공해야 한다. 이는 원산지 검증 및 FTA 특혜 적용의 투명성을 위해 필수적으로 요구되는 사항이다.

7. 복수 생산국 상품의 연결 원산지증명서 발급 가능 여부

가. 사례(가정)

아래와 같은 사례가 있다.

> 싱가포르 수출자가 자국에서 생산된 원산지 상품과 인도네시아, 말레이시아에서 생산된 원산지 상품을 함께 포함하여 하나의 연결 원산지증명서(Back to Back C/O)를 발급하는 경우, 해당 인도네시아 및 말레이시아 원산지 상품에 대해서는 각각의 최초 원산지증명서를 이미 보유하고 있다. 이러한 상황에서 단일 연결 원산지증명서로 복수의 생산국 상품을 포함하는 방식이 가능하나요?

제시된 사례는 싱가포르 수출자가 자국의 원산지 상품뿐 아니라, 인도네시아 및 말레이시아 원산지 상품을 포함하여 하나의 연결 원산지증명서를 발급하는 경우이다. 이때 인도네시아 및 말레이시아 원산지 상품에 대해서는 각각의 최초 원산지증명서를 보유하고 있지만, 문제는 하나의 연결 원산지증명서에 복수의 생산국을 병기하는 방식에 대해 체약당사국 간 구체적인 합의나 발급 지침이 마련되어 있지 않다는 점이다.

나. 제도적 판단

연결 원산지증명서와 일반 원산지증명서는 발급 목적과 절차, 표시 요건에서 차이가 있으며, 특히 하나의 증명서에 서로 다른 생산국 원산지를 동시에 기재하는 방법에 관한 규정은 협정상 부재하다. 따라서, 각 생산국별로 원산지를 명확히 구분하고 발급 절차를 준수하기 위해서는 복수 생산국 상품에 대해 하나의 연결 원산지증명서를 발급하기보다는, 생산국별로 개별 발급하여 상호 구분이 가능하도록 하는 것이 타당하다.

즉, 한-아세안 FTA의 현행 규정과 체약당사국 간 합의 수준을 종합적으로 고려했을 때, 싱가포르에서 인도네시아, 말레이시아, 싱가포르 원산지 상품을 포함한 단일 연결 원산지증명서 발급은 제도적으로 명확한 근거가 부족하다. 이에 따라 협정 요건 충족과 원산지 검증의 명확성을 위해서는 각 생산국별로 원산지증명서를 개별 발급하는 것이 필요하다고 판단된다.

8. "연결 원산지증명서"와 직접운송원칙의 양립 가능 여부

연결 원산지증명서의 발급 요건 중 중간국에서 "수입 절차를 거칠 것"이라는 조건이 실제로 직접운송원칙과 혼동을 유발하는 대표적인 원인이다. 이 차이를 명확히 이해하려면 '수입 절차'의 의미와 법적 취지를 먼저 구분해야 한다.

가. '수입 절차'의 의미

FTA 협정에서 연결 원산지증명서 발급 시 중간국이 요구하는 '수입 절차'는 원산지증명서 정보를 검증하고, 세관에 신고하여 해당 물품을 재수출할 수 있게 하는 행정 절차를 의미한다. 여기서의 '수입'은 중간국 내에서 상업적 거래(Ownership Change)를 동반하는 완전한 수입을 의미하지 않을 수 있다. 즉, 중간국에서의 '수입 절차'는 다음과 같은 경우를 포함한다.

- 보세창고 또는 자유무역지대(FTZ) 체계 하에서의 입·출고
- 수입신고 후 즉시 재수출을 위한 보세수입 형태
- 물품의 소유권은 변경되지 않고 원산지 검증 목적만 수행

나. 연결 원산지증명서 발급을 위한 '수입 절차'의 목적

연결 원산지증명서 발급 과정에서 중간국이 요구하는 '수입 절차'는 단순히 상품을 현지에서 소비하거나 상업적으로 거래하기 위한 것이 아니라, 주로 행정·통관 상의 목적을 달성하기 위해 이루어진다.

첫째, 수입 절차는 최초 수출국에서 발급된 원산지증명서와 물품의 일치 여부를 확인하고, 해당 증명서의 진위와 유효성을 검증하기 위해 필요하다. 이를 통해 해당 물품이 여전히 자유무역협정에서 규정한 원산지 기준을 충족하는지 확인할 수 있다.

둘째, 이러한 절차는 물품을 중간국에서 재수출할 수 있도록 법적으로 허용하고, 필요할 경우 물품을 분할 선적하거나 재포장하는 등의 물류 작업을 가능하게 한다. 이 과정에서도 물품의 원산지적 특성과 상태가 변경되지 않도록 관리된다.

셋째, 수입 절차를 거침으로써 해당 물품이 원산지 혜택을 유지한 채로 최종 수입국에 도착할 수 있도록 관련 기록과 증빙이 확보되며, 이를 통해 자유무역협정의 규정을 준수하고 차후 원산지 검증요청에 대비할 수 있다.

결과적으로, 연결 원산지증명서 발급을 위한 수입 절차는 상업 거래를 목적으로 하는 '완전한 수입'이 아니라, 원산지 검증과 재수출 절차의 합법적·효율적 수행을 위한 행정상 필요 과정이라고 할 수 있다.

다. 직접운송원칙과 양립 가능 여부: 가능

직접운송원칙은 제3국에서 거래, 소비, 실질적 가공이 없어야 한다는 조건이다. '수입 절차'가 있다는 사실만으로 이를 위반했다고 보지 않는 이유는 다음과 같다.

구분	직접운송원칙 위반 사례	직접운송원칙 유지 사례
중간국 동작	상업 거래 발생 / 소유권 변경 / 재제조·가공	단순 보세수입 → 재수출 / 소유권 동일 / 원산지 유지
원산지 상태	성질·특성 변경됨(가공, 제조 등)	발급 전·후 동일

결국, 중간국에서 수입 절차를 거친다고 해도 그 수입이 단순 원산지 검증 및 행정 처리 목적이라면, 직접운송원칙을 위반하지 않는 것이다.

연결 원산지증명서를 발급받기 위해서는 중간국에서 행정적 절차와 통관 과정을 거치더라도, 물품의 원산지가 변하지 않았고 상업적 거래가 이루어지지 않았음을 증명함으로써 직접운송원칙의 요건을 충족할 수 있다.

04-08 [아세안] 사후 적용에 대한 명시적 규정이 없는 이유

1. 한-아세안 FTA의 규정 상황과 다른 협정과의 차이

많은 FTA에서는 협정문에 사후 적용에 대한 명시적 규정을 포함하여, 수입 후 일정 기간 내 소급 신청이 가능하도록 하고 있다. 그러나 한-아세안 FTA의 경우 협정문에 이러한 명문화된 사후 적용 규정이 존재하지 않는다.

대신 '원산지 규정을 위한 원산지 증명 운영절차(OCP) 제7조'에 원산지증명서의 선적일로부터 1년 이내 소급 발급 규정만이 존재한다. 즉, 협정문에서는 사후 적용을 제도적으로 보장하지 않고, 원산지증명서 소급 발급 가능성만을 규정하고 있다. 이러한 구조는 한-베트남 FTA, 한-중 FTA 등 사후 적용 규정을 명시한 다른 협정과 구별되는 특징이다.

2. 규정 부재의 이유

한-아세안 FTA에서 사후 적용 규정이 협정문에 포함되지 않은 이유는 다음과 같이 해석할 수 있다.

- 첫째, 아세안 회원국은 각국의 통관 제도, 관세 환급 방식, 세관 전산 인프라 수준이 상이하여 통일된 사후 적용 절차를 협정 차원에서 설정하는 것이 어렵다.
- 둘째, 협정 체결 당시에는 회원국 간 합의를 이끌어내기 위해 가장 보편적이고 간단한 형태의 원산지증명서 요건만을 협정문에 담고, 사후 적용 여부는 각국 국내 법령과 행정해석에 위임하는 방향이 선택되었다.
- 셋째, 일부 아세안국가는 수입통관 시점에 원산지증명서 제출을 엄격히 요구하며, 이를 통한 사전 검증을 주요 통관 안전장치로 활용하고 있어, 협정문에 보편적 사후 적용 규정을 포함하는 데 부담이 있었던 것으로 추정된다.

3. 실무상 영향과 국가별 운영 현황

비록 한-아세안 FTA 협정문에 사후 적용 규정이 명시되어 있지 않지만, 한국, 말레이시아, 필리핀, 태국 등 일부 국가는 국내 법령을 통해 협정관세 사후신청 제도를 운영하고 있다. 그러나 캄보디아, 인도네시아, 미얀마 등과 같이 사후 적용 제도가 아예 없거나 매우 제한적인 국가가 있어, 협정 혜택을 받기 위해서는 반드시 수입통관 시 원산지증명서를 준비해야 하는 경우가 많다.

따라서 실무적으로는 거래 대상국의 사후 적용 가능 여부를 사전에 확인하고, 수입 시점에 특혜관세대우 신청 의사를 명확히 표시하며, 해당 국가의 요건에 맞춘 서류 준비가 필수적으로 요구된다.

아세안국가들의 협정관세 사후신청제도 현황

국가	신청 기간	신청 조건
캄보디아, 인도네시아, 미얀마	소급 기간	• 수입통관 시에 반드시 C/O가 제출되어야 함
브루나이	수입 후 1년 이내	• 특혜관세대우 소급신청에 대한 의사를 표시
라오스	수입 후 1년 이내	• 특혜관세대우 소급신청에 대한 의사를 표시 • 120%에 해당하는 예치금 담보
말레이시아	수입 후 1년 이내	• 수입 시 반드시 C/O 제출. C/O를 제출할 수 없는 경우, 사후(소급) 신청에 대한 의사표시를 하고 관세를 모두 지불 → 1년내 환급 요청
필리핀	수입일 후 6개월 이내	• 특혜관세대우 소급신청에 대한 의사를 표시 • C/O 미 제출시 담보 제공 → 6개월 이내에 C/O가 제출될 수 있다면 담보 환급
싱가포르	관세 납부일로부터 1년 이내	• 특혜관세대우를 신청할 의사를 반드시 표기해야 하며 상품에 대한 관세를 모두 납부함
태국	C/O 유효기간 이내	• 특혜관세대우 소급신청에 대한 의사를 표시
베트남	수입신고 수리일로부터 1년 이내	• 가솔린, 석유/원유 제품의 경우, 특혜관세대우 소급신청에 대한 의사를 반드시 표시해야 함

출처: 관세청 FTA 포털(기준: 2024년 12월 27일 현재), 재구성

[아세안] 기록유지 기간인 "3년 이상 보관"의 해석

우리나라 「FTA 관세법」은 원산지 관련 기록의 보관 기간을 5년으로 규정하고 있으며, 이 기간 동안 보관하지 않으면 협정관세 적용이 제한된다. 그러나 한-아세안 FTA 협정 부속서 3의 부록 1 제13조(기록유지요건)에서는 수출 당사국의 국내법에 따라 생산자와 수출자가 관련 기록을 3년 이상 보관하도록 규정하고 있다.

이로 인해 보관 기간에 대한 해석 필요성이 제기되었다. 제26차 원산지소위원회 (2019.2.12.~2.13.)에서는 소급 검증 기간을 3년으로 하고, 3년 이후의 검증은 최선의 노력에 기반하여 사안별(a case- by-case)로 수행할 수 있다는 합의를 도출했으나, 이는 다소 애매한 기준으로 남아 있다.

1. 쟁점 사례

가. 베트남 간접검증 사례

2019년 우리나라 세관은 원산지증명서 발급일로부터 3년이 경과하였으나 5년 이하인 수입물품에 대해 베트남 검증 당국에 검증을 요청하였다. 이에 대해 베트남 당국은 한-아세안 FTA 부록 1 제13조를 근거로, 발급기관이 해당 기록을 더 이상 보관하지 않아 검증 및 관련 자료 제공이 불가능하다고 회신하였다. 그러나 같은 베트남 당국은 2019년 2월 원산지소위원회 합의 이후에도 일부 3년 경과 건에 대한 검증 결과를 회신한 사례가 존재한다. 참고로 베트남 관세법(No.54/2014/QH13)은 세관신고일로부터 5년의 기간 동안 세관서류를 보관하도록 규정하고 있어, 국내법과 협정 간 적용 범위 차이가 나타난다.

나. 싱가포르 간접검증 사례

2018년 싱가포르산 담수화 설비 부품에 대한 간접검증 과정에서, 싱가포르 세관 당국은 한-아세안 FTA에 따라 원산지증빙서류 보관 의무가 3년으로 규정되어 있으므로 검증 대상 물품이 3년 기간을 초과한 경우 검증을 진행할 수 없다고 회신하였다. 이는 실제 검증 활동에서 보관기간 제한이 영향력을 행사한 사례이다.

다. 아세안 각국의 검증요청 현황

2018년부터 2023년 3월까지 아세안 10개국 중 5개국에서 500여건의 수출검증을 우리나라에 요청하였다. 말레이시아·미얀마·인도네시아는 발급일로부터 3년 이하에 해당하는 건만 요청하였고, 베트남·태국은 3년 초과 5년 이하 건도 요청하였다. 반면 브루나이·캄보디아·라오스·필리핀·싱가포르는 해당 기간 동안 검증요청 사례가 없었다. 이러한 사실은 "3년 보관"이라는 협정 조항을 엄격히 해석하는 국가와 그렇지 않은 국가가 혼재되어 있음을 보여준다.

2. 법리적 해석 및 제언

한-아세안 FTA 부속서·3의 부록 1 제13조의 "3년 이상 보관" 규정은 원산지증빙서류 및 관련 기록의 최소 보관기간을 명시하고 있는 바, 이는 협정상 공통적으로 인정되는 최저 기준에 해당한다.

그러나 협정 문구가 "최소"라는 점을 명확하게 정의하지 않고 있으며, 실제 각 체약당사국의 국내법상 보관기준이 상이하여, 해석과 적용에서 국가별 차이가 발생하고 있다. 예를 들어 우리나라의 경우 「FTA 관세법」에서 모든 관련 원산지증빙서류를 5년간 보관할 것을 의무화함으로써 협정보다 강화된 기준을 도입하고 있다. 이는 국내 검증 및 관세 행정 운영 측면에서 충분한 소급 검증을 가능하게 하지만, 상대국이 협정상의 3년 규정을 최대한으로 해석하여 이를 초과하는 기간의 기록을 요구하거나 제공하지 않는 경우, 실무에서 검증 불가 상황이 빈번히 발생할 수 있다.

상대국이 "3년 이상"을 "3년까지만"으로 제한적으로 해석하는 경우, 3년 경과 건에 대한 검증요청은 원칙적으로 거부되거나 불응으로 종결될 가능성이 높다. 이러한 상황은 협정관세 적용을 위한 원산지 검증 절차에서 국제적 불균형을 초래하며, 수입국과 수출국 간의 기대치에 차이를 발생시킨다. 특히 일부 아세안 회원국은 협정 조항에 대한 보수적인 법적 해석을 전제로 국내 행정 관행을 형성하고 있어, 우리나라와 국내법 적용 범위가 서로 충돌하게 된다.

따라서 법리적으로는 우선, 협정 부속서 및 관련 회의 합의사항을 통해 보관기간에 대한 해석을 명확히 할 필요가 있다. 이를 위해, 원산지소위원회 또는 공동위원회에서 "3년 이상"의 의미를 최소 보관기간이자 상한이 아닌 범위로 확정하고, 각국의 국내법상 보관기간을 존중하는 원칙을 협정 부속서에 명문화하는 것이 바람직하다. 이렇게 하면 국내법상 5년 보관 의무를 가진 우리나라와 같이, 협정보다는 강화된 기준을 적용하는 국가가 불필요한 검증 거절을 당하는 리스크를 줄일 수 있다.

합의가 도출되기 전까지의 실무적 대안으로는, 협정상 3년을 기준으로 해석하는 국가에 대해서는 최근 3년간 발급된 원산지증명서 및 증빙자료를 중심으로 검증을 집중하는 것이 현실적이다. 또한 3년을 초과하는 건에 대한 검증요청이 불가피한 경우, 요청서에 해당 국가의 국내법상 기록 보관 기간 및 검증 권한의 근거를 사전에 명확히 제시하는 것이 필요하다. 이 과정에서 상대국이 검증 불응을 결정할 경우를 대비하여, 사전 협의 또는 부연 설명을 위해 최소한 1개월 이상의 응답 기한을 부여하는 절차를 추가하는 것이 바람직하다. 이러한 절차적 완충 장치는 국제 검증에서 발생할 수 있는 행정 갈등과 법적 불확실성을 최소화하는 역할을 한다.

나아가, 국내 수출자 및 관련 기업에 대해서도 아세안 각국의 보관기간 및 검증 관행에 대한 정보를 사전에 안내하여, 수출계약·운송·통관 단계에서 보관 자료를 보다 장기적으로 유지하도록 유도하는 것이 중요하다.

결국, 협정과 국내법의 이원적 기준을 조화시키기 위한 중장기 전략은 국제 협상과 국내 행정 운영, 수출입 기업의 기록 관리 강화를 병행함으로써 달성될 수 있다.

05-01 [인도] 원산지규정 주요 특징 및 사례

1. 주요 특징

가. 일반기준 채택과 기준의 단순화

한-인도 CEPA에서는 원산지 기준의 단순화를 목적으로 대부분의 품목에 대해 일률적으로 적용되는 일반기준을 도입하였다. 이 일반기준은 역내 부가가치 35% 이상과 생산공정에서 일반적으로 발생하는 HS 6단위 세번 변경을 동시에 충족하도록 설정되어 있다. 이러한 방식은 품목별로 기준이 상이한 복잡성을 줄이고, 실무에서의 적용 편의성을 높이는 장점이 있다.

나. 품목별 원산지 기준(PSR) 도입

협정 부속서 3-가에서는 일부 민감품목에 대해 품목별 원산지 기준(PSR)을 채택하였다. 이는 품목의 특성과 수출 가능성을 종합적으로 고려한 결과로, 신선 농수산물, 자동차, 의류, 섬유 등 총 HS 6단위 기준 2,297개 품목이 해당된다. 이러한 품목별 기준은 해당 산업의 정책적 보호와 수출 촉진을 동시에 반영한 제도이다.

다. 결합 기준 비중의 높음과 부담 가중

인도의 경우 원산지 규정에서 세번변경 기준과 부가가치 기준을 모두 충족해야 하는 이른바 '결합 기준' 적용 비중이 높다. 한-인도 CEPA에서 결합 기준이 적용되는 비율은 전체 품목의 약 74%로, 다른 FTA와 비교했을 때 상당히 높은 수준이다. 예를 들어, 한-아세안 FTA의 결합 기준 비율은 0.1%, 한-페루 FTA는 0%에 불과하다. 이러한 높은 비율은 실무상 원산지증명 절차의 복잡성을 높이고, 기업의 원산지증명 부담을 가중시키는 요인으로 작용한다.

라. 부가가치 비율 계산 방법

한-인도 CEPA에서는 역내 부가가치 비율을 공제법만을 사용하여 계산하도록 규정하고 있다. 부가가치 비율은 품목별 또는 기준별로 다르게 요구되며, 최소 25%에서 최대 40%까지를 충족해야 한다. 공제법은 원재료의 가치 등을 차감하는 방식으로 계산되므로, 원산지 판정 시 투입 원재료의 명세와 가격 산정의 정확성이 중요하다.

마. 중간재 규정 미반영

한-인도 CEPA 협상 과정에서는 중간재 규정을 협정에 반영하기 위하여 별도의 양해각서(MOU)까지 체결하였으나, 최종적으로 협정 본문에 반영되지 않았다. 따라서 중간재 활용에 관한 특례가 제공되지 않으며, 원산지 판정은 기존의 일반기준 또는 품목별 기준에 따라 진행된다. 이는 생산공정에서 역내 중간재를 사용하는 기업들에게 일부 제약이 될 수 있다.

2. 한-인도 CEPA에서 생산 후 부착하는 라벨이 원산지 지위에 주는 영향

가. 사례(가정)

실무에서 생산 후 부착하는 라벨이 한-인도 CEPA 협정상의 원산지 판정에 영향을 미치는지 여부가 쟁점이 되곤 한다.

다음과 같은 사례가 있다고 하자. 당사자인 A사는 인도 현지에서 디자인 개발과 제조·가공을 수행하는 의류 생산업체로, 인도산 원사를 사용하여 의류를 생산한 뒤 세계 각국으로 수출하고 있다. 한국 본사는 수입국의 표시 규제 준수를 목적으로, 원산지 표시·세탁지침·품질규정·가격표 등 다양한 정보를 기재한 라벨을 한국에서 제작하여 인도 공장으로 공급하고 있다. 이 라벨은 의류 생산이 완료된 후 제품에 부착된다. 인도의 원산지증명서 발급기관은 해당 의류가 인도산 원사를 사용하고 모든 제조공정을 인도에서 거쳐 생산되었으므로, 품목별원산지기준(PSR) 대신 완전생산기준에 따라 원산지증명서를 발급하고 있다.

나. 쟁점의 정의

본 사안의 핵심 쟁점은 완전생산기준을 충족한 의류에, 역내산(한국산) 라벨을 생산 후 부착하는 경우 원산지 지위에 영향을 미치는지 여부이다. 구체적으로, 협정에서 규정하는 원산지 판정 시 생산공정에 투입되는 재료에 해당하지 않는 부착행위가 원산지 지위를 변경하거나 부정할 가능성이 있는지가 문제된다.

다. 법리 판단

한-인도 CEPA와 관련 법령은 상품의 원산지 판정 시 제조공정에 실질적으로 기여하지 않는 일부 단순 작업을 불인정공정으로 규정하고 있다. 이러한 불인정 공정에는 상품 또는 포장에 표식·라벨·로고 등의 식별표시를 첨부하거나 인쇄하는 행위가 포함된다. 본 사안에서 부착되는 케어라벨, 품공법 라벨, 가격택(tag) 등은 상품의 품질정보, 소비자 가격, 세탁 방법 등을 소비자에게 알리기 위해 부착되는 것으로, 제품의 제조 과정이나 원재료의 성질을 변경하는 요소가 아니다. 또한 해당 라벨은 생산이 완료된 이후 부착되므로 '재료'로 간주되지 않는다. 따라서 한-인도 CEPA 협정상 완전생산기준을 충족한 상품에 이러한 라벨을 부착하는 행위는 원산지 지위에 아무런 영향을 미치지 않는다.

라. 결론

인도산 원사를 사용하여 모든 제조공정을 인도에서 수행한 의류는 완전생산기준을 충족한다. 생산 완료 후 한국에서 제조한 라벨을 부착하더라도 해당 행위는 협정에서 정한 불인정공정에 해당하며, 원산지 지위를 변경하거나 부정하지 않는다. 따라서 한국 수출기업은 이러한 라벨 부착을 이유로 한-인도 CEPA 특혜관세 적용을 제한받지 않는다.

05-02 [인도] 원산지관리 강화 조치(CAROTAR 2020) 내용

1. 제도 시행 배경

2020년 9월 21일 인도 정부는 '무역협정에 따른 세관의 원산지관리 규칙(Customs Administration of Rules of Origin under Trade Agreements Rules, 약칭 CAROTAR 2020)'을 시행하였다.[106] 이는 2020년 4월 인도 관세법 개정의 후속 조치로, 개정법에서 명시한 원산지관리 강화 방안을 구체적으로 실현하기 위한 절차를 규정한 것이다.

해당 조치는 인도의 대외 무역 적자 심화에 대응하고, 제3국을 경유한 우회 수입 (환적 등)을 통한 FTA 특혜 남용을 방지하기 위해 도입되었다. 특히 기존의 개별 FTA 협정문에 근거한 사후적·제한적 검증 방식에서 벗어나, 보다 적극적이고 실질적인 원산지 검증이 가능하도록 법적 근거를 강화하였다.

2. 주요 내용

가. 인도 내 수입자 의무 강화

CAROTAR 2020은 인도 내 수입자에게 원산지 관련 자료 보유 의무를 강화하였다. 수입자는 원산지증명서 외에도 원산지 결정기준 충족 여부를 입증하기 위한 충분하고 다양한 증빙자료를 보유해야 하며, 이를 정확하고 신뢰성 있게 관리해야 한다.

이를 위해 인도 수입자는 특혜관세를 신청할 때 원산지 입증 정보(FORM I)를 반드시 소지해야 한다. FORM I에는 역내가치비율, 품목별 원산지기준 등 해당 물품이 원산지결정기준을 충족함을 보여주는 기본 정보가 포함된다. 인도 관세당국이 해당 자료 제출을 요청할 경우 수입자는 이를 즉시 제출해야 하며, 자료가 부실하거나 기한 내 제출되지 않으면 특혜관세 적용이 거부될 수 있다.

---

106) 관세청 보도자료(2020.9.15.)와 언론 보도 내용을 참고하여 재구성하였다.

또한, 인도 측 수입자는 한국 수출자로부터 FORM I 작성에 필요한 정보를 요청할 수 있으며, 한국 수출자는 협정 규정에 따라 필요한 범위 내에서 정보를 제공해야 한다. 수출자는 수입자의 자료 준비 단계부터 적극적으로 협조해야 불필요한 추가 검증을 예방할 수 있다.

나. 원산지 검증 권한 확대 및 특혜 배제 기준 명시

CAROTAR 2020은 인도 관세당국의 개별 담당 공무원에게 원산지 검증 권한을 부여하였다. 더 나아가, 담당 공무원은 검증 절차를 생략하고도 특혜관세 적용을 배제할 수 있는 구체적인 사유를 규정하였다.

인도 관세당국은 다음과 같은 경우 추가 검증 없이 즉시 특혜관세를 거부할 수 있다.

- 원산지증명서가 원산지 규정상의 서식과 불일치하거나 오류가 있는 경우
- 발급기관 승인 없이 원산지증명서가 변경된 경우
- 증명서가 유효기간 만료 후 발급된 경우
- 원산지 자격이 없는 품목에 대해 증명서가 발급된 경우

특히, 일단 인도 관세당국이 특정 수출자 또는 생산자의 물품이 원산지 결정기준을 불충족한다고 판단하면, 이후 동일 수출자·생산자의 동일 품목에 대해서는 과거 수입분을 포함하여 별도의 추가 검증 없이 특혜관세 적용을 배제할 수 있다. 이는 한국의 '협정관세 적용 제한 제도'와 유사한 구조를 가진다.

다. 증빙자료 보관 의무

CAROTAR 2020은 원산지 관련 증빙자료를 수입 후 최소 5년간 보관하도록 규정하였다. 해당 자료는 관세당국이 요청할 경우 즉시 제출해야 하며, 제출 거부나 지연 시 특혜관세가 철회될 수 있다. 이는 인도 세관이 수입 후 5년 이내 원산지 조사를 실시할 수 있음을 의미하므로, 수출자는 장기간 자료 관리 체계를 갖추어야 한다.

3. 인도의 강화조치에 따른 우리나라 수출기업에 미치는 영향

CAROTAR 2020의 시행은 우리나라 수출기업에도 직접적인 영향을 미치게 된다. 예를 들어, 한국의 A사(산업기계 제조기업)가 인도 바이어에게 장비를 수출하는 경우, 인도 수입자는 FORM I 작성과 특혜관세 적용을 위해 세부 원산지 자료를 확보해야 한다. 이 과정에서 A사가 부품별 원산지 정보를 충분히 제공하지 않거나 서류 형식이 인도 규정과 일치하지 않을 경우, 인도 측은 즉시 특혜 적용을 거부하고 일반관세율을 부과할 수 있다. 실제로 A사가 동일 모델을 장기간 공급하던 중 특정 출하분에 대해 RVC 계산자료가 불충분하다는 이유로 특혜가 거부되면, 인도 세관은 과거 수입건까지 소급하여 동일 품목 전체에 대해 특혜를 배제할 가능성이 있다. 이 경우 A사의 인도 바이어는 예기치 않은 추가 관세 부담을 지게 되어 거래 관계가 악화될 수 있으며, A사 역시 비용 증가와 선적 지연 등 실질적인 리스크에 직면하게 된다.

4. 시사점 및 대응 전략

CAROTAR 2020의 시행으로 인해 인도의 FTA 원산지관리 제도는 사전 검증 기능과 특혜 배제 권한이 대폭 강화되었다. 특히 인도 수입자 중심의 자료 보유·제출 의무가 강화됨에 따라, 한국 수출기업은 다음과 같은 점을 유의해야 한다.

- 수입자의 FORM I 작성에 필요한 자료를 협정 규정 범위 내에서 적극 제공
- 원산지증명서 작성 시 서식·발급 절차·유효기간 등 형식요건을 엄격히 준수
- 수입 후 5년간 증빙자료를 보관하고, 인도 관세당국의 사후검증요청에 대비
- 특정 품목에 대한 불충족 판정이 다른 동일 품목에까지 영향이 미칠 수 있으므로, 초기에 검증 대응을 철저히 수행

결국 CAROTAR 2020은 형식적 요건 위반에도 특혜가 즉시 배제될 수 있다는 점에서, 기존보다 훨씬 높은 수준의 원산지 관리 체계를 요구한다. 따라서 수출기업은 인도 수입자와 긴밀히 협력하며, 예방적 차원의 준수 관리(Compliance Management)를 구축하는 것이 필수적이다.

05-03 [인도] 인도 측의 협정관세 사후 적용 규정 운영 현황

1. 협정 규정에 따른 사후 특혜관세 적용 가능 기간

한-인도 CEPA 협정문 제4.8조(특혜관세 대우의 신청) 제2항은 "각 당사국은 자국의 법률 및 규정에 따라 특혜관세 신청을 허용할 수 있다"라고 규정하여, 협정관세의 사후 적용이 최소 1년까지 가능함을 명시하고 있다.

이는 CEPA 체결국이 자국 법률의 절차와 요건에 맞추어 수입 후 일정 기간 내에 원산지증명서를 제출하고, 해당 물품에 대해 협정관세를 소급 적용하여 관세를 환급받을 수 있도록 보장하는 근거가 된다.

2. 인도 국내법상 사후 적용 운영 규정[107]

인도는 1962년 제정된 관세법(The Customs Act, 1962) 및 관련 세관 규정에 따라, 협정관세 사후 적용에 대한 명확한 절차를 운영하고 있다.

수입신고일로부터 6개월 이내에는 사전 신청 절차 없이 협정관세 환급 신청이 가능하다.[108] 수입통관 단계에서 특혜관세를 사후 적용할 의사가 있다는 점을 명확하게 서면으로 세관에 표시한 경우, 최소 1년까지 사후 적용신청이 가능하다.[109]

---

107) 이와 같은 인도의 협정관세 사후 적용 규정은 2010년 10월 12일 개최된 제1차 관세위원회에서 한-인도 양측이 공식적으로 재확인하였다.

108) 수입자가 통관 시 협정관세 신청을 하지 않았더라도, 별도의 의사표시 없이 6개월 이내에 원산지증명서를 제출하면 관세 환급을 받을 수 있다. 법적으로 '사후신청'은 맞지만, 신청 전 의사표시(사전신청서 제출) 절차가 면제되는 기간이다. 의사표시가 없는 경우에는 6개월이 지나면 제출이 불가능해진다.

109) 통관 시 원산지증명서를 제출하지 못하는 경우, 특혜관세를 사후 적용할 의사가 있음을 반드시 세관에 서면 제출해야 1년까지 신청할 수 있다. 이를 통해 세관은 해당 통관 건을 '잠정 부과(Provisional Assessment)' 처리하고, 수입자가 해당 관세액을 담보로 제공하게 된다. 추후 원산지증명서 제출 시 최종 세액을 확정하여 환급한다.

그리고 관세법 제18조(관세의 잠정 부과, Provisional Assessment of Duty)에 따라 사후 원산지증명서 제출에 따른 환급신청이 허용된다. 이 제도는 수입자가 수입통관 과정에서 실시간으로 원산지증명서를 제출하지 못한 경우, 일정 기간 내에 사후 제출을 통해 특혜관세 혜택을 받을 수 있도록 설계되어 있다.

3. 사후 적용신청 절차 및 요건

인도에서 협정관세 사후 적용을 받기 위해서는 다음과 같은 절차와 요건을 충족해야 한다.

- 수입신고 단계에서의 의사표시: 수입자는 통관 시 특혜관세를 즉시 적용받지 않고, 추후 C/O 제출을 통해 사후 적용을 받을 의사가 있음을 서면으로 해당 세관에 명시해야 함.
- 담보 제공 의무: 사후 적용을 신청하는 경우, 이에 상응하는 관세액을 담보 형태로 제공해야 한다. 이는 잠정 부과 제도의 일환임.
- 환급 절차: 최종 협정관세 적용 결과 산정된 세액이 담보금액보다 적은 경우 환급

4. 시사점 및 대응방안

인도의 협정관세 사후 적용 규정은 통관 시 원산지증명서 제출이 어려운 경우에도 일정 기간 내에 특혜를 인정받을 수 있도록 제도적 여지를 마련하고 있으나, 실제 운영은 수입자의 서면 의사표시와 담보 제공 여부에 따라 엄격하게 판단되는 경향이 있다. 따라서 우리나라 수출기업은 인도 바이어가 통관 단계에서 사후 적용 의사를 명확히 표시하도록 사전에 안내하고, 필요 서류를 지연 없이 제공할 수 있는 협업 체계를 구축해야 한다.

또한 원산지증명서 발급 지연이나 형식 오류가 발생할 경우 즉시 수정·재발급을 지원하여 사후 적용 가능 기간을 넘기지 않도록 관리해야 한다. 더불어 인도 세관의 잠정 부과 제도가 관세 부담과 환급 절차에 직결되는 만큼, 수입자와의 계약 단계에서 협정관세 적용 조건 및 책임 소재를 명확히 규정하는 것이 중요하다. 이러한 대응을 통해 수출기업은 인도 시장에서의 거래 안정성을 높이고 불필요한 관세 비용 발생을 예방할 수 있을 것이다.

[EU] 협정문과 세관상호지원협정(CMAA) 과의 관계

한-EU FTA는 총 15개의 장과 다수의 부속서, 부록, 의정서 및 주석으로 구성되어 있으며, 협정문 제15.13조에 따라 모든 부속 문서는 협정 본문과 불가분의 부분으로 규정되어 동일한 법적 효력을 가진다. 협정문은 한국어, 영어 및 EU 회원국 언어가 모두 동등하게 정본으로 인정된다.

이 중 세관 분야와 직접적으로 연계되는 문서는 '세관 분야 상호 행정지원에 관한 의정서'이다. 이 의정서는 한-EU FTA의 발효와 함께 과거의 '세관상호지원협정 (CMAA)'을 대체하는 역할을 수행하며, FTA 체계 내에서 통관·관세 행정 협력의 세부 절차를 규정하고 있다.

1. CMAA의 배경과 한-EU FTA 발효 이후의 변화

한국과 EU는 1997년 4월 10일 '세관상호지원협정(CMAA)'을 서명하고, 같은 해 5월 1일 이를 발효하였다. CMAA는 양측 세관 당국 간 불법 무역행위 적발, 세관정보 교환, 원산지 검증 등의 행정 협력을 제도적으로 보장하였다.

그러나 2011년 7월 1일 한-EU FTA가 발효되면서 협력 체계를 별도 협정으로 유지하는 것보다 FTA 틀 안으로 통합하는 것이 더욱 효율적이라는 판단이 있었다. FTA는 특혜관세 적용, 원산지 검증, 사후관리 등 CMAA가 다루던 기능과 직결되는 분야에서 훨씬 더 높은 수준의 법적·행정적 일관성이 요구된다. 특히 특혜관세제도는 정확한 원산지 검증 체계와 세관 간 조화된 절차 없이는 실효성을 가질 수 없기 때문에, 기존 CMAA를 독립적으로 운영할 경우 FTA에서 요구하는 원산지관리와 통관 협력 수준을 충족하기 어렵다는 한계가 존재했다.

또한 EU는 협정 체계를 간소화하고, 무역협정을 통해 이루어지는 경제통합의 범위를 확대하는 것을 중시해 왔기 때문에, 세관 협력 규범을 FTA의 필수 구성요소로 포함시키는 것이 정책적으로도 일관된 방향이었다. 이에 따라 CMAA가 담당해 온 정보교환, 법규 위반 단속 협력, 원산지 검증요청 등 기능을 FTA 내부 의정서로 흡수함으로써, 통관·원산지·사후검증 절차가 하나의 통합 규범으로 체계화되었다. 이는 협력 구분의 중복을 제거하고, 법적 구속력과 집행력을 FTA 전체 체계와 동일하게 유지해 세관 업무의 투명성과 예측 가능성을 제고하는 효과를 가져왔다.

결과적으로 CMAA는 더 이상 독립적 협정으로 유지될 필요가 없었고, FTA 체계 내에서 더욱 강화된 법적 기반과 통합적 구조 속에서 그 기능을 이어가게 된 것이다.

2. '세관 분야 상호 행정지원에 관한 의정서'의 역할과 기능

한-EU FTA에 포함된 '세관 분야 상호 행정지원에 관한 의정서'는 CMAA에서 수행하던 행정협력 기능을 FTA 틀 안에서 재정비한 문서이다. 이 의정서는 다음과 같은 역할을 수행한다.

- 양측 세관 당국 간 특혜관세 적용과 관련된 행정 협력 강화
- 통관절차의 원활화와 법규 위반 적발을 위한 정보 공유
- 원산지 허위신고, 불법 수출입, 밀수행위 등에 대한 공동 단속 규정
- 세관 협력의 범위와 절차를 명확히 하여, 관세우대제도의 투명성과 신뢰성 유지

이 의정서에 포함된 조항은 한-EU FTA 본문과 동일한 법적 구속력을 가지며, FTA 운영 과정에서 세관 협력을 실질적으로 집행하는 핵심적인 행정지침 역할을 한다. 이는 세관 협력이 기존 별도 협정에서 FTA의 통합 체계로 흡수된 사례로, 무역협정의 발효가 개별 행정협력 협정을 통합·대체하는 전형적인 구조를 보여준다.

따라서 현재 한·EU 간 세관 행정협력은 CMAA가 아니라 한-EU FTA의 의정서에 따라 이루어지고 있으며, 통관·원산지규정·불법거래 단속 등의 업무 수행 시 이 의정서가 직접적인 법적·실무적 근거가 되고 있다.

06-02 [EU] EU의 영역

EU의 영역에 대해서는 「FTA 관세법 시행규칙」에는 별도의 정의가 규정되어 있지 않다. 따라서 한-EU FTA의 제15.15조(영역적 적용) 규정을 확인해야 한다.

제15.15조 영역적 적용

1. 이 협정은 한편으로는 대한민국의 영역에 적용되며, 다른 한편으로는 유럽연합조약 및 유럽연합의 기능에 관한 조약이 적용되는 영역에 그 조약들이 규정하는 조건에 따라 적용된다. 이 협정에서 "영역"이라는 언급은 달리 명시적으로 기술되지 아니하는 한, 이러한 의미로 이해된다.
2. 상품의 관세 대우와 관련된 규정에 관한 한, 이 협정은 제1항의 적용 대상이 아닌 유럽연합 관세영역 지역에도 적용된다.

'원산지제품'의 정의 및 행정협력의 방법에 관한 의정서 제1조(정의)

파. 영역은 영해를 포함한다.

그러나 해당 조항 역시 매우 포괄적인 표현을 사용하고 있어 구체적인 적용 범위를 명확히 이해하기 위해서는 관련 EU 법령과 부속 문서의 내용을 함께 참조할 필요가 있다.

의정서 제1조에서는 '영역'이 영해를 포함한다고 명시하고 있으며, 협정 제15.15조는 협정이 한편으로는 대한민국의 영역에, 다른 한편으로는 유럽연합조약(TEU)과 유럽연합 기능에 관한 조약(TFEU)이 적용되는 영역에 동일한 조건으로 적용된다고 규정하고 있다. 또한, 상품의 관세대우와 관련해서는 제1항의 영역 외에도 EU 관세영역에 속하는 특정 지역에 협정을 적용할 수 있도록 규정하고 있다.

1. 제15.15조 제1항: EU 조약 적용 영역의 정의

한-EU FTA에서 'EU의 영역'은 협정 제15.15조 제1항에 따라, 한편으로는 대한민국의 영역, 다른 한편으로는 「유럽연합조약(TEU)」과 「유럽연합 기능에 관한 조약(TFEU)」이 적용되는 지역에 동일한 조건으로 적용된다. 이는 EU 회원국 영토 전체를 원칙적으로 포함하지만, EU 조약에서 명시적으로 제외하거나 제한하는 일부 지역은 적용 대상에서 빠진다.

EU 측 부속 자료에 따르면 TEU 제52조와 TFEU 제355조는 조약의 지역적 범위를 규정하며, 다음과 같은 예외를 둔다. 예를 들어 덴마크령 그린란드·페로제도, 프랑스령 폴리네시아·뉴칼레도니아 등 일부 해외영토, 스페인령 세우타·멜리아, 네덜란드령 카리브 지역, 독일의 헬골란트, 이탈리아의 리비뇨 등은 EU 조약 적용 대상에서 제외된다. 키프로스의 경우 정부가 실효 지배하지 않는 북부 지역에는 EU 법률이 적용되지 않는다.

또한 제1항에서 말하는 '영역'에는 의정서 제1조에서 명시한 바와 같이 영해를 포함한다. 결국 제1항의 영역적 정의는 EU 조약이 법률적으로 효력을 미치는 지역을 기준으로 하며, EU 회원국이라도 일부 영토·지역은 협정 적용 범위에서 제외될 수 있다.

이 조항을 실무적으로 해석할 때는 거래 품목이 해당 지역에서 생산·가공되었는지, 그 지역이 EU 조약 적용 범위에 속하는지 여부를 반드시 확인해야 한다. 이는 원산지 판정과 관세 혜택 부여 여부에 직접적인 영향을 미친다.

2. 제15.15조 제2항: EU 관세영역에 대한 특별 적용

제15.15조 제2항은 상품의 관세 대우와 관련하여, 제1항의 'EU 조약 적용 영역'과 별도로 EU 관세영역(Customs Territory)에 속하는 일부 지역에도 협정을 적용할 수 있도록 규정한다. 이는 EU 회원국이 아니더라도 관세동맹이나 특별협정으로 EU 관세체계에 편입된 지역에게 FTA 관세혜택을 부여하기 위한 조치다.

대표적인 적용 사례로 모나코 공국이 있다. 모나코는 독립국으로 EU 회원국이 아니지만, 프랑스와의 관세협정을 통해 EU 관세영역에 속한다. 이에 따라 모나코에서 생산된 상품은 EU 원산지와 동일하게 한-EU FTA의 관세혜택을 받을 수 있다.

이 외에도 안도라공국(Andorra)은 EU와 관세동맹을 체결하여 산업제품에 한해 EU 관세영역으로 인정받으며, 산마리노(San Marino)는 이탈리아를 통한 관세협력 체계로 EU 관세영역에 통합되어 있다.[110] 이러한 지역에서 생산된 상품은 EU 회원국 생산품과 동일하게 취급되나, 품목별 적용 범위(특히 농축산물)는 제한될 수 있다.

안도라공국(Andorra)과의 관세동맹

안도라는 스페인과 프랑스 사이에 위치한 내륙국으로 EU 비회원국이지만, EU와 관세동맹을 체결하고 있어 산업제품 분야에 한해서는 EU 관세영역의 일원으로 취급된다. 이에 따라 한-EU FTA의 원산지 규정과 관세협력 조항에 의하면, 안도라에서 생산된 상품 중 관세동맹의 적용을 받는 품목은 EU 원산으로 인정받을 수 있다. 다만 이 관세동맹은 농산물 전반을 포함하지 않으므로, 특정 농축산품의 경우 FTA 적용이 제한될 수 있다. 예를 들어 산업용 기계나 전자제품과 같은 품목은 관세혜택 적용이 가능하지만, 일부 농산물은 적용 대상에서 제외된다.

☞ 한-EU FTA에서는 HS 품목분류 제25류부터 제97류까지에 해당하는 안도라공국 원산 제품에 대해 대한민국이 '유럽연합 당사자' 원산지로 인정한다.

☞ 원산지를 표기는 협정에서 지정한 국제표준(ISO) 국가코드 표기를 사용: ANDORRA (ISO 코드: AD)

산마리노(San Marino)와의 관세협력

산마리노는 이탈리아 영토에 둘러싸인 소국으로, EU 비회원국이지만 이탈리아를 통한 간접적인 EU 관세협력 체계를 유지하고 있다. 이러한 체계 덕분에 산마리노에서 EU 관세영역으로 수출되는 대부분의 상품은 EU 원산으로 인정받을 수 있으며, 한-EU FTA의 관세혜택 적용 대상이 된다. 그러나 산마리노의 경제와 산업 규모가 매우 작기 때문에 주로 수공예품과 같은 특산품이 해당 혜택을 받는 경우가 많다.

☞ 한-EU FTA에서는 HS 품목분류 제25류부터 제97류까지에 해당하는 산마리노공화국 원산 제품도 협정상 '유럽연합 당사자' 원산지로 인정된다.

☞ 원산지 표기는 협정에서 지정한 국제표준(ISO) 국가코드 표기를 사용: SAN MARINO (ISO 코드: SM)

특수규정 사례로는 스페인령 세우타(Ceuta)와 멜리아(Melilla)가 있다.[111] 이 두 지역은 EU 관세영역에 포함되지 않지만, 한-EU FTA에서는 특례 조항을 통해 동일한 관세혜택을 부여하고 있다. 해당 혜택은 해당 지역의 EU와의 경제·무역적 연계성을 반영한 것이며, 원산지증명서와 생산·가공 증빙이 필요하다.

---

110) 안도라공국과 산마리노공화국은 EU와 관세협정을 체결하여 사실상 EU의 관세영역과 동일하게 취급된다.

111) 한-EU FTA 의정서 제31조에서 규정하는 "유럽연합 당사자"라는 용어에는 세우타(Ceuta)와 멜리야(Melilla)가 포함되지 않는다. 따라서 협정상 원산지 표기나 관세 적용 시 이 두 지역은 EU 회원국과 동일하게 간주되지 않는다. 세우타 및 멜리야에서의 한-EU FTA 의정서 적용은 스페인 관세당국이 담당한다. 따라서 해당 지역 관련 통관 및 원산지관리 업무는 스페인 중앙 관세행정 체계를 거쳐 이루어진다.

제2항은 조약적 적용 범위 밖에 있으면서도 EU 관세영역 내에 속하는 지역을 포괄하여 FTA 혜택을 확장하는 역할을 한다. 이는 무역·관세 적용의 일관성을 유지하면서도 실질적인 자유무역의 범위를 넓히는 효과를 갖는다.

실무적으로는 해당 지역이 EU 관세영역에 속하는지, 거래 상품의 품목이 적용 대상인지, 원산지증빙 요건을 충족하는지 여부를 신속히 판단해야 한다.

3. 결론

한-EU FTA에서 'EU의 영역'은 단순히 EU 회원국 전체가 아니라, EU 조약 적용 영역(제1항)과 EU 관세영역의 특별 적용 지역(제2항)으로 구분해 이해해야 한다. 대부분의 EU 본토 지역과 영해는 포함되지만, 일부 해외영토·특수지역은 제외되거나 제한 적용되며, 반대로 회원국이 아니더라도 관세동맹·협정을 통해 포함되는 경우가 있다.

FTA 혜택 적용 여부는 해당 지역이 어느 범주에 속하는지 판단하는 것이 출발점이며, 이를 간과하면 원산지 인정이 거부되거나 관세 추징 위험이 발생할 수 있다. 따라서 협정문과 부속서, EU 조약 적용 범위, 관세영역 포함 여부를 종합적으로 검토하는 것이 필수적이다.

PANEURO 방식은 유럽연합(EU)과 유럽자유무역연합(EFTA) 회원국, 튀르키예 등 특정 국가들 간의 자유무역협정에서 동일한 원산지결정기준을 적용하고, 원산지 재료를 상호 누적하여 인정할 수 있도록 하는 규칙 체계를 의미한다. 이는 협정 참여국에서 생산된 재료가 다른 참여국에서 추가로 가공될 경우에도 최종 제품을 해당 국가의 원산지로 인정함으로써 관세 혜택을 확대할 수 있도록 설계된 제도이다.[112]

1. PANEURO 방식의 개념도

PANEURO 방식은 동일한 원산지 규칙을 여러 국가가 함께 채택하고, 재료와 가공 공정을 협정 참여국 간에 누적하여 인정하는 방식으로 작동한다. 이를 통해 다양한 국가가 공급망에 참여하더라도 최종 상품이 협정의 원산지 요건을 충족할 수 있게 된다.

구분	설명
목적	여러 국가 간에 동일한 원산지 규칙을 적용해 FTA 혜택을 조기 확대
참여국	EU, EFTA, 튀르키예, 서발칸 국가 등
장점	재료 생산, 가공이 여러 협정국에서 이루어져도 원산지 인정
핵심 방식	"동일 규칙＋상호 누적 허용" → 관세 혜택 적용 확대
확장형	Pan-Euro-Med로 발전하여 지중해 연안 국가까지 포함

---

112) EU는 지역무역주의 역사가 깊어 이미 1970년대부터 PANEURO라는 유럽식 원산지기준을 사용해 왔다. EU가 서유럽은 물론이고 동유럽 국가까지 회원국으로 확대됨에 따라 자체 내에서 원부자재를 조달하는 비율이 높아졌고 회원국들이 경제통합의 이익을 확보할 수 있도록 역내 부품 조달 비율을 높이는 것이 기본정책이 되었다. 공식 명칭은 Pan-Euro-Med 원산지 누적 시스템(Pan-Euro-Mediterranean Cumulation of Origin)이다.

이 방식의 도입으로 FTA 특혜관세 적용이 광범위하게 가능해진다. 예를 들어, 스위스에서 생산된 방직 원단을 프랑스에서 가공하여 의류 제품으로 만든 뒤 스페인으로 수출하는 경우, PANEURO 방식이 적용되면 스위스(EFTA 회원국)와 프랑스(EU 회원국)는 동일한 원산지규정을 사용하므로 스위스 원단을 EU 원산 재료로 인정할 수 있다. 따라서 최종 제품은 EU 원산으로 판정되며, 이를 스페인으로 수출할 때 FTA 특혜관세를 적용받게 된다.

2. PANEURO 방식의 특징

PANEURO 방식은 첫째, 모든 참여국이 동일한 원산지결정기준을 사용한다는 점에서 규칙의 일관성을 갖춘다. 둘째, 두 개국 간의 원산지 누적을 넘어 다수 국가 간의 재료 및 가공 과정을 누적 인정할 수 있는 다자 누적 기능을 제공한다. 셋째, 원산지증명서 양식을 표준화하여 EUR.1과 EUR-MED 형식으로 발급함으로써 참여국 간의 절차를 간소화한다. 이러한 특징을 통해 PANEURO 방식은 국제 공급망에서의 효율성과 관세 혜택의 범위를 동시에 확대한다.

3. 한-EU FTA 원산지 기준 채택

타결하기 어려웠던 분야 중의 하나는 원산지 기준이었다. 원산지 기준이 엄격할수록 제품의 원가에서 자국 및 회원국 내에서 조달된 원료의 비용 비율이 높아지게 된다.

EU 원산지기준의 특징은 결합 기준을 사용한다는 점이다. 즉 '세번변경기준'과 '부가가치기준'을 동시에 만족시켜야 원산지 제품으로 인정하는 것이다. 한마디로 부품에서부터 완제품까지의 생산공정이 대부분 회원국 내에서 이루어져야 함을 의미한다. EU와 달리 수입 부품 비중이 높은 우리로서는 두 기준을 모두 충족시켜 관세철폐의 혜택을 누릴 제품이 상대적으로 적을 수밖에 없는 구조다. 이 때문에 양측은 진통을 거듭했고, 결국 우리는 세번변경과 부가가치기준 중 하나만 충족시키면 되는 선택 기준을 관철시켰다.

[EU] EU에서 수입한 승마용 말 재수출 시 C/O 작성 가능 여부

1. 사안 개요

유럽에서 출생·사육된 말을 한국으로 수입하여 한-EU FTA 협정관세 적용을 받았다. 이후 해당 말은 국내에서 승마를 목적으로 훈련과 사육 과정을 거쳤으며, 일정 기간 후 다시 EU로 재수출하려는 상황에서 원산지신고서를 작성할 수 있는지 여부가 문제된다.

2. 한-EU FTA의 누적 규정

한-EU FTA 「원산지 제품의 정의 및 행정협력의 방법에 관한 의정서」 제3조에 따라, 협정상 인정되는 누적은 재료누적뿐이다. 이는 한 당사자에서 원산지 요건을 충족한 재료를 다른 당사자에서 생산·가공에 사용해도 해당 재료를 원산지 재료로 인정하는 제도이다. 반면, 서로 다른 당사자에서 수행한 생산·가공 공정을 합산하는 공정누적은 인정되지 않는다.

3. 동물(승마용 말)에 대한 원산지 기준

승마용 말은 HS 제1류에 속하는 살아 있는 동물로, 한-EU FTA 의정서 제4조 (완전하게 획득된 제품) 제1항 다호에 따라 "당사자 내에서 출생되고 사육된 살아 있는 동물"만이 원산지 지위를 가진다. 이는 '완전생산(Wholly Obtained)' 기준으로, 품목이 당사자의 영역 내에서 전 과정(출생·사육)을 거쳐야 하며, 재료의 개념 또는 가공의 누적을 통해 원산지를 판단하지 않는다.

4. 해당 사례의 적용

본 사례의 말은 원래 EU에서 출생·사육된 동물로 초기에는 EU산 원산지 지위를 가진다. 그러나 이후 한국으로 수입되어 국내에서 사육·훈련된 경우, 이는 당사자(EU)의 영역을 벗어나 생산 조건이 중단 없이 충족되지 않은 상태가 된다. 특수한 기술이나 장비를 사용한 훈련·사육이라 하더라도, 이는 살아 있는 동물의 원산지 기준상 공정누적에 해당하는 행위이며, 한-EU FTA에서는 인정되지 않는다. 또한 이 동물은 '재료'가 아니므로 재료누적 적용 대상이 될 수 없다.

5. 결론

한-EU FTA에서 승마용 말을 포함한 살아 있는 동물은 '출생'과 '사육'이라는 전 과정을 한 당사자의 영역 내에서 수행해야만 원산지로 인정되는 완전생산 기준이 적용된다. 이러한 구조에서는 재료누적이나 공정누적과 같은 일반적 원산지 판정 방식이 전혀 적용되지 않으며, 당사자 영역 밖에서 일정 기간을 보냈다는 사실만으로도 원산지 유지 요건이 충족되지 않는 결과가 된다. 따라서 유럽에서 태어나고 사육된 말이 초기에는 EU산 원산지를 보유하더라도, 한국으로 이동해 사육·훈련 과정을 거친 경우에는 이를 원산지 결정에 반영할 수 없으며, 한국에서 수행된 활동을 근거로 한국산 또는 누적산을 주장하는 것은 협정상 불가능하다.

즉, 이 말은 재수출 시점에도 원산지가 EU산으로만 인정[113]되며, 한국을 경유했다는 사실이 원산지 지위를 변화시키지 않는다. 결과적으로 한국에서 EU로 재수출하는 과정에서 한-EU FTA 상 원산지신고서를 작성할 수 없고, 수출자는 단순히 EU산 말의 재수출임을 설명하는 일반 상업문서 또는 통관서류만을 제출할 수 있을 뿐이다. 이는 살아 있는 동물에 적용되는 FTA 원산지규정의 엄격성과, 완전생산 기준이 갖는 절대적 조건을 다시 한번 확인시켜 주는 사례라고 할 수 있다.

---

113) 원산지 판정은 EU에서 출생·사육된 시점 기준으로만 이루어져야 한다. 따라서, 한국에서 사육·훈련 후 EU로 재수출하는 경우 한국산 또는 누적산으로서 원산지신고서 작성은 불가하며, 원산지는 EU산 으로만 인정된다.

[EU] 제62류 원산지결정기준 해석

1. 제62류 품목의 원산지결정기준

한-EU 자유무역협정(FTA)에서는 의류(제62류, 메리야스 편물·뜨개질 편물 제외) 가운데 품목번호 6201~6216에 속하는 상품이 원산지로 인정되기 위한 요건은 아래와 같다.

6201~6216	다음 각 호의 어느 하나에 해당하는 것에 한정한다. 1. 제조공정(절단을 포함한다)을 수반한 직조공정을 거친 것 ※ 이 부의 주석 6과 주석 7 참조 2. ~4. (생략)

본 사안에서 적용되는 기준은 "제조공정(절단 포함)을 수반한 직조공정을 거친 것"이다. 이는 해당 의류의 생산 과정에서 원단이 단순히 수입되어 봉제되는 것이 아니라, 원단을 직조하는 공정이 반드시 이루어져야 하며, 이 과정에서 절단 절차가 포함될 수 있음을 의미한다. 원단을 어디서 직조했는지가 원산지 판정의 핵심 판단 요소가 된다.

2. 예시 물품의 제조 과정 분석

해당 의류는 품목번호 제6201.20호에 해당하며, 다음 재료와 공정을 거쳐 생산되었다. 이 과정에서 겉감과 안감 모두 역내(EU)에서 직조공정이 이루어졌으며, 부자재는 제50류~제63류에 속하지 않거나 가치비중이 미소하여 제한 없이 사용 가능하다.

원재료	제조국 및 공정
모직 겉감: HS 5111호 실크 안감: HS 5007호 기타 부자재: 단추, 라벨 등	이탈리아에서 모직 겉감을 직조 안감은 중국산 실을 사용하여 이탈리아에서 직조 이후 이탈리아에서 절단 및 봉제 작업 수행

3. 주석 6·7의 적용 여부

주석 6은 원산지기준을 충족하지 않는 방직 재료가 사용된 경우를 전제로 하며, 그 재료가 품목의 HS 호와 다르고, 제품 공장도가격의 8% 이하일 경우 이를 허용하는 최소허용 기준을 규정한다. 그러나 본 사안에서는 안감과 겉감 모두 협정지역에서 직조되었으므로, 원산지기준을 미충족한 방직 재료 자체가 존재하지 않는다. 따라서 주석 6은 적용할 필요가 없다.

주석 7은 섬유제품의 미소기준으로, 역시 원산지기준을 충족하지 않은 비원산지 방직 재료가 사용된 경우 예외적으로 허용하는 규정이다. 하지만 본 건은 모든 주요 방직 재료가 협정지역(이탈리아)에서 직조되어 원산지기준을 충족하므로 주석 7 역시 적용 대상이 아니다.

4. 유사 사례 비교

한-EU FTA 원산지의정서 부속서 1의 주석 6·주석 7은 원산지기준 미충족 재료 사용 시 예외 허용 범위를 규정하고 있다. 이를 실제 의류 생산 상황에 적용해 보면 다음과 같은 대표 사례들이 제시된다.

협정의 해석 지침(2023.6.29.)에서는 다음과 같은 사례들이 제시된다.[114]

- 사례 1: 모든 방직 재료가 협정지역에서 직조되고, 절단·봉제까지 완료된 경우 → 원산지 기준 충족
- 사례 2: 주원단은 협정지역에서 직조, 일부 부자재(예: 레이스)는 역외 직조이나 가치가 공장도가격의 8% 이하인 경우 → 주석 6 적용으로 원산지기준 충족
- 사례 3: 안감(주요 방직 재료)이 역외에서 직조된 경우 → 주석 6 적용 불가, 원산지 불충족

본 사안은 사례 1과 동일하게, 전 방직 재료가 이탈리아에서 직조되었으므로 원산지 기준을 문제 없이 충족한다.

---

114) 「한-EU FTA 원산지의정서 부속서 1의 주석 6」 적용 지침(2023.6.29.)에서 인용

5. 결론

이탈리아에서 직조된 모직 겉감과 중국산 실을 사용했으나 이탈리아에서 직조된 실크 안감을 절단·봉제하여 생산한 본 의류는 한-EU FTA 제62류(HS 6201.20) 원산지결정기준인 "제조공정(절단 포함)을 수반한 직조공정을 거친 것"을 충족한다.

원산지기준을 충족하지 않는 방직 재료를 사용하지 않았으므로 주석 6, 주석 7의 예외 규정 적용 여부를 검토할 필요가 없으며, 최종적으로 해당 물품은 한-EU FTA 원산지상품으로 인정될 수 있다.

6. 우리나라 수출기업의 활용 전략

제62류 의류에 대한 한-EU FTA 원산지결정기준은 직조공정을 핵심 요소로 요구하고 있으므로, 우리나라 수출기업은 우선적으로 주요 원단이 역내에서 직조되었는지 여부를 명확히 관리하는 체계를 갖출 필요가 있다.

특히 원단 생산 단계부터 직조공정 경로, 사용된 실의 원산지, 절단 및 봉제 공정 정보를 기록·보관하여 EU 수입자와의 원산지 검증 요구에 신속하게 대응해야 한다. 또한 안감·레이스·부자재 등 부속 재료가 비원산지일 경우 주석 6의 8% 허용기준 적용 여부를 사전에 검토하여 위험을 최소화해야 한다. 원단을 국내 또는 역내에서 생산할 수 없는 경우에는 EU 역내 직조 기업과의 공급망 협력을 강화하여 원산지 충족 가능성을 높이는 전략도 유효하다. 이와 함께 HS 분류 오판이나 공정 누락으로 인한 원산지 부인 사례를 방지하기 위해, 제품 설계 단계에서부터 원단 선정·공정 설계를 FTA 기준에 맞추는 사전 컨설팅 절차를 마련하는 것이 바람직하다.

이러한 전략적 관리가 이루어질 때, 우리 기업은 한-EU FTA 의류 분야에서 안정적으로 특혜를 활용하고 가격 경쟁력을 강화할 수 있을 것이다.

06-06 [EU] 직접운송 규정의 주요 특징 및 적용 사례

1. 주요 특징

가. 유럽형 협정으로서의 직접운송원칙 명시

한-EU FTA는 원산지 요건의 충족을 위해 직접운송원칙을 명시하고 있다. 이는 물품이 원산지 국가로부터 협정 상대국까지 중간 경유지에서 원산지가 변경되거나 물품이 분할되는 것을 방지하기 위한 규정이다. 유럽형 협정의 특징 중 하나로, 협정 대상 국가 간에 원산지 인정이 되기 위해서는 협정문에 제시된 직접운송 요건을 충족하는 것이 필수적이다.

나. EU 역내 국가 간 선적국이 달라도 직접운송 인정

한-EU FTA에서는 EU 역내에서 우리나라로 운송되는 경우, 수출국과 실제 선적국(출항국)이 서로 다르더라도 직접운송으로 인정된다. 이는 EU 회원국 간 물류·운송 연계가 밀접하게 이루어지고 있는 특성을 반영한 것으로, 원산지 판정 시 EU 단일 시장 특성에 맞춰 완화된 규정을 적용한 결과이다.

다. 단일 탁송화물만 경유와 환적 허용

단일 탁송화물(Single Consignment)이란 원산지 국가에서 발송된 물품이 하나의 송장과 동일한 운송서류로 포장·출고되어, 제3국을 단순히 경유한 후 최종 목적지에 도착하는 화물을 의미한다. 이러한 화물은 발송 시점부터 도착 시점까지 동일한 관리 단위로 취급되며, 경유지가 있더라도 중간 경유국에서 화물 분할, 재포장, 재라벨링 등의 작업이 이루어지지 않는다. 즉, 출발지에서 발급된 송장과 운송서류가 그대로 유지되며, 운송 경로 전반의 연속성과 원산지의 무결성을 보장한다. 이는 불필요한 물류 조작을 방지하고, 모든 운송 과정이 하나의 일관된 흐름 속에서 이루어짐을 증명하는 중요한 장치다. 따라서 물류비 절감이나 운송 편의 목적이라 하더라도, 경유 중 분할이 이루어지면 협정상 직접운송 요건을 충족하지 못하게 된다.

라. 최종 목적지가 확정된 경우에만 예외 인정

FTA 상 직접운송 원칙은 예외적으로 최종 목적지가 미리 확정된 경우에만 경유 또는 환적을 허용한다. 최종 목적지가 명확하지 않거나 제3국에서 재판매를 위해 분할 운송이 이루어질 가능성이 있는 경우에는 예외 규정을 적용할 수 없다.

현재 EU 측에서는 이러한 규정을 완화하여 최종 목적지가 확정되지 않은 경우에도 직접운송 원칙의 예외를 인정하도록 협정 개정을 요구하고 있다. 이는 세계적인 물류 트렌드로 제3국 물류기지 활용이 늘고 있다는 점을 근거로 하고 있으나, 한국 관세청은 원산지 세탁 가능성과 검증 수요 증가 등을 이유로 개정 필요성이 낮다고 설명하고 있다.

2. 싱가포르 물류기지를 거친 포도주, 한-EU FTA 직접운송이 인정 여부

가. 사례(가정)

우리나라 수입자 A는 프랑스 수출자 B로부터 한-EU FTA 원산지결정기준을 충족하는 포도주 1만 병을 계약하여 인도받았다. 그러나 실제 운송 과정에서 이 포도주는 프랑스에서 바로 한국으로 운송된 것이 아니라, 비당사국인 싱가포르에 위치한 B사의 물류기지를 경유했다. 해당 물류기지에는 포도주 10만 병이 재고로 보관되어 있었으며, B사는 그중 1만 병을 선별하여 한국으로 선적하였다. 이와 같은 운송 방식은 한-EU FTA에서 요구하는 직접 운송 규정을 검토할 필요가 있는 상황을 만든다.

나. 한-EU FTA 직접 운송 요건의 규정과 해당 운송 방식의 문제점

한-EU FTA에서는 "단일 탁송화물" 조건을 충족해야 한다고 규정한다.

이번 사례에서 프랑스 수출자 B는 포도주 10만 병을 싱가포르 물류기지로 여러 차례에 걸쳐 수출한 것으로 알려져 있다. 각 출고분에 대해 개별적인 송품장과 운송서류가 발급되었으며, 이후 싱가포르에서 한국으로 운송된 1만 병에 대해서는 싱가포르에서 새로 발급된 송품장과 운송서류를 사용하였다.

이러한 행위는 송품장과 운송서류가 출발지인 프랑스 발급본과 연속성이 없는 상태를 만들었고, 싱가포르에서 물품을 물리적으로 분할한 것으로 판단된다. 결과적으로, 비당사국인 싱가포르에서 물품 분할이 발생하면서 '단일 탁송화물' 조건이 충족되지 않았다.

다. 규정 위반에 따른 특혜관세 적용 제한

한-EU FTA에서는 비당사국에서의 물품 분할을 원칙적으로 허용하지 않는다. 이는 원산지증명서의 신뢰성과 물품 추적 가능성을 확보하기 위한 규정으로, 운송 과정에서 비당사국에서의 분할·혼합·서류 재발급 등이 발생하면 원산지 판단이 어려워지고 협정상 특혜를 악용할 위험이 커지기 때문이다.

특히 FTA는 원산지 세관당국이 제조지·최종 목적지 간의 직접적 운송 경로를 확인할 수 있어야 한다는 원칙을 기반으로 하며, 물품이 제3국에서 분할될 경우 원산지 기준을 충족했는지 여부를 입증하는 것이 복잡해진다. 이러한 이유로 한국 측은 엄격히 '단일 탁송화물' 조건을 적용하여 제3국에서의 물품 분할을 불허한다.

EU 측은 과거 협상 과정에서 비당사국 물류기지에서의 분할을 조건부로 허용하자는 입장을 제시한 바 있다. 이는 글로벌 무역 구조상 EU 기업들이 아시아나 중동에 물류 허브를 두고 각 수입국으로 나누어 출고하는 관행이 많기 때문이다. 그러나 한국 측은 협정 이행의 투명성과 세관검증의 용이성을 이유로 이 입장을 수용하지 않았고, 결국 현행 한-EU FTA에서 제3국 분할 허용 규정은 포함되지 않았다.

라. 결론

일반적으로 한-EU FTA에서 요구하는 직접운송원칙은 물품이 원산지국에서 최종 수입국까지 동일한 화물 단위로 운송되었는지를 확인하기 위한 핵심 규정이다. 따라서 제3국 물류기지를 경유하면서 물품 분할, 재포장, 서류 재발급 등이 이루어진 경우에는 '단일 탁송화물' 요건이 충족되지 않는 것으로 판단될 가능성이 높다. 이는 원산지 확인의 연속성이 깨지고, 물품 이동 경로에서 추적 가능성이 약화되기 때문이다.

특히 글로벌 물류 환경에서는 제3국 물류허브를 활용한 운송이 빈번하지만, 현행 한-EU FTA 규정상 이러한 방식은 특혜 적용에 제약을 초래할 수 있어 기업의 주의가 필요하다.

따라서 실무에서는 협정 규정에 부합하는 운송 경로를 사전에 설계하고, 제3국을 경유하더라도 물품이 분할되지 않도록 관리하는 것이 중요하다. 이러한 대응은 원산지 입증 과정의 안정성을 확보하고, 특혜관세 적용에 불필요한 분쟁이 발생하지 않도록 하기 위한 일반적인 원칙으로 이해할 필요가 있다.

3. UAE 물류허브를 경유한 기계부품, 한-EU FTA 직접운송 인정 여부

가. 사례(가정)

우리나라 수입기업 C사는 독일로부터 기계부품을 구매하면서 한-EU FTA 특혜관세 적용을 기대하였다. 그러나 물류 효율화를 위해 해당 화물은 독일 항구에서 선적된 후 아랍에미리트(UAE) 물류허브를 경유하여 한국으로 운송되었다. 이 과정에서 UAE 물류센터에서는 화물이 하역되어 일정 기간 보관되었고, 같은 품목을 보관 중이던 다른 화물과의 혼합을 방지하기 위한 별도 구역 이동, 재적재 작업이 이루어졌다. 이후 한국으로 재선적되면서 UAE에서 새로 발급된 선하증권이 사용되었고, 독일 발행 운송서류와의 연속성은 유지되지 않았다.

나. 판단

이러한 운송 방식은 제3국에서 물품이 물리적으로 취급되거나 서류가 재발급된 경우에 해당하여, 한-EU FTA에서 요구하는 직접운송원칙을 충족하기 어렵다. 결국 기업 C는 원산지 기준을 충족했음에도 직접운송 요건을 입증하지 못해 특혜관세 적용이 제한될 수밖에 없다.

06-07 [EU] 물품의 총가격 판단 기준

1. 총가격 판단 원칙

한-EU FTA에서는 물품의 총가격을 탁송화물의 기준으로 판단하며, 총가격이 6,000유로를 초과하지 않을 경우에는 인증수출자가 아니더라도 수출자가 원산지 신고서를 자율적으로 작성·서명할 수 있다. 이때 '물품의 총가격'은 다음 두 가지 중 하나를 기준으로 한다.

- 당사자 영역의 개별 수출자가 동일한 수하인에게 일시에 송부한 제품의 총 물품가액을 의미한다.
- 단일의 운송서류(운송서류가 없는 경우 단일의 송품장)에 의해 단일 수출자로부터 단일 수하인에게 송부된 제품의 전체 가격을 기준으로 한다. 따라서 동일 수출자가 동일 수하인에게 동시에 여러 건의 물품을 송부한 경우에는 그 물품 가격을 모두 합산하여 판단한다.

EU 각 국가의 통화단위 환산은 관세청장이 공문 또는 관세청 FTA 포털에 게시하는 금액을 적용하며, 별도의 공지가 없는 경우에는 「관세법」 제18조에서 정하는 과세 환율을 적용한다.

2. 송품장 기준가격 판정

송품장에 EXW(공장도가격), FOB(본선 인도 조건), CIF(운임·보험 포함 인도 조건) 등 무역거래 상의 인도조건에 따른 가격 구분이 표시된 경우, 총가격은 공장도 가격(EXW) 기준으로 판정한다. 관세청은 2011년 10월 10일자 공문(관세청 자유무역협정집행기획담당관-3313)을 통해 EXW 기준을 적용하는 것이 원칙임을 명확히 안내한 바 있다.

3. '일시 송부'의 범위와 판단

FTA 의정서 제1조에서 '탁송화물'은 수출자로부터 수하인에게 일시에 송부된 제품 또는 단일의 운송서류에 의해 송부된 제품을 의미한다. '일시 송부'의 범위는 사안별로 판단하며, 계약서·운송서류 등의 내용을 검토하여야 한다.

예를 들어, 인증수출자가 아닌 수출자가 물품가액 18,000유로인 화물을 6,000유로 이하 기준에 맞추기 위해 B/L 3개와 송품장 3개(송품장당 6,000유로)로 분할하여 수입하는 경우, 다음과 같이 판단할 수 있다.

- 동일 날짜, 동일 운송수단(선박·항공기): 동시에 송부된 물품의 총가액이 6,000유로를 초과하므로, 이를 탁송화물로 볼 수 없다.
- 동일 날짜, 서로 다른 운송수단: 마찬가지로 동시에 송부된 총가액이 6,000유로를 초과하므로, 탁송화물로 볼 수 없다.
- 다른 날짜, 서로 다른 운송수단: 물품의 송부 시점 자체가 다르므로 일시 송부에 해당하지 않으나, 일부러 6,000유로 이하로 맞추기 위해 분할 송부한 경우 검증 결과에 따라 협정 적용이 배제될 수 있다.

4. 가격 할인 적용 시 총가격 판단

총가격 판단 시에는 수입자가 실제로 송품장에 기재된 금액을 기준으로 한다. 예를 들어, 인증수출자가 아닌 스페인 수출자로부터 구매하는 물품의 할인 전 총가격이 6,340.5유로나, 6% 가격할인을 받아 실지불 가격이 5,960.07유로인 경우를 생각해 보자. 이때 송품장 상의 물품가액이 5,960.07유로라면, 6,000유로 이하이므로 인증 수출자가 아니어도 원산지신고서를 작성할 수 있다.

5. 단일 운송서류 가격 초과 사례

한-EU FTA에서 단일 운송서류(B/L 또는 인보이스) 기준 물품가액이 6,000유로를 초과하는 경우에는, 이를 인위적으로 나누어 6,000유로 이하로 만드는 방식은 인정되지 않는다. 예를 들어, 이탈리아에서 단일 운송서류로 운송되는 물품의 가격이

12,000유로인데, 인보이스를 4,000유로씩 3건으로 나누어 작성하는 경우, 이는 동일한 단일 운송서류 하의 전체 가격이 6,000유로를 초과하기 때문에 인증수출자의 원산지신고서 없이는 협정관세를 적용받을 수 없다.

6. 분할 수입과 원산지신고서 적용

원산지신고서는 원칙적으로 1회 선적분에 대하여만 적용되며, 동일 신고서를 반복 사용하려면 1회 선적분을 기준으로 잔량 관리가 필요하다.

같은 날짜에 동일 운송수단으로 2건의 계약 물품을 수입하면서 각각 다른 B/L로 수입신고를 하는 경우에는, 통합 발행한 원산지신고서 1건을 반복 사용할 수 있다. 그러나 서로 다른 날짜 또는 다른 운송수단으로 수입한 경우에는 통합된 원산지 신고서의 반복 사용이 불가하다.

또한, 2건의 계약 물품가액을 합산하여 6,000유로를 초과하는 경우, 인증수출자가 아닌 수출자가 작성한 원산지신고서는 사용할 수 없다. 단일 운송서류 또는 송품장 상 물품가액이 6,000유로를 초과하는 물품을 수입신고 시 2건으로 나누어 처리하는 경우에도 동일하게, 인증수출자가 작성한 원산지신고서 없이는 협정관세 적용을 받을 수 없다.

[EU] 원산지신고서 소급 발급 가능 여부

1. 소급 작성의 개념과 인증수출자 요건

한-EU 자유무역협정에서 허용하는 소급 작성은 이미 수출이 완료된 후, 해당 물품의 원산지를 협정에서 정한 서식과 기재 요건에 맞춰 증명하는 절차를 의미한다. 이는 수출자가 원산지증명서를 사전에 발급하지 못했거나, 당시 인증수출자 자격을 보유하지 못한 상태에서 수출을 진행한 경우에도 활용할 수 있는 제도다.

FTA 규정에 따르면 원산지신고서는 일정 금액 이하일 경우 일반 수출자도 작성이 가능하지만, 일정 금액(예: 한-EU FTA 기준 6,000유로) 이상 수출 건에 대해서는 반드시 인증수출자만 작성할 권한을 가진다. 인증수출자는 세관당국으로부터 원산지 관리체계와 증명 능력을 검증받아 승인된 것으로, 송품장이나 상업서류에 직접 원산지신고문안을 작성해 증명할 수 있다.

따라서 금액 기준 이상의 물품을 소급 작성·발급하려면, 작성 시점에서 인증수출자 자격을 갖추고 있어야 한다. 여기서 중요한 점은 '수출 시점'과 '작성 시점'을 구분해야 한다는 것이다. 수출 당시 인증수출자가 아니었다 해도, 원산지신고서를 작성하는 시점에 인증수출자 지위가 확보되어 있다면, 법적으로 해당 신고서는 정당하게 효력을 인정받을 수 있다.

2. 작성 시점 기준의 법리와 실무상 의미

법리적으로 한-EU FTA의 원산지신고서 관련 규정은 인증수출자 자격 판단을 작성 시점 기준으로 한다는 점에서 중요하다. 이는 협정 텍스트와 해석지침에서 명확히 드러나며, 수출 시점이 아닌 작성 시점을 판단 기준으로 삼음으로써 무역 실무에서 발생할 수 있는 다양한 상황에 대응할 수 있게 설계되어 있다.

예를 들어, 수출자는 계약 체결 후 물품 선적이 긴급히 진행되어, 원산지증명서 발급 준비 시간이 부족한 경우가 있다. 또, 인증수출자 승인 절차가 수출일 이후에 완료되는 경우도 많다. 이러한 경우, 수출 당시에는 요건을 미충족했더라도 작성 시점에서 승인 상태라면, 소급 작성된 원산지신고서는 협정상 유효하다. 이는 협정 당사국 관세당국 간 합의된 해석에 따라 법적 효력이 인정되며, 관세혜택 적용에서 배제되지 않는다.

실무적으로 이 규정은 수출업체가 원산지증명서 발급을 놓친 상황에서도 관세특혜를 확보할 수 있는 안전장치 역할을 한다. 특히 한-EU FTA는 자율발급 방식의 원산지신고서를 채택하기 때문에, 작성 시점에 인증수출자 자격을 갖춘 상태에서 원산지신고문안을 작성하면, 소급 발급된 문서도 정상적인 원산지증명서로 취급된다. 결국, 이는 수출업체가 협정규정을 전략적으로 활용할 수 있도록 지원하는 제도로, 무역 절차의 유연성과 법적 안정성을 동시에 보장한다.

3. 합병 전 수입물품에 대한 합병 후 수출자 명의 C/O 소급발급 가능 여부

가. 사안의 개요

한국 A사는 프랑스 B사로부터 물품을 수입하였고, 당시 기본세율로 관세가 부과되었다. 이후 2016년 4월, 프랑스 B사는 동일국적의 프랑스 C사에 흡수 합병되어 법인격이 소멸한다. 합병 후 C사는 한-EU FTA에 규정된 인증수출자(Approved Exporter) 자격을 취득하였으며, 이후 한국 A사 수입 물품의 송품장에는 수출자가 C사로 기재된다. 문제는 2016년 4월 합병 이전 B사 명의로 수입되었던 물품에 대해, 합병 이후 C사 명의 원산지신고서를 소급 발급하여 한-EU FTA 협정관세를 적용할 수 있는지 여부이다.

나. 한-EU FTA 협정의 원산지신고 요건

협정 규정상 원산지신고서는 수출자가 작성하는 송품장, 인도증서 또는 기타 상업서류 상에 원산지 요건을 충족하는 물품을 충분히 특정하도록 기재되어야 한다. 여기서 수출자는 실제 물품을 수출한 법인이어야 하므로, 원칙적으로 합병 이전에 수출된 물품의 경우 당시 존재했던 B사가 신고서 작성 주체가 된다.

다. 법리 판단: 예외적 소급 발급의 가능성

원칙적으로 합병 전 수출자의 명의는 변경 불가다. 그러나 이번 사례는 다음 조건을 충족하면 예외적으로 협정관세 적용이 가능하다. 아래 요건이 충족되면, 형식상 신고서 작성자는 합병 후 존속법인인 C사가 될 수 있고, 해당 신고서는 협정상 원산지신고서로 인정될 수 있다.

- 원산지관리 서류 승계: 합병 이후, C사가 B사의 모든 원산지 관련 기록·검증자료·가격 및 생산정보를 법적으로 인수·보관하고 있어야 한다.
- 흡수합병 사실 입증: 정식 합병계약서, 등기부·공증서류, 프랑스 당국 발급 합병 증명서 등을 통해 B사와 C사의 동일성 및 승계관계를 세관에 입증해야 한다.
- 검증 주체의 적격성: 협정상 사후 원산지 검증요청 시 C사가 B사의 생산 및 원산지 기준 충족 여부를 직접 검증·답변할 수 있는 능력과 권한을 가져야 한다.

라. 결론

따라서 합병 전 B사 명의로 수입된 물품이라도, 합병 후 C사가 B사의 원산지 관리권과 자료를 전부 승계하고, 법적 합병 사실 및 원산지 동일성을 입증할 수 있다면, C사 명의로 원산지신고서를 소급 발급해 한-EU FTA 협정관세를 적용할 수 있다. 그러나 이는 세관심사를 거쳐야 하며, 입증 서류가 부족하거나 동일성 확인이 곤란한 경우에는 적용이 거부될 수 있다. 실무적으로는 합병계약 단계에서 원산지 관리 승계 조항을 명확히 하여 FTA 활용 리스크를 최소화해야 한다.

06-09 [EU] 분할선적 물품의 협정관세 적용 기준과 유의점

1. 분할선적된 물품의 협정관세 사후 적용 요건

완성품이 부피와 중량 등의 이유로 한 번에 운송할 수 없는 경우, 동일한 제품을 여러 차례에 나누어 수입하는 분할선적이 이루어진다. 예를 들어, 기계설비 1대를 완성품 형태로 계약하였으나 운송상 제약으로 인해 4건의 선적을 거쳐 부품별로 수입하는 경우가 있다. 협정관세를 사후에 적용하기 위해서는 수입신고한 물품과 원산지신고서에 기재된 물품이 동일해야 한다. 그러나 이미 각 분할선적을 개별 구성품으로 별도 수입신고가 완료된 경우에는, 각 구성품별 원산지신고서가 개별적으로 필요하다. 즉, 완성품으로서의 동일성을 유지하면서 분할수입한 경우가 아니라면 단일 원산지증명서를 그대로 적용할 수 없고, 분할된 각 구성품별로 협정관세 요건을 충족해야 한다.

2. 하나의 원산지증명서 분할 적용 가능성

일반적으로 원산지증명서는 한 번의 선적물 전량을 대상으로 발급되지만, 실제 거래에서는 물품이 운송·보관 조건이나 구매자의 납기 요구 등으로 인해 여러 차수에 나누어 선적되고, 그에 따라 분할 입항과 분할 수입신고가 발생하는 경우가 적지 않다.

이러한 분할 상황에서 단일 원산지증명서를 여러 건의 수입신고에 적용하려면, 세관이 요구하는 동일성 입증 요건을 만족해야 한다. 동일성이란 각 분할 물품이 원래 원산지증명서에 기재된 품목과 규격, HS 코드, 수량, 가치가 모두 동일하다는 뜻이며, 이를 증명하기 위해 운송서류(B/L 또는 항공화물운송장), 상업송품장, 포장명세서 등의 자료가 필수로 제시된다. 세관은 이 자료를 대조하여 각 수입 건이 원래 원산지증명서 대상 물품과 일치하는지를 확인한 후 협정관세를 적용한다.

실무 예로, 대형 기계설비가 한 번에 운송하기 어려워 여러 차례 선적되는 경우나, 차량 제작용 부품이 생산 일정에 맞춰 나누어 공급될 경우가 있다. 이때 모든 분할 물품이 동일 생산지에서 생산되고, 계약·원산지증명서 기록과 정확히 일치한다면 단일 원산지증명서를 각 분할 수입신고에 적용할 수 있다. 다만 분할 적용 시 주의할 점이 있다. 제출 서류 정보가 원산지증명서 기재 내용과 조금이라도 불일치하면 해당 건은 협정관세 적용이 거부될 수 있다. 또한 생산지 변경, 사양 변경, 다른 공급자 물품의 혼입, 제3국 가공·조립 등의 경우에는 동일성이 훼손되므로 별도의 원산지증명서 발급이 필요하다.

결론적으로, 하나의 원산지증명서를 분할 적용하는 것은 가능하지만, 반드시 각 분할 건이 동일 계약·동일 생산지·동일 품목임을 명확히 입증해야 하며, 이를 위한 서류 준비와 사전 검증이 필수적이다.

3. 분할 적용 시 인증수출자 번호 기재 원칙

한-EU FTA 의정서 제15조에서는 원산지신고의 일반요건을 규정하고 있다. 해당 조항에 따르면 원산지신고는 제품을 충분히 식별할 수 있도록 상세하게 기술된 송품장·인도증서 또는 기타 상업서류에, 실제 수출자가 작성해야 한다.

예를 들어, 독일의 B사가 A사의 물품을 취합하여 선적하고 하나의 B/L이 발행된 경우, B/L 상 송하인(SHIPPER)이 B로 기재되어 있다 하더라도, 각 물품에는 별도의 송품장이 있을 수 있다. 만약 A사와 B사가 각각 송품장을 발행하고 원산지신고문안을 기재하며 인증수출자 번호를 각각 표기하였다면, 협정관세 적용을 신청할 때는 해당 송품장에 적혀 있는 수출자의 인증수출자 번호를 각각 신고해야 한다. 즉, B/L상 송하인이 누구인지와 관계없이 원산지신고서를 발급한 실제 수출자의 정보를 적용해야 한다. 이는 협정상 원산지 판단과 수출자 인증제도의 신뢰성을 유지하기 위한 필수 절차이다.

07-01 [페루] 검증 방법에서 "어느 하나에 해당하는 방법"의 해석

1. 법령 규정의 내용과 논란이 되는 이유

「FTA 관세법 시행규칙」 제24조 제7호는 페루에서 수입된 물품의 원산지조사 방법을 "페루에서 수입된 물품: 다음 각 목의 어느 하나에 해당하는 방법"으로 명시하고 있다.

이 규정은 페루와의 자유무역협정 제4.8조 및 법 제19조 제1항에 따라 페루 관세당국에 원산지 확인을 요청하는 방법(가목)과, 같은 협정 조항 및 법 제17조 제1항에 따라 조사대상자를 직접 서면조사하거나 페루 관세당국 공무원과 동행하여 현지조사를 실시하는 방법(나목) 중 어느 하나의 방법을 사용할 수 있다고 규정하고 있다.

규정의 문언은 두 방법 중 하나를 선택하는 것으로 기술되어 있으나, 실질적으로는 가능한 조사방법을 열거한 형태로 이해할 여지가 있다. 그럼에도 다음과 같은 이유로 논란이 발생할 수 있다.

첫째, "어느 하나"라는 표현이 둘 중 하나만 선택해야 하는 것으로 오해될 가능성이 높아 두 방법의 병행 적용 가능성에 대한 혼란이 생길 수 있다.

둘째, 한-페루 자유무역협정 제4.8조는 두 조사방법의 병행을 제한하지 않으나, 국내 시행규칙의 문언은 협정보다 협소하게 해석될 위험이 존재한다.

셋째, 조사방법 적용이 위법하다고 판단될 경우 협정관세 적용이 취소되는 등 실무상 중대한 영향이 발생하므로 명확한 해석이 요구된다.

2. 조사방법 해석에 관한 일반론

원산지조사 방법에 관한 규정이 복수의 조사 방식을 "열거"하는 형식으로 되어 있는 경우, 일반적으로 이는 선택 가능한 방법을 나열한 것으로 해석되며, 구체적 사안에 따라 어느 하나만 사용할 수도 있고 둘 이상의 방법을 병행하는 것도 가능하다고 이해된다.

특히 FTA 원산지조사는 협정문이 허용하는 범위 내에서 적정한 사실 확인을 수행하는 것이 목적이므로, 조사 방식은 협정의 취지와 성격, 조사 필요성, 자료 확보 가능성 등을 종합적으로 고려하여 결정하는 것이 원칙으로 인정된다.

따라서 규정에 "어느 하나"라는 문구가 포함되어 있더라도, 이는 오로지 서로 다른 조사방법을 구분하여 제시하는 의미로 이해해야 하며, 이를 조사방법 선택에 대한 강제적 제한으로 해석할 필요는 없다.

3. 적용 가능 범위에 대한 일반적 기준

여러 자유무역협정에서 원산지조사에 관한 규정이 복수의 조사방법을 제시하는 형태로 규정되는 경우, 그 해석 기준은 일정한 공통 원칙을 따른다.

첫째, 규정이 단지 조사방법을 "열거"하는 취지라면, 각 방법은 개별적으로도 사용할 수 있고, 필요한 경우 병행하여 활용할 수 있다.

둘째, 조사방법 선택은 협정문에 규정된 절차적 보장과 당사국 간 협력 의무를 존중하는 범위에서 결정된다.

셋째, 국제적 관세행정 실무에서는 효율성과 정확한 사실 확인을 위하여 복수의 조사방법을 조합하여 활용하는 것이 허용되는 것이 일반적이다.

이와 같은 원칙은 특정 국가와의 FTA에만 국한되지 않고, 여러 협정에서 공통적으로 적용되는 일반적인 해석 기준으로 이해할 수 있다.

4. 결론

정리하면, 「FTA 관세법 시행규칙」 제24조 제7호의 조사방법 규정은 단일 방법만을 강제하는 조항으로 보기 어렵고, 필요에 따라 두 가지 방법을 함께 활용할 수 있는 유연한 구조로 해석된다. 따라서 실무자는 조사대상, 자료 확보 가능성, 조사 효율성 등을 종합적으로 고려하여 하나 또는 둘 이상의 방법을 적절히 선택하거나 병행함으로써 협정의 목적에 부합하는 원산지조사를 수행할 수 있다.

08-01 [미국] 수출자 범위

1. 명확한 정의의 부재와 관련 조항

한-미 FTA 협정 제6.22조(정의)에는 '생산자'에 대한 정의가 명시되어 있으나, '수출자'에 대한 명확한 정의는 포함되어 있지 않다. 이는 협정 문안 상 제도 운영의 핵심 주체 중 하나인 '수출자'에 대한 직접적 용어 규정이 결여되어 있다는 의미이다. 그러나 협정 각 조항을 종합적으로 살펴보면, 수출자의 범위를 실질적으로 확정할 수 있는 요소들이 임의적으로 파악된다. 특히 제1.4조(정의), 제6.17조(기록 유지 요건), 제6.20조(수출 관련 의무) 등의 규정은 수출자 개념을 유추하는 데 있어 중요한 근거를 제공한다.

우선 제1.4조는 '당사국의 인(person of a Party)'을 당사국의 국민 또는 당사국의 법률에 따라 설립·조직된 기업으로 정의하고 있다. 이는 협정상 권리와 의무를 부담하는 주체가 반드시 협정 당사국의 영역과 법적 관할 하에 있어야 함을 전제로 한다. 따라서 이 정의를 적용하면 수출자 역시 '당사국의 인' 요건을 충족해야 하며, 당사국 내에 소재하는 기업 또는 개인이어야 한다는 결론을 도출할 수 있다.

다음으로 제6.17조는 수출자 또는 생산자가 원산지 증명의 근거가 되는 모든 기록을 발급일로부터 최소 5년간 보관할 의무를 규정하고 있다. 이 조항은 단순한 행정 절차 규정이 아니라, 원산지증명서의 신뢰성과 협정 특혜관세 적용의 타당성을 담보하기 위한 근거 규정이다. 기록 보관 의무를 실질적으로 수행하려면 해당 주체가 수출국의 법적·행정 통제권 안에 있어야 하므로, 수출자는 사실상 당사국 내부의 주체로 한정된다고 볼 수 있다.

마지막으로 제6.20조는 수출자 또는 생산자가 요청을 받을 경우 원산지증명서 사본을 수출 당사국에 제공해야 한다고 규정한다. 이는 원산지 검증 과정에서 수출국 정부가 직접 관여하여 자료를 수집·확인하는 절차를 상정하고 있으며, 해당 의무를 충실히 이행하려면 수출자가 수출국 내에서 이러한 행정 요구에 응할 수 있는 법적 지위와 실제 주소를 가져야 한다.

따라서 비록 한-미 FTA에서 '수출자'에 대한 명시적 정의 규정은 존재하지 않지만, 위 조항들의 문언과 체계, 그리고 제도 취지에 비추어 보면 수출자는 당사국(미국 또는 한국) 영역 내에 소재하는 국민 또는 법인으로서, 협정상 부과된 원산지 증명 및 자료 제공·기록 유지 의무를 수행할 수 있는 주체로 해석된다. 이러한 해석은 이후 판례와 실무 운영에서도 중요한 기준으로 작용하고 있다.

2. 수출자의 의무와 역할

협정의 관련 규정에 따르면, 한-미 FTA에서 수출자란 당사국 영역에 소재하는 국민 또는 기업으로서 다음과 같은 역할과 의무를 가진다.

- 해당 상품의 원산지 증명에 필요한 모든 기록을 최소 5년간 보관해야 한다.
- 요청이 있을 경우 원산지증명서 사본을 수출 당사국에 제공해야 한다.
- 수입국에서 실시하는 원산지 검증 절차에 대응해야 한다.

이러한 의무는 원산지 증명 제도의 신뢰성을 담보하고, 협정의 원산지 규정을 올바르게 적용하기 위해 필수적인 요소로 작용한다.

3. 판례에 의한 해석

서울행정법원 2015구합5726 판결(2015.11.27.)은 한-미 FTA에서 '수출자'의 범위를 판단하는 데 있어 중요한 근거를 제시하였다. 이 사건에서 쟁점은 수입자가 제출한 원산지증명서가 미국 소재 수출자가 아닌 다른 주체에 의해 발급된 경우에도 협정상 특혜관세 적용이 가능한지 여부였다. 법원은 한-미 FTA 협정 조문과 제도 취지를 종합적으로 검토하여, 수출자는 반드시 당사국인 미국 영역에 소재하는 국민 또는 기업이어야 하며, 해당 수출자가 직접 발급한 원산지증명서만이 유효하다고 판시하였다.

법원은 우선 협정 제6.17조에서 '당사국 영역의 수출자 또는 생산자'가 증명서 관련 기록을 최소 5년간 보관해야 한다는 점과, 제6.20조에서 요청이 있을 경우 증명서 사본을 수출 당사국에 제공해야 한다는 점을 근거로 들었다. 이러한 의무를 실질적으로 이행하려면 수출자가 해당 당사국의 법적 관할과 행정 요청에 직접 응할 수 있는 위치에 있어야 하며, 이는 곧 당사국 소재 요건을 의미한다고 판단하였다. 또한 법원은 원산지 검증 절차에 대응할 수 있는 주체는 당사국 소재 수출자이므로, 비당사국 소재 수출자가 발급한 증명서는 제도 취지와 검증 체계를 훼손할 위험이 있다고 보았다.

결과적으로 법원은 한-미 FTA 적용을 위해서는 '미국 소재 수출자에 의해 발급된 원산지증명서'만 인정된다고 명확히 하였으며, 이는 실무상 원산지 증명 확보 시 발급 주체의 소재지 확인이 필수적이라는 점을 시사한다. 따라서 원산지증명서에 단순히 '수출자 발급'이라고 표기되어 있더라도, 협정상 요건을 충족하기 위해서는 미국 영역에 소재한 수출자가 발급한 증명서가 제출되어야 한다.

4. 결론

협정 조문과 관련 판례를 종합하면, 한-미 FTA에서의 수출자는 당사국의 국민 또는 기업으로서 원산지 증명 관련 기록을 보관하고, 증명서 사본 제출 및 원산지 검증 절차에 대응할 의무를 지닌 주체로 이해된다. 다만, 2018년 개정협상을 통해 원산지증명서 작성 주체에 관한 규정이 완화되어, 수출자 또는 생산자의 소재지나 주소 요건에 관계없이 원산지증명서를 작성할 수 있도록 허용되었다.[115]

이에 따라, 과거와 달리 원산지증명서가 당사국 내부에 소재한 수출자만에 의해 발급되어야 한다는 해석은 더 이상 유지되지 않으며, 수출자 또는 생산자가 협정상 요구되는 요건을 충족하기만 하면 소재지 제한 없이 증명서를 작성할 수 있다는 것이 현재의 해석 체계이다.

---

115) 원산지검증 서면양해 합의(2018.7.)를 통해 「한미 관세당국 기본 원칙(KORUS Customs Principles)」 이 마련되었다. 그중 합의안 중 하나는 다음과 같다.: 원산지증명서는 수출자나 생산자가 그 소재나 주소에 상관없이 작성할 수 있도록 허용한다. (Allow a certification of origin to be completed by an exporter or producer regardless of its location or address.)

08-02 [미국] 수리·개조 물품 재반입 시 관세 면제 요건

한-미 FTA, 수리·개조 물품 재반입 시 관세 면제 요건은 무엇인지를 사례를 통해 확인해 보기로 한다.

1. 사례(가정)

미국에서 수입한 물품에 불량이 발생하였고, 계약상의 불일치로 인해 해당 물품을 미국으로 위약 반송하였다. 수출자는 계약 위반 처리 후 관세환급까지 완료하였다. 이후 미국에서 해당 물품의 결함 부분을 수리한 뒤 이를 다시 국내로 반입하려고 한다. 이때 재반입 시 발생한 수리비에 대해 한-미 FTA 제2.6조에 따른 관세 면제가 가능한지가 쟁점이 된다.

2. 관련 협정 조문

한-미 자유무역협정 제2.6조(수리 또는 개조 후 재반입되는 상품)는 다음과 같이 규정하고 있다. 즉, 본 조항은 '수리 또는 개조 목적'의 일시적 수출·반입에 한하여 관세 면제를 허용한다.

- 어느 당사국도, 다른 당사국 영역으로 수리 또는 개조를 위하여 자국 영역에서 일시적으로 수출된 후 재반입되는 상품에 대해 상품의 원산지와 관계없이 관세를 부과해서는 안 된다.
  - 이때 수출국 내에서 수리 또는 개조 가능 여부와 무관하게,
  - 수리 또는 개조가 상품 가치 증가 여부와 무관하게 면세가 적용된다.
- 어떠한 당사국도 수리 또는 개조를 위하여 다른 당사국 영토로부터 일시적으로 반입된 상품에 대해 원산지와 관계없이 관세를 부과해서는 안 된다.
- 다만, '수리 또는 개조'는 다음 작업을 포함하지 않는다.
  - 상품의 본질적인 특성을 파괴하거나 새로운 상업적으로 다른 상품을 만드는 행위
  - 미완성 상품을 완성 상품으로 변형하는 것

3. 법리 해석

갑론(관세 면제 불가) 입장이 있다. 제2.6조의 적용 요건은 수출 당시 목적이 '수리 또는 개조'여야 하며, 이는 명확한 의사와 절차를 전제로 한다. 본 사안에서는 물품이 계약상의 문제로 위약 반송된 것이며, 수출 당시 수리 또는 개조 목적의 일시적 반출로 판단할 수 없다. 따라서 협정상 '수리 또는 개조를 위한 일시적 수출' 요건이 충족되지 않아 제2.6조를 적용할 수 없다. 이후 미국에서 수리가 이루어졌다 하더라도 반출 목적이 요건을 충족하지 않으므로 관세 면제는 불가능하다.

반면에, 을론(관세 면제 가능) 입장은 다음과 같다. 계약상 문제로 반송하였다 하더라도, 실질적으로 미국에서 수리 또는 개조가 이루어진 경우 이를 수리 목적 반출로 간주하여 제2.6조를 적용할 수 있다는 해석도 가능하다. 즉, 목적 요건을 사후적으로 실질 판단하여 면세 적용을 주장하는 입장이다.

4. 결론

검토 결과, 한-미 자유무역협정 제2.6조에 따른 관세 면제를 적용하기 위해서는 두 가지 핵심 요건이 반드시 충족되어야 한다. 첫째, 물품이 반출될 당시 그 목적이 '수리 또는 개조'에 한정되어야 하며, 이는 계약 문서·통관신고·수출 사유 등에서 명확히 확인되어야 한다. 둘째, 반출 형태가 일시적 수출이어야 하며, 이는 물품이 단기간 내 원상회복 또는 개조 후 재반입될 것을 전제로 한 것이다. 이번 사례에서는 대미(對美) 수출이 계약상의 불일치로 인한 '위약 반송'에 해당하며, 이는 결함을 이유로 한 환급 및 계약 해제의 절차의 일환이었다.

따라서 수출 당시 목적이 수리 또는 개조에 해당하지 않는다는 점에서 제2.6조가 정한 요건을 충족하지 못한다. 설령 미국 내에서 사후적으로 수리가 이루어졌다고 하더라도, 이는 제2.6조에서 규정하는 '수리 또는 개조 목적의 일시적 수출'과는 법적으로 구분된다. 협정 조문은 반출 시점에서 명확한 수리·개조 목적이 존재하는 것을 전제로 하는데, 사후적으로 목적을 변경하여 적용하는 것은 협정 취지에 부합하지 않는다.

「FTA 관세법」및 한-미 자유무역협정의 관세 면제 규정은 목적과 절차가 명확한 경우에만 예외적으로 관세를 면제하는 특례 규정이다. 이는 일반적인 상품교역과 구별하여, 단순 계약 반환·위약 처리와 같은 상거래상의 반출에 대해서는 면세 혜택을 부여하지 않음으로써 제도의 남용을 방지하는 기능을 한다. 즉, 계약상 불일치로 인한 반환은 '수리 또는 개조 목적의 일시적 수출'로 볼 수 없으며, 수리비를 포함한 재반입 물품의 과세가격은 일반적인 원칙에 따라 관세부과 대상이 된다.

이에 따라 협정상 관세 면제를 인정할 수 없으며, 실무에서는 해당 사례와 같이 반출 당시 목적을 증빙할 수 없는 경우 한-미 FTA 제2.6조 적용이 불가하다는 점을 명확히 안내할 필요가 있다.

사례 요약

적용 요건	사례 사실관계	판정
반출 당시 목적이 '수리 또는 개조'	계약상 불일치로 인한 위약 반송	불충족
일시적 수출에 해당	계약 해제 목적 반출	불충족
재반입 시 수리 완료	수리 사실은 있음	요건 불충족으로 면세 불가

08-03 [미국] 섬유제품은 모두 "Yarn-Forward Rule"인지 여부

1. 개요

Yarn-Forward Rule은 섬유제품이 원산지로 인정받기 위해 실(Yarn) 단계부터 반드시 역내산 재료를 사용해야 한다는 규정을 의미한다. 이 용어는 한-미 FTA 협정문에 포함된 공식 표현은 아니며, 북미자유무역협정(NAFTA) 등에서 복잡한 섬유 원산지 규정을 이해하기 위해 만들어진 설명용 용어다.

한-미 FTA의 섬유·의류 원산지 규정은 생산단계를 섬유(Fiber) 생산 → 실(Yarn) 방적 → 직물(Fabric) 제직·편직 → 재단·봉제(완제품) 네 단계로 구분하며, 어느 단계부터 역내산 재료를 사용해야 하는지는 품목별 원산지 규정(PSR)에 의해 결정된다. Yarn-Forward Rule은 이러한 단계 중 실 생산 단계에서부터 역내산을 요구하는 유형을 말하며, 한-미 FTA 섬유제품의 기본 골격을 이루지만 모든 품목에 100% 동일하게 적용되는 것은 아니다.

따라서 반드시 품목별 원산지 규정(PSR)과 예외 조항을 확인하여 HS 코드별 세부요건을 충족해야 한다. 이를 준수하지 않을 경우 특혜관세 적용이 불가능해질 수 있으므로, 생산 및 원재료 구매 단계에서부터 원산지 판정 검토를 병행해야 한다.

2. Yarn-Forward Rule의 적용과 예외

한-미 FTA에서는 섬유제품의 상당수 품목에 Yarn-Forward Rule을 적용하지만, 일부 품목에는 Fabric-Forward(직물 단계부터 역내산), Fiber-Forward(섬유 단계부터 역내산) 또는 두 규정의 혼합형이 적용될 수 있다. 예를 들어, 견직물(HS 5007호)과 리넨 직물(HS 5311호)은 Fabric-Forward 규정을 적용받으므로 비원산지 실을 사용하더라도 역내에서 직물 생산을 완료하면 원산지로 인정된다. 또한, 견사(HS 5006)나 일부 비스코스 레이온사(HS 5403.31, 5403.32, 5403.41)는 Yarn-Forward

규정의 적용을 받지 않아 비역내산 실사용이 허용된다. 반면, 비스코스 레이온 직물 (HS 5408호)처럼 특정 품목은 Yarn-Forward 규정을 그대로 적용받는다.

3. 주요 품목별 규정 특징

가. 견직물(HS 5007호)

제50류 견	
5001 5002 5003	다른 류에 해당하는 재료로부터 생산된 것
5004 5005 5006	제5004호부터 제5006호까지 외의 다른 호에 해당하는 재료로부터 생산된 것
5007	다른 호에 해당하는 재료로부터 생산된 것

견직물은 누에고치에서 뽑은 견사를 제직해 제조되며, 협정에서는 "다른 호에 해당하는 재료로부터 생산된 것"으로 규정된다. 이는 사용된 견사(비원산지 포함)가 HS 코드상 다른 호에 속하면 원산지로 인정받을 수 있음을 뜻하며, 역내에서 직물 생산을 수행하면 Fabric-Forward 규정에 따라 원산지가 인정된다.

나. 폴리에스테르 스테이플 사(HS 5509호)

제55류 인조스테이플섬유	
5508 5509 5510 5511	제5508호부터 제5511호까지 외의 다른 호에 해당하는 재료(제5201호부터 제5203호까지, 제5401호부터 제5402호까지, 제5403.33호부터 제5403.39호, 제5403.42호부터 제5405호까지, 제5501호부터 제5503.20호까지, 제5503.40호부터 제5503.90호까지 및 제5505호부터 제5516호까지의 것은 제외한다)로부터 생산된 것

폴리에스테르 스테이플 사는 짧은 인조 스테이플 섬유를 방적하여 만든 실로, 규정상 일부 원료(예: HS 52015203, HS 54015405, HS 55015503, HS 55055516)는 반드시 역내산이어야 한다. 이 경우 Fiber-Forward 규정이 적용되며, 원재료 구매 단계부터 HS 코드별 원산지 여부를 확인해야 한다.

다. 의류(HS 6101.90)

6101.90	1. 양모 또는 섬수모 제품: 다른 류에 해당하는 재료(제5106호부터 제5113호까지, 제5204호부터 제5212호까지, 제5307호부터 제5308호까지, 제5310호부터 제5311호까지, 제5401호부터 제5402호까지, 제5403.33호부터 제5403.39호까지, 제5403.42호부터 제5408호까지, 제5508호부터 제5516호까지 및 제6001호부터 제6006호까지의 것은 제외한다)로부터 생산된 것. 다만, 다음 각 목의 요건을 모두 충족한 것으로 한정한다. 　가. 체약당사국에서 재단[또는 편성(knit to shape)]이 이루어지고, 봉제 또는 기타의 방법으로 결합 공정이 수행된 것 　나. 보이는 안감이 제61류의 주석 1에 따른 요건을 충족한 것 2. 기타: 다른 류에 해당하는 재료(제5106호부터 제5113호까지, 제5204호부터 제5212호까지, 제5307호부터 제5308호까지, 제5310호부터 제5311호까지, 제5401호부터 제5402호까지, 제5403.33호부터 제5403.39호까지, 제5403.42호부터 제5408호까지, 제5508호부터 제5516호까지 및 제6001호부터 제6006호까지의 것은 제외한다)로부터 생산된 것. 다만, 체약당사국에서 재단[또는 편성(knit to shape)]이 이루어지고, 봉제 또는 기타의 방법으로 결합 공정이 수행된 것으로 한정한다.

　의류 제품은 Yarn-Forward 규정과 '주요 공정 기준'을 결합하여 적용한다. 주요 공정 기준은 재단 또는 특수 편직과 봉제 공정을 모두 역내에서 수행해야 함을 요구한다. 보이는 안감 등 부속 재료도 원산지 요건을 충족해야 하며, 공정 일부를 제3국에서 수행하면 원산지 인정이 불가능하다.

08-04 [미국] 협정 부속서 4-나의 주요 내용과 활용

한-미 FTA 부속서 4-나는 협정 제4.2조 제6항에서 규정[116]한 "상업적인 물량으로 이용 가능하지 아니한 섬유원료·원사 및 원단을 포함하는 상품에 대한 과도 절차"를 구체적으로 실행하기 위해 마련된 부속서다. 즉, 섬유제품 생산에 필요한 원료·원사·원단이 양국 내에서 충분히 공급되지 않을 경우, 이를 공급부족 품목으로 지정해 역외산 재료를 사용하더라도 원산지로 인정하는 규정이다.

이것은 원사기준(Yarn-Forward Rule)의 중요한 예외 규정이며, 최근 구리암모늄 레이온 직물의 경우 공급부족 인정으로 인해 역외산 원사 사용이 허용되어 한국산 판정을 받을 수 있게 되었다.

1. 부속서 4-나의 개념

한-미 FTA 부속서 4-나는 양국(한국과 미국)에서 상업적으로 충분한 물량을 확보할 수 없는 특정 섬유 원료·원사·원단을 사용하는 상품에 대해 적용되는 규정을 명시한 조항이다. 이는 기본적으로 섬유제품의 원산지 판정에서 적용하는 '원사기준(Yarn-Forward Rule)'을 완화하는 예외 제도다.

즉, 원래는 섬유제품의 실(Yarn) 단계부터 역내산 재료를 사용해야 한-미 FTA 특혜관세를 받을 수 있지만, 만약 해당 재료가 역내에서 생산되지 않거나 공급이 부족하다면, 역외산 재료를 사용해도 원산지로 인정받을 수 있도록 허용하는 것이다.

---

116) 원산지 규정을 적용할 때, 양국에서 상업적으로 충분한 물량을 확보할 수 없는 특정 섬유 원료·원사·원단이 있을 경우, 특별절차(과도 절차)를 통해 역외산 사용을 허용할 수 있다고 규정

2. 공급부족 재료의 역외 조달 허용 제도

원산지 규정에서 'Yarn-Forward Rule'이 기본이지만, 역내에서 해당 원료를 생산하지 못하거나 충분한 양을 공급하지 못하는 경우가 있다. 이럴 때는 당사국(한국과 미국)이 협의를 거쳐 공급부족 품목으로 지정한다.

공급부족 품목에 지정된 원료·원사·원단을 사용하면, 비록 역외(제3국)에서 생산된 것이라도 해당 재료를 사용한 직물이나 의류를 연간 1억 제곱미터(㎡) 한도 내에서 FTA 특혜관세를 적용받을 수 있다. 예를 들어 특정 원사가 공급부족 목록에 오르면, 역외산 원사를 사용하더라도 해당 직물을 역내에서 제직·편직하면 최종 제품을 원산지로 인정받을 수 있다. 다만, 수출과정에서 불법행위가 적발될 경우, 해당 물량의 최대 3배를 연간 허용 물량에서 공제하는 제재 규정도 포함된다.

3. 공급부족 품목 규정의 변화와 연장

부속서 4-나 규정은 2012년 한-미 FTA 발효 이후 처음 5년간 적용되었으며, 당시 견사나 일부 비스코스 레이온사 등 몇몇 품목이 공급부족 품목으로 지정되었다. 그러나 초기 규정에 따라 5년이 지나면 이 예외 적용이 종료되도록 되어 있었다.

하지만 업계의 요구와 현실적인 공급 문제를 반영하여, 한국과 미국은 협상을 통해 이 규정의 유효기간을 없애고 무기한 적용하기로 합의했다. 이는 2019년 1월 1일부터 발효된 한-미 FTA 개정 의정서에 반영되어, 공급부족 품목에 대해 기간 제한 없이 역외산 소재 사용을 인정할 수 있게 되었다.

4. 구리암모늄 레이온 직물 원산지 기준 개정

구리암모늄 레이온은 목화씨의 잔털 섬유를 재생하여 만든 고급 직물로, 부드러운 촉감과 은은한 광택 때문에 드레스·셔츠·의류 안감 등에 쓰인다. 이 직물의 원산지 판정 규정이 2024년 8월 1일부터 개정되었다.[117]

---

117) 2024.8.1. 「FTA 관세법 시행규칙」 별표 8 개정(기획재정부령 제1053호, 2024.3.22., 일부개정)으로

기존 규정에서는 해당 직물(HS 5408호)을 원산지로 인정받기 위해 사용할 수 있는 비원산지 원사는 제한적이었고, 구리암모늄 레이온 원사(HS 5403.39호)는 허용되지 않았다. 그러나 2024년 개정으로, 이 원사가 공급부족 품목에 포함되면서 비원산지 재료로 사용할 수 있게 되었다.

결과적으로 2024년 8월 1일부터는 구리암모늄 레이온 원사를 써서 만든 구리암모늄 레이온 직물이라도, 한국에서 제직·편직 등 가공을 거치면 한국산으로 인정받아 한-미 FTA 특혜관세를 적용받을 수 있다.

개정 전·후의 차이

구분	개정 전 허용 비원산지 원사	개정 후 허용 비원산지 원사
HS 5408 (구리암모늄 레이온 직물)	제5403.10호, 제5403.31~32호, 제5403.41호	제5403.10호, 제5403.31~32호, 제5403.39호(구리암모늄 레이온 원사), 제5403.41호
특징	구리암모늄 레이온 원사 사용 불가	공급부족 품목으로 지정되어 사용 가능

구리암모늄 레이온 직물 원산지 기준이 개정되었다. 2018년 협정문 개정 협상 시 양국은 역내 공급이 불가능한 원료는 역외산 사용이 가능하도록 원산지 기준을 개정하는 데에 합의했다. 이에 따라서 양국은 구리암모늄 레이온의 원산을 공급부족 품목으로 인정하고, 오랜 개정 논의를 거치다 2024.8.1. 발효하였다.

08-05 [미국] 순원가법의 개념 및 적용 대상

1. 순원가법의 개념과 필요성

한-미 FTA에서는 자동차의 원산지를 판정하기 위해 공제법, 집적법 외에도 순원가법(Net Cost Method)을 추가적으로 규정하고 있다. 이 방식은 여타 FTA에서는 찾아보기 어려운 독특한 방법이며, 실제로 우리나라 업계에서는 거의 사용하지 않아 활용 능력이 미흡한 상황이다. 반면, 미국 자동차 업계에서는 대부분 순원가법을 적극적으로 활용하고 있으며, 이를 통해 보다 객관적이고 신뢰성 높은 검증을 수행하고 있다. 따라서 효과적인 원산지 검증과 경쟁력 확보를 위해 우리 업계도 순원가법에 대한 이해와 실무 적용 능력을 높일 필요가 있다.

2. 순원가의 정의

순원가란 상품의 생산과 관련한 총비용에서 특정한 공제 항목을 뺀 값으로 정의된다. 총비용에는 재료비, 직접 노무비, 직접 경비, 기간 비용 등 모든 생산 관련 비용이 포함된다. 그러나 순원가를 산출할 때는 아래의 공제비용과 같은 항목을 반드시 제외해야 한다.

순원가 개념

순원가	=	총비용	-	공제비용
		■ 제품비용(재료비·직접노무비·직접경비) ■ 기간비용 ■ 기타비용		■ 판촉비, 마케팅비, 판매 후 서비스 비용 ■ 로열티(Royalty) 비용 ■ 운송비 및 포장비용 ■ 비허용 이자비용(특수관계 거래 등에 따른 불합리한 금리 비용)

한-미 FTA 제6.22조에서는 이러한 순원가 산정 방식을 세 가지로 제시하고 있다.

- 모든 상품의 총비용을 계산한 후 공제 항목을 뺀 값을 해당 상품에 합리적으로 할당하는 방법
- 총비용을 먼저 해당 상품에 할당하고, 그 할당된 비용에서 공제 항목을 뺀 값
- 해당 상품의 각 비용 항목을 합리적으로 배분하면서, 공제 항목이 포함되지 않도록 구성하는 방법

모든 계산과 비용 배분은 일반적으로 인정되는 회계원칙(GAAP)에 따라 이루어져야 하며, 임의적이거나 주관적인 조정은 허용되지 않는다.

3. 순원가법 계산 방법 및 특징

한-미 FTA에서 순원가법을 활용한 역내가치포함비율(RVC) 산정 공식은 다음과 같다. 즉, 순원가에서 비원산지 재료의 가치를 빼고, 이를 순원가로 나눈 후 백분율로 표현하는 방식이다. 이를 통해 해당 상품의 역내산 비율을 계산할 수 있다.

$$\text{역내가치포함비율(RVC)} = \frac{\text{순원가(NC)} - \text{비원산지재료가치(VNM)}}{\text{순원가(NC)}} \times 100$$

- 순원가(NC)는 상품의 순원가이다.
- 비원산지재료가치(VNM)는 생산자가 획득하여 상품의 생산에 사용한, 간접재료 이외의, 비원산지 재료의 가치이다. 비원산지재료가치는 자가생산된 재료의 가치를 포함하지 아니한다.

순원가법의 장점은 로열티, 판촉비, 특수관계 거래에 따른 이자비용 등 원산지와 직접 관련 없는 비용을 제거함으로써 부가가치 왜곡을 방지한다. 또한, 공인된 회계 정보를 바탕으로 계산이 이루어지기에 원산지 판정 과정의 객관성이 높다. 그리고 기업 간 거래 특성이나 특정 회계 처리에 따른 원가 왜곡 가능성을 줄이며, 생산원가의 실질 기여도를 정확히 반영할 수 있다.

4. 순원가법 적용 대상

순원가법은 부속서 6-가(품목별 원산지 기준)에서 자동차 관련 역내가치포함비율 요건을 충족하기 위한 방법으로 사용된다. 적용 대상은 다음과 같으며 이들 품목은

원산지 판정 시 공제법, 집적법뿐 아니라 순원가법을 선택적으로 활용하여 역내가치포함 비율을 산정할 수 있다.

부속서 6-가 (품목별 원산지 기준)	
품목번호	원산지 인정요건
제16부 기계류·전기기기와 이들의 부분품, 녹음기·음성 재생기·텔레비전의 영상과 음향의 기록기·재생기와 이들의 부분품·부속품	
제84류 원자로·보일러·기계류와 이들의 부분품	
8407.31 8407.32 8407.33 8407.34	다음 각 호의 어느 하나에 해당하는 것으로 한정한다. 1. 다른 호에 해당하는 재료로부터 생산된 것 2. 집적법 또는 **순원가법**의 경우 35%, 공제법의 경우 55% 이상의 역내 부가가치가 발생한 것
8407.90	다른 호에 해당하는 재료로부터 생산된 것
8408.10	다른 호에 해당하는 재료로부터 생산된 것
8408.20	다음 각 호의 어느 하나에 해당하는 것으로 한정한다. 1. 다른 호에 해당하는 재료로부터 생산된 것 2. 집적법 또는 **순원가법**의 경우 35%, 공제법의 경우 55% 이상의 역내 부가가치가 발생한 것
8408.90	다른 호에 해당하는 재료로부터 생산된 것
8409	집적법 또는 **순원가법**의 경우 35%, 공제법의 경우 55% 이상의 역내 부가가치가 발생한 것
제17부 차량·항공기·선박과 수송기기 관련품	
제87류 철도용이나 궤도용 외의 차량과 그 부분품·부속품	
8701~ 8706	집적법 또는 **순원가법**의 경우 35%, 공제법의 경우 55% 이상의 역내 부가가치가 발생한 것
8707	다음 각 호의 어느 하나에 해당하는 것으로 한정한다. 1. 다른 호에 해당하는 재료로부터 생산된 것 2. 집적법 또는 **순원가법**의 경우 35%, 공제법의 경우 55% 이상의 역내 부가가치가 발생한 것
8708	다음 각 호의 어느 하나에 해당하는 것으로 한정한다. 1. 다른 소호에 해당하는 재료로부터 생산된 것 2. 집적법 또는 **순원가법**의 경우 35%, 공제법의 경우 55% 이상의 역내 부가가치가 발생한 것

08-06 [미국] 원산지포괄증명서 포괄기간 기산일과 유효성 기준

한-미 FTA에서 원산지포괄증명서는 동일 상품이 일정 기간 내에 반복적으로 선적되는 경우, 단일 증명서로 여러 건의 선적분을 증명할 수 있는 제도적 장치이다. 이때 중요한 쟁점은 포괄기간의 시작일(기산일)을 어떻게 정할 것인가와 해당 증명의 유효성을 어떤 기준일로 판단할 것인가이다.

양국은 두 부분에서 해석의 차이를 보이며, 이는 실무상 관세 특혜 적용 범위와 무역 운영 방식에 직접적인 영향을 준다.

1. 포괄기간 기산일의 해석

한-미 FTA에서 포괄기간의 기산일에 대해서는 두 가지 상반된 해석이 가능하다.

첫 번째 해석은 원산지포괄증명서의 발급일(또는 작성일)을 포괄기간의 시작일로 보는 것이다. 이는 「FTA 관세법 시행규칙」에서 '원산지포괄증명은 발급 또는 작성일부터 12개월을 초과하지 아니하는 범위에서 반복 사용한다'고 규정한 내용에 근거한다. 즉, 발급일 이전의 선적분은 기간 산정에 포함되지 않으므로, 발급일이 반드시 기산일과 같아야 하며, 해당 날짜로부터 12개월간 유효하다는 입장이다.

두 번째 해석은 포괄기간의 시작일이 발급일보다 앞설 수 있다는 것이다. 이는 미국 NAFTA 원산지증명서 작성 지침에서 '포괄기간의 시작일은 서명일보다 빠를 수 있다'고 명시한 규정에 근거하며, 동일한 이론을 한-미 FTA에도 적용할 수 있다. 즉, 포괄기간의 시작일은 발급일과 반드시 같을 필요가 없으며, 발급 이전에 생산 또는 출하된 물품이 원산지 기준을 충족하는 경우, 그 기준 충족 시점을 기산일로 설정하여 기간을 산정할 수 있다.

관세청은 이 두 견해 중 후자를 채택(2014년)하였다. 즉, 포괄기간의 시작일을 발급일과 반드시 같게 설정할 필요가 없으며, 해당 날짜는 실제 원산지를 입증할 수 있는 기간으로 소급하여 설정할 수 있다는 것이었다.

이로써 한-미 FTA에서는 포괄기간 시작일이 발급일보다 앞설 수 있다는 해석이 공식적으로 인정되었다.

2. 포괄기간 유효성 판단 기준일의 해석

포괄기간 내에서 발급된 원산지포괄증명서가 실제로 특혜관세를 적용받을 수 있는지 판단할 때, 한국과 미국은 가장 중요한 기준일을 서로 다르게 해석한다.

한국의 입장은 협정 규정에서 원산지포괄증명이 동일 상품의 '복수 선적'에 적용된다고 명시된 점에 주목한다. 따라서 포괄증명의 유효성은 수출물품의 선적일을 기준으로 판단해야 한다는 것이다. 즉, 선적일이 포괄기간 내에 속한다면, 수입일이 기간을 초과하더라도 해당 물품은 특혜관세를 적용받을 수 있다고 본다. 이 해석은 수출자·생산자가 증명서 발급 시점에서 수입국의 신고일을 예측하기 어렵다는 현실을 반영한 것으로, 물류 및 계약 운영에 보다 큰 유연성을 제공한다.

반면 미국 관세국경보호청(CBP)의 입장은 NAFTA 규정을 준용해 수입신고일을 기준으로 유효성을 판단한다. 즉, 포괄기간 종료일 이전에 수입신고가 완료된 물품만 유효하며, 종료일 이후 신고한 물품은 특혜관세 적용이 불가능하다. 이 방식은 수입국 입장에서 관리와 검증을 보다 명확하게 해주지만, 수출국의 입장에서는 운영 기간이 엄격해지고, 발급 이전 선적분에 대해서는 혜택을 적용하기 어려운 한계를 가진다.

관세청은 한국 측의 해석을 공식 결론으로 채택(2014년)하였다. 즉, 수출물품의 선적일을 기준으로 유효성을 판단하며, 선적일이 포괄기간 내에 속한다면 수입일이 기간을 벗어나더라도 유효하다는 것이다.

이에 따라 한국에서는 발급 이전 선적분에도 원산지기준을 충족하면 포괄증명을 적용할 수 있고, 기업 입장에서는 발급일, 선적일, 계약 일정 사이의 조율 범위가 넓어지게 된다.

3. 실무적 시사점

한-미 FTA에서 포괄기간 기산일과 유효성 판단 기준일의 해석 차이는 실무상 중요한 리스크 요인을 내포한다.

한국에서 발급하는 원산지포괄증명서는 선적일 기준으로 유효성을 인정하지만, 미국 CBP가 수입신고일 기준을 적용할 경우, 선적일만 보고 발급한 증명서가 미국 세관에서 거절될 가능성이 있다.

따라서 한국 기업이 미국으로 수출할 때에는 양국의 기준 차이를 사전에 인지하고, 계약서 작성과 물품 출하 계획, 발급일 설정, 포괄기간 시작일 관리 등을 철저히 해야 한다.

특히 발급 이전에 이루어진 선적분을 포괄증명서에 포함할 경우, 미국 수입자가 해당 분이 미국 세관의 유효성 판단 기준을 충족하는지 반드시 확인해야 한다.

이러한 사전 조율과 관리가 이루어져야만 양국의 해석 차이로 인한 관세 특혜 거절이나 통관 지연을 방지할 수 있다.

08-07 [미국] 미국이 수입자의 원산지증명서 발급제도를 채택한 배경

1. 협정 근거

한-미 자유무역협정 제6.15조는 수입자도 원산지증명서를 작성할 수 있도록 허용하고 있다. 이 규정에 따르면 수입자는 스스로 원산지를 확인하여 증명서를 작성하거나, 수출자 또는 생산자가 작성한 증명서를 활용하여 특혜관세를 신청할 수 있다. 이는 미국이 체결한 다수의 FTA에서 공통적으로 채택된 규정이지만, 우리나라가 체결한 대부분의 다른 협정에서는 찾아보기 어려운 독특한 구조이다. 규정상 수입자가 원산지를 증명하기 위해서는 해당 상품이 원산지 요건을 충족한다는 사실을 입증할 수 있는 신뢰할 만한 정보·자료를 확보하고 보관해야 하며, 이 자료는 세관 검증 시 제출할 수 있어야 한다.

또한 미국 연방규정집(Code of Federal Regulation, CFR) Part 10, Subpart R—US-Korea FTA 제10.1005조(Importer obligations)와 제10.1007조(Maintenance of records)에 따라, 수입자는 원산지 상품임을 입증할 법적 책임을 전적으로 부담하며, 모든 관련 자료를 최소 5년간 보관·관리해야 한다. 수출자나 생산자가 작성한 증명서에 의존하는 경우에도, 해당 증명서 작성의 근거 자료를 스스로 확보하고 제출해야 한다.

따라서 한-미 FTA에서 발급 주체가 누구인지와 관계없이, 실제 법적·실무적 책임은 철저히 수입자에게 부과되어 있다.

2. 채택 배경

미국은 과거 NAFTA 초기에는 수출자 중심의 원산지증명 체계를 채택했으나, 이를 운용하는 과정에서 관세 추징, 벌칙 부과 등 법 집행 측면에서 수입자 대상으로 검증하는 것이 훨씬 효율적임을 확인하였다. 주요 이유는 다음과 같다.

- 수입자는 CBP의 국내 관할권 내에 있어 자료 제출 요구와 검증이 신속·직접적으로 가능하다.
- 수입자가 FTA 혜택의 직접적인 수혜자이므로, 원산지 입증책임을 부과하는 것이 책임성·효율성을 높인다.
- 해외 수출자는 미국 세관의 법적 강제력이 미치지 않아, 직접적인 자료 확보와 검증이 어렵다.

이러한 이유로 미국은 NAFTA 이후 체결한 대부분의 FTA에서 수입자 발급 제도와 수입자 중심 검증 방식을 채택하였다. 한-미 FTA 또한 이러한 정책 기조를 충실히 반영한 결과물이다.

3. 채택으로 인한 미국의 운영 현황

미국 관세국경보호청(CBP)은 한-미 FTA 적용 물품에 대해 전적으로 수입자 중심의 검증 방식을 운용하고 있다. 이 방식에서 검증의 핵심 대상은 미국 내 수입자이며, 한국의 수출자나 생산자를 직접 조사하거나 자료를 요청하지 않는다. 검증 절차는 다음과 같다.

- CBP가 검증이 필요하다고 판단하면, 가장 먼저 수입자에게 원산지 입증 자료 일체를 요구.
- 수입자가 자료를 제출하지 않거나 불충분한 경우, 해외 수출자·생산자에게 별도의 보완 요구나 현지 실사를 하지 않음. 대신 수입자에게 추가 소명기회를 일부 부여하되, 그럼에도 자료가 충분하지 않으면 즉시 특혜관세를 거부(Adverse Action).

이러한 방식은 미국이 채택한 강한 자기책임주의에 근거한다. 세관이 해외 조사에 행정 자원을 투입하는 대신, 수입자가 모든 입증자료를 준비하지 못하면 특혜를 배제하는 방식이다.

4. 우리나라에의 영향

미국의 방식은 우리나라의 전통적인 검증 방식과 큰 차이를 보인다. 한국은 수입자가 제출한 자료가 불충분하면, 수출자나 생산자까지 조사 대상에 포함하여 적극적으로 보완 검증을 수행한다. 이 과정에서 해외 자료 요청과 현지 실사(Verification Visit)도 이루어진다. 미국은 이러한 한국의 절차를 세관 책임이 확대된 'Audit(감사)' 성격으로 보고, 그 범위를 엄밀한 의미의 'Verification(검증)'과 구분한다. 이 차이는 실제 통상 마찰의 원인이 되기도 한다. 예를 들어 한국 관세청이 미국에서 수입된 물품에 대해 원산지 검증 과정에서 미국 수출자 또는 생산자 자료를 직접 요구하면, 미국 무역 대표부(USTR)는 이를 한-미 FTA 취지에 맞지 않는다며 항의하기도 한다. 미국의 원칙은 원산지 입증은 수입자 책임이며, 세관이 해외 수출자·생산자에게 직접 증빙을 요구하는 것은 제도 취지를 벗어난다고 보기 때문이다.

결국, 한-미 FTA에서의 수입자 발급 제도는 미국이 검증책임을 수입자에게 집중시킨 제도 설계 철학을 반영한 것이며, 이는 한국의 제도 운영과 뚜렷이 구분된다. 우리나라로서는 미국과의 통관·검증 절차에서 이러한 구조적 차이를 이해하고 대응하는 것이 필수적이다.

한-미 FTA 수입자 발급제도 비교

구분	미국 (CBP)	한국 (관세청)
원산지증명서 발급 주체	수입자, 수출자, 생산자 모두 가능. (한-미 FTA 제6.15조)	원칙적으로 수출자 또는 생산자 발급. 수입자 발급 허용 안됨 (한-미 제외)
입증 책임 주체	전적으로 수입자가 부담. 수출자·생산자 작성 증명서라도 입증자료 확보 의무 수입자에게 있음.	원칙적으로 수입자와 세관이 분담. 수입자가 부족한 자료 제출 시, 세관이 해외 수출자·생산자에도 직접 요구 가능
법적 근거	한-미 FTA 제6.15조 및 제6.19조, CFR Part 10, Subpart R(§10.1005, §10.1007)	한-미 FTA 제6.15조, FTA 관세법, 원산지 검증 고시
검증 주체	미국 세관(CBP) → 국내 수입자만 검증	한국 관세청 → 국내 수입자+해외 수출자·생산자 모두 검증
검증 절차	1. 수입자에 자료 요청 → 2. 자료 불충분 시 추가 소명 기회 부여 → 3. 여전히 불충분하면 특혜 불인정. 해외 조사 없음.	1. 수입자 자료 검토 → 2. 불충분 시 해외 수출자·생산자 자료 요청 → 3. 필요시 현지 실사 진행
세관의 해외 실사	실시하지 않음. 전적으로 수입자 자료에 의존	필요시 수행 (Verification Visit 등).
행정 철학	자기책임주의: 모든 입증은 수입자 의무, 세관의 추가 해외조사 없음.	공동책임·적극 검증: 세관이 해외 자료까지 확보·판정에 반영
불충분 자료 시 조치	즉시 특혜 불인정, 추가 검증하지 않음.	해외 검증을 통한 보완 시도 후, 최종 판단

[미국] 수출자의 위임을 받은 법률적 대리인의 C/O 발급 가능 여부

1. 사안의 개요

한-미 자유무역협정 적용을 위해서는 수출자·수입자·생산자가 발급하는 원산지증명서가 필수적이다. 이번 검토 사안은 미국 수출자가 직접 발급하지 않고, 미국 수출자의 위임을 받은 법률적 대리인이 C/O를 작성·발급한 경우 그 효력을 인정할 수 있는지에 대한 것이다.

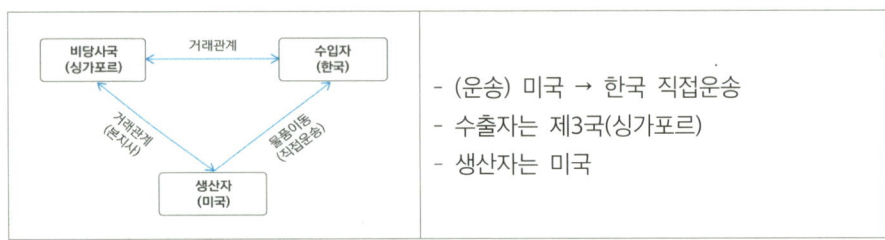

- (운송) 미국 → 한국 직접운송
- 수출자는 제3국(싱가포르)
- 생산자는 미국

문제의 핵심은 한-미 FTA 협정문에는 권한 있는 대리인에 의한 발급 가능 여부 규정이 없지만, 미국 국내법(미연방규정집)에는 이를 허용하는 규정이 존재한다는 점이다. 따라서 국제협정과 국내법 간 해석 차이를 어떻게 조정할 것인지가 쟁점이 된다.

2. 관련 규정 비교

한-미 자유무역협정 협정문에서는 원산지증명서의 작성 주체를 수출자, 수입자 또는 생산자로 규정하고 있으나, 이들 외의 권한 있는 대리인에 의한 작성 가능 여부에 대해서는 명시적인 근거 규정이 존재하지 않는다. 또한 체약당사국 간에 이러한 대리인의 작성 권한을 인정하거나 제한하는 별도의 합의 규정도 마련되어 있지 않다.

따라서 협정문만을 기준으로 판단할 경우, 원산지증명서는 반드시 해당 체약당사국에 속하는 수출자·수입자·생산자가 직접 작성하여야 한다는 해석이 가능하다.

이에 반해 미국 국내법, 특히 미연방규정집(U.S. Customs and Border Protection 19 CFR Parts 10, 24, 162, 163, 178 - United States-Korea Free Trade Agreement §10.1004 Certification)에서는 다른 접근을 취하고 있다. 미국의 규정은 원산지증명서를 작성하는 주체로 수입자, 수출자 또는 생산자를 명시하는 동시에, 해당 역할을 수행할 수 있는 자의 범위를 '책임 있는 직원(responsible official)' 또는 '권한 있는 대리인(authorized agent)'까지 확대하고 있다. 또한 원산지증명서에는 작성자의 법적 이름, 주소, 전화번호, 이메일 주소를 반드시 기재하며, 서명과 작성 날짜를 명시하도록 하고 있다. 즉, 미국의 국내법은 수출자를 대신한 법률적 대리인의 C/O 작성 및 발급을 공식적으로 인정하고 있으며, 필요한 식별 정보와 서명·날짜 기재를 필수 요건으로 하고 있다.

결론적으로, 한-미 FTA 협정문은 권한 있는 대리인의 작성 가능성을 명시적으로 규정하지 않고 있으나, 미국 국내법은 이를 허용하는 차이가 존재한다. 이러한 규정 차이는 원산지증명서 발급 효력과 관련하여 해석상의 논쟁을 불러일으킬 수 있으며, 실무 적용에서는 두 규정 간 조화를 고려하여 판단할 필요가 있다.

3. 쟁점 분석

본 사안에서 주요 쟁점은 크게 두 가지로 나뉜다.

첫째, 협정문에서 명시적인 규정이 없는 권한 있는 대리인의 원산지증명서 작성·발급을 수입국인 한국이 인정할 수 있는지 여부이다. 미국 국내법은 이를 허용하고 있는 반면, 한-미 FTA 협정문은 관련 조항을 두고 있지 않기 때문에, 국제협정 해석과 국내법 적용 간 충돌이 발생할 수 있다. 미국이 자국법에 따라 원산지증명서 작성 권한을 대리인에게 위임하는 것을 합법적으로 인정하는 경우, 해당 문서의 효력은 작성권한의 위임 사실과 협정상 요건 충족 여부를 종합적으로 검토하여 판단해야 한다.

둘째, 원산지증명서의 '수출자'란과 선하증권(B/L)의 'SHIPPER'란에 제3국 사업자가 기재된 경우, 협정관세 적용 여부를 어떻게 판단할 것인지가 문제된다. 협정문상 '수출자'는 원칙적으로 체약당사국의 수출자를 의미하지만, 실제 거래에서 물류 흐름 및 계약 구조로 인해 제3국 사업자가 기재될 수 있다. 이때 제3국 수출자가 기재되었다는 이유만으로 원산지증명서 전체 효력을 부인하는 것은 과도한 해석일 수 있으며, 생산지가 체약당사국이고 직접운송 요건을 충족하는 경우에는 협정관세 적용이 가능하다.

B/L의 'SHIPPER'란은 운송계약상의 발송인을 의미하며, 협정에서는 이를 반드시 체약당사국 수출자로 한정하고 있지 않다. 따라서 SHIPPER의 국적 자체는 협정관세의 적용 가능성을 직접적으로 제한하는 요건이 아니며, 중요한 것은 원산지증명서가 협정 요건에 맞게 작성되고, 생산지·직접운송 요건이 충족되었는지 여부다.

결국 쟁점의 본질은 협정문과 미국 국내법의 규정 차이, 그리고 표면적 기재 정보 (수출자 국적·SHIPPER 국적)에 의한 형식적 판단과 실질 요건 검증 간의 균형에 있다. 실무에서는 형식적 요건 위반만을 이유로 협정관세 적용을 전면 부인하기보다는, 실질적으로 협정 요건을 충족하는지에 대한 검토를 우선해야 한다.

4. 법리 해석

협정문은 권한 있는 대리인 작성에 대한 명시적 규정을 두고 있지 않으므로, 원칙적으로 수출자·수입자·생산자가 직접 작성해야 한다. 그러나 국제관세 행정의 실무에서는 상대국 국내법상 허용되는 작성 방식이 존재할 경우 이를 일정 범위 내에서 인정해 왔다.

미연방규정집은 미국 수출자의 법률적 대리인 작성 및 서명을 명확히 허용하고 있으므로, 한국 측에서 이를 전면 부인하는 것은 원활한 FTA 운영을 저해할 수 있다. 다만, 대리인 작성 시에는 다음과 같은 요건이 충족되어야 한다.

- C/O에 명시된 수출자가 한-미 FTA 상 '체약당사국 수출자'임을 입증할 것
- 대리인의 작성권한이 위임문서 등으로 증명될 것
- C/O상의 서명·날짜·연락처 정보가 미국 관세 규정에 부합할 것

또한 '수출자'란에 제3국 사업자가 기재된 경우라 하더라도, 실질적으로 체약당사국 (미국)에서 생산된 물품이고 직접 운송 요건을 충족한다면, 이는 원산지증명서 효력을 전면 부인할 사유가 되지 않는다.

B/L 상 SHIPPER 항목 역시 협정에서 제한하지 않으므로, 국적과 무관하게 C/O 발급 요건을 충족한 경우 협정관세 적용이 가능하다.

5. 결론

미국 국내법에서 허용하는 '권한 있는 대리인' 작성은, 한-미 FTA 협정문상 명시적 규정은 없으나 실무상 인정 가능하다고 판단된다. 다만, 작성 주체가 법률적 대리인일 경우 반드시 수출자의 위임 증빙, 체약당사국 수출자 요건 충족, 원산지와 직접운송 요건 확인이 필요하다.

제3국 사업자가 '수출자란' 또는 B/L 'SHIPPER'로 기재된 경우에도, 생산지가 미국이고 C/O 작성이 미국 수출자 또는 생산자(또는 권한 있는 대리인)에 의해 이루어진 경우 협정관세 적용이 가능하다. 따라서 이와 같은 경우는 원산지증명서 전체 효력을 부인할 사유가 아니며, 구체적인 사안에서 실질 요건 중심의 판단이 이루어져야 한다.

핵심 요약

항목	협정문 규정	미국 국내법	실무 적용 가능성
권한 있는 대리인 작성	규정 없음	명시적 허용	요건 충족 시 인정
수출자란 제3국 기재	원칙은 체약당사국 수출자	규정차이 없음	원산지가 미국이고 직접운송 시 인정
B/L 'SHIPPER' 국적	제한 없음	제한 없음	원산지·작성 요건 충족 시 인정

09-01 [튀르키예] 한-EU FTA와 비교한 원산지 기준의 특징

한-튀르키예 FTA는 EU 관세동맹의 영향으로 한-EU FTA와 유사한 구조를 가지지만, 아래와 같은 두 가지 점에서 차별성을 보인다.

> 첫째, 일부 품목의 원산지 기준을 한-EU FTA보다 낮춘 완화 규정을 적용하였다.
> 둘째, 섬유·직물 분야에 제한된 원산지 예외 쿼터를 설정하여, 해당 산업의 수출경쟁력을 높였다.

업체들은 해당 FTA의 원산지 기준을 한-EU FTA와 비교·분석하여, 품목별 수출 전략을 차별화하는 것이 필요하다. 특히 설탕·초콜릿·비스킷 제조업체와 섬유·직물 업체는 완화된 요건과 예외 쿼터를 적극 활용할 필요가 있다.

1. EU 관세동맹 영향과 기본 구조

튀르키예는 EU와 관세동맹을 맺고 있으며, 이에 따라 EU가 FTA를 체결한 상대국과의 협상에서 EU가 해당 국가와 맺은 FTA의 원산지 규정을 대체로 준수해야 할 의무를 부담한다. 따라서 한-튀르키예 FTA 역시 한-EU FTA의 특혜 원산지 규정을 기본 틀로 삼아 합의하였다. 다만 양국 간의 교역 구조와 산업 특성을 고려하여 일부 품목에 대해서는 원산지 기준을 완화하거나, 특정 품목에 대해 원산지 예외 쿼터를 설정하였다.

2. 한-EU FTA보다 완화된 원산지 기준

한-튀르키예 FTA는 일부 품목에 대해 한-EU FTA보다 원산지 요건을 완화하였다. 특히 설탕 과자(HS 1704), 초콜릿 함유 식료품(HS 1806), 기타 비스킷(HS 1905.90)에 대해서는 한-EU FTA에서 요구하는 추가 가치요건(비원산지 재료 가격 ≤ 30% 규제)을 삭제하고, 4단위 세번변경 기준만 적용하였다. 따라서 실무상 설탕·초콜릿·비스킷

496 자유무역협정 핵심 해설서

업체는 한-EU FTA 대비 원산지 충족을 더 쉽게 할 수 있다. 특히 제17류 원료(설탕 등)를 일부 수입하더라도 원산지 인정 가능성이 높다.

품목군	HS 코드	한-EU FTA 원산지 기준	한-튀르키예 FTA 원산지 기준
제17류 당류 및 설탕과자	1704[118]	모든 호(제품 호 제외) → 단, 제17류 비원산지 재료 가격 ≤ 30%	모든 호(제품 호 제외)만 적용
제18류 코코아 및 조제품 (1806)	1806	모든 호(제품 호 제외) → 단, 제17류 비원산지 재료 가격 ≤ 30%	모든 호(제품 호 제외)만 적용
제19류 베이커리 제품 (기타 비스킷)	1905.90	모든 호(제품 호 제외) 또는 제11류 제외 품목	모든 호(제품 호 제외) 또는 제11류 제외 품목

3. 원산지 예외 쿼터 설정

한-튀르키예 FTA는 교역량이 많거나 수출 잠재성이 높은 품목에 대해 각각 연간 200톤의 원산지 예외 쿼터를 설정하였다. 이 쿼터 범위 내에서는 규정상 완화된 원산지 기준을 적용받을 수 있으며, 한국과 튀르키예 양국이 각각 활용할 수 있다.

품목명	HS 코드	완화된 원산지 인정 요건	연간 예외 쿼터
면사	5205	인조스테이플섬유로부터 생산된 것	200 M/T
재생필라멘트 직물	5408	(1) 인조필라멘트사로 생산, 또는 (2) 염색 + 최소 2가지 마무리공정 및 비원산지 직물 가격 ≤ 50%	200 M/T
재생·반합성 스테이플섬유사	5510	인조스테이플섬유로부터 생산된 것	200 M/T

FTA에서 원산지 예외 쿼터를 설정한다는 것은, 연간 일정한 수량(톤수 또는 개수)에 한하여 일반적으로 요구되는 원산지 기준을 완화하여 적용하는 것을 의미한다. 이는 원래의 엄격한 원산지 규정을 충족하지 못하는 제품이라도 해당 쿼터 범위 내에서는 원산지로 인정받아 FTA 특혜관세 혜택을 받을 수 있도록 허용하는 제도이다. 이러한

---

118) 한-EU FTA: 모든 호(그 제품의 호는 제외한다)에 해당하는 재료로부터 생산된 것. 다만, 해당 물품의 생산에 사용된 제17류에 해당하는 모든 비원산지재료의 가격이 해당 물품의 공장도가격의 30%를 초과하지 않은 것에 한정한다.
    한-튀르키예 FTA: 모든 호(그 제품의 호는 제외한다)에 해당하는 재료로부터 생산된 것

예외는 특히 해당 산업의 교역을 확대하고 수출경쟁력을 높이기 위해 마련되며, 실무상 다음과 같은 효과가 있다.

첫째, 생산자의 원산지 충족 부담을 완화하는 효과가 있다. 일반적인 FTA 원산지 규정은 특정 공정 요건이나 비원산지 재료 사용 비율 등에 대해 엄격한 제한을 두고 있다. 그러나 예외 쿼터가 설정되면 연간 허용된 물량 범위 안에서는 이 기준을 완화하여 적용하기 때문에, 원래라면 관세 혜택을 받을 수 없던 제품이 관세 면제 또는 인하 혜택을 받으며 수출될 수 있다.

둘째, 예외 쿼터는 추가적인 수출 기회를 제공한다. 예를 들어 한 섬유업체가 인조필라멘트 직물을 생산하면서 일반 원산지 기준상 요구되는 '염색과 최소 두 가지 이상의 마무리 공정'을 충족하지 못했더라도, 연간 200톤의 예외쿼터 범위 내에서는 해당 제품을 원산지로 인정받아 튀르키예로 무관세 수출할 수 있다. 이는 관세 부담을 줄여 가격 경쟁력을 높이고 새로운 시장진입의 장벽을 낮추는 결과를 가져온다.

셋째, 원산지 예외 쿼터는 공급망 운영의 유연성을 높인다. 원산지 기준을 맞추기 위해 반드시 역내에서만 원료를 구매해야 하는 제약이 완화되므로, 기업은 가격·품질 조건이 더 유리한 비원산지 원료를 활용하여 제품을 생산할 수 있다. 예를 들어 면사(HS 5205)를 생산하는 업체가 일부 공정에서 값싼 비원산지 면섬유를 혼합해도, 해당 제품이 예외쿼터 범위 내에 들어간다면 FTA 특혜관세를 받으며 수출할 수 있다. 그 결과 재고 활용도와 생산 효율성이 향상되고, 원가 절감이 가능해진다.

넷째, 예외 쿼터는 기업의 생산 및 수출 전략을 다변화할 수 있는 수단이 된다. 기업은 쿼터 내 물량을 비원산지 원료를 일부 사용하는 비용 절감형 제품으로 구성하고, 쿼터를 초과하는 물량은 일반 원산지 기준을 충족하도록 고급 원료나 역내 원료를 사용하는 방식으로 이원화된 생산 전략을 설계할 수 있다. 이를 통해 전체적인 생산 원가를 낮추고, FTA 활용률을 극대화할 수 있다.

결론적으로, 원산지 예외 쿼터 설정은 원산지 기준을 충족하지 못하는 일부 물량에 대해서도 FTA 특혜관세를 적용할 수 있도록 함으로써, 기업의 비용 절감과 가격 경쟁력 강화, 공급망 유연성 확보, 그리고 수출 물량 확대라는 복합적인 긍정효과를 제공한다. 특히 섬유·직물 분야와 같이 원산지 규정 충족이 상대적으로 까다로운 산업에서 이 제도는 FTA 활용성을 크게 향상시키는 핵심 장치라고 할 수 있다.

4. 한-EU FTA와 예외 쿼터 차이

한-EU FTA도 원산지 예외 쿼터 제도를 보유하고 있으나, 적용 품목과 물량이 크게 다르다. 예를 들어 한-EU FTA에서는 어묵, 담배, 섬유, 비스킷 등 다양한 품목에 대해 수천 톤 규모의 쿼터를 설정하였으나, 한-튀르키예 FTA는 상대적으로 품목 수를 줄이고, 연간 200톤 한도로 제한하였다.

구분	한-EU FTA	한-튀르키예 FTA
쿼터 품목 범위	수산물, 담배, 비스킷, 다양한 면·섬유제품	일부 면사·섬유에 한정
최대 쿼터 물량	수천 톤(예: 어묵 3,500톤)	품목별 200톤
적용 산업	식품·가공식품·섬유·담배 등	섬유·직물 중심

09-02 [튀르키예] 중간재 규정이 없는데 활용 가능 여부

한-튀르키예 FTA는 협정문 상 '중간재'라는 명칭의 독립 규정을 별도로 두고 있지 않다. 그러나 상품무역협정 제5조(충분하게 작업 또는 가공된 제품)에서 사실상 중간재의 인정과 동일한 효과를 부여하는 규정을 포함하고 있다. 이는 원산지 판정 과정에서 특정 조건을 충족한 재화가 후속 생산공정에서 '원산지 상품'으로 간주되도록 하는 것이다. 즉, 「원산지 규정 및 원산지 절차에 관한 의정서」 제5조와 부속서의 원산지 규범을 통해 사실상 중간재 활용이 가능하다.

[의정서] 제5조 충분하게 작업 또는 가공된 제품

1. 제2조 나호의 목적상, 완전하게 획득되지 아니한 제품은 부속서 2의 목록 또는 부속서 2-가에 규정된 조건이 충족되는 경우, 충분하게 작업 또는 가공된 것으로 간주된다. 부속서 2의 목록 또는 부속서 2-가에 규정된 조건은 이 협정의 적용대상이 되는 모든 제품에 대해서 생산에 사용된 비원산지 재료에 수행되어야 하는 작업 또는 가공을 나타내며, 그러한 재료에 대해서만 적용된다. 따라서

   가. 비원산지 재료가 충분한 작업 또는 가공을 거쳐 원산지 제품이 되어, 그 제품이 그 이후 다른 제품의 생산에 사용되는 경우, 그 제품에 포함된 비원산지재료는 고려되지 아니한다. 그리고

   나. 비원산지 및 원산지 재료가 가공을 거쳐 비원산지 제품이 되어, 그 제품이 그 이후 다른 제품의 생산에 사용되는 경우, 그 제품에 포함된 비원산지 재료만이 고려된다.

2. 제1항에도 불구하고, 부속서 2의 목록에 규정된 조건에 따라 제품의 생산에 사용되어서는 아니 되는 비원산지 재료가 그럼에도 불구하고 사용될 수 있다. 다만 ,

   가. 비원산지재료의 총가치가 그 제품의 공장도가격의 10퍼센트를 초과하지 아니해야 한다. 그리고

   나. 비원산지 재료의 최대 가치에 대하여 부속서 2의 목록에 제시된 비율이 이 항의 적용으로 인해 초과되지 아니해야 한다.

3. 제2항은 HS의 제50류부터 제63류까지에 해당하는 제품에 대하여 적용되지 아니한다.

4. 제1항 내지 제3항은 제6조를 조건으로 적용된다.

---

1. 충분한 작업 또는 가공 기준(Article 5(1))

비원산지 재료가 당사국 중 한쪽 또는 양국의 영토에서 부속서 2 및 부속서 2-가에 규정된 조건을 충족하는 충분한 작업 또는 가공을 거친 경우, 그 결과물은 원산지 상품으로 간주된다.

이때 부속서 2 및 부속서 2-가의 조건은 해당 품목에 사용된 비원산지 재료가 반드시 거쳐야 하는 최소한의 작업 또는 가공 기준을 규정하며, 해당 재료에 대해서만 적용된다.

2. Roll-up 효과의 인정(Article 5(1) 후단)

충분하게 가공된 결과물(원산지 상품)이 이후의 생산공정에서 다른 제품의 원재료로 사용되는 경우, 그 원산지상품에 포함되어 있던 비원산지 재료는 원산지 판정 시 고려되지 아니한다. 이는 Roll-up 효과로 불리며, 가공을 통해 원산지 지위를 취득한 재화를 후속 생산에도 원산지 재료로 인정하여 누적효과를 발생시킨다. 예를 들면, 한국에서 비원산지 알루미늄 슬래브를 수입하여, 협정 부속서 기준에 따라 압연·가공하여 '원산지 알루미늄판'으로 생산한다. 이 알루미늄판을 튀르키예로 수출하여 현지에서 자동차 부품 생산의 원재료로 사용한다. 최종 자동차 부품의 원산지 판정 시 알루미늄판에 포함된 비원산지 슬래브는 더 이상 고려되지 않고, 전체 부품은 원산지 상품으로 인정된다.

3. 예외와 허용 한도(Article 5(2)~(3))

원칙적으로 부속서 2의 목록에서 사용이 금지된 비원산지 재료는 생산에 투입될 수 없다. 그러나 예외적으로 해당 비원산지 재료의 총가치가 최종 제품의 공장도가격의 10%를 초과하지 않는 경우 사용이 허용된다.

다만 이 허용 규정은 HS 제50류~제63류(섬유 및 섬유제품)에 대해서는 적용되지 않는다. 예를 들면, 튀르키예에서 가방(HS 제42류)을 생산하면서, 원산지 규정상 특정 비원산지 합성섬유 사용이 금지되어 있다고 가정한다.

하지만 부속서 규정에 따라 해당 합성섬유가 제품 공장도가격의 10% 이하로만 사용된다면 원산지 제품으로 인정받을 수 있다. 반면 동일 조건이라도 의류(HS 제6162류)나 기타 섬유제품(HS 제5063류)에 대해서는 이 예외가 적용되지 않는다.

09-03 [튀르키예] 섬유제품의 미소기준 적용 기준

1. 가공공정기준과 최소허용수준

한-튀르키예 FTA의 섬유제품 대부분은 PSR에서 가공공정기준을 적용한다. 이는 완제품 생산 시 비원산지 재료 사용을 엄격히 제한하면서, 특정 범위 내에서만 사용을 허용하는 규정이다.

이 범위를 정하기 위해 섬유제품에 대해서는 일반 규정과 별도로 품목별 최소허용수준을 설정하고 있다. 다만, 협정 제5조 제2항에서 규정한 일반 최소허용수준(10% 이하)은 제3항에 따라 HS 제50류~제63류에 해당하는 섬유제품에는 적용되지 않고, 반드시 해당 품목의 PSR 주석에 따른 기준을 따라야 한다.

2. 품목별 최소허용수준의 차등 적용

섬유제품의 최소허용수준은 모든 품목에 동일하게 적용되지 않고, 품목별로 세분화하여 서로 다른 비율을 적용한다.

예를 들어,

- PSR 주석 5.3에서는 "폴리에테르 연질 세그먼트로 분할된 폴리우레탄으로 만든 사(짐프 여부 불문)"의 경우 최소허용치는 해당 사에 대해 20%로 규정한다.
- PSR 주석 6.1에서는 해당 주석이 적용되는 제품에 대해, HS 분류가 서로 다른 비원산지 방직 재료(안감과 심감 제외)를 사용할 수 있도록 하고, 그 재료의 가치는 완제품 공장도가격의 8% 이하로 제한한다.

이처럼 품목별 최소허용수준을 세분화하는 이유는 섬유제품의 원료와 제조공정이 다양하여 단일 기준을 적용하면 원산지 판정의 정확성이 떨어질 수 있기 때문이다. 또한 혼방이나 특수가공이 빈번한 섬유업 특성을 반영하여, 생산 현실과 무역 실무에 적합한 맞춤형 기준을 제시함으로써 규정 준수와 국제 경쟁력을 동시에 확보하고 있다.

3. 규정 구조의 특징

한-튀르키예 FTA 섬유제품 최소허용수준 규정은 협정 본문에 있는 일반 허용 규정을 적용하지 않고, 부속서 2의 품목별 원산지결정기준과 해당 기준에 첨부된 PSR 주석에서 직접 허용 한도를 규정하는 구조를 가진다.

이는 섬유제품의 소재 특성과 생산공정 상의 특수성을 반영하여, 보다 정밀하고 현실적인 원산지 판정을 가능하게 하는 제도적 장치이다.

4. 우리나라 수입자·수출자가 유의해야 할 사항

첫째, 섬유제품에는 일반 최소허용수준이 적용되지 않음을 확인해야 한다. 수입자와 수출자는 한-튀르키예 FTA의 일반 최소허용수준 10% 규정이 HS 제50류～제63류 섬유제품에는 적용되지 않음을 인지해야 하며, 반드시 품목별 PSR 주석에 명시된 별도 기준을 따라 원산지를 판정해야 한다.

둘째, 품목별로 서로 다른 최소허용수준을 개별적으로 확인해야 한다. 섬유제품은 품목별로 허용되는 비원산지 재료의 비율이 서로 다르게 규정되므로, 수출자와 수입자는 자신이 취급하는 제품의 PSR 주석 번호와 해당 허용 한도를 정확히 검토해야 하며, 이를 잘못 적용할 경우 협정관세 적용이 거부될 수 있다.

셋째, 혼방·특수가공 등 제품 특성에 따라 비원산지 재료 정보를 정확히 파악해야 한다. 섬유제품은 혼방 원료와 다양한 가공 공정이 존재하므로, 수출자와 수입자는 사용된 비원산지 재료의 HS 분류와 가치 비중을 정확하게 파악해야 하며, 주석에서 규정한 예외나 제한(예: 안감·심감 제외 등)의 충족 여부를 반드시 확인해야 한다.

10-01 [호주] 직접 운송 규정 해석과 호주의 재라벨링 중시 이유

협정 제3.14조는 원산지 상품이 직접 운송될 것을 요구함으로써, 협정 당사국 간의 무역에서 원산지의 신뢰성·추적성·투명성을 확보하려는 목적을 가진 조항이다.

제3.14조 직접 운송

1. 원산지 상품은 제3.1조에 따라 결정된 원산지 지위를 유지한다. 다만, 그 상품은 비당사국 영역을 통과하지 아니하고 수입 당사국으로 직접 운송되어야 한다.
2. 비당사국 영역을 통하여 운송되는 원산지 상품은 다음의 경우에는 제3.1조에 따라 결정된 원산지 지위를 유지하지 아니한다.
   가. 그 상품이 하역, 재선적, 보관, 재포장, 재라벨링^{주)}, 운송상의 이유로 인한 화물 분리 또는 상품을 양호한 상태로 보존하거나 당사국 영역으로 운송하기 위하여 필요한 그 밖의 공정 이외에, 양 당사국의 영역 밖에서 어떠한 그 이후의 생산이나 그 밖의 공정을 거치는 경우, 또는
   나. 그 상품이 비당사국의 영역에서 세관당국의 통제하에 머물러 있지 아니하는 경우

주) 이 항의 목적상, "재라벨링"이란 수입 당사국의 요건을 충족하기 위하여 필요한 라벨을 붙이는 것을 말하며, "재포장"이란 수입 당사국 영역으로 상품을 운송하기 위하여 필요한 포장 공정을 말한다.

---

1. 직접 운송 원칙의 기본 구조

제3.14조 제1항은 원산지 상품이 직접 운송될 것을 요구함으로써 원산지의 무결성을 보장한다. 즉, 수출국에서 수입국으로 이동하는 과정에서 비당사국을 경유하지 않을 때 원산지 기준이 그대로 유지된다. 이 조항은 FTA 운영의 기본 축으로서, 원산지 조작이나 부적정 가공이 개입되는 위험을 최소화하는 기능을 한다.

2. 비당사국 경유 시 원산지 지위 유지의 제한 요건

제2항은 예외를 다룬다. 국제 물류에서는 환적·보관 등 비당사국 경유가 불가피한 경우가 많기 때문에, 협정은 비당사국에서 세관의 통제하에 머물 것과 상품의 본질적 성질을 변경하는 추가 생산·가공이 없을 것이라는 두 가지 조건을 충족할 때만 원산지 지위를 인정한다. 이 중 하나라도 충족하지 못하면 원산지 지위는 상실된다.

3. 재포장·재라벨링 규정의 의미

제3.14조는 특히 비당사국 경유 중 수행할 수 있는 공정의 범위를 구체적으로 명시한다. 하역, 재선적, 보관 등 일반적인 물류 조작 외에, 재포장과 재라벨링을 허용 가능한 공정으로 특별히 적시하고 있다. 조항에서 규정하는 재포장과 재라벨링은 다음과 같은 제한적 목적을 가진다.

- 재포장: 상품을 수입국으로 운송하기 위한 포장 공정
- 재라벨링: 수입국의 요건을 충족하는 범위에서 필요한 라벨 부착

즉, 이는 원산지 조작이나 부가가치 생산과는 무관한, 물류 과정의 기술적·관리적 처리로 한정된다.

4. 호주가 재라벨링을 중시하는 이유와 제3.14조와의 정합성

호주는 국가 차원에서 엄격한 라벨링 기준을 운영하고 있으며, 모든 수입품에 대해 영문 표기·성분 표시·알레르기 정보·원산지 표기·안전 규격 준수 등이 요구된다. 그러나 이러한 기준을 원산지국에서 출발 단계부터 모두 충족시키는 것은 현실적으로 쉽지 않다. 따라서 호주는 제3국 경유지에서 호주 기준에 맞도록 재라벨링을 실시하도록 허용하고 있으며, 이 조치는 호주 도착 즉시 통관 가능, 수입업자의 물류비 절감, 공급망 지연 최소화, 원산지 기준을 위반하지 않으면서 규제 준수 가능과 같은 실무적 효과를 갖는다.

이러한 실무 운영 방식은 제3.14조가 허용하는 범위와 직접적으로 맞닿아 있다. 조항이 재라벨링을 '본질적 변형이 아닌 필요 공정'으로 명시함으로써, 호주가 운영하는 엄격한 라벨링 제도와 FTA의 원산지 규정이 충돌 없이 조화될 수 있게 된다. 즉, 재라벨링이 허용 공정임을 규정해 둠으로써, 호주가 요구하는 안전성·정보 제공 기준을 충족하는 동시에 특혜 관세 적용도 가능하도록 법적 근거가 마련된 것이다.

결국 제3.14조는 원산지 규정의 엄격성과 실질적인 국제 무역의 유연성을 균형 있게 조화하려는 조항이다. 즉, 원산지 변조·허위 표시를 방지해 FTA의 신뢰성을 유지하면서 재라벨링처럼 통관·유통의 효율성을 확보하기 위한 최소한의 공정은

허용한다. 이와 같은 체계는 특히 호주의 엄격한 수입 규제 환경과 높은 라벨링 기준을 고려할 때 실무적으로 매우 중요한 의미를 갖는다. 조항이 명확한 범위를 제시해 줌으로써, 재라벨링 작업이 원산지 기준에 영향을 미치지 않는다는 법적 안정성을 확보할 수 있기 때문이다.

5. 재라벨링이 다른 FTA에서 일반화되지 않은 이유

재라벨링은 물류 효율성과 규제 준수 측면에서 여러 장점을 갖지만, 모든 협정에서 규정이 명시되지 않은 것은 제도적·통관적·원산지 관리 측면의 부정적 요인도 존재하기 때문이다. 대표적인 이유는 다음과 같다.

첫째, 원산지 조작 위험 증가다. 제3국에서 라벨을 다시 붙이는 행위는 원산지 오표시(incorrect origin marking) 위험과 직접 연결된다. 수입국이 직접 감독할 수 없는 장소에서의 라벨 작업은 위조·허위 표시 가능성을 높인다는 우려가 있다. 특히 고관세/저관세 국가 간 차이가 큰 산업에서는 오표시 위험이 크다고 평가된다.

둘째, 통제·검증 비용 증가이다. 제3국에서 이루어지는 공정은 세관의 통제 범위를 벗어나기 쉽다. 이를 FTA 수준에서 제도적으로 허용할 경우, 경유지의 세관 통제 방식, 통제 증명의 형식, 재라벨링 내용의 적정성 등을 별도로 규정해야 해 협정문이 과도하게 복잡해지고, 검증 비용도 증가한다.

셋째, 원산지 규정의 투명성 저해. 재라벨링은 본질적 변형을 수반하지 않더라도, 외관이 바뀌기 때문에 실제 생산지와 유통 경로를 명확히 파악하기 어렵게 만들 수 있다. 많은 국가가 FTA 원산지 규정의 목적을 "가공 누적 경로의 명확성"으로 보는데, 재라벨링은 이 목적에 반할 수 있다는 인식이 존재한다.

참고로 한-뉴질랜드 FTA 협상에서 뉴질랜드 측은 제3국에서의 재라벨링 작업을 허용할 것을 주장했다. 이는 한-호주 FTA에서 제3국 재라벨링이 인정된 점을 근거로 삼았다. 그러나 우리 측은 제3국에서 재라벨링을 인정하지 않기로 합의를 이끌어냈다. 대신, 우리 관세법 제158조(보수작업) 내용을 각주로 추가[119]하여, 수입국의 보세구역에서

---

119) Maintenance and supplementary work may be conducted in a bonded area of the importing Party in accordance with its domestic laws and regulation. (보수 및 보완 작업은 수입국의 법과 규정에 따라 수입국의 보세구역에서 이루어질 수 있다)

보수 또는 보완 작업을 국내법에 따라 수행할 수 있음을 명시했다. 이 합의는 단순히 규정 조항을 삽입한 것 이상의 의미를 갖는다.

첫째, 제3국에서 발생할 수 있는 원산지 표기 불법 변경 가능성을 차단함으로써 FTA의 신뢰성과 무역 투명성을 유지했다.

둘째, 라벨링 관련 작업을 국내에서 수행하게 함으로써, 재라벨링 및 포장 관련 산업을 국내에서 육성하고 부가가치를 창출할 수 있는 기반을 마련했다.

셋째, 뉴질랜드의 지속적인 요구를 우리 관세법 체계하에서 합리적으로 수용한 결과물이라는 점에서, 법적 정합성과 협상력을 동시에 확보한 사례가 되었다.

결과적으로 이번 합의는 국제 협상에서 자국의 법규와 산업 이익을 지키면서도 실무적 대안을 제시한 균형 있는 접근 방식으로 평가할 수 있으며, 향후 유사 FTA 협상에서도 적용 가능한 전략적 선례로 작용할 가능성이 크다.

11-01 [캐나다] 협정문 체계 및 주요 특징

1. 협정문 구조와 기본 규정의 특징

한-캐나다 FTA 협정문은 모든 부속서, 부록 및 각주를 협정의 불가분의 일부로 인정하고 있다. 또한, 제23.6조(정본)에 따라 한국어본, 영어본, 불어본은 협정에서 특별히 달리 규정하지 않는 한 동등한 효력을 가진 정본으로 인정된다. 협정문은 총 23개의 장으로 구성되어 있으며, 각 장은 상품·서비스·투자·규제 조치 등 다양한 분야를 포괄한다.

2. 원산지 통일규칙의 도입

가. 배경

한-캐나다 FTA 제4장 '원산지 절차 및 무역원활화'에는 제4.12조(통일규칙) 규정을 두어, 양 당사국이 협정 발효일까지 해당 장의 해석·적용·운영에 관한 통일규칙 (Uniform Regulation)을 각각의 법·규정·행정정책을 통해 수립·시행하도록 의무화하고 있다.

통일규칙의 목적은 원산지 판정, 원산지증명서 발급·제출, 검증 절차, 기록 유지, 불복 절차 등에 관한 세부 운영 기준을 통일하여 양국 세관당국과 무역업계가 동일한 기준으로 업무를 처리할 수 있도록 하는 데 있다. 이 통일규칙을 협정 본문에 포함하면, 협정과 동일한 법적 효력을 가지면서 해석의 일관성을 최대한 보장할 수 있다.

나. 협정 본문에서의 제외 경위와 이유

2014년 3월 11일 협상 타결 당시에는 통일규칙이 협정 본문에 포함되어 있었다. 그러나 2014년 6월 12일 협정 서명 과정에서 캐나다 측은 통일규칙을 협정에서 분리할 것을 요청하였다. 그 이유는 다음과 같다.

- 통일규칙이 세부 행정지침 성격을 가지므로, 협정 부속문서로 포함하면 변경·보완 시 의회 비준 등 절차가 복잡해진다.
- 각국의 관세 행정, 무역 환경 변화에 맞춰 유연하게 개정할 필요성이 있다.
- 운영 지침을 협정과 별도로 관리하는 것이 실무상 신속한 개정과 적용에 용이하다.

결과적으로 양국은 통일규칙을 부속서 대신 별도 문서인 양해각서(MOU)로 체결하기로 하였다.

다. 양해각서 체결과 법적 의미

2014년 9월 22일, 양국은 캐나다 오타와에서 '대한민국과 캐나다 간의 자유무역협정 제4장의 해석·적용·운영에 관한 통일규칙에 관한 양해각서'를 한국어·영어·불어로 각 2부씩 서명하였다. 이 양해각서는 다음과 같은 성격을 가진다.

- 한-캐나다 FTA 제4장의 구체적 해석·운영 지침을 보완하는 행정협정
- 원산지증명서 양식 및 작성 요령, 제출·수정·면제 절차, 검증 방식, 사전심사결정, 기록유지 및 불복 절차 등을 총 44개 조문으로 규정
- 협정 발효와 동시에 효력을 발생하고, 협정 종료 시 효력 소멸
- 법적 구속력은 협정 본문과 동일하지 않지만, 당사국 간 합의에 기반한 공식 운용 기준으로 간주됨

라. 통일규칙의 미반영 결정의 함의

통일규칙을 본문에서 제외하고 양해각서로 체결한 것은 세부 행정 규정의 유연한 변경 가능성 확보, 협정의 법적 체계는 안정적으로 유지하면서, 절차적 운영 규칙은 실무 편의에 따라 조정, 양국 세관당국 간 상시 협의와 조정이 가능한 체계 강화, 현대적 FTA 운영에서 국제협정과 세부 실무지침을 분리·관리하는 선진 사례 반영이라는 의미를 가진다.

결국 이는 협정의 장기적 안정성과 행정적 유연성을 동시에 확보하면서, 무역 흐름에 맞춘 신속한 대응을 가능하게 하는 제도적 선택이었다.

[캐나다] 자동차 분야 순원가법 적용 체계

1. 한-캐나다 FTA의 기본 원칙과 자동차류에 대한 특례

한-캐나다 FTA는 기본적으로 부가가치기준을 적용할 때 순원가법(Net Cost Method, NC)을 핵심 방식으로 인정하면서도, 자동차 분야에서는 순원가법과 집적법(Accumulation Method)을 모두 선택적으로 적용할 수 있도록 폭넓은 유연성을 부여하고 있다. 이는 한-미 FTA 및 한-콜롬비아 FTA와 비교할 때, 자동차 산업 전반에 대해 가장 넓은 범위의 계산 방식 선택권을 허용하는 구조라 할 수 있다.

특히 한-캐나다 FTA에서는 HS 제8701호부터 제8708호까지의 모든 자동차 및 자동차 부품 품목에서 순원가법과 집적법을 모두 사용할 수 있도록 허용하고 있다는 점이 특징이다. 따라서 트랙터, 수송용 차량, 승용차, 화물자동차, 특수용도 차량, 엔진을 갖춘 섀시뿐 아니라, 차체(제8707호)와 부품·부속품(제8708호) 역시 집적법을 포함한 복수의 계산 방식을 선택할 수 있다.

이러한 체계는 자동차 제조업의 글로벌 공급망 특성, 그리고 한-캐나다 간 부품 조달 및 상호 의존적 산업 구조를 고려하여 원산지 판정의 실무적 유연성을 확대하려는 취지에서 설계된 것으로 이해된다.

정리하면, 한-캐나다 FTA에서 자동차(87018706)뿐 아니라 차체·부품(87078708)까지 모두 순원가법과 집적법 두 가지 산출 방식 중 선택하여 부가가치 비율을 계산할 수 있다. 이는 기존 협정 중 가장 넓은 범위의 자동차 관련 품목에 대하여 복수 계산 방식 선택권을 인정하는 사례로 평가된다.

2. 엔진류 품목의 예외적 취급

한-캐나다 FTA에서의 엔진류(HS 제8407호 및 제8408호)는 자동차 품목군과 달리 부가가치 계산 방식으로 순원가법 또는 집적법을 사용할 수 없도록 제한되어 있다.

해당 품목은 원산지 판정 시 세번변경 기준 또는 기타 규정된 가공기준에 의해서만 원산지 여부를 판정해야 하며, 부가가치 계산 방식 선택권을 인정하지 않는다.

이와 같은 제한이 설정된 이유는 차량용 엔진이 글로벌 공급망을 통해 부품 단위로 조달되는 경우가 많아 비원산지 투입재 비중이 높을 가능성이 있으며, 이에 따라 협정 상대국이 보다 엄격한 원산지 판정 기준을 적용하도록 일관된 산업적·정책적 요구가 반영된 것으로 해석된다. 특히 엔진은 자동차의 고부가가치 핵심 구성품이기 때문에, 단순한 부가가치율 충족으로 원산지 지위를 부여하지 않고 보다 엄격한 PSR(특정공정 기준 또는 세번변경 기준)을 적용함으로써 협정 혜택을 제한적으로 부여하려는 정책적 목적이 존재한다. 요약하면, 자동차 전체 품목군(8701~8708)은 광범위한 부가가치 산출 방식 선택권을 가지는 반면, 엔진류(8407·8408)는 예외적으로 부가가치 방식 미적용 품목이며, 순원가법·집적법 모두 사용 불가라는 점에서 구분된다.

3. 자동차 분야 원산지 판정의 실무상 고려사항

한-캐나다 FTA의 자동차 분야에서 부가가치 계산 방식 선택 폭이 매우 넓다는 점은 실무적으로 기업에게 여러 전략적 선택지를 제공한다. 무엇보다 HS 제8701호부터 제8708호까지의 자동차 및 부품 품목은 순원가법과 집적법 중 보다 유리한 방식을 선택하여 부가가치 비율을 계산할 수 있기 때문에, 완성차 제조업체와 부품 공급업체 모두 공급망 구성과 원재료 조달 전략에 따라 최적의 원산지 판정 방식을 선택할 수 있다. 특히 집적법을 활용할 경우, 한국과 캐나다 양국에서 생산된 원산지 재료가 모두 누적되어 원산지 취득에 유리하게 작용할 수 있으므로, 한-캐나다 양국 내 조달 비중이 높은 산업 구조를 가진 기업들에게 유리한 조건이 된다.

반면, 엔진류는 순원가법 및 집적법이 모두 사용 불가능하므로, 해당 품목을 생산하거나 사용하여 자동차를 생산하는 기업은 원산지 판정을 위해 반드시 세번 변경 기준이나 특정가공기준을 충족해야 한다. 따라서 엔진류의 HS 분류, 투입 원재료의 원산지 여부, 가공공정의 실질적 변형 여부를 매우 엄밀하게 검토해야 하며, 협정상 PSR 기준을 충족하지 못할 경우 부가가치 기준을 사용하여 보완할 여지가 없다는 점에서 신중한 관리가 필요하다.

이와 같이 한-캐나다 FTA는 자동차 전반과 엔진류 간 원산지 판정 방식의 허용 범위가 명확히 구분되어 있으므로, 기업은 각 품목의 HS 코드 분류에 따라 적용 가능한 원산지 산정 방식을 정확히 식별하고, 생산구조와 수출 전략에 맞추어 최적의 기준을 활용해야 한다. 더 나아가 한-미 FTA, 한-콜롬비아 FTA 등 기타 자동차 협정과의 차이를 종합적으로 비교하여 조달·생산·수출 계획을 수립하면, FTA 활용 효율을 한층 높일 수 있다.

주요 협정 자동차 관련 상품의 부가가치 계산 방식 비교

세번	품명	한-미	한-캐나다	한-콜롬비아
8407.31 8407.32 8407.33 8407.34	스파크 점화식 피스톤 엔진	순원가법 가능	순원가법 불가	순원가법 불가
8408.20	압축 점화식 피스톤 엔진			
8701	트랙터	순원가법만 가능	순원가법· 집적법 모두 가능	순원가법 가능
8702	10인 이상 수송용의 자동차			
8703	주로 사람을 수송할 수 있도록 설계 제작된 승용자동차와 기타의 차량			
8704	화물자동차			
8705	특수용도차량			
8706	엔진을 갖춘 섀시			
8707	차체			
8708	부분품과 부속품			

11-03 [캐나다] 원산지증명서 발급 시 수출자 요건 명확화 내용

1. 협정 초기의 불명확한 수출자 주소 규정이 실무상 문제를 초래

한-캐나다 FTA 제4.1조 제3항은 원산지증명서를 작성할 수 있는 주체를 "당사국에 소재하는 수출자"로 명시하고 있다.

제4.1조 원산지증명서

1. 양 당사국은 한쪽 당사국의 영역에서 다른 쪽 당사국 영역으로 수출되는 상품이 원산지 상품의 자격을 갖추었음을 증명하는 원산지증명서를 이 협정의 발효일까지 마련한다. 이 원산지증명서는 양 당사국의 합의에 따라 수정될 수 있다.
2. (생략)
3. 각 당사국은
   가. 수입자가 다른 쪽 당사국의 영역으로 상품의 수입 시 특혜관세대우를 신청할 수 있는 그 상품의 수출에 대해서 자국 영역의 수출자가 원산지증명서를 작성하고 서명하도록 요구한다. 그리고
   나. **자국 영역의 수출자**가 그 상품의 생산자가 아닌 경우, 그 수출자가 다음에 근거하여 원산지증명서를 작성하고 서명할 수 있도록 규정한다.
      1) 그 상품이 원산지 상품의 자격을 갖추었다는 수출자의 인지
      2) 그 상품이 원산지 상품의 자격을 갖추었다는 생산자의 서면 진술서에 대한 수출자의 합리적인 신뢰, 또는
      3) 생산자가 수출자에게 자발적으로 제공한, 그 상품을 위하여 작성하고 서명한 원산지증명서
4. 제3항은 생산자에게 원산지증명서를 수출자에게 제공할 것을 요구하는 것으로 해석되지 아니한다.
5. ~ 7. (생략)

그러나 협정 발효 초기의 통일규칙 부속서(기재 요령)에는 단순히 '수출자'로만 표기되어 있어 주소 요건이 명확하지 않았다. 이로 인해 일부 거래에서는 캐나다산 물품임에도 불구하고 비당사국에 위치한 수출자가 원산지증명서를 작성하거나 서명하는 사례가 발생하였고, 그 결과 협정관세 적용이 배제되는 문제가 현실적으로 나타났다.

2. 양국 정부는 불명확한 규정을 바로잡기 위해 기재 요령 개정을 추진

이 문제를 해결하기 위해 캐나다 정부는 2017년 3월 20일 통일규칙 부속서 개정을 제안하였으며, 같은 해 4월 21일 제2차 한-캐나다 원산지관세위원회에서 양국은 해당 사안을 공식적으로 논의하였다. 한국 정부는 원산지증명서 기재 요령(Field 1)의 문구를 기존의 '수출자(Exporter)'에서 '체약당사국에 주소를 가진 수출자(The address of the exporter shall be the place of export of the good in either Canada or Korea)'로 수정할 것을 제안하였고, 이에 대해 양국이 최종 합의하였다.

3. 개정 이후 수출자 주소는 반드시 당사국 내에 존재해야 하며 수출지는 명확히 기재되어야 함

개정된 규정에 따라 원산지증명서에 기재되는 수출자 주소는 반드시 한국 또는 캐나다 중 한 당사국 내에 존재해야 한다. 또한 주소 칸에는 물품이 실제로 수출되는 지리적 장소가 캐나다 또는 한국임을 명확하게 기재해야 하며, 이를 통해 비당사국 소재자가 원산지증명서를 작성하는 오류가 방지되도록 제도가 개선되었다.

캐나다와의 협정에 따른 원산지증명서의 서식(규칙 별지 제20호 서식) 작성 방법

1. 제1란에는 수출자의 성명, 주소(도시 및 국가를 포함한다), 전화번호, 팩스번호, 이메일주소 및 참조번호(선택기재사항)를 적습니다.

11-04 [캐나다] 형식적 오류와 수정 가능 범위

1. 관련 규정의 내용

한-캐나다 FTA의 「대한민국과 캐나다 간의 자유무역협정 제4장의 해석, 적용 및 운영에 관한 대한민국과 캐나다 간의 통일규칙에 관한 양해각서」 제4항은 "양 참여국은 협정 제4.2조 제1항 라호의 목적상, 상품이 수입되는 영역의 참여국 관세행정기관이 원산지증명서를 읽을 수 없거나 표면상 결함이 있거나 통일규칙 제1항에 따라 작성되지 않았다고 판단하는 경우, 또는 원산지증명서와 협정 제4.2조 제1항 나호에서 언급된 서면 신고서 간 불일치가 있음을 발견하는 경우, 수입자에게 최소 5영업일을 부여하여 수정된 원산지증명서 사본을 제출할 기회를 제공한다."라고 규정하고 있다.

이 조문은 협정 제4.2조 제1항 라호의 "수입자가 유효한 원산지증명서를 제출해야 한다"는 의무와 연계되며, 수입 참여국의 세관당국이 경미한 오류에 대해서는 일정 기간 내에 보완 기회를 허용하는 것을 규정한 것이다.

2. 형식적 오류와 수정 가능 범위

위 규정은 모든 유형의 오류에 대해 수정 기회를 부여하는 것으로 해석되지 않는다. '읽을 수 없거나 표면상 결함이 있는 경우'와 '작성요령 미준수 또는 신고서와 불일치한 경우'라는 문언에서 보듯, 이는 경미한 기재 오류나 형식 불일치를 대상으로 한다.

다음은 수정이 허용되는 형식적 오류 예시와 허용되지 않는 중대한 오류 예시를 구분한 것이다.

구분	내용	수정 가능 여부
경미한 형식 오류	일부 기재 누락, 단순 오타, 서식 작성요령 미준수, 서면신고서와 경미한 불일치 등	가능
중대한 오류	당사국 발행 원산지증명서, 위·변조된 증명서, 유효기간(2년) 경과 증명서, 원산지 판정 요건 불충족	불가

중대한 오류의 경우, 협정 제4.2조 제1항 다호에 따른 특혜관세 신청 요건인 '유효한 원산지증명서'를 제출해야 하는 의무를 근본적으로 훼손하므로, 통일규칙에 의한 보완 인정 범위에 포함될 수 없다.

3. 법리적 판단 근거

경미한 형식 오류에 대해 수정 기회를 부여하는 제4항의 취지는 무역현장에서 불필요한 통관 지연을 방지하고 행정적 유연성을 제공하는 데 있다. 그러나 다음과 같은 법리적 한계가 존재한다.

- 협정 본문 우선 원칙: 협정 제4.2조는 수입자가 특혜관세대우를 신청하려면 '유효한 원산지증명서'를 보유해야 한다고 규정한다. 유효성에는 발행 자격, 형식, 진위와 더불어 발급일로부터의 기간 준수 등이 포함되며, 이는 형식적 요건뿐 아니라 실질적 요건을 의미한다. 한-캐나다 FTA 제4장의 구체적 해석·운영 지침을 보완하는 행정협정
- MOU(통일규칙)의 해석 범위 제한: 통일규칙은 협정 제4장 해석·운영에 관한 행정지침으로, 협정의 근본 요건을 변경하거나 완화할 수 없다. 따라서 MOU를 근거로 중대한 결함을 가진 원산지증명서에 대해 허용범위를 확대하는 것은 협정 취지를 넘어서는 해석이 된다. 원산지증명서 양식 및 작성 요령, 제출·수정·면제 절차, 검증 방식, 사전심사결정, 기록유지 및 불복 절차 등을 총 44개 조문으로 규정
- 국제협정 해석원칙: 국제협정에서 부속 운영규칙(MOU)은 본문과 동일한 구속력을 갖더라도, 원문 조문의 목적과 한계를 초과하는 해석은 허용되지 않는다. 본문에 명시된 요건 불충족 상태의 문서를 보완 대상으로 인정하는 것은 특혜관세제도의 법적 안정성을 훼손할 수 있다.

4. 해석상 이견과 조율 필요성

2017년 8월 2일 개최된 제3차 한-캐나다 관세위원회 회의에서 캐나다 측은 통일규칙 제4항을 모든 형식적 오류에 대해 수정 기회를 부여하는 규정으로 해석하였다. 이는 한국 측의 '경미한 오류에 한정'이라는 해석과 범위에서 차이가 있으며, 향후 양측 간 법리적·실무적 조율이 필요한 부분이다.

실무상 양국 세관당국이 동일한 해석 기준을 사용하지 않을 경우, 수출입 업체가 원산지증명서 보완 기회를 적용받는 범위가 달라져 무역 거래의 예측 가능성이 저하될 수 있다.

5. 결론

한-캐나다 FTA 통일규칙 제4항은 수입자가 제출한 원산지증명서에 단순한 형식적 오류 또는 경미한 불일치가 있는 경우 일정 기간 내에 수정된 사본을 제출할 수 있도록 허용하는 규정이다. 그러나 이 조항은 모든 오류를 보완 대상으로 포함하는 것은 아니며, 국제협정 해석과 협정 본문 요건에 따라 중대한 결함이 있는 증명서는 수정 불가능하다.

따라서 제4항의 보완 범위는 협정 제4.2조의 '유효한 원산지증명서' 요건을 충족한 상태에서 경미한 형식적 결함만을 대상으로 하는 것으로 한정하는 해석이 법리적으로 타당하다.

6. 우리나라 수입자가 유의해야 할 사항

우리나라 수입자는 한-캐나다 FTA의 특혜관세를 안정적으로 적용받기 위해 원산지증명서의 형식적 요건과 실질적 요건을 모두 충족하도록 관리할 필요가 있다. 특히 통일규칙 제4항이 허용하는 보완 범위는 경미한 형식 오류에 한정되므로, 최초 제출 단계에서 증명서의 발행 자격, 기재 항목의 완전성, 발급일과 유효기간, 협정에 따른 원산지 판정 요건 충족 여부를 면밀히 확인해야 한다.

또한 원산지증명서와 별도로 제출되는 서면신고서의 내용이 상호 일치하는지 사전에 점검하고, 통관 과정에서 세관으로부터 보완 요청이 있을 경우 5영업일 내에 수정된 사본을 제출해야 한다는 점을 유념해야 한다. 중대한 오류가 포함된 경우에는 보완 기회가 인정되지 않으므로 특혜 신청 자체가 거절될 수 있고, 이는 추가 관세 납부 또는 사후심사 위험으로 이어질 수 있다.

따라서 수입자는 사전에 수출자와 긴밀히 협력하여 정확한 증명서를 확보하고, 보관 의무와 사실확인 책임을 충실히 이행함으로써 원산지 검증 과정에서의 불확실성을 최소화해야 한다.

[뉴질랜드] 미소기준에서 '단순혼합공정' 불인정 이유

1. 규정의 특징과 적용 범위

한-뉴질랜드 FTA는 대한민국의 FTA 가운데 유일하게 미소기준(최소허용수준) 조항에서 '단순혼합공정 불인정'을 명시하고 있다.

이는 원초적인 농수산물(HS 제1~14류)에 대해, 원산지 재료와 비원산지 재료를 단순히 섞는 행위만으로는 원산지 상품으로 인정하지 않겠다는 규정이다. 즉, 단순 혼합만으로는 해당 품목을 '원산지 상품'으로 인정하지 않는다.

2. 규정 도입의 배경과 협상 과정

이 규정이 도입된 배경은 협상 과정에서의 양국 이해관계에 있다. 우리 측은 신선 농산물 분야에서 '단순혼합'만으로 FTA 원산지 혜택을 받는 것을 제한함으로써, 원산지 기준의 엄격성을 유지하고 국내 생산농가를 보호하려는 입장이었다.

반면 뉴질랜드 측은 자국의 상업적 관심 품목인 꿀과 같은 제품에 대해, 원재료 성분에 소량의 비원산지 재료(예: 호주산 꿀 약 5%)를 포함시킬 필요성을 주장했다. 뉴질랜드는 이러한 혼합이 단순한 기계적 섞음이 아니라 품질 유지를 위한 특수 공정이며, 따라서 미소기준 적용 대상에서 배제되어서는 안 된다고 강조했다. 결과적으로 양측은 다음과 같이 합의했다.

> HS 제1류~제14류(신선 농산물, 축산물, 수산물 등 원초적 원료)에 대해서는, 비원산지 재료가 최종 제품 생산에 사용 또는 소비되더라도 단순 혼합을 초과하는 공정을 거친 경우에만 미소기준을 적용할 수 있도록 했다. 즉, 단순히 함량을 조정하거나 원재료를 섞는 것만으로는 원산지 요건을 충족할 수 없고, 품질 변화나 성질 변화를 수반하는 공정이 있어야만 예외적으로 인정된다.[120]

---

120) 뉴질랜드의 꿀은 HS 제1류에 해당하는 원초 농산물임에도 불구하고, 공정 방식이 단순 혼합을 넘어선다고 인정되어 비원산지 원료가 10% 이하일 경우 미소기준 적용을 받을 수 있게 되었다.

이 규정은 다른 FTA에서 일반적으로 농산물을 HS 코드 기준으로 단순 제외하는 방식과 달리, 공정 형태에 따라 미소기준 적용 여부를 차등화한 사례라는 점에서 특징적이다.

그 결과 한-뉴질랜드 FTA의 미소기준은 가공식품(HS 제15류~제24류)에는 상대적으로 유연하게 적용되지만, 원초 농산물에 대해서는 다른 FTA보다 오히려 더 까다로운 구조를 갖게 되었다.

3. 우리나라에서의 활용 방안 및 유의해야 할 사항

"단순혼합공정 불인정" 규정은 원초적 농수산물을 취급하는 국내 기업에게 매우 중요한 의미를 갖는다. 우선, 농산물·수산물과 같이 HS 제1~14류에 해당하는 원재료를 수입하거나 이를 활용해 가공품을 생산하는 기업은, 단순히 원산지 재료와 비원산지 재료를 일정 비율로 섞는 방식만으로는 FTA 특혜관세 적용이 불가능하다는 점을 명확히 인식해야 한다. 기업이 실제로 미소기준을 적용받기 위해서는 단순 혼합을 넘어 원재료의 품질이나 성질에 유의미한 변화를 가져오는 공정, 예컨대 열처리, 여과, 정제, 당도 조정 등 가치 있는 가공행위가 반드시 수반되어야 하며, 이러한 공정에 대한 객관적인 입증 자료도 갖추어야 한다.

또한 국내 기업은 원재료 수급 단계에서부터 비원산지 재료가 일정 비율 이하로 포함되더라도 단순혼합에 해당하면 미소기준을 적용받을 수 없다는 점을 고려하여 원재료 조달 전략을 세워야 한다. 특히 혼합꿀, 혼합곡물, 혼합건조식품 등 단순 가공 형태가 일반적인 품목의 경우, 비원산지 재료가 소량 포함된 상태로는 FTA 특혜를 받기 어렵기 때문에, 가능하면 원산지 재료의 비율을 높이거나 생산 과정에서 추가적인 가공 공정을 설계해야 한다.

1. 농업긴급수입제한조치(ASG)의 제도적 구조

한-뉴질랜드 FTA 제2.14조는 일정 농산물의 수입량이 협정에서 정한 발동 기준을 초과하는 경우, 당사국이 한시적으로 관세를 인상할 수 있도록 허용하는 제도를 규정하고 있다. 이는 특정 농산물 수입 급증으로 인해 국내 농업 부문이 받을 수 있는 충격을 완화하기 위한 보호장치의 성격을 가진다.

ASG 발동 여부는 부속서 2-나의 양허표에 명시된 연도별 기준 수입량을 초과하는지에 따라 판단된다. 발동 시 부과되는 관세율은 현재의 최혜국(MFN) 실행관세, 협정 발효 직전의 MFN 관세, 해당 품목의 양허표에 규정된 관세 중 최저 수준을 상한으로 한다.

또한 동일한 상품에 대해 다른 형태의 긴급수입제한조치를 중복 적용할 수 없도록 규정하여 과도한 보호가 발생하지 않도록 하고 있다.

ASG는 발동된 연도 말까지만 유지되며, 발동 후 60일 이내에 상대국에 서면 통보하고 관련 자료를 제공해야 한다. 아울러 남은 수입 가능 물량을 포함한 적용 현황을 정기적으로 공표하여 시장의 예측 가능성을 확보하도록 하고 있다.

FTA 제2.15조에 따라 상품무역위원회가 ASG 운영 상황을 지속적으로 검토하도록 규정되어 있으며, 이를 통해 제도의 적정성과 투명성을 확보하는 것이 협정의 기본 구조이다.

2. 제2.14조 제6항의 적용 대상과 해석상 주요 쟁점

제2.14조 제6항은 ASG 발동 이전에 체결된 계약에 의해 "운송 중"인 상품은 긴급수입제한조치의 적용 대상에서 제외된다고 규정한다. 이는 이미 계약이 성립되어 거래가 진행 중인 품목에 대해 예기치 않은 부담이 발생하지 않도록 하기 위한 조항이다.

다만 "운송 중"이라는 문구는 협정에서 명확한 정의가 제시되어 있지 않아 다음과 같은 실무적 쟁점이 논의되어 왔다.

- 해상·항공 운송 중인 상태만을 의미하는지 여부
- 국내 도착 후 보세구역에 장치된 물품도 포함되는지 여부
- 통관 이전 단계 전체를 "수입 진행 중"으로 볼 수 있는지 여부

실무에서는 이러한 논점을 고려하여, 계약 체결 시점과 물품의 이동·반입 상태를 종합적으로 판단하는 방식이 정착되어 왔다. 특히 보세구역에 장치된 물품의 경우, 운송이 물리적으로 종료되었다 하더라도 통관 전 단계에 있어 거래 절차가 계속 진행 중이라는 점에서, 협정 취지에 부합하는 해석 범위를 적용할 필요성이 지속적으로 제기되었다.

3. 해석 동향과 실무적 적용 방향

ASG의 적용 범위를 둘러싼 논의는 실무 관점에서 다음과 같은 방향으로 정리되어 왔다.

- ASG 제도의 목적은 '기존 거래 안정성 확보'와 '예측 가능한 시장 환경 조성'이므로, 발동 이전에 이미 수입 절차에 진입한 물품은 폭넓게 보호할 필요가 있다는 점이 강조되고 있다.
- 이를 토대로, 계약 체결 → 선적 → 운송 → 국내 도착 → 보세구역 반입 → 통관이라는 일련의 단계 중 통관 이전 단계 전반이 '수입 과정'에 포함된다는 해석이 일반적으로 참고 되고 있다.
- 특히 보세구역 장치 물품은 물리적 운송이 종료되었다 하더라도, 계약이 이행되고 수입 절차가 지속 중이라는 점에서 "운송 중"의 보호 취지와 유사한 상황으로 인식되는 경우가 많다.

이러한 해석 방향은 ASG 남용을 방지하고, 농산물 수입 변동이 큰 시장에서 업계의 예측 가능성을 높이는 데 기여한다.

따라서 수입업자 및 통관 실무자는 ASG 발동 시점, 계약 체결 시점, 선적 및 운송 단계, 국내 도착 및 보세구역 반입 시점, 통관 여부 등의 요소를 종합적으로 검토하여 ASG 적용 여부를 판단할 필요가 있다.

이와 같이 체계적·단계적 검토가 이루어질 경우, ASG 발동 시기와 관련된 불확실성을 최소화하고 안정적인 무역 거래를 유지할 수 있다.

13-01 | [베트남] 2022년도에 개정된 PSR 개정 내용

1. 개정 배경과 발효 시점

2022년 7월 28일, 대한민국과 베트남 양국 정부는 「대한민국 정부와 베트남 사회주의공화국 정부 간의 자유무역협정 부속서 3-가에 제시된 품목별 원산지규정을 개정하는 교환각서」를 체결하였다.

이 교환각서를 통해 기존 2012 기준 HS 코드로 작성된 품목별 원산지규정이 HS 2017 기준으로 전면 개정되었다. 이에 따라 한국은 2022년 7월 27일 「FTA 관세법 시행규칙」을 기획재정부령 제928호로 개정하였고, 모든 변경 사항은 2022년 8월 1일부터 시행되었다. 베트남은 외교부 제2512호를 통해 이를 공식 발표하였다.

2. 제61류와 제62류의 원산지규정 개정 내용

이번 개정에서 가장 중요한 변화 중 하나는 의류 및 그 부속품에 해당하는 제61류(HS 6101~6117)와 제62류(HS 6201~6212, 6215~6217)의 품목별 원산지규정 (PSR)이다. 개정 이전에는 다음과 같은 이중 조건을 충족해야 원산지로 인정되었다.

- 다른 류에 해당하는 재료로부터 생산된 것이어야 하고, 반드시 체약당사국에서 재단 (cutting) 및 봉제(sewing) 방식으로 가공된 것일 것
- 또는 역내부가가치(RVC)가 40% 이상 발생한 것일 것

이 규정은 원재료가 같은 HS 류(예: HS 제61류 원단을 사용해 HS 제61류 완성품 제작)일 경우 첫 번째 조건을 적용할 수 없었고, 가공 방법까지 세부적으로 증명해야 하는 실무 부담이 있었다.

2022년 개정에서는 이러한 재단·봉제 방식 가공 조건과 다른 류 재료 제한이 모두 삭제되었다. 그 대신, 보다 일반적이고 범용적인 HS 2단위 세번변경 기준(CTH) 또는

RVC 40% 이상이라는 선택적 요건으로 단순화되었다. 즉, 같은 류 원재료를 사용하더라도 HS 2단위 세번변경 또는 부가가치 조건을 충족하면 원산지 인정이 가능하게 되었다.

HS 코드(HS2017)			개정 후 품목별 원산지 규정
류	호	소호	
61			2단위 세번변경기준 또는 체약당사국 내에서 발생한 부가가치가 40% 이상일 것
62			2단위 세번변경기준 또는 체약당사국 내에서 발생한 부가가치가 40% 이상일 것

이 변화로 인해 원산지 판정 시 적용 유연성이 크게 증가하였다. 재단·봉제 여부를 증명하는 번거로움이 줄었고, 동일 HS 류 원재료 사용 시에도 판정이 가능해졌다. 또한, 규정이 다른 FTA에서 일반적으로 사용하는 CTH + RVC 구조와 일치하게 되어, 다중 FTA를 활용하는 기업 입장에서 규칙 운영이 간소화되는 효과가 있다.

핵심 변화 요약

구분	개정 전 규정	개정 후 규정	실제 예시
원산지 판정 기준	다른 류 재료+재단·봉제 가공 또는 RVC 40%	HS 2단위 세번변경(CTH) 또는 RVC 40%	HS 제60류 원단 → HS 제61류 티셔츠: CTH 충족 → 원산지 인정
가공 조건 명시 여부	있음 (재단 및 봉제 명시)	없음 (생산공정 제한 제거)	생산공정 세부 증빙 불필요
원재료 범위 제한	다른 류 재료만 인정	같은 류 재료도 인정	동일 HS 류 사용 가능
적용 유연성	낮음 (특히 같은 류 원재료 사용 시 불리)	높음 (포괄 적용 가능)	증빙 간소화+규칙 단순화

3. 적용 사례

2022년 한-베트남 FTA 품목별 원산지규정(PSR) 개정은 특히 의류 분야에서 실무상 많은 변화를 가져왔다. 예를 들어, A 의류 제조업체가 한국에서 HS 제60류에 해당하는 니트 원단(예: HS 6006)을 수입한 뒤, 베트남 현지 공장에서 동일 HS 제61류 의류 완제품(예: HS 6109 티셔츠)을 생산하는 경우를 가정해 보자.

개정 이전에는 원단이 HS 제60류, 완제품이 HS 제61류이므로 HS상 서로 다른 류라는 점에서는 문제가 없었지만, 원산지 판정을 위해서는 여전히 반드시 재단(cutting) 및 봉제(sewing) 가공이 체약당사국 내에서 이루어졌음을 증명해야 했고, 해당 가공증빙이 누락되거나 불충분하면 원산지 인정이 불가능 했다. 따라서, 설령 HS 류가 다른 경우라도 가공 과정에 대한 세부 증명을 준비해야 하는 실무 부담이 존재하였다.

그러나 2022년 8월 1일 개정 이후에는 이러한 재단·봉제 방식 의무가 삭제되고, 같은 HS 류의 원재료를 사용한 경우에도 HS 2단위 세번변경 기준(CTH) 또는 역내부가가치(RVC) 40% 이상이라는 간단하고 범용적인 요건 중 하나만 충족하면 원산지 인정이 가능하게 되었다. 위 사례에서는 한국산 니트 원단 HS 6006(제60류)을 사용하여 베트남에서 HS 6109(제61류) 티셔츠를 생산하는 경우, HS가 제60류 → 제61류로 변경되므로 2단위 세번변경(CTH) 요건을 충족한다. 따라서 더 이상 재단·봉제 여부를 증명할 필요 없이, 바로 원산지 인정이 가능하며 FTA 특혜관세 적용이 가능하다.

이러한 변화는 특히 다음과 같은 실무 이점을 제공한다.

- 증빙 절차 간소화: 복잡한 생산공정 증명 준비 부담 감소
- 원재료 활용 범위 확대: 동일류 사용 여부와 무관하게 HS 기준 또는 RVC 충족만으로 판정 가능
- 다중 FTA 운영 효율성 향상: 다른 FTA와 동일한 CTH+RVC 규칙 구조로 통일

13-02 [베트남] 「EU-베트남 FTA」 발효에 따른 변화

1. EVFTA 개요

EU-베트남 FTA(EVFTA)는 2019년 6월 30일 하노이에서 공식 서명되고, 2020년 8월 1일 발효되었다. 해당 협정의 「원산지 의정서」에는 대한민국과 관련된 특수한 원산지 누적 규정이 포함되어 있어, 이를 정확히 이해하고 이행하는 것이 필요하다.

원산지 의정서 제7항부터 제11항까지는 베트남에서 대한국산 직물에 일정 수준 이상의 공정을 수행하고, 의류 등 부속서 5에 기재된 품목으로 추가 가공 또는 결합할 경우, 그 직물을 베트남산으로 간주하는 내용을 포함하고 있다.

EVFTA 원산지 의정서

7. 베트남에서 제6조(불충분공정)에 규정된 공정 이상의 작업 또는 처리가 수행될 경우, **부속서 5에 기재된 품목(제7항에 언급된 품목)으로 추가 가공 또는 결합되는 대한민국 원산지 직물은 베트남 원산지 직물로 간주된다.**

8. 제7항의 목적상 '원산지 물품의 정의와 행정협력방식에 관한 의정서(한-EU FTA Protocol 1)' 부속서 2(a)에 규정된 것을 제외하고, **직물의 원산지는 한-EU FTA 협정상 적용되는 원산지 규정에 따라 결정된다.**

9. 제7항의 목적상, 추가작업 또는 공정에 사용되기 위해 대한민국으로부터 베트남으로 수출되는 직물의 원산지 지위는 **직물이 대한민국에서 EU로 직접 수출되는 것과 동일한 원산지증빙방식을 통하여 결정된다.**

10. 제7항에서 제9항까지 규정된 누적규정은 다음을 조건으로 적용된다.

  가. 대한민국은 1994년 GATT 제24조에 따라 EU와 체결한 특혜협정 조항을 적용한다.

  나. 대한민국과 베트남은 다음을 이행하고 **EU에 이행사실을 함께 통보**한다.

   (1) 동 조항에 규정된 누적조항을 **준수 또는 준수할 것을 약속**하고 있다는 것, 그리고

   (2) EU와 한국, 베트남간 동 조항의 올바른 이행을 담보하기 위하여 **필요한 행정협력을 제공**하고 있다는 것

11. **제7항**의 적용으로 인해 베트남에서 발급한 원산지증명은 다음의 내용이 기재되어야 한다. "베트남 -EU FTA의 의정서1 제7항의 적용"

이에 따라 한국산 직물은 한-EU FTA의 원산지 규정을 충족하는 경우, 베트남에서 생산된 의류로 EU에 수출될 때 원산지 누적 혜택을 받을 수 있다. 또한 해당 규정의 적용을 위해, 한국과 베트남은 EU에 공동으로 누적조항 준수의 약속과 행정협력 제공 사실을 통보해야 하며, 베트남에서 발급된 원산지증명서에는 "베트남-EU FTA의 의정서 1 제7항의 적용"이라는 문구가 기재되어야 한다.

2. 우리나라의 조치: 교환각서 체결

EVFTA에 포함된 원산지 누적 규정의 이행을 위한 양국 간 행정 협력을 촉진하기 위해, 2020년 12월 11일 하노이에서 대한민국 산업통상자원부장관과 베트남 산업 무역부장관 간에 교환각서를 체결하였다. 해당 각서는 2021년 3월 1일 발효되었으며, 주요 내용은 다음과 같다.

첫째, 양측은 누적 규정을 준수하고 그 이행을 보장하기로 합의하였다.

둘째, 유럽연합과 관련하여 협정 의정서의 올바른 이행을 보장하기 위해 필요한 행정협력을 제공한다.

셋째, 각국 법령에 따라 누적 규정의 이행을 위한 절차를 협력하며, 필요한 경우 양국 당국 간 행정약정을 별도로 체결할 수 있도록 하였다.

넷째, 이러한 공동 약속은 EU에 양국이 공동으로 통보하며, 통보 방식에 대해서도 합의하였다.

3. 행정약정 체결 필요성

EVFTA의 누적 규정은 유사누적(Diagonal Cumulation) 형태를 띠고 있다. 즉, A·B·C 각국이 각각 EU와 양자 FTA를 체결하고 있을 경우, 한 국가에서 다른 국가로 수출 시에 제3국 원산지 재료를 자국산으로 간주할 수 있는 방식이다.[121]

---

121) EU가 체결한 일부 FTA(EU-터키 FTA)에서 유사누적을 도입하였다.

유사누적(= 교차누적 Diagonal Cumulation)
▸ A, B, C 국가가 각각 양자 FTA를 체결하고 있고 A국에서 B국으로 수출할 경우, 원산지 결정시 B, C국의 원산지 재료·상품을 A국의 원산지 재료·상품으로 간주 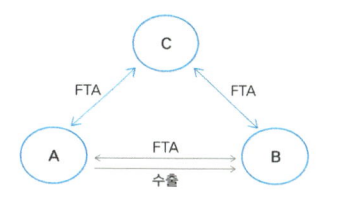

EVFTA 누적 규정 개요
▸ (적용 대상) EU 수출 베트남산 의류(제61류·제62류) 제조에 사용된 한국산 직물 ▸ (적용 요건) 한국산 직물이 한-EU FTA의 원산지 규정*을 준수하여야 베트남산으로 인정   * 원산지결정기준, 원산지증명절차(6천유로 초과물품 수출 시 인증수출자 지위 요구)

이 규정에 따라 2020년 12월 23일부터 EU로 수입통관되는 베트남산 의류(HS 제61류·제62류)에는 한국산 직물을 사용하더라도, 해당 직물이 한-EU FTA의 원산지 규정을 충족하면 베트남산으로 인정된다. 다만 이때 한국산 직물에 대한 원산지 검증 요청이 EU로부터 베트남을 거쳐 우리나라에 전달될 수 있으며, 현재 한국-베트남 관세당국 간 원산지 검증 절차에 대한 세부 행정약정이 부재한 상황이다.

이러한 공백으로 인해 검증요청 발생 시 대응이 어렵기 때문에, 원활한 운용을 위해서는 양국 관세당국 간 행정약정 체결이 필수적이다.

그러나 문제는 행정약정을 관세청 단독으로 체결할 수 있는 권한 여부에 있다. 현재 공식적으로 명확한 입장이 정리되지 않았으며, 이에 따라 권한 있는 당국 간의 해석과 내부 절차 마련이 선행되어야 한다.

13-03 [베트남] EODES 시행에 따른 주요 유의 사항

베트남과의 EODES 시행은 무역 절차를 전자화하여 효율성을 높이는 중요한 진전이지만, 그 운영 과정에서는 형태적·기술적 세부 사항을 반드시 준수해야 한다.

1. QR 코드 미포함 원산지증명서의 효력

2023년 7월 1일 이후 베트남은 원산지증명서 양식을 변경하여 발급하고 있다. 변경된 양식에는 발급기관의 서명과 인장이 전자적으로 날인되며, 서류 상에는 QR 코드가 포함되어 원산지증명서의 진위 여부를 온라인으로 확인할 수 있는 기능이 추가되었다.

따라서 QR 코드가 포함되지 않았거나, 발급기관의 서명·인장이 전자 날인 형태로 기재되지 않은 원산지증명서는 베트남 정부가 정한 최신 발급 기준에 부합하지 않으므로, 법적 효력에서 문제가 발생할 수 있다. 이러한 서류는 수입국 관세당국에 의해 원산지증빙 불인정 또는 협정관세 적용 거부로 이어질 가능성이 있으며, 사후 검증 과정에서도 위·변조 의혹을 받을 위험이 있다.

따라서 2023년 7월 이후 발급된 베트남 원산지증명서를 제출할 때에는 반드시 QR 코드와 전자 서명·인장 여부를 확인한 후 제출해야 한다.

2. 수량·중량·포장 단위 기재 방식의 차이

EODES 시범운영 이후, 한국과 베트남은 원산지증명서에 수량, 중량, 포장 단위를 기재하는 방식에서 차이를 보이고 있다. 베트남은 문서상에는 각 단위를 설명형으로 작성하며(예: kilogram), EODES를 통한 전송 시에는 국제표준 코드(예: KGM)를 사용한다. 반면, 한국은 원산지증명서 신청·발급 단계와 EODES 전송 모두에서 단위코드(예: KG)를 직접 기재하는 방식을 채택하고 있다.

이러한 형식상의 차이는 양국의 시스템 운영 정책의 차이에서 비롯된 것이며, 원산지증명서의 법적 유효성에는 아무런 영향을 미치지 않는다. 즉, 단위 표기 방식의 상이함은 협정관세 적용을 거부하거나 원산지증명서를 무효로 간주하는 사유가 되지 않으며, 통관 심사에서 단순한 형식차이로 인해 문제가 발생하지 않는다.

3. 기타 유의 사항

베트남과의 EODES 활용 과정에서 기업과 실무 담당자는 전자 전송 데이터와 실물 원산지증명서의 내용이 반드시 일치하도록 관리해야 한다. EODES를 통해 전송된 데이터와 제출된 종이 서류 사이에 오기, 누락, 단위 차이 등 불일치가 발생하면 수입국 관세당국은 협정관세 적용을 보류하거나 원산지 검증 절차를 지연시킬 수 있으므로, 발급 단계부터 세심한 검증이 필요하다.

또한, 제출되는 원산지증명서는 반드시 베트남 정부가 지정한 공식 발급기관에서 발급된 것이어야 하며, 발급기관의 인증 상태를 사전에 확인해야 한다. 만약 비인가 기관이 발급한 문서나 서명·인장이 위조된 문서가 제공될 경우, EODES를 통한 전송 기록이 존재하더라도 법적 효력이 인정되지 않는다.

EODES 운영 중에는 한국과 베트남 간 시스템 기술적 장애, 데이터 전송 오류, 네트워크 지연과 같은 안정성 문제가 발생할 가능성이 있다. 이러한 경우를 대비해 기업은 원산지증명서의 종이 원본을 필수적으로 확보하고, 필요시 즉시 제출할 수 있도록 준비해야 한다.

결국 이러한 유의 사항을 철저히 준수하는 것은 베트남과의 FTA 무역에 있어 협정세율의 안정적인 적용을 보장하고, 원산지증명서의 법적 효력과 데이터 신뢰성을 동시에 유지하는 핵심적인 실무 전략이라 할 수 있다.

14-01 [중국] PSR 품목을 WP로 기재할 수 있는지 여부

1. 원산지결정기준의 의미와 구분

한-중 FTA 협정상 원산지결정기준은 협정 제3장(원산지규정 및 원산지이행절차) 및 부속서 3-가(품목별 원산지 기준)에 규정되어 있으며, 원산지증명서의 제10번란에 기재되어야 한다. 각 물품별 기준은 제8번란의 품명과 연결되어 적용되며, 주요 기재 문구와 의미는 다음과 같다.

기재 문구	정의
WO	협정 제3.4조 및 부속서 3-가(품목별원산지기준)에 따라 체약당사국의 영역에서 완전 생산된 경우
WP	체약당사국의 영역에서 협정 제3장에 부합하는 원산지재료로만 생산된 경우
PSR	체약당사국의 영역에서 비원산지재료를 사용하여 세번변경, 역내부가가치비율, 특정공정 요건 또는 부속서 3-가에 명시된 그 밖의 요건을 충족하여 생산된 경우
OP	협정 제3.3조(특정상품의 취급)을 적용받는 경우

이 기준은 단순 문구 선택이 아니라 실질적인 생산 과정과 원재료의 원산지에 따라 엄격하게 결정되어야 하며, 잘못 기재된 경우 원산지증명의 적법성·유효성이 문제될 수 있다.

2. PSR 품목을 WP로 기재할 수 있는 예외

한-중 FTA에서 특정 품목의 원산지결정기준이 PSR로 규정되어 있더라도, 실제 생산 과정에서 사용된 모든 원재료가 협정 당사국인 중국 또는 한국에서 전부 조달된 경우에는 결과적으로 WP 기준을 충족할 수 있다. 즉, 비원산지 재료를 전혀 투입하지 않고 협정상 '원산지 재료'만을 사용하여 생산이 이루어진 경우에는, 해당 품목이 부속서 3-가에서 기본적으로 PSR 요건을 요구하는 품목이라 하더라도, 원산지증명서 제10란에 WP 기준을 기재하는 것이 허용된다. 이는 PSR 기준이 비원산지 재료 사용을 전제로 하여 세번변경 기준, 역내 부가가치 기준, 특정공정 등 일정한 요건을 충족하도록 설계된 규정인 반면, WP는 당사국 내에서 전적으로 원산지 재료로만 생산되었음을 의미하기 때문이다.

예를 들어, 기계류 품목 중 일부는 일반적으로 PSR 기준을 충족해야 원산지로 인정되지만, 해당 기계의 설계·조립 과정에서 투입된 모든 부품, 소재, 구성요소가 중국 내에서 생산된 원산지 재료라면 결과적으로 PSR 기준을 적용할 필요 없이 WP 기준으로 원산지가 인정될 수 있다. 다만 이러한 판단은 단순히 제조자가 "모든 재료가 원산지 재료"라고 주장하는 것만으로는 부족하며, 실제로 모든 구성요소가 한-중 FTA 상 원산지 요건을 충족하는지에 대한 철저한 문서 검증이 반드시 수반되어야 한다. 따라서 PSR 품목을 WP로 기재할 수 있는 예외는 가능하더라도, 이는 원재료의 공급 경로, 원산지증명서 보유 여부, 협정상의 원산지 규정 충족 여부 등이 명확히 입증되는 경우에만 제한적으로 인정된다는 점이 중요하다.

3. 검증과 유효성 판단의 중요성

원산지결정기준 기재의 유효성 여부는 세관이나 발급기관이 협정에서 규정한 검증 절차를 통해서만 최종 판단한다. 설령 WP 기준을 충족한다고 판단하더라도, 관련 증빙자료인 송품장, 생산공정도, 원재료 구매 명세서, 원재료 원산지증명서 등 모든 서류를 제출할 수 있어야 한다.

잘못된 기준 기재는 세관의 의심을 불러일으켜 협정관세 적용이 거부될 수 있으므로, 사전에 정확한 기준을 확인하고, 예외 가능성이 있다고 하더라도 객관적 증빙을 완비하는 것이 필수적이다.

[중국] 직접운송원칙 주요 특징

한-중 FTA 제3.14조(직접운송)에 따르면, 한국과 중국 간의 교역물품은 원칙적으로 양국 간 직접 운송되어야 한다. 그러나 운송 과정에서 제3국을 경유하거나 제3국에서 환적 또는 일시 보관되는 경우라도 일정한 요건을 충족하면 직접 운송된 것으로 간주한다.

1. 직접운송 간주 요건(제3.14조 제2항)

한-중 FTA에서는 다음과 같은 조건을 모두 만족할 경우, 제3국 경유·환적·일시보관 상황에서도 직접운송으로 인정한다.

- 제3국 경유 사유는 반드시 지리적 또는 운송상의 이유에 기반해야 한다.
- 제3국에서 해당 물품이 소비되거나 거래되지 않아야 한다. 즉, BWT는 인정되지 않는다.
- 제3국에서 수행되는 작업은 하역, 재선적, 운송을 위한 상품 분리, 상품을 양호한 상태로 유지하기 위한 공정을 제외하고 어떠한 가공도 해서는 안 된다.
- 제3국에서 일시 보관하는 경우에는 반드시 제3국 세관당국의 통제하에 있어야 하며, 보관 기간은 최대 3개월을 초과할 수 없다. 단, 불가항력 상황에서는 최대 6개월까지 연장 가능하다.

2. 직접운송 증빙서류 요건(제3.14조 제3항)

한-중 FTA는 다른 FTA와 달리 환적(transshipment)과 보관(storage)의 개념을 명확히 구분하고 있다. 환적은 물품을 한 운송수단에서 다른 운송수단으로 옮기는 행위로 정의되며, 보관은 해당 물품을 일정 기간 동안 제3국에 보관하는 행위로 정의된다. 이 구분은 증빙서류와 적용 요건에 차이를 두어, 규정 위반 여부를 보다 명확하게 판단할 수 있도록 한다.

다른 FTA에서는 보관과 환적을 포괄적으로 처리하는 경우가 많지만, 한-중 FTA는 이를 별도로 규정하여 제3국 운송 과정에서 발생할 수 있는 원산지 혼동, 재가공, 무단 거래 등의 리스크를 줄이고, 무역 절차의 투명성을 강화하고 있다.

제3.14조 직접운송
3. 이 조 제2항의 목적상, 다음의 서류가 상품의 수입신고 시에 수입 당사국의 관세당국에 제출된다.
가. **통과 또는 환적**의 경우에는, 항공화물운송장, 선하증권, 또는 수출 당사국에서부터 수입 당사국까지의 전체 운송 경로가 포함된 복합운송이나 결합운송 서류와 같은 운송서류, 그리고
나. **보관 또는 컨테이너를 적출**하는 경우, 항공화물운송장, 선하증권, 또는 수출 당사국에서부터 수입 당사국까지의 전체 운송 경로가 포함된 복합운송이나 결합운송 서류와 같은 운송서류, 그리고 비당사국 관세당국이 제공하는 증빙서류. **수입국 관세당국은 그러한 증빙서류를 발급할 수 있는 그러한 비당사국의 그 밖의 권한 있는 기관을 지정하고 그러한 지정에 대하여 수출국 관세당국에 통보할 수 있다.**

3. 한-중 FTA에서 우리와 중국 측의 비가공증명서 발급기관

가. 한-중 FTA의 비가공증명서 제도 개요

한-중 자유무역협정에서는 제3국을 경유하는 화물의 경우, 운송 과정에서 해당 화물이 재가공되거나 포장·품명·수량 등이 변경되지 않았음을 증명하기 위해 비가공증명서(Non-Manipulation Certificate)를 발급하도록 규정하고 있다.

협정 제3.14조는 이를 위해 수입국 관세당국이 제3국 내 권한 있는 기관을 비가공증명서 발급기관으로 지정하고, 지정 내용을 상대국 관세당국에 통보하도록 명시하고 있다.

나. 대한민국의 지정 절차와 근거

우리나라는 홍콩을 경유하여 중국으로 수출되거나 중국으로부터 수입되는 물품의 경우 비가공증명서를 인정하기 위해 발급기관 지정이 필요했다. 이에 따라 대한민국 관세청은 홍콩 내에서 발급하는 비가공증명서를 유효하게 인정하기 위해 홍콩세관(Hong Kong Customs)을 홍콩 경유 화물의 유일한 발급기관으로 지정하였다.

이 지정의 법적·제도적 근거는 2015년 12월 14일 체결된 "대한민국 관세청과 홍콩세관 간 한-중 자유무역협정 직접운송 이행을 위한 상호 협력"이라는 서면확인서(exchange of letters)에 있다. 협상 과정에서 홍콩 측은 홍콩세관만을 유일한 발급기관으로 지정해 달라고 요청했고, 한국은 이를 수용하였다.

결과적으로, 홍콩세관에서 발급한 증명서만 국내 통관 시 인정하는 운용기준이 확립되었으며, 이는 직접운송 요건의 이행과 원산지 무가공 상태 보증을 위한 제도적 조치였다.

다. 중국의 지정 절차와 특징

중국 역시 한-중 FTA 원산지규정에 따라 홍콩을 경유하는 화물의 비가공증명서 발급기관을 지정하였다. 중국 해관총서(General Administration of Customs, GACC)는 2015년 12월 8일 공고를 통해 홍콩에서 비가공증명서를 발급할 수 있는 기관을 두 곳으로 지정하였다. 해당 기관은 홍콩세관(Hong Kong Customs)과 China Inspection Company Limited이다.

이 지정은 2015년 12월 20일부터 시행되었으며, 홍콩을 경유하여 중국으로 수입되는 화물에 대해 두 기관이 발행한 증명서를 중국 세관이 인정하고 있다. 그러나 중국은 이 발급기관 지정 사실을 우리나라에 공식적으로 통보하지 않았다. 실무적으로는 두 기관 모두 발행한 증명서를 유효서류로 취급하고 있다.

4. 홍콩세관의 '중국 ⇒ 한국행 화물에 대한 비가공증명서 발급기준'

내용	유형	화물종류	보관 유무	발급 필요 여부
단일 통과선하증권(Single Through Bill of Lading)[1] 발급을 통해 전체 운송구간이 커버되는 화물	Mode 1	컨테이너 및 벌크화물	불문	불필요
단일 통과선하증권이 발급되지 않는 화물	Mode 2	컨테이너 화물[2]	불문	불필요
	Mode 3	벌크화물[3]	미보관	불필요
			7일 이내 지정 장소에서 일시보관[4]	불필요
			7일 초과 보관	**필요**
홍콩에서 재포장 등으로 품명, 포장수량, 중량이 변경되는 화물 및 컨테이너에서 적출되는 화물	Mode 4	컨테이너 및 벌크화물	불문	**필요**

1. "단일 통과선하증권(Single Through Bill of Lading)"이란 수출국에서부터 수입국까지 전체 운송경로 정보(출발지, 경유지, 도착지), 화물 품목 및 수량 등의 상세한 선적정보를 담고 있는 선하증권으로서, 특정 운송인이 모든 구간의 운송에 대해 책임을 지는 단일의 선하증권(Air Waybill 포함)을 의미한다.
2. 컨테이너 번호와 실(seal) 번호가 모든 운송과정에서 변경되지 않았음을 증명할 수 있는 "일련의 운송서류*"를 제출할 수 있어야 한다.

> * "일련의 운송서류"란 전 운송과정을 증명하는 운송서류의 결합으로서, 중국에서 한국으로의 운송 과정이 재화청단(중국→홍콩) 및 선하증권(홍콩→한국)에 의해 증명이 되는 경우 재화청단 및 선하 증권이 일련의 운송서류가 됨

3. 상품의 품명, 포장수량 및 중량이 전 운송과정에서 변경되지 않았음을 증명할 수 있는 일련의 운송서류를 제출할 수 있어야 한다.
4. 다음의 지정된 장소에서 7일 이내의 보관에 한정한다.

> ① Kwai Tsing Container Terminals(1~9)
> ② Tuen Mun River Trade Terminal   ③ Super Terminal One
> ④ The Hong Kong International Airport Express Centre
> ⑤ Cathay Pacific Cargo Terminal   ⑥ Asia Airfreight Terminal
> ⑦ DHL Central Asia Hub

5. 적용 순서: 유형별로 순차적 적용(Mode 1 → Mode 2 → Mode 3 → Mode 4)
   ※ (예) Mode 1에 해당되면 Mode 2~Mode 4 확인 없이 비가공증명서 발급 불필요

가. 7일 기준에 따른 보관·환적 구분

한-중 FTA의 직접운송 요건에 따라 홍콩에서 비가공증명서를 발급받을 수 있는 대상은 "보관"되는 화물에 한정된다. 이를 판단하기 위해 한국 관세청과 홍콩 세관은 일시보관 기간 7일을 기준으로 설정하였다.

이 기준은 운송 일정, 항로 운영, 항만 처리 속도 등을 고려한 합리적 경유 한계를 반영한 것으로, 7일 이내 경유·환적은 단순 '일시보관'으로 간주되어 비가공증명서 발급이 불필요하며, 7일을 초과한 경우 '보관'에 해당하여 증명서 발급이 필요하다. 7일 초과 시에는 원산지 물품의 무가공 상태를 세관에 입증해야 하며, 이는 양측 간 협의 내용을 협정 규정에 반영한 제도적 장치다.

나. 발급 대상

「대한민국 관세청과 홍콩세관 간 한-중 자유무역협정 직접운송 이행을 위한 상호협력」이라는 한국과 홍콩 세관당국 간 서면확인서의 부속서에 따라 발급 대상은 유형별로 세분화되어 운용된다. 2017년 4월 10일 1차 개정 시 기준이 완화되었다. 핵심은 다음과 같다.

- 지정된 7개 터미널에서 7일 이내 환적되는 벌크화물은 적입이 발생하더라도 비가공증명서 제출 생략
- 7일 초과 보관되는 컨테이너 화물이라도 컨테이너 번호와 실(Seal) 번호가 동일하면 제출 생략

이 규정은 모든 경우에서 지정된 터미널을 전제로 한다. 지정되지 않은 장소에서 7일 이내 환적하거나, 컨테이너 번호·Seal 번호가 동일한 경우라도 비가공증명서를 발급받아야 한다. 이는 지정 외 장소가 세관의 직접 관리·감시 체계 밖에 있어 화물의 운송경로와 무가공 상태를 검증하기 어렵고, 공식적인 표준화 된 확인 절차가 마련되어 있지 않기 때문이다. 따라서 지정 터미널 외 장소에서 보관·환적이 이루어지는 경우에는 원칙적으로 비가공증명서 발급이 필요하며, 면제 규정은 적용되지 않는다.

5. 중국에서 발행한 청단(淸單)은 직접 운송 증빙서류로 인정

청단(淸單)은 중국에서 홍콩으로 내륙 운송 시 차량별 발급되는 적하목록으로, 중국 지방교통국·세관에 사전 등록된 차량에 한해 발급된다. 이는 특정 차량이 운송하는 화물 내역을 증명하며, 중국과 홍콩 공통 형식을 사용한다. 청단은 중국-홍콩 내륙 구간만 증명 가능하고, 국제 운송 전 구간을 포괄하는 통과선하증권(B/L, Air Waybill)과는 법적 효력이 다르다.

2006년 APTA 발효 후 2011년 8월 4일 「APTA 원산지 확인 기준 규칙」 제정 이전까지는 직접 운송 증빙서류 종류가 법령에 명시되지 않았다. 당시 세관은 원산지 증명서와 함께 운송서류(B/L, AWB) 또는 청단 중 하나를 제출하면, 행정 판단으로 직접 운송 여부를 인정했다. 이로 인해 홍콩 경유, 복합운송에서도 특혜관세를 유연하게 적용할 수 있었지만, 법적 근거는 불명확했다. 그러나 규칙 제정 이후에는 원칙적으로 B/L 등 국제 운송서류 제출을 요구하며, 청단은 증빙 목록에서 제외되었다. 이로 인해 청단만 제출하던 업체들은 특혜관세 인정이 거부되는 사례가 발생했고, 특히 소량 화물·복합 운송 기업에 큰 부담이 되었다.

청단 불인정으로 인한 업계 불편과 통상마찰 우려가 커지자, 기획재정부와 관세 당국은 현장 의견과 운송 실무 관행을 면밀히 검토하였다. 조사 과정에서, 특히 중국 내륙에서 홍콩을 거쳐 한국으로 운송되는 화물의 상당수가 청단에 의존하고 있으며, 해당 구간 운송에서 통과선하증권 발급이 현실적으로 곤란하다는 사실이 확인되었다.

이에 따라 정부는 규칙 개정(2020.4.10.[122])을 통해 청단을 다시 '직접 운송을 증명할 수 있는 서류' 범위에 명시적으로 포함하였다. 현재 청단은 법령상 유효한 직접 운송 증빙으로 인정된다. 비록 국제 운송 전 구간을 증명할 수 없다는 한계가 있지만, 중국-홍콩 내륙 운송 실무에서는 필수적이며 법적으로 효력을 가진다. 이 개정은 단순히 서류 목록을 확대한 것이 아니라, 실제 운송 환경과 법령 규정 간의 괴리를 해소하고 업계 부담을 완화하기 위한 정책적 조치로서 의미를 가진다.

---

122) 하나 또는 그 이상의 비 참가국을 경유하여 운송된 물품에 해당되나 수출참가국으로부터 직접 운송된 것으로 보는 직접운송의 간주(看做)규정을 적용받기 위해 제출해야 하는 서류로 수출참가국에서 발행된 통과선하증권과 그 밖에 직접운송의 간주 요건을 준수하였음을 증명할 수 있는 서류 중 하나를 선택할 수 있도록 하고, 직접운송의 간주 요건을 준수하였음을 증명하는 것과 직접적인 관련이 없는 원산지증명서 등은 제출해야 하는 서류에서 삭제함으로써 납세자의 자료제출 부담을 완화하였다.

14-03 [중국] 원산지증명서 발급 신청자의 범위

1. 협정상 유효한 원산지증명서 발급 기본 요건

한-중 FTA에서 유효한 원산지증명서를 인정받기 위해서는 협정에 규정된 기본 요건을 충족해야 한다.

【협정 제3.15조】
① 수출자, 생산자 또는 수출자의 책임하에 그의 권한을 부여받은 대리인이 신청하였는가?
② 수출 당사국의 권한 있는 기관이 발급하였는가?

【부속서 3-다】
③ 원산지증명서 상 수출자, 생산자는 중국 내에 소재하는 자인가?
④ 기재 요령에 맞게 작성되었는가?

이 요건에 일부 부합하지 않더라도, 한-중 FTA의 경우 관세청 원산지증명서 자료 교환 시스템을 통해 중국 발급기관의 발급 사실이 확인되면 협정관세 적용이 가능하다. 즉, 개별 요건 충족 여부만으로 판단하지 않고, 종합적인 사실관계를 고려한다.

2. '수출자' 범위에 대한 한·중 간 인식

한-중 FTA에서 원산지증명서 발급신청 주체를 규정하는 핵심 키워드는 '수출자'이다. 그러나 '수출자'의 범위에 대해서는 한국과 중국이 법·제도상 접근이 다소 다르다.

중국에서는 대외무역사업자(Foreign Trade Business Operator)가 수출계약 체결 및 수출신고를 수행하는 경우, 해당 사업자가 원산지증명서 발급에 대한 법적·실질적 책임을 지는 것으로 본다. 이러한 경우 중국 당국은 해당 사업자를 수출자의 한 유형으로 간주한다. 이는 중국 무역관리 체계상, 실제 물품을 제조하지 않더라도 수출 절차를 담당하고 대외무역법에 따라 등록된 사업자는 법적으로 수출자 지위를 가질 수 있기 때문이다.

우리나라 관세당국도 이러한 중국의 실무 관행을 인정하였다. 한-중 FTA 원산지증명서 수출자 관련 업무처리 지침(2016.3.24.)에서는 대외무역사업자라 하더라도, 중국 측 절차에 따라 권한 있는 기관이 발급한 원산지증명서라면 이를 수출자로 인정한다고 명시하였다. 즉, 수출자가 반드시 물품의 생산자일 필요는 없으며, 중국법상 적법한 권한과 책임을 가진 자라면 수출자 범주에 포함될 수 있다는 의미다.

이러한 결정은 중국 발급기관의 공신력을 존중하고, 원산지 확인 절차에서 불필요한 통관 지연이나 특혜 거부를 방지하기 위한 조치다. 예를 들어, 중국의 무역 상사(Trading Company)가 한국으로의 수출을 대행하여 원산지증명서를 발급받은 경우, 한국 세관은 그 사업자를 수출자로 인정하고 협정관세를 적용할 수 있다.

결과적으로, 한·중 간 수출자 해석 차이는 양국의 법체계와 무역관행 차이에서 비롯되지만, 협정 이행 측면에서는 상대국 법률에 근거한 권한 있는 발급기관의 판단을 존중하는 방향으로 조율되고 있다.

3. 제조자의 대리인 신청 가능 여부

종종 기업에서는 원산지증명서 발급을 제조자 또는 제조자의 대리인이 신청할 수 있는지 질문한다. 그러나 한-중 FTA 협정 제3.15조는 '수출자, 생산자, 또는 수출자의 책임하에 권한을 부여받은 대리인'만을 신청 주체로 규정하고 있다. 즉, 제조자의 대리인이 원산지증명서 발급을 신청할 수 있다는 내용은 한-중 FTA 협정에서 공식적으로 인정된 바 없다.

따라서 발급신청은 반드시 수출자 또는 수출자의 권한을 부여받은 대리인이 해야 하며, 단순 제조자의 대리인은 신청 주체에 해당하지 않는다.

14-04 [중국] 한국과 중국의 원산지증명서 발급 시기와 절차의 차이

1. 한국과 중국의 발급 절차 비교

한국과 중국은 원산지증명서의 발급 시점과 절차에 있어 큰 차이가 있다. 중국은 원산지증명서를 먼저 발급한 다음 수출신고를 진행한다. 이후 수출신고 단계에서 수출신고 내역과 원산지증명서 발급 정보(품목 HS CODE, 수량 등)를 대사 절차를 통해 비교·검증한다. 반면 한국은 수출신고가 수리 완료된 이후 그 신고 내역을 근거로 원산지증명서를 발급한다. 따라서 발급된 C/O와 수출신고 내역을 다시 비교·대사하는 절차는 존재하지 않는다. 이 차이로 인해 발급 과정에서의 행정 흐름 및 관리 방식이 서로 완전히 달라진다.

2. 차이가 초래하는 실무상 영향

중국은 발급-신고-대사 절차가 연동되어 있어 원산지증명서와 수출신고 내역 간 불일치가 발생하면 통관 지연이나 특혜 적용 배제가 일어날 수 있다. 특히 수출자가 원산지증명서 발급 여부를 해관총서에 정확히 신고하지 않는 경우, 원산지증명서 정보와 수출신고 내역의 매칭 불가 문제가 발생한다. 반면 한국은 발급과 신고가 순차적으로 진행되며 대사 절차가 없기 때문에 이러한 매칭 불일치 문제는 상대적으로 적다. 그러나 규정된 기간 내 발급을 놓치면 특혜 적용을 받기 어려워진다.[123]

따라서 중국에 수출하는 경우 발급-신고-대사 절차가 필수이므로 원산지증명서 정보와 신고 내용을 일치시키는 데이터 관리 체계를 갖추어야 하며, 한국에서는 규정된 기간 내 발급을 준수하는 것이 핵심이다.

---

123) 양국은 FTA 관련 원산지 정보를 전자적으로 교환하는 EODES를 추진할 당시 중국의 발급 방식 특성과 매칭 절차 문제로 인해 시행이 늦어졌다. 수출자가 발급 여부를 성실히 신고하지 않으면 데이터 매칭이 불가능해져 전자교환 시스템 운영에 장애가 발생했기 때문이다.

14-05 [중국] 한-중 FTA 특송화물에 면제 기준이 반영되지 못한 이유

1. 협정 내용의 한계

한-중 FTA 제4.15조(특송화물)는 각 당사국이 특송화물에 대해 신속한 통관절차를 채택·유지할 것을 규정하고 있으며, 이를 위해 단일 적하목록 제출 허용, 최소한의 서류로 통관 가능 규정, 국내 법령과 상충하지 않는 범위에서 중량·과세가격 제한 없는 적용 등을 포함하고 있다.

그러나 해당 조문에는 특정 금액 이하의 특송화물에 대해 관세를 면제하는 별도의 면세기준이 명시되어 있지 않다. 이는 통관절차 간소화 규정은 마련되었으나, 과세가격에 따른 무관세 혜택에 관한 합의는 이루어지지 않았음을 의미한다.

2. 중국 측의 거부 사유

우리나라는 협상 과정에서 전자상거래 및 해외 역직구 시장의 성장 추세와 국내 기업들의 강력한 요청을 반영해, 중국 측에 특송화물에 대한 면세 기준금액을 미화 200달러로 설정하고 이를 협정에 명시하도록 지속적으로 요구하였다.[124] 그러나 중국은 다음과 같은 이유로 이를 거부했다.

- 자국 면세제도의 범위 문제: 중국의 관세 면세제도는 특송화물에만 국한되지 않고 전체 수입물품 과세체계에 포함되므로, 특송화물 전용 면세금액 설정은 제도 체계와 부합하지 않는다.
- 기존 제도 유지 필요성: 중국은 현행 제도(세액 50위안 이하, 약 8,800원 면세)를 유지해야 하며, 금액 상향은 불가하다는 입장을 표명하였다.
- 제도 차이 최소화 원칙: 중국은 자국의 관세제도와 FTA 규정을 일치시키려는 입장을 견지하여, 별도의 특송화물 면세금액 설정이 자국제도와 불필요한 차이를 만든다고 판단하였다.

---

124) 관세청 통계에 따르면 2014년도 전자상거래 수출 중 중국은 미국에 이어 두 번째로 큰 비중(9.8%)을 차지하는 중요 시장으로, 소액 특송화물 무관세 범위 확대는 한국 기업의 가격 경쟁력을 높이는 핵심 수단이었다.

결과적으로 중국은 협정문에서 면세금액을 아예 표시하지 않는 방식에 합의하였고, 한국 측의 미화 200달러 기준 반영 요구는 받아들여지지 않았다.

이러한 협상 결과로 한-중 FTA에는 소액 특송화물 무관세 조항이 포함되지 않았으며, 중국의 현행 제도인 '세액 50위안 이하 관세 면제' 규정만 관행적으로 적용된다. 이는 한-미 FTA에서 200달러 이하 특송화물에 대해 관세를 면제하는 규정과 비교해 훨씬 제한적이다.

중국 新행우세 제도의 개요

중국의 행우세(行郵稅)는 개인 수화물 및 우편물(국제우편·전자상거래 등)에 적용되는 간이세율 체계를 의미한다. 이 제도는 정식 수입통관 방식과 달리 개인 소비 목적의 소액물품에 대해 간소화된 세율을 적용함으로써 통관 효율을 높이기 위해 운영되고 있다.

2016년 4월 8일 중국 정부는 기존 행우세 제도를 전면 개정하여 세목을 단순화하고 세율을 조정하였으며, 특히 세액 50위안 이하 물품에 대한 관세 면제 규정은 유지하되 내국세(증치세·소비세)의 70%를 부과하도록 변경함으로써 소액 전자상거래 물품의 세 부담이 증가하는 결과를 가져왔다.

개정된 행우세 제도에서는 물품 특성에 따라 15%, 30%, 60%의 세율이 적용되며, 이는 정식 일반과세에서 적용되는 관세·증치세·소비세와 차이를 보인다. 개정 이후에는 50위안(8,500원 상당) 이하 면세 규정이 유지되었으나, 내국세의 70%가 부과되도록 변경됨으로써 실질적으로 납부세액이 증가하였다. 예를 들어 1만원 상당의 화장품은 기존에는 행우세 산출세액 6,000원(50위안 미만이므로 면세)이었으나, 개정 후에는 내국세 계산식에 따라 산출된 금액의 70%만큼(4,699원) 납부하게 된다.

그 결과, 한국 기업은 중국 시장에서 소액 특송화물의 가격 경쟁력 확보에 제약을 받게 되었고, 전자상거래를 통한 중국 내 시장 개척에도 한계가 발생했다.[125]

참고로, 한-중 FTA에는 전자상거래와 관련해 제13장 전자상거래가 별도로 포함되어 있으나, 이 장은 디지털 상거래 환경과 절차 개선을 위한 내용일 뿐, 특송화물 면세금액 설정과 같은 구체적인 금액 기준은 규정하지 않는다.

---

125) 이 문제는 2015년 1월 27일 매일경제를 통해 보도되었으며, 제도적 한계가 공식적으로 지적된 바 있다.

[콜롬비아] 누적 기준 및 재료 누적의 적용

1. 문제의 상황(가상)

국내(한국)에서 생산된 상품이나 재료가 우선 콜롬비아로 수출되고, 수출 시 한-콜롬비아 자유무역협정에 따른 특혜관세를 적용받았다. 이어서 이 상품이나 재료는 콜롬비아 현지에서 일정한 가공, 생산 또는 다른 재료와의 결합 과정을 거쳤다.

그 후 이러한 가공을 마친 물품이 다시 한국으로 수입되는 경우, 해당 물품의 최종 원산지가 어디로 판정되는지가 실무에서 문제로 제기된다.

2. 한-콜롬비아 FTA의 누적 기준 및 재료 누적의 적용

한-콜롬비아 FTA는 원산지 누적제도를 인정하는 협정이다. 이번 사례는 '재료 누적'의 전형적인 적용 예시이다. 한국에서 생산된 재료나 완제품이 콜롬비아로 수출된 후, 콜롬비아에서 이를 다른 부품이나 원료와 결합하여 새로운 상품을 만든 경우, 해당 한국산 재료는 한-콜롬비아 FTA 체약국의 원산지 재료로 인정받는다. 이에 따라, 해당 재료가 최종적으로 결합·가공된 상품은 콜롬비아 원산지 상품으로 판정된다.

3. 최종 원산지 판정 결과

따라서, 한국에서 출발한 재료가 콜롬비아로 수출된 뒤 현지에서 생산·가공 과정을 거쳐 완성된 후 한국으로 다시 수입되는 경우, 한-콜롬비아 FTA 원산지 규정에 따라 최종 원산지는 콜롬비아산으로 인정된다.

이는 협정에서 규정한 원산지 누적조항에 근거하며, 콜롬비아에서 수행된 가공 또는 재료 결합이 상품의 원산지 판정에 결정적으로 작용하기 때문이다.

4. 실무적 유의 사항

이러한 원산지 판정을 받으려면, 실제 통관 과정에서 반드시 원산지증명서 또는 이에 준하는 서류를 통해 가공 및 재료 결합 과정이 협정상 요건을 충족했음을 입증해야 한다. 만약 원산지증명서에서 해당 상품이 콜롬비아산임을 명확히 증명할 수 없다면, 협정세율 적용이 불가능하고 일반세율이 부과될 수 있으므로 각별한 주의가 필요하다.

또한 재수입 시에는 한국산 재료가 포함되어 있더라도, 협정 규정상 최종적으로는 '콜롬비아산'으로 간주된다는 점을 반드시 인식해야 한다.

[예시]

한국에서 생산된 전자부품이 콜롬비아로 수출된 후, 콜롬비아 현지 공장에서 다른 중남미산 부품과 결합되어 완제품 스마트기기로 제조되었다고 가정할 수 있다. 이 경우 한국산 전자부품은 한-콜롬비아 FTA 상의 '원산지 재료'로 인정되고, 콜롬비아 현지에서 이루어진 결합·가공 과정이 최종 원산지 판정을 좌우하므로 완성품은 콜롬비아산으로 간주된다.

이러한 원산지 판정을 통관 시 인정받기 위해서는 콜롬비아 측에서 발급한 원산지증명서에 한국산 부품이 적법하게 누적 적용되었음과 현지 가공이 협정 요건을 충족했다는 사실이 명확히 기재되어야 한다.

만약 해당 서류에서 원산지 판정 근거가 충분히 입증되지 않으면 협정세율을 적용받을 수 없어 일반 관세가 부과될 수 있으므로 주의해야 한다. 특히 완제품을 한국으로 재수입할 때 한국산 부품이 일부 포함되더라도, 협정의 누적 규정에 따라 최종적으로는 '콜롬비아산'으로 판정된다는 점을 반드시 인식해야 한다.

5. 기업이 활용할 수 있는 비즈니스 모델: 역교차 누적 기반 생산·재역수입 전략

우리나라 기업은 한-콜롬비아 FTA의 누적 규정을 활용하여 한국산 재료를 콜롬비아로 수출하고, 콜롬비아 현지에서 추가 가공·조립을 수행한 뒤 완제품으로 재수입하거나 제3국으로 수출하는 역교차 누적 기반 생산·재역수입 전략을 구축할 수 있다. 이 전략의 핵심은 한국산 부품이 콜롬비아에서 "원산지 재료"로 인정되기 때문에, 최종 제품이 콜롬비아산으로 판정되어 FTA 특혜관세 적용이 가능해진다는 점이다. 기업은 이를 통해 콜롬비아의 낮은 생산비·노동력 비용, 중남미 시장 접근성, 다양한 무역협정 체계를 활용할 수 있어 전체 공급망 구조를 비용 효율적으로 개선할 수 있다.

16-01 [중미] 원산지 기준의 주요 특징

1. 원산지 상품 범위의 구분 및 완전생산품 정의

한-중미 FTA는 원산지 상품을 완전생산품(Wholly Obtained, WO), 역내 원산지 재료만을 사용하여 생산된 상품(Produced Entirely, PE), 품목별원산지결정기준(PSR)에 따라 실질적 변형을 충족한 상품의 세 가지 범주로 구분한다.

이 중 완전생산품(WO)은 특정 당사국의 영토 내에서 전적으로 산출·채집·어획·사육·재배·가공된 상품을 의미하며, 한-중미 FTA에서는 WO 인정 요건의 "당사국(a Party)"을 개별 국가 단위로 규정한다.

따라서 두 개 이상의 국가에서 생산 과정이 분산된 경우에는 WO 요건을 충족할 수 없으며, 해당 상품은 PSR 기준 등 다른 방식으로 원산지를 판정해야 한다. 이 규정은 농축수산물 및 기타 1차 산품의 원산지를 명확히 판정하는 기준으로 기능한다.

2. 재료 누적과 공정 누적의 병행 허용

한-중미 FTA는 원산지 판정을 위해 재료 누적(Material Cumulation)과 공정 누적(Process Cumulation)을 모두 허용한다. 즉, 한-중미 FTA 당사국에서 생산된 재료를 사용하거나, 당사국에서 수행된 공정을 결합하여 원산지 요건 충족을 인정할 수 있다.

또한 협정 제3.6조는 한국과 중미 회원국이 공동으로 FTA를 체결한 제3국의 원산지를 누적할 수 있는 잠재적 적용 가능성을 규정[126]하고 있다. 이는 즉시 시행되는 규정이 아니라, 후속 합의(프로토콜 체결)에 따라 운영될 수 있는 선택적 제도이다.

---

126) 제3.6조(누적) 2. 한국과 최소 1개의 중미 공화국은 양 당사국 모두 무역협정을 체결한 제3국(한국과 중미 공화국들을 제외한 모든 국가를 말한다)과 원산지를 누적하기 위한 목적으로 원산지 규정의 규약을 개선할 가능성을 고려할 수 있다.

이처럼 한-중미 FTA는 누적 적용 범위를 단계적으로 확장할 수 있는 구조를 마련하면서도 현재 협정의 기본 틀 내에서는 재료 누적·공정 누적의 병행을 중심으로 원산지를 판정하도록 규정한다.

3. 신선 농수산물에 대한 미소기준 적용 배제

한-중미 FTA는 신선 농수산물(HS 제1류~제14류)에 대해서는 미소기준(De Minimis Rule)을 적용하지 않는다. 따라서 이들 품목은 세번변경기준(CTC)을 충족하지 못한 경우, 미소기준을 활용해 원산지를 인정받는 방식이 허용되지 않는다. 다만, 일부 품목(HS 제15류~제24류 중 특정 품목)은 FOB 가격의 10% 이하에 해당하는 비원산지 재료는 미소기준 적용이 가능하도록 규정되어 있다.

즉, 신선 농수산물은 미소기준이 전면 배제되지만, 가공식품 등 일부 품목은 제한적으로 활용할 수 있다.

4. 불인정공정의 우선 적용

한-중미 FTA에서는 불인정공정(Non-Qualifying Operations) 규정이 품목별원산지 결정기준(PSR) 보다 우선 적용된다. 즉, PSR 기준을 충족하더라도 해당 상품이 불인정공정에 해당하는 경우에는 원산지 상품으로 인정되지 않는다.

불인정공정에는 총 7개의 특정 공정이 명시되어 있으며, 그 예로 도축(slaughter), 염수처리(salting) 등 단순 처리에 해당하는 작업들이 포함된다. 이러한 공정들은 국제적으로도 원산지를 부여하는 데 필요한 '실질적 변형' 요건에 미달하는 것으로 평가된다. 쉽게 말해, 원재료의 본질적 성질을 변경하지 않는 공정은 원산지 판정에서 제외된다는 것이다.

따라서 원산지 판정 시에는 먼저 불인정공정 여부를 검토하고, 불인정공정에 해당하지 않을 때에만 PSR 기준 충족 여부를 판단하도록 규정되고 있다.

17-01 [영국] 영국의 영역

한-영 자유무역협정은 '영국의 영역'을 의정서 제1조(정의)와 협정 제15.15조(영역적 적용)에서 명확히 규정하고 있다.

제15.15조 영역적 적용

1. 이 협정은 다음에 적용된다.
   가. 영국에 대해서는, 대한민국과 유럽연합 간의 자유무역협정이 영국에 적용되는 것이 중단되기 직전에 그 자유무역협정이 적용된 범위와 조건하에 영국의 영역과 영국이 그 국제관계를 책임지는 영역[주)]
   나. 대한민국에 대해서는, 대한민국의 영역
2. '영역'에 대한 언급은 달리 명시적으로 규정되지 아니하는 한 제1항에 따라 양해된다.

주) 제1항에도 불구하고, 이 협정은 사이프러스의 아크로티리와 데켈리아의 주권기지영역에는 적용되지 아니한다.

의정서 제1조 정의

파. **영역**은 영해를 포함한다.
거. **영국**은 대영제국과 북아일랜드를 의미한다.

1. 제15.15조 제1항: 영국의 영역 적용 규정

한-영 자유무역협정 제15.15조 제1항은 영국에 대한 협정 적용 범위를 과거 한-EU 자유무역협정이 영국에 적용되던 범위와 조건에 따라 설정한다고 규정하고 있다. 즉, 한-EU FTA가 영국에 적용이 종료되기 직전에 유효했던 영토 범위와 동일한 조건을 그대로 이어받아 적용한다는 의미다.

이 규정에 따라 협정은 영국 본토(잉글랜드, 스코틀랜드, 웨일즈, 북아일랜드)를 기본 대상으로 하며, 여기에 더해 영국이 국제관계를 책임지는 지역에도 적용될 수 있다. 다만, 사이프러스(Cyprus) 섬 내 아크로티리(Akrotiri)와 데켈리아(Dhekelia) 주권 기지영역(Sovereign Base Areas)은 협정 적용 대상에서 명시적으로 제외된다.

2. 제15.15조 제2항: 관세 적용 범위 확장 규정

제15.15조 제2항은 제1항의 영토 범위와 달리, 상품의 관세 대우에 한정하여 협정 적용 대상을 확장할 수 있는 규정을 두고 있다. 구체적으로는 제1항에서 적용 대상으로 명시되지 않은 EU 관세영역 내 일부 지역에도 관세우대 혜택을 부여할 수 있다.

이는 과거 한-EU FTA의 적용 대상이었던 일부 지역이 동일한 조건과 절차를 충족할 경우, 한-영 FTA에서도 관세 분야에 한해 적용될 수 있음을 의미한다.

3. 적용 범위 해석

협정문의 '영국의 영역'은 기본적으로 영국 본토, 즉 잉글랜드, 스코틀랜드, 웨일즈, 북아일랜드를 포함한다. 여기에 더해, 영국이 국제관계를 책임지는 일부 지역이 조건을 충족하는 경우 적용될 수 있다.

- **왕실령(Crown Dependencies): 조건부 적용**
- 채널제도(Channel Islands: 저지 관할구·건지 관할구)와 맨섬(Isle of Man)은 영국과 관세동맹을 맺고 있어 상품 분야에 한정해 FTA 적용 가능성이 있지만, 협정문에 명시적으로 포함되지 않는다. 따라서 원산지 규정을 충족하고 세관당국의 승인[127]을 받아야 한다.

- **영국 해외 영토(British Overseas Territories, BOTs): 적용 제외**
- 영국 해외 영토 14개 지역은 대부분 독자 관세·무역체제를 운영한다. 대표적으로 버뮤다, 케이맨 제도, 브리티시 버진아일랜드, 포클랜드 제도, 몬트세랫 등이 있다. 이들은 과거 EU 관세영역에도 포함되지 않았으며, 한-영 FTA에서도 적용 대상에서 제외된다.
- 특히 지브롤터와 키프로스 섬의 주권기지영역(Akrotiri, Dhekelia)은 협정문상 명시적으로 제외되어 있다.

---

127) 이 경우 실제 특혜관세를 적용받을 수 있는지는 '수출자·생산자가 원산지 요건 충족 → 원산지증명서 제출(자율발급 또는 인증수출자 등 절차에 따라) → 수입국 세관이 이를 심사하여 승인 여부 결정' 절차에 따라 결정된다. 따라서 "원산지증명과 세관 승인 없이는 적용이 불가하다"에서 세관은 수입국, 즉 한국으로 들어올 경우 한국 세관을 의미하며, 영국으로 들어갈 경우에는 영국 세관을 의미한다.

이를 정리하면 다음 표와 같다.

한-영 FTA 영국의 영역 적용 여부

구분	적용 여부
영국 본토	**포함**: 협정문상 '영국' 정의에 해당 → 기본 적용 대상
왕실령(Crown Dependencies) - 채널제도(저지·건지 관할구) - 맨섬	**조건부 포함**: 영국과 관세동맹 체결로 상품 분야 관세 우대 가능 → 협정문에 명시되지 않아 원산지 규정 충족 및 세관 승인 필요
영국 해외 영토(BOTs) - 예: 버뮤다, 케이맨 제도, 브리티시 버진아일랜드, 포클랜드 등	**원칙적 제외**: 대부분 독자 관세·무역제도 운영 → 한-영 FTA 적용 대상 아님
- 지브롤터, 아크로티리, 데켈리아	**제외 명시**: 협정문에서 명확히 배제 규정 → 특혜관세 적용 불가
과거 한-EU FTA 적용 지역 (제15.15조 제2항)	**관세 분야 한정 포함 가능**: 한-EU FTA 적용 종료 직전 동일 범위·조건에서 관세 우대 가능 → 원산지 규정 충족 필요

4. 결론

FTA 적용 여부를 판단할 때 '1단계: 지역 판정 → 2단계: 협정 제외 여부 확인 → 3단계: 원산지 규정 충족' 검증을 거치는 것이 필수다.

왕실령은 관세동맹 관계로 상품 분야 관세혜택 가능성이 있지만, 원산지증명과 세관 승인 없이는 적용이 불가하다. 해외 영토 대부분은 FTA 적용이 배제된다.

따라서 계약 단계에서 출발지, 원산지, 협정 적용 여부를 명확히 문서화해 불필요한 관세 부담과 분쟁을 예방해야 한다.

17-02 [영국] EU산 재료 및 공정에 대해 누적 가능 여부

1. 원산지 기준에서의 누적 개념

한-영 FTA에서는 원산지 판정의 유연성을 높이기 위해 재료 누적과 공정 누적을 모두 허용한다. 다만, 이러한 누적을 적용하기 위해 최종 제품을 생산한 체약당사국에서 불인정공정을 넘어서는 공정을 거쳐야 한다.

2. EU산 재료와 공정에 대한 한시적 누적 인정

한-영 FTA는 협정 발효일인 2021년 1월 1일 이후부터 한시적으로 EU산 재료 및 EU에서 수행된 공정에 대해 누적을 인정하는 특례를 두고 있다. 이는 한-영 FTA 제3조에 명시되어 있으며, 두 가지 주요 내용이 포함된다.

- EU산 재료 누적: EU 원산지로 인정받는 재료를 영국 또는 대한민국 내에서 결합하여 제품을 생산한 경우, 해당 제품은 생산한 국가의 원산지로 인정된다. 다만, 해당 국가에서 수행된 작업 또는 가공이 제6조에서 규정한 '불인정공정'을 초과해야 한다.
- EU 공정 누적: EU에서 수행된 제조 또는 가공은, 이를 후속하여 영국 또는 대한민국에서 불인정 공정을 넘어서는 공정을 수행한 경우, 해당 공정을 그 체약당사국에서 수행한 것으로 간주한다.

초기 협정문에서는 EU와의 누적 인정이 협정 발효 후 3년간만 적용되도록 하였으며, 발효일로부터 2년 내에 검토 절차를 개시하도록 규정하였다. 그러나 2023년 12월 20일 발효된 「대한민국과 영국 간의 자유무역협정 개정에 관한 교환각서[128]」에 따라 적용 기간이 5년으로 연장되었다.

이 한시적 규정은 영국의 EU 탈퇴 이후에도 공급망을 안정적으로 유지할 수 있도록 설계된 조치이다. 그러나 2026년 1월 1일부로 EU 누적 특례는 종료되었다.[129]

---

128) 대한민국과 영국 간의 자유무역협정 개정에 관한 교환각서[발효일 2023.12.20.] [외교부 고시 제972호, 2023.12.27., 제정]

3. 2026년 1월 1일 이후 EU산 재료 및 EU 공정의 취급

2026년부터 한-영 FTA에서 EU산 재료와 EU 공정이 더 이상 역내 누적으로 인정되지 않음에 따라 여러 변화가 예상된다. 첫째, EU산 재료가 모두 비원산지로 처리되면서 품목별 원산지 기준(PSR) 충족이 한층 어려워지고, 이에 따라 가치기준이나 세번변경 기준을 충족할 가능성도 낮아진다. 둘째, EU에서 수행된 공정이 한국 또는 영국의 공정으로 인정되지 않기 때문에 최종 생산 공정이 기준을 충족하는지 다시 확인해야 한다. 셋째, 자동차, 기계, 전자, 정밀장비 등 EU 공급망 의존도가 높은 산업은 이러한 변화의 영향을 크게 받을 수 있으며, FTA 특혜관세 적용이 제한될 가능성도 있어 공급망 조정과 원산지 전략 재정비가 필수적이다.

4. 2026년 이후 실무 대응 전략

기업은 EU 누적 종료에 대응하기 위해 여러 측면에서 전략을 재정비해야 한다.

첫째, 기존에 EU산 재료를 포함해 원산지 기준을 충족하던 품목은 모두 다시 분석할 필요가 있으므로, 각 품목별 원산지 기준(PSR)을 전면적으로 재검토해야 한다.

둘째, 공급망 구조도 조정해야 하며, 한국·영국 또는 제3국으로 조달선을 다변화하고 EU산 부품 비중을 줄이는 방향으로 조달 체계를 재편해야 한다.

셋째, 국내 또는 영국 내 공정을 강화하여 부가가치를 높이는 방식으로 생산 구조를 재설계하고, 세번변경 기준 또는 부가가치 기준을 충족할 수 있도록 공정 흐름을 재배치하는 방안도 필요하다.

넷째, 향후 원산지 검증 가능성이 높아지는 만큼 공정 기록, 원재료 명세, 장부, 소명자료 등 각종 증빙자료를 체계적으로 관리하여 문서관리 수준을 강화해야 한다.

마지막으로, 현재 EU 누적의 추가 연장은 발표되지 않았지만, 향후 정부 간 협상 가능성이 남아 있으므로 관련 정책과 협상 동향을 지속적으로 모니터링할 필요가 있다.

---

129) 추가 연장 또는 영구 규정화 협상 가능성(정부 간 합의 필요, 현재까지 추가 연장 발표 없음), 수입국 세관이 과도기적 조치를 운영할 가능성(예: 기존 장부기록 적용 또는 기한의 해석 문제 등)은 있다. 따라서 "완전 종료"라고 단정하기보다 공식적으로 연장 발표가 없으므로 현시점에서는 '종료 상태'가 기본 해석이다.

17-03 [영국] "EU 경유" 시에도 직접운송으로 인정 여부

1. 직접운송원칙의 기본 개념

한-영 자유무역협정에서 원산지 기준을 적용받기 위해서는 직접운송원칙을 충족해야 한다. 이는 수출국에서 수입국까지 운송되는 과정에서 물품이 불필요하게 분할되거나 변경되지 않아야 한다는 의미이다.

협정은 단일탁송화물에 한해 경유·환적을 허용하며, 이는 운송 과정에서 물품을 분할하는 행위를 금지함을 의미한다. 즉, 단일탁송화물로 유지되는 경우에는 경유나 환적이 발생하더라도 직접운송원칙을 충족할 수 있다. 반면, 운송 중 물품이 분할되면 직접운송원칙 위반으로 간주되어 FTA 특혜관세 적용이 불가능하다.

2. "EU 경유" 인정 규정과 유예기간 종료

한-영 FTA는 협정 발효 당시부터 일정 기간 동안 EU를 경유한 운송도 직접 운송으로 인정하는 예외 규정을 두었다. 본래 이 기간은 3년이었으나, 2023년 12월 20일 발효된 「대한민국-영국 FTA 개정 교환각서」를 통해 총 5년으로 연장되었다.

그러나 이 5년의 한시적 인정 기간이 이미 종료됨에 따라, 현재는 EU 경유 운송이 직접운송으로 인정되지 않는다. 이는 브렉시트 이후 한-영 운송 경로의 안정성을 고려한 임시 조치가 종료되었음을 의미하며, 기업들은 더 이상 EU 허브를 경유한 화물에 대해 FTA 특혜 적용을 기대하기 어렵다.

3. 제3국 경유와 직접운송 인정 조건

EU 경유 인정기간은 종료되었지만, 제3국 경유 자체가 모두 불인정되는 것은 아니다. 한-영 FTA는 EU를 제외한 기타 비당사국을 경유하는 경우에도 다음 요건을 충족하면 직접운송으로 인정한다.

- 물품이 원래의 형태와 포장을 유지할 것
- 송장·선적서류가 일관성을 유지할 것
- 어떠한 가공·처리를 거치지 않을 것

이 규정은 다변화된 물류 경로를 활용하는 기업에 일정한 유연성을 제공하며, 적절한 서류 준비가 이루어진다면 제3국 경유 화물도 특혜관세 적용이 가능하다.

4. EU 경유 인정 종료 이후 기업의 대응

EU 경유 인정이 종료됨에 따라 EU를 경유한 화물은 직접운송으로 인정되지 않으므로 FTA 특혜관세 적용이 불가하다. 이에 기업은 한국·영국 간 직항 운송 또는 제3국을 경유하더라도 직접운송 요건을 충족하는 경로로 전환해야 한다.

특히 EU 내 항만·공항을 활용하던 기업은 물류 루트를 재조정해야 하며, 이 과정에서 물류비 상승이나 리드타임 증가 가능성을 고려해야 한다.

기업이 준비해야 할 사항은 다음과 같다.

- 대체 운송 루트 확보 및 직항 노선 검토
- 제3국 경유 시 직접운송 요건 충족 여부 점검
- 선적서류·포장 상태·송장 일관성 등 입증자료 관리 강화
- 물류 파트너사와의 계약 재검토
- 향후 협정 개정 가능성에 대비한 정부 통상 공지 모니터링

이와 같은 대비를 통해 EU 경유 인정 종료 이후에도 안정적으로 FTA를 활용할 수 있다.

18-01 [RCEP] RCEP에만 관세 차별이 존재하는 이유

RCEP에만 관세 차별이 존재하는 이유는 단일세율 구조가 가능한 다른 양자 FTA와 달리, RCEP은 다자간 협정 특성상 국가별 경제 여건과 민감도에 맞춘 차등 관세 스케줄이 필연적으로 발생하기 때문이다. 이러한 차등 구조를 그대로 두면 우회 수출을 통한 관세 회피가 증가할 위험이 있어, 이를 관리하기 위한 제도적 장치로서 '관세 차별' 규정이 운영된다. 즉, 다자 구조 → 차등 세율 발생 → 우회 무역 위험 → 관세 차별 제도 필요라는 논리적 흐름이 RCEP의 관세 차별을 필연적으로 만든다.

RCEP에만 관세차별이 존재하는 이유는 다음과 같이 정리해 볼 수 있다.[130]

1. 다자간 협정 구조로 인해 '국가별 차등 세율'이 필연적으로 발생

일반적인 FTA는 한국과 특정 국가 또는 국가 그룹 간의 1:N 구조로 체결된다. 이 경우 참여국 간 경제 규모 차이가 크지 않거나 협정 교섭 대상이 제한적이므로, 동일한 관세 철폐 일정과 단일 세율이 적용되는 것이 일반적이다. 따라서 동일 품목에 대해 국가별 세율 차이가 발생하지 않고, 우회 무역을 통한 관세 회피 위험도 상대적으로 낮다.

반면 RCEP은 15개국이 참여하는 대규모 다자간 FTA로, 참가국 간 경제 수준·산업 경쟁력·민감 품목이 크게 다르다. 이 때문에 모든 국가에 동일한 인하 스케줄을 적용할 수 없으며, 각국은 개별적으로 상대국별 관세 철폐 일정을 설정할 수 있다. 그 결과 동일한 품목이라도 어느 국가 원산지냐에 따라 서로 다른 세율이 존재하게 되며, 이러한 구조가 관세 차별의 출발점이 된다.

---

130) 저자의 견해로 사실과 다를 수 있다.

2. 국가별로 다른 양허표 구조가 관세 차별을 제도적으로 고착

RCEP 관세 양허표는 공통 양허표와 관세 차별 양허표로 구성되며, 각 수입국이 품목별로 어떤 국가에 어떤 세율을 제공할지 독자적으로 결정한다. 산업 보호가 필요한 민감품목의 경우, 특정 국가에는 낮은 세율을 제공하고 다른 국가에는 높은 세율을 유지할 수 있도록 설계되어 있다.

이처럼 국가별로 차등화된 양허표 구조는 RCEP 내부에서 세율이 통일되지 않음을 제도적으로 인정하는 것이며, 이는 곧 '관세 차별'이 운영될 수밖에 없음을 의미한다.

3. 차등 세율이 존재할 경우 반드시 필요한 제도가 바로 '관세 차별' 규정

RCEP 내에서 동일 품목의 세율이 국가별로 다르다면, 이를 악용한 우회 수출이 발생할 위험이 커진다. 예를 들어, 한국이 A 품목에 대해 중국산에는 10%, 일본산에는 2% 관세를 적용할 때, 중국산이 일본에서 단순가공만 거쳐 일본산으로 주장되면 낮은 관세(2%)를 적용받는 문제가 생긴다.

이를 방지하기 위해 RCEP은 원산지 판정 기준을 보다 엄격하게 적용하고, 국가별 차등 세율을 정당하게 운영하기 위한 '관세 차별' 구조를 도입한다. 즉, 단순 경유나 경미한 가공만으로 원산지를 변경할 수 없도록 제도적으로 차단함으로써, 차등 세율 체계가 왜곡되지 않도록 유지하는 것이다.

18-02 [RCEP] 원산지가 RCEP인 물품의 원산지 지위 및 국가 결정

1. 원산지 지위와 원산지 국가의 차이를 먼저 이해해야 한다.

물품에는 크게 두 가지 개념이 있다. 즉, 먼저 RCEP 원산지 물품인가를 따지고, 그 다음에 어느 나라를 원산지로 표시할지를 결정하는 순서이다.

- 원산지 지위: 이 물품이 RCEP 회원국에서 생산된 것으로 인정받을 수 있는지를 말한다. 이는 협정의 "원산지 결정기준"에 충족하는지로 판단한다.
- 원산지 국가: 인정받은 RCEP 원산지 물품 중, 실제로 어느 국가를 원산지로 기록할지를 말한다. 여러 RCEP 회원국의 재료가 섞인 경우, 최종 생산국과 추가 요건(DV 20% 등)에 따라 결정된다.

2. RCEP 원산지 지위부터 판정해야 한다.

물품이 RCEP 회원국의 원산지로 인정받아야만 이 절차를 진행할 수 있다. 이를 위해 협정 제3장의 기준(세번 변경, 부가가치 비율, 완전생산 등)을 충족해야 한다.

3. 다음으로 원산지 국가를 결정한다.

RCEP 원산지 물품으로 인정된 경우에는, 그 다음 단계로 해당 물품의 원산지 국가를 결정하게 된다. 원산지 국가 판정은 먼저 해당 물품이 수입국에서 민감품목으로 지정되어 있는지 여부를 확인하는 것부터 시작된다. 만약 그 물품이 민감품목으로 지정되어 있다면, 수출국에서 발생한 부가가치 비율을 계산해야 한다. 수출국에서 발생한 부가가치 비율(DV)이 전체 가격의 20% 이상이라면, 그 물품의 원산지 국가는 수출국으로 결정된다. 그러나 20% 미만일 경우에는, 원산지 재료 중에서 가장 높은 가치를 차지하는 국가가 원산지로 판정된다.

반대로 그 물품이 민감품목이 아니라면, 원산지 국가는 수출국에서 수행한 가공 수준에 따라 결정된다. 만약 수출국에서 단순 포장이나 세척, 라벨 부착과 같은 최소공정만 수행한 경우에는, 원산지 국가는 역시 원산지 재료 중 가장 높은 가치를 차지하는 국가로 결정된다. 그러나 수출국에서 제조나 조립 등 생산 과정에 해당하는 추가적인 가공을 수행한 경우에는, 그 물품의 원산지 국가는 수출국으로 인정된다.

이러한 절차를 거침으로써, RCEP 협정에 따른 원산지 국가 판정은 수입국이 설정한 민감품목 여부와 수출국의 부가가치 비율, 그리고 실제 가공 수준을 종합적으로 고려하여 이루어지게 된다.

4. 품목별 기준이 별도로 적용될 수도 있다.

RCEP 협정에서는 모든 물품의 원산지 판정을 일반적인 절차에 따라 진행하지만, 특정 품목에 대해서는 '품목별 원산지 기준'이 별도로 마련되어 있다. 이러한 품목별 기준은 협정 부속서에 포함된 관세 양허 표 또는 별도 규정 문서에 명시되어 있으며, 해당 품목을 수출하거나 수입할 때 반드시 준수해야 하는 세부 조건을 의미한다.

품목별 기준의 예로는 부가가치 비율, 세번 변경, 완전생산기준 등이 있다. 이러한 품목별 기준을 충족하면, 해당 절차를 거친 제품은 일반 민감품목 여부나 최소가공 여부를 따지지 않고도 수출국을 원산지로 인정받게 된다. 다시 말해, 특정 품목은 별도로 설정된 원산지 기준을 만족하는 순간 수출국 자체가 원산지로 확정된다는 의미다.

따라서 '품목별 기준이 별도로 적용될 수도 있다'는 말은, 모든 제품이 동일한 판정 절차를 거치는 것은 아니며, 일부 품목은 협정에서 정한 특별 기준을 우선 적용하여 원산지를 결정할 수 있다는 것을 뜻한다. 이로 인해 기업은 수출하려는 물품이 해당 품목별 기준에 속하는지를 반드시 확인해야 하며, 해당 기준을 충족하는 것이 수출국의 원산지 지위를 확보하는 핵심이 된다.

5. 원산지 국가 결정 예시[131]

민감품목 원산지 국가 결정

○ 일본이 A품목을 민감품목으로 지정하고, 한국 5%, 중국 10% 관세 양허
○ 한국에서 호주($20), 베트남($30), 중국($40) 원산지 재료를 사용하여 A를 생산하고 일본에 수출

▽

☞ A의 한국 내 부가가치가 $10인 경우(FOB $100) 원산지 중국이다.
☞ A의 한국 내 부가가치가 $60인 경우(FOB $150) 원산지 한국이다.

관세차별 일반품목 원산지 국가 결정

○ 일본이 A품목을 민감품목으로 지정하지 않고, 한국 5%, 중국 10% 관세 양허
○ 한국에서 호주($40), 중국($50) 원산지 재료로 A를 생산(FOB $100)하고 일본에 수출

▽

☞ 한국에서 최소공정만 수행한 경우 원산지는 중국이다.
☞ 한국에서 최소공정 외의 추가공정을 수행한 경우 원산지는 한국이다.

관세차별 일반품목 원산지 국가 결정

○ 일본이 A품목을 민감품목으로 지정하지 않고, 한국 5%, 중국 10% 관세 양허, A의 품목별 원산지 기준은 RVC 50
○ 한국에서 미국($40), 중국($50)산 재료로 A를 생산(FOB $100)하고 일본에 수출

▽

☞ 한국에서 최소공정만 수행한 경우 역외산(RCEP 특혜관세 ×)이다.
☞ 한국에서 최소공정 외의 추가공정을 수행한 경우 원산지는 한국이다.

협정 제2.6조 제6항 관련

○ 일본이 A품목을 민감품목으로 지정하고, 한국 5%, 중국 10%, 베트남 15%, 나머지 회원국에 10% 관세 양허
○ 한국에서 미국, 한국, 중국산 재료(가격 미상)를 사용하여 세번변경기준을 충족하는 A를 생산(FOB $100)하고 일본에 수출

▽

☞ 원산지 재료의 기여국인 한국·중국 중 고세율인 중국산(이 경우 수입자에게 입증 책임), 또는 회원국 중 고세율인 베트남산이다.

---

131) 출처: 관세청, 역내포괄적경제동반자협정(RCEP) 발효에 따른 관세행정 운영 지침(2022.1.12.), 재구성

민감품목의 원산지 국가 결정

○ 대상품목: 무수프탈산(HS 2917.35)
○ 제조 및 수출국: 한국/ ▶ 수입국: 인도네시아
○ 인도네시아측 관세양허: (MFN) 5%, (중국産) 미양허, (한국産) 4.6%

< 원재료 사용 내역 >

품 명	HS 코드	원산지	원산지 재료 여부	한국산 재료 여부	가격
크실렌	2902.11	중국	○	X	$20
산화바나듐	2825.30	호주	○	X	$5
경비 + 이윤					$3
국내 운송비					$0.50
상품가격					$28.50

▽

☞ 원산지 판정 결과: 원산지결정기준은 충족하나 중국산으로 특혜 실익이 없다.
 - 원산지 지위: 원산지 재료로만 생산(PE)되었으므로 RCEP 원산지 상품
 - 원산지 국가: 수출국 부가가치가 20% 미만((28.5-25)/28.5 = 12.2%)이므로 원산지 재료의
   최대가치 기여국인 중국산으로 판정

협정 제2.6조 제6항 가호에 따른 협정관세 적용

○ 대상품목: 고무매트(HS 4016.91)
○ 제조 및 수출국: 한국(다만, 최소공정 이상 공정 미수행)/ ▶ 수입국: 필리핀
○ 필리핀측 관세양허: (중국産) 0%, (인도네시아産) 0%, (한국産) 7%

< 원재료 사용 내역 >

품 명	원산지	역내산 재료 여부	가격
합성고무	중국	○	미상
염화비닐	인도네시아	○	미상
플라스틱 시트	한국	○	미상

▽

☞ 원산지 판정 결과: 원산지결정기준 충족, 한국에 대한 관세율(7%) 적용
 - 원산지 지위: 원산지 재료로만 생산(PE)되었으므로 RCEP 원산지 상품
             (한국에서 불인정공정만 수행한 것은 원산지 지위에 영향X)
 - 원산지 국가: 수출국에서 불인정공정만 수행되었고 원산지 재료 가격을 알 수 없어 원산지 국가
             판정이 불가하므로, 원재료 공급국 중에 최고 관세율이 적용되는 한국산으로 적용
             가능
 ※ 원산지증명 제11번란 작성 시 RCEP 원산지 국가명 뒤에 "*" 표기

6. 핵심 정리

RCEP 협정에 따른 원산지 국가 판정은 물품이 민감품목인지 여부, 수출국에서 발생한 부가가치 비율(DV), 가공 수준, 그리고 품목별 원산지 기준 충족 여부에 따라 달라진다. 민감품목의 경우, 수출국에서 20% 이상의 부가가치가 발생하면 원산지를 수출국으로 인정하지만, 이에 미치지 못하면 원재료 중에서 가장 높은 가치를 기여한 국가가 원산지로 결정된다.

한편, 일반품목의 경우에는 가공 수준이 판정의 핵심 요소가 된다. 단순 포장이나 세척 등 최소공정만 수행된 경우에는 재료를 공급한 국가가 원산지가 되지만, 실질적인 제조나 조립과 같은 추가 가공이 이루어진 경우에는 수출국이 원산지로 인정된다. 또한 일부 특정 품목은 협정에서 정한 품목별 원산지 기준(예: RVC, 세번 변경)을 충족하면 별도의 조건을 고려하지 않고 수출국이 원산지로 확정된다.

구분	기준 및 조건	원산지 판정 결과
민감품목 + DV 20% 충족	수출국에서 20% 이상 부가가치 발생	원산지는 수출국
민감품목 + DV 20% 미달	원재료 중 최대가치 기여국	원산지는 재료 공급국
일반품목 + 최소공정	단순 포장, 세척, 라벨 부착 등만 수행	원산지는 재료 공급국
일반품목 + 추가 가공	실질적 제조 과정 수행	원산지는 수출국
품목별 기준 충족	RVC, 세번 변경 기준 등 협정 기준을 충족	원산지는 수출국

18-03 [RCEP] 연결 원산지증명서 활용 시 유의할 사항

1. 연결 원산지증명의 개념

연결 원산지증명서는 RCEP 협정 제3.19조에서 규정하는 제도로, 최초 수출국에서 작성·발급된 원산지증명을 기초로 하여 중간 경유 당사국의 발급기관이 발급하거나, 중간 경유 당사국의 인증수출자가 작성하는 원산지증명서이다.

원산지신고서 형태로 작성되는 경우에도 동일하게 최초 수출국의 원산지증명을 기반으로 한다. 이는 역내 물류 흐름 및 복수 국가 경유 시에도 원산지 판정의 연속성을 유지하기 위한 제도적 장치를 제공한다.

2. 증명 대상과 작성·발급 주체

연결 원산지증명은 중간 경유 당사국의 발급기관이 발급하는 경우, 중간 경유 당사국의 인증수출자가 작성하는 경우(단, 해당 국가의 권한 있는 당국에 의해 인증 품목으로 지정된 상품에 한정)에 한하여 작성·발급이 가능하다.

만약 중간 경유 당사국의 수출자가 인증수출자가 아닌 경우, 연결 원산지증명 작성이 허용되려면 수입당사국과 중간 경유 당사국 모두가 '수출자 또는 생산자에 의한 원산지 신고 방식'을 시행하고 있어야 한다. 해당 자율증명 방식은 RCEP 발효 후 10년 이내(캄보디아, 라오스, 미얀마의 경우 20년 이내) 전 회원국에 시행이 의무화되며, 우리나라는 시행 시점이 아직 미정이다.

특기할 점은, RCEP에서는 중간 경유국의 수입자와 재수출자가 동일해야 한다는 규정이 없다는 점이다. 따라서 중간 경유국(예: 한국) 내에서 물품의 소유권이 변경되더라도 연결 원산지증명을 발급할 수 있다.

3. FOB 가격 기재 원칙

연결 원산지증명서에 기재되는 FOB 가격은 반드시 중간 경유국의 FOB 가격이어야 하며, 최초 수출국의 가격은 사용하지 않는다. 단, 원산지결정기준으로 역내가치포함 비율(RVC, 부가가치기준)이 사용된 경우에만 FOB 가격을 기재하도록 규정하고 있다.

4. 관세차별 물품에 대한 적용

연결 원산지증명의 대상 물품이 수입당사국에서 관세차별품목에 해당하는 경우, 중간 경유국의 수출자는 RCEP 협정 제2.6조에 따라 해당 물품의 원산지 국가를 판정하고, 이를 연결 원산지증명서의 'RCEP Country of Origin'란에 기재해야 한다. 이때, 원산지 국가를 증명하기 위한 정보 확보 의무가 중간 경유국의 수출자에게 부여된다.

관세차별 품목의 경우, 원본 원산지증명서의 원산지 국가와 연결 원산지증명서의 원산지 국가가 상이할 수 있다. 예를 들어 인도네시아에서 최초 수출된 물품이라 하더라도, 인도네시아의 부가가치 비율(DV)이 20% 미만이면 원산지 국가를 베트남으로 판정할 수 있다.

연결 원산지증명과 원본 원산지증명의 원산지 국가 상이(예시)

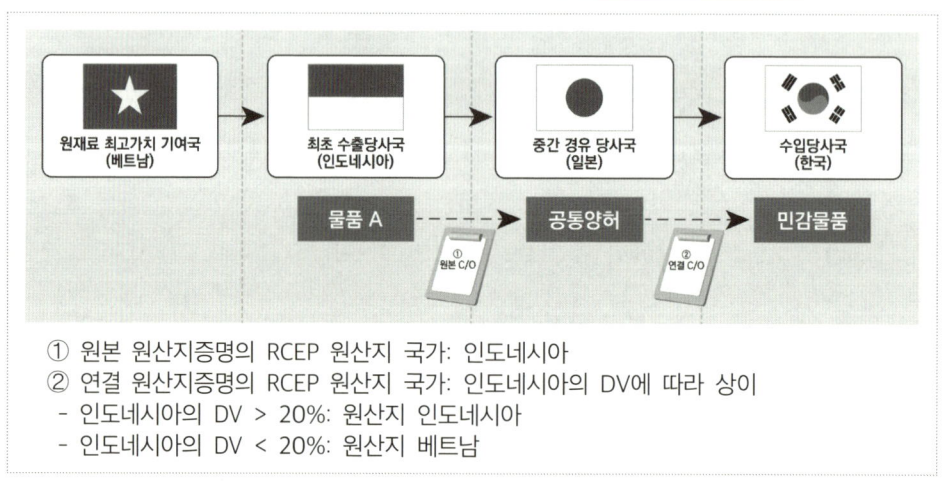

① 원본 원산지증명의 RCEP 원산지 국가: 인도네시아
② 연결 원산지증명의 RCEP 원산지 국가: 인도네시아의 DV에 따라 상이
 - 인도네시아의 DV > 20%: 원산지 인도네시아
 - 인도네시아의 DV < 20%: 원산지 베트남

5. 원산지 검증 절차

연결 원산지증명서도 RCEP 협정 제3.24조에서 규정한 원산지 검증 절차의 적용을 받는다. 이는 원산지증명의 신뢰성과 협정상의 관세 혜택 부여의 적정성을 보장하기 위한 절차이다.

6. 기존 BWT 거래 제한 사유와의 구별

기존의 BWT(Bonded Warehouse Transaction) 거래 제한 사유에서는 물품의 경유 과정에 대해 다음과 같은 제한이 있었다.

- 중간 경유 당사국 및 제3국에서의 거래·소비 및 물품 분할 금지
- 수출당사국과 수입당사국 간에 물품 거래계약이 선행되어야 하며, 계약 후에만 운송 시작 가능
- 허용 작업은 재포장, 하역, 재선적, 보관, 운송에 필요한 최소한의 공정, 라벨링 등으로 한정

반면, RCEP 협정상 연결 원산지증명은 중간 경유 당사국의 허용 작업 범위가 더 넓게 인정된다. 즉, 수출당사국이 아닌 역내 물류거점에서 물품을 보관한 뒤, 이후 수입당사국과 거래가 발생하여 운송을 시작하는 경우에도 협정 적용이 가능하다. 예를 들면 한국 기업 B는 베트남산 제품을 한국 물류센터에서 보관하다가, 이후 호주 바이어와 신규 계약을 체결하였다. 기존 BWT 규정이라면 계약 후 운송 개시 요건을 충족하지 못해 특혜 적용이 어려웠다. 그러나 RCEP에서는 한국이 중간 경유국이더라도 보관 후 계약 체결이 가능하므로 연결 원산지증명 발급이 허용된다. 이에 따라 한국 기업 B는 베트남산 제품을 호주로 재수출하면서 RCEP 관세혜택을 적용받을 수 있다.

이는 RCEP의 특징으로, 역내 물류·가공 허브 활용을 보다 유연하게 할 수 있는 제도 설계라 할 수 있다.

18-04 [RCEP] 원산지 증명제도에서 유의할 사항

RCEP 협정에서 원산지 증명제도는 다자간 협정의 특성에 맞춰 다양한 방식과 요건을 반영하고 있으며, 특히 관세 차별 품목의 경우 정확한 세율 적용과 우회수출 방지를 위해 엄격한 표기 규정이 존재한다. 또한, 기관발급 방식과 자율증명 방식이 모두 가능하나, 회원국별 인정 범위가 달라 사전에 수입국의 요건을 반드시 확인해야 한다. 다음은 RCEP 원산지 증명제도에서 수출입 당사자가 반드시 유의해야 할 주요 사항이다.

1. 관세 차별 품목의 원산지 국가 표기 규정

RCEP 협정에서는 회원국별 양허세율이 상이한 '관세 차별' 품목에 대해, 수입국이 적정 세율을 적용하고 추가 요건 충족 여부를 검증할 수 있도록 원산지증명서 제11란 (O. No. 11)에 반드시 "RCEP 원산지 국가"를 영문명으로 기재하도록 규정하고 있다.

영문명 외의 표기 방식(ISO 부호, 약어 등)은 일체 허용되지 않으며, 이는 회원국 간 원산지 판정 절차의 통일성을 강화하고 세율 차이를 악용한 우회수출을 방지하기 위함이다.

RCEP 원산지증명 상의 국가명 기재 방법

국문명	영문명	국문명	영문명
호주	Australia	라오인민민주주의공화국	Lao PDR
브루나이다루살람	Brunei Darussalam	말레이시아	Malaysia
캄보디아왕국	Cambodia	미얀마연방	Myanmar
중화인민공화국	China	뉴질랜드	New Zealand
인도네시아공화국	Indonesia	필리핀공화국	Philippines
일본국	Japan	싱가포르공화국	Singapore
대한민국	Korea	태국왕국	Thailand
베트남사회주의공화국	Viet Nam		

2. 발급방식: Dual System(기관발급+자율증명) 운영

RCEP 협정은 기관발급과 자율증명 방식을 병행하는 Dual System을 도입하고 있다. 수출자, 생산자 또는 그들의 대리인은 필요에 따라 발급기관을 통한 기관발급을 이용할 수 있으며, 인증수출자의 경우 자율증명 방식도 선택 가능하다.

가. 기관발급 방식

기관발급은 수출자, 생산자 또는 권한을 부여받은 대리인이 발급기관에 신청하여 원산지증명서를 발급받는 방식이다. 각 회원국 발급기관 목록은 RCEP 공식 웹사이트에서 최신 정보를 확인해야 하며, 한국에서는 관세청과 대한상공회의소가 발급기관으로 지정되어 있다.

우리나라는 2022년 1월 28일부터 RCEP 전용 기관발급 서식을 신설하여 운영하고 있다.

나. 자율증명 방식

자율증명 방식은 현재 인증수출자에 한해 적용되며, 인증수출자가 아닌 경우 완전 자율증명 방식은 협정 발효 후 10년 이내(캄보디아, 라오스, 미얀마는 20년 이내) 시행 예정이다.

다만, 2025년 1월 1일부터는 호주·일본·뉴질랜드와의 거래에 한해 인증수출자가 아니어도 수출자 또는 생산자가 자율적으로 원산지신고서를 작성할 수 있도록 규정이 완화되었다. 원산지신고서는 반드시 영어로 작성해야 하며, 작성일자와 함께 증명인의 이름과 자필 서명이 포함되어야 한다.

서식은 현재 회원국 간 표준안이 합의되지 않아, RCEP 협정 부속서 3-나(최소 정보 요건) 제2항에서 규정하는 필수 정보만 충족하면 된다. 필수 정보에는 수출자의 상세 정보, 물품 설명, HS 코드, 원산지 기준, 수출 목적지, 서명 및 날짜 등이 포함된다. 우리나라는 자율발급 권고 서식을 2025년 5월 18일에 신설하였다.[132]

---

132) 그 전까지는 회원국 간 원산지신고서 표준서식에 관한 이행 협상 결과가 도출되지 않았기 때문에, 협정 부속서 3-나에서 규정한 최소 정보 요건을 갖춘 임의 서식도 사용할 수 있었다. 향후 회원국 간 협의를 통해 표준서식이 제정될 예정이었으나, 표준서식이 부재한 상황에서 일부 회원국과의 거래에서 서식 불일치로 인한 통관 애로가 빈번히 발생하였다. 이에 따라 안정적 특혜 적용을 위해 우리나라는 해당 회원국 거래 시 한시적으로 기관발급 원산지증명을 활용하도록 권고해 왔다.

3. 발급 형태

발급 형태는 종이 원본과 전자본 모두 가능하다. 단, 수입국별로 인정하는 전자본의 범위가 다르므로, 수출 전 반드시 수입자와 협의하여 확인해야 한다.

RCEP 회원국별 인정되는 원산지증명 형태[133]

회원국	종이 C/O 원본의 스캔본	전자 발급된 C/O의 인쇄본	모든 전자적 C/O (e-CO, 스캔본 등 포함)
한국, 싱가포르, 호주	○	○	○
중국, 일본	−	○	○
브루나이, 말레이시아	−	○	−
인도네시아, 베트남, 뉴질랜드	−	−	○

* 표는 참조용으로 각 회원국별 인정 기준은 RCEP 홈페이지[134]에서 확인할 수 있다.
* 출처 : 관세청, 역내포괄적경제동반자협정(RCEP) 발효에 따른 관세행정 운영지침(2022.1), 재구성

우리나라는 RCEP 원산지증명을 다음과 같은 방식으로 발급한다. 서면본은 원본을 1부만 인쇄할 수 있으며, 전자본은 상대국이 전자본 인정 시 PDF 형태로 내려받기가 가능하다. 또한 수입 시에는 세관장이 원본 제출을 별도로 요구하지 않는 한 스캔본, 전자파일 또는 출력본도 모두 인정된다.

4. 사전확인 및 최신 정보 준수

RCEP 원산지 증명제도는 회원국별로 인정 서식, 발급기관, 인정 형태가 상이하므로, 수출입 거래 전 반드시 최신 정보를 확인하고, 특히 전자본 형태 사용 가능 여부를 사전에 점검해야 한다. 또한, 관세 차별 품목에 해당하는 경우, 원산지 국가를 정확히 기재하지 않으면 특혜관세 적용이 거부될 수 있으므로 표기 규정 준수는 필수적이다.

---

133) 이 표는 국가별로 인정되는 원산지증명서(C/O) 제출 형태는 각국의 전자문서 인정 기준을 기준으로 정리된 것으로 보인다. 특정 항목(예: 스캔본)이 공란으로 표시된 경우는 불인정을 의미하는 것이 아니라, 해당 국가가 해당 형태의 전자문서를 명확히 인정하거나 규정하지 않은 상태임을 나타낸 것으로 판단된다. 따라서 중국 및 일본의 경우, 종이 원본은 기본적으로 인정되며, 전자발급 문서의 출력본 또는 스캔본 등 전자 형태의 인정 여부는 수입자 관할 세관의 판단에 따라 달라질 수 있다. 이에 따라 업체는 전자 형태의 C/O 사용 시, 수입지 세관 또는 현지 수입자와 사전 확인을 통해 인정 가능 여부를 검토해야 한다.
134) https://rcepsec.org/rules-of-origin

18-05 [RCEP] 원산지 국가 특정 불가 시 협정관세 신청 방법

1. 원산지 국가 특정 불가 상황의 의미와 규정의 취지

RCEP 협정 제2.6조(관세차별) 제6항[135]은 상품의 원산지 국가를 명확하게 특정할 수 없는 경우에도 협정관세 신청을 허용하는 규정을 두고 있다. 이러한 상황은 여러 국가가 공급망에 참여하여 부품 생산, 가공, 조립 과정이 복잡하게 분산될 때 발생하며, 완전 누적 규정의 적용으로 인해 단일 국가를 원산지로 판단하기 어려운 경우가 대표적이다.

이 규정의 취지는 원산지 판단이 불명확하더라도 협정관세 적용 자체를 막지 않도록 하고, 수입국이 가장 높은 협정세율을 기준으로 세율을 안정적으로 결정할 수 있도록 하기 위한 제도적 장치라고 할 수 있다.

2. 협정관세 신청 절차와 별표 표시 방식

원산지 국가를 특정할 수 없는 경우에는 수출자·생산자·수입자가 협의하여 RCEP 회원국 중 해당 품목에 가장 높은 협정세율이 적용되는 국가를 선택하고, 이를 원산지란에 기재하는 방식으로 협정관세 신청이 가능하다. 이때 기재되는 국가가 실제 원산지로 확정된 것은 아니므로, 선택된 국가명 오른쪽에 별표 표시를 하여 불확정 상태임을 명시해야 한다.

제2.6조 제6항 가호에 해당하는 경우에는 국가명 옆에 '*' 하나를 표시하고, 나호에

---

135) 6. 제1항 및 제4항에도 불구하고, 수입 당사자는 수입자에게 다음 중 하나로 특혜관세대우를 신청할 수 있도록 허용한다.
    가. 수입 당사자가 그러한 상품의 생산에 사용된 원산지 재료에 기여한 당사자들로부터의 동일한 원산지 상품에 적용하는 관세 중 최고 세율. 다만, 그 수입자가 그러한 신청을 입증할 수 있어야 한다. 보다 명확히 하기 위하여, 원산지 재료는 최종 상품의 원산지 지위에 대한 신청에서 고려된 그러한 원산지 재료만을 지칭한다. 또는
    나. 수입 당사자가 당사자들로부터의 동일한 원산지 상품에 적용하는 관세 중 최고 세율

해당하는 경우에는 '**' 두 개를 표시하여 별도의 법적 상황을 구분한다. 이러한 절차적 방식은 세관이 원산지 불확정 사유를 명확히 인지함과 동시에 해당 국가의 최고세율을 기준으로 협정관세를 적용할 수 있도록 하는 기능을 수행한다.

3. 실제 사례를 통한 적용 방식의 이해

전자제품이나 자동차 부품처럼 다수 국가의 부품과 프로그램이 혼합되어 생산되는 경우에는 단일 원산지 국가를 도출하기 어려운 상황이 자주 발생한다.

예를 들어, 한 전자제품이 일본에서 최종 조립되었지만 핵심 부품은 중국과 베트남에서 공급되었고, 일부 소프트웨어는 싱가포르에서 개발된 경우를 가정해보자. 이때 원산지증명서 작성자는 명확하게 단일 원산지 국가를 지정하기 어려운 상황에 직면한다. 제품은 RCEP 규정을 충족하지만, 공급망 구조상 어느 한 국가를 '실제 원산지'로 단정하기 어렵다. 이런 경우 수출자·생산자·수입자는 수입국의 관세율표를 확인하여 가장 높은 협정세율이 적용되는 국가를 선택한다. 예를 들어, 일본의 최고세율이 동일 품목에 대해 다른 국가보다 높다면, 원산지 국가란에 'Japan*'을 기재한다. 여기서 '*' 표시는 제2.6조 제6항 가호에 따른 것으로, 해당 국가가 원산지임을 확정한 것이 아니라 관세 적용을 위한 최고세율 기준으로 선택되었음을 나타낸다.

또 다른 사례로, 자동차 부품이 호주, 태국, 중국 3개국에서 각각 제조된 구성품을 결합하여 완성된 경우를 들 수 있다. 원산지 국가를 특정하기 어려운 상황에서 세율 비교를 통해 중국의 해당 품목 최고세율이 가장 높은 경우, 원산지증명서에 'China**'라고 기재한다. 여기서 '**' 표시는 제2.6조 제6항 나호 적용을 의미하며, 이는 특정 조건이나 규정에 따라 원산지 국가가 명시되었지만 완전하게 확정되지 않았음을 나타낸다.

이와 같이 원산지 국가를 특정하지 못하는 상황에서도, RCEP 협정의 규정에 따라 최고세율이 적용되는 국가를 기재하고 별표 표시를 함으로써 협정관세 신청이 가능하다.

이러한 방법은 복잡한 공급망을 가진 현대 무역환경에서 협정관세 혜택을 원활하게 적용하기 위해 필수적인 절차이며, 원활한 세관 처리와 정확한 세율 적용을 위해 반드시 준수되어야 한다.

19-01 [이스라엘] 불인정공정 관련 특징

1. 소프트웨어 설치를 제조공정으로 인정한 최초 사례

한-이스라엘 자유무역협정(FTA)은 현재 발효된 주요 FTA 중에서 유일하게 소프트웨어 개발 및 설치를 생산공정 판정 기준에 포함한 매우 특이한 사례이다.

일반적으로 FTA 원산지 기준은 물리적 제품의 제조·가공 단계에만 초점을 맞추며, 소프트웨어와 같은 무형자산의 개발이나 설치 행위는 제조공정으로 인정하지 않는 경우가 대부분이다. 그러나 한-이스라엘 FTA는 디지털 경제, ICT 산업 확산, 그리고 소프트웨어가 제품의 성능·부가가치를 결정하는 핵심 역할을 수행하는 현실을 반영하여, 실질적 소프트웨어 설치를 제조공정으로 간주하는 규정을 도입하였다. 협정 제3.4조에 따르면, 당사국에서 개발된 실질적인 소프트웨어가 해당 하드웨어에 설치되고 그 제품이 품목별 원산지 기준(PSR)을 충족하는 경우, 이 설치 과정을 제조공정으로 볼 수 있다.

2. 실질적 소프트웨어의 범위와 불인정공정 병행 규정

'실질적 소프트웨어'란 제품의 기능과 성능에 중요한 변화를 일으키거나 본질적인 가치 창출에 직결되는 프로그램을 의미한다. 단순 데이터 입력, 설정 변경, 또는 간단 앱 추가는 해당되지 않는다.

이 규정은 복합제품의 원산지 판정에서 디지털 요소를 물리적 생산과 동등하게 평가할 수 있는 근거를 마련한 것이다. 다만, 한-이스라엘 FTA는 하드웨어에 대해서는 기존 FTA의 불인정공정 규정을 동일하게 적용한다. 하드웨어 자체가 단순 외형 수정, 라벨 부착, 단순 조립 또는 포장과 같이 충분가공원칙을 충족하지 못하는 공정만 거친 경우에는, 소프트웨어 설치 공정이 제조로 인정되더라도 원산지로 판정되지 않는다. 즉, 소프트웨어 설치 인정 규정과 불인정공정 규정이 이중적으로 작동하여, 부실한 물리적 제조와 형식적 소프트웨어 설치를 통한 원산지 취득을 방지한다.

3. 실무적 시사점과 원산지 판정 전략

이 규정은 ICT·전자제품 분야에서 하드웨어와 소프트웨어 결합제품의 원산지 판정 시 두 가지 요건을 모두 충족해야 함을 의미한다. 실무적으로 기업은 다음과 같은 조치를 취해야 한다.

- 공정 분리 분석: 하드웨어 제조공정과 소프트웨어 개발·설치 과정을 별도로 평가
- 증빙 자료 준비: 개발 기록, 설치 프로세스 문서, 기능 변화 입증 자료, 하드웨어 제조 증빙
- 원산지 판정 통합 검토: 두 요소가 모두 협정상 요건을 충족하는지 종합적으로 판단

이러한 이중 검증 구조는 디지털 시대에 무형자산의 가치를 제조 개념에 통합하면서도, 물리적 생산의 충분가공 기준을 엄격히 유지하여 균형을 이루고 있다.

4. 비즈니스 모델: 디지털-하드웨어 융합형 원산지 최적화 생산 모델

한-이스라엘 FTA의 소프트웨어 설치 인정 규정은 우리 기업이 하드웨어 생산과 소프트웨어 개발을 결합해 원산지를 전략적으로 확보할 수 있는 새로운 생산 모델을 가능하게 한다. 기업은 한국 또는 제3국에서 제조한 하드웨어에 대해 이스라엘에서 실질적 제조공정을 수행한 뒤, 이스라엘에서 개발된 고도화 소프트웨어를 설치해 최종 제품을 완성할 수 있다. 단, 하드웨어가 불인정공정을 넘는 충분한 제조 단계에 해당하고, 소프트웨어도 제품 기능을 실질적으로 변화시키는 수준이어야 최종 제품이 이스라엘산으로 인정된다.

이 모델은 의료기기, 네트워크 장비, 반도체 장비 등 소프트웨어가 성능을 좌우하는 산업에서 특히 유용하다. 이스라엘의 AI·보안·머신러닝 기술을 제품에 결합함으로써 기술 경쟁력과 FTA 관세 혜택을 동시에 확보할 수 있다. 이를 통해 기업은 제품 설계 단계부터 관세·물류·원가 전략을 통합적으로 관리하며, 시장 접근성과 공급망 운영 효율성을 향상시키는 디지털-하드웨어 융합형 생산체계를 구축할 수 있다.

19-02 [이스라엘] 수입물품의 협정관세 적용 시 유의 사항

이스라엘과의 자유무역협정은 협정관세 적용대상이 되는 생산 지역을 명확히 규정하고 있으며, 이는 국제법상 분쟁지역과 관련된 무역 특혜 배제 원칙을 반영한 것이다. 특히 「FTA 관세법 시행규칙」 제15조 제20항 후단과 관세청 고시 「대한민국 정부와 이스라엘 정부 간 자유무역협정에 따른 협정관세가 적용되는 이스라엘 생산 지역 및 확인 방법에 관한 고시」 제2조의 규정을 근거로, 협정관세 적용 지역이 한정되고 있다.

1. 협정관세 적용 지역 지정 이유

한-이스라엘 FTA와 관련 법령은 1967년 제3차 중동전쟁 이후 이스라엘이 점령한 지역에서 생산된 물품에 대해 협정관세 혜택을 부여하지 않도록 명시하고 있다. 이는 2019년 8월 13일 체결된 "이스라엘 점령지에 대한 특혜 배제 합의"에 근거하며, 해당 내용은 협정문 부속서 및 관세청 고시를 통해 구체화되었다. 이스라엘이 서안지구, 골란고원 등에서 건설한 정착촌은 국제사회의 다수(예: 유럽연합)에서 이스라엘 영토로 승인되지 않고 있으며, 이러한 지역에서 생산된 물품에 대하여는 FTA 특혜세율을 적용하지 않는 것이 국제 관행이다. 대한민국 역시 이러한 관행에 따라, 이스라엘의 주권이 국제적으로 승인된 지역에서 생산된 물품에 한정하여 협정관세 적용이 가능하도록 제한하고 있다.

2. 생산 지역 기재 의무

관세청 고시는 한-이스라엘 FTA 원산지증명서에 생산지역의 주소와 우편번호를 반드시 기재하도록 규정하고 있다. 이는 「FTA 관세법 시행규칙」 제15조 제20항 후단 규정의 적용을 구체화한 것이다.

원산지증명서에 기재된 생산지역이 협정관세 적용 제한지역에 해당할 경우, 해당 물품은 비원산지로 간주되며, 그 지역에서 행해진 가공 또는 공정은 비당사국에서 수행된 것으로 본다. 이 조치는 원산지 판정에서 재료 누적 또는 공정 누적을 부당하게 적용하는 것을 방지하기 위함이다. 따라서 수입자는 협정관세 적용신청 전 원산지 증명서에 기재된 생산지역이 협정관세 적용 가능한 지역인지 반드시 확인하여야 한다.

3. 국경 지역 점령지 여부 확인 절차

이스라엘과 접경 지역에서 생산된 물품은 해당 생산지가 1967년 이후 점령지인지 여부가 불명확한 경우가 있다. 이러한 경우에는 관세청 고시 제2조 제3항에 따라 외교부를 경유하여, 주이스라엘 대한민국 대사관을 통해 점령지 여부를 확인해야 한다. 이 절차는 협정 문구에서 정한 "당사국의 관세당국이 요구하는 경우, 원산지 판정에 필요한 생산지 확인 절차를 거친다"는 조항에 근거한다. 이를 통해 협정 관세가 부당하게 적용되는 것을 방지하고, 법령에 부합하는 무역거래를 보장할 수 있다.

4. 결론 및 실무상 유의 사항

한-이스라엘 자유무역협정에서 규정하는 "이스라엘의 영역"은 국제법상 승인된 이스라엘 본토 지역을 의미하며, 1967년 제3차 중동전쟁 이후 이스라엘이 군사 점령하거나 사실상 통치하고 있는 지역이라 하더라도 국제사회가 그 주권을 인정하지 않는 곳은 협정관세 적용 대상에서 명확히 제외된다. 대표적으로 동예루살렘, 요르단강 서안 일부, 골란고원, 가자지구 일부가 이에 해당하며, 이들 지역은 국제사회에서 '점령지' 또는 '분쟁지역'으로 분류되어 FTA의 특혜관세를 적용받을 수 없다.

이 원칙은 단순히 관세율 적용의 기술적인 문제를 넘어, 한국 정부가 국제사회에서 채택한 일관된 외교 정책과 법적 해석을 구현하는 행정·제도적 장치이기도 하다.

이러한 입장은 EU 및 EFTA 등 주요 교역 파트너의 FTA 운영 모델과 동일하며, 상품 원산지 판정 과정에서 생산지가 협정 적용 지역인지 여부를 사전에 분류하고 불인정 지역에 대해서는 특혜를 배제하는 방식을 취하고 있다.

실무적으로는 모든 수출입 당사자가 거래 초기 단계에서 해당 상품의 실제 생산지가 국제법상 승인된 이스라엘 본토에 위치하는지를 명확히 확인해야 한다. 이를 위해 원산지증명서 또는 상업송장에는 반드시 생산지의 상세 주소와 우편번호를 기재해야 하며, 이는 2022년 7월 5일 개정된 「FTA 관세법 시행규칙」 제15조 제20항에서 의무사항으로 명시되었다.

해당 규정에 따라 관세청장은 협정관세 적용이 가능한 주소 및 우편번호를 공식 고시하고, 세관은 제출된 서류를 해당 고시 정보와 대조하여 적용 여부를 판정한다. 만약 생산지가 점령지 또는 분쟁지역으로 확인되거나, 서류상 주소·우편번호가 누락· 불명확하면 세관은 협정관세를 거부할 수 있으며, 사후 조사 과정에서 추가 관세 부과(MFN 또는 일반세율 적용)와 법적 분쟁이 발생할 위험이 있다.

따라서 수입자는 선적 이전에 공급망 내 생산지 정보를 확보·검증하고, 계약서나 구매승인서에 생산지를 명시하는 것이 필수적이다. 특히 국제거래에서는 공급업체가 '이스라엘산'으로 표기하더라도 실제 생산지가 점령지일 수 있으므로, 단순한 서류 표기를 신뢰하기보다 주소·우편번호를 통한 객관적 검증 절차를 실시해야 한다.

결론적으로, 한-이스라엘 FTA의 안정적이고 합법적인 활용을 위해서는 1) 생산지의 국제법상 지위 확인, 2) 원산지증명서 및 송장의 필수 정보 기재, 3) 관세청 고시와 문서 대조, 4) 점령지 배제 원칙의 계약 반영이라는 네 가지 실무 핵심 절차가 반드시 이행되어야 한다.

이를 준수하면 불필요한 관세 부담과 외교·법적 분쟁을 예방할 수 있으며, 협정의 혜택을 온전히 누릴 수 있는 지속가능한 거래 체계를 구축할 수 있다.

20-01 [캄보디아] 재료누적 만을 인정하는 이유

1. 한-캄보디아 FTA의 누적기준

누적기준은 어느 한 체약당사국에서 생산된 원산지 재료가 다른 체약당사국의 물품 생산 과정에서 사용될 경우 이를 원산지 재료로 인정하는 방식으로, 양국 간 원산지 재료 활용을 유연하게 허용하지만 공정누적은 인정되지 않고 재료누적만 허용된다는 점이 특징이다.

즉, 누적기준이 재료누적만 인정되므로, 양국 재료를 결합한 공정 자체가 원산지 충족요건을 대체해 주는 것은 아니라는 점을 특히 주의해야 한다.

2. 공정누적을 인정하지 않은 이유[136]

한-캄보디아 FTA에서 공정누적을 인정하지 않은 이유는 여러 제도적·경제적 요인을 종합적으로 고려한 결과로 볼 수 있다.

공정누적은 협정 당사국 어디에서든 수행된 생산·가공 공정을 모두 인정해 최종 물품의 원산지를 결정하는 방식인데, 이를 허용하면 원산지 판정 범위가 크게 넓어지고 관리가 복잡해지기 때문에 협정 설계 단계에서 신중히 제한하는 경우가 많다.

첫째, 공정누적을 허용할 경우 원산지 판정 과정이 지나치게 확대되어 비원산지 공정을 체약당사국의 공정으로 인정하는 결과가 발생할 수 있다. 특히 역내 산업기반이 상대적으로 약한 캄보디아의 경우 단순가공 중심의 공정이 많아, 공정누적을 적용하면 사실상 비원산지 재료에 대한 단순 조립·경미한 가공만으로도 원산지 기준 충족이 가능해지는 문제가 발생할 수 있다. 이는 협정의 남용 가능성을 높이고, 한국 기업과 캄보디아 기업 간 실질적인 생산기반 차이를 고려할 때 협정의 취지를 왜곡할 우려가 존재한다.

---

136) 저자의 견해로 사실과 다를 수 있다.

캄보디아가 공정누적을 허용했을 때 발생할 수 있는 문제 예시

어떤 기업이 중국에서 생산된 완성 직전 단계의 반제품을 캄보디아로 들여온 후, 포장·라벨부착 같은 매우 단순한 공정만 수행한다고 가정한다.

공정누적이 허용되면 이 단순한 공정도 '역내 공정'으로 인정되어, 중국산 반제품조차 캄보디아산으로 간주될 가능성이 생긴다.

이렇게 되면 실제 생산의 대부분이 역외에서 이루어졌음에도 FTA 특혜관세를 받을 수 있게 되어 협정 취지에 반하는 결과가 발생한다.

둘째, 공정누적을 허용하면 사후검증이 대폭 어려워지기 때문에 관리 신뢰성을 유지하기 위한 정책적 판단이 작용했을 가능성이 크다. 공정누적을 인정하려면 두 나라의 공정 기록을 모두 검증해야 하고, 가공 수준이 '추가적 생산'에 해당하는지 여부를 객관적으로 판단해야 한다. 캄보디아는 공장별 생산관리체계가 여전히 균일하지 않은 경우가 많아, 양국 간 검증 시스템의 일관성 확보가 쉽지 않다는 점도 제약 요인이 될 수 있다.

셋째, 다른 FTA와의 정합성을 고려한 정책적 선택도 영향을 미쳤다. 한국이 체결한 다수의 FTA에서는 공정누적보다 재료누적 중심의 체계를 채택하고 있으며, 특히 신흥국과의 양자 협정에서는 원산지 기준의 단순성과 관리 가능성을 우선하는 경향이 있다. 한-캄보디아 FTA에서도 이러한 기존 FTA 체계를 유지함으로써 기업의 혼란을 최소화하고, 협정 운영의 안정성을 높이려는 목적이 반영된 것으로 보인다.

21-01 [인도네시아] 원산지기준의 이해와 적용 시 유의 사항

1. 누적기준 적용 시 고려해야 할 실무적 유의 사항

한-인도네시아 CEPA에서 규정하는 누적기준은 재료 누적만 인정되고 공정 누적은 인정되지 않는다는 점에서 다른 협정과 뚜렷하게 차별화된다. 즉, 인도네시아 또는 한국에서 원산지 물품으로 인정된 재료가 상대국에서 최종재 생산에 사용되는 경우, 그 재료는 최종재의 생산국에서 원산지재료로 간주될 수 있다. 이는 원재료의 출처가 체약당사국 내에 있다는 사실을 전제로, 비원산지재료 사용 비율을 줄이거나 역내 부가가치(RVC)를 충족시키는 데 매우 유리하게 작용한다.

그러나 이 규정은 어디까지나 재료 수준에서만 누적을 인정하는 것으로, 특정 공정이 타 체약국에서 수행되었다고 하더라도 그 공정이 누적의 대상이 될 수 없다는 점을 반드시 유념해야 한다. 예를 들어 인도네시아에서 1차 가공한 중간재를 한국에서 후속 공정을 통해 완제품으로 제조하는 경우, 인도네시아의 가공행위 자체는 누적요건에 포함되지 않으며, 단지 그 중간재가 원산지재료로 인정되는지 여부만 판단 대상이 된다.

따라서 기업은 재료 누적을 활용하기 위해 해당 재료가 실제로 원산지 판정을 충족했는지 여부를 인증자료, 원산지증명서, 공정흐름도, 제조원가명세 등을 통해 명확히 확인해야 한다. 재료가 원산지 물품이라는 법적 근거가 확보되지 않은 상태에서 누적을 적용할 경우, 수입국 세관에서 원산지 부인 위험이 높아진다. 누적은 기업에게 유리한 기준이지만, 그만큼 원산지 소명 자료의 정확성·일관성 확보가 필수적이라는 점이 핵심적인 유의 사항에 해당한다.

2. 중간재 규정 활용 시 발생할 수 있는 해석상 오류와 주의점

한-인도네시아 CEPA의 중간재 규정은 비교적 폭넓게 인정되는 편이므로, 기업이 원산지판정을 받을 때 중간재를 전략적으로 활용하면 불필요한 비원산지재료를 제외하고 원산지기준 충족 여부를 검토할 수 있는 장점을 제공한다. 즉, 이미 원산지 물품으로 인정된 중간재를 최종재 생산에 투입하는 경우, 해당 중간재 내부에 포함된 비원산지재료는 최종재 원산지판정 과정에서 다시 고려할 필요가 없다. 이는 특히 역내에서 생산된 중간재가 다수 사용되는 산업 구조, 즉 전기·전자·기계 산업에서 매우 긍정적으로 작용한다.

하지만 이러한 장점에도 불구하고 중간재 규정 적용 시에는 몇 가지 실무적 주의점이 존재한다. 첫째, 중간재 자체가 원산지 물품인지 여부가 명확히 입증되어야 한다는 점이다. 원산지 판정이 모호한 중간재를 중간재 규정으로 단순히 제외할 경우, 세관에서는 전체 원산지 구조를 재검토하면서 원산지 부정 판정 또는 소명 요구를 할 수 있다. 따라서 중간재에 대한 원산지증명서, 원산지 확인서, 제조확인자료 등 증빙을 명확히 확보해야 하며, 자가생산 중간재의 경우 생산원가 자료, 공정 정보, 재료 투입 구조 등 객관적 자료 확보가 필요하다.

둘째, 협정에서는 중간재 가격 산정방식을 별도로 규정하지 않았기 때문에, 일반적으로 인정되는 기업회계기준을 따라야 한다. 그러나 자가생산 중간재의 경우 일반경비·노무비·제조간접비·이윤 등의 산정 방식이 모호하게 처리되면 수입국 세관에서 가격 산정의 투명성 부족을 문제 삼을 가능성이 있다. 특히 RVC 계산 시 사용되는 원산지 재료 가격 또는 비원산지재료 가격 계산은 식에 따라 결정되기 때문에 일관된 회계 처리 기준은 필수적이다.

따라서 기업은 중간재 관련 원가자료를 장기간 보관하고 투명하게 계산해두어야 하며, 가격 구성요소에 대한 설명자료도 동반 준비하는 것이 안전하다. 중간재 규정은 강력한 지원 기능을 제공하지만, 그만큼 자료 준비의 충실도가 원산지 인정 여부를 결정하는 핵심 요인으로 작용한다.

3. 미소기준(De minimis)의 활용 범위와 적용 시 주의해야 할 조건들

미소기준은 협정에서 정한 세번변경기준(CTC)을 충족하지 못하더라도 일정 비율 이하의 비원산지재료가 사용된 경우 원산지 물품으로 인정하는 예외적 장치로서, 한-인도네시아 CEPA에서도 중요한 보완 기준으로 작용한다. 특히 일반 공산품의 경우, 비원산지재료 중 세번변경이 이루어지지 않은 재료의 가치가 FOB 가격의 10% 이하라면 원산지 물품으로 인정된다. 이는 생산 과정에서 부득이하게 사용되는 소량의 외국산 재료를 허용함으로써 원산지 판정 부담을 완화하는 매우 실용적인 기준이다.

다만 섬유 및 의류 제품(HS 제50류~제63류)의 경우에는 가치 기준이 아니라 중량 기준 10% 이하라는 별도 요건이 적용되므로, 업종별 기준 차이를 확실히 인지해야 한다. 특히 섬유 분야에서 중량 기준을 잘못 적용할 경우 원산지 허위 판단으로 이어질 수 있으며, 세관에서 조사를 받을 가능성도 매우 높다.

또한 미소기준 적용 시 간과하기 쉬운 중요한 요소는 다음과 같다.

- 미소기준은 원산지 판정의 예외조항일 뿐, 협정 제3장 일반 요건은 반드시 충족해야 한다.
- 미소기준으로 인정되는 비원산지재료의 가치는 RVC 계산 시 비원산지재료의 가치에 포함된다.
- 미소기준 적용은 세번변경 실패한 재료 전체를 커버하는 것이 아니라, CTC 충족 실패 재료 중 10% 이하 부분만 허용되는 구조이다.

즉, 미소기준은 유용하지만 단순 적용은 위험하며, 세번변경 여부 확인 → 해당 재료의 가치 또는 중량 계산 → 최종 RVC 연계 여부 검토라는 절차적 접근이 요구된다. 기업은 미소기준 적용 시 세관에서 요구하는 원가자료, 중량자료, 재료명세표(BOM) 등을 정확히 보관해두어야 하며, 자료 불일치가 발생하면 세관에서 즉시 원산지 의심 대상으로 분류될 수 있다. 결국 미소기준은 적절한 경우에만 활용하는 보조 기준이며, 원산지 판정 과정의 투명성이 담보되어야 한다는 점이 핵심적인 유의 사항이다.

22-01 | [필리핀] 원산지기준의 주요 특징

한-필리핀 자유무역협정은 기존에 우리나라가 체결한 한-아세안 FTA와 역내포괄적 경제동반자협정(RCEP)과 비교하여, 일부 품목의 원산지 결정기준을 완화함으로써 업계의 활용도를 높이는 방향으로 설계되었다. 이는 원산지 판정 시 불필요한 제한을 줄이고, 역내 공급망 활성화 및 생산공정의 현실을 반영하려는 정책적 의도가 있다.

1. 식품 분야 원산지 기준 완화

한-필리핀 FTA에서는 식품류 품목에 대해 원산지 기준을 한-아세안 FTA보다 완화하여 규정하고 있다. 한-아세안 FTA가 일부 원재료의 역내 완전획득을 필수로 요구한 것과 달리, 한-필리핀 FTA는 역외산 원재료 사용을 일정 범위 내에서 허용하고, 세번변경기준을 중심으로 판정을 가능하게 하였다.

예를 들어, 닭고기 가공품(HS 1602.32)은 한-필리핀 FTA에서 2단위 세번변경기준을 적용하나, 한-아세안 FTA에서는 역내가치포함비율(RVC) 60% 이상과 원재료의 완전획득 요건이 추가되어 판정이 까다로웠다.

또한 고추장(HS 2103.90)은 한-필리핀 FTA에서 4단위 세번변경기준 또는 RVC 40% 이상으로 규정되어 선택적으로 충족이 가능하나, 한-아세안 FTA에서는 완전획득 요건과 복수의 세번변경·부가가치 요건을 병행하여 적용하였다.

2. 섬유·의류 분야 원산지 기준 완화

섬유·의류 분야에서도 한-필리핀 FTA는 한-아세안 FTA에서 요구하던 재단 및 봉제 공정 요건을 삭제하였다. 한-아세안 FTA에 따르면, 섬유·의류 품목이 원산지로 인정되려면 역내에서 재단과 봉제 공정을 수행해야 했으며, 이를 충족하지 않으면

RVC 기준만 적용 가능했다. 반면 한-필리핀 FTA에서는 세번변경기준(CTH 또는 CC)이나 RVC 기준 중 하나를 충족하면 원산지로 인정되어, 가공 장소의 유연성이 확대되었다.

예를 들어, 남성·소년용 셔츠(HS 6105.10)와 양말류(HS 6115.96)는 한-필리핀 FTA에서 모두 2단위 세번변경기준 또는 RVC 40% 이상을 충족하면 원산지로 인정되며, 공정기준 요건이 없다.

3. 세트물품 원산지 기준 신설

한-필리핀 FTA는 제4.11조에서 '세트물품의 원산지 판정' 관련 규정을 신설하였다. HS 일반해석규칙 제3에 따른 세트는 모든 구성품이 원산지 물품일 경우 원산지로 판정된다.

또한 세트가 원산지 물품과 비원산지 물품으로 구성된 경우에도, 비원산지 물품의 가치가 전체 FOB 가치의 10% 이하일 때는 세트 전체를 원산지로 인정한다. 이는 한-아세안 FTA와 RCEP에는 없는 규정으로, 혼합세트 상품의 수출입 시 원산지 판정을 한층 간편하게 만든 조치다.

원산지 기준 특징 요약

분야	한-필리핀 FTA 기준	한-아세안 FTA 기준	RCEP 기준
닭고기 가공품(1602.32)	2단위 세번변경	RVC 60% + 일부 원재료 완전획득	2단위 세번변경
고추장(2103.90)	4단위 세번변경 또는 RVC 40%	복수 세번변경 + 완전획득 요건	2단위 세번변경 또는 RVC 40%
셔츠(6105.10)	2단위 세번변경 또는 RVC 40%	재단·봉제 + 세번변경 또는 RVC 40%	2단위 세번변경
양말류(6115.96)	2단위 세번변경 또는 RVC 40%	재단·봉제 + 세번변경 또는 RVC 40%	2단위 세번변경 또는 RVC 40%
세트물품	구성품 원산지 판정, 비원산지 ≤10%	규정 없음	규정 없음

22-02 [필리핀] 운송 도중 도착지 변경 시의 특례규정

한-필리핀 FTA에는 한-아세안 FTA에는 존재하지 않는, 운송 도중 도착지가 변경되더라도 FTA 특혜를 유지할 수 있도록 허용하는 특례 규정이 마련되어 있다.

1. 규칙 제17조의 내용

규칙 제17조는 원래 원산지증명서에 기재된 목적지가 변경되더라도, 일정한 절차를 충족한 경우 해당 상품에 대해 계속해서 특혜관세 적용을 받을 수 있도록 하는 제도적 안전장치로 기능한다. 규칙 제17조의 구체적 내용은 다음과 같다.

> **규칙 제17조 특례**
>
> 특정 당사국의 영역으로 수출된 상품의 전부 또는 일부의 도착지가 변경된 경우, 그 당사국의 영역에 도착하기 전에 또는 후에 다음 사항이 준수된다.
> 가. 특정 수입 당사국의 영역으로 상품이 이미 수입된 경우에도, 그 수입 당사국의 관세 당국은 수입자가 원산지 증명 제출과 함께 특혜관세대우를 서면으로 신청하는 경우 해당 상품의 전부 또는 일부에 대한 원산지 증명을 승인한다. 또는
> 나. 원산지 증명에 명시된 수입 당사국의 영역으로 운송하는 과정에서 도착지가 변경되는 경우, 수출자 또는 생산자는 발급된 원산지 증명과 함께 상품의 전부 또는 일부에 대한 신규 발급을 서면으로 신청한다.

이와 같은 규정은 도착지 변경이 발생한 경우에도 기존의 원산지증명서를 보완하거나 신규 발급을 통해 특혜관세 적용을 유지할 수 있도록 함으로써, 실제 무역 환경에서 빈번하게 발생하는 목적지 변경 상황으로 인해 특혜 적용이 차단되는 것을 방지한다. 이를 통해 기업의 물류 운영과 통관 절차가 불필요하게 지연되지 않도록 하는 실무 친화적 기능을 수행한다.

2. 한-필리핀 FTA에만 규정된 이유

이 규정이 한-필리핀 FTA에만 포함된 이유는 필리핀의 물류 구조와 환적 경로의 특성이 반영된 결과이다.

필리핀은 도서 국가로서 항만 간 연결성이 높고, 제3국 허브 항만을 경유한 뒤 최종 목적지를 조정하는 형태의 다중 운송이 활발하게 이루어진다. 이러한 물류 구조에서는 실제 최종 도착지가 계약 단계에서 정해진 목적지와 달라지는 상황이 빈번하게 발생하며, 이로 인해 원산지증명서상의 기재사항과 실제 수입지 사이에 불일치가 발생할 가능성이 높다.

이러한 필리핀의 물류 특성을 고려한 양국 협상에서 필리핀 측은 운송 경로 변경으로 인해 FTA 특혜가 무효화되는 상황을 방지하기 위한 제도적 장치를 요구하였다. 그 결과 한-아세안 FTA에는 존재하지 않는 별도의 특례규정이 한-필리핀 FTA에서 추가되었다.

따라서 규칙 제17조는 양국의 무역 패턴과 물류 환경을 반영하여 실질적인 무역 혜택을 보장하려는 협상적 타협의 산물로 이해될 수 있다.

3. 적용 예시

한국에서 생산된 전자부품이 필리핀 세부(Cebu)로 수출될 예정이었으나, 운송 중 필리핀 내 수요 변화로 인해 최종 도착지가 마닐라(Manila)로 변경되었다고 가정한다. 이 경우 선적 시점에 발급된 원산지증명서에는 수입 당사국의 목적지가 '세부'로 기재되어 있지만, 실제 납품지는 마닐라로 변경되었기 때문에 원산지증명서와 실제 수입지 사이에 불일치가 발생하게 된다. 이러한 상황에서 수출자는 기존 원산지 증명서를 첨부하여 마닐라용 신규 원산지증명서 재발급을 서면으로 신청할 수 있으며, 필리핀 관세당국은 이를 승인하여 마닐라에서 해당 상품이 정상적으로 FTA 특혜 관세를 적용받을 수 있도록 한다. 이 절차를 통해 도착지 변경으로 인해 발생할 수 있는 통관 차질이나 특혜 부인 문제를 예방할 수 있다.

이승필 약력

[학력]
- 광주제일고등학교 졸업
- 국립세무대학 관세학과 졸업
- 방송통신대학교 일본학과 졸업
- 고려대학교 행정대학원 공공정책학과 정책학석사

[주요 경력]
- 고성세관장
- 무역협회 FTA무역종합지원센터 파견
- 관세청 FTA집행기획관실
- 인천세관 감시총괄과장
- 인천세관 협업검사센터장
- 속초세관장
- 용당세관장
- 관세청 원산지검증과장
- 관세청 관세국경감시과장
- 수원세관장

- 한국관세경영컨설팅연구원 수석연구위원
- 現) 피더블유씨관세법인 전문위원